치료놀이

Phyllis B. Booth · Ann M. Jernberg 편저
윤미원 · 김윤경 · 신현정 · 전은희 · 김유진 공역

학지사

Theraplay :
Helping Parents and Children Build Better Relationships Through Attachment-Based Play, 3rd Edition
by Phyllis B. Booth and Ann M. Jernberg

역자 서문

우리나라에 치료놀이가 소개된 지 어언 10년이 지났다. 그동안 치료놀이는 많은 발전과 성숙을 통해 이제는 사회복지 실천기법, 아동복지 실천기법으로 사회의 곳곳에서 환영받으며 역량을 발휘하고 있다. 이러한 점은 비단 우리나라뿐만 아니라 세계 곳곳에서 확산되고 있는 추세다. 아마도 치료놀이의 중심에 '건강한 가족 관계'가 있기 때문일 것이다.

이 책은 Theraplay, 3rd Edition으로, *Theraplay : Helping Parents and Children Build Better Relationships Through Attachment-Based Play*를 번역한 것이다.

총 3부로 되어 있는 이 책은, 제1부에서는 치료놀이의 개관으로서, 치료놀이 치료법의 기본이 되는 내용과 핵심개념, 그리고 치료놀이를 지지하는 연구들을 소개하고 있다. 특히 제2장에서 소개하는 7가지 핵심개념은 다양한 임상과 이론들의 고찰을 거쳐 새롭게 정리되고 첨가된 주요 내용이다.

제2부에서는 치료놀이의 다양한 전략들을 소개하였다. 즉, 치료놀이의 전체 구조를 설명하고, 아동과의 작업과 부모와의 작업을 자세히 안내하고 있다.

제3부에서는 치료놀이의 구체적인 적용을 소개하였다. 그래서 외상, 자폐 스펙트럼, 입양, 청소년, 집단 치료놀이 등에 대해 자세히 설명하고 있다.

인간의 자기감과 성격은 초기 부모-자녀의 상호작용으로부터 발달한다.

안정 애착을 기초로 한 놀이는 부모와 아동의 보다 나은 관계뿐만 아니라, 한 인간이 건강한 정신을 갖고 살아갈 수 있는 가장 근본이 되는 머릿돌과 같은 역할을 한다.

역자들은 이 책이 발달심리, 임상심리, 상담심리, 심리치료, 교육을 전공하는 학생들과 치료사들에게 등대와 같은 역할을 할 수 있기를 바란다. 또한 아이를 양육하고 있는 부모들에게는 자녀를 이해하고 신뢰감을 회복하며 긍정적인 관계를 맺는 데 도움이 되기를 바란다. 더불어 일반 성인에게도 자기 자신을 돌아보고 이해하며 보다 건강한 마음으로 자신을 격려할 수 있는 기회가 될 수 있기를 소망해 본다.

이 책을 번역하면서 여러 차례에 걸쳐 머리를 맞대고 단어 하나하나에 함께 고민하며 수고해 온 네 분의 역자들께 격려와 감사의 마음을 보낸다. 그리고 한국에서 치료놀이의 큰 뿌리를 내리고 이제 뻗어가는 줄기를 정리하여 잘 자랄 수 있도록 항상 격려하고 보듬어 주시는 Phyllis B. Booth, Sandra Lindaman 두 분과, 번역을 잘할 수 있도록 앎의 지평을 넓혀 주신 최영민 박사님, 이 책이 번역되기를 기다려 주신 치료놀이 가족들에게 감사를 드린다. 또한 한 발 한 발 함께 걸어 주고 토닥여 주고 이끌어 주며 지지해 준 모든 벗과 동료들에게 감사하고, 번역을 시작할 수 있도록 도와주고 지켜봐 주신 학지사 김진환 사장님과 편집부 여러분께 진심으로 감사드린다. 마지막으로, 치료놀이를 즐거워하고 기뻐하는 우리 아이들과 신뢰해 주시는 부모님께 무한한 사랑을 보낸다.

방배동 연구실에서

역자 대표 윤미원

한국어판 발간을 축하하며

『Theraplay』 3rd Edition의 한국어 번역 출간을 위해 많은 수고를 아끼지 않으신 윤미원 박사, 김윤경 박사, 신현정 박사, 전은희 박사, 그리고 김유진 박사에게 깊은 감사를 드립니다.

이 번역서는 한국에 있는 우리 치료놀이 동료들 모두가 치료놀이를 전체적으로 이해하는 데 있어 없어서는 안 될 중요한 성과입니다. 이 번역서와 한국치료놀이협회의 성립은 전 세계적으로 확산되어 있는 치료놀이처럼 한국에서 수준 높은 치료놀이 치료를 지속하는 데 결정적인 역할을 할 것이라 생각됩니다.

치료놀이를 향한 저의 사랑을 여러분과 나누게 되어 진심으로 기쁩니다. 여러분의 훌륭한 노고에 박수갈채를 보냅니다.

Phyllis B. Booth, MA, LCPC, LMFT, RPT-S
Co-creator of Theraplay
Board of Directors, The Theraplay Institute
Evanston, Illinois, USA

3판 서문

1979년, 이 책의 1판이 출판되었을 때, 치료놀이®[1]는 시작된 지 10년 된, 혁신적이고 매우 성공적인 치료기법이었다. 치료놀이에 대한 자신감으로 우리는 사람들의 입소문과 영상자료, 개인적인 관찰, 또는 근거리의 훈련과정을 통해서 가능한 한 더 많은 사람들에게 그것이 소개되기를 간절히 원했다. Ann Jernberg가 이 책의 1979년도 판을 집필했으며, 시카고 지역에서 활동하는 소집단의 치료놀이 치료사들의 글과 사례연구, 그리고 연구들이 수록되었다. 이 책은 처음 출판되었을 때부터 좋은 평가를 받았다. 1986년과 1987년에는 각각 일본어와 독일어로 번역되었으며, 이후로 20년간 계속해서 출판되었다. Ann Jernberg의 사망 이후 집필되어서 1999년에 출판된 2판은 당시까지의 치료 실제와 우리의 이해에서 일어났던 여러 가지 수많은 변화들을 반영했다. 또한 2003년과 2005년에 각각 핀란드어와 한국어로 번역되었다.

이번 3판은 전 세계의 재능 있는 임상가들에 의한 지난 10년간의 치료 실제에 근거한 새로운 통찰들을 담고 있는 한편, 애착의 본질에 대한 가장 최근의 연구를 기반으로 하고 있다. 이 새로운 연구는 부모-영아의 관계가 두뇌발달에 영향을 미치는 방식과 건강한 발달에서의 접촉과 놀이의 중요성에 대해 더 많은 정보를 우리에게 제공한다. 이 연구 중 일부는 우리가 해왔던 작업을 강하게 증명해 줄 뿐만 아니라, 우리의 실제를 더욱 다듬을 수 있도록 이끌어 주었다. 우리의 가르침과 실제에 이러한 새로운 정보를 수용하면서, 우리는 이러한 변화들을 반영할 수 있는 새로운 책이 필요하다는 것을 깨달았다. 또한 치료놀이의 효과를 증명하는 연구들이 점점 증가하고 있다는 것을 알리고, 전 세계적으로 치료놀이를 이용한 여러 가지 혁신적인 방식들을 소개하고자 했다.

다음은 3판을 통해서 우리가 다루게 될 새로운 발달 중 일부를 요약한 것이다. 처음 네 가지는 우리의 접근방식에서의 변화가 반영되어 있지는 않지만, 현재 연구를 통해서 더

---

1) 치료놀이®는 치료놀이® 연구소의 등록된 서비스 마크다.

강하게 지지되고 있는 치료놀이의 기본요소들이다. 그리고 나머지는 우리의 작업을 통해서 이루어진 미묘한 또는 그다지 미묘하지 않은 변화들을 반영하고 있다.

- 아동들의 더 어린 욕구 충족: 초기부터 우리는 어린 자녀가 있는 부모들의 레퍼토리 활동들을 이용했으며, 아동의 생물학적 연령보다는 정서적 발달수준에 상호작용을 맞추고자 했다. 두뇌발달과 두뇌에 미치는 외상의 영향에 대한 새로운 이해는 우리와 함께하는 아동들의 더 어린 정서적 욕구와 발달적 욕구를 다루는 것을 가치 있게 만들어 준다.
- 접촉의 이용: 안정애착 관계는 적절하고 양육적인 접촉에 근거하고 있기 때문에, 치료놀이는 항상 효과적인 치료에 접촉을 필수적인 것으로 간주한다. 이 새로운 책에서 우리는 접촉의 중요성을 재차 강조하고 있다.
- 놀이의 가치: 놀이는 치료놀이 접근의 초석이다. 오늘날 아동들은 놀이에 점점 더 적은 시간을 소비하고 있기 때문에, 놀이의 부족으로 오는 부정적 효과에 대한 인식이 증가하고 있다. 그리고 이것은 놀이를 다시 아동들의 삶으로 되돌려주어야 한다는 요구로 이어졌다. 치료놀이의 놀이접근은 이러한 불균형을 해소해 줄 수 있는 노력의 일환이 될 수 있다.
- 초기 개입: 아동과 부모 간의 초기 상호작용 관계가 발달에 어떠한 영향을 미치는지 그 중요성에 대해 더 많이 알게 될수록, 초기 개입의 필요성에 대한 인식이 증가하고 있다. 이와 동시에, 많은 치료사들이 어린 아동들을 다룰 준비가 되어 있지 않다. 치료놀이는 어린 아동의 정서적 욕구를 충족시키도록 고안되었기 때문에 오랫동안 초기 개입의 이상적인 모델이 되고 있다.
- 입양아동 또는 위탁아동이 있는 가족과의 작업: 입양가족이나 위탁가족들의 문제에 대한 깊이 있는 인식의 증가는 치료놀이가 어떻게 도움이 될 수 있는지에 대한 많은 관심으로 이어지고 있다. 치료놀이는 아동이 안정애착을 형성하는 데 필요한 상호작용을 부모와 자녀가 함께 실행할 수 있게 해준다. 현재 새로운 연구를 통해서 입증되고 있는 우리의 오랜 경험으로 우리가 어떻게 위탁아동이나 입양아동이 있는 가족들을 도울 수 있는지 더욱 상세한 설명을 제시하게 되었다.
- 조율과 조절에 대한 강조: 모-자 관계가 두뇌발달에 미치는 효과에 대한 폭넓은 연구의 결과로서, 애착과 조절은 거의 동의어로 여겨지고 있다. 잘 조율된 부모는 지속적으로 아동과의 상호작용을 끊임없이 상호 조절하는데, 이것은 나중에 자기조절

능력으로 이어지게 된다. 현재 우리는 치료 회기에서 조율과 조절, 그리고 부모들이 아동과의 놀이를 통한 상호작용을 조절하도록 도움을 주는 데 크게 강조점을 둔다.

- 치료에 있어서 부모 참여의 증가: 애착에 대한 부모 태도의 중요성, 그리고 부모 자신과 아동의 경험을 반영하는 능력의 중요성에 대한 새로운 이해는 치료놀이 치료에서 부모의 역할에 대해 더 많이 강조하도록 이끌었다. 이에 따라, 부모들로 하여금 치료에서 역할을 수행할 수 있도록 준비시키는 데 더 많은 시간을 소비하며, 결과적으로 이 책에서는 우리가 부모들과 어떻게 함께하는지에 대해 더욱 상세한 설명이 제시되고 있다.
- 구조에 대한 재규정: 초기 작업을 통해서 우리는 부모들이 부모로서의 역할을 더욱 강하게 수행하는 것의 중요성을 강조했으며, 이것을 '책임을 지는 것'이라고 단순히 규정짓기도 했다. 현재 우리는 아동의 욕구에 반응하면서 아동의 경험을 조절하고 이끌고, 안전을 유지해 주는, 신뢰할 수 있고 지지적인 것으로 구조를 더욱 세밀하게 규정하고 있다.
- 저항에 대한 재규정: 변화를 가져오기 위한 어떠한 시도도 치료의 일정한 시점에서 저항을 이끌 수 있다. 현재 우리는 기존의 패턴을 포기하지 않으려 하는 저항과 패닉이나 두려움에서 오는 저항을 매우 신중하게 구분하고 있다. 아동의 각성이나 불안 상태에 대한 민감성을 증가시킴에 따라서 통제를 벗어난 행동들이 줄어들고 있다. 우리의 기본적인 접근은 아동을 안전하게 유지해 줄 수 있는 억제와 안정의 수준을 제공하는 것이다. 겁에 질린 아동을 진정시키기 위해서 우리는 자극을 줄이고, 아동이 안전하게 느끼도록 보장해 주며, 민감하게 관계를 유지하기 위해 가까이 있어 준다.
- 복합외상의 치료: 현재 우리는 방임, 학대, 그리고 외상의 신경학적인 영향에 대해서 더 많이 알고 있다. 이것은 우리가 복합외상을 경험한 아동들에게 더 반응적이고 효과적일 수 있도록 해준다. 아동이 양육자와 안정된 관계를 형성하도록 돕는 실제적이고 리드미컬하며 진정시켜 주는 활동들을 치료놀이에서 이용하는 것은 아동이 외상을 다루도록 돕는 데 첫 번째 단계가 될 수 있다.
- 새로운 사례: 마지막으로, 3판을 통해서 우리는 전 세계의 더욱 폭넓은 문제들과 여러 가지 다양한 환경들에 치료놀이를 적용한 새로운 수많은 사례들을 제시하고 있다.

지난 수년 동안 치료놀이는 관계 문제를 치료하는 데 애착이론을 효과적으로 적용한 것으로서, 전 세계적으로 점점 더 많이 수용되고 있으며 현재 29개국(호주, 오스트리아, 아르헨티나, 보스니아, 보츠와나, 캐나다, 잉글랜드, 핀란드, 독일, 홍콩, 인도네시아, 아일랜드, 이스라엘, 일본, 카자흐스탄, 케냐, 쿠웨이트, 라트비아, 네덜란드, 필리핀, 러시아, 싱가포르, 슬로바키아, 남아프리카공화국, 한국, 스페인, 스웨덴, 탄자니아, 웨일즈)에서 훈련을 받은 사람들이 이용하고 있다. 앞으로 치료놀이가 더욱 폭넓게 효과적으로 이용될 수 있도록 이 새로운 책이 최신의 안내와 함께 도움을 줄 수 있기를 희망한다.

감사의 말

우선 치료놀이를 개발해서 초판이 나올 수 있게 해주었던 사람들에게 감사한다. Ernestine Thomas는 풍부한 정신과 직관적인 지혜, 그리고 탁월한 관심으로 우리가 완전한 치료놀이를 추구할 수 있도록 해주었다. Charles West는 열정과 헌신으로 동료들을 이끌어 주었으며, 동료들은 그가 치료한 아동들에게 도움을 주었다. 그는 The Theraplay Institute의 디렉터 위원회 회장으로서 계속해서 치료놀이를 위해 일하고 있다. Terrence Koller는 지속적으로 조언과 격려를 해주고 있다. 그리고 오랫동안 Worthington, Hurst, and Associates의 대표를 맡고 있는 Theodore Hurst는 지난 수년 동안 지속적인 관심과 지지를 보내 주었다. 그는 2001년에 사망했는데, 우리 모두 그를 그리워하고 있다.

처음 1판, 2판과 마찬가지로 3판도 이 책을 개정하는 데 도움을 준 수많은 친구들과 동료들, 치료놀이 치료사들, 그리고 트레이너들의 헌신적인 노력의 결과물이다. 이 책은 몇몇 사람들이 특정 챕터를 집필하기는 했지만—이들에게 깊은 감사의 말을 전한다—이것은 개별적인 챕터들이 서로 다른 관점을 제시하는 통상적인 의미에서의 편집본이 아니다. 이 책 전체에서 통합된 관점을 보이도록 많은 사람들이 아이디어와 글을 제공한 협력적인 노력의 결과다. 그것은 모든 치료놀이 가족들의 지혜의 결실이며, 우리는 기여한 많은 사람들에게 감사한다.

특히, 이 새로운 책에 대해 나는 다음의 동료, 친구, 가족들에게 감사의 말을 전한다.

- Sandra Lindaman의 조용한 지지와 현명한 조언은 집필에 큰 도움이 되었다. 치료놀이의 이론적 토대에 대한 그녀의 아이디어는 2장을 집필하는 데 핵심 내용이 되었다. 또한 그녀는 자폐증에 대한 챕터와 입양 및 위탁보호에 대한 챕터의 일부를 집필했다.
- Jukka Mäkelä는 치료놀이의 효과를 설명하는 데 정신의학, 발달이론, 그리고 임상

적인 실제에 대한 폭넓은 지식을 제공해 주었다. Jukka Mäkelä와 그의 열정적인 핀란드 동료들은 여러 가지 환경에서 치료놀이를 창의적인 방식으로 이용하고 있으며, 치료놀이의 효과를 연구하는 데 큰 기여를 하고 있다.

- 초기 치료놀이 치료사인 Karen Searcy는 자폐증에 대한 챕터를 집필하는 데 큰 기여를 했다.
- Reva Shafer는 자폐증에 대한 챕터를 위해서 시간과 에너지, 그리고 전문적인 지식을 제공해 주었다.
- Graham Thompson은 청소년에 대한 챕터를 위해서 토대가 되는 아이디어를 제시해 주었으며, 지난 수년 동안 치료놀이를 폭넓게 지지해 주었다.
- Jean Crume은 항상 원고를 읽고 구성에 대한 바람직한 제안을 해주었으며, 꾸준히 지지해 주었다.
- ATTACh의 대표를 역임했던 Vicky Kelly는 외상이 두뇌에 미치는 영향, 그리고 성적 학대를 당한 아동들과 함께하는 데 대해 전문적인 지식을 공유했다. 그녀의 사려 깊고 설득력 있는 제안들은 우리의 설명이 옳다는 것을 확신시켜 주었다.
- 치료놀이의 훌륭한 executive director인 Gayle Christensen은 치료놀이 연구소가 원활히 운영되도록 해주었다.
- Kathie Booth Stevens는 책을 집필하는 전 과정에서 뛰어난 기술로 원고를 구성하고 편집하는 데 많은 시간을 할애했다.
- 나의 딸인 Alison Booth와 Kathie Booth Stevens는 격려와 정신적인 지지, 그리고 나의 삶에서 순수한 위안과 기쁨을 가져다주었다.

끝으로 이 책의 원고를 읽고, 여러 가지 사례들을 제시하고, 통찰과 유용한 제안을 함께 공유함으로써 이 책에 기여한 전 세계의 수많은 친구들과 동료들에게 감사의 말을 전한다.

일리노이즈 시카고의 Kathy Atlass, 뉴욕 웨스트 세네카의 Sucan Bundy-Myrow, 서호주 알바니의 Ishtar Beetham, 북아일랜드 벨훼스트의 Bhreathnach, 펜실베이니아 피닉스빌의 Rand Coleman, 독일 콘스탄츠의 Elke Furhmann, 일리노이즈 거니의 Donna Gates, 미주리 파크빌의 Brijin Gardner, 대브리튼 노팅햄셔, 맨스필드의 Tracy Hubbard, 미시간 앤아버의 Emily Jernberg, 온타리오 브램프튼의 Heather Lawrence, 일리노이즈 락포드의 Elaine Leslie와 Nancy Mignon, 온타리오 퍼구스의 Margaret

Mackay, 온타리오 킹 시티의 Evangeline Munns, 뉴욕 웨스트 세네카의 David Myrow, 인디아나 위노나 레이크의 Linda Ozier, 오리건 페어뷰의 Margie Rieff, 텍사스 휴스턴의 Mary Ring, 핀란드 헬싱키의 Saara Salo, 홍콩의 Angela Siu, 일리노이즈 시카고의 Mary Talen, 핀란드 히빈다의 Kirsi Tuomi, 일리노이즈 시카고의 Juan Valbuena, 펜실베이니아 란케스터의 Cheryl Walters, Chaddock의 스태프들 Karen Buckwalter, Thomas Donavan, Michelle Robinson 및 일리노이즈 퀸시의 Marlo Winstead를 비롯하여 수많은 사람들이 사례연구에 도움을 주었지만, 그들 모두를 이 책에 언급할 수가 없어서 아쉽다.

시카고 대학의 재능 있고 유능하며 잘 조직화된 대학원생인 Marie McDonough의 도움을 받은 것은 큰 행운이었다. 그녀는 파일들을 구성하고, 비디오테이프에 촬영된 치료놀이 회기를 전사하고, 원고를 각 장별로 정리하였으며, 참고문헌과 치료놀이 출판물 목록을 준비하고, 내가 필요할 때마다 항상 곁에 있어 주었다. 또한 시카고 대학의 대학원생인 John Davy는 애착, 두뇌발달, 자폐증, 그리고 그 외 수많은 주제들에 대해 중요한 도서관 자료들을 수집해서 배경자료를 업데이트하는 데 도움을 주었다.

그리고 우리가 그렇게 많이 배울 수 있도록 해준 많은 아동들과 가족들에게도 특별히 감사의 말을 전한다. 이 책의 사례연구에 기술된 가족들의 비밀유지를 위해서, 모든 이름과 구체적인 사생활 정보는 변경하였다.

새로운 아이디어들을 시도하면서, 아동들과 함께하는 새로운 방법들을 탐구했던 Ann Jernberg에게도 감사의 말을 전한다. 그녀가 없었다면 치료놀이는 존재하지 않았을 것이다. 치료놀이는 내가 평생 열정과 헌신을 바친 분야였으며, 이제 나는 치료놀이 접근의 지속적인 힘과 생명력에 대한 확신으로 3판을 발간하게 되었다. 사람들의 삶에 기쁨과 의미를 가져오는, 삶을 긍정하는 능력을 지니고 있는 치료놀이를 통해서 나는 전 세계의 치료놀이 커뮤니티와 진정으로 관계 맺을 수 있었다. 나는 지난 40년 동안 이룬 업적을 자랑스럽게 되돌아보는 한편, 치료놀이의 미래에 대해 희망을 가지고 나아간다. 선과 평화, 그리고 가족의 행복을 위한 힘. 나는 전 세계에 걸쳐서 치료놀이의 새로운 세대들이 앞으로 계속 서로 손을 잡고, 함께 마음을 나눌 것으로 믿는다.

Chicago, Illinois PHYLLIS B. BOOTH

September 2009

차 례

제2부 | 치료놀이의 전략

서 문

치료놀이는 관계에 초점을 둔, 즐거우면서도 개입적인 치료기법으로, 상호작용적이고 신체적이며 재미있다. 치료놀이의 원리는 애착이론에 바탕을 두고 있으며 치료모델은 부모와 자녀 간 건강하고 조율된 상호작용에 있다. 조율된 상호작용은 안정된 애착형성을 가능하게 하고 평생의 정신건강을 이끌어 줄 수 있다. 치료놀이는 아이와 함께하는 회기에 부모를 적극적으로 참여시켜 건강한 부모-자녀 관계를 형성하거나 조율하도록 하는 비교적 단기적이면서 집중적인 접근이다. 치료놀이의 효과는 어려움을 겪는 가족의 욕구를 충족시킬 수 있도록 애착에 기본을 둔 놀이를 통해 나타날 수 있다. 치료놀이는 이러한 가족들의 욕구를 다루기 위해서 특별히 고안되었다.

이 책을 준비하면서 필자는, 오늘날 아동과 가족이 직면한 문제를 염려하는 미디어의 많은 보도들에 놀랐다. 보도에 의하면, 부유층 및 중산층 가정의 아이들은 과도한 물질을 향유하고 있으며 선택해야 할 것들이 지나치게 많다고 한다. 어른들은 아이의 경험을 일일이 간섭하고 통제하는 일이 잦으며 지적 성취도 지나치게 강요한다. 그러나 아이들은 대인접촉 기회가 턱없이 부족하고 어른들로부터 지지와 격려를 받지 못하는 것은 물론 놀 시간도 없다고 한다. 한편, 저소득층 아이들은 범죄, 빈곤 그리고 마약 문제에 시달리고 있다. 많은 아이들이 방임, 가난 및 마약에 노출된 가정 안에서 애정도 받지 못한 채 굶주리는, 참혹한 상태에서 자라고 있다. TV에서 본 것처럼, 세상은 이 두 집단 모두에게 폭력적이며 무서운 곳일 수 있다. 전쟁과 자연재해의 공격 속에도 가정은 예외일 수 없는 것이다.

이처럼 두 환경 아이들 모두, 아빠 무릎에 앉아 자신이 가장 좋아하는 이야기를 듣고 엄마와 함께 몸으로 장난하고 놀며, 할머니 품속에서 우유와 쿠키를 먹는, 편안한 기회들을 놓치고 있다. 아이는 사랑하는 사람 옆에서 두려움, 슬픔 또는 기쁨을 나눌 수 있는 조용한 순간을 언제 찾을 수 있을까? 나무에 올라타고 모래성을 쌓으며 은신처를 만들기 위해 땅을 파는 등 이웃 아이들과 어디서 안전하게 어울릴 수 있을까? 아이들은 아동기의 마법세계를 놓치고 있는 셈이다.

표면적으로는 매우 다른 경험을 하고 있는 것처럼 보이지만, 두 집단 아이들에게 공통적인 부분이 있다. 무척 다른 이유지만 두 경우의 부모 모두, 자녀가 진정한 자기를 발달시키도록 아이를 소중히 여기며 양육하고, 지원하지 못하고 있는 것이다. 급하고 충동적인 부모는 자녀를 자신의 기대 속에서 성공적인 직업을 갖춘 성인의 모습으로 대한다. 계획한 대로 추궁하며 쳇바퀴 돌듯 도는 생활 속에서, 정말로 필요한 양육과 돌봄 속에서의 자신의 특별한 아이의 성장이 절실하다는 것을 부모는 보지도, 의식하지도 못한다. 현재 아이가 누구인지 또는 앞으로 누가 될 것인지를 그 부모는 보지 못한다.

방임된 아이의 부모도 하루하루 살기 바쁘고, 한정된 자원 때문에 자녀가 진정 누구인지를 보지 못한다. 자신의 욕구를 충족할 지원이 부족하고 자신에 대한 존중도 느낄 수 없어 아이는 나이보다 빠르게 자립심을 길러야 하고 단절된 관계를 경험하며 사람들을 불신하게 된다. 아이는 어떻게 놀아야 할지 모른 채 자신이 원래 배워야 하는 방식에 대해서도 폐쇄적이게 된다.

치료놀이가 제공하는 것

치료놀이의 관계 중심적 접근은 어려움에 처한 가족들이 다시 유대를 갖게 되고 서로에게 충분히 개입할 수 있도록 특별히 고안되었다. 치료놀이의 즐거운 상호작용은 부모와 자녀가 신체적, 정서적으로 가까워질 수 있게 도와준다. 조율과 공감에 초점을 둔 치료놀이는 가족이 진실되며 세심한 관계를 형성할 수 있게 한다. 이를 통해 가족이 서로를 돌보고 사랑하며 소중히 아낄 수 있음을 알게 된다. 조율적이며 공감적인 상호작용 속에서 아이는 자신이 누구인지를 진정으로 알아 가며 부모 또한 자신의 아이가 진정 누구인지를 볼 수 있게 된다.

치료놀이는 부모의 욕구를 자녀에게 강요하기보다는 자녀의 욕구에 맞춰 부모가 반응할 수 있도록 돕는다. 또한 부모로 하여금 안전과 신뢰로 이끄는 안내를 제공하도록 하고 안전감을 느끼게 하며 조절을 제공하도록 한다. 치료놀이는 안전 기지를 형성하기 위한 자녀의 위안, 양육, 지지의 욕구에 부모가 반응할 수 있게 하여 이를 통해 아이가 세상을 향해 출발할 준비를 확고히 해 나가도록, 또 필요할 때는 언제나 아이가 위안을 얻기 위해 재충전할 수 있게 집으로 돌아오도록 도와준다. 마지막으로, 부모와 자녀가 평생 동안 조화와 기쁨 안에서 서로 관계 맺을 수 있도록 양육적인 놀이를 통해 격려한다. 이러한 부모-자녀 놀이는 관계의 세계에서 제 자리를 찾을 수 있도록 아이를 준비시켜 준다. 아이는 순서를 지키고, 다른 사람의 리듬에 적응하며, 협력할 수 있게 되고 친구를 사귀는 중요한 기술들을 배운다. 세상은 탐험하기에 신나는 곳이라는 것도 아이는 알게 되며, 세상에 대한 경이감 및 경외심을 발달시키고 자유롭게 탐색과 학습을 하게 된다.

치료놀이의 시작

1967년에 Ann Jernberg는 새로 설립된 시카고 헤드스타트(Head Start) 프로그램 지부에서 심리적 서비스 책임자라는 어려운 일을 맡게 되었다. 그녀의 일은 심리적 서비스가 필요한 아이들을 선별하여 기존 치료센터에 의뢰하는 것이었다. 헤드스타트에서 일을 하게 된 첫 일 년 동안, 그녀와 팀 사람들은 도움이 필요한 300명 정도의 아이들을 발견했다. 그래서 시카고 지역에서 효과적인 치료를 하는 자원을 찾으려고 했으나 치료를 받는다는 것은 극히 적은 수의 아이들에게조차 불가능한 일이었다. 왜냐하면 아이에게 도움이 될 만한 심리치료는 너무 비쌌고, 오래 걸렸으며, 설사 몇 군데 있다 하더라도 도움을 필요로 하는 가족들과는 너무 멀리 떨어져 있었기 때문이다.

위기가 찾아왔다. 아이들에 대한 치료법을 찾아야 할 책임이 있음에도 불구하고 이용할 수 있는 곳은 어디에도 없었다. 아이에게 쉽게 접근할 수 있으면서도 효과가 빨리 나타나는 우리만의 프로그램을 만드는 것이 너무나 절실하게 필요했다. 더구나 필요의 급박성 때문에 상대적으로 경험이 적은 정신건강 사회복지사들도 이해하기 쉽고 활용하기도 쉬워야 했다. 따라서 아이를 좋아하고 돌볼 수 있는 어른들이 자연스럽게 접근할 수 있는 즐거운 형식의 상호작용을 활용하는 것이 맞는 듯했다. Ann Jernberg는 지금까지의 자원을 활용하여, 건강한 부모-자녀 상호작용을 모델로 삼고, Austin DesLauriers (1962; DesLauriers & Carlson, 1969)와 Viola Brody(1978, 1993) 연구에서 일부를 빌려와 새 접근법을 개발했다.

DesLauriers는 John Bowlby가 발표한 애착에 대한 새로운 연구(1969)의 아이디어를 자폐증 아이들을 위한 치료에 포함시켰다. 그는 치료에서 판타지를 배제한, '지금-여기'에 집중하는, 아이와 치료사 간 직접적인 몸의 접촉과 눈맞춤을 통한 활발한 개입과 친밀함을 강조하였다. Viola Brody는 정서장애 아동에 대한 연구를 통해 신체접촉하기, 부드럽게 얼러주기, 노래해 주기 그리고 꼭 안아주기 등 치료사와 아이의 양육적인 관계를 강조했다. 일이 진전되어 가면서 Viola Brody의 초기 제자인 Ernestine Thomas는 치료놀이의 가장 중요한 요소 중 하나에 기여하게 되는데, 바로 아이의 건강과 잠재력 그리고 장점에 대한 강한 확신과 기대를 치료놀이에서 강조하는 것이었다.

애착에 기반한 이 모델을 마음에 두고, 우리는 헤드스타트에 온 어머니들, 대학생들 그리고 아동 심리치료에 종사하는 전문가들은 물론 아이와 일을 해본 경험이 있는 모든 사람들을 모집하기 시작했다. 활기차고, 즐겁게 아이들에게 개입하고 아이로 하여금 자신의 모든 잠재력을 깨우칠 수 있게 최선을 다할 수 있는 사람들을 찾았다. 우리는 정신건강 사회복지사 그룹으로 하여금 개별적, 혹은 집중적으로 —일주일에 두세 번씩— 학교에 나가 도움을 필요로 하는 아이들을 도울 수 있도록 트레이닝하고 주의 깊게 슈퍼비전을 주었다. 일이 잘되고 있다는 것은 금방 확인할 수 있었다. 슬프고 위축되었던 아이들이 더 활기 있어졌으며, 행동화하며 분노를 보이던 공격적인 아이들은 차분해지고 더욱더 협조적으로 변했다.

교장선생님, 교사, 사회복지사 그리고 헤드스타트의 다른 스태프들로부터 이러한 비전통적인 방식에 대한 저항에 부딪히자, Ann Jernberg는 일의 유효성을 증명하기 위해 〈Here I Am〉 (Jernberg, Hurst, & Lyman, 1969)과, 〈There He Goes〉 (Jernberg, Hurst, & Lyman, 1975)라는 두 영상을 만들었다. 이 영상으로 하여금 헤드스타트 조직에 새로운 방식이 소개되는 일이 가능해졌으며 그것이 점차 수용되면서 결국엔 완전히 인정받을 수 있게 되었다.

1970년에 이르러, 이 즐거운 치료 방식— 전통적인 놀이치료와는 매우 다른— 을 위한 명칭을 찾게 되자, 〈Here I Am〉의 감독인 Charles Lyman이 '치료놀이(Theraplay)' 라는 이름을 제안했다. 1971년에는 치료놀이협회(The Theraplay Institute)가 설립되었고, 그 해 정신건강 전문가들을 위한 첫 수업이 시작되었다. 1972년 3월에는 미보건교육복지부(HEW)에 제출하는, 시카고 헤드스타트 프로그램의 심리적 서비스 제안서에 치료놀이가 문서화되었다. 1976년에 치료놀이 고유방식 보호를 위해 저작권 또는 상표와도 같은 서비스 마크로 Theraply를 등록하였다.

헤드스타트에서 아이들의 성공을 관찰한 교사, 부모 그리고 사회복지사들은 아이를 개별 치료에 의뢰하기 시작했다. 치료놀이는 헤드스타트 교실뿐만 아니라 시카고에 있는, 특별히 개설된 치료놀이 치료실에서도 실행되었다. 1980년 초반이 되면서 미국과 캐나다에 위치한 다른 센터의 사람들도 교육하기 시작했다. 치료놀이는 이제 전 세계 29개 국가에서 시행되고 있다. 핀란드와 독일에는 치료놀이협회가 세워졌다.

1993년, Ann Jernberg의 임종 후에 치료놀이협회(TTI)의 기반을 더욱 튼튼히 하는 것이 시급해졌다. 1995년에는 비영리 목적의 치료, 상담 센터로 통합하여 치료놀이협회(TTI)를 법인화하였다. 우리는 치료놀이를 가장 효율적으로 확장시킬 수 있는 것이 교육이라 생각했다. 우리의 사명은 '치료놀이 훈련, 치료, 옹호, 연구를 통해 건강한 가족, 정서적으로 건강한 아이들과 성인이 되도록 하는 것'에 있다.

치료놀이가 헤드스타트 프로그램에 지속적으로 활용되고 있지만 조기개입 프로그램, 어린이집 및 유치원, 가정기반 치료, 위탁 및 입양 서비스를 제공해 주는 기관, 미혼모들의 지지, 교육, 요양센터, 거주형 요양센터, 장기 위탁보호 현장, 그리고 노인들을 위한 데이케어 등을 하는 여러 현장 속으로도 확장되었다. 미국에서 치료놀이가 활용되었거나 활용되고 있는 특수 집단 및 현장의 예를 보면 다음과 같다. 청각장애 자녀와 비청각장애 부모들, 카트리나 허리케인의 피해를 받은 공립 중학교, 학교를 다니는 십대 청소년들, 거주형 셋팅, 비행청소년 프로그램, 자폐증 아동 가정을 위한 여름캠프, 친권을 위협받고 있는 가족들, 노숙자 및 가정폭력 쉼터, 그리고 가정에서의 조기개입 프로그램들이 그것이다.

치료놀이 적용은 해외에서도 광범위했고 창조적이었다. 치료놀이는 보스니아 전쟁으로부터 트라우마를 겪은 아이들에게, 스리랑카의 쓰나미로 인해 황폐해진 아동과 가족들에게, 러시아와 라트비아 고아원 및 핀란드 조난마을의 아이들에게, 보츠와나의 에이즈 고아들 및 거리의 아이들에게, 아르헨티나의 빈곤한 가족들에게 활용되었다. 한국에서는 자존감 및 사회 정서적 기능 증진을 위해 폭넓은 범위에서 성공적으로 활용되었는데, 예를 들면 유치원 아동에게 활용되었으며 친부모의 학대로 인해 쉼터에 살고 있는 아이들, 가출 청소년, 발달 지연 아동, 자폐 스펙트럼 장애를 겪고 있는 아이들, 그리고 불안정한 애착을 갖고 있는 아이들에게 적용되었다.

치료놀이의 핵심 개념

치료놀이는 건강한 부모-자녀 간 상호작용과 관련된 폭넓은 상호작용을 모방하려는 노력의 일환으로, 치료놀이의 핵심 개념이 되는 몇 가지 기본 원칙들이 도출되었다. 이것들은 건강한 부모-자녀 관계의 결정적인 특징이다. 건강한 사회-정서적 관계는 이 특질들을 공유하는 것이라 할 수 있다.

치료놀이는

- 상호작용적이고 관계에 기반한다.
- 직접적인, 지금-여기의 경험이다.
- 성인의 안내로 이루어진다.
- 반응적이고, 조율적이며, 공감적이고, 반영적이다.
- 전언어적, 사회적, 우뇌 발달 수준에 맞춰진다.
- 접촉을 활용하고, 다감각적이다.
- 즐겁다.

제2장에서는 이러한 관점들을 지지해 주는 이론과 연구를 고찰해 볼 것이다.

이 책의 독자들

이 책은 애착 및 관계형성에 문제가 있는 아이들과 가족에게 직접적으로 서비스를 제공해 주는 심리학자 및 정신과의사, 사회복지사, 상담사, 가족치료사, 놀이치료사, 소아간호사, 보육교사, 교사, 작업치료사 및 물리치료사, 언어치료사, 입양 및 입양 후 상담자와 지원자, 초기아동기 및 발달전문가, 1차 예방과 조기 예방 분야에 종사하는 사람들, 특히 부모교육 프로그램에 일하는 사람들을 위해 저술되었다. 이 책은 미래에 생길 문제 예방과 정신질환 완화에 있어서도 유용한 접근법이 될 것이다. 또한 정신건강이나 특수교육 프로그램의 관리자 및 기관에도 도움이 될 것이다. 치료놀이는 단순한 일련의 기술이 아니라 아이들에게 다가가기 위한 긍정적이고, 즐겁고, 풍성한 통합된 방법이기 때문에 부모, 조부모, 교사 그리고 폭넓은 독자들에게도 도움이 될 것이다.

이 책은 치료놀이의 치료가 쉽게 이해되도록 하기 위한 가이드라인을 의도했으므로 경험 있는 치료사나 교사의 레퍼토리에 많은 원리들이 유용하게 통합될 것이라 확신한다. 그러나 이 책만을 읽고서 능력 있는 치료놀이 치료사가 될 수는 없다. 모든 치료놀이 치료사들은 구조화된 훈련과정이 의무화되어 있고 슈퍼비전 하에 실제 경험과정을 마쳐야 한다. 치료놀이가 보기에는 간단하며 직관적으로도 자연스럽겠지만, 결코 배우기 쉬운 방법은 아니다. 아이와 부모 각각의 욕구에 올바르게 반응하는 것이 매우 어렵기 때문이다. 그 방법을 배우는 데 많은 시간이 필요하고 집중적인 훈련 과정과 슈퍼비전이 필요하다. 이 과정은 치료놀이협회(TTI)와 핀란드, 독일에 있는 국제 치료놀이협회에서 가능하다. 모든 훈련 일정 및 자격증 취득을 위한 필요조건들은 홈페이지를 통해 조회할 수 있다(www.theraplay.org).

이 책의 구성

이 책은 크게 세 부분로 구성되어 있다. 제1부는 치료놀이의 방식과 연구의 기초에 대한 개요를 담았다. 제1장은 어떻게 치료가 구성되는지를 소개하고 있다. 즉, 치료놀이의 네 가지의 차원—구조, 개입, 양육, 도전—을 각 아이의 욕구에 따라 어떻게 적용하는지를 기술하고 있고, 치료놀이의 핵심 개념이 이 차원에 어떻게 연관되는지도 서술한다. 치료놀이 치료를 받게 되는 아이의 애착 또는 관계 문제의 근원에 대해서도 소개하고 있다. 그리고 치료놀이를 활용하기 어려운 상황들에 대하서도 논의한다. 제2장은 위에서 언급된 치료놀이 치료의 핵심 개념들을 뒷받침하고 정보를 주는 연구들에 대해 알아보며, 제3장은 치료놀이의 효과성 연구를 검토한다.

제2부는 치료놀이 치료의 전략을 서술하고 실천지침으로 활용하도록 고안되었다. 제4장은 치료놀이 치료를 어떻게 구조화하는지, 치료 회기 속의 배열을 어떻게 계획할지, 그리고 구조, 개입, 양육, 도전 욕구를 중심으로 각 아동과의 한 회기가 어떻게 형성되는지에 대해 설명하고 있다. 제5장은 치료사가 아동과의 치료놀이에서 직면하고 있는 문제들에 대해 기술하고 있다. 시간의 흐름에 따라 치료가 어떻게 전개되며, 각 아동과 부모의 욕구에 따라 어떻게 맞추어져야만 하는지, 아동의 저항을 다스리는 방법 그리고 역전이 경험의 부적절한 사용을 인식하고 피하는 방법 등을 소개한다. 이 장은 치료사에게 필요한 실천지침 목록을 소개하면서 마무리될 것이다. 제6장은 부모의 역할을 위해 회기에서 부모를 준비 시키는 것은 물론 자녀의 욕구에 반응을 더 잘할 수 있도록 도와주는 것에 대해 서술한다. 또한 부모가 자녀와 함께 집에서도 치료놀이 접근을 실행할 수 있게 어떻게 가르칠 것인지도 묘사한다.

제3부에서는 다양한 행동적, 정서적, 관계적 문제를 가진 아동의 욕구에 대해 치료놀이 치료를 어떻게 적용할 것인지를 서술하고 있다. 제7장은 다양한 조절장애와 감각조절의 문제를 가진 아동에게 치료놀이를 적용시킨 것을 중심으로 다룰 것이다. 제8장은 치료놀이를 통해 자폐 스펙트럼 아동을 어떻게 도울 수 있는지를 기술한다. 제9장은 치료

놀이를 통해 복합 외상을 경험한 아동의 욕구를 어떻게 충족시키는지를 살펴보며, 제10장은 위탁 및 입양 가정의 아동을 돕는 데에 치료놀이의 기본 원칙이 어떻게 적용되는지를 보여준다. 제11장은 청소년과 함께할 때, 치료놀이를 어떻게 적용할 수 있는지를 서술하고 있다. 제12장에서는 개별 치료를 넘어서 치료놀이의 긍정적이고 즐거운 방법을 집단에 어떻게 적용할 수 있는지를 보여줄 것이다.

제1부

치료놀이 기법의 개관

1장에서는 치료놀이 기법의 기초를 소개한다. 2장에서는 치료놀이의 핵심개념을 설명하고 이를 뒷받침하는 이론적 연구문헌들을 검토해 본다. 그리고 3장에서는 치료놀이 효과에 관한 연구를 제시한다.

제1장 치료놀이 기법의 기초

치료놀이는 매력적이고 즐거운 놀이로 이루어진, 관계에 초점을 둔 치료기법으로서 상호작용적이고 신체적이며 개별적이고 재미있다. 치료놀이의 원리는 애착이론에 기반을 두고 있으며, 안정애착과 평생의 정신건강을 이끌어 낼 수 있는 건강하고 잘 조율된 부모-자녀 상호작용이 모델이다.[1] 치료놀이는 부모-자녀 관계를 올바르게 조율하기 위해 부모가 그들의 자녀와 함께 회기에 적극적으로 참여함으로써 집중적이고 비교적 단기간에 이루어진다. 치료놀이의 목표는 애착을 증진시키고, 자기조절능력을 향상시키며, 신뢰감와 즐거운 개입을 촉진시키고, 치료 회기가 진행되는 동안 부모 스스로가 건강을 증진시키는 상호작용을 유지해 나가도록 힘을 부여해 주는 것이다.

이 장에서는 치료놀이 기법과 그 진행과정을 소개한다. 여기서 논의될 사항은 다음과 같다.

- 치료놀이가 가장 적합하게 적용되는 경우
- 첫 치료놀이 회기의 기록문을 포함한 실행계획과 전반적인 과정
- 치료놀이가 부모-자녀 관계를 어떻게 모방하고 있는가
- 치료놀이의 핵심개념
- 치료놀이 차원들이 치료계획에 어떻게 사용되는가
- 왜 치료놀이가 필요한가

• 치료놀이가 적합하게 적용될 수 없는 경우

치료과정의 이해

치료놀이의 주된 초점은 부모-자녀 관계에 있다. 치료놀이의 치료 모델은 민감하고 반응적인 양육과 즐거운 상호작용이 아동의 두뇌를 발달시키고 자기와 타인에 대한 긍정적인 내적 표상을 형성시키며, 아동의 행동과 감정에 평생 영향을 미친다는 애착 연구 결과에 기반을 두고 있다. 치료의 목표는 아동과 아동의 주 양육자 사이에 안전하고 조율된 즐거운 관계를 형성하는 것이다. 예를 들어, 거주치료 시설이나 학교 내에서 이루어지는 상담과 같이 부모가 함께할 수 없는 경우의 치료놀이 목표는 관계의 질을 높이는 분위기를 형성하고, 한 명의 특정 직원이나 치료놀이 치료사와 친밀한 관계를 형성하도록 하는 것이다. 자폐 스펙트럼 장애나 발달장애를 가진 아동들의 경우, 치료의 목표는 이러한 장애와 관련된 사회적 상호작용의 문제를 다루는 것이다. 모든 경우에 건강하고 안전한 관계의 특징인 즐겁고 조율되고 반응적인 상호작용을 발달시키고 연습하기 위해 부모와 아동이 함께 회기에 참여하도록 한다.[2]

치료에서는 부모로 하여금 아동의 욕구에 민감하게 반응하는 방법을 배울 수 있도록 부모의 경험과 태도를 되돌아보게 하고, 또한 부모와 함께 안전하고 협동적인 관계를 형성함으로써 부모가 치료 중 적극적인 역할을 수행할 수 있도록 준비시킨다. 논의, 관찰, 역할극을 통해 부모가 그들의 자녀를 이해하고 더 공감할 수 있도록 돕는다. 동시에 아동과의 상담을 통해 아동이 예상했던 문제적인 관계와 일치하지 않는(그래서 도전이 될 수 있는) 다른 종류의 관계를 경험하도록 해준다. 치료놀이 기법의 특징은 부모와 아동이 함께 참여해 건강하고 새로운 상호작용 방법을 연습한다는 것이다.

치료의 목표는 아동과 부모 간에 신뢰할 수 있는 정서적 관계를 형성하거나 잘 조율하는 것이다. 이는 아동 스스로의 내적 작동 모델과 아동과 부모 사이에 나타날 수 있는 상호작용을 긍정적으로 변화시키는 것을 포함한다. 이를 통해 부모 자신의 내적 작동 모델과 아동에 대한 부모의 마음 상태도 더 긍정적이게 될 것이다. 양육자가 아동의 각성 상태에 맞춰 조율하고 그것을 조절해 볼 수 있도록 하는 것은 아동의 자기조절능력을 향상시켜 줄 수 있다. 이는 치료를 의뢰한 아동의 문제행동을 감소시킬 것이다.[3] 더 중요한 것은 치료가 낙관주의와 높은 자존감, 공감능력과 타인과 잘 어울릴 수 있는 능력, 장기적

인 정신건강과 같이 안정애착과 관련된 모든 긍정적인 결과물을 낳을 수 있다는 점이다.

비록 치료기관을 찾아오는 아동들은 영아기가 훨씬 지났지만, 그들에게는 여전히 자신의 욕구에 대한 조율되고 공감적인 반응, 양육적인 접촉, 집중된 눈맞춤, 즐거운 주고받음과 같이 건강한 부모와 영아 관계에서 쉽게 발견되는 요소들이 필요하다. 이러한 경험을 통해 아동들은 자신들이 누구인지, 또 자신들의 세계는 어떠한지에 대해 배우게 된다. 아동들은 자신들의 세계에서 주로 그들의 부모처럼 중요한 사람들을 확인하게 되고, 부모가 얼마나 도움이 되고 반응적인지를 발견하게 된다. 인간은 죽을 때까지 동료애, 조율, 감정의 공동조절, 가치감, 타인과 함께 하는 즐거운 경험과 같은 본질적인 욕구를 갖는다.

치료놀이는 가족의 건강과 힘을 명확히 강조한다. 치료사의 낙관적인 메시지는 아동과 부모 모두에게 그들의 관계에 희망이 있다는 의미가 된다. 치료놀이 회기 중에 아동은 부모의 눈에 비친 사랑스럽고, 능력 있고, 소중하며, 함께 있으면 즐거운 자신의 모습을 보게 된다.

치료놀이의 대상

치료놀이는 영아부터 청소년까지 모든 연령대의 아동에게 효과적이지만, 18개월에서 12세 사이의 아동들에게 가장 흔하게 실시된다. 11장에서는 치료놀이가 청소년들에게 어떻게 적용될 수 있는지를 제시하고 있다. 치료놀이는 노인을 대상으로 한 개별상담이나 집단상담에도 적용될 수 있다.

치료놀이는 넓은 범주의 사회, 정서, 발달 및 행동 문제에 효과가 있다. 이는 위축, 우울, 두려움 혹은 수줍음과 같은 내면화 행동 문제, 그리고 행동화, 분노, 불복종과 같은 외현화 행동 문제 및 관계 문제와 애착 문제를 포함한다. 치료놀이는 또한 조절 문제, 자폐 스펙트럼 장애, 발달 지연, 신체적 문제 등과 관련된 관계적 문제를 다루는 데에도 도움이 된다.

치료놀이는 애착 형성과 관계 개선에 초점을 맞추고 있기 때문에 수년간 위탁가정이나 입양가정에서 성공적으로 사용되어 왔다. 부모가 과거에 외상이나 붕괴된 관계를 경험한 아동의 욕구를 이해하고 그에 반응할 수 있도록 도와주며, 가족과 아동이 새로운 애착을 형성할 수 있도록 돕는 데 가장 적합하다. 치료놀이는 또한 가난, 경험 부족, 약물남용, 사회 및 가정 폭력, 정신적·신체적 문제, 부모 자신의 유년기에 결핍되었던 좋은 양육 등의 요소로 위기에 처한 생물학적 가족에게도 유용하다. 좋은 양육방식을 가진 가족이라도 이혼이나 동생의 출산, 아동의 기질적 문제, 부모와 아동의 기질 차이, 병으로 인한 별거 등의 스트레스 요인 때문에 문제행동을 갖게 된 아동이 있다면 마찬가지로 치료놀이가 도움이 될 수 있다.

치료놀이는 긍정적이고 공감적이며 집중적인 양육 접근법으로서, 위험요소나 일상의 스트레스 속의 부모-자녀 관계를 강화하기 위해 초기 개입 및 예방 프로그램에서 사용되어 왔다.

치료놀이는 학교, 가정, 외래환자 정신건강 클리닉, 병원, 거주치료센터, 노숙자 쉼터, 개인 상담소 등 다양한 환경에서 실시된다.

실행계획

지금부터는 치료놀이 회기에 대해 서술하기 전에, 치료의 실행계획과 전형적인 순서를 간단히 살펴볼 것이다. 4장에는 치료사가 상담 시 실행해 볼 수 있도록 세부적인 진행 과정이 제시되어 있다.

참여자 치료놀이 치료는 회기에 부모 혹은 주 양육자가 참여한다. 한 명 혹은 두 명의 치료사가 함께하는 것이 성공적일 수 있다. 두 명의 치료사가 가능한 경우, 한 명은 아동과 상담을 하고, 해석치료사인 다른 한 명은 부모와 함께한다.[4] 한 명의 치료사만 가능한 경우, 치료사는 아동과 함께 회기를 실시하고 부모와 아동이 준비되었다고 판단될 때 부모를 활동에 참여시킨다. 치료사는 부모와 따로 만나 부모의 질문에 대답해 주고, 아동과 함께한 회기에서 무슨 일이 일어났는지 부모와 이야기를 나누며, 회기 내에서 할 수 있는 부모의 역할을 알려 준다.

환경 치료놀이실은 간단하고 기능적이며 편안해야 한다. 큰 바닥용 베개나 앉을 수 있는 커다란 쿠션과 부드러운 작은 베개나 쿠션을 놓아, 아동이 편히 쉴 수 있고 즐거울 수 있는 공간이라는 의미를 전달한다. 아동의 회기에서 무슨 일이 일어나고 있는지에 대해 해석치료사와 부모가 관찰하고 이야기를 나눌 수 있도록 일방경이 설치된 관찰실이 있는 것이 유용하다. 이것이 불가능하다면 간단한 비디오 시설이나 무선으로 치료놀이실과 관찰실로 사용할 수 있는 다른 방을 연결할 수 있다. 그러나 학교, 개인 상담소, 가정 등과 같은 많은 환경에서는 관찰실이나 해석치료사를 두는 것이 불가능하다. 이 책에서는 이러한 두 경우에 대한 예를 제시할 것이다. 4장에서는 두 명의 치료사가 함께 상담하는 방법과 더불어 한 명의 치료사가 동시에 두 명의 역할을 담당하는 방법에 대해 설명하였다.

회기의 횟수와 시간 기본적인 치료놀이 치료계획은 18~24회의 회기로 이루어진다. 이는 3~4회의 사정기간, 치료기간, 그리고 1년 동안 4~6회에 걸친 추후점검기간을 포함한다. 더 복잡한 사례의 경우, 치료기간은 6개월에서 1년이 될 수도 있다. 치료놀이 회기의 시간은 30~45분 정도이며, 보통 일주일에 한 번 시행한다.

치료놀이 치료의 순서

다음은 치료과정의 세 단계인 사정, 치료, 추후점검에 대한 설명이다.

사 정 치료놀이 사정 절차는 다음의 요소를 포함한다.

- 아동의 행동과 부모의 태도에 대한 표준화된 질문지. 이는 보통 초기면접이 이루어지기 전에 양육자가 작성한다.
- 초기면접은 아동의 양육자와 함께하며, 이때 치료사는 가족의 과거와 현재의 기능에 대해 알게 된다. 아동은 참석하지 않는다.
- 아동과 각 양육자 간 관계의 질과 특성을 평가하기 위해 고안된 구조화된 관찰도구인 마샤 상호작용 평가(Marschak Interaction Method: MIM; Marschak, 1960, 1967; Marschak & Call, 1966; Booth, Christensen, & Lindaman, 2005)를 사용하여 부모와 자녀 간 관계에 대해 평가한다.
- MIM 회기에 참여한 양육자와 함께하는 피드백 회기. 이 만남에서는 문제에 대한 치료사의 초기 평가를 제시하고 특별한 점을 설명하기 위해 MIM 회기가 녹화된 비디오테이프의 일부를 보여 준다. 만약 치료놀이 치료가 추천되고 부모가 이에 동의하면, 나타나는 문제의 심각성에 따라 일정 횟수의 회기를 정하고 상담을 시작하기로 합의한다.

치료 다음의 기록문에서 보겠지만, 치료놀이 회기는 개입적이고 즐겁게 계획된다. 치료사는 특정 아동의 욕구에 대한 이해를 바탕으로 한 계획을 통해 각 회기에 접근한다. 아동과의 상호작용에서 치료사는 그때그때 아동의 반응에 맞추어 계획을 조정하고 행동을 조율한다. 각 회기 내에서는 활발한 활동과 차분한 활동을 번갈아 가며 제공한다. 일반적으로 아이에게 먹여 주기나 노래 불러 주기와 같은 조용한 양육적인 활동으로 회기를 마친다.

초기 회기는 활기찬 인사와 치료사가 아동의 중요한 특징을 '체크업' 하는 것과 같이 친해지기 위한 적극적인 노력으로 시작한다. 치료사는 아동의 눈동자 색을 적어 놓을 수도 있고, 아동의 주근깨 개수를 세거나, 아동이 얼마나 높이 뛸 수 있는지 혹은 얼마나 멀리 던질 수 있는지를 볼 수 있다. 비록 각 아동이 새로운 치료사와 함께 놀이하는 경험에 대해 반응은 각각 다르지만, 많은 아동은 머뭇거리며 수용을 하는 단계에서 시작해 저항 단계를 거쳐 의욕적으로 개입하는 마지막 단계의 순서를 따른다. 이 치료의 여섯 단계는 5장에서 설명한다.

아동의 욕구에 따라 부모는 초기부터 치료실에 함께 있을 수도 있고 관찰실에서 치료사와 아동을 관찰하고 있을 수도 있다. 부모는 해석치료사의 안내를 받으며 관찰할 수 있는데, 이때 해석치료사는 무슨 일이 일어나고 있는지에 대해 부모가 이해할 수 있도록 돕고, 치료놀이실에서 아동과 함께할 수 있도록 부모를 준비시킨다. 한 명의 치료사만 있을 경우, 치료사는 회기에 대해 편하게 이야기를 나눌 수 있는 시간에 부모를 따로 만난다. 남은 회기 동안에는 부모가 치료실에 들어와 치료놀이 치료사의 안내에 따라 그들의 자녀와 상호작용하는 시간을 갖는다. 일단 부모들이 회기 중에 이루어진 활동에 조금 익숙해지면, 다음 회기 전까지 집에서 시도해 볼 수 있는 활동들을 과제로 내줄 수 있다. 6장에는 부모와 함께하는 방법을 제시한다.

마지막 회기에서는 아동의 역량과 성취를 축하하는 즐거운 파티를 한다. 이는 아동과 부모가 서로 얼마나 즐겁게 지낼 수 있는지에 대해 강조하는 시간이다.

치료가 종결될 때, 부모는 표준화된 질문지를 다시 작성하고 치료의 성과를 평가하기 위한 MIM을 실시한다.

추후점검 추후점검 회기는 처음 세 달 동안은 1개월 간격으로 계획하고, 이후에는 3개월 간격으로 1년 동안 계획된다. 이 회기들은 각 회기의 후반부에 부모가 참여하였던 것과 같이 치료 마지막 단계에 이루어졌던 회기의 방식을 따른다. 회기 초반부에 부모는 회기가 없었던 기간에 일어났던 사건이나 문제에 대해 이야기할 시간을 갖는다. 부모가 치료실에 들어올 때, 부모는 자녀와 함께 즐겼던 활동들을 치료사에게 보여 줄 수 있다.

치료놀이의 실제

치료놀이와의 '짧은 접촉'

이 치료놀이 회기의 예시에서는 어떻게 놀이를 하는 것이 친밀한 부모-자녀 관계를 형성하는 데 도움이 되는가를 부모와 자녀를 안내하고 아동을 조율하는 간단한 상호작용 활동들을 통해 보여 주고 있다. 다음의 회기 기록문은 해석치료사가 부모와 어떻게 상담하는지에 대해 제시한다.

7세 3개월인 사라는 자신이 태어난 가정에서 심한 방임을 경험한 후 3세 때 입양되었다. 사라가 입양부모와 함께 살게 되었을 때, 아이는 먹을 음식이 충분히 있는지에 대해 걱정하였다. 사라는 부모와 가까이 접촉하거나 꼭 껴안는 것을 피했지만, 때로는 낯선 사람에게 겁없이 다가가기도 했다. 치료놀이 회기를 하는 동안, 사라는 집과 학교에서 잘 따르는 모습과 함께 소리 지르고 발로 차고 다른 사람을 깨무는 행동도 하였다. 사라는 부모와 자주 다투었고 그들이 요구한 것과 반대로 행동하였다. 사라는 종종 냉담하거나 부정적인 표정을 지었고, 부모는 이를 아이가 불행해하거나 지루해한다는 표현으로 해석하였다. 사라는 큰 소음이나 자신의 옷에 달린 상표와 봉제선 같은 다양한 감각적 경험을 불편해했다. 사라의 부모는 사라가 자신들을 신뢰하고 자신들의 사랑을 받아들여 주길 원했고, 또한 부모 자신들이 아이의 반항적인 행동을 다룰 수 있도록 도움받고자 했다.

초기면접에서, 사라의 부모는 현재 아이가 보이는 문제의 원인과 의미를 알 수 있도록 자신들의 걱정을 치료사에게 말하였고, 사라의 초기 경험에 대한 정보를 주었다. 면접을 한 이후에는 사라와 각각의 부모가 구조화된 MIM 관찰 회기에서 함께 노는 것이 관찰되었다. MIM 동안, 규칙을 알고 싶어 하고 모든 상황을 통제하고자 하는 사라의 욕구가 명확하게 보였다. 사라는 처음에는 수줍어하거나 조용하게 있다가 과장된 미소 및 낄낄거림과 함께 약간 우두머리 행세를 하려고도 하였으며, 미묘한 부정적인 표현도 하는 등 다양한 정서 범위를 보였다. 사라는 부모에게 양육받는 것을 불편해하였다. 또한 자신의 성과에 대해 염려하는 표현을 했으며, 스스로 많은 비난을 하기도 했다. 부모는 다정했고 긍정적이었다. 부모는 '작은 어른' 의 역할을 장려하는 듯한 모습으로 종종 사라를 대화에 참여시켰으며, 사라에게 선택권을 주고 질문을 하였다. 부모는 사라가 행복해졌으면 하는 진실된 열망 때문에 사라의 어려움과 부정적인 감정의 표현을 인정해 주기보다는 오히려 긍정적인 정서와 얼마나 그녀가 과제 수행을 잘하고 있는지에 집중하려는 경향을 보였다.

초기면접과 관찰된 상호작용을 바탕으로 다음과 같은 치료계획이 설정되었다.

- 사라에게 자신의 긍정적이고 부정적인 정서를 조율하는 다양한 경험 제공하기
- 사라가 자신에게 안전과 구조를 제공하는 역할에 대한 주도권을 부모에게 넘길 수 있도록 돕기
- 사라가 부모가 제공한, 편안하게 진정시켜 주는 양육을 수용할 수 있도록 돕기
- 과제 수행보다는 즐겁고 협력적인 경험에 집중하기
- 부모가 위에 제시된 경험을 아동에게 제공하고, 사라의 반응과 행동을 깊이 이해할 수 있도록 돕기

치료사와 아동

사라의 아빠가 일방경 뒤에서 해석치료사와 관찰하고 있는 동안 사라의 엄마는 사라와 치료놀이 치료사와 함께 첫 회기에 참여하였다. 처음부터 부모가 치료에 참여하도록 결정을 내린 첫 번째 이유는 사라의 입양 내력 때문이었고, 두 번째 이유는 사라의 가족이 다른 주에 살고 있어서 단기간의 정식 치료놀이 치료 후에는 그들 스스로 사라를 돌보아야 했기 때문이다.

사라의 첫 번째 치료놀이 회기를 담은 이 기록문에서는 행동에 대한 묘사는 ( )로, 행동의 의미나 의도에 대한 추론은 [ ]로 묶어 기술하였다. 물음표는 추론의 잠정적인 의미를 나타내는 것으로, 차후 관찰을 통해 의미가 확정되거나 부인되어야 한다.

사라, 사라의 엄마, 치료사 마거릿은 치료실 문 앞에 서 있다. 치료실 안에는 사라와 엄마가 앉을 바닥용 깔개와 큰 방석이 정돈되어 있다. 마거릿은 동물 인형 두 개를 손에 들고 사라 앞에 무릎을 꿇고 앉는다.

마거릿: 넌 호랑이가 좋니, 표범이 좋니?

사라: (수줍게 미소 짓고 엄마를 올려다보며) 호랑이요.

마거릿: 네가 호랑이를 좋아할 줄 알았어. 좋아, 네 머리 위에 호랑이를 올려놓을게. (사라가 미소 짓는다.) 난 엄마 머리 위에도 하나를 올려놓을 거야. 와, 둘 다 멋져 보인다! 이제 나와 엄마의 손을 잡자. 인형을 떨어뜨리지 않고 방석까지 걸어가 보자. (마거릿이 그들의 손을 잡고 천천히 조심스럽게 방석까지 데리고 간다.) 좋아요, 엄마는 거기에 서서 손을 내밀어 보세요. 사라, 셋을 세면 고개를 살짝 숙여 엄마 손에 네 인형을 떨어뜨려 보렴……. 하나…… 둘…… 셋.

엄마: 잡았다!

마거릿: 이제는 사라가 손을 내밀어 보렴. 그리고 엄마가 엄마 것을 떨어뜨리세요. 네가 잡았구나! 여기가 우리가 앉을 곳이야. (사라와 엄마가 나란히 방석 위에 앉도록 돕는다.)

마거릿: 난 너와 이걸 해볼 기회가 없었네. (사라가 적극적으로 앞으로 나와 앉고는 손을 내민다.) 그렇지. (사라와 마거릿은 번갈아 가며 서로의 인형을 떨어뜨리고 잡는다. 사라는 '셋'을 세기 조금 전에 먼저 인형을 떨어뜨린다.) [흥분해서? 약간 반항적인?]

마거릿: [패턴을 바꾸기 위해 활동을 바꾸고 다시 개입한다.] 두 개로 해볼 수 있겠니?

사라: 두 개를 쌓아서요?

마거릿: 응, 바로 그거야. 넌 내 의도를 정확히 알고 있구나. (인형 두 개를 사라의 머리 위에 포개 놓는다.) 네 머리를 조금 돌려 엄마가 엄마 딸을 볼 수 있게 해보렴. (사라와 엄마가 서로를 보고 히죽 웃는다.) 좋아, 넌 파란 눈을 가지고 있으니, 신호는 '파랑' 으로 하자……. 초록…… 검정…… 갈색…… 파랑. (엄마에게) 따님이 듣는 것도 참 잘하네요!

마거릿: (물건이 담긴 가방에 손을 뻗으며) 이 속에 뭔가 있단다.

사라: 우와아아! (즐거운 기대의 반응)

마거릿: 우리는 여섯, 일곱 놀이를 할 거야. 비눗방울 좋아하니? (사라가 끄덕인다.) 와, 기쁜데.

마거릿: 너와 엄마가 손뼉으로 비눗방울을 터뜨리는 거야. (치료사의 손으로 시범을 보인다.)

사라: (벌떡 일어서며) 일어나서 해도 되요?

마거릿: 일어서서도 해보고 앉아서도 해볼 거야. [앉아서 하는 것이 더 차분하겠지만, 개입을 지속하는 것이 앉는 것을 강요하는 것보다 더 중요하다.]

사라가 손으로 비눗방울을 활기차게 터뜨리면서 웃으며 점프한다. 엄마는 빗나간 비눗방울을 터뜨린다. 비눗방울 하나가 사라의 머리 위에 잠깐 동안 머무른다.

마거릿: [엄마와 아동 간의 접촉을 위한 기회임을 발견한다.] 사라, 고개를 숙여 보렴. 바로 여기에 비눗방울이 하나 있었어. (사라의 머리를 만진다.) 어머니, 사라의 머리를 만져 보세요. 젖은 것이 느껴지나요? (엄마가 사라의 머리를 쓰다듬는다.) 너의 한 손과 엄마의 한 손으로 비눗방울을 터뜨릴 수 있을까? (각자의 손 하나를 서로 잡도록 한다. 시도해 본다. 함께하는 것이 어렵다.) 조금 어렵지, 그렇지 않니? [엄마와 아동을 더 가깝게 할 이유를 찾는다.] 더 좋은 방법이 있어. 사라, 엄마의 무릎 위에 앉아서 날 바라봐. 엄마가 사라의 손 위에 엄마의 손을 얹고 주위로 흔들어 보세요. 오, 더 잘 되는데요. (사라가 엄마의 가슴에 기대어 낄낄댄다.)

엄마: 이 방법으로는 많은 비눗방울을 터뜨릴 수 있겠다. (함께 몸을 앞으로 숙이고 모든 비눗방

울을 터뜨린다. 둘 다 크게 미소 짓는다.)

마거릿: 정말 훌륭했어요. 난 둘이 함께하는 모습이 너무 좋아요. 정말 멋진 팀이에요, 멋진 팀. (사라는 여전히 엄마의 무릎 위에 앉은 채로 기대감에 차 마거릿을 바라본다.) [사라는 놀이에 참여하는 동안 엄마와의 친밀감을 수용하였고, 활동이 끝난 후에도 그 상태를 계속 유지했다.]

마거릿: 사라, 우리는 손탑 쌓기 놀이를 할 거야. 네 손을 내 손 위에 올려놓고, 그다음에는 내가 내 손을 네 손 위에 올려놓는 거야. 계속 위로 올라간다. 위로, 위로. (사라는 제멋대로 손을 올려놓기 시작한다.) 그래, 재미있게 할 수 있는 방법이 있어. (마거릿은 빠르고 우스꽝스럽게 손을 쌓는 시범을 보인다.) 우리가 쌓은 손 아래로 서로 살짝 볼 수 있도록 계속 쌓을 수 있는지 해보자.

사라: 좋아요. (그들은 성공적으로 마치고 쌓은 손 아래로 서로를 흘끗 쳐다본다.)

마거릿: 이제는 엄마와도 해볼 수 있게 뒤로 돌아 나의 무릎에 앉으렴. 괜찮겠니? (사라는 고개를 끄덕이고 엄마와 마주 앉는다.) 엄마는 높이 손을 쌓아 손탑 아래로 사라를 볼 수 있나 해 보세요.

엄마: 오, 사라가 사라졌어요……. 이제 찾았다! [그들은 서로 '찾는' 것을 즐거워하는 듯하다.]

손탑 쌓기와 서로 쳐다보기를 몇 번 하고 난 후, 마거릿은 양육적인 활동을 시작하기로 결정했다. 그녀는 가방에서 로션 한 통을 꺼낸다. 사라는 고음을 내며 얼굴을 찡그린다. 마거릿은 동작을 멈추고 사라를 바라본다.

마거릿: 얘야, 내 생각에는…… 로션이…… 널 '웩' 하게 만드는구나. 넌 로션이 별로구나. 그렇지? [사라의 모든 반응을 살펴보고자 한다.]

사라: (과장된 공손함으로) 아니요, 전 로션 좋아해요. [로션에 반응한 것이 실수라고 여겨 걱정하는 것인가?]

마거릿은 직접적인 양육을 시도해 보기 전에 즐거운 방식으로 로션을 소개하기로 결정한다.

마거릿: 엄마는 사라의 손에 로션을 조금 짜 주세요. 아직 문지르지는 마세요. 이제 손탑 쌓기 놀이를 다시 해볼 건데 미끄러울 거예요! [놀이를 조금 한 후, 마거릿은 사라가 직접적인 양육을 견딜 수 있을 것이라 결정한다.] 어머니, 먼저 사라의 한 손에 로션을 발라 주세요. 전 다른 쪽 손을 할게요.

사라: (로션이 발라지는 자신의 손을 쳐다보면서 얼굴을 찌푸린다.) 원래는 푸석푸석했어요.

엄마: 그래, 겨울에는 매우 빨갛고 건조했지. (부드럽게 사라의 손을 쓰다듬는다.) 그러나 지금 네 손은 아주 부드럽단다.

마거릿: 남은 자국이 있는지 한번 보자. (셋 다 사라의 손과 팔을 보며, 빨간 점과 주근깨를 찾는다.) 어머니, 이 특별한 주근깨를 보셨나요? 어떤 사람들은 있지만 어떤 사람들은 없어요. 엄마에게 로션을 조금 더 드릴게요. 주근깨 위에 로션을 발라 주세요. 즐겁고 멋진 일이 될 거예요. 개수를 세면서 발라 주세요.

엄마: (엄마는 사라의 머리 가까이로 고개를 숙여 사라의 팔을 세심하게 살펴보고는 주근깨 위에 로션을 바르며 개수를 센다. 사라는 엄마 쪽으로 팔을 쭉 뻗고는 같이 개수를 세어 본다. 그들의 목소리가 일치되어 웅얼거린다.) 하나, 둘, 셋, 넷, 이제 다른 쪽 팔…….

사라: 열셋!

마거릿: 너 긁힌 곳이 있구나. 긁힌 곳 주변으로 나을 수 있게 우리가 로션을 발라 줄게. (다 바르고 엄마와 마거릿은 각자 사라의 소매를 내려준다.)

마거릿: 함께할 놀이가 또 있단다. 넌 부는 걸 잘하니?

사라: 네! 음, 가끔은 잘 못해요. [어른의 기대나 자신의 기술에 대해 걱정함?]

마거릿: 음, 그건 누구나 그래. 이게 우리가 할 놀이야. (앞으로 기대고 얼굴 앞에 손을 모아 놓는다.) 네 손도 내밀어 봐, 그럼 내가 이걸 불어 너에게 넘겨 줄게. (사라의 손으로 솜공을 불어 넘긴다.)

사라: (솜공을 잡아 다시 세게 불어 넘기고는 낄낄 웃는다.)

마거릿: 진짜 잘하네, 정말 세게 잘 불었어. (사라는 미소 지으며 낄낄 웃는다. 그들은 솜공 주고받기를 몇 번 더 한다.) 어머니, 제가 이걸 불어 줄게요. 그러고는 셋이서 함께 해 봐요. (사라는 적극적으로 자세를 바꾸어 엄마와 마거릿을 마주 보고 앉는다.)

엄마: (몇 번은 엄마가 너무 세게 불어 사라의 손에서 솜공이 굴러 떨어진다.) 제가 계속 너무 어렵게 하고 있네요.

마거릿: 엄마는 연습할 시간이 없었잖아요, 괜찮아요. 이건 단지 즐거우라고 하는 거예요. (그들은 둥글게 앉아 7번을 주고받은 후, 반대 방향으로 6번을 더 한다.) 한 바퀴 더 할게요. 그리고 다른 것을 해볼 거예요. (사라는 고개를 끄덕이며 활동의 전환을 수용한다.)

마거릿: 우리는 너와 엄마의 손도장을 찍어 볼 거야. 내일 아빠가 들어오시면 아빠의 손도장도 그 옆에 찍은 후 네가 집으로 가져갈 수 있도록 할 거란다. 이게 우리가 할 방법인데, 이번에는 로션을 물감처럼 사용할 거야. (사라의 손에 로션을 바르고는 어두운 색상의 도화지 위에 사라의 손을 올려놓는다.) 이제 엄마가 사라의 손도장이 잘 찍힐 수 있도록 손을 살살 눌러

주세요. (사라도 자신의 손을 누르기 시작한다. 마거릿이 사라의 손을 잡는다.) 우리가 할 수 있어, 사라야. (사라는 혼자 하려 했고, 마거릿은 어른이 사라를 위해 해줄 수 있다고 안심시킨다.) 자, 이제 엄마 손에 로션을 잘 발라 주세요. 이번에는 엄마 손을 할게요. (마거릿이 엄마의 손도장을 찍고 사라는 바라본다.) 엄마는 딸을 잘 돌봐 줄 수 있는 멋지고 큰 손을 가졌네요. (사라가 엄마의 손을 누른다. 마거릿은 손도장 위에 옥수수가루를 뿌리고 털어낸다. 옥수수가루가 로션에 붙어 손도장이 분명하게 보인다.) 이건 네 작품이야!

엄마: 와, 정말 훌륭하네요!

마거릿: 마치기 전에 하나 더 할 게 있어요.

회기의 마지막 부분에서는 아동에게 먹여 주기가 포함된다. 마거릿은 사정 때 사용되었던 두 종류의 과자가 든 작은 가방과 빨대가 꽂힌 물통을 준비했다.

마거릿: 전에 먹던 과자를 준비했어. (사라는 어리둥절한 눈으로 가방을 쳐다본다.) 오, 내가 그걸 섞어 놔서 놀랐니? (사라가 고개를 끄덕인다.) [사라의 신호를 읽는 다른 예로 아이의 반응 확인하기다. 이 경우 사라는 과자를 거부할 필요는 없다고 느꼈지만, 아마 과자가 다르게 보였기 때문에 놀랐을 것이다.]

마거릿: 사라는 다 컸기 때문에 이것을 혼자 먹을 수 있다는 걸 알아. 하지만 우리가 특별한 놀이 시간을 가질 때에는 사라를 돌봐 주고 먹여 주고 싶어. (사라는 한 손을 얼굴에 가져다 댄다.) 그래. (마거릿의 목소리는 사라의 몸짓에 맞춘다. '믿기지 않지?'라고 말하는 듯한 표현.) 어머니, 사라가 좋아할 것 같은 과자 하나를 골라 사라의 입에 넣어 주세요. 그리고 사라가 큰 소리를 내며 씹을 수 있는지 한번 보세요. (사라는 힘차게 과자를 씹으며 소리를 들을 수 없다고 말한다.) 좋아, 내가 엄마에게 하나 먹여 줄게. 엄마가 씹는 소리를 들을 수 있는지 한번 보렴. (사라는 그것이 큰 소리라는 것을 부인한다.) [사라는 받아먹는 것을 수용하고는 있지만, 경험 전체를 동의하지는 않는 것처럼 보인다.] 사라, 눈을 감고 엄마가 너에게 어떤 과자를 먹여 주고 있는지 맞혀 보렴. [마거릿은 부정하는 패턴이 나오지 않도록 하는 방법으로 사라를 먹여 주기 위해 시도한다.] (사라는 자신이 정확히 맞혔을 때 즐거워한다.)

엄마: 다른 것을 먹여 줘도 되나요? [머뭇거리며 마거릿의 허락을 구하는 듯 보인다.]

마거릿: 네. 당연하죠, 어머니. 사라에게 물어볼 필요도 없답니다. 사라가 준비됐을 때 엄마가 아실 거예요. 더 큰 소리를 낼 수 있는 것이 무엇인지 아니? ……과자 두 개. (엄마가 사라에게 한 번에 두세 개의 과자를 준다. 모두가 그 소리가 더 크다는 것에 동의한다. 그러고는 사라

가 물통을 쥐고 물을 마신다.) 이제 넌 목이 마르구나. (마거릿이 엄마에게 과자를 먹여 주고는 동시에 사라에게도 준다.) 이제 귀와 코를 같이 막고 소리를 들어보렴. (모두가 웃는다. 사라가 물통을 잡는다.)

마거릿: 잠깐만 기다려 줘. 엄마가 널 위해 물통을 잡아 줄 수 있는지 보자. (엄마가 물통을 잡고 사라에게 한 모금 준다.) 더 큰 한 모금을 마시고 싶니? (사라는 고개를 끄덕인다. 몇 모금을 받아 마시고 마지막에는 숨을 한 번 내쉰다. 마거릿은 한숨을 흉내 낸다.) 난 네가 아아아 하는 소리를 들었어. 어머니, 사라에게 한 모금 더 주세요. (사라는 물통을 향해 손을 뻗지만 곧 손을 내리고 엄마가 주는 것을 받아들인다. 사라가 다시 한 번 물통에 손을 뻗는다.) 그건 엄마가 하는 거야! (사라가 받아들인다.)

마거릿: 놀이시간이 끝날 때 부르는 노래가 있단다. '반짝반짝 작은 별(Twinkle)' 이라는 노래인데 그걸 사라에 대한 노래로 만들거야. 이렇게……

> 반짝반짝 작은 별,
> 넌 참 특별한 아이로구나.
> 멋진 갈색 머리와 부드럽고 부드러운 볼,
> 살짝 보이는 크고 파란 눈.
> 반짝반짝 작은 별,
> 넌 참 특별한 아이로구나.

(마거릿이 가사를 말하는 동안, 사라는 엄마를 몇 번 쳐다본다.) 우리 한번 함께 해보고 다음 회기 때 다시 해보는 게 어때요? (마거릿과 엄마가 노래한다. 사라는 마거릿을 보며 자신의 눈꺼풀을 누른다.)

사라: 내가 이렇게 하면 선생님 머리가 두 개로 보여요. [자신과 마거릿의 주의를 돌려 노래를 부르는 친밀함을 피하기 위한 것인가?]

마거릿: 네 눈을 누르면 두 개로 보이니? 네가 무언가 하고 있었구나. 나한테 말해 줘서 기뻐. 넌 종종 그걸 하니? (사라가 고개를 끄덕인다.) [이 행동을 수용한다.] 이제 여기서 재미있는 방법으로 신발을 신을 거야. [사라가 스스로 노래를 통한 직접적인 양육에 거리를 두었을 때 양육으로 돌아가기 위한 즐거운 방법이다.] 이건 엄마의 특별한 일이야. 어머니, 사라의 발에 뽀뽀를 해주세요. 그리고 전 뽀뽀가 날아가지 않도록 재빨리 신발을 신겨 줄게요. (엄마가 발과 신발 바닥에 뽀뽀를 한다. 사라는 즐겁게 웃는다.) 오, 얘야, 엄마가 널 정말 사랑하시는구나!

마거릿은 엄마가 사라에게 물을 더 주게 하고 손을 잡고 함께 일어나도록 지시한다. 마거릿과 사라는 해석치료사가 부모에게 이야기를 하는 동안 대기실에서 몇 분 동안 책을 본다. 사라는 자연스럽게 회기에 대해 말한다. "난 여기 오는 게 좋아요."

해석치료사와 아버지

해석치료사와 아빠는 이 회기를 보는 동안, 활동에 대한 사라의 반응과 사라가 마거릿과 엄마와 함께한 상호작용에 대해 이야기를 나누었다. 초기에 해석치료사는 "사라는 비눗방울을 터뜨리는 동안 흥분해서 소리를 지르며 뛰어다녔습니다. 엄마가 사라와 신체적인 접촉을 할 때에는 차분했습니다."라고 언급했다. 또한 해석치료사와 아빠는 비록 사라가 항상 친밀함이나 눈 맞춤을 보이지는 않았지만, 손탑 쌓기 놀이를 할 때에는 엄마의 얼굴을 쳐다보는 것을 즐기는 듯했다는 것을 발견했다. 회기의 목표 중 하나가 사라가 많은 조율의 경험을 갖는 것이었기 때문에, 해석치료사는 마거릿이 회기활동에 대한 사라의 작은 반응들을 인정하고 확인하기 위해 멈추는 많은 순간들을 강조함으로써 아빠의 주의를 이끌었다. 아빠는 사라가 자신의 주근깨 수를 세고 로션을 발라 주도록 엄마를 허용하는 것을 보며 미소를 지었다. 또한 사라가 솜공놀이를 그렇게 오래 했다는 것에 대해 놀라기도 했다. 해석치료사는 "아이가 종종 무언가에 대해 '지루해' 라고 말하는 것을 알고 있습니다. 그런 순간들은 다음에 다가올 무언가를 해내야 한다는 것에 대한 걱정일 수 있습니다. 치료놀이 활동은 아이가 그러한 걱정을 가지고 생각해야 하는 놀이보다는 훨씬 어린 수준의 활동입니다."라고 지적했다. 아빠는 사라가 엄마가 자신을 먹여 준다는 것에 대해 처음에는 놀라했고, 과자 씹는 소리가 나는지 살펴보는 것에 대해 약간의 '언쟁' 을 하기도 했지만, 나중에는 진정하고 즐겁게 더 많은 과자를 받아 먹게 되었다는 것을 발견했다. 해석치료사는 다음과 같이 설명했다. "아동이 처음으로 입양부모의 보살핌을 받아들이는 자신의 모습을 볼 때 초기의 양육 경험과 연관된 감정들에 대해 혼란이 오는 것은 흔히 일어나는 일입니다. 이는 아동에게 좋기는 하지만 아직은 확신할 수 없는 새로운 경험입니다."

해석치료사와 부모

사라의 엄마가 치료 회기 중이어서 그녀의 관찰과 질문에 대한 이야기를 나눌 기회가 없었기 때문에, 해석치료사는 회기를 마친 즉시 두 부모와 잠깐 동안 만남의 시간을 가졌다.

해석치료사: 사라와의 활동에서 아이의 반응에 대해 무엇을 인지하셨나요?

엄마: 아이에게 물을 먹일 수 있었을 때와 아이가 제게 의지했을 때 정말 좋았어요. 특히 물이 기억에 남는 이유는 한 번도 사라에게 음료를 직접 먹여 줄 기회를 가져 보지 못했거든요. 사

라가 저에게 의지하는 것 같았고 또 그것을 받아들이는 것처럼 느껴졌어요. 아이가 저에게 의지할 수 있다는 사실을 인식하고 그것을 원했다는 것이 좋았어요. (엄마는 눈가가 촉촉해진다.)

해석치료사: 엄마의 모든 본능은 사라를 돌보는 것에 맞춰져 있었지만, 사라가 그것을 받아들이지 않았어요. 두 사람 모두가 이와 같은 긍정적인 경험을 할 때, 이는 엄마와 사라 모두를 채워 준답니다.

엄마: 네, 정말 좋아요. (고개를 끄덕이며 눈물을 훔친다.)

해석치료사: 회기의 마지막 부분에서 우리는 종종 크래커나 과자와 주스병이나 물통을 준비해요. 결국에 사라는 엄마의 무릎에 앉을 거예요. 회기에서는 엄마가 이러한 직접적인 유형의 양육을 할 수 있게 될 때 이러한 특별한 시간을 마련한답니다. 우리는 환경을 설정하고, 구조화된 기회를 제공함으로써 사라가 어떻게든지 덜 저항하도록 만듭니다. 사라는 약간의 구조가 필요합니다. 그런 후에는 부모님이 나중에도 계속 유지할 수 있습니다. 아이를 위해 잠자기 전 활동으로 몇 가지 놀이, 노래, 안마 등을 정할 수 있답니다.

아빠: 물통도 좋을 것 같아요. 우리는 보통 양치를 한 후에는 아무것도 먹지 못하게 하지만, 아이가 잠자기 전에 물은 마시니까 물을 먹여 주는 활동은 할 수 있겠네요.

엄마: 아이가 그걸 참 좋아했어요. 정말로요.

아빠: 아이가 정말 편안해하는 듯했어요. 지루해 보이지 않더군요. 정말 즐기고 있는 것처럼 보였지요.

해석치료사: 아이는 로션과 손탑 쌓기 놀이를 잘 받아들였어요. 긴장을 풀고 집중했지요. 엄마가 솜공을 불었을 때, 사라는 그 놀이에 매우 몰입하고 있었어요.

아빠: 사라가 두 번 이상 즐기거나 더 하고 싶어 하지 않을 것이라 생각했지만, 두 번 이상을 했어요. 아이가 정말 좋아했어요. 사라는 기초적인 것들을 지루해하기 때문에 도전적인 활동들이 필요할 것이라 생각했답니다. 그래서 더 복잡한 과제를 주면서 도전하도록 해왔지만, 기대와는 달리 아이는 더 좌절했지요. 그러나 이 놀이들은 정말 기초적인 놀이였어요.

엄마: 알게 돼서 좋답니다. 전 솜공놀이를 할 때 놀랐어요. 아이가 제가 계속하기를 바랐기 때문이에요. 이 놀이는 우리가 해볼 수 있게 간단한 것 같아요. 그리고 많은 생각을 하게 하죠. 전 몹시 놀랐어요. 이것이 아이를 정말 많이 도울 수 있다고 생각해서 그냥 모든 것을 다 기억하고 싶어요.

사라와 부모는 네 번의 회기에 더 참석했고, 각 회기가 끝날 때 부모는 치료사와 만남을 가졌다. 치료사는 사라가 가정에서도 매일 치료놀이 활동을 계속하면서 초기 경험을 정리하기 위한 추가적인 치료를 받을 것을 권장했다. 사라의 부모는 집에 돌아간 후에 다음과 같은 메시지를 보내왔다. "우리는 정말 많은 것을 배웠고, 사라의 부모 역할을 하는 방법이 이미 많이 바뀌었습니다. 어젯밤에 잠들기 전, 우리는 몇 가지의 치료놀이 활동들을 하며 즐거운 시간을 보냈습니다. 사라는 매우 좋아했습니다. 아이가 아빠의 발등 위에 올라선 채 침실까지 걸어가도록 했고, 주근깨에 로션을 발라 주었으며, 솜공놀이와 손탑 쌓기 놀이를 했고, 아이에게 특별한 노래를 불러 주었답니다. 오늘 아침에 사라는 정말 행복하게 일어났고 매우 차분했지요. 전 벌써 큰 변화를 느낀답니다."

건강한 부모-자녀 관계 모방하기

치료놀이 치료는 건강한 부모-자녀 관계의 필수적인 부분에서의 경험을 최대한 모방한다. 만약 영아와 부모의 상호작용에서 어떤 일이 일어나는지 생각해 본다면 치료놀이의 모델과 그것이 어떻게 작용하는지 알 수 있을 것이다.

부모는 아기가 태어난 순간부터 아기를 마음에 품고, 아기의 기분이나 욕구에 지속적으로 주의를 기울인다. 부모는 먹여 주거나, 흔들어 주거나, 진정시켜 주거나, 보살펴 줌으로써 아기의 울음에 반응한다. 부모는 아기를 흔들어 주고, 쓰다듬어 주고, 아기에게 노래를 불러 준다. 아기가 행복해할 때나 눈이 초롱초롱할 때, 부모는 이러한 아기의 매력적인 미소와 생기 있는 몸짓에 즐거운 놀이와 노래로 반응한다. 부모는 아기를 안전하게 보호하고, 그의 세계에 대한 감각을 가질 수 있게 도우면서 아기의 경험을 조절하고 정리해 준다. 아기가 성장하면서 부모는 아이가 새로운 것을 시도해 보고 그의 세상을 탐험해 볼 수 있도록 격려해 준다.

아기는 부모의 적극적인 파트너다. 아기는 부모를 뚫어지게 바라보며 부모의 기분과 몸짓을 거울로 반영하듯 따라 한다. 아기는 자신이 불편할 때 도움을 청하기 위해 그의 욕구에 대한 신호를 보낸다. 친구가 필요할 때에는 함께 놀기 위해 부모를 초대하고 부모의 익살에 즐겁게 반응한다. 부모와 아기가 서로에 대해 배우고 그들의 만족스러운 관계에 대한 확신과 유쾌한 기분을 경험하면서 서로 존경하는 사회가 발달한다.

회기에서 볼 수 있듯이, 마거릿은 부모가 어린 자녀와 상호작용하는 방식으로 사라와 상호작용을 했다. 마거릿은 즐겁고 개입적이었으며, 신체적 접촉을 하면서 사라의 모든 반응에 주의를 기울이고 조율했다. 그녀는 사라의 과거와 관련된 사건을 탐색하기보다는 지금-여기에서 어떤 일이 일어나고 있는지에 초점을 맞추었다. 사라가 너무 흥분하기 시작하면 세심하게 속도를 늦추고 활동을 조절했다. 사라의 관심을 지속시키기 위해 도전적인 활동들을 사용했고, 안정시키고 기분 좋게 만들기 위해 양육적인 활동을 선택했다. 회기를 안전하고 즐겁게 만들기 위해 사라에게 무엇을 할 것인지 결정하게 하는 대신, 마거릿은 자신이 회기를 주도했다. 그리고 마침내 사라의 엄마가 이러한 새로운 방식으로 사라와 상호작용을 시작할 수 있도록 해주었다.

치료계획에 치료놀이 차원 사용하기

엄마와 자녀 사이에 매일 일어나는 상호작용을 구성하는 많은 범주의 활동들은 구조, 개입, 양육, 도전의 네 가지 차원에 거의 포함된다. 치료에서 부모와 아동의 욕구를 충족시키기 위해 치료를 계획할 때 이러한 차원들이 이용된다.

- 구조: 부모들은 신뢰할 만하고 예측 가능하며 안전한 구조와 조절을 제공한다.
- 개입: 부모들은 강한 유대감과 최선의 자극 수준 및 공유된 즐거움을 창조할 수 있는 조율된 즐거운 경험을 제공한다.
- 양육: 부모는 아동의 애착과 통제 욕구에 따뜻하고, 다정하고, 차분하고, 편안하게 공감적으로 반응한다. 부모는 안전한 피난처를 제공하고 자기 가치를 느낄 수 있도록 만들어 준다.
- 도전: 부모는 안전기지를 제공하는 동시에 아동이 조금 노력해 보고, 위험을 감수해 보며, 탐험해 보고, 자신감을 느끼고, 성취를 즐길 수 있도록 격려해 준다.

아동의 욕구에 대한 주의 깊은 관찰과 직관에 따른 이해에 기초하여 부모들은 자녀가 다음에 어떤 특정 차원의 상호작용을 필요로 하는지에 대한 의식적인 계획 없이 한 활동에서 다른 활동으로 전환한다. 그러나 치료놀이 치료사는 아동의 행동에 주의를 기울이고 치료가 필요한 아동의 특이한 발달적 욕구에 반응하기 위해 신중하게 계획해야 한다. 지금부터는 왜 치료놀이가 이러한 차원들을 강조하고 있는지 이해할 수 있도록 건강한 애착관계를 증진하는 데 각 차원의 역할을 설명하고자 한다.

구 조 부모-자녀 관계에서 부모는 자녀의 안전과 편안함을 책임지고, 상호작용을 시작하며, 자녀의 경험을 조절하고 조직하며, 제한을 설정하고 안내를 제공한다. 아동이 누군가가 "나보다 세상에 더 잘 대처할 능력이 있다."라는 인식을 갖는 것은 아동의 안전감을 위해 필수적이다(Bowlby, 1988, p. 27).

양육자가 아동의 환경을 구조화하게 되면, 결과적으로 아동은 신체적이고 정서적인 안전을 느낄 수 있을 뿐만 아니라 자신의 환경을 이해하고 배울 수 있으며, 스스로를 조절할 수 있는 능력이 발달한다. 양육자는 "내가 널 잘 돌볼 수 있는 방법을 알고 있기 때문에 나와 함께 있으면 안전하단다."라는 메시지를 전달한다.

치료를 할 때 치료놀이 치료사는 '충분히 좋은' 부모처럼 아동의 욕구에 세심하게 조율하고 반응하는 동시에 안전, 조직, 조절을 제공하기 위해 상호작용을 구조화한다.[5] 확신이 없는 치료사와 함께하는 것이나 다음에 무엇을 할지 스스로 결정해야 하는 경험은 두려워하고 불행하며 혼란스러운 아동에게는 불안한 일이 된다. 이런 아동들은 상호작용에 아동을 끌어당겨 줄 수 있는 단호하고 자신감 있으며 즐거운 리더십이 필요하다. 그러므로 치료놀이 치료사는 상호작용을 시작하고, 아동을 활동에 참여시키고, 아동이 참여할지 말지에 대한 '선택'을 하도록 기다리지 않는다.

치료놀이 회기에서는 치료사가 회기를 조직하고 계획하는 주도권을 가짐으로써 구조 차원이 이루어진다. 구조는 '다치지 않기!'와 같이 명확히 제시된 안전규칙을 통해서도 형성된다. 또한 구조는 노래 부르기 놀이와 같이 처음, 중간, 끝이 있는 활동과 손도장 찍기와 같이 신체 경계를 정의하는 활동을 통해서도 전달된다. 구조는 통제에 대한 것이라기보다는 더 크고 능력 있는 누군가가 세상을 안전하고 예측 가능하게 만들 수 있다는 안정감을 전달하는 것이다. 구조를 통한 안심하기는 모든 아동들에게 이로운 것이지만, 이 차원은 특히 과잉행동이 있거나 산만하거나 쉽게 흥분하는 아동들에게 매우 중요하다. 또한 통제하려고 하는 불안한 욕구를 가진 아동들을 돕기 위해서도 중요하다. 구조는 조절을 잘 못하는 부모, 말로는 제한을 두지만 실행하지 못하는 부모, 자신 있게 이끄는 데 어려움을 겪는 부모와 상담을 할 때에도 중요한 초점이 된다.

앞서 제시한 사라의 사례에서 사라는 과거와 미래에 대한 염려 때문에 자신이 모든 새로운 상황을 통제하고자 하는 욕구를 가지고 있었다. 통제하려고 시도하던 중에 제압을 당하거나 지치면 짜증을 내거나 공격적인 행동을 하며 동요했다. 이를 알기 때문에, 마거릿의 목표는 회기를 최대한 이해하기 쉽고 편안하게 만들면서 사라에게서 이러한 짐을 덜어 주는 것이었다. 마거릿은 자신 있게 활동을 주도하고 사라가 안전한지 확인하며 사라의 욕구를 충족시킬 수 있는 방법으로 회기를 조직함으로써 구조를 제공하였다. 활동들에는 신체적 움직임도 포함되어 조절과 엄마와 함께하는 팀워크를 발전시켰다. 마거릿은 사라의 엄마를 참여시켜 이러한 간단하고 정돈되어 있으며 직접적인 상호작용의 방식을 주도할 수 있도록 도움을 주었다.

개 입　부모와 자녀 사이의 상호작용은 정서적인 개입을 이끌어 낼 수 있는 즐거운 놀이로 가득 차 있다. 아기는 쳐다보고, 미소 짓고, 목 울림 소리를 내고, 옹알댐으로써 적극적으로 개입하고 싶다는 신호를 보낸다. 엄마는 이에 반응해 주고, 엄마 자신의 다양한 세심한 반응을 더하여 아기의 기민한 연결을 유지하고 행동을 진척시킨다. 엄마는 잠시 멈추거나, 눈길을 돌리거나, 속도를 늦추거나, 흥분을 가라앉히고자 하는 아기의 욕구를 항상 인지한다. 까꿍놀이, 배에 바람 불기, '잡으러 가자' 와 같은 많은 전통적인 아기 놀이들은 아기를 양육자와의 상호작용으로 이끌고 최적의 자극 수준을 유지하는 역할을 한다. 이러한 활동들은 즐겁고, 자극적이며, 개입적이고, 아동의 긍정적인 자기 이미지를 불러일으킨다. 결과적으로 아동은 자기 자신이 특별하고 가치 있는 사람으로 보이고 느껴지는 경험을 한다. 아동은 또한 의사소통하고 친밀함을 공유하며 대인관계에서의 접촉을 즐기는 법을 배우게 된다. 개입은 다음과 같은 메시지를 전달한다. "이 세상에서 넌 혼자가 아니란다. 나에게 너는 아주 멋지고 특별한 존재란다. 넌 다른 사람들과도 적절하게 상호작용할 수 있는 능력이 있단다."

치료를 찾아오는 많은 아동은 혼자 있고 싶다는 표면적인 메시지를 전달한다. 이러한 아동들은 자신들이 진정으로 주목받고 있다고 느낄 수 있는 즐거운 관계나 혼자가 아니라고 느낄 수 있는 경험에 개입시키는 데 초점이 맞춰진 공감적인 초대를 통해 내빼거나 피하지 않도록 유도하는 것이 필요하다. 박수치기 게임, 숨바꼭질, 모터보트 등 엄마와 자녀의 즐거운 놀이를 모델로 한 활동들을 통해 치료사는 모험, 다양함, 긍정적인 자극, 웃음, 삶에 대한 새로운 시각을 제공한다. 이러한 경험들은 아동에게 놀라움과 함께 새로운 경험들도 즐거울 수 있다는 것을 가르쳐 준다. 개입적인 활동들은 특히 위축되거나, 접촉을 피하거나, 매우 경직되어 있거나, 엄격하게 구조화된 아동들에게 적합하다. 자녀와 분리되어 있거나, 다른 일에 정신이 팔려 있거나, 서로 협조하지 못하거나, 자녀를 개입시키기 위해 주로 질문을 사용하거나, 자녀와 함께 즐길 줄 모르는 부모들에게도 자녀와 서로 더 개입할 수 있는 방법을 배우는 것은 매우 중요하다.

사라의 부모는 아이의 불규칙적인 행동들에 대해 걱정하고 당황스러워했다. 그들은 사라가 불행하고 종종 부모에게서 떨어져 있다고 느꼈다. 관찰한 바에 따르면, 그들 상호작용의 대부분은 말로 행해졌으며, 긍정적인 정서를 북돋우는 데에만 초점이 맞춰져 있었다. 사라가 타인과 직접적으로 관계를 맺고 스스로 말이 필요 없는 놀이를 즐길 수 있도록 돕기 위해, 마거릿은 손탑 쌓기 놀이나 비눗방울 놀이와 같은 단순한 활동들을 많이 계획했다. 사라는 협력적이었고, 어느 정도의 시간 동안 개입할 수 있었다. 그러나 개입이 너무 강렬했다고 느끼자 가벼운 저항을 하거나 산만함으로 활동을 방해했다. 치료사는 사라의 지루함의 표현과 활동에 대한 거부를 해결하기 위해 엄마가 예전에 사용하였던 어른스러운 방식과는 매우 다른 직접적이고 단순한 방식으로 사라와 접촉하도록 제안했다. 마거릿은 사라의 모든 반응과 긍정적이거나 부정적인 정서의 표현에 반응하기 위해 모든 기회를 이용했다. 치료사가 사라의 반응을 확인하고 인지하고 받아들이는 방법은 이후에 엄마가 참고할 수 있는 모델이 되었다.

양 육 부모-자녀 관계에서는 먹여 주기, 흔들어 주기, 껴안아 주기, 달래기와 같은 양육적인 활동들이 많다. 이러한 활동들은 안심시키고 진정시키며 안전한 관계를 형성하는 데 필수적이다.[6] 엄마는 자녀의 욕구를 예상하고, 엄마가 자녀를 이해하고 있으며 늘 생각하고 있다는 메시지를 전달한다. 자녀가 필요할 때마다 안심시켜 줄 수 있는 양육적인 부모의 존재를 경험하면서, 자녀는 양육자의 안정시키는 방법을 점차 내면화하게 되고 스스로 안정하는 법을 배우게 된다. 양육적 보살핌의 메시지는 다음과 같다. "넌 사랑스러워. 네가 행복하길 바란단다. 너의 보살핌, 편안함, 애정에 대한 욕구에 내가 반응해 줄게."

치료에서 아동의 충족되지 못한 정서적 욕구를 해소하기 위해 먹여 주기, 로션으로 손도장 찍기, 요람 태워 주기 등 많은 양육적인 활동들이 사용된다. 이러한 활동들은 아동이 긴장을 풀고, 신체 접촉, 움직임, 따뜻함, 반응적 보살핌의 안정적 효과를 경험하게 해준다. 이는 자신이 원할 때에는 부모가 옆에 있을 것이라는 안심을 주는데, 자신이 사랑스럽고 있는 그대로 받아들여진다는 아동의 내적 표상을 형성하기 위해 중요하다. 또한 양육적인 활동의 진정시키는 능력은 아동이 조절되도록 돕는 데 중요하다. 이 양육 차원은 특히 과잉행동을 하거나 공격적이거나 거짓 성숙된 아동에게 유용하다. 접촉이나 애정 표현에 어려움이 있거나 거부적이거나 처벌적인 부모는 편안함과 안전을 원하는 자녀의 욕구에 반응하는 법을 배우는 것이 중요하다.

양육에 대한 사라의 초기 경험은 부정적이었고 일관성이 없었다. 그 결과로 사라는 안정감을 필요로 했고, 심지어 그것을 절박하게 원했을지라도 자신을 꼭 껴안아 주고 안정시켜 주려는 입양부모의 노력을 몇 년 동안 거부해 왔다. 아이가 가까운 접촉을 불편해한다는 신호를 받은 부모는 뒤로 물러났다. 이를 염두에 두고, 마거릿은 신체 접촉과 신체적인 접근뿐만 아니라 아픈 곳을 돌보아 주고 먹여 주고 노래 불러 주는 것 등 양육적 활동을 포함하는 즐거운 활동을 계획했다. 마거릿은 이 활동들이 사라가 받아들이기에 충분히 흥미로운 것이길 바랐다. 사라가 누군가 자신을 만지고 보살피는 것에 약간의 불편함을 보였을 때, 마거릿은 미끄러운 손탑 쌓기, 손도장 찍기, 재미있는 방법으로 신발 신기 등의 놀이로 활동을 전환했다. 회기의 마지막에 사라는 엄마가 주는 과자와 주스를 받아 먹었다.

도 전 부모-자녀 관계에서 부모는 종종 자녀를 발달상 적합한 가벼운 어려움에 도전시키고, 긴장을 조성하는 경험을 성취하도록 돕는다. 이후에 부모는 자녀의 탐험을 지지하고 능력을 향상시킬 수 있는 새로운 활동들을 시도해 보도록 격려한다. 예를 들어, 엄마가 아기를 무릎에 올려 걷게 한다거나, 아빠가 아기를 높이 들어 올리며 "정말 크네!" 라고 말할 수 있다. 양육자가 아동의 발달을 지지해 주고 아동의 성취에 기뻐해 주면, 아동은 배우고 도전을 받아들이고 자신에 대한 현실적인 기대를 하는 자신의 능력에 자신감을 갖게 된다. 도전 차원의 메시지는 명확하다. "넌 성장하여 세상에 긍정적인 영향을 미칠 수 있는 능력이 있단다."

치료에서 도전적 활동들은 아동의 자신감을 지지하고 격려하기 위해 사용된다. 이 활동들은 성공을 위해 고안되고, 어른들과 즐겁게 협력하는 모습으로 이루어진다. 예를 들어, 치료사는 4세 아동에게 쌓아 놓은 베개 위에서 균형을 잡도록 하고, 셋을 셀 때 치료사의 품으로 점프하도록 할 수 있다. 이러한 활동들은 아동에게 능숙함과 자신감을 느낄 수 있도록 이끄는 새로운 활동들을 시도하도록 해준다. 도전활동들은 위축되거나, 수줍어하거나, 소심하거나, 불안한 아동들에게 특히 유용하다. 적절한 도전에 대해 배우는 것은 발달 단계에 따른 부적절한 기대를 가지고 있거나 과잉보호하거나 너무 경쟁적인 부모들에게 중요하다.

사라가 주도권을 갖기 위해 고집을 부리고, 부모가 자신을 양육해 주고 보살펴 주는 것을 기꺼이 받아들이지 않는 것은 이른 시기부터 생긴 현실적인 생존 욕구이자 어른이 되려는 조숙한 노력의 결과다. 사라의 으스대거나 냉담하거나 지루한 표현은 부모가 사라를 작은 어른으로 여기게 만들었다. 사라가 지루함을 표현하면, 부모는 사라의 흥미를 끌기 위해 활동을 더 복잡하게 만들었다. 도전의 증가는 사라를 더 불안하게 했으며, 짜증내고 공격적인 행동을 야기했다. 사라의 행동은 잠재적인 불안감과 부적절하다는 느낌에서 나오는 것처럼 보였으며, 정서적으로 제압된 결과였다. 마거릿은 승리나 성취보다는 함께하는 즐거움과 놀이의 즐거움에 초점을 맞춘 단순한 놀이를 계획했다. 사라는 둥글게 앉아 손에서 손으로 서로 솜공을 불어 넘기는 상호작용 놀이를 즐거워했다. 이러한 놀이의 단순함은 사라가 긴장을 풀고, 능숙함을 느끼며, 긍정적인 감정을 공유하고, 놀이의 주고받음을 경험할 수 있도록 했다.

애착 연구 결과는 치료놀이가 주장하는 건강한 발달의 다차원적인 관점을 지지한다. Sroufe(2005, pp. 51-52)에 따르면, "애착 안정은 발달하는 아동에게 미치는 많은 환경적 영향 중 하나일 뿐이다……. 애착은 일반적으로 안전한 피난처의 제공, 탐험을 위한 안전기지, 아동이 스트레스를 받았을 때 안심할 수 있는 원천을 말한다. 하지만 부모는 이보다 더 많은 것을 한다. 그들은 아동에게 잘 조절되거나 그렇지 않은 자극을 제공하기도 한다. 그들은 문제를 해결하는 데 있어 안내, 제한, 상호적인 지지를 해준다. 더욱이 가정 밖에서의 사회적 접촉의 기회를 주거나 지지하는 등 더 큰 세상에서의 아동의 능력을 지지한다." 치료놀이의 차원들이 부모의 역할에 대한 이 폭넓은 정의를 반영한다고 주장할 수 있다.[7]

치료놀이의 핵심개념 이해

건강한 부모-자녀 관계가 가진 광범위한 상호작용을 모방하려는 노력으로 치료놀이의 핵심개념이 될 수 있는 기본 원리들을 뽑아 보았다. 이 핵심개념들은 부모와 자녀 사이에서 발생하는 건강한 사회·정서적 발달에 중요하다고 인정된 많은 상호작용의 기본 특성이다. 다음의 간략한 개요 각각이 위에서 언급한 차원들과 어떻게 관계되는지 설명해 놓았다. 2장에서는 다시 이 주제로 돌아와 치료놀이의 이러한 관점을 지지하는 이론과 연구를 살펴보고자 한다.

치료놀이는 상호작용적이며 관계에 기초를 둔다 치료의 초점은 사회적 상호작용의 선천적 능력이 지지하는 부모-자녀 관계다. 부모가 그들의 자녀와 상호작용하는 새로운 방식을 가정에서도 적용할 수 있도록 적극적으로 부모를 치료에 참여시킨다. 치료사와 부모는 아동을 더 건강한 관계에 개입시킬 수 있도록 함께 노력한다. 치료놀이의 상호작용적 특징에는 개입의 차원이 특히 중요하다.

치료놀이는 직접적이며 지금-여기 경험을 제공한다 진실된 회복의 경험을 제공하기 위해, 회기에서는 아동과 부모(또는 치료사) 사이에서 실제적으로 일어난 일에 초점을 맞춘다. 과거에 일어난 일에 대해 이야기를 나누기보다 치료사와 부모는 상호작용을 회복하는 방식으로 아동의 문제적인 반응에 응답한다. 구조, 개입, 양육, 도전의 모든 차원들에는 직접적인 지금-여기 경험을 만드는 것이 포함되어 있다.

치료놀이는 성인이 안내한다 부모처럼 아동이 안전한지, 잘 보살펴지는지, 정서적 욕구가 충족되는지 돌보는 치료놀이 치료사는, 회기 안에서 상호작용을 관리하며 부모도 똑같이 할 수 있도록 안내한다. 만약 아동이 성인의 주도를 수용하지 않으려 하면, 치료사는 새롭고 긍정적인 상호작용을 시작함으로써 회기의 탄력을 유지시킨다. 구조의 차원은 특히 성인의 안내란 개념에서 중요하다.

치료놀이는 반응적이고 조율적이고 공감적이고 반영적이다 건강한 부모는 자신의 능력을 이용하여 자녀의 감정을 조율하고, 자녀의 욕구를 충족시키기 위해 공감적인 방법으로 반응하며, 자녀의 흥분이나 괴로움을 함께 조절한다. 따라서 부모는 자신과 자녀의 경험을 깊이 생각할 수 있는 능력이 있어야 한다. 치료놀이 치료사는 아동에게 필요한 공동조절을 위해 상호작용에 몰입한다(부모도 똑같이 할 수 있도록 가르친다). 개입은 반응적이고 조율된 상호작용에서 주요한 차원이다.

치료놀이는 전언어적, 사회·정서적, 우뇌 수준의 발달에 맞춰져 있다 애착은 우뇌가 지배적이고 공동조절이 필수적인 생후 몇 개월 동안 형성되기 때문에, 부정적인 방식을 바꾸려는 노력은 직적접이고 상호작용적이며 정서에 초점이 맞춰져 있어야 한다. 우리는 정서조절을 담당하는 두뇌에 적절한 수준의 자극을 주기 위해 우뇌의 언어—신체 접촉, 눈 맞춤, 리듬, 속도와 강도에 조율된 반응과 같이 비언어적이고 서로 마주하는 정서적 의사소통—를 사용한다. 활동의 수준은 아동의 실제 나이보다는 아동의 특정한 정서적 욕구와 자기조절능력에 맞추어 구성한다. 치료놀이는 비언어적인 의사소통에 많이 의존하기 때문에 언어가 치료에 장애가 되지 않는다. 초기 발달수준에 상호작용을 맞추어 구성하기 때문에 여기에는 구조, 개입, 양육, 도전의 모든 차원이 포함된다.

치료놀이는 다감각적이다 건강한 아동이 경험하는 것과 같이, 치료놀이는 모든 감각을 포함한다. 치료사와 부모는 신체 전체를 사용하는 상호작용의 신체적 경험에 아동을 개입시킨다. 관계를 강화하고, 아동의 자기인식을 증진시키며, 신체적인 안정과 조절을 위해 눈 맞춤과 메아리 소리를 조장하고, 감각적 운동 자극과 리드미컬한 움직임을 제공한다. 양육과 개입의 차원은 특별히 접촉을 사용함으로써 치료놀이의 다감각적인 면과 연관되어 있다.

치료놀이는 즐겁다 치료놀이는 상호작용적이고 신체적인 놀이를 포함한다. 모든 치료놀이 회기에는 건강한 부모-자녀 상호작용의 특징인 관계 안에서의 사랑의 기쁨이 주입되어 있다. 놀이는 아동을 관계 안으로 끌어들이고 기쁨과 흥분의 요소를 제공하는데, 이는 모든 아동의 개입의 힘과 삶의 열정을 발달시키기 위해 필수적이다. 활발한 놀이를 하는 동안에는 개입과 도전의 차원이 중요하다.

긍정적인 내적 작동 모델 형성

부모와 아동 간에 지속되는 상호작용의 중요한 성과는 아동이 자신과 세상에 대해, 그리고 타인에게 무엇을 기대할 수 있는지에 대해 배운다는 것이다. Bowlby(1973, p. 203)는 패턴을 서술하고 이어 '내적 작동 모델(internal working model)' 이라 규정하였는데, 이는 아동의 행동지침이 된다. 부모가 새롭게 태어난 아기와 함께하는 것에 대한 즐거움을 점점 더 발견할수록 아기는 함께하기에 더 즐거운 사람이 된다. 아기는 자신이 사랑스러우며, 자신에게는 영향을 미칠 수 있는 능력이 있다는 것을 발견하게 된다. 게다가 부모는 아기에게 아기의 신체 부위를 알려 주고(엄마가 아기의 손가락 수를 셀 때나 아기의 발가락을 가지고 'This Little Piggy' 를 부를 때와 같이) 일반적인 세상의 현실로부터 자신을 구별해 낼 수 있도록 한다(엄마가 아기의 발바닥을 가슴에 대고 밀어내도록 할 때와 같이). 부모는 아기에게 중력, 시간, 움직임과 같은 물리적 현실이나(아빠가 아기를 높이 던져 올렸다가 다시 잡는 것과 같이) "네가 날 꼬집으면 아프단다. 이제 못하게 할 거야." 와 같이 도덕적, 사회적 현실에 대해서도 가르쳐 준다.

부모가 자녀와 함께 상호작용을 할 때, 부모는 그들 자신을 사랑스럽고 베푸는 사람이라고 발견하는 동시에 지략이 출중하고 강하고 능력 있다고 느낀다. 부모들은 자신들이 여러 긍정적인 자질이 확립된 새로운 부모가 되었음을 발견하게 된다. 이와 같은 자질은 그들의 자녀에게 세상에 자신 있게 자기주장을 하는 건강한 역할모델이 되어 줄 때 향상되며, 친밀감과 단호한 자기감을 포함한다.

아기에게 이 즐거운 상호작용은 긍정적인 자기상은 물론 긍정적인 부모상과 세계상도 형성하게 한다. 아기는 부모를 따뜻하고, 사랑스럽고, 양육적이며, 신뢰할 만하다고 여기기 시작한다. 아기는 부모가 필요할 때 그들에게 의지할 수 있다는 것도 배우게 된다. 또한 아기는 세상이 즐겁게 탐험할 수 있는 곳이자 안전한 곳이라 여기며, 보살핌을 잘 받을 수 있는 곳이라고 인식한다. 이러한 아기는 행복하고 반응적인 환경을 경험함으로써 이후에는 건강한 발달을 방해할 만한 일이 생기지 않는 한 확고한 자기관과 스트레스에 대한 회복력을 강화하여 치료가 거의 필요없게 된다.

치료놀이가 필요한 근거 이해하기

조율되고 반응적인 부모에게 양육되는 것은 건강한 정서적 발달에 필수적이다. 어떤 이유에서든지 이러한 긍정적인 초기 경험이 결핍된다면 문제행동과 애착 혹은 관계의 어려움이 야기될 수 있다. 치료놀이는 이러한 어려움을 치료하기 위해 고안되었다. 치료놀이가 다른 치료방식과는 대조적으로 아동의 불행했던 초기 경험을 이해하는 데 초점을 맞추지는 않았지만, 치료사는 무엇 때문에 아동이 건강한 경험을 놓쳤는지, 아동이 현재 나타내는 행동의 잠재적인 원인이 무엇인지를 이해해야 한다. 이러한 이해는 또한 관계 문제를 개선할 방법을 제시한다.

아동이 치료에 의뢰되었을 때에는 애착 불안정의 초기 근원들은 더 이상 존재하지 않을 수도 있다. 아동이 더 쉽게 진정될 수 있거나, 엄마의 병이 다 나았거나, 아동이 혼란스럽고 학대적이었던 가정에서 빠져나왔을 수 있다. 비록 환경의 개선이 많은 아동에게 매우 큰 변화를 가져올 수 있다 해도, 치료에 의뢰된 아동들은 종종 초기의 불행한 경험에 대한 장기적인 후유증을 보인다. 어린 시절에 형성된 패턴들은 쉽게 사라지지 않고, 자신과 타인에 대한 무의식적인 감각의 기초가 되어 지속적으로 문제를 유발한다. 아동들은 주도권을 잃는 것을 두려워하거나, 타인과 거리를 두거나, 정서적으로 변덕스럽거나, 타인을 공감하는 능력이 결핍될 수도 있다. 또한 수치심과 함께 자신은 나쁘고 가치 없으며 사랑스럽지 않다는 느낌에 휩싸여 있을 수 있다. 이 모든 문제는 자녀의 근본적인 욕구를 충족시켜 주고자 하는 부모에게 어려움을 줄 수 있다. 만약 부모-자녀 관계에 영향을 미치고 현재의 문제들을 야기하고 있는 복잡한 요인들을 이해한다면 부모를 비난하고자 하는 유혹을 피할 수 있다. 부모들은 모두 너무나도 기꺼이 비난을 짊어지려 하기 때문에, 문제들이 너무 복잡해서 한 가지 요인만 선택하기는 힘들다는 것을 이해할 수 있도록 해주어야 한다. 만약 아동의 경험뿐만 아니라 무엇이 부모가 아동의 욕구를 충족시켜 주는 것을 막고 있는지, 또한 어떻게 이 두 요인들이 상호작용하고 있는지 이해한다면 아동의 성장을 함께 도울 수 있다.

감소된 아동의 반응능력

상호 간의 반응이 관계에 강력한 영향을 주기 때문에, 아동과 부모의 관계 맺기를 어렵게 만들고 아동을 진정시키고 편안하게 하는 것을 어렵게 만드는 모든 상황은 행동 문제와 관계의 어려움을 초래할 수 있다.

아기의 기질, 특별한 민감성, 병 혹은 특정한 신경학적 문제(과거에 혹은 현재 진행 중인)가 아동이 자신에게 필요한 공감, 수용, 위안이 되는 반응을 받아들이는 것과 그로부터 얻을 수 있는 이로움의 수용을 어떻게 어렵게 만드는지 아는 것은 중요하다.

아동의 어려운 기질 혹은 조절 문제가 원인 아기들은 광범위한 기질(Thomas & Chess, 1977; Bradley, 2003), 자극점, 반응능력, 자기조절능력(Brazelton, 1992, pp. 25-26)을 가지고 태어난다. 이 요인들 중 하나만 있어도 부모의 태도와 양육적인 반응에 강한 영향을 미칠 수 있다. 조절 문제와 감각통합 문제를 가진 아동들은 너무 민감하고 신경질적이어서 최고로 반응적이고 조율된 부모들조차 아동을 진정시키고 편안하게 하는 데 어려움을 느낀다. 또한 태내에서 마약이나 술에 영향을 받은 아동들도 그들의 부모에게 심각한 조절 문제를 보일 수 있다. 7장에서는 조절 문제를 가진 아동들에게 어떻게 치료놀이가 적용될 수 있는지 논의하였다.

아동의 체질적인 신경학적 문제가 원인 자폐 스펙트럼 장애를 가진 아동들은 체질적인 신경학적 문제 때문에 안정적인 부모-자녀 관계에서 특징적으로 나타나는 편안한 의사소통을 성취하는 것에 더 많이 어려워한다. Shahmoon-Shanok(1997, p. 38)은 "아동이 관계를 맺고 의사소통하는 데 심각한 어려움을 겪는다면, 이 어려움은 아동의 발달에만 영향을 미치는 것이 아니라 아동과 부모 사이의 관계에도 영향을 미친다."라고 말했다. 이러한 아동들은 그들이 저항하기 어려운 혼란스러운 세상에 대응하고 있다 할 수 있다. 그 결과로 나타난 불확실성이 가져오는 행동과 반응은 정상적인 애착과정을 불가능하게 하지는 않아도 매우 어렵게 만든다.[8] 사회적 신호에 반응하지 못하거나 타인을 계속해서 밀어내는 아동을 개입시키고 진정시키는 것은 어려운 일이다. 8장에서는 자폐 스펙트럼 장애 진단을 받은 아동들의 욕구를 충족시키기 위한 치료놀이의 적용법에 대해 논의하였다.

반응적인 양육을 제공하지 못하는 부모

애착이나 관계의 문제는 부모가 지속적으로 곁에 있지 못하거나 자녀의 욕구에 반응적이지 못할 때에도 일어난다. 고아원에서 자라거나 방임적인 가정에 있다가 여러 위탁부모를 전전하며 양육을 받은 아동들도 지속적이고 좋은 양육의 결핍으로 강한 영향을 받을 수 있다.

부모가 왜 아동의 욕구에 반응하지 못하는지 그 원인들을 이해하는 것이 중요하다. 그 원인들로는 스트레스가 많은 가정환경, 극복하기 어려운 건강 문제, 또는 부모 자신들이 부적절한 양육을 받고 자랐기 때문에 자신의 자녀에게 적절한 양육을 할 수 있는 능력이 없는 경우를 들 수 있다. 어떤 이유에서든 장기적인 분리는 아동의 경험에 깊은 영향을 미친다.

스트레스가 많은 가정환경 많은 부모들이 가난, 아동을 거부하는 임대계약, 괴롭히는 친인척, 아기를 원망하는 배우자, 학대하는 배우자 등과 같은 저항하기 힘든 압박에 시달린다. 집, 직장 혹은 다른 아동들로부터의 경쟁적인 요구가 있을 수도 있다. 많은 외부 스트레스와 피로가 존재할 때, 부모와 자녀는 서로를 즐길 수 있는 자유와 시간을 찾기 어렵다.

그들 삶에서의 많은 요구들을 충족시키는 것이 너무 힘들어, 부모들은 술에 의존하거나 텔레비전만 보거나 자녀의 물질적인 요구에만 주의를 기울일 수 있다. 부모가 가족 생존에 관한 심각한 문제에만 매달려 불가피한 일들과 일상에만 전념한다면 따뜻하고 양육적인 순간들과 서로 공유하는 즐거운 홍밋거리는 사라지게 된다.

건강 문제 다양한 신체적 사정은 부모와 자녀의 좋은 관계 형성을 방해할 수 있다. 우울, 병, 피로, 고통 또는 마약복용은 주의 깊은 부모가 되는 것을 방해한다. 또한 배우자가 심각한 병에 걸렸거나 가까운 친인척이 죽는 경우도 부모가 자녀에게 주의를 기울이지 못하게 할 수 있다.

부모 자신의 좋은 양육 경험의 결핍 아직 자기 자신도 성숙하지 못한 많은 어린 부모들이나 자신들에게 필요했던 세심한 양육을 한 번도 받아 보지 못한 부모들은 자녀의 욕구에 공감적으로 반응해 주는 것을 매우 어려워한다. 많은 양육의 어려움은 부적절하게 양육된 부모 자신의 초기 경험에서 발생한다(Spitz, 1970; Main & Goldwin, 1984). 몇몇 부모들은 어릴 때부터 자녀의 욕구에 공감적으로 반응하기보다는 자녀가 자신들의 욕구를 충족해 주기를 기대한다.

아동과의 분리 장기적인 분리나 부모의 죽음은 물론 자녀에게 깊은 영향을 미친다. 생물학적 부모로부터 떨어져 위탁가정이나 입양가정으로 옮겨진 아동들은 종종 새로운 관계를 형성할 때 이러한 분리에 대한 영향을 장기적으로 보인다. 뿐만 아니라 무시와 학대의 외상적인 영향 때문에 많은 고통을 겪는다.

그러나 아마 아동에게 가장 해로운 상황은 비인간적인 시설에서 자라는 것일 듯하다. 최악의 시설에 있는 아동은 어떠한 양육자에게도 정서적 애착 형성의 기회를 갖지 못한다. 이러한 아동들의 처지는 Rene Spitz(1945, 1947)가 60년 전 시설에서 길러지는 아기들에 대해 쓴 책과 영상에서 생생하게 증명되었다. 외국 고아원에 입양되는 아동의 수가 늘어나면서, 다시 한 번 어린 아동의 발달에 비인간적인 양육(빈약한 영양과 부적절한 의학적 치료가 야기하는 복합적인 많은 사례)이 미치는 파괴적인 영향을 목격할 수 있다. 그중 많은 아동들이 자아구조, 인지기능, 공격성의 조절, 타인과 관계 맺는 능력에 상당한 손상을 입었다. 9장에서는 방임, 학대, 그 밖의 박탈을 포함한 복합외상으로 고통받고 있는 아동들을 상담할 때 치료놀이가 어떻게 적용될 수 있는지에 대해 설명한다.

아동의 문제와 부모의 문제 간 상호작용

어려움이 아동과 부모 모두에게서 비롯될 때, 관계나 애착의 문제가 생길 가능성은 더 높아진다. 스트레스 상황에 있는 부모를 둔 과민증 아동은 특별한 욕구에 충분히 적응적일 만큼 여유가 있는 부모를 둔 과민증 아동보다 더 취약하다. 차분하고 공감적인 위탁모에게 양육되고 있는 이미 마약에 중독된 상태인 아기는, 여전히 마약을 복용하고 있어 아동에게 필요한 지속적이고 조율적인 돌봄을 주지 못하는 엄마가 양육하는 아동보다 약물로 인한 조절의 문제를 극복할 좋은 기회가 더 많다.

이러한 부정적인 상호작용의 또 다른 예로 아동의 과민증이 부모의 문제(엄마의 산후우울증이나 적절한 아동 탁아시설이 없는 경우)와 상호작용하여 불안감과 행동 문제를 발생시키는 경우를 들 수 있다. 4장에 제시한 애덤의 사례는 아동의 행동 문제가 다양한 원인을 가진 경우다.

때때로 아동과 부모 사이의 기질 불일치가 문제가 되기도 한다(Gerhardt, 2004). 자녀는 활발하고 시끄러운데 엄마가 조용하고 평온한 삶을 선호한다면, 자녀는 좋은 관계를 촉진하는 조율된 반응을 받기 어렵다. 조용하고 무기력한 자녀는 활력적이고 활동적인 아빠의 흥미를 끌지 못할 것이다. 모든 좋은 외적 상황이 주어진다 해도, 만일 한쪽이 적응하지 못하거나 적응과정이 방해받는다면 이러한 불일치는 갈등으로 이어질 수 있다.

치료놀이가 사용되어야 하는지 결정하기

넓은 범위의 부모-자녀 관계 문제에 대한 치료놀이의 가치가 너무 강조되기 때문에 제시된 모든 유형의 문제들에 치료놀이를 만병통치약으로 권장하는 것처럼 보일 수 있다. 그러나 치료놀이가 치료의 첫 번째 선택이 되지 않고 다른 치료나 지원으로 대신 제공되어야 하는 많은 상황이 있다. 어떤 사례에서는 치료놀이가 다른 접근법과 결합되어 사용되거나 아동이 안전한 환경에 놓인 후에야 사용되는 경우도 있다. 치료놀이 사용을 결정할 때 염두에 두어야 할 기본 원칙은 치료사가 아동이 안전한 상태에 있을 수 있는지 확신해야 한다는 것이다. 다음은 치료놀이를 조심스럽게 사용해야 하거나 전혀 사용해서는 안 되는 상황들에 대한 목록이다.

위험한 행동화 문제를 가진 아동

위험하게 행동화하는 아동의 가족과 상담할 때, 치료놀이가 장기적으로 도움이 될 수는 있지만 그 자체로는 필요한 안전을 제공할 수 없다. 큰 고통을 받거나 괴로워하는 아동은 가능하다면 주거치료센터나 특화된 치료가정에서 24시간 관찰되고 안전하게 억제되어야 한다. 안전이 확립되면, 치료놀이는 외상과 상실에 대한 문제를 해결하는 데 충분한 안전감을 갖고자 아동에게 필요한 애착상담의 일부분이 될 수 있다. 아동이 자신의 경험을 진전시킬 준비가 되면 외상에 초점을 맞춘 치료법이 아동의 치료에 중요한 부분이 될 것이다. 치료놀이는 다른 방법들과 결합되어 거주보호시설과 집단가정에서 성공적으로 사용되었다. 11장에서는 거주치료센터에 사는 행동화 문제를 가진 청소년에게 치료놀이가 적용된 두 가지의 사례를 제시하였다.

정신병을 가진 아동

정신질환으로 고통받는 아동은 지금-여기에 초점을 둔 치료놀이 치료를 통해 도움을 받을 수 있다. 그러나 질병이 심각하다면 위에서 언급했던 안전한 억제가 우선되어야 한다. 게다가 이러한 아동은 아마도 치료적 처치가 이루어지기 전에 소아정신과 의사의 감독 아래 약물치료도 병행되어야 할 것이다.

최근 외상을 경험한 아동

최근 외상을 경험한 아동들에게는 그들에게 무슨 일이 일어났는지 이해하고 진행하기 위한 즉각적인 도움이 필요하다. 그러나 치료를 받는 데 차분함을 느낄 수 있을 만큼 기본적인 안전감이 없으면 이를 행할 수 없다. 부모와 안정적인 관계를 갖지 못한 아동들에게 치료놀이는 첫 단계로서 혹은 외상에 초점을 맞춘 치료법과 병행할 때 매우 유용하다. 9장에서는 외상을 경험한 아동을 대상으로 한 상담에서의 치료놀이 역할에 대해 설명한다.

성적 학대를 경험한 아동

성적 학대를 경험한 아동에게는 학대를 분명히 인정하고 처리하는 치료법이 필요하다. 또한 아동은 외상을 처리할 때 자신을 도와줄 수 있는 양육자와의 관계를 형성하도록 고안된 수정된 형태의 치료놀이를 통해 도움을 받을 수 있다. 수정사항들은 아동의 과거와 민감성을 참고로 해야 한다. 이는 아동에게 선택의 기회를 주고, 아동의 불안과 생리적인 자극에 민감해야 하며, 매 순간 아동의 불편감을 다루는 것 등이다. 9장에서는 성적 학대를 경험한 아동과 상담할 때 치료놀이가 어떻게 적용될 수 있는지에 대해 논의한다.

위탁가정과 입양가정의 아동

치료놀이는 위탁가정이나 입양가정에 있는 아동들에게 효과적으로 사용되어 왔지만, 이러한 아동들에게 필요한 유일한 치료라고 생각해서는 안 된다. 치료놀이는 새롭게 입양된 아동이 입양부모와 안정적이고 신뢰적인 관계를 형성하도록 돕는 데 타당한 첫 번째 선택이 될 수 있다. 10장에서는 위탁가정과 입양가정의 아동들에게 치료놀이가 어떻게 적용되어 왔는지를 설명하였다. 외상적인 과거와 관련된 생각과 수치심을 비롯하여 이를 처리하고 통합해야 하는 아동들에게 Hughes(2006), Gray(2002), Keck와 Kupecky(1995)가 발전시킨 애착에 기초한 치료를 제안한다. 대부분의 입양아동은 언젠가는 다음과 같은 입양과 관련된 문제들을 고심해야 하는 순간이 있을 것이다. "나는 왜 버려졌나요?" "나의 생모는 어디에 있나요?" "왜 아빠가 날 떠났나요?" "엄마를 잃은 내 슬픔을 누구에게 말할 수 있나요?"

심각한 문제를 가진 부모

부모는 자신에게 해결되지 않은 문제가 있는 경우 자녀에게 필요한 양육을 제공할 수 없다. 부모가 자녀에게 필요한 안전하고 반응적인 양육을 제공할 능력이 있다고 판단되기 전까지는 부모를 치료놀이 치료에 참여시키면 안 된다. 부모가 아직 약물을 복용하고 있거나, 자녀를 방임하고 학대하도록 만든 문제를 여전히 해결하지 못했거나, 그들의 화를 통제할 수 없거나, 자녀를 안전하게 지켜주지 못하는 경우에는 치료놀이 치료에 부모를 포함시키지 말아야 한다. 당면한 중점사항은 점차 부모를 돕는 것이 되어야 한다. 그러기 전까지 이러한 부모는 자녀와의 치료놀이 치료를 성공적으로 하기에는 너무 일관성이 없거나 다른 일에 몰두하고 있을 것이다. 부모가 안정되고 그들의 문제를 해결할 수 있는 프로그램에 참여한다면, 자녀와 함께 부모를 치료놀이 회기에 참여시키는 것을 고려해 볼 수 있다. 자녀와 함께 치료놀이에 참여할 수 있는 부모의 능력을 평가하는 방법과 치료놀이 치료를 통해 부모 자신에게 이익이 되고 자녀와 안전하게 상호작용하도록 부모를 가르쳐 주고 지지할 수 있는 방법에 대한 좀 더 세부적인 내용은 6장에 제시하였다.

정신병을 가진 부모

심한 우울증이나 정신장애와 같이 정신병을 가지고 있으면서 약물치료로 안정되지 않았거나 치료를 받지 않은 부모는 치료놀이에 참여해서는 안 된다. 자녀의 취약한 상태를 부모가 오용하거나 오해할 수 있으며, 이는 자녀에게 상처가 될 수 있다. 부모는 그들 자신의 행동과 양육 기대에 대한 어느 정도의 통찰력을 가지고 있어야 한다. 성격장애를 가진 부모는 종종 자녀의 관점을 이해하는 데 어려움을 겪고 치료과정 중 자녀에게 상처를 줄 수 있으므로 치료놀이의 적용을 결정하기 전에 신중하게 검진해야 한다.

이 장에서는 치료놀이 기법에 대해 기본적인 소개와 함께 개관해 보았다. 지금부터는 치료놀이의 핵심개념들을 고찰하고 임상적 실재의 애착에 기초한 모델에 대해 설명하는 이론과 연구를 검토하고자 한다. 또한 치료놀이 효과에 대한 연구도 살펴볼 것이다.

1. Bowlby(1988, p. 126)는 "안정된 아기의 엄마가 사용하는 상호작용 패턴은 치료적 개입의 패턴에 훌륭한 모델을 제공한다."라고 말하며 이를 지지한다.
2. 이 책에서는 '한 부모(parent)' 혹은 '부모(parents)' 라는 용어를 사용하는데, 이는 생부모, 입양부모, 위탁부모를 포함하는 모든 양육자를 뜻한다. 치료놀이 치료에는 부모 중 한 명만 참여하는 경우도 있지만, 부모가 모두 참석하는 것이 가장 이상적이기 때문에 일반적으로 복수형을 사용하도록 한다.
3. Sroufe 등(2005, pp. 66-67)은 "안정애착의 과거력을 가진 아동들은 부모의 반응에 대한 확신을 가지고 있기 때문에 부모의 제한과 안내를 더 잘 수용한다."는 것을 발견했다.
4. '해석치료사' 라는 직위는 부모와 함께 형성하는 협력적인 관계의 광범위한 특성을 일컫기 위해 만들어진 약칭이다. 6장에서 그 역할에 대해 자세히 설명한다. 해석치료사는 부모가 그들 자신과 아동의 경험을 관찰하고 반영할 수 있도록 돕는 일과 회기에서 부모를 안내하는 일 등을 한다.
5. Winnicott(1965)은 'good enough mother' 라는 용어를 사용하여 건강한 발달에 필수적이라고 여기는 일반적인 양육방식을 설명한다. 그는 이 책에서 강조하는 반응적이고 공감적인 관계에 대해 언급한다. 그러나 그는 부모가 완벽할 필요는 없다는 사실도 강조한다. 부모는 단지 '충분해야' 한다.
6. Goldsmith(2007, p. 211)는 "양육적인 상호작용은 안전한 관계의 토대가 된다."라고 말하였다. 이는 "무조건적인 사랑과 수용을 하고 너무 잘 알아 아동의 욕구를 잘 아는 '이상적인 할머니' 의

모습이다……. [할머니는] 아동을 효과적으로 이해할 수 있는 자신의 능력을 전달하고, 더 중요하게는 아동이 없을 때에도 아동에 대해 생각하고 있음을 보여 준다."라고 부연설명하였다.

7. Sroufe 등은 다음의 양육과제 목록(2005, p. 52)을 만들었다. 구조, 개입, 양육, 도전의 각 과제와 관련된 치료놀이 차원(들)은 이니셜로 표기했다(구조 S, 개입 E, 양육 N, 도전 C).

    - 각성의 조절 - E/N
    - 자극의 적절한 조정 - E/S
    - 안전기지와 안전한 피난처의 제공 - N/S
    - 적절한 안내, 제한, 구조 - S
    - 부모-자녀 경계의 유지 - S
    - 정서 표현과 억제의 사회화 - E/S
    - 문제 해결을 위한 비계 설정 - C
    - 정복감과 성취감의 지지 - C
    - 넓은 사회세계와 아동의 관계 지지 - C/E
    - 아동의 성장하는 독립심 수용 - C

8. Oppenheim, Koren-Karie, Dolev와 Yirmiya(2008)는 자폐증을 가진 아동들은 건강한 애착관계를 형성할 수 없다는 견해를 부정하는 연구를 검토하였다. Ainsworth의 낯선 상황 프로토콜을 이용한 측정 결과로 다음 두 가지 사항이 밝혀졌다. (1) 자폐증을 가진 아동들은 그들의 양육자와 애착을 발달시킨다. (2) 절반에 가까운 아동에게서 안정애착이 발달된다.

제2장
치료놀이의 핵심개념을 설명하는 이론과 연구의 이해

치료놀이는 부모-자녀 관계를 개선하기 위하여 애착이론을 치료에 적용한 최초의 시도들 중 하나다. 우리는 1969년에 시카고 헤드스타트 프로그램을 통해 아동들에게 치료를 제공하기 시작했는데, 이는 Bowlby의 첫 번째 저서 『애착(Attachment)』이 출판된 것과 같은 해다. 우리의 새로운 접근법을 발전시키는 데 그의 저서의 영향을 많이 받았다. 긍정적이고 반응적이며 즐거운 방법으로 얼굴을 마주 보고 상호작용함으로써 아동의 자기관(내적 작동 모델)을 변화시킬 수 있다는 우리의 가정은 그의 이론에 기초를 두고 있다. 우리가 헤드스타트 프로그램에서 처음 아이들과 놀기 시작한 이래로 40년 동안, 애착의 다양한 면에 대해 점점 더 많은 연구가 진행되어 왔다. 이 연구는 치료놀이의 힘과 효과를 이해할 수 있게 해준다. 애착과 두뇌 발달의 관계에 대한 이해도가 깊어지면서, 연구 결과들은 조율, 민감성, 조절 그리고 반영을 더욱 강조하기 위해 우리가 무엇을 하는지를 알 수 있게 해주었다. 그러나 우리는 투쟁적인 관계와 부정적인 내적 작동 모델을 보다 건강하고 긍정적으로 바꿀 수 있는 재미있고 상호적이며 회복의 경험을 제공한다는 기본 원칙을 결코 잊은 적이 없다.

최근까지도 Bowlby의 이론을 활용하는 임상적 적용은 많은 애착이론 연구에 비해 크게 뒤떨어져 있었다. 현재 이 지식과 연구를 예방과 치료에 적용하는 치료 모델들이 늘어

Phyllis B. Booth · Sandra Lindaman

나고 있다. 이것은 애착의 발달에 관한 연구를 예방과 임상에서 실제로 응용하고자 했던 Bowlby의 목표가 마침내 성취되고 있는 것이다.[1]

모든 애착치료 기법들과 마찬가지로, 우리는 관계를 치료의 주요 초점으로 생각한다. 치료놀이는 다른 애착관련 치료기법과 유사한 면을 가지고 있다.

- 부모와 조율적이고 협력적인 치료적 동맹관계를 형성한다. 이 동맹관계는 애착관계 자체를 모델로 하는데, 이는 부모가 아동과 상호작용할 때 참고할 모델로 제공하기 위함이다.
- 아동에게 반응하는 것을 어렵게 했던 부모들의 애착 경험을 이해할 수 있도록 돕는다.
- 부모가 아동에 대한 더 많은 이해심과 공감을 얻을 수 있도록 돕는다.
- 아동의 내적 작동 모델을 변화시키기 위해 아동과 직접 상대한다.

하지만 치료놀이만이 가지고 있는 두 가지 요소가 있다.

- 아동의 건강한 발달을 촉진시킬 조율의 춤인 활발한 상호작용을 연습하기 위해 부모와 아동을 대면시킨다. 이를 통해 부모와 아동 모두에게 활발한 회복의 경험을 제공한다.
- 부모가 회기 중 자녀들과 함께하기 위한 준비활동들을 연습할 때 부모에게 치료놀이를 직접 경험할 기회를 준다. 어떤 경우에는 한 회기 전체를 부모만을 위해 진행하기도 한다.

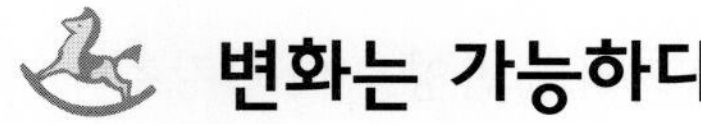

변화는 가능하다

헤드스타트의 아동들을 돕기 시작했을 때, 우리는 변화가 가능하다는 것을 전제로 하였다. 우리의 가정은 헤드스타트 아동들과 함께한 연구에서 사실로 확인되었다. 아동들의 행동은 극적으로 변화했는데, 이것이 내적 작동 모델의 변화에서 기인했다고 생각한다. 이 가정을 한층 더 발전시켜, 나이와는 상관없이 아동에게 건강한 새로운 경험을 만들어 주는 것이 가능하다는 Bowlby의 생각에 동의했다. Bowlby(1988, p. 136)에 따르면, "비록 발전적 변화의 가능성은 연령의 증가에 따라 줄어들지만 변화는 평생 계속되며, 따라서 나아지거나 나빠질 가능성은 항상 있다. 인생의 매 순간에 일어날 수 있는 모든 역경을 이겨낼 수 있고 또 우호적인 영향에 스며들 수 있게 하는 것이 바로 변화에 대한 끊임없는 잠재성이다."

Sroufe와 다른 학자들의 종단연구 또한 이 의견을 지지한다. 비록 초기의 애착 유형(안정 혹은 불안정)은 계속적이고 지속적이라는 중요한 증거가 있지만, 긍정적인 변화나 부정적인 변화가 일어날 수 있다는 증거도 있다. 긍정적인 변화의 예는 아동이 좋은 입양 경험을 할 때 혹은 가정환경이 나아졌을 때 나타난다. 예를 들어, Sroufe(1988, p. 283)가 보고한 것과 같이 "……[가난 때문에 위태로운 상태였던] 엄마가 아빠와 안정된 관계를 형성할 때 자녀의 적응력은 향상된다." 반대로 죽음이나 이혼으로 인한 부모의 긴 부재나 상실이 자녀가 안전하다고 느끼는 데에 나쁜 영향을 미친다는 것은 잘 알려져 있다.

치료놀이는 부모의 경험과 자녀의 경험 모두를 통해 변화를 다루기 때문에 부모-자녀 심리치료의 힘이 있다. 이것은 치료놀이가 단일한 초점을 가진 다른 치료법보다 더 효과적일 수 있는 이유다(Stern, 1996). Mäkelä(2003, p. 7)는 다음과 같이 기술하였다.

> 치료놀이는 아동 자신의 경험을 통해 성인들, 특히 부모들 그리고 외부세계를 동시에 변화시키는 것을 목표로 한다. 또한 치료놀이는 부모에게 자녀에 대한 새로운 관점과 경험을 제공한다. 자녀의 행복을 보는 것은 자신이 훌륭하다고 느끼는 감정을 높여 주기 때문에 부모의 정신적 행복의 강력한 조직자 역할도 한다. 그리고 치료놀이는 [그들 경험에 대한 정서적으로 조화된 토론을 통해서뿐만 아니라] 불안을 줄이고 부모의 좋은 감정을 촉진하기 위한 직접적인 신체적 공동 조절을 통해 부모의 정서적 상처들을 돌보는 기회가 되기도 한다.

이 장에서 우리는 애착에 기초한 실제 모델을 설명하는 이론과 연구를 검토한다. 1장에서 언급한 바와 같이, 치료놀이는 건강한 부모-자녀 관계를 모델로 하고 있다. 우리의 일곱 가지 핵심개념들은 그 관계에서 건강한 사회·정서적 발달에 중요하다고 인정된 면들이다. 치료놀이는 이 일곱 가지 핵심개념들을 기초로 한다.

그것은 다음과 같다.

- 상호작용적이며 관계에 기초를 둔다.
- 직접적이며 지금-여기 경험을 제공한다.

- 성인이 안내한다.
- 반응적이고 조율적이며 공감적이고 반영적이다.
- 영아기 발달수준처럼 전언어적, 사회 · 정서적, 우뇌 수준의 발달에 맞춰져 있다.
- 다감각적이다.
- 즐겁다.

여기서 우리는 각각의 핵심개념을 설명하고 지지하는 연구를 살펴보고 이 개념들이 치료놀이의 범위와 활동 안에서 어떻게 실제로 적용될 수 있는지를 토론한다.

 치료놀이는 상호작용적이며 관계에 기초를 둔다

치료놀이 모델은 엄마와 아기 사이의 상호작용적인 관계를 모델로 한다. 『치료놀이(Theraplay)』 초판에서 치료놀이의 창립자인 Ann Jernberg(1979, pp. 4-5)는 우리가 모델로 사용하고 있는 엄마와 아기의 상호작용적인 관계를 생생하게 묘사하였다.

> 엄마는 날마다 아기와 함께 육아실에서 아기의 목을 코로 문지르고, 배에 바람을 불고, 귀에 노래를 부르고…… '까꿍놀이' 를 하고 발가락을 깨문다. 엄마는 아기를 들고, 휘두르고, 빙빙 돌리고, 앞뒤로 흔들고, 위로 올렸다 내리고, 뒤집고, 가볍게 흔든다. 엄마는 아기를 가까이 안고 젖을 먹인다. 엄마는 아기에게 파우더를 발라 주고, 로션을 발라 주고, 머리를 빗겨 주고, 씻겨 주고, 토닥여 말려 주고, 문질러 준다. 엄마는 속삭이고, 구구거리고, 낄낄 웃고, 콧노래 부르고, 재잘거리고, 의미 없는 소리들을 낸다. 엄마는 아기를 엿보고, 아이 앞에 갑자기 튀어나와…… 놀란 눈으로 휘둥그레 쳐다보고, 밝게 미소 짓는다. 게다가 아기가 당황했을 땐 아기를 가까이 안고 다독이고 보호한다. 엄마는 아기의 삶의 공간을…… 관계를, 시간의 사용을 정의한다. 그리고 마지막으로 엄마는 아기보다 한 발 앞선 곳에 머무르며 아기가 앞으로 움직이고 도전을 즐길 수 있도록 힘을 북돋아 준다.
>
> 이번에는 아기가 엄마에게 구구거리고, 미소 짓고, 팔을 뻗고, 쓰다듬고, 좋아하고, 따라 하고, 엄마가 자신을 따라 하는 것을 즐거워한다. 엄마와 함께 까르륵대고, 엄마를 바라보고, 엄마의 눈을 깊이 응시하고, 마지막으로 엄마의 이름을 부른다. 가끔 반항하기도 하지만, 아기는 자라면서 엄마의 설명, 제한, 구조에 반응하며 엄마의 도전에 응한다.

Rebecca Shahmoon-Shanok(1997, p. 38)은 2세 아기와 엄마 사이의 아름답게 조율된 상호작용을 묘사하며 어떻게 건강한 관계에 있는 아이가 다음과 같은 것들을 경험하는지를 설명하였다. "사랑과 놀이…… 관심과 공유된 관심…… 인지와 분화된 감정…… 의사소통과 조직화…… 상징과 언어의 사용, 그리고…… 안전과 희망에 대한 내적 감각, 이 모든 것들은 유관적이고 상호작용적인 애착의 범주 안에서 각각의 요소가 서로 얽히며 동시에 일어난다. 이렇게 많은 것이 관계 안에서 일어난다는 것은 평범하면서도 색다른 일이다. 자율성은 본래 애착에서 발달한다."

치료놀이의 초점은 풍부한 관계다. 다른 애착에 기초한 치료기법과 마찬가지로, 치료놀이는 아동이나 부모 개인에 각각 초점을 맞추기보다는 관계 자체를 치료한다. 많은 저자가 이 접근법을 지지했는데, 그중 Busch와 Lieberman(2007, p. 145)에 따르면 "부모-자녀 관계가 어린 시절 성격발달 형성에 중요하기 때문에…… 어린아이들의 사회·정서적 어려움을 위한 효과적인 개입은 애착-양육 체계에 초점을 맞춰야 한다." 다시 말하면, Stern(1995)이 제시한 것과 같이 부모-자녀 심리치료의 '환자'는 바로 '관계' 자체다.

그러므로 치료놀이는 애착이론의 기본 전제(Bowlby, 1969, 1988)와 인간발달의 대인관계설—특히 자기심리학(Kohut, 1971, 1977, 1984)과 대상관계이론(Winnicott, 1958, 1965, 1971)—과 보조를 같이한다. 아동의 발달에서 부모-자녀 관계의 중요성을 강조하는 그들의 의견은 우리의 연구를 크게 지지해 준다. Winnicott(1958, p. 99)은 다음과 같이 강조하였다. "아기라는 것은 없다. 양육하는 부부만이 있을 뿐이다. 아기를 돌보는 충분한 기술 없이 아기는 존재할 수 없다."

Bowlby(1969)는 더 나아가 인간 행동의 일차적 동기부여는 관계를 향한 선천적 욕구라고 주장한다. 이 욕구는 아동의 발달에 중요한 역할을 하는 강한 유대나 애착관계의 형성을 가능하게 한다. 애착 결속은 한 명 또는 소수의 뚜렷하게 좋아하는 사람들과 정서적으로 연결되고 유지되는 관계다. 애착 결속의 형성은 영아와 성인 모두에게서 타고난 반응들로 지지되는데, 타고난 반응들은 아동과 양육자를 가까운 사이로 만들며 보살피는 형태로 상호작용하게 한다.[2] 건강한 신생아는 "사회적 상호작용의 기본적 형태를 갖출" 잠재력이 있으며, "보통의 민감한 엄마는 거기에 성공적으로 참여할 [잠재력이 있다]" (Bowlby, 1988, p. 7). 아기는 울기, 미소 짓기, 응시하기, 매달리기와 같은 애착행동의 레퍼토리를 가지고 태어나며, 이 행동들은 관계가 필요하다는 신호다. 성인은 아기를 돌봄으로써 아기들의 신호에 본능적으로 반응한다. 이 관계를 강화하는 선천적인 행동들은 무력한 아기들이 생존하도록 해 준다. 아기와 부모 사이의 초기 상호작용은 관계를 찾는 아기의 행동들이 자기와 성격 발달의 사전준비를 할 수 있는 필수적인 환경이다.

타고난 반응성

안전과 생존을 이끄는 애착행동 외에, 인간은 사회적 상호작용으로 이끄는 타고난 반응성을 가지고 있다. 이는 (1) 리듬, 동시성, 동조를 시작할 수 있는 능력, (2) 다른 사람의 의사를 이해하고 모방할 수 있는 능력이다.

리듬, 동시성 그리고 동조 인간 신경계에 관한 연구들은 리듬, 동시성 그리고 동조에 기초한다.

- 리듬과 동시성: 리듬과 동시성이란 유아가 부모의 말과 행동의 리듬에 응하여 동작을 일치시킬 수 있는 내재된 능력을 말한다. 동시 상태에서 뉴런들은 동시에 활성화된다. Trevarthen(1989)은 태아가 자궁 밖의 소리에 규칙적으로 반응한다는 것을 증명했다. 이 동시화 능력은 태어난 후에도 계속된다. Susan Hart(2008, pp. 93-94)는 다음과 같이 묘사하였다. "아기는 성인의 말에 정확하고 체계적으로 일치된 동작을 할 수 있다. 갓 태어난 아기는 양육자와 의사소통할 준비가 되어 있다. 아기와 양육자가 서로의 행동을 모방하고 따라 할 때 시간적으로 잘 조직화되고 효과적으로 조정된 상호작용, 소위 말하는 최초의 대화의 단계로 발전하는 과정이 시작된다. 그러한 상호작용은 인간 접촉을 향한 근본적 욕구에서 발달한다. 엄마의 얼굴 표정, 발성, 몸짓은 서로 조화되거나 일치되어 있다. 엄마의 동작은 규칙적으로 반복되어 아이와의 의사소통을 최적의 상태로 조절한다.
- 동조: 아기는 다른 사람의 감정 표현에 동조하는 능력을 가지고 태어나며, 이는 아기가 다른 사람들과 관계를 조율하는 것을 가능하게 한다. 동조현상은 활성화된 뉴런이 다른 뉴런들을 자극하여(두뇌 안에서 혹은 두뇌 사이에서) 전반적인 활동량을 증가시킬 때 나타난다. Siegel과 Hartzell(2003, pp. 64-65)은 정서적 건강을 형성하는 데 이 능력의 결정적인 중요성을 강조한다. "우리의 기본 감정, 우리 마음의 음악은 다른 사람의 기본 감정 상태와 접촉할 때 그들의 마음에 의해 직접적으로 영향받는다. 동조는 비언어적 신호를 통해 우리의 기본 감정을 다른 사람과 일치시킬 때 일어난

다. 관계가 동조적일 때 서로 하나가 되었다는 감정은 매우 활기를 띠게 된다. 더 나아가 Bentzen과 Hart는 두뇌 안 모든 신경의 연결들을 확장하는 데 상호작용적인 동조의 역할을 지적했다. "상호작용하는 사람들은 서로의 감정세계에 빨려 들어간다. 그들은 감정적으로 조율되어 서로 영향을 미친다. 다른 사람의 신경계와의 성공적인 조율은 신경계가 적응성을 발달시키고 두뇌 전체에 위계적으로 퍼진 신경 패턴들을 통합할 수 있게 한다(Bentzen & Hart, 2005; Hart, 2008, p. 78에서 인용).

모방 예상하고 모방하고 다른 사람의 의사를 이해할 수 있는 능력은 선천적으로 사회적 두뇌의 또 다른 측면이다. 이 능력은 거울신경체계에서 나오는데, 이는 인식을 바로 행동으로 연결하여 동조와 조율을 불러오는 신경회로 중의 한 부분이다. 이 거울신경체계는 공감하는 능력을 포함하여 우리의 내적, 상대적 그리고 더 큰 사회적 경험들을 형성한다. 누군가가 의도적으로 어떠한 동작을 하는 것을 볼 때, 우리의 운동계는 마치 머릿속에서 시연하듯 그 동작을 따라 할 준비를 한다. 이런 식으로 거울신경은 우리가 다른 사람들의 의사를 이해할 수 있게 해준다. Siegel은 "다른 사람의 표현을 지각함으로써 두뇌는 다른 사람의 내면 상태와 '동조' 하는 내면 상태를 만들 수 있다."(2006, p. 254)라고 설명하였다. 예를 들어, 한 엄마는 아기가 괴로워하는 모습을 볼 때 눈썹을 찡그림으로써 순간적으로 아기의 괴로움을 함께 느낀다. 엄마의 거울신경은 아기의 경험과 접촉하면서 그녀가 공감적으로 반응할 수 있게 한다.

두뇌가 어떻게 관계와 상호작용을 지지하고 유지하는지에 대한 최근의 연구는 치료놀이의 효율성 그리고 변화를 가져오는 능력 모두를 보여 준다. 치료놀이는 자연적이고 필수적인 발달과정을 재현한다. Trevarthen과 Aitken(2001, p. 4)은 사회적 상호작용을 형성하는 우리의 선천적인 능력에 대한 연구 내용을 요약하면서 그 과정을 다음과 같이 묘사하였다. "관심, 의지, 그리고 호의적이고 애정 깊은 부모의 감정을 유발하는 영아의 천부적 사교성은 동료의식, 즉 협력적인 인식을 본질적으로 자극하며, 영아의 자신감, 신뢰, 의미를 나타내는 행동을 발달시키고, 마침내 언어를 습득할 수 있게 한다."

치료놀이는 상호작용적이고 관계 기초적인 치료로서, 이러한 사회적 상호작용의 필수 구성요소들이 갖추어져야 한다. 그러나 불안하고 불안정한 아동들이 쉽게 리듬, 동조, 동시의 상태가 되지 못하여 다른 사람들의 의사를 이해하고 상호작용하는 데에 어려움을 겪는다는 사실은 치료의 중요한 부분이다(Hart, 2008, p. 92). 불안한 아동들이 관계를 형성할 때 겪는 어려움에 우리가 익숙해지도록 특별한 주의를 기울이는 것이 치료놀이의 주요하고 특징적인 초점이다. 우리는 인정과 지지를 통해 이러한 아동들이 더 편안한 마음을 가질 수 있도록 도와주고, 부모들과 직접 만나는 기회를 마련하여 조율된 상호작용을 격려한다. 치료사로서 우리는 동조, 동시, 조절 능력과 도움을 받으러 찾아온 아동들과 부모의 의사를 파악할 수 있는 능력을 최대한 활용해야 한다. 치료놀이 치료사의 과제는 연구를 통해 발달에 필수적이라고 알려진 사회적 구성요소들을 가정에서 발달시키고 사용할 수 있도록 안정감을 조성해 주는 것이다.

사회적 상호작용 형성하기

치료놀이의 상호작용적인 면을 설명하기 위해 1장에서 제시한 사라의 예를 다시 살펴보기로 하자. 어린 시절 사라는 동조적이고 동시적인 관계를 경험할 기회를 놓쳤다. 입양가정의 환경이 좋았음에도 불구하고, 사라의 변덕스럽고 격정적인 행동들과 부모에 대한 거부감 때문에 사라와 그녀의 부모는 효과적으로 일치될 기회를 거의 가지지 못했다. 만남의 첫 순간부터 치료사 마거릿은 표정, 목소리, 그리고 아이의 속도에 맞춘 활동지도를 통해 사라와 엄마에게 그녀가 그들과 함께하는 것에 흥미를 가지고 즐거워한다는 것을 보여 주었다. 그녀는 손을 잡거나 편히 앉을 수 있게 도우며 부드럽고 편안한 접촉을 시도했다. 그리고 그들이 눈 맞춤을 할 수 있을 때까지 위아래로 손을 쌓는 규칙적이고 번갈아 하는 활동을 시켰다. 그녀는 눈을 크게 뜨고 기쁜 목소리로 그들의 눈이 얼마나 예쁜지를 강조했다. 사라가 로션을 싫어하는 것 같은 반응을 보였을 때, 마거릿은 사라의 반응을 이해하기 위해 사라를 따라 얼굴을 찡그리고 "윽, 로션!" 하며 그것이 사라의 감정과 맞는지를 보았다. 사라가 로션을 싫어하지 않는다고는 했지만, 마거릿은 사라의 반응을 이해하기 위해 그런 반응을 보였다는 것을 사라가 느꼈으면 했다. 마거릿은 엄마에게 마치 산모가 갓 태어난 아기를 바라보듯이 사라의 손과 팔을 자세히 보라고 했다. 이 과정은 진정한 일치의 순간을 이끌어 냈다. 엄마는 사라 가까이로 머리를 숙여 팔을 자세히 살피면서 주근깨의 개수를 세고 그 위에 로션을 발라 주었다. 그녀는 "사라, 손이 참 부드럽네." 하며 중얼거렸다. 그러자 사라는 팔을 뻗고 엄마와 함께 중얼거렸다. "하나, 둘, 셋, 넷, 다섯, 여섯……." 그들의 머리와 손은 숫자의 리듬에 따라 부드럽게 움직였다.

 치료놀이는 직접적이며 지금-여기 경험을 제공한다

치료놀이에서는 영아에게 생애 초기에 형성되는 관계와 같은 직접적이고 실제적인 방법으로 부모-자녀 관계를 새로 형성하거나 회복하는 방법으로 접근한다. 그 순간을 함께 하며 새롭고 회복적인 경험을 제공함으로써 아동의 내적 상태를 더욱 긍정적이고 회복성이 있는 형태로 재구조화한다. 치료사들은 아동이 그 자체로 더 사랑스럽고 능력 있음을 경험하고, 부모를 사랑하고 신뢰할 수 있는 존재로 바라보며, 세상은 더욱 구조화되어 있고 더 흥미로우면서 더 즐거운 공간으로 경험하기를 원한다. 그리고 부모 역시 유사한 전환적 경험을 통해 자녀의 욕구에 반응해 주는 그들 자신의 역량과 능력과 더불어 자녀에 대한 변화된 시각을 이끌 수 있기를 원한다. 이를 위해 초점을 맞춰야 하는 부분은 지금-여기에서 회복적인 경험을 만들어 내면서 그 회기 내에서 자녀와 부모(혹은 치료자) 사이에 실제로 일어나는 것이다. 여기에서는 과거의 경험이나 현재의 행동 및 관계 문제에 대해 이야기하는 것이 아니다. 더욱이 경험에 접근하기 위해 아동 중심적 놀이치료, 미술치료 혹은 운동치료와 같은 간접적인 접근법을 사용하지도 않는다.

일차적 상호주관성

치료놀이에서 지금-여기를 주시하는 것의 중요성은 Trevarthen과 Aitken(2001)의 일차적 상호주관성(primary intersubjectivity)이란 개념에 의해 뒷받침된다. 일차적 상호주관성이란 사람을 직접 대면할 때 감정과 행동이 공유되는 상태를 일컫는다. 이것은 애착관계 안에서 나타나며 다른 사람이 무슨 생각을 하는지 이해하는 능력을 포함한다. 앞에서 본 바와 같이, 영아는 계속적으로 공동 조절되는 관계의 일부가 될 준비가 되어 있다. 무표정(Still Face) 패러다임을 사용하여, Tronick, Ricks와 Cohn(1982)은 영아가 엄마의 우발적이고 감정을 나타내는 행동에 예리하게 반응하면서 활발하게 개입한다는 것을 증명했다. 엄마가 갑자기 주의를 다른 곳으로 돌리면, 아기는 상호작용적인 패턴을 다시 찾으려 노력하고, 그렇게 하지 못하면 점점 조절에 어려움을 느끼게 된다.

서로에게 열정적으로 집중하는 이 초기 단계 다음에는 이차적 상호주관성이 따라오는데, 이것은 부모와 아동이 사물에 대한 흥미를 공유하고 물건들을 가지고 놀 때 발달한다. 치료놀이에서 우리는 놀이기구 사용을 시작하거나 사물에 대해 공유된 관심을 갖는 이차 단계로 이동하기보다는 일차적 상호주관성 단계에 중점을 둔다. 일차적 상호주관성은 반응적인 부모가 아동의 정서 상태와 조율하고 동조와 동시성을 창조해 변화를 유발하는 환경을 마련한다.

지금 순간

Mäkelä(2003, p. 6)는 무엇이 치료놀이를 효과적으로 만드는지에 대해 치료관계 안에서 끊임없이 진행 중인 '정서의 공명' 으로부터 가끔씩 일어나는 열정적인 순간들의 중요성에 대해 기술하였다. 이 순간들은 '아동과 치료사 모두의 내적 상태에 갑작스러운 역동적인 변화' 를 창조한다. 변화 연구집단의 과정(The Process of Change Study Group; Tronick et al., 1998)은 '심리치료의 변화이론' 을 지지하는 증거를 제공했는데, 그 이론에 따르면 "열정적인 지금 순간(now moments), 또는 만남의 순간은 심리내적 조직의 새로운 형태에 핵심이 된다. 이 순간들의 열정은 아동과 치료사 모두의 경험을 넓힌다. 관계를 간접적으로 알게 되는 암묵적인 방법이 재편성되고, 지식은 양쪽 모두에 의해 공유된다." 왜냐하면 치료놀이는 재미있고, 개입적인 특성이 매 순간 가득 차 있어 집중과 즐거움을 증가시키기 때문이다.

지금 순간 만들기[3]

3세인 대니카는 콩자루 의자에 앉아 멍하니 방 안을 둘러보고 있었다. 그녀의 치료사인 마이클은 그녀와 재미있는 게임을 하기 위해 그녀의 손을 잡아 그의 눈앞에 댔다. 잠시 후 그는 웃는 얼굴로 그녀를 엿보며 명랑하게 '까꿍' 했다. 대니카는 갑자기 매우 민첩해졌다. 그녀는 마이클의 눈을 똑바로 쳐다보고 그 놀라운 일에 자연스럽게 낄낄 웃기 시작했다. 마이클도 따라 웃었다. 이 둘은 방금 열정적인 만남의 순간을 함께했다. 이 놀라움 후 몇 초 동안 대니카와 마이클은 두 사람이 함께 새롭게 만든 몰입 상태에 있었다. 각자 모두 이 놀이가 유쾌하다고 생각했으며, 그들의 웃음은 이 공유된 생각을 서로에게 전달하고 경험을 극대화했다. 이런 순간이 더 많이 일어날수록, 아동은 다른 사람과 즐거움이나 관심을 공유하는 순간에 완전히 열중하는 것은 안전하고 즐겁다는 것을 더 많이 터득하게 된다. 일단 이런 일이 있고 나면 예전 상태로 되돌아갈 일은 없으며 둘 사이가 연결되어 있다는 느낌은 더 깊어진다.

불일치

치료놀이 치료를 받기 위해 찾아오는 대부분의 문제 있는 아동들은 다른 사람과 상호작용할 때 그들이 무엇을 기대할 수 있는지에 대해 부정적인 시각을 가지고 있다. 우리의 긍정적이고 수용적인 접근방법은 아동에게 그의 부정적인 시각과는 다른 경험을 제시한다. 그가 기대했던 것과 치료놀이 회기에서 그가 경험한 것 간의 불일치(non-congruence)는 그의 두뇌가 다른 사람과 관계를 맺는 것에 대한 시각이 더 건강하고 새로운 경험을 하도록 한다. Hart(2008, p. 74)는 이 과정을 신경학적인 개념으로 묘사하였다. "외부의 자극으로 야기된 신경의 활성화가 이전의 경험과 정확히 맞지 않으면, 그것은 흔적을 완전히 잃지는 않고 새로운 과정이나 새로운 경험을 야기한다. 새 경험과 오래된 경험의 차이는 배움 혹은 발전을 창조한다."

불일치한 반응으로 변화 창조하기

존이 치료놀이 회기에서 몸부림치며 치료사 레이철을 발로 밀쳤을 때, 레이철은 "어머! 넌 다리 힘이 정말 세구나! 하지만 내가 셋을 세면 넌 다리로 날 밀지 못할 걸?" 하고 말했다. 레이철은 존의 눈을 바라보고, 손으로 존의 두 다리를 잡은 다음 말했다. "하나, 둘, 셋, 밀어!" 존이 밀었을 때, 레이철은 큰 소리로 "어어어어어!!" 하며 뒤로 넘어가려 했다. 그녀가 다시 몸을 일으켰을 때는 존의 얼굴이 방어적인 공포에서 자랑스러운 기쁨으로 변한 것을 볼 수 있었다. 방금 무슨 일이 일어난 걸까? 존의 거부감을 상호적인 놀이로 재구성하고 재편성함으로써, 레이철은 존에게 나쁘고 거부되고 고립된 자신이 아닌, 강하고 똑똑하고 또 가장 중요하게는 그녀와 마음이 통하는 존 자신을 경험할 기회를 주었다. 그녀는 존에게 그다운 게 무엇인지에 대해 새로운 인식을 심어 준 것이다.

새로운 의미 함께 창조하기

치료놀이가 지금-여기의 경험을 강조하는 것은 의미에 대해 함께 생각하고 그에 일관된 개인적 이야기를 만들어 내는 심리치료의 전통적인 방법과는 달라 보인다. 경험을 함께함으로써 치료놀이는 즉각적이고 어쩌면 더 지속적인 방법으로 새로운 의미를 창조한다. Mäkelä(2003, p. 6)는 다음과 같이 말하였다. "진정한 의미는 한 사람이 육체적인 현실과 감정적인 현실을 확장된 두 개의 전언어적 의식 상태에서 공유할 때 창조된다. 나는 이런 목적에 치료놀이보다 더 알맞은 치료법은 없다고 본다."

 치료놀이는 성인이 안내한다

치료놀이는 부모-자녀 관계에 직접적으로 관여하기 때문에 건강한 부모들이 하는 것과 같이 아동과 부모 모두에게 이해하기 쉽고 안전하고 조절된 경험을 제공한다. 이러한 측면은 Winnicott의 '안아 주는 환경(holding environment)' 이라는 개념과 관련이 있다. 이것은 아이가 참자기를 발달시킬 수 있는 신뢰성 있고 반응적이고 양육적인 환경이다. Winnicott(1987, p. 97)은 엄마가 아기와 의사소통을 한다고 묘사한다. "난 신뢰할 수 있는 사람이란다. 내가 기계라서가 아니라 네게 무엇이 필요한지를 알고 있기 때문이지. 그리고 난 네가 무엇을 원하는지 늘 신경 쓰면서 너에게 그걸 주고 싶어."

많은 연구들이 아동의 능력, 자신감, 회복력을 발전시키는 데 양육적 안내, 구조, 규칙의 중요성을 강조한다.

필수적 양육과제

성인의 안내와 구조는 아동 중심의 치료법이나 아동의 애착 욕구에 주로 초점을 맞춘 치료법들에서 종종 경시된다. Sroufe(2005, pp. 51-52)는 아동의 애착 욕구에만 초점을 맞추면 "어린 시절에도 애착 영역 밖에 있는 양육의 몇 가지 중요한 면들" 을 무시하게 된다고 지적하였다. 그에 따르면 부모들은 '아동이 힘들어할 때 안전의 피난처, 탐구를 위한 안전기지, 안도감의 원천' 을 제공하는 것 외에 더 많은 것을 한다. Sroufe의 필수적 양육과제 목록 중(전체 목록은 1장의 미주 7 참조) 다음은 양육적 안내와 구조의 중요한 문제들과 관련이 있다.

- 각성의 조절
- 자극의 적절한 조정
- 적절한 안내, 제한, 구조
- 부모-자녀 경계의 유지
- 정서 표현과 억제의 사회화

이와 같은 것들이 치료사가 아동의 경험을 체계화하고 부모들이 보다 권위 있고 체계적이고 조절된 경험을 제공하도록 할 때 강조하는 양육과 치료관계의 특징들이다.

권위적인 양육

아동의 사회적, 기술적 경쟁력에 양육방식이 미치는 영향에 대한 Baumrind(1991)의 연구는 아동이 건강하게 발달하는 데 치료놀이가 강조하는 양육적 권위와 안내의 중요성을 뒷받침한다. 그녀는 '양육적 요구' (행위 통제, 안내, 훈육과 관련됨)와 '반응성' (양육적 온정과 지지적 방식과 관련됨)을 바탕으로 부모의 양육방식을 네 가지로 나눈다. 즉, 이 두 가지 범주를 사용하여 부모의 양육방식을 허용적, 권위주의적, 권위적, 방임적의 네 가지 유형으로 구분하였다. 권위적인 양육방식은 요구와 반응성이 모두 조화롭게 갖추어져 있다. 권위적인 부모는 "자녀의 행동을 감독하며 명확한 표준을 제시한다. 그들은 단호하지만 참견하거나 구속하지 않는다. 그들의 훈육방법은 처벌적이기보다는 지원적이다. 그들은 자녀가 사회적으로 책임감 있고 자신감 있고…… 자기조절적이며 협력적이길 바란다." (Baumrind, 1991, p. 62) 권위적인 가정에서 양육된 아동들은 사회적으로 유능하고, 학교에서도 성공적이며, 문제 있는 행동을 거의 하지 않고, 심리사회적으로 더 바람직하게 발전한다.

탄력성 요인

아동의 탄력성을 증진시킬 수 있는 요인들에 대해 연구한 세계적인 국제탄력성 프로젝트(The International Resiliency Project; Grotberg, 1997)에 따르면, 아동의 탄력성을 증진시키는 요인으로 가장 많이 언급되는 외부 자원과 지원은 다음 세 가지다. 치료놀이와 같이, 이 요소에는 양육적인 안내와 책임 있는 성인의 개입이 필요하다.

- 신뢰성 있는 관계: "무슨 일이 있든지 내 주변의 사람들은 내가 신뢰하고 날 사랑하는 사람들이에요."
- 가정에서의 구조와 규칙: "사람들은 내 행동을 제한해요. 그래서 난 위험이나 문제가 생기기 전에 멈춰야 할 때를 알아요."
- 역할모델: "사람들은 행동으로 무엇이 올바른 일인지를 보여 줘요."

'더 크고, 더 세고, 더 지혜롭고, 친절하게' 되기

마지막으로 성인의 안내라는 개념은 안전의 순환(Powell, Cooper, Hoffman, & Marvin, 2007)이라 불리는 애착에 기초한 치료 프로그램의 중요한 개념과 일치한다. 그들은 부모가 아동을 이해하고 아동의 애착 욕구에 반응할 수 있도록 도와, 아동이 힘든 시기에 안전의 피난처를 제공하고 환경을 탐구할 수 있는 안전기지를 제공하는 것에 주안점을 두고 있다. 아동의 욕구에 조율된 반응을 보이기 위한 기초 단계로서, 부모들은 안내와 구조를 제공하여 아이들이 그 안에서 안전하게 세계를 탐험할 수 있도록 해야 한다. Powell 등은 유용한 그래픽을 통해 애착관계를 원으로 표현했다. 아동의 탐색에 대한 욕구를 위 반원에, 안전의 피난처에 대한 욕구는 아래 반원에 나타냈다. 그들은 두 개의 강한 손 그림과 언제나 더 크고, 더 강하고, 더 지혜롭고, 친절해지세요. 언제라도 가능하게 내 아이의 욕구를 따르세요. 언제든지 필요하다면 변화하세요." (p. 174)라는 표어로 구조와 성인의 안내를 표현하였다.

치료놀이 치료를 위해 찾아오는 많은 아동들은 필수적인 안내와 지지를 받는 데에 성인에게 의존할 수 없는 환경에서 자라 안전, 질서, 규칙의 기분을 느끼지 못했다. 그들은 주로 그들 자신에게 의존해 왔다. 앞의 연구가 강조했듯이, 치료놀이에서 치료사는 아동이 성인의 안내를 받도록 하며, 아동을 안내할 수 있게 부모를 가르친다.

부모와 아동에게 성인이 안내하는 경험 제공하기

앞서 소개한 사라의 예처럼, 치료사는 30분의 회기 내에서 즐겁고 상호작용적인 활동들을 많이 하며 사라와 엄마를 계획성 있게 이끌어야 한다. 어렸을 때 사라는 종종 혼자 놀도록 내버려 졌다. 그 결과, 사라는 어른의 권위를 거부하는 습관이 생겼다. 사라에게 안전감과 질서감을 주기 위해, 마거릿은 그들이 몇 개의 게임을 할 것인지를 명시했다. 그녀는 활동들을 명확하게 시범 보이고 설명했다. 우선 그녀는 개입적이며 친숙한 활동인 비눗방울 불기를 했다. 그다음엔 조금 덜 친숙하지만 더 도전적인 활동으로 손탑 쌓기 게임을 했다. 그녀는 언제 다음 과정으로 넘어갈지를 결정했고, 아동과 부모가 서로 집중할 수 있는 방법을 생각했으며, 엄마가 활동 중의 일들에 대해 서서히 주도권을 가지도록 만들었다.

로션을 바르는 양육활동의 시범을 보인 후, 그녀는 엄마가 직접 사라에게 로션을 발라 주도록 하여 사라가 엄마와의 로션 바르기도 즐길 수 있도록 했다. 사라의 욕구를 만족시키기 위해 회기를 계획하고 이끄는 마거릿의 주의 깊은 관심으로, 마거릿은 첫 회기에서 사라와 엄마에게 충분한 안정감과 편안함을 제공하여 사라의 주근깨를 셀 때 보았던 것과 같은 일치의 순간을 이끌어 낼 수 있었다.

치료놀이는 반응적이고 조율적이며 공감적이고 반영적이다

지금까지 묘사한 성인의 안내와 구조는 항상 아동의 기본적인 욕구들에 대한 판단과 상호작용적 순간에 나타나는 욕구들에 대한 판단에 기초한다. 적절하게 반응하기 위해 치료사는 아동의 정서 상태와 조율할 수 있어야 하고 아동의 경험을 공감하고 반영할 수 있어야 한다.

치료놀이에서 반응, 조율, 공감, 반영을 강조하는 것은 이것들이 안정애착을 이끄는 양육의 필수적 특징이라고 지적하는 애착 연구들에 의해 뒷받침된다. 이 절에서는 이러한 연구에 대해 자세히 살펴볼 것이다. 반응적 양육이 안정애착을 이끈다는 연구 결과물에 대한 설명을 시작으로, 양육방식, 아동의 애착 유형 그리고 내적 작동 모델의 발달 간의 관계에 대해 살펴볼 것이다. 그리고 부모가 민감한 방법으로 반응할 수 있게 하는 내면적 특징에 대해 이야기할 것이다. 그 특징은 생생한 아동의 감정과 조율할 수 있는 엄마의 능력으로서, 공감을 이끌어 내고 엄마가 자기 자신과 아동의 경험을 반영할 수 있게 한다.

반응적 양육

Bowlby(1969, p. 306)는 '모성적 돌봄' 을 받고 자란 아이는 엄마라고 인식되는 대상에 대해 안정애착을 갖는다고 가정했는데, 추후 연구에서 이는 사실로 밝혀졌다. 모성적 돌봄은 '아이와 함께 활발한 사회적 상호작용에 개입하는 것과 아이의 신호와 접근에 즉시 반응하는 것'을 포함한다. Bowlby의 가정을 실험하기 위해, Ainsworth(1967, 1978)는 가정에서의 엄마들과 아기들을 관찰했다. 첫 번째 실험장소는 우간다였고, 그다음엔 미국이었다. 그녀는 이렇게 가정에서 관찰한 것과 실험실에서 관찰된 엄마와 분리되어 생기는 스트레스에 대한 아기의 반응을 관련시켰다. 초기에 그녀는 양육방식에 따라 아이들이 안정감 혹은 불안정감을 갖는 것에 대해 방대한 양의 연구를 추진했다. 이는 초기 애착 유형의 행동적 결과인, 성인기까지 이어지는 많은 양의 장기적인 애착에 대한 연구를 포함한다(Sroufe et al., 2005; Grossmann et al., 2005).

스트레스에 반응하는 아동의 체계화된 전략을 반영하면서, 이 연구에서는 세 가지 기본적인 애착 유형인 안정애착, 불안정 회피적 애착, 불안정 양가적 애착이 관찰되었다. 혼돈으로 구분된 네 번째 집단은 예측할 수 없는 반응을 보여 체계화된 전략을 찾을 수 없었다. 아동의 반응은 그들이 받은 특정한 양육방식과 연관이 있는 듯했다.

안정애착을 보이는 아동의 부모는 온정 있고, 민감하게 조율되었으며, 감수성이 풍부했다. 부모는 아기가 울 때 빠르고 우발적으로 반응했으며 서로 간의 즐거운 상호작용을 촉진했다. 이렇게 자신과 아동의 긍정적이거나 부정적인 느낌들을 잘 받아줌으로써 아동을 지지하거나 조절을 촉진할 수 있다. 어린 시절의 안정애착 관계는 장기적인 정신건강을 이끌고, 미래의 역경과 스트레스에서 아동을 보호하는 요인으로 알려져 있다.[4]

대조적으로 불안정애착을 보이는 아동들의 부모는 덜 반응적이고, 덜 온화했으며, 자녀의 주변에 덜 머물렀다. 부모 자신들이 가까운 관계를 피하거나 혹은 가까운 관계에 대해 양가적이기도 했다. 이를 극복하는 두 가지 다른 방식이 불안정한 아이들 사이에서 확인되었는데, 이는 회피적인 것과 양가적인 것이다. 불안정 회피적 아동은 심장박동수와 대뇌피질의 레벨 측정 결과가 아동이 심리적으로 스트레스를 받고 있다는 것을 명확하게 보여 줌에도 불구하고 엄마의 부재로 인한 스트레스에 대한 행동적 반응을 억누른다. 불안정 양가적 아동은 엄마에게 몹시 매달리거나 화가 나서 물러나는 것을 반복하며 스트레스를 표현한다.

혼돈애착을 보이는 아동의 부모는 종종 해결되지 않은 상실이나 그들 자신의 낙오된 인생에 휩싸여 있다. 그들은 아동에게 안정감을 제공할 수 없으며, 위협적으로 반응할지도 모른다. 아동이 공포를 느끼는 원천이 안전의 피난처를 제공해야 할 바로 그 사람이라면 아동은 혼란을 겪게 된다. 예를 들어, 아이가 엄마와 만났을 때 엄마를 향해 열렬히 다가가다가 돌아서거나, 바닥에 앉아 허공을 바라보며 이상한 소리를 낸다(Main & Hesse, 1990).

무반응적이거나 예측할 수 없는 양육이 불안정 또는 혼돈애착을 야기할 때, 아동은 부적응적인 성격이 될 위험이 있다. 연구에 따르면 이런 성격들은 친구들이나 선생님과 잘 지내지 못하는 사회적 무능력, 서투른 충동조절, 불안, 우울, 품행장애 그리고 다른 정신의학적 문제들을 일으킨다.

내적 작동 모델

부모와 상호작용하는 반복된 경험을 통해 아동은 예측 패턴들을 발달시키는데, Bowlby(1973)는 이를 내적 작동 모델이라고 명명했다. 이 개념은 책에서 '내적 표상' 혹은 '로드맵' 또는 '암묵적 관계적 표상' 등으로 다양하게 묘사된다. 앞서 설명한 애착의 유형들은 아동 안에 발달한 내적 작동 모델의 행동적 결과물이다. 부모가 아동과 어떻게 놀아 주는지, 편안하게 해주는지, 이야기를 들어주는지, 훈육하는지 등 아동에 대한 부모의 반응은 예측 패턴을 형성하고 아동이 자신에 대한 믿음과 다른 사람들에게 무엇을 기대할 수 있는지에 대한 믿음을 가질 수 있게 한다. 그리고 아동이 세계와 상호작용할 때 그 비슷한 경험들을 예측할 수 있게 한다. 누군가가 익숙한 방식으로 반응한다면, 이미 이전의 경험으로 형성된 예측 패턴들은 강화된다. Bowlby는 이를 다음과 같이 설명하였다.

> 사람은 각자 세계와 그 속에 있는 자신의 작동 모델을 만든다. 그는 이 작동 모델을 토

> 대로 사건을 인식하고, 미래를 예측하며, 계획을 구성한다. 한 사람이 만든 세계의 작동 모델에서 중요한 것은 누가 그의 애착 대상인지, 그들이 어디에 있는지, 또 그들이 어떻게 반응할 것인지에 대한 개념이다. 비슷하게, 누군가가 만든 자기의 작동 모델에서 중요한 것은 그의 애착 대상에게 자신이 받아들여질 수 있는가 혹은 없는가에 대한 생각이다 (1973, p. 203).

부모와 자녀 간의 관계가 잘 이루어지고 있는 경우, 아동은 자신을 사랑스럽고 특별하며 사람들에게 영향력을 미칠 수 있는 자격이 충분한 존재로, 다른 사람들을 사랑과 배려와 책임감, 신뢰의 대상으로 보며, 세상은 안전하고 탐험할 만한 재미있는 곳이라고 내적으로 인지한다. 확실한 애정을 받는 아동들은 자신과 세상에 관한 학습과정을 시작하는데, 이는 긍정적이고 희망적이다. 이 모든 것은 그들의 전 생애를 통해 강력한 영향력을 미친다.

무책임, 예측불허, 유기 또는 학대를 받은 경우, 아동은 자신을 사랑스럽지 않고 무능하다고 보며, 다른 사람들을 무관심과 불신의 대상으로 여겨 세상을 안전하지 못하고 위험이 가득한 곳이라는 내적 표상을 발달시킨다. 그러므로 불안정 또는 혼돈애착 속에서 아동 자신과 세상에 대한 학습과정은 부정적이고 희망이 없으며 수치심에 가득차게 된다. 이러한 아동들의 많은 행동 문제들은 초기 불안정 또는 혼돈애착 경험과 잇따른 조절곤란, 자신과 세상에 대한 부정적 관점에서 나타난 것일 수 있다.

아동들의 초기 경험과 이후 세상을 향한 접근과의 관계에 대하여, 연구에 기초한 이러한 이해는 부모-자녀 관계 유형을 개선하는 데 초점을 두는 치료놀이를 지지하고 있다. 1장에서 언급한 바와 같이 치료놀이의 목적은 책임감 있고 조화를 이루며 공감적이고 사려 깊은 상호작용을 통해 아동의 내적 작동 모델을 변화시키는 것이다.

조율, 공감 그리고 반영적 기능

애착 발달에서 반응적 양육의 중요성을 나타내는 증거의 근간을 볼 때, 우리는 아동들의 몸짓이나 신호에 민감하게 반응하는 부모들의 내면적 특성을 가까이 관찰해야 한다. 이것은 아동들의 정서적 반응에 조율하는 능력과 부모 자신과 아동들의 경험에 신경을 쓰거나 반영하는 능력 모두를 포함한다.

조 율 부모가 아동의 경험을 이해할 수 있도록 하는 첫 번째 단계는 아이들의 행동과 느낌에 동조하고 조율하는 것이다. 자신의 문제에 몰두하는 엄마들은 이를 할 수 없다. Stern(1985)은 이를 '활력 감정'에 대한 조율이라고 정의하였다. 그의 이론에서 중요한 점은 감정이 활력 감정(vitality affects)과 범주적 감정(categorical affects)의 두 가지 주요한 형태로 보인다는 것이다. 활력 감정은 활성화의 외형적 형태이며 감정의 강약을 조절하는 것이다. 한편 범주적 감정은 특별한 감정의 반응이며 기쁨, 슬픔, 분노, 수치심과 같은 것을 예로 들 수 있다. 민감한 엄마는 자녀와 늘 함께하면서 그들의 정서 수준이나 상태를 조율할 수 있다. Stern(1985, p. 142)에 의하면, 조율은 "내면 상태의 정확한 행동 표현을 흉내 내지 않으면서 공유된 정서에 대한 느낌의 특성을 반영하는" 행동 양상이다. 아동의 감정적 수준을 조율하는 엄마의 능력은 자녀의 감정을 확인하고 공유된 경험을 공동 조절하는 것을 도와주는 중요한 역할을 한다. 아동들은 엄마 얼굴이라는 거울에 투영되는 자신들을 관찰함으로써 그들의 감정을 알게 된다. Winnicott(1971, p. 112)은 아기의 감정적 상태를 반영하는 엄마를 묘사하면서, "엄마가 아기를 바라볼 때, 그녀가 어떻게 보이는지는 그녀가 아기의 얼굴에서 보고 있는 것과 관련이 있다."라고 이야기하였다. 아동들은 조율하지 않고 본인의 감정만 나타내는 엄마의 얼굴에서는 자신들을 볼 수 없다. 반복되는 조율의 경험을 통해서 아동들은 자기 스스로의 감정을 인식하게 된다.

아동의 감정을 반영하고 조율할 때, 건강한 부모는 자녀의 감정 기복에 휩쓸리지 않는다. 엄마는 또한 엄마가 아이들의 감정을 거울처럼 반영하고 있으며 엄마 자신의 감정을 나타내는 것이 아니라는 것을 아이들에게 명확하게 해주어야 한다. 이를 위하여 엄마의 반응은 특정한 형태로 나타나야 하는데, Fonagy, Gergely, Jurist와 Target(2002)이 주장한 것과 같은 과장된 방법이나 Stern(1985)이 제안한 것과 같이 아이들의 행동에 일치하기 위하여 엄마의 목소리에 감정을 담아내는 단순한 흉내보다는 다른 형태의 방법이 필요하다. 예를 들어, 자녀의 분노에 대하여 조율한다면, 엄마가 표현하는 분노가 아이 자신의 분노이며 엄마의 분노가 아니라는 것을 명확하게 인식시켜야 한다. 이것이 성공적으로 되면 엄마는 자녀의 감정을 조절하고 정리할 수 있으며 자녀는 안정된다.

감정 조율은 부모-자녀 관계뿐만 아니라 치료적 관계에서도 중요하다. Siegel(2006, p. 255)에 의하면 조율하고 이해하는 치료사의 능력은 모든 클라이언트에게 심신의 건강을 이끌어 주는 중요한 역할을 담당할 수 있다. "클라이언트와 공감을 하는 것은 '느낌을 좋게' 도와주는 것 이상의 것이 될 수 있다. 이것은 그 순간에 조화를 이루는 신경 활성화의 새로운 상태를 만들어 낼 수 있으며 자기조절능력을 향상시킨다."

아동의 일반적 각성 수준 조율하기[5]

마이크가 조용하고 편안한 방법으로 안젤라를 체크업 했을 때, 그것은 그가 안젤라의 신체적 각성의 기본적 상태에 조율되었기 때문이다. 그는 그녀가 조용히 앉아 주의를 집중할 수 있는 상태라고 판단하였다. 그녀가 주근깨에 관심을 가졌을 때, 그는 그것을 알아차리고 주의 깊게 지켜보았다. 마이크는 그녀가 열정적으로 보고 있는 것을 따라 하면서 조용하고 강한 목소리로 대답하였다. “음, 멋진 주근깨구나.” 다른 사례에서 마거릿은 버나드가 에너지 넘치는 상태로 놀이에 몰입하고 있을 때 그가 매우 조용하고 주의가 집중되는 것을 견디지 못한다는 것을 알았다. 이에 그의 감정 지속을 조절하면서 즉시 계획을 바꾸었고, 그의 관심을 끌기 위하여 더욱 활기찬 방법으로 회기를 시작하였다. 그녀는 그가 얼마나 높이뛰기를 할 수 있는가 체크하고 나서 그를 점차 진정시키기 위해 모터보트 놀이로 분위기를 바꾸었다.

4장에서 소개할 애덤의 치료에서는 치료사가 아닌 아동에게 명확히 초점을 둔 반영하기의 예를 볼 수 있다. 애덤이 분노할 때, 매들린은 강한 어조로 “너는 화가 났어. 진짜 화가 났구나.”라고 아동의 강렬한 감정을 반영하였다. 동시에 얼굴 표정을 바꾸고 조용하고 부드러운 방법으로 자신은 애덤에게 화나지 않았다고 표현하였다.

공 감 앞서 설명된 바와 같이, 거울처럼 반영해 주는 것과 조율이라는 것은 아동 자신의 감정을 자각하는 것을 도울 뿐만 아니라 다른 사람들도 마찬가지로 감정과 의지를 가지고 있다는 것을 이해하도록 해준다. Stern(1985)은 엄마와 아기 사이의 감정 조율이 아기에게 자신의 감정뿐만 아니라 다른 사람들의 감정도 이해할 수 있게 한다고 주장하였다. 정서 조율의 경험이 많으면 아동이 다른 사람과 공감하는 법을 배울 수 있다. 같은 과정으로, 엄마는 아이를 위해 공감능력을 발달시키고 아동의 마음을 ‘읽는’ 방법을 배운다.

반영적 기능: 자신과 타인에 대한 인식 반영, 감정의 조율과 공감 등의 반복적인 경

험들은 다른 사람들의 느낌을 반영하는 중요한 능력을 가져다준다. Peter Fonagy와 동료들(2002)은 조율과 감정이입에 대한 개념을 한 차원 높게 정립하였으며, 내면적 특성에 대해서도 이야기하였다. 이는 아동들의 요구에 민감하게 반응하기 위해 엄마들에게 필요한 것이다. 그러한 능력을 이른바 '반영적 기능'이라고 한다. Siegel은 '심안(mindsight)'이라는 용어를 사용하였다. 엄마는 단지 자녀의 감정을 조율할 수 있는 것뿐만 아니라 엄마 자신과 자녀의 내면적 상태를 반영할 수 있어야 한다는 것이다. Slade(2002, p. 12)에 의하면, "자녀의 내면적 경험을 이해하고 반영하는 엄마의 능력은 애착 상태와 자녀들의 안정감, 안전 사이의 관계를 설명하는 것이다."

반영적 기능은 사람의 감정을 완전히 경험하고 조절할 수 있는 것은 물론이고 한 걸음 뒤로 물러나서 그의 경험을 모니터할 수도 있다. Slade(2002, p. 11)는 반영능력은 사람이 "자신 또는 다른 사람들의 행동은 내면의 정신 상태와 느낌, 바람, 생각과 욕구에 연결되어 있으며…… 아동과 관련되는 경우 엄마는 아이가 감정과 욕구, 의지를 내포하고 있다는 생각을 가져야 한다는 사실"을 이해할 수 있도록 하고, 아동의 의도와 감정이 행동에 반영되어 있다는 사실도 이해할 수 있도록 한다고 주장하였다. 엄마는 '아이는 내가 밥을 주려고 한다는 것을 안다.' '지금 아이가 피곤하니 침대에 눕혀야겠다.'고 생각할 수 있다. 게다가 아이에 대한 영향을 중요하게 생각하여 자신의 생각을 말로 표현할 수도 있다. "너는 조금 슬픈 것 같구나." "그것 때문에 네가 화가 났구나." "저런, 너는 그것에 대해 확실하지 않구나." 그다음 단계는 이러한 감정(내면 상태)과 그 같은 행동을 유발하는 아동의 행동과 엄마의 역할 모두의 연관성을 알아내는 것이다. "네가 장난감을 가지고 놀도록 허락하지 않아서 굉장히 화가 났구나." "저런, 네가 화가 많이 났구나. 너는 엄마가 함께 가게에 갈 것이라고 생각했는데 그러지 않아서 매우 실망을 했구나." 상당히 반영적인 엄마들은 그들 자신의 느낌과 반응을 포함한 전반적인 감정과 행동들 사이에서 연관성을 찾아낼 수 있다.

반영적 기능은 감정 조절과 관련이 있다. 이것은 엄마와 자녀 모두에게 해당된다. Slade(2002, p. 11)에 따르면, "아이의 정신 상태와 행동 간에 관련성이 있다는 것을 엄마가 인식하면 엄마는 아이 경험의 정신적 모델이 될 수 있으며, 앞서 말한 바와 같이 아동의 자기조절능력을 발전시키는 데 도움을 준다. 비슷하게, 엄마의 정서적 경험의 역동성을 인지하는 능력 또한 잘 조절된다."

엄마가 아이의 감정과 의도를 이해하고 말로 할 수 있으면 엄마의 경험을 통해서 아이들은 스스로의 내면적 경험을 깨닫게 된다. 이것은 또한 누군가의 경험과 관점이 아이들 자신의 것과 다를 수 있다는 것을 깨닫게 한다. 이와 같은 방법으로 이해하고 반응하는 것은 다른 사람의 의견에 대한 수용과 안정 감각을 발달시킨다.

따라서 엄마의 반영능력과 자녀의 애착 간에 강한 연관성이 있다는 사실을 발견한다고 해도 놀라운 일은 아니다. 엄마 자신의 애착 경험을 반영하는 능력 및 설령 엄마가 어린 시절에 이상적인 경험을 가지고 있지 않다 하더라도 일관된 이야기를 발달시킬 수 있는 엄마의 능력은 아동의 안정애착과 관련이 있다. Slade(2002)에 따르면, 엄마가 결핍되었거나 외상을 입었다 할지라도 좋은 반영능력을 가지고 있다면 자녀를 외상에서 보호할 수 있고 아기를 돌볼 때의 외형적 불안에 대한 정신적 충격을 완화할 수 있다. 이와 같은 정신적 충격의 감소에 대해 Fonagy와 동료들(2002, pp. 16-17)은 감정을 이해하는 능력의 생존가치를 강조하였다. 그들은 애착이론의 재교육—어려서 초기에 고착된, 관계에서부터 [애착을 대인관계 이해의 발달적 진전에 의해 제공되는 상황이라고 보는 모델에 이르기까지]—을 제안한다. 이러한 이해는 인생의 도전에 확고하고 긍정적인 접근방법을 제시한다. 그러므로 내면적 상태를 이해하는 데 선택적인 이점이 있다.

Slade(2002)는 부모의 감정을 이해하는 데 도움을 주는 치료 프로그램의 효과와 그것을 그들의 행동과 관련짓는 방법을 설명하였다. 이러한 치료의 중점은 부모가 왜 그렇게 느끼는가를 설명하는 것이 아니고, 오히려 그들 자신과 아이들의 경험과 감정을 깊이 이해하는 데 있다. 부모-자녀 심리치료에 긍정적인 변화 효과가 있으면, Slade는 이를 치료사가 부모의 반영능력에 암묵적으로 중점을 두어 나타난 직접적인 결과로 보았다.

마찬가지로 치료놀이는 부모의 반영능력을 확대하고 개발하는 데 직접적으로 도움을 주는 것에 중점을 둔다. 6장에서는 부모가 회기 중 아이를 관찰할 때 치료사가 어떻게 하는가 뿐만 아니라 MIM 이후에 이루어지는 피드백 중에 치료사가 하는 것에 대해 설명하고 있다. 아이와 부모 모두 함께하는 치료놀이의 조율되고 공감적인 접근방식을 연구 결과가 뒷받침한다는 것을 볼 수 있다.

치료놀이는 전언어적, 사회 · 정서적, 우뇌 수준의 발달에 맞춰져 있다

새로운 기술의 발달로, 초기 애착 경험이 엄마와 아이 사이에 발생하는 관찰 가능한 상호작용 이면의 모습인 초기 아동의 두뇌 형성에 어떻게 관여하는지를 보는 것이 가능해졌다. 우뇌 변연계의 상호작용적 발달은 감정의 공동 조절과 밀접하게 연관되어 있고, 이것은 지속적인 정신건강과 자기조절능력의 발달에 필수적이다. 두뇌가 어떻게 발달되고 경험에 따라 어떻게 형성되는가를 이해하면서, 우리는 임상실험과 발달하는 생물학적 실체를 서로 일치시킬 수 있다. 치료놀이의 목적은 치료를 받는 아동의 두뇌를 재정립할 수 있는 경험을 제공하는 것이다. 사회적 감정 발달의 초기 수준에 초점을 두고, 우뇌의 언어능력을 사용하며, 아동들과 함께하는 부모의 조율되고 반응적이며 재미있는 상호작용을 반복함으로써, 우리는 두뇌에서 감정 조절과 장기적인 정신건강을 이끄는 변화를 만들 수 있다. Allan Schore의 연구는 이를 뒷받침한다. 지난 15년간에 걸친 발달과 신경생물학적 연구의 광범위한 종합체에 근거하여, Schore와 Schore(2008, p. 9)는 Bowlby의 핵심 아이디어가 더 복잡하고 임상학적으로 관련된 모델로 확대되어 왔다고 주장하였다. 각종 발달이론과 치료놀이 관련 이론은 이와 같은 정신생물학적 결과물—엄마와의 감정적 상호 교류가 정확히 얼마나 일찍 아동의 정신구조 발달에 영향을 미치는가, 즉 감정적인 애착 소통이 감정과 자기조절에 연관되는 두뇌체계의 성숙을 어떻게 촉진하는가—을 포함해야 한다. 통합적인 학제 간 이론의 복잡성에는 기초적인 요소가 있는데, 이 요소들은 치료사가 자기와 감정 조절의 장애를 더 효과적으로 이해하고 치료할 수 있게 한다.

이 절에서는 치료놀이와 연관된 방법과 다음의 주제에 관해 논의하고자 한다.

- 경험에 의존하는 두뇌 발달
- 사회 · 정서적 두뇌의 특성
- 감정 조절의 중심적 역할
- 치료를 위한 두뇌 발달의 이해

경험에 의존하는 두뇌 발달

아동은 고유한 유전적 성질을 가지고 태어나며, 이는 기질과 생리적인 것과 관련된다. 그러나 유전적 자질이 어떻게 표현되는가는 전적으로 아이와 그에 반응을 보이는 부모의 상호작용 경험이 어떻게 형성되는가로 결정된다. 아동은 대뇌 변연계 구조의 정상적 발달을 위하여 조율되고 반응적인 보호와 애착을 경험해야 한다. 이것이 매우 필요하다는 증거는 고아원에서 성장하여 경험을 조절하는 기본 요소가 결여되거나 두뇌에서 정서를 통제하는 부분이 충분하게 발달하지 못한 아동에게서 볼 수 있다. Gerhardt(2004, p. 38)는 이러한 과정 형성의 사회적 특성을 강조하면서 다음과 같이 주장하였다. "각각의 아기가 발달시키는 두뇌는 사람들과의 특별한 경험으로부터 발달되는 두뇌다……. 우리의 두뇌는 지역사회의 어른들에 의해 사회적으로 프로그램화된다. 따라서 우리는 개개의 가정이나 사회적 조직에 적응하고 그 가운데서 살아간다……. 돌보아 주는 어른과의 일대일 사회적 경험이 없으면 아동의 전두부 피질은 제대로 발달하지 못할 것이다."

빠른 두뇌성장 기간 중 처음 2년 동안은 특별히 우측 대뇌반구의 대뇌 변연계 부분에서 성장이 이루어지며 동시에 애착 패턴이 형성된다. 이 같은 신경계의 초기 성장은 양육자와의 상호작용적 경험으로 형성되고 '불필요한 것은 제거' 되어야 한다. 이 장에서 이미 언급한 바와 같이, 필수적인 관계 경험—일치성, 동조성과 정서적으로 조율된 반응성인 눈 맞춤, 신체 접촉, 운동 및 놀이—은 두뇌 발달을 조직화하고 어떻게 유전적 성질이 그의 생애를 통해 나타날 것인지 결정한다. 잘 조율된 자극을 제공함으로써 엄마는 조절능력을 중재하는 대뇌피질 변연계와 안와 전두피질 구조 사이의 신경연결 부분의 성장을 촉진한다. 상호작용과 예측 패턴인 내적 작동 모델이 구성되고, 이러한 기초들은 차후에 자기조절능력에 영향을 미친다. Margot Sunderland(2006, p. 22)는 다음과 같이 표현하고 있다. "정서적으로 반응적인 양육을 받으면서 성장하는 아동은 두뇌에 필수적인 연결망이 형성되고 인생에서 스트레스를 잘 극복할 수 있는 능력을 보유하게 된다. 대인관계 유지를 잘하고, 분노를 잘 통제하며, 착하고 인정 많은 성격을 가진다. 그리고 자신의 야망이나 꿈을 좇는 동기와 의지를 갖고 마음의 평정을 경험하며 진정으로 평화롭게 사랑한다."

사회 · 정서적 두뇌의 특성

두뇌는 아래에서 위로 발달한다. 가장 근원적이고 중심 부분인 뇌간은 태어날 때부터 기능을 한다. 사회 · 정서적 두뇌는 대부분 출생 후 최초 2년 내에 발달한다. 좌뇌를 포함하여 고기능의 대뇌피질부는 마지막으로 발달한다. 두뇌가 제대로 발달하기 위해서는 각각의 성장 단계에서 적절한 시기의 정형화된 반응이 필요하다. 조절된 반응이 결여된 아동은 상위 단계 기능들로 진전하기 전에 이전의 욕구들을 다루어야만 한다. 이들 중 어떤 것들은 기본 발달 단계에서 사회적 두뇌의 발달에 중요한 경험들을 제공해야만 다루어질 수 있다. 치료놀이 치료의 중점은 이러한 경험들을 제공하는 데 있다.

뇌간의 기본 구조와 감각운동 피질은 출생 시에 활동하며 전 생애에 호흡, 신체체계의 내부 조절과 본능적 투쟁, 도피, 경직반응 등 기본적인 기능을 유지한다. 그러나 영아의 생리적 조절을 도와주는 부모가 조율되고 반응적인 도움을 주지 않으면 아동이 과도한 반응으로 쇼크에 빠지는 위험에 노출된다. 이러한 초기 시기 양육의 주요 과업은 조절된 상태를 유지하고자 하는 아기의 욕구에 외부적으로 반응하는 것이다.

사회 · 정서적 두뇌는 그다음에 발달하는데, 우측 대뇌반구 변연계 체계와 감정을 관장하는 대뇌 변연계 체계의 고기능 부분인 전두피질을 포함한다. 이 같은 구조는 태어나서 처음 2년간 지배적이다. 그러므로 이때 초기 양육경험의 영향력 대부분을 흡수하는데, 이는 애착의 유형을 형성하며 조절능력 발달과 밀접하게 결합되어 있다. Gerhardt (2004, pp. 37-38)는 "인간 존재에 관한 대부분과 관련된 전두피질은 거의 전부가 나중에 자연적으로 발달한다……. 양육자와 일대일로 적절하게 사회적 경험을 하지 않으면 아기의 전두피질은 잘 발달하지 못한다."라고 주장하였다.

안와 전두피질을 포함하는 대뇌 변연계 체계는 사회환경에 조율하는 것과 신체의 내면 상태를 조절하는 두 가지 목적을 관장한다. 이는 감정정보를 처리하고 조절하며, 타인 및 그들의 감정신호에 대한 반응들과 감정행동들을 관리한다. Gerhardt(2004, p. 36)가 주장한 바와 같이, "공감하고 어느 정도 수준에서 다른 사람이 경험한 것을 대리적으로 경험하고, 그들의 마음 상태를 추정하려면 발달된 전두피질이 필요하다. 이것은 우측 두뇌 부분과 연결되어 있으며 사물의 일반적 느낌—전체적인 그림—을 파악하는 데 특수화되어 있고, 특히 시각적 · 공간적 · 정서적 반응과 관련되어 있다."

우뇌는 시각적 신호, 감각적 정보와 전반적인 방법으로 비언어적 의사소통을 진행한다. 이것은 쾌락과 고통, 보다 원초적인 정서를 조절하는데, 아동의 육체적 변화를 조절하고 스스로 자기를 진정시키는 능력과 관련이 있다. 몸 전체의 지도를 가지고 있는 두뇌의 유일한 부분이다. 또한 인간관계의 내적 작동 모델을 보관한다. 이것은 사회적 인식, 심안과 타인에 대한 이해의 중심이다. 우뇌를 형성하는 초기 경험은 우뇌의 '언어'를 사용하게 한다. 이는 말없이 대면하는 감정적인 의사소통—리듬, 눈 맞춤, 속도와 강도의 조율된 반응—을 포함한다. 이러한 것들은 초기 발달기간 중 우측 대뇌반구를 위한 경험적인 영양분이 된다.

대조적으로 나중에 발달하는 좌뇌는 비대뇌 변연계와 연결되도록 특화되었고, 적응성 있는 대뇌 변연계 억제와 거리를 두고 활동한다. 이것은 아동의 탐색적 행동과 관련되는데, 주로 언어적이고 일차원적이며 논리적이다. 좌반구는 진행이 느리고 비언어적, 사회적 또는 감정적 신호를 읽는 데 서투르다. 이것은 '통역기능'을 가지고 있으며 차이와 인과관계를 평가하기 위하여 일련의 정보를 사용한다. 이 대뇌반구는 많은 전통적 치료기법의 인지적 측면에서 활성화된다.

치료놀이에서는 좌뇌의 음성적 언어보다 우뇌의 비음성적 언어를 사용한다. 왜냐하면 치료사는 두뇌의 패턴과 예측을 처음에 형성되었을 때와 동일한 방법으로 바꾸길 원하기 때문이다. Mäkelä(2003, p. 6)는 이 같은 과정을 다음과 같이 기술하였다. "치료놀이에서 신체 접촉의 많은 사용, 눈 맞춤, '아이에게 하는 대화', 활동 중 대화로 차분하게 격려하는 방법 등은 시시각각 아동의 감정신호를 완벽하게 인지하고 반응함으로써 정서에 동조하는 웅얼거림을 만들어 낸다. 이 반응은 주로 관심을 가진다는 것의 조율된 표현법일 뿐이지만, 관심을 받는 것은 모든 차이를 만든다."

우뇌의 언어 사용

다음은 Mäkelä(2003, p. 5)의 예시다.

치료놀이에서 치료사가 공황 상태의 조율되지 않는 3세 아동을 무릎에 앉히고는 아이가 얼마나 아름다운 소녀인지 말해 주고 있다. 아동이 갑자기 울기 시작했지만, 치료사가 자신의 코로 삐 하는 신호음을 내자 소스라치게 놀라며 웃기 시작했다. 그리고 치료사가 코로 다른 소리를 내자 아동은 낄낄거렸다. 하지만 그다음 세 회기 동안 아동은 칭얼대며 울고 모든 치료사의 접근을 거부하였다. 어느 날, 놀랍게도 아동은 비눗방울을 치료사의 손가락 앞에서 터뜨리고 그것을 만지기조차 하였다. 치료사의 목소리에는 놀라움이 섞여 있었다. 무슨 일이 일어난 것일까? 칭얼거리는 것을 잊은 채 아동은 다음 비눗방울을 터뜨렸고, 이에 치료사는 좋아했다. 다음 회기에서는 아동이 갑자기 조용해져서는 모든 발성과 행동을 조율하는 치료사의 눈에 빨려 들어간다. 이러한 것을 양육에 포함하여 치료사는 아동을 일으켜 세워 까꿍놀이를 하고, 아동의 '마마' 소리에 맞춰 부드럽게 리듬을 탄다. 아동은 3세 이전에는 전혀 긴 눈 맞춤을 하지 않았다. 이제 아동의 눈은 치료사와 엄마 그리고 나를 주시하고 있다. 아동의 전체적인 용모는 누더기 인형에서 정돈되고 순응적인 3세 아동의 모습으로 변했다. 2회기 후에 아동이 엄마의 팔에 안겨 있을 때, 엄마의 곱슬곱슬한 머리에 붙어 있는 머리띠를 만지작거리면서 놀기 시작했고 엄마의 눈을 주의 깊게 쳐다보고 있었다. 엄마는 딸이 그 순간 다시 태어났다고 이야기하였다. 물론 아동의 비정상적인 행동들은 사라졌으며 얼마 지나자 더 이상 치료가 필요 없었다.

감정 조절의 중심적 역할

두뇌 연구는 정서 조절의 역할이 인간 발달의 중심이라고 보고, 아동이 자기조절능력을 기르는 데 부모의 역할이 결정적이라고 강조한다. 함께 조절하는 양육자의 도움이 없으면 두뇌는 감정에 휩쓸리게 된다. 다음의 예시는 어떻게 건강한 엄마가 아기의 스트레스에 반응하고 조절하는지를 설명한다.[6] 아기가 동요하고 울 때 엄마의 반응을 상상해 보라. 그녀는 무엇을 할까? 그녀는 습관적으로 아기의 스트레스 수준에 맞춰 점차적으로 아기를 달랠 것이다. 그녀는 아기를 들어 가까이 안고, 아기의 몸부림에 일치할 수 있도록 강하고 규칙적이게 위아래로 흔들 것이다. 점차 그녀는 속도를 줄이고 부드럽게 말할 것이다. 그녀는 콧노래를 부르거나 '쉿쉿쉿, 아가야' 하고 노래하며, 아기의 스트레스를 달래는 과정에 자기조절능력을 점차적으로 부여할 것이다. 아기는 엄마가 노래를 부를 때 가슴이 진동하는 것을 느낄 수 있고, 이 과정을 통해 자신을 도우려는 엄마의 의도를 알 수 있다. 이런 종류의 행동이 부모 쪽에서 많이 반복되면, 아기의 미성숙한 신경체계가 흥분을 가라앉히고 정돈하고 자신을 달래는 법을 배우기 위해 필요한 경험을 할 수 있게 된다. 만약 엄마가 아기를 느슨하게 안고 흔들어 주지 않으며 전혀 말을 하지 않으면, 아기는 엄마의 존재를 느끼지 못하고 진정하지 못할 것이다. 더구나 이런 일이 장기적으로 일어난다면 아기는 자신을 진정시키고 격정적인 감정을 다루는 법을 배우지 못할 것이며, 스트레스를 받았을 때 아무도 도와주지 않는다고 생각할 것이다.

건강한 발달과정에서 엄마는 아기의 눈을 바라보며 아기의 내적 각성 상태의 변화에 마음을 맞출 것이다. 그녀는 자신의 각성 상태를 조절하고, 그다음엔 아기의 정서에 조율하고 동조하는 능력을 이용해 아기의 감정 기복을 조절하여 감정의 양자적 관계조절을 이끌어 낸다. 아기의 상태에 조율한 것에 기초해, 엄마는 아기의 욕구를 만족시킬 수 있는 정확한 상호작용을 시작한다. 안정애착관계 안에서 엄마는 아기에게 중요하고 자동적인 신경체계의 발달을 함께 조절한다. 아기가 성장하고 발전할수록, 이런 경험들을 내면화하고 스스로의 힘으로 감정적, 감각적 자극들에 대한 반응을 점점 잘 조절할 수 있게 된다. 이 모든 과정은 신경의 경로로서 두뇌에 입력되어 있다.

이 과정을 설명하면서 Mäkelä(2003, pp. 5-6)는 부모가 아동이 더욱 유연한 내면 상태 조절법을 배우도록 돕는 데에는 신체적인 면과 정서적인 면의 두 가지 방법이 있다고 지적하였다.

> 가장 원시적인 것은 부정적이거나 긍정적인 활력 상태에 대한 신체적 공동 조절이다. 좋은 부모들은 아기가 태어나고 얼마 지나지 않아서부터 이를 거의 계속적으로 한다. 그것은 안기, 만지기, 쓰다듬기, '아기에게 말할 때' 부드럽게 말하기(혹은 상황에 따라 활기차게) 등이다. 이 모든 활동은 아기 두뇌 안에서 진정 효과를 일으키는 변연계 회로를 직접적으로 강화한다. 또 이 활동들로 입력되는 감각들이 진정 효과를 일으키는 회로에 직접적으로 접근하기 때문에 나이에 상관없이 공동 조절하는 직접적인 방법이다.
>
> 약 8개월 동안 핵심적인 자기의식과 타인의식이 발달한 후(Stern, 1985), 아이가 유연하게 반응할 수 있게 돕는 두 번째 방법인 정서적 공동 조절이 발달한다. 이는 활기찬 감정의 조율을 통해 나타난다. 부모는 아이의 몸짓의 강도나 리듬을 골라 표정, 목소리, 접촉을 통해 차분하게 혹은 긍정적으로 수정하며 따라 한다. 한 쌍의 좋은 부모-자녀 관계에서 아동의 정서적 의사소통의 조율은 아동이 깨어 있고 부모와 의사소통할 수 있는 범위 안에 있는 동안 거의 끊이지 않고 일어난다. 이것은 함께 있다는 공명의 흐름, 정서적 공명의 허밍이라고 볼 수 있다.

Schore(1994, p. 33)에 따르면 그러한 초기의 양육경험은 아동이 자아감을 잃지 않으면서 긍정적이거나 부정적인 경험 모두에 반응할 수 있는 능력을 형성시킨다. 그는 "자아의 핵심은 어떠한 상태의 변화에도 자아감을 통합하여 내적 경험의 일관성을 유지할 수 있게 하는 정서 조절 패턴에 있다. 정서 조절의 실패는 후에 정신의학적 장애를 형성하는 다양한 형태의 발달정신 병리의 발전을 가져올 수 있다."라고 말하였다.

치료놀이에서는 극도로 흥분한 아이를 진정시키고 달래는 방법, 무기력한 아동을 활기차게 하는 방법, 그리고 두 경우 모두의 아이들이 스스로 안정시키는 능력을 키울 수 있는 방법을 찾는다. 쉽게 자극을 받는 아동과는 치료사를 밀고 뒤집는 식의 흥분되는 놀이보다는 솜공을 주고받는 것과 같은 안정적이고 양육적인 활동을 한다. 아동이 너무 흥

혼돈된 아동의 기분을 가라앉히고 하향 조절하기[7]

브래드가 치료실을 혼란스럽게 뛰어다니자, 치료사인 수전은 그의 손을 잡아 뜀박질 대신에 노래 부르며 함께 앉기 놀이를 하도록 했다. "모두 숙여." 했을 때, 수전은 브래드의 흥분을 가라앉히기 위해 그를 재빨리 자신의 무릎에 앉혀 앞을 보게 했다. 브래드가 안정되었을 때는 고무찰흙에 지문을 찍는 것을 도왔다. 꽤 진정되었을 때는 쫀득한 그래놀라바를 주었다. 조절된 수준으로, 수전은 브래드가 고도로 각성된 상태일 때 합류하여 뜻깊은 활동을 나누는 것으로 그의 경험을 재편성했다. 그의 관심을 집중시키고 정돈하기 위해 구조를 만들고 참여하도록 했다. 그러고 나서는 브래드를 무릎에 앉히고, 손가락을 고무찰흙에 찍고, 먹을 것을 주는 식의 양육적 경험을 제공하며 그를 진정시키고 안정시켰다.

분하게 되면, 치료사는 아동이 점차 통제를 벗어나는 것을 막기 위해 활동의 속도를 줄인다. 이러한 아동과 함께할 때의 목표는 아동이 자제력을 잃지 않고 흥분을 견디는 능력을 키우는 것이다.

조절곤란이 높은 활동량의 형태를 띠는 위 예시의 아동과는 대조적으로, 다음 예시의 아동은 자신이 조직화하기 어려운 자극에 대한 반응으로 무기력함을 보이는 경우다. 아동은 반응을 보이지 않는 듯하고 빈번히 참여를 멈추려고 한다. 이런 아동에게는 부담이 되지 않는 수준에서 참여시키고 자극하는 활동으로 아동이 서서히 상호작용으로 유인되도록 한다.

아동의 욕구에 민감하게 반응하기 위해서는 참여하고 물러나는 아동의 리듬에 맞출 수 있는 주의 깊은 조율이 필요하다. 엄마는 아동이 상호작용할 준비가 되었는지를 감지해야 하며, 동시에 감정적 동조를 보이며 반응하여 우리가 본 것과 같은 공유된 즐거움의 순간을 유도할 수 있어야 한다. 엄마는 또한 아동이 참여하지 않고 조용히 쉴 시간을 주어야 하며, 그동안 엄마는 아동이 다시 참여할 준비가 되었는지 그 신호를 포착하기 위해 주의를 기울이고 있어야 한다. 하지만 항상 조율이 완벽할 수만은 없다. Schore와 Schore(2008)에 의하면, "불가피하게 엄마가 아동의 욕구에 조율하지 못하는 순간들이 있을 것이다. 이

소극적인 아동 상향 조절하기

최근 자폐증 진단을 받은 3세 아동 베키는 아빠와 함께 MIM에 참여한다. 베키는 상호작용적 접촉이 순간적이고, 말을 하지 않고, 몇몇 반복적인 동작을 한다. '아동과 함께 쎄쎄쎄 하기' 라는 과제에서 그녀의 아빠 네드는 아이의 손을 잡고 노랫가락에 맞춰 규칙적으로 흔들었다. 베키는 첫 소절에서 아빠를 쳐다보았지만 이내 눈빛은 위로 흘러 천장 불빛만 바라보았다. 네드도 고개를 들고 "아가야, 무엇을 보는 거니?" 하고 물었다. 그가 베키의 손을 놓았을 때, 아이는 아빠에게서 멀리 떨어진다. 네드는 실망한 모습으로 "쎄쎄쎄는 재미가 없지?" 하고 말했다. 나중에 인터뷰에서 그는 베키가 집에서는 '유령' 같아서 부모와의 상호작용에서 자주 빠져나간다고 묘사했다. 한 주에 한 번 만나는 6개월간의 치료에서, 그녀의 치료사인 섀런은 베키를 참여시킬 재미있고 신체적이고 상호작용적인 방법을 찾고, 차례를 바꿈으로써 그 참여를 연장시켰다. 섀런은 막대기 끝에 비눗방울을 달고 베키의 앞에 들어 그녀가 그것을 터뜨리도록 했다. 그녀는 베키의 코 끝을 눌러 '삐' 소리를 낸 다음, 베키에게도 팔을 뻗어 그녀의 코를 누르고 '삐' 소리를 들어보라고 했다. 바닥에 베키와 마주 앉아, 베키의 두 발을 가슴에 대고 베키에게 셋을 세면 밀었다가 손으로 당겨 웃는 얼굴을 보라고 했다. 처음에 베키는 이 활동들을 표정 없이 소극적으로 했다. 그러나 몇 회기가 지나자 섀런의 웃는 얼굴에 반응하면서 함께 웃었고 생기 있는 표정을 지어 보였다. 베키는 "준비…… 시…… 작."과 같은 말을 하기 시작했고, 긴 '삐이이이' 소리를 듣기 위해 섀런의 코를 더 오래 눌렀다. 스무 번의 회기 후, 베키는 'The Weel on the Bus(꼬마 버스 타요)'를 따라 부르기 시작했고, 노래가사를 기억했다. 나중에 베키의 엄마는, 베키가 "어떻게 상호작용하는지에 대해 배우는 것뿐만 아니라 그것이 매우 즐거운 일이라는 사실을 깨달았어야 했다."라고 이야기했다.

런 순간에는 엄마가 아동과 재접촉하는 것이 중요하다. 상호작용 회복의 순간에, 조율에 실패했던 '좋은' 양육자는 적절한 시기에 정확하게 재조율함으로써 아동의 부정적인 상태를 조절할 수 있다. 긍정적인 각성 상태를 조장하고 부정적인 각성 상태를 조정하는 상호작용 회복을 만드는 이런 정서 동시성의 조절과정은 애착과 그에 연관된 감정들을 형성하는 근본적인 구성요소다. 그리고 스트레스나 새로운 경험에 직면했을 때의 탄력성은 애착 안정의 결정적인 지표다" (p. 11).

치료를 위한 두뇌 발달의 이해

앞서 언급했듯이, 두뇌에 관한 연구 결과의 가장 눈에 띄는 영향은 양자관계 조절이 강조되는 것이다. 변화를 초래하고자 하는 모든 치료적인 시도는 상호작용적 경험에서의 상호 조절에 상당히 주의를 기울여야 한다. Schore와 Schore(2008, pp. 17-18)에 따르면, 치료적 접근은 "초기의 양자관계 조절의 중심적 역할에 대한 자각, 우뇌 정서 발달에 관한 완전한 지식, 암묵적 절차기억의 역동성에 대한 깊은 이해에 근원을 두어야 한다. 신체에 기초한 비언어적 의사소통에 따른 우뇌 메커니즘을 이해하는 것은 필수적이다."

Perry(2006, p. 39)에 따르면, 특정한 치료적 개입을 통해 신경체계의 발달을 도모할 수 있다. 특정한 발달 상태와 학대받고 상처를 입은 아동의 생리적 욕구에 알맞은 치료적 활동을 일치시키는 것이 성공요인이다. "치료적 활동들은 뇌간에서 시작하는 정상적인 발달과정을 반영한 순서대로 제공될 때 가장 효과적이다." 아동의 각성 상태를 다루기 쉬운 수준으로 유지하기 위해 안정감은 필수적이다. "일정한 패턴으로 반복적이고 규칙적으로 뇌간을 자극하는 음악활동과 동작활동은 뇌간의 조절장애를 조정하는 것을 돕는다." Perry는 외상을 입은 아동들에 대해 이야기하고 있지만, 그의 권고는 치료를 위해 찾아오는 모든 아동들에게 유용하다. 왜냐하면 그들은 경험 때문에 어느 정도 인해 자기 조절하는 능력과 회복적으로 반응하는 능력이 붕괴되었기 때문이다.

조율과 조절은 치료놀이의 주요 초점이다. 치료사는 아동과 부모를 대하며, 부모가 아기들을 대하는 방식으로 공동 조절의 경험을 제공한다. 공명되고, 일치되고, 조율하고, 조절하는 일에 온 마음을 다해 참여하는 것이다. 조절곤란을 겪는 아동과 관계를 맺고 아동의 우뇌의 '주의'를 끌기 위해서 적절한 생리적 수준으로 개입한다.

Perry가 제시한 것처럼 아래에서 위로 진행되는 두뇌의 순차적 신경 발달을 염두에 두고, 각 아동의 치료를 적절한 수준으로 맞추어 아동의 정서적이고 조절적인 욕구를 만족시킨다. 만약 아동이 공포에 질린 상태라면, 치료사는 투쟁, 도피, 경직 반응이 지배하는 두뇌의 가장 원시적인 부분을 안정시키기 위해 부모에게 아동을 부드럽고 규칙적으로 흔들어 주거나 다른 방법으로 달래 주도록 한다. 아동이 어느 정도 안정되면 더 일반적인 우뇌의 언어를 쓸 수 있다. 치료놀이의 활동 패턴들은 아기의 초기 경험을 반복하는데, 이 경험들은 두뇌기능과 발달의 가장 기초적 수준에서 아동에게 영향을 미친다. 우리는 어린아이들을 위해 디자인된 듯한 방식으로 활동하고 상호작용하는데, 이런 방식이 아동의 두뇌 발달과 조절능력을 가져오기 때문이다. "이것은…… 치료놀이의 기초적인 특성이다……. 치료놀이가 연속되는 즐거운 활동 때문에 효과적인 것은 아니다. 활동들이 치료놀이의 핵심이라고는 해도, 아동의 모든 가능한 정서적 표현에 공명하는 것이 의사소통의 주요 요소다."(Mäkelä, 2003, p. 6)

일단 아동이 충분히 진정되고 잘 조절되고 안정애착이 형성되면, 아동이 자신의 경험, 믿음, 초기 외상을 이해하고 해결하도록 돕기 위해서 논리적이고 언어적인 좌뇌를 활용하는 다른 치료 접근법을 치료에 추가할 수 있다. 9장에서는 복합외상을 겪은 아동을 치료놀이에 어떻게 적용할 것인지에 대해 이야기하며, 다른 치료 유형과 치료놀이를 어떻게 결합할 것인지에 대해서도 논의하였다.

 치료놀이는 다감각적이다

건강한 아기의 경험과 같이, 치료놀이에서는 모든 감각을 활용한다. 치료사와 부모는 아동을 신체 전체를 사용하는 상호작용의 경험에 참여시키고, 우뇌 언어의 신체적인 면을 사용하도록 한다. 그들은 눈 맞춤을 하도록 하고, 소리를 울리게 하며, 아이의 감각 운동신경을 자극하고 규칙적으로 움직이게 한다. 또 관계를 강화하고, 진정시키고, 아동의 자아 인식을 증진하기 위해 신체 접촉을 한다. 많은 양육활동에는 맛과 냄새도 포함된다.

신체 감각 자극하기

아동과 함께 위아래로 점프하고, 아동을 공중에 높이 들고, 아동의 팔과 다리를 로션으로 부드럽게 문지르는 것은 부모가 아동의 신체적 감각을 자극하는 것이다. 신체적·정서적 발달에서의 자극의 중요성은 관계 맺고 의사소통하는 데 큰 어려움을 겪는 아동들의 감각적 통합 문제에 대한 Williamson과 Anzalone(1997, pp. 31-32)의 연구에서 확인되었다. 그들은 "아동의 촉각, 전정 감각, 고유 감각체계는 영아가 자아감과 사람이나 사물과 정서적으로 상호작용하는 능력을 발달시키는 데 직접적으로 관련되어 있다."라고 하였다.[8] 이런 발달을 촉진하는 것이 바로 접촉(촉각체계), 공간 안에서 자신이 어디에 위치하는지에 대한 감각(전정 감각체계), 공간에서 자신의 위치를 파악하기 위해 근육, 힘줄, 관절을 사용하는 것(고유 감각체계)이다. 그들은 감각적 자극이 "이런 체계에 문제를 가진 아동들에게 적절한 감각 역치에 도달하고, 최적 수준의 각성과 주의를 성취하고, 사회적 · 환경적 상호작용에서 긍정적 감정을 갖도록 돕는다." 는 것을 발견하였다(p. 36).

부모가 편안함의 원천이 될 수 있다는 사실을 아동이 알게 되는 데 매우 중요한 부분인 안정시키고 달래는 부모와의 신체적 접촉을 받아들이는 데 촉각적 방어를 가진 아동들은 어려울 수 있다. 치료사는 서서히 다양한 수준의 접촉(단호한 접촉이 가벼운 접촉보다 좋음)과 다양한 종류의 감촉(솜공, 깃털, 파우더, 로션)을 아이들에게 소개하면서, 아동이 그런 '접촉' 에서 편안함을 느낄 수 있도록 도와준다.

다른 아동들은 공간 안에서 그들의 몸을 가누거나 전정 감각의 자극을 견디는 데 어려움을 겪는다. 이런 어려움은 아동들이 활동적이고 불안정한 움직임을 피하고, 누군가가 그들을 여기저기 옮기는 것을 거부하게 만든다. 이런 아동들에겐 즐겁고 용기를 북돋는 방법으로 다양한 포즈를 가르쳐 주어 그들이 두려움을 극복하고 자유롭게 돌아다니는 것이 안전하다는 것을 알아차리게 하는 것이 중요하다.

또 다른 경우로, 계속 위아래로 점프하고 팔을 펄럭거리고 극도로 흥분하여 고유 감각의 자극이 필요한 아동들이 있다. 치료놀이에서의 활발한 신체적 놀이는 그들의 광적이고 산만한 움직임을 정리하면서, 동시에 그들에게 매우 필요한 감각 자극을 제공한다. 관계에 대한 초점에 특정한 감각 통합 문제 치료를 결합하는 것은 아동에게 도움이 된다. 7장에서는 어떻게 감각적 민감성에 대한 이해가 감각 조절에 장애를 가진 아동의 치료에 도움이 되는지를 이야기하였다. 모든 아동에게 신체 감각의 자극은 자아감과 관계를 형성하는 능력을 키워 준다.

긍정적 신체 접촉의 중요성

발달에서 긍정적인 신체 접촉의 역할과 관련 연구의 중요성 때문에, 긍정적인 신체 접촉에 대해 더 자세히 살펴보아야 한다. 실제로 접촉은 인간 경험에 매우 기초적인 것이다. Brazelton(1990, p. 561)이 말한 것과 같이, "생존을 가능하게 하기 위해, 그리고 삶을 의미있게 만들기 위해 접촉은 다양한 수준의 적응 단계에서 기능한다." 치료놀이가 부모-자녀 상호작용을 모델로 하고 있기 때문에 접촉은 언제나 중요하다. Myrow(1997, p. 1)는 치료놀이에서 접촉의 중요성을 묘사하면서 다음과 같이 말하였다. "애정 있는 양육자와 신체적 접촉을 함으로써 아동은 자아감, 다른 사람과 관계 맺는 능력, 정서 조절의 필수적 기술, 환경을 극복할 수 있다는 자신감, 자기 자신의 가치에 대한 믿음을 발달시킨다." 부

유대감을 강화하기 위한 접촉 활용

접촉은 8세 제니와 그녀의 입양모 간의 치료놀이 상호작용에서 중요한 부분이었다. 제니는 심각한 상실과 외상을 겪은 후에 2세 때 입양되었다. 일반적인 치료놀이 회기가 종결된 지 5년 후의 추후 회기에서 엄마와 제니는 소파에 서로 마주 보고 앉아 있다. 그녀가 초기 치료놀이 회기에서 많이 했던 것처럼, 엄마는 숫자를 세며 제니의 발목에서 무릎까지 로션으로 점을 찍어 준다. "하나, 둘, 셋…… , 열여섯, 열일곱, 열여덟! 너의 다리가 얼마나 긴지 보렴. 세상에, 믿을 수가 없네! 내가 너를 처음 만났을 때는 어느 정도였는지 아니? 5개의 점을 찍었었어. 너의 발은 나의 손바닥만했단다." 엄마가 꼼꼼하게 로션을 문질러 주자, 제니는 기쁨의 미소를 지으며 엄마 가까이 따뜻하게 안긴다.

모가 자녀들과 상호작용할 때 더 많은 신체적 접촉을 하도록 가르침으로써 부모가 자녀의 안정감과 편안함의 원천이 되어 안정애착을 촉진할 수 있도록 돕는다.

부정적이거나 위험한 접촉에 대한 걱정 때문에 많은 관리자와 전문가들—교장, 선생님, 치료사, 양육자—은 접촉의 사용을 최대한 피했다. 어떤 환경에서는 어른과 아동의 신체적 접촉이 금지되어 있다. 부적절하고 위험한 접촉은 피해야 한다는 의견에는 동의하지만, 모든 접촉을 피하는 것은 좋은 해결책이 아니라고 본다. 접촉은 건강한 발달에 필수적이며, 학교나 다른 곳에서 아동과의 신체적 접촉을 거부하는 것도 마찬가지로 유해한 결과를 가져올 수 있다. 나쁜 접촉에 대한 비난을 피하는 방법은 모든 접촉이 적절하고 아동의 욕구를 만족시킨다는 것을 확실히 하는 것이다. 만약 아동들이 자존감과 그들 삶의 중요한 사람들과의 친밀한 관계를 형성하는 접촉을 경험하지 못한다면, 그들은 부적절한 방법으로 접촉을 추구할 것이다. 이를 해결하는 방법은 접촉을 아예 하지 않는 것이 아니라 좋은 접촉을 제공하는 것이다.

사회적 발달에서의 접촉 효과 사회적 발달과 애착에서의 접촉의 중요성은 잘 알려져 있다. 유아기의 유대를 형성시키는 요인들을 탐구하기 위해, Harlow(1958)는 고립된 환경에서 아기 원숭이를 키웠다. 젖꼭지와 우유가 있는 철사로 된 엄마 모형과 우유가 없는 헝겊 엄마 모형이 주어졌을 때, 아기 원숭이는 헝겊 엄마모형에 매달렸다. Harlow(1958, p. 676)에 따르면, "접촉 위안은 애착 형성에 매우 중요한 변수다." 그러나 부드러운 질감의 엄마 모형의 위안도 진짜 엄마의 보살핌을 대신할 순 없었다. 고립된 환경에서 길러진 원숭이들은 자폐증과 유사한 행동을 보였다. 그들은 판에 박은 듯한 행동들에 몰두하였고, 안정을 위해 스스로에게 매달렸다. 그들은 동료관계에서 무능력했으며 나중에는 (짝을 찾은 경우) 부적합한 부모가 되었다.

신체적 접촉에 대한 유아의 선천적 욕구를 고려하면서, Montagu(1971, p. 136)는 "모든 포유류에 해당하는 아기의 행동과 동기부여는 엄마와 신체적 접촉을 유지하는 쪽으로 향해 있다. 접촉을 추구하는 것은 다른 모든 행동들의 발달 토대가 된다."라고 결론지었다. 애착 대상과의 신체적 접촉이 아기가 안전하다고 느낄 수 있는 가장 주요한 신호라는 Bowlby의 전제에서 시작하여, Main(1990, p. 484)은 스트레스를 받는 상황에서 혹은 단순히 탐험을 위한 기지로서 그 주된 애착 대상으로의 접근 가능성이 '유아 행동의 구성 원리' 라고 주장하였다. (접촉과 스트레스 감소에 대한 더 자세한 이야기는 다음 절을 참조하라.) 만약 애착 대상이 닿을 수 없는 곳에 있거나 물리적으로 접근 불가능하면, 혹은 특히 애착 대상이 영아의 접촉을 거부한다면, 영아는 분노와 갈등이 발달할 것이다.

신체적 · 지능적 발달에서의 접촉 효과 심리적이고 정서적인 안정을 증진하는 것에 더하여, 접촉은 신체적 발달을 조절한다. 임상자료에 따르면 초기의 촉각적 경험은 유아의 면역적 반응, 성장 속도, 체중 증가, 스트레스를 견디는 능력에 영향을 준다. 예를 들어, Field(1995, p. 107)의 연구는 예정일보다 빨리 태어난 아기들이 매일 전신 마사지를 받았을 때 체중이 더 많이 증가하고, 활동량이 늘어나고, 브래젤턴 신생아 행동평가척도(Brazelton Neonatal Behavioral Assessment Scale)에서의 높은 수행 결과를 보여 준다.

신체적 접촉은 지각적, 인지적 발달을 유도하는 데에도 중요한 요인이라고 알려져 있다. 예를 들어, Barnard와 Brazelton은 접촉이 아동의 감각운동신경의 능률, 배움, 반응성, 시각적 인식능력을 높인다고 보고하였다(Barnard & Brazelton, 1990).

비록 청소년 및 성인과 관련하여 접촉에 대한 광범위한 작업은 진행되지 않았지만, 예비 연구에 따르면 접촉은 나이에 상관없이 신체적 · 정서적 건강을 유지하는 데 중요하다(Field et al., 1998; Fanslow, 1990). 예를 들어, Diego, Field 등(2002)은 공격적인 청소년이 마사지치료로 긍정적 변화가 나타난 것을 발견하였고, Hart, Field와 Hernandez-Rief(2001)는 마사지치료로 거식증의 감소를 발견하였다.

스트레스 관리에서의 접촉 효과 앞서 살펴본 바와 같이, 많은 연구에서 접촉이 영아의 스트레스를 조절하는 데 중요하다고 지적한다. Tronick(1995, pp. 64-65) 역시 약간의 스트레스적인 상황을 조성한 실험에서 엄마와 접촉한 아기는 그렇지 않은 아기와 비교했을 때 스트레스 수준이 감소한 것으로 나타났다고 밝혔다. 그는 "접촉은 양육자-영아 양자관계의 상호적인 조절과정의 한 요소이며, 영아의 정서적 · 행동적 구성기관의 외부 조절자 역할을 한다."라고 결론지었다. Tronick은 또한 접촉의 다른 형태들은 각각 다른 메시지들을 전달한다고 이론화했다. 예를 들어, 부드럽게 안고 쓰다듬는 것은 안정감, 달래기, 편안하게 해주기 등의 메시지를 표현하는 것이다. 반면에 찌르고 꼬집는 것은 위협을 느끼게 한다. 이런 의미에서 접촉은 엄마와 영아 사이의 의사소통 체계에 매우 중요하다.

Mäkelä(2005)는 새끼 쥐와 원숭이의 실험에서 풍부한 쓰다듬기, 만지기, 껴안기가 불안감에 대한 유전적인 민감성과 낮은 스트레스 내성을 극복했다는 연구에 대해 이야기하였다. "새끼 쥐의 불안을 잘 느끼는 강한 유전적인 소질은 부족한 양육과 연관이 있다. 그러나 어미 쥐가 두려움에 민감한 쥐를 유아기 때 많이 핥아 주었다면, 그 쥐는 커서 새끼들을 대할 때 이런 유전적인 불안이나 부족한 양육의 소질을 가지고 있지 않은 것처럼 행동한다." 붉은털 원숭이를 상대로 한 비슷한 연구에 따르면, 어린 시절 어미가 안아 주지 않았던 불안하고 성미가 급한 원숭이들은 문제해결능력을 발달시키지 못하고 사회계층에서도 낮은 지위에 머문다. 하지만 같은 유전적 소인을 가진 원숭이들이 잘 껴안아 주고 만져 주는 어미들에게 양육된다면 이 입양된 원숭이들은 탐구성과 탐색능력이 늘어나게 된다.

신체 이미지에 대한 접촉 효과 신체 이미지의 발달 또한 아동이 받는 신체적 접촉의 질에 따라 영향을 받는다. Weiss(1990, p. 428)는 촉각적 경험과 신체 지각 발달의 연관성에 관한 보고서를 검토했다. 그는 만약 엄마가 아기를 어린 시절 충분히 만져 주지 않고 보살피지 않는다면 그 아기는 왜곡된 신체 이미지를 발달시킬 수도 있다는 연구에 대해 이야기했다. "여러 연구에 의하면, 타인으로부터 신체의 거의 모든 부분에 접촉을 받은 사람은 일부분에만 접촉을 받은 사람과 대조적으로 타인에게 더 매력적이고, 타인과 더 가깝다고 느끼고, 자신의 몸의 형태와 모양을 정확하게 인지하며, 한 인간으로서 자신을 더 긍정적으로 사랑한다."(p. 432)

폭넓은 연구에서 볼 수 있듯이, 부모가 자녀와 상호작용할 때 신체적 접촉의 중요성에 관한 증거는 매우 많다. 명백히 아동이 애착과 향상된 자기상을 형성하고 불안을 조절할 수 있게 돕는 치료로서, 치료놀이에서는 긍정적인 신체적 접촉이 치료 모델의 중요한 부분이 된다.

치료놀이는 즐겁다

치료놀이는 감정적으로 조율되고 상호작용적이고 신체적인 놀이를 포함한다. 놀이는 아동을 관계로 끌어들이고 기쁨과 흥분의 요인들을 제공하는데, 이는 삶의 열정과 참여 에너지를 발달시키는 데 필수적이다. 치료놀이에서 기쁨과 흥분의 긍정적인 정서적 상태를 풍부한 신체적 놀이로 바꿈으로써 아동들이 즐거운 경험을 공유하고 확장하고, 압도되지 않으면서 그들 자신을 조절하는 법을 배울 수 있게 된다.

최적의 각성, 공유된 즐거움

Stern(1974, p. 416)은 즐겁고 긍정적인 경험을 제공하는 데 놀이의 중요성을 강조하였다. 그에 따르면, "엄마가 아기에게 흥미와 즐거움을 주는 놀이를 많이 할수록, 아기는 더 많은 인간적 상황에서 정서적으로 긍정적인 각성의 경험을 더 많이 하게 된다." 아빠와 아기 사이의 놀이의 익숙한 형태인 아빠가 아기를 품에 높이 안는 것은 이를 잘 설명한다. 얼굴에 큰 미소를 띠고, 아빠는 아기를 공중에 던졌다가 따뜻한 품속으로 다시 받는다. 그는 알맞은 횟수, 알맞은 리듬, 알맞은 높이로 하여 아기가 점점 그 경험을 즐기되 질리지 않도록 한다. 언제 멈춰야 할지를 느끼면서, 그는 아기를 꼭 껴안고 달래는 듯 흔들며 부드럽게 속삭인다. "넌 예쁜 내 딸. 우린 즐거운 시간을 보냈어."

좋은 양육에 대한 연구를 검토하며, Sunderland(2006)는 성인과 아동 사이에 부드러운 신체적 놀이의 중요성을 강조하였다. 그녀는 "아동을 즐거운 상태로 만들고 종종 웃음을 터지게 만드는" 거친 놀이도 중요하다고 보았다(p. 104). "기쁨은 인간 간의 접촉에서 나온다. 신체적 각성이 높은 수준일 때, 최적 수준의 에피네프린이 온 몸에 빠르게 순환할 때, 최적 수준의 도파민과 오피오이드가 뇌 전체에 퍼질 때 우리는 매우 활기차고 완전히 깨어 있는 듯 느끼면서 원하는 것을 할 수 있는 에너지가 넘친다."(p. 91) 그녀는 이를 'joy juice(각성 음료)' 라고 부르며, 타인과 정서적으로 접촉함으로써 이런 필수적인 화합물을 얻을 수 있다고 주장하였다.

치료놀이의 즐거운 접근방법은 엄마와 아기 사이의 따뜻하고 친밀한 접촉을 본뜬 것이다. 이런 친밀한 접촉은 엄마와 아기 모두의 두뇌에 기쁨을 증진시키는 엔도르핀인 높은 수준의 두뇌 오피오이드를 생성한다.

동시성과 건강한 관계

놀이를 하는 것은 정서의 동시성을 형성하는데, 그 안에서 놀이를 하는 부모와 자녀는 서로에게 정서적 동조를 한다. 얼굴 표정, 놀이, 신체 접촉을 통해 형성된 이 동조 상태는 아동 두뇌의 시냅스 발달을 촉진한다(Hart, 2008). 그것은 또한 자존감을 증진시키고 강한 결속력을 창조하는 쾌활함과 강화된 인식능력을 이끈다.

Winnicott은 엄마와 아동이 현실에 기초해서 노는 놀이와 그다음의 상상놀이 간의 다리 역할을 하는 것이 주관성과 객관성의 중재된 영역을 창조하는 놀이의 중요성이라고 설명하였다. "놀이는 보편적이고, 건강과 관련되어 있다. 놀이는 성장을 촉진하여 아동을 건강하게 만들며, 집단관계를 형성할 수 있게 한다."(1971, p. 41)

이미 살펴본 바와 같이, 신경체계의 기능은 리듬, 동조, 동시성에 기초한다. 치료놀이가 촉진하는 조직화되고 상호적인 놀이는 바로 그런 종류의 규칙적이고 잘 조절된 즐거운 동시성을 제공하며, 이는 아동 발달에 중요하다고 본다. 타인의 창의적인 리듬은 풍요로운 성장의 원료다. 반면 비디오 게임에 열중하는 아동은 전자 게임의 빠른 리듬만을 익힌다. 이런 리듬은 단지 삶과 죽음의 투쟁 및 폭력성과 연관되곤 한다.

스트레스 감소와 조절

놀이는 스트레스를 감소시키고 아동의 감성을 조절해 준다. 산딸기를 아동의 배 위에 놓고 부는 것, 아동을 공중에 던지고 받는 것, 빙빙 돌리는 것, 그 외의 다른 자연스럽고 예측할 수 없는 활동들은 자연적인 항스트레스 효과를 가지며 장기적인 정서적 건강에 중요하다. Sunderland(2006, p. 104)에 따르면 그런 놀이는 "전두엽의 정서 조절기능을 강화시켜 아동들이 자신의 감정을 잘 다룰 수 있도록 한다." 놀이를 하는 중에 신체의 각성체계(반사신경체계)는 높은 수치의 아드레날린과 함께 활성화된다. 어린 시절 이런 두뇌 화학물의 반복적인 활성화는 아동의 자발성을 야기하고 세계에 대해 경외심과 놀라움을 느끼도록 만든다. 이런 새로운 경험에 개방적인 태도는 인생에 대한 건강한 접근방법을 제시하고, 특정한 두뇌 화학물 또한 스트레스에 직면했을 때의 복원력을 증진시킨다. 어쩌면 명백하지만 우리가 주의를 기울이지 않는 사실은, 기쁨 자체가 부정적인 감정들에 대항하고, 그럼으로써 더 긍정적이고 안정적인 태도를 촉진한다는 것이다.

두뇌 조직화

놀이는 두뇌 안에서 새로운 신경연결을 만드는 데에도 큰 영향을 미친다. 엄마와 아동 사이의 친밀하고 활동적이고 즐거운 접촉으로 상승된 엔도르핀은 새 시냅스를 형성하고 두뇌구조를 최적화한다. Sunderland(2006, p. 104)는 놀이가 뇌유도 신경영양인자(brain-derived neurotrophic factor: BDNF)라고 불리는 상위 두뇌(higher brain)에서 '영양분'과 같은 역할을 한다고 보고하였는데, 이는 "정서적 행동과 관련 있는 전두엽의 영역을 관장한다. 연구들은 놀이를 한 후에 전두엽에서 BDNF의 유전자 발현이 증가했다는 것을 보여 준다." 치료놀이에서 사용하는 신체적 놀이는 "상위 두뇌의 발달을 촉진할 수 있는 과정을 반복하고, 이는 정서와 스트레스를 잘 조절하는 능력을 포함한 두뇌의 모든 놀라운 기능을 발달시킨다." 치료놀이에서 우리는 부모와 자녀가 함께 놀이할 수 있는 많은 기회를 제공함으로써, 정서와 스트레스의 조절을 도와주고 상위 두뇌기능을 향상시킨다. 다음의 사례는 놀이의 놀라운 효과에 대한 아동의 경험을 그녀 자신의 이야기로 보여 준다.

"놀이는 내 마음을 진정시켜 줘요"

마리아는 생후 9개월에 과테말라에서 입양되었다. 그녀의 영아기는 심각한 박탈과 심한 학대로 가득했다. 그녀의 입양부모가 그녀를 처음 만났을 때, 그녀는 매우 비참해 보였다. 그녀는 때로 그들에게 공격적이었다. 걸음마기와 학령전기 무렵 그녀는 주변 환경에 극도로 예민하고 반응적이었다. 시간이 지남에 따라 심각한 조절장애 문제를 자주 보이던 마리아는 영리하고, 호기심이 많고, 언어적이고, 통제가 가능한 아이로 성장하였다. 5세에 시작된 그녀의 초기 치료놀이 회기는 주로 치료자와 마리아, 그리고 엄마와 마리아 사이에서 스카프 위에서 솜공 주고받으며 불기, 5개의 깃털로 서로 같은 부분 꾸며 주기, 'crepe paper strips(젤리 테이프)' 로 마리아의 길이 재어 주기와 같은 매우 단순하고 즐거우며 상호적인 놀이로 이루어졌다. 가장 좋아하는 놀이는 자석놀이였다. 부모와 아이가 손을 잡고 옆으로 손을 흔들면서 "라라라."라고 말한다. 치료자가 "팔꿈치."라고 말하면, 그들은 팔꿈치를 댄다. 그리고 라라라 손끝, 라라라 이마 등과 같이 진행해 간다. 마리아의 엄마는 마리아를 목욕시킬 때 협력을 유도하기 위해 집에서 이 게임을 사용했다고 말하였다. 마리아의 행동은 점차 안정되었고 덜 폭발적이 되었다. 초기 3회기 후, 마리아는 놀이 회기들이 자신을 덜 울고 싶게 만든다고 털어놓았다. 치료놀이 몇 달 후에는 그녀의 13세 된 사촌 새라가 심각한 행동 문제를 가지고 있음을 알았다. 마리아는 자연스럽게 "아마도 새라 역시 치료놀이를 받아야 할 거예요. 어떻게 된 건지는 나도 모르겠지만, 놀이는 내 마음을 진정시켜 줘요."라고 말했다. 마리아의 엄마는 마리아가 현재 더 많이 행복하고 더 많이 편안해졌다고 보고한다. "치료놀이는 그녀가 다른 친구들과 놀 수 있도록 도움을 주었어요."

놀이 부족에서 오는 악영향

두뇌가 어떻게 놀이에 영향을 주는지에 대한 책에서 Stuart Brown(2009)은 활발한 놀이를 할 기회를 제공받지 못한 새끼 쥐들은 다 자랐을 때 여러 가지 사회적 문제를 보였다고 보고하였다. 쥐는 위계에 대한 사회적 단서와 의미를 인식하지 못하여 짝짓기를 할 수가 없었다. 같은 이유로, 어린 시절에 놀이를 하는 사람들은 '삶을 훨씬 더 탄력적이고 생기 있게 사는 법을 배운다.' 사회적으로 상호작용적인 놀이를 할 시간이 충분하지 않은 아동들은 때에 맞지 않는 거친 놀이를 함으로써 보상받고자 할 것이다. 이런 아동들은 종종 주의력결핍 과잉행동장애(ADHD)를 갖게 된다. Panksepp(2007, p. 14)은 자유로운 놀이를 많이 할수록 ADHD 발생 가능성이 감소한다고 단정 지으며, 아동들이 자연스럽고 자기 생성적인 사회적 놀이에 참여할 기회가 점점 줄어든다고 말했다. Panksepp은 "근본적 놀이 충동의 지속적인 만족은 전두엽의 친사회적 조절기능을 촉진하기 때문에 충동통제 문제를 줄일 수 있다……. 진정한 놀이는 사회적 뇌의 후천적 구성을 위해 인간의 모든 타고난 정서적 도구를 사용하도록 만든다."라고 주장하였다.

Romina Barros가 최근에 발간한 보고서는 아동이 더 많은 놀이시간을 가질수록 더 능률적일 것이라는 Panksepp의 주장을 뒷받침한다(Parker-Pope, 2009). 날마다 15분 이상의 쉬는 시간을 가진 아동들이 쉬는 시간을 적게 혹은 전혀 갖지 못한 아이들보다 교실에서 더 좋은 성과를 거두었다. 집중력과 학습능력 또한 향상되었다.

놀이는 아동의 건강한 발달에 중요하다. 치료놀이의 즐거운 접근방법은 두려움 혹은 절망 때문에 위축된 아동과 타고난 소극적인 활동성 때문에 반응에 어려움을 겪는 아동을 자극하고 유인하여 즐겁게 할 수 있다. 이런 즐거움은 아동이 타인과 관계 맺고 기쁨을 나눌 수 있는 모험을 하도록 돕는다. 놀이는 아동들이 어려움을 겪었던 초기 관계와 발달 패턴을 개선하는 데 도움을 줄 수 있다.

요약하자면, 치료놀이 치료법의 기초가 되는 치료놀이의 핵심개념들은 애착이론과 뇌발달 관련 연구로 분명한 지지를 받아 왔다. 지난 40년에 걸쳐, 치료놀이는 관계와 뇌발달에 대한 지식이 증가함에 따라 계속해서 재구성되어 온, 효과적이며 많은 연구 결과에 바탕을 둔 치료법임이 증명되어 왔다.

다음 장에서는 치료놀이의 효과를 측정(평가)하기 위해 진행되어 온 연구를 살펴볼 것이다.

1. 이러한 일의 예시는 Oppenheim과 Goldsmith(2007)를 참조하라.
2. Bowlby의 정의에 따르면 애착행동은 "세상을 잘 견뎌낼 것이라고 여겨지는 확실히 확인된 개인에게의 접근을 성취하거나 유지하도록 만드는 행동이다. 이는 두렵거나 지치거나 아플 때, 그리고 위안과 양육으로 안정될 때 가장 뚜렷이 나타난다. 이 행동은 평소에는 명료하지 않다. 그럼에도 불구하고 애착 대상이 곁에 있고 반응적이라는 것을 아는 것은 강하고 충만한 안정감을 주며, 그 관계를 소중히 여기고 유지하도록 만든다. 애착행동은 어린 시절에 가장 뚜렷하게 보이지만, 인생 전반에 걸쳐서, 특히 위급한 상황에서 관찰될 수 있다." (Bowlby, 1988, pp. 26-27)
3. 이 '치료놀이의 실제' 예시는 Dafna Lender, "What's Behind These Theraplay Activities: A Window into Attachment," *The Newsletter of The Theraplay Institute*, Summer, 2006에 기초한 것이다.
4. 다음 목록은 안정애착된 아동들의 좋은 성과물이다. 안정애착의 중요성을 강조하기 위해 'Circle of Security(안전의 원)' 프로그램을 진행하는 리더들은 이 목록들을 부모들에게 보여 주고 그들의 아동이 그중 어떤 성과를 가졌으면 하는지를 물었다. (출처: Kent Hoffman PowerPoint

Presentation, "Understanding Attachment: The Circle of Security Approach," Chicago, IL, July 18-19, 2008.)

50년에 걸친 애착 연구에 따르면 안정적으로 애착된 아이들은 다음과 같은 특징을 보인다.

- 부모와 행복을 더 즐긴다.
- 부모에게 화를 덜 낸다.
- 친구들과 더 잘 어울린다.
- 친구들과의 우정이 더 깊다.
- 친구들과의 문제를 해결할 능력이 있다.
- 형제자매와 더 좋은 관계를 맺고 있다.
- 높은 자존감을 가지고 있다.
- 모든 문제에 답이 있다는 것을 안다.
- 그들의 앞길에 좋은 일들이 일어날 거라고 믿는다.
- 그들이 사랑하는 사람들을 신뢰한다.
- 주변 사람들에게 친절하게 대하는 법을 안다.

5. 이 '치료놀이의 실제' 예시는 Dafna Lender(2006)에 기초한 것이다.
6. 이 '치료놀이의 실제' 예시는 Dafna Lender(2006)에 기초한 것이다.
7. 이 '치료놀이의 실제' 예시는 Dafna Lender(2006)에 기초한 것이다.
8. 촉각체계는 보호와 식별을 하기 위해 기능한다. 전정 감각체계는 사람이 공간 안에서 어디에 위치하는지를 알려 주며 적절한 각성 수준을 유지하기 위해 중요하다. 고유 감각체계는 근육, 힘줄, 관절의 감각기관으로 구성되어 있으며 몸의 움직임과 위치를 인지할 수 있게 한다(Porges, 1993).

제3장
치료놀이 효과에 관한 연구 결과

치료놀이는 지난 40여 년간 주로 임상보고와 사례 연구를 통해 지지받는 하나의 치료기법에서 실험적 증거로 뒷받침되는 치료기법으로 발전했다. 또한 단지 몇몇 심리장애에 활용되던 것에서 이중진단 상황을 포함하는 많은 심리장애에 효과적인 것으로 입증되어 왔다. DesLauriers와 Carlson은 자폐증을 위한 치료법을 개발하였는데, 이것은 이후 치료놀이의 초기 이론과 형태로 발전하였다. 1960년대에 이 두 사람은 다양한 사례 연구 방법을 사용하여 자신들의 연구 결과를 평가하고자 노력했다. 그 연구 결과가 『당신의 아이는 잠자고 있다: 초기 유아 자폐증, 원인, 치료 및 부모의 영향(Your Child Is Aleep: Early Infantile Autism, Etiology, Treatment, Parental Influences)』(1969)으로 출판되었다. 심각한 자폐증 아동 5명을 대상으로 이러한 새로운 치료방법을 사용하여 1년간 집중적으로 연구가 진행되었다. 이들 아동은 지적 능력 및 적응능력 면에서 통계적으로 유의한 향상을 보였으며, 발달상 예견되는 것보다 훨씬 더 많이 개선되었다[예를 들어, 한 아동의 바인랜드(Vineland) 점수가 1년 안에 중간 정도의 손상을 나타내는 54에서 경계선상의 73으로 증가했고, 이 아동의 카텔(Cattel) IQ도 57에서 70으로 증가했다]. 성격과 사회화 자질을 휄스 척도(Fels Scales, 애정, 순응, 호의, 사교와 같은 하위척도 포함)로 측정한 결과, 모든 아동에게 일관적인 향상이 나타났다. 개별 평가자인 부모, 치료사, 임상참관인이 향상도를 각

Rand Coleman

각 기록하였다.

Ann Jernberg는 DesLauriers의 기법을 수정하여 사용하였고, 이를 치료놀이라 칭하였다. 그녀는 헤드스타트 프로그램에서 아동을 대상으로 치료놀이를 적용하였고, 이러한 치료놀이의 임상적 효용성은 3년간의 추적 영상물 두 편을 통해 입증되었다(Jernberg, Hurst, & Lyman, 1969, 1975). Ann Jernberg는 다양한 사례들에 대한 질적 연구 결과를 발표하였는데, 반항적 행동, 관계 문제, 사회적 위축 등의 다양한 문제를 겪고 있는 내담자에게 치료놀이를 사용한 결과 임상적 진전이 있었다고 보고하였다(Jernberg, 1976, 1979, 1984, 1989). 이들 사례는 매우 유익하기는 하지만, 연구의 관점에서는 그 기술이 대체적으로 질적이고 일화적이라는 약점이 있었다.

Kupperman, Bligh와 Goodban(1980)은 언어치료 기법과 치료놀이를 혁신적으로 통합한 방법을 검증하기 위하여 사례 연구를 진행하였다. 조음장애가 있는 6명의 아동들을 대상으로 한 치료에서 치료놀이 활동에 목표 음소를 포함시켰다. 5명의 피험자들에 대한 단 12회의 치료 회기와 1명의 피험자에 대한 10회의 치료 회기 이후, 모든 아동이 기준선과 비교할 때 조음이 향상되었다. 통제집단의 결여가 연구 결과의 한계이기는 하나, 연구자들은 치료기간이 매우 짧은 점(6주)을 고려할 때 변화요인을 성숙에 의한 것으로는 볼 수 없음에 주목하였다.

1994년 이래 치료놀이는 다양한 임상군으로 연구를 확장시켜 왔다. 이제부터 이에 대해서 영역별로 설명하기로 하겠다.

애착장애

치료놀이는 일반적으로 애착 문제 전문 치료기관들에서 사용되며, 애착을 기반으로 하는 놀이와 가족 구성원 간 정서적 유대감 향상을 활용하여 자연스럽게 애착과 관계의 문제를 가진 아동들을 치료한다(Walters, 개인적 교신, 2008).

생물학적 부모와 함께 살 수 없는 아동들을 돌보기 위하여 특별히 설립된 핀란드의 SOS 어린이 마을(SOS Children' s Villages)은 오랜 기간 위탁양육되어 온, 특별한 정서적 욕구를 가지고 있는 많은 아동에게 서비스를 제공하고 있다. 치료놀이는 그동안 내재화 및 외현화 정서장애를 가진 아동들을 위한 치료방법의 하나로 사용되어 왔다(Mäkelä & Vierikko, 2004). SOS 어린이 마을에서는 학대, 방임, 장기 돌봄을 받지 못한 아동들의 상태가 애착 문제 및 행동 결손에까지 영향을 미치는 것으로 보고되었다. 아동·청소년 행동평가척도(Child Behavior Checklist: CBCL; Achenbach, 1991a)를 사용하여 핀란드 전역의 SOS 어린이 마을에 수용된 모든 아동들을 대상으로 한 초기 검사에서 대상 아동들의 50% 이상이 하나 이상의 CBCL 척도에서 95% 이상으로 정의되는 임상적 유의 수치를 나타냈다.

외곽의 SOS 어린이 마을에서 치료 장소까지 장거리였기 때문에, 4일 연속 진행되는 집중 치료놀이 회기가 6주 간격으로 두 단계에 걸쳐 진행되었다. 4~13세에 해당하는 아동 20명이 그들의 위탁부모와 함께 치료놀이에 참여하였다. 1년 이상 위탁양육을 받고 계속해서 정서적 결핍을 보여 왔으며 다른 치료 형태에는 참여하지 않는 아동들이 연구 대상이었다. 치료과정에는 사전 검사, 사후 검사와 6개월 뒤의 추후 검사를 포함하였으며, 시간 경과에 따른 변화를 평가하기 위해 CBCL을 이용하여 반복적으로 측정하였다. 전체 아동과 전체 척도에 대한 연구 결과, 증상이 확연히 감소된 것을 알 수 있었다. 치료가 끝난 후 기준치($p=.002$ 수준에서 유의)와 비교할 때 즉각적인 변화가 확인되었고, 6개월이 더 경과한 후에는 더 많은 변화가 보고되었다($p<.001$).

CBCL에서 내재화 행동은 위축, 신체적 증상, 불안/우울 하위척도로 정의되고 측정되며, 외현화 특성은 규칙위반, 공격행동 하위척도로 측정된다. 다른 하위척도로는 사회적 문제, 사고의 문제, 주의집중 문제를 포함한다. [그림 3-1]에서와 같이, 외현화 및 내재화 특성은 치료가 끝난 직후 모두 감소하였고, 6개월 뒤의 추후 검사에서도 감소된 상태가 유지되었다.

남녀 개별 분석에서 남아, 여아 모두 효과를 보인 것으로 드러났으며, 외현화 및 내재화 특성을 측정하기 위하여 사용된 모든 척도에서 임상적 수치가 감소하였다. 몇몇 사례

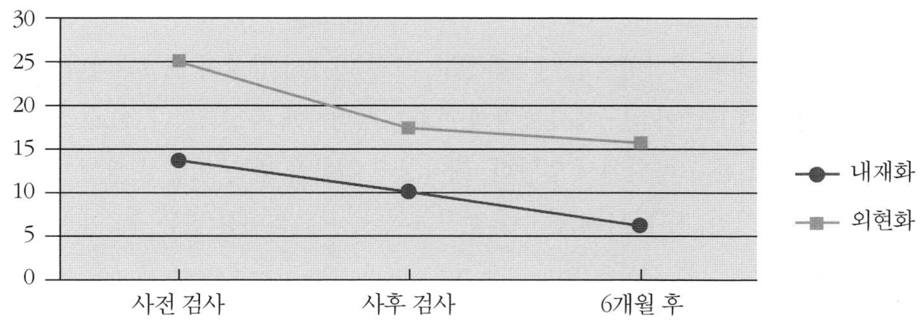

[그림 3-1] 치료놀이를 통한 내재화 및 외현화 증상의 변화

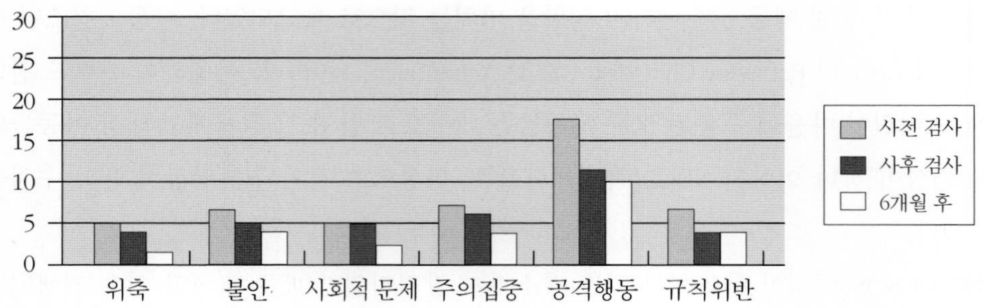

[그림 3-2] CBCL에서 여아에 대한 하위검사 변화

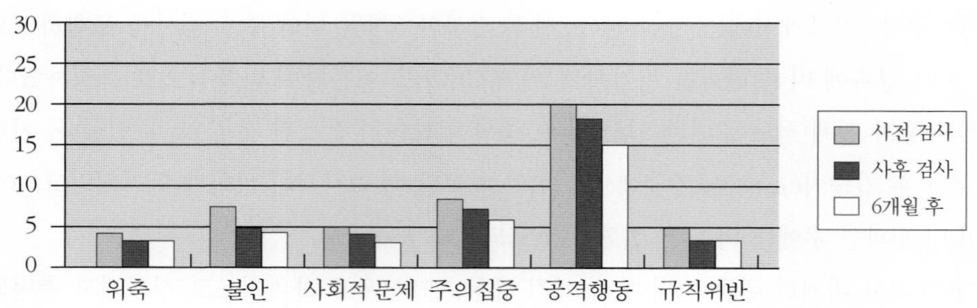

[그림 3-3] CBCL에서 남아에 대한 하위검사 변화

에서는 치료 직후의 결과보다 6개월 뒤 추후 검사에서 보다 극적인 증상의 감소가 나타났으며(예: 남아의 사회적 문제와 주의집중), 이는 가족체계 내에서 치료에 의한 학습과 변화가 시간이 지나도 그대로 유지되었음을 시사한다. 그 결과는 [그림 3-2]와 [그림 3-3]과 같다.

이 연구에서는 치료 시작 전과 치료 종결 후의 MIM에 대한 비디오 녹화도 실시하였다. 자세히 기술하지는 않았으나, 치료놀이의 기본 구성요소인 구조, 도전, 개입, 양육 차원에 기반을 둔 상호작용 평가방식을 사용하였고, 모든 면에서 향상이 보고되었다.

두 가지 유용한 치료놀이 연구에서 애착의 변화가 명백하게 측정되었다. Margot Mahan (1999)은 동유럽의 한 고아원에서 입양한, 애착장애 진단을 받은 이란성 쌍생아(남녀)를 대상으로 엄격한 사전, 사후 사례 연구를 실시하였다. 치료놀이를 받은 후, 이 두 아이들은 모두 랜돌프 애착장애 검사지(Randolph Attachment Disorder Questionnaire; Randolph, 1999)에서 유의한 향상을 보였는데, 각각 50% 이상의 증상 완화가 나타났다. 이들 쌍둥이 중 남아는 CBCL의 내재화 및 외현화 특성에서 크게 두드러지지 않은 약간의 변화만을 보였으나, 여아는 두 가지 특성 모두에서 유의한 향상을 보였다. 또 다른 연구에서는 친족 검사지(Kinship Questionnaire)를 사전 및 사후 척도로 사용하여 애착을 측정하였으며(Meyer & Wardrop, 2005), 이 연구에서는 10명 중 9명의 아동이 향상을 보였다. 사전 검사에서 사후 검사까지의 누적점수를 비교한 t검정결과 표본 크기가 작음에도 불구하고 통계적으로 유의하였다. 이 연구의 한계로는 표본 크기가 작다는 점과 통제집단을 설정하지 않은 점이라 할 수 있다.

성격변인: 외현화 및 내재화 특성

앞서 언급한 Mäkelä와 Vierikko(2004)의 연구에서는 심각한 정신건강 문제 및 행동장애가 있는 아동들이 외현화 및 내재화 특성 모두에서 유의한 향상을 보였다. 연구에 앞서 Catherine Morgan(1989)은 자존감, 자기통제, 자신감, 타인에 대한 신뢰 등의 성격변인에 긍정적으로 영향을 미치는 치료놀이의 효과를 입증하였다. 16명의 아동들을 대상으로 한 연구가 캐나다 온타리오에 위치한 요크 아동, 청소년 및 가족센터(York Center for Children, Youth & Families)에서 5개월여의 치료 주기에 걸쳐 실시되었다. 통제집단의 부족으로 이 연구는 사전, 사후 연구설계를 활용했다. 치료사, 치료 회기 참관인, 부모, 교사가 이러한 목적으로 설계된 간단한 리커트식 척도에 따라 네 가지 성격 측면에 대한 평가를 실시하였다. '아주 긍정적' (리커트 척도상 2점), '다소 긍정적' (리커트 척도상 1점), '변화 없음' , 또는 '부정적' (리커트 척도 평가에서 제외) 등의 항목으로 향상의 정도를 구분하였다. 통계 분석은 우선 평가자별로 다양하게 나타난 긍정적 혹은 부정적 결과에 대해 '향상됨-향상되지 않음' 의 두 가지 목록으로 제한하였다. 교사와 부모 집단은 모두 내담자의 향상도를 90.9%로 유사하게 평가한 반면, 치료사는 내담자의 향상도를 62.5%로 평가하였다.

이들 중 8명의 아동이 분명한 정신병리학적 장애(ADD, ADHD, 학습장애, 우울증, 발달지연)를 갖고 있었고, 나머지 아동은 사회성 결여, 공격성, 불안, 반항, 짜증과 같은 행동장애를 보이고 있었다는 사실을 고려할 때, 이 같은 향상도는 매우 긍정적이었다. 자존감, 자신감, 신뢰감이 가장 향상된 것으로 평가되었고, 교사들은 주로 신뢰와 자기 통제력이 향상된 것으로 평가하였다. 이 연구의 한계로는 통제집단의 부족, 일부 아동들에 대한 부모와 교사의 평가자료 누락, 매우 동질적인 임상집단 등을 들 수 있다. 치료 회기의 수는 4~34회 정도로 다양했으며, 평균 17회였다. 이들 중 많은 아동들에 대한 치료 회기 횟수가 적었다는 점을 고려할 때, 이 같은 긍정적인 연구 결과는 인상적이었다. 이는 치료놀이가 많은 아동들을 위한 실질적인 단기치료 수단이 될 수 있음을 시사하지만, 동시에 향상을 보이지 않은 아동들은 보다 장기적인 치료가 필요한 것인지에 대한 의문을 제기하였다. 또 다른 한계는 향상을 입증해 줄 무작위의 제3자 평가 혹은 다른 객관적인 자료의 부족이었다. 또한 부모와 교사가 아동이 치료받고 있음을 알았기 때문에 긍정적인 기대감을 갖게 되어 보다 높은 점수로 평가하였을 가능성도 배제할 수 없다.

이후 홍콩에서 48명의 아동을 대상으로 한 연구에서는 내재화 특성에서의 변화를 CBCL로 측정하고 자존감의 향상은 문화영향이 없는 자존감 척도 3판(Culture-Free Self-Esteem Inventory-III: CFSEI-III)으로 측정하였는데, 치료 후에 CBCL에서 임상적으로 유의한 점수의 상승이 있었다(Siu, 2007, 2009b). Siu는 기존 연구들의 약점을 해결하기 위해 모든 변인에 대해 표준화된 측정도구를 사용하였고, 대기자 목록 통제집단을 사용하여 피험자들을 무작위로 할당하였으며, 연구의 초점을 상대적으로 동질적인 집단으로 맞추었다. 2~4학년에 속하는 25명의 남아들과 21명의 여아들이 연구 대상이었다. 연구 결과는 〈표 3-1〉과 〈표 3-2〉에 정리되어 있다. 8회기의 집단 치료놀이를 공인 치료놀이 치료사들이 진행하였다. 어머니들도 초기에는 관찰자로서, 이후에는 참여자로서 치료 회기에 함께 참여하였다. 처치는 내재화 점수에서의 유의한 향상과 관련 있었는데, 사회적 위축, 신체 증상, 불안/우울 하위척도에서 향상을 나타냈다. CFSEI-III의 모든 변수도 역시 유의하게 향상되었다.

한국 아동들을 대상으로 실시한 서울에서의 연구도 역시 자아존중감의 향상을 나타냈다(Hong, 2004). 이 연구는 생물학적 부모의 학대로 공동시설에서 생활하는 12명의 아동

표 3-1 두 가지 조건에 대한 CBCL 내재화 T점수의 사전 및 사후 처치에 대한 대응 T검정

조건	시간			
	사전 검사 (*T1*)	사후 검사 (*T2*) *T-Scores*		
	Means(SD)	Means(SD)	ETa-Squared	F
치료놀이	64.68(3.40)	57.68(2.37)	0.26	15.46*
대기자 통제집단	64.50(3.18)	64.16(2.89)		

주: * $p < 0.01$
출처: Siu(2007b), 허가하에 사용함.

표 3-2 두 가지 조건에 대한 사회적, 부모/가정 및 일반적 CFSEI-III 하위척도에 대한 사전 및 사후 처치의 대응 T검정

조건	시간		
	사전 검사(*T1*)	사후 검사(*T2*)	
	Means(SD)	Means(SD)	t
사회적			
치료놀이	10.90 (1.23)	13.77 (1.23)	−11.93*
대기자 통제집단	10.16 (1.30)	10.08 (1.41)	0.49
부모/가정			
치료놀이	6.77 (1.50)	8.00 (1.60)	−5.64*
대기자 통제집단	7.08 (1.28)	6.50 (1.03)	3.07*
일반적			
치료놀이	6.31 (1.67)	8.54 (1.62)	−11.32*
대기자 통제집단	5.20 (1.88)	5.54 (1.79)	−1.88

주: * $p < 0.01$
출처: Siu(2007), 허가하에 사용함.

들을 자아존중감 검사도구(Self-Esteem Inventory)를 사용하여 평가하였다. 이 중 6명의 아동들을 통제집단으로 하였으며, 6명은 12주에 걸쳐 실시된 12회기의 집단 치료놀이를 받았다. 표본 규모가 작고 치료 회기의 수가 제한적이었음에도 불구하고 통계적으로 유의한 결과가 나타났는데, 치료를 받은 집단은 자아존중감의 향상을 보였다.

비임상 미취학 아동집단을 대상으로 6주간 12회의 집단 치료놀이를 실시한 또 다른 연구에서는 정서지능 체크리스트(Emotional Intelligence Checklist)로 측정한 정서지능의 향상이 나타났다(Kwon, 2004). 사전 연구에서는 치료집단과 통제집단 사이에 아무런 차이가 나타나지 않은 반면, 사후 연구에서는 자기 인식, 자기 통제력, 타인 인식, 전체 EQ 등에서 차이가 나타났다. 이 두 가지 연구는 치료놀이가 사회적 · 정서적 기능의 다양한 측면을 빠르게 향상시키는 역할을 할 수 있음을 강력히 뒷받침해 주었다.

자폐증

불과 얼마 전까지만 해도 자폐증 아동을 대상으로 한 치료놀이 사용의 타당성에 대한

연구는 거의 없는 실정이었다. 치료놀이 기법은 개인치료사들이 자폐증 아동들을 위한 종합적인 프로그램의 일부로 의사소통, 지역사회 통합, 사회적 놀이, 자조 및 가정생활 기술 습득 영역에서 꾸준히 사용해 왔다(Coleman, 2009; Bates, 개인적 교신, 2002). 텍사스 크리스천 대학에서 실시한 최근 연구에서는 치료놀이를 받은 PDD-NOS 혹은 경증 자폐증 아동 8명을 대상으로 사전 검사와 효과측정 테스트를 수행하였다(Franklin et al., 2007). 자폐평정척도 2판: GARS-2(Gilliam, 2006), 양육 스트레스 척도(Parenting Stress Index; Abidin, 1995), 감각 프로파일(Sensory Profile; Dunn, 1999), MIM과 같은 다양한 행동척도를 이용하여 검사하였고, 아동들의 소변 샘플을 통해 신경전달물질을 분석하였다. 아동들은 공인 치료놀이 치료사에게 집중적인 치료놀이(매일 수행된 치료놀이)를 두 주 동안 받았고, 사전 검사, 치료 직후 사후 검사, 3개월 후 추후 검사를 실시하였다. MIM 검사는 치료사 팀과 별도로 평가자가 실시하였다.

주요 결과는 다음과 같다.

- GARS-2 하위척도 혹은 자폐증 지수에서 유의한 변화 없음
- 양육 스트레스 척도에서 변화 없음
- 감각 프로파일에 변화 없음
- MIM의 전반적인 영역에서 유의한 향상
- 아동과 부모 모두 에피네프린 수준의 정상화

비록 단기치료를 통해 전형적인 자폐증의 증상들(의사소통의 결핍, 상동행동, 사회적 상호작용의 결핍)의 향상이 나타나지는 않았으나, MIM으로 부모-자녀 관계가 증진되었음을 측정할 수 있었다. 특히 부모는 애정 표현, 자녀에 대한 반응성, 눈 맞춤의 유지, 그리고 아동에게 긍정적으로 안내하는 모습에서 향상이 나타났으며, 아동은 발성, 부모에게 접근하려는 시도, 눈 맞춤의 유지, 그리고 부모의 안내를 수용하는 모습에서 변화를 보였다. MIM 점수는 전반적으로 유의한 향상이 나타났다. 신경전달물질, 도파민, 세로토닌, GABA, 글루타민산염, 페닐에틸알라닌의 변화가 없었으나 에피네프린, 에피네프린-노르에피네프린 비율은 정상 범위 쪽으로 유의하게 변화했다. 이것은 부모와 자녀 모두의 생리적인 스트레스 수준의 향상을 보여 주는 것이다. 아동의 히스타민 수준은 통계적으로 유의한 변화 수준에 근접하였다($p < .08$).

이 연구의 한계로는 표본 수가 적어 통계적 힘이 축소되고 통계적으로 유의한 변화의

발견 가능성이 감소된 점과 통제집단이 설정되지 않은 점에 있다. (따라서 MIM과 신경전달물질 수준에서 나타난 유의한 발견은 주목할 만한 것이다.) 또한 MIM 측정자가 치료하는 팀과 별도로 분리되었다 하더라도 통제집단이 없었기 때문에 측정자의 영향이 완벽하게 통제되었다고 말할 수 없다. 자폐 스펙트럼 장애는 기능의 다양한 영역에 영향을 미치고, 일반적으로 수년간의 장기적인 서비스가 필요하다. 따라서 집중적이기는 하였지만 단기로 진행된 치료가 자폐증의 전반적인 증상 중에서도 특히 중심 증상의 변화를 거의 혹은 전혀 가져오지 못한 점은 놀라운 일이 아니다. 그러나 부모-자녀 상호작용과 생리적인 변수와 관련된 의미 있는 결과는 인상적이라 할 수 있으며, 보다 세부적인 후속 연구의 필요성이 제안된다.

이중진단

치료놀이의 초기 사례 연구에서는 치료놀이가 사회적으로 위축된 아동과 과잉행동, 파괴적인 행동을 보이는 아동 모두에게 효과적이라는 것이 밝혀졌다(Jernberg, 1969, 1975). 또한 언어치료사들도 언어치료 기술과 치료놀이의 통합이 소수 아동에게 긍정적인 영향을 주었다고 보고하였다(Kupperman, Bligh, & Goodban, 1980). 1998년 Herbert Wettig와 Ulrike Franke는 치료놀이가 언어장애와 행동장애의 이중진단을 받은 아동에게 효과적이라는 것을 입증하고자 하였다.

두 개의 연구가 각기 계획되었는데, 첫 번째 연구는 이중진단(언어장애와 행동장애)을 받은 나이가 어린 집단을 대상으로 치료놀이의 효과성을 검증하는 것이었고, 두 번째 연구는 그러한 대상에게 서비스를 제공하는 여러 기관에 첫 번째 연구 결과를 반복하고 일반화하는 연구였다(Wetting & Franke, 2004; Wettig, 2007). 통제된 종단연구(Controlled Longitudinal Study: CLS)로 불리는 연구 1은 2종 오류(유의한 차이가 존재함에도 불구하고 그것을 발견하지 못하는 데서 오는 오류)를 방지하기 위해 치료조건을 최대한 통제하도록 고안되었다. 따라서 독일에 위치한 단독기관에서 피험자들을 모집했고, 자격증이 있는 매우 숙련된 한 명의 치료사가 치료를 제공하였으며, 모든 치료 회기는 동일한 치료실에서 정해진 물품으로 실시되었다. 협력치료사가 보조하는 전통적인 팀 치료방법이 사용되었는데, 한 명의 치료사는 아동과 함께 작업하고 협력치료사는 일방경이나 폐쇄회로 TV를 통해 부모와 함께 관찰하며 피드백을 주었다. 언어, 행동 및 신경학적 문제 병력이 없는 평균 4.6세의 아동 30명(남아 22명, 여아 8명)을 임상집단의 변화와 비교하기 위한 통제집단으로 설정하였다. 신뢰도와 타당도를 인정받았으며 널리 사용되고 있는 독일판 아동·청소년 정신병리 임상평가척도(Clinical Assessment Scale for Child and Adolescent Psychopathology: CASCAP-D)를 이용하여 치료 전과 후 그리고 추후 평가에서 아동 행동과 정신과적 증상을 측정하였다(Doepfner et al., 1999). 연구 대상 아동 모두 수용 또는 표현 언어장애 진단을 받았던 아동들이었다. 주의력결핍장애(ADD), 주의력결핍 과잉행동장애(ADHD)의 복합형, 적대적 반항장애(Oppositional Defiant Disorder)와 지나친 수줍음 또는 사회적 불안을 포함한 다양한 행동 차원으로 아동을 범주화하는 데 CASCAP-D가 사용되었다. 언어 및 행동에 임상적으로 유의한 장애를 보이는 아동 60명이 최종적으로 치료에 참여했다.

치료를 통한 향상은 인상적이었다. 치료 전에는 수줍어하고 사회적으로 위축되었던 아동들이 과잉 순응, 불신 그리고 사회적 은둔의 평가에서뿐만 아니라 수용언어와 표현언어에서도 정상 통제집단과 유의한 차이를 보였다. 평균적으로 17~18회기(몇 사례에서는 43회기까지 진행) 후에 과잉 순응과 불신 점수는 통제집단과 차이가 없었으나 사회적 은둔은 유의하게 향상되었다(Wettig & Franke, 2004). 표현언어는 유의하게 개선되지 않았으나 수용언어는 아동의 기본 수준과 비교해서 향상되었다. 아동들은 치료 2년 후에 종단적으로 다시 평가되었는데, 그때까지 행동과 언어 상의 향상을 유지하였다.

CLS 표본 60명 아동 중 다수가 복합적인 행동 문제를 가지고 있었음에 주목할 필요가 있다. 50명의 아동들은 ADD로 범주화되기에 충분한 유의한 부주의 증상이 있는 것으로 분류되었다. 대략 표본의 42%가 임상적으로 유의한 충동성을 나타냈고, 표본의 32%는 임상적으로 유의한 과잉행동을 보였으며, 표본의 70%는 적대적 반항행동 항목에서 높은 점수 범위에 속했다. 치료를 통해 모든 범주와 이중진단의 결합, 적대적 반항행동에서 유의한 감소를 보였다. 주의력과 충동성 항목도 역시 유의하게 향상되었다. 수용언어는 실험집단에서 꾸준한 향상을 보였고, 2년 뒤의 추후 검사에서도 유지되었다. 부주의한 증상과 함께 적대적·반항적으로 분류되었던 아동들도 2년 후의 검사에서 지속적인 향상을 보였다.

CLS 연구 결과는 매우 긍정적이었으나, 단지 한 명의 치료사만이 아동과 작업했기 때문에 치료사 효과의 가능성을 배제할 수는 없을 것이다. 다기관 연구(Multicenter Study)라 칭한 연구 2의 목적은 연구 1의 결과가 기관과 치료사를 망라하여 일반화될 수 있는지를 실험하는 것이었다. 독일과 오스트리아의 9개의 각기 다른 기관에서 온 치료사들은 원 치료사에게 강도 높은 치료놀이 훈련을 받았다. 행동장애와 결합된 언어장애의 동일한 기준(이중진단)이 연구에 포함되었다. 협력치료사가 보조하는 전통적인 팀 형태로 진행되었고, CLS 연구에서와 동일한 신경학적으로 건강한 통제집단이 사용되었다.

초기 333명의 표본 아동 중 언어장애와 심각한 위축이 결합된 167명의 아동들이 치료를 받았다. 표본은 앞서의 CLS 표본과 임상적 · 인구학적으로 유사했으나, 사회적 수줍음의 전체적인 점수는 약간 더 나쁘게 나타났다. 심각한 수줍음(과잉 순응, 사회적 위축, 타인에 대한 불신, 자신감의 부족)과 연관된 모든 항목에서 기본 수준보다 통계적으로 유의하게 향상되었으며, 불신은 더 이상 정상적인 통제집단과 차이를 보이지 않았다. 이 표본에서 수용언어와 표현언어 모두 유의하게 향상되었다. 주의력과 집중력 문제 역시 임상적으로 향상되고 정상화되었으며, 더 이상 통계적인 검사에서 통제집단과 어떠한 차이도 보이지 않았다.

연구 1과 유사하게, 연구 2(MCS)에서는 부주의, 과잉행동 그리고 적대적 반항행동의 증상을 가진 피험자들에 대한 비교를 위해 사후 검사가 이루어졌다. 이러한 집단과 정상적인 통제집단 간의 비교 결과 역시 연구 1과 유사하게 반항성, 협동, 부주의, 충동성, 과잉행동 그리고 수용언어 항목에서 유의한 향상을 보여 주었다. 요약하면, 연구 2는 이중진단을 받은 아동들에게서 나타났던 향상이 특정 치료사 혹은 기관에 따른 것이 아니라 치료놀이의 결과로 나타난 것이란 가설을 지지한다. 더 나아가서 치료놀이가 사회적 위축과 충동적 · 파괴적 행동을 포함한 다양한 행동 문제에 대한 효과적인 치료법이 될 수 있다는 것이다. 연구는 회기의 길이에 대한 분석에서 치료적 효과를 얻기 위해 평균 18회기가 필요함을 나타냈다(극도로 수줍어하던 한 환자에게는 66회기가 걸리긴 했으나). 따라서 치료놀이가 비교적 단기적인 치료법이라는 입장이 확인되었다.

두 연구의 한계는 임상적인 통제집단의 결여와 부모의 행동평가에 의존하였다는 것이다. 대기명단 혹은 위약(placebo) 통제집단의 포함은 향상된 것들이 단지 발달상의 성숙이나 위약 효과에 기인한 것이라는 논란을 배제할 수 있었을 것이었다. 단기간의 작업에서 극적인 향상이 이루어진 것으로 보아 발달상 성숙에 따른 향상으로 생각되지는 않지만, 임상적 통제집단 없이는 이 부분을 확실하게 배제할 수 없다. 부모의 스트레스 수준이 리커트 척도 점수에 어느 정도 영향을 줄 수 있기 때문에 부모평가에 의존한 것 역시 문제가 될 수 있다. 따라서 후속 연구에서는 행동의 빈도나 가설, 조건을 숨기고 실시하며, 엄격하고 객관적인 측정도구들을 추가적으로 사용함으로써 더욱 보완될 수 있을 것이다.

이 장에서는 애착장애, 자폐증, 성격의 내재화 및 외현화 특성들, 그리고 언어장애를 포함한 광범위한 임상 상황에서의 치료놀이 효과를 뒷받침해 주는 초기 연구들을 살펴보았다. 추가적으로 필요한 연구들이 현재 진행 중에 있으며, 가까운 미래에 이러한 치료놀이의 성공적인 증거들이 많아지기를 기대한다. 여기에 제시되었던 연구들이 완벽하지는 않다. 하지만 전 세계에 있는 치료사들에게 아직 입증되지 않은 방대한 연구를 시작하고 다듬어 가도록 격려하는 힘이 되어 줄 것이다.

제2부

치료놀이의 전략

2부는 치료놀이를 실제적으로 실행하려는 치료사들을 위한 매뉴얼이다. 구성된 세 장은 치료놀이협회(TTI)와 공인된 자격을 가진 트레이너가 시행하는 훈련 프로그램에서 지침서로 사용되도록 만들어졌다. 가능한 한 명확하게 만들기 위해 노력했지만, 능숙한 치료놀이 치료사가 되기 위해서는 필수적으로 정규 훈련과정을 거쳐야 한다. 치료놀이 웹사이트(www.theraplay.org)에서 공인자격 치료놀이 치료사가 되는 과정에 대한 정보를 찾아볼 수 있다.

4장에서는 전반적인 치료과정에 대해 서술한다. 5장에서는 아동과 함께하는 방법에 대해서 서술한다. 그리고 6장에서는 부모와 함께하는 방법과 그들을 치료에 개입시킬 수 있는 지침에 대해 서술한다.

제4장
치료놀이의 구조화

이 장에서는 초기면접을 준비하는 것에서 시작하여 치료 후 평가, 그리고 추후 방문치료를 종결하기까지에 대한 치료놀이의 구조화에 대해 서술하고자 한다. 논의할 내용은 다음과 같다.

- 어떻게 세팅할 것인가. 치료실의 배열 및 관찰을 위한 준비와 치료 회기 수와 시간을 결정하고, 누구를 이 치료에 포함시켜야 하는지에 대해 결정한다.
- 어떻게 치료사의 역할을 조직할 것인가. 언제 한 명의 치료사가 할 것인지 혹은 언제 두 명의 치료사가 함께할 것인지가 포함되어 있다.
- 어떠한 방법으로 평가할 것인가. 초기 상담과 마샥 상호작용 평가(Marschak Interaction Method: MIM; Booth et al., 2005)를 통한 관찰 회기와 부모와 함께하는 피드백 회기가 포함되어 있다.
- 어떻게 치료놀이 회기를 계획하며 치료를 구조화할 것인가.

초기 상담부터 추후 방문치료까지 과정의 각 단계는 사례 연구의 실례를 통해 설명하였다.

환경 구성하기

치료놀이는 아동과 부모가 함께 하는 작업을 촉진하도록 구조화되었다. 우선 치료실의 배열, 부모의 참여와 관찰을 위한 준비, 회기 횟수와 시간, 치료과정에 포함되는 사람들에 대한 고려가 필요하다.

치료실 구성하기

치료놀이 치료실의 물리적 배열은 매우 간단하다. 아동과 성인 간의 관계에 초점을 둠으로써 비교적 정형화되지 않은 환경에서도 효과적인 치료가 가능하다. 헤드스타트 센터에서 치료놀이를 시작했던 초기에는 계단 아래, 다용도실, 학교 출입구 사이에서 치료놀이를 진행했다. 그러나 이상적으로는 대략 10×10피트(3.05×3.05미터) 정도 크기의 단순하고 깨끗하며, 청소하기 쉬운 마루로 되어 있거나 체육관 매트가 깔려 있는 공간이어야 한다. 그 외에 커다란 마루용 쿠션 혹은 베개나 빈백 의자 그리고 작은 소파가 필수적이다. 왜냐하면 모든 부모가 바닥에 앉을 수 있는 것이 아니기 때문에 작은 소파가 필요할 수 있다. 물놀이나 씻기가 가능한 세면대가 가까이 있는 것도 도움이 된다. 그러나 아동의 주의를 분산시킬 수 있는 장난감이나 물건은 보이지 않도록 해야 한다. 치료 당일 계획된 활동에서 필요한 물건, 예를 들면 로션, 파우더, 비눗방울, 호일, 신문 등을 가방이나 바구니 속에 넣어 아동의 눈에 띄지 않도록 해야 하며, 치료사가 치료 중 필요할 때에는 쉽게 이용할 수 있어야 한다.

관찰실 준비하기

부모가 회기를 관찰하고 치료사와 이야기를 나눌 수 있는 장소가 필요하다. 일방경과 음향시설이 갖추어진 관찰실이 이상적이다. 케이블이나 무선 연결 모두 비용이 적게 드는 좋은 대안이다. 만약 관찰실이 없다면 부모는 (만약 또 한 명의 치료사가 더 있다면 그와 같이) 치료실 한쪽에서 회기를 관찰할 수 있다. 만약 부모가 치료실 안에 함께 있게 된다면 치료실의 크기는 위에서 언급된 크기보다 조금 더 커야 한다.

또한 비디오카메라 역시 MIM 상호작용과 치료놀이 회기를 녹화하기 위해 필요하다.

각 회기를 녹화하는 것에는 여러 이유가 있다. 치료사는 녹화된 비디오를 다시 보면서 회기가 진행되는 동안 일어난 일들에 대해 더 잘 이해할 수 있으며, 이를 바탕으로 다음 치료에 아동과 실시할 활동을 계획할 수 있다. 관찰실이 없을 때에는 부모에게 녹화된 회기를 보여 주며 상호작용에 대해 부모와 이야기를 나눌 수 있다. 또한 훈련 중인 치료사라면 녹화된 비디오로 슈퍼비전을 받을 수 있으며, 어려운 사례의 과정에 대해 동료와 상의하고 싶을 때 이용할 수도 있다. 또한 치료사의 상호작용의 본질에 대한 이의가 제기되었을 경우, 치료 중에 어떤 일이 있었는지 확인할 수 있는 정확한 자료가 된다.

치료 시간, 횟수 및 기간 정하기

가벼운 수준의 문제를 완화시키기 위한 기본적인 치료놀이 치료과정은 18~25주간 매주 1회, 회기별 45분이며, 종결 이후 1년 동안 분기별로 네 번의 추후 회기를 포함한다. 첫 번째 회기는 정보 수집을 위한 초기 상담으로 부모와 함께한다. 이후 아동과 한 명의 부모가 한 번씩 상호작용 과제 수행을 해야 하는 MIM을 위해 앞으로의 치료에 한 부모만 참여할 것인지 혹은 부모가 모두 참여할 것인지에 따라 한 번 혹은 두 번에 걸친 약속을 한다. MIM 상호작용은 녹화되며, 치료사는 부모와 함께할 네 번째 회기를 준비하기 위해 이를 분석한다. 이 회기에서는 치료사와 부모가 그들의 상호작용 관찰에 대해 이야기를 나누며 치료목표에 합의한다. 5회기부터 20회기까지는 몇 개의 부모 관찰 회기를 시작으로 하여 곧장 부모와 아동을 함께 치료놀이에 참여시킨다. 매번 세 번째 회기는 치료사와 부모가 아동 없이 치료의 진전과 목표에 대해 이야기를 나누기 위해 계획된다. 종결 시간이 가까워지는 것에 대해 의견이 일치하면 치료사와 부모가 만나 진전 정도를 평가하고, 회기를 종결할 것인지 혹은 몇 번의 회기를 조금 더 진행할 것인지를 결정한다. 마지막 회기는 작별인사 파티와 함께 종결한다.

치료기간 발생된 변화를 입증하고, 부모들에게 그들의 아동과 새로운 방식으로 하는 상호작용의 효과성에 대해 강화시켜 주기 위해 사후 MIM과 부모와의 피드백 회기를 권고한다.

분리, 상실, 외상, 여러 명의 양육자, 제도적 보호 등의 경험이 있는 아동들의 보다 큰 욕구를 위해서 치료기간은 길이와 강도 차원에서 더 확장될 수 있다. 회기는 한 시간 반 정도로 늘릴 수 있으며, 일주일에 두 번으로 계획할 수도 있다. 어떤 아동들과는 12~24개월의 치료기간도 흔하게 있을 수 있다.

자폐 스펙트럼 장애를 가진 어린 아동들은 일주일에 두 번이나 세 번의 회기로 더욱 집중적인 방식을 통해 보다 나은 결과를 가져올 수 있다. 이러한 아동들을 위한 치료기간 역시 더 길다.

누구를 회기에 포함시켜야 하는지 결정하기

아동과 부모는 준비가 되는 대로 부모가 치료놀이 회기에 적극적으로 함께하게 된다. 치료의 기간 중 어느 시점에서 치료사는 아동의 양육 책임이 있는 다른 성인—예를 들어, 조부모, 아동 양육자 그리고 선생님—을 회기에 포함시켜야 하는지를 고려해야 한다. 어떤 경우에는 형제자매의 참여에 대해서도 결정해야 한다. 다음에서는 각각의 선택사항과 그들을 회기에 포함시켜야 하는 근거에 대해서 논의하였다.

부 모 부모가 치료에 포함되어야 하는 몇 가지 중요한 이유가 있다. 치료놀이를 통해 해결하고자 하는 이 같은 관계 문제는 부모와 아동 간의 상호작용과 관련되어 있다. 부모는 자녀와 함께한 회기 중에 치료사가 보여 주고 실천해 본 새로운 접근방식을 집에서 할 수 있는 방법에 대해 배워야 한다. 부모가 참여하지 않더라도 치료가 성공적일 수 있지만, 누구보다도 주 양육자가 참여했을 때 치료놀이는 가장 효과적일 수 있다. 그러므로 가능하다면 부모를 치료놀이 팀의 일부로 항상 참여시키도록 한다.

요즘에는 다양한 주 양육자가 있어, 누가 포함되어야 하는지를 구체적으로 명시하는 일은 어려운 일이다. 한부모가정인 경우, 그 부모는 당연히 포함되어야 한다. 양 부모가 모두 있는 경우라면 부모 모두 치료에 참여하도록 노력한다. 만약 한쪽 부모가 너무 바빠서 치료에 참여할 수 없는 경우, 치료사는 "우리가 함께 실천해 볼 새로운 접근법에 대해 부모님 두 분이 모두 이해하고 동의하는 것이 매우 중요합니다. 두분 모두 아동에게는 똑같이 중요하고, 함께 참여하는 것이 아동에게 최고의 도움을 줄 수 있습니다."와 같이 말할 수 있다. 그러나 현실적으로 모든 회기에 부모가 모두 참여하지 못하는 가족이 많다. 만약 부모가 함께 잘 작업할 수 있다면 각 회기에서 부모 중 한 사람만 참여하는 것으로도 성공적인 치료 효과를 볼 수 있다. 부모가 번갈아 가며 회기에 오도록 할 수도 있고, 한 부모와 몇 번의 회기를 진행한 후에 다시 다른 부모와 바꾸어 진행할 수도 있다. 부모가 동시에 오는 것이 불가능할 경우, 이따금 부모 모두와 함께 만나는 자리를 갖는 것은 필수적이다.

부모가 평화적으로 이혼하여 공동양육을 하는 경우, 양쪽 부모 모두와 부모의 현재 배우자들도 함께 새로운 접근법에 대해 동의하거나 배워야 한다. 그러나 놀이실에서 네 명의 성인이 동시에 함께 있는 것은 매우 혼란스러울 수 있다. 그러므로 각각의 커플은 번갈아 가며 회기에 참여해야 한다. 가끔은 네 명의 부모들이 치료과정에 대해 논의하고 전략을 조정하기 위해 모일 수 있도록 계획을 세워야 한다. 다시 말해, 아동을 양육할 책임이 있는 모든 사람은 어떤 것이 아동을 위해 최선인지 배우고, 그들의 접근법을 조정하기 위해 치료과정에 참여해야 한다.

아동의 욕구를 민감하게 조율하고 아동과 함께 치료놀이 접근을 잘 따를 수 있는 사람들이 많을수록 어려움을 겪는 아동에게 미치는 긍정적 영향은 더 커진다. 중요한 양육자와의 경험이 더 건강해진다면, 아동의 자신에 대한 관점과 다른 사람들에 대한 아동의 기대가 더 빨리 변화할 수 있다. 예를 들어, 아동의 교사, 보모, 조부모도 한 번 혹은 두 번 정도 치료 회기에 참여하는 것을 고려해 볼 수 있다.

형제자매 처음부터 모든 형제자매를 포함시키는 가족치료와는 달리, 치료놀이는 부모-자녀 한 쌍에 집중한다. 영아와 부모와의 관계에서처럼, 아동과 그의 부모 간의 집중적인 상호작용은 안정애착의 형성에 필수적이다. 만약 한 명 이상의 아동이 치료가 필요하다면 치료사와 부모가 도움이 가장 필요하다고 생각되는 아동과 먼저 치료놀이 치료를 시작한다. 치료사와 부모가 생각하기에 그에 가장 쉽게 반응할 것으로 보이는 아동과 함께하는 것이 대안이 될 수 있다. 치료놀이사로서의 경험에 의하면, 부모가 치료에 참여했을 때 그들 태도의 변화는 치료놀이에 참여한 자녀뿐만 아니라 참여하지 않은 자녀에게도 동일하게 나타난다. 첫 번째 아동과의 치료가 완료되면, 다른 자녀를 그 자신의 회기를 위해 데려올 수 있다.

부모와 아동 간에 긍정적 관계가 형성된 후에는 형제자매가 치료에 참여해야 하는지를 결정할 수 있다. 형제자매를 치료에 포함시키는 이유는, 치료받는 아동에게 그의 형제자매와 건강한 방식으로 상호작용할 수 있는 방법을 가르치고, 또한 부모가 여러 자녀에게 동시에 반응할 수 있는 방법을 배우도록 하기 위해서다.

치료사의 역할 조직화하기

치료놀이는 한 명의 치료사 혹은 두 명의 치료사 팀이 성공적으로 실행할 수 있다. 두 명의 치료사가 있는 경우에는 한 명의 치료놀이 치료사는 아동과 함께 놀이를 하고 다른 한 명은 부모에게 이를 해석해 준다. 혼자 치료를 하게 되는 경우에는 한 명의 치료사가 두 역할을 모두 한다. 5장에서는 아동과 어떻게 상담하는지에 대해 더욱 세부적으로 논의하고, 6장에서는 부모를 어떻게 상담할 것인지에 대해 설명하였다.

두 명의 치료사의 역할 조율하기

함께할 치료사 파트너가 있을 때에는 잘 짜인 하나의 팀으로 일해야 한다. 시작 단계부터 두 명의 치료사는 가족의 상황을 이해하고 치료계획을 설정하기 위해서 동등한 역할을 한다. 이러한 팀워크는 초기면접에서 질문을 하고 제기된 문제에 대한 조치를 취하기 위해 두 명의 치료사가 함께 참여하는 것부터 시작한다. MIM의 녹화를 위해서는 한 사람이 필요하며, 이상적으로 이것은 치료놀이 치료사여야 하는데, 이로 인해 그는 첫 번째 치료놀이 회기 전에 아동을 만날 수 있다. 두 치료사가 함께 MIM 분석을 하고, 통찰한 부분에 대해 공유하며, 부모에게 줄 피드백을 함께 준비해야 한다. 두 명의 치료사가 피드백을 위해 모두 참여할 경우에는 부모에게 두 치료사가 한 팀이라는 것을 확실하게 전달할 수 있다. 가족과 더불어 두 치료사가 서로 정보를 공유할 것이라는 점을 명확히 해야 한다.

각각의 회기가 시작되기 전에 치료사들은 서로 공유된 아동의 욕구에 관한 이해를 바탕으로 함께 상담전략을 세우기 위한 시간을 가져야 한다. 이러한 사전계획은 반드시 필요한데, 그 이유는 해석을 담당하는 치료사가 상담 중에 부모에게 치료놀이 치료사가 어떠한 목적으로 왜 이러한 놀이를 하는지에 대해 설명해야 하기 때문이다. 치료사가 아동의 현재 욕구에 접근하고 적절한 활동을 적용할 수 있도록 하기 위해 해석치료사는 지난 회기에서 어떠한 일들이 일어났는지에 대해 부모와 이야기를 나누고, 이를 서로 공유해야 한다. 이따금 부모는 회기에서 다루어지길 바라는 부분에 대해서 말할 수 있다. 만약 혼란스럽거나 의미가 있는 사건이 생겼을 경우, 해석치료사는 즉시 치료놀이 치료사가 이를 알아차릴 수 있도록 해야 한다. 최근 가족 위기 상황, 특별한 문제점, 한 주 동안 있었던 성취 등은 활동계획의 수정이나 최소한 치료사 반응의 변화 등으로 나타나야 한다. 이때는 해석치료사가 놀이가 진행되는 치료실로 들어가 직접 치료사에게 말로 전달할 수 있다. 해석치료사는 예를 들어, "알렉스가 어제 레슬링 경기에서 우승했어요." 또는 "마리타는 오늘 기분이 썩 좋지 않아요."라고 말할 수 있다. 어떤 사항들은 아동의 앞에서 크게 언급하지 않아도 된다. 이럴 때에는 간단하게 메모를 전달하여 치료사가 특별한 사항에 대해 고려하도록 할 수 있다.

부모가 치료실에 들어갔을 때의 전형적인 상담구조는 치료사가 아동에게 계속해서 초점을 맞추고 활동을 이끌어 가는 것이다. 해석치료사는 부모들의 참여를 지지해 주고, 그들이 가질 수 있을 어려움에 대해 미리 언급해 주어야 할 책임이 있다. 왜냐하면 해석치료사들은 부모에 대해 잘 알고 있으며, 이로 인해 부모의 욕구에 필요한 특별한 활동이나 계획을 수정하기 위한 제안을 할 수 있기 때문이다. 이는 치료사들의 활동을 조직하고 상담목표를 명확하게 하기 위해 매우 중요하다. 순조롭게 진행되고 있는 도중에, 만약 둘 중 누군가가 어떤 문제를 알아차리게 되면 계획을 수정하기 위해 자신의 파트너에게 신호를 줄 수 있다. 예를 들어, 두 명의 치료사 중 한 명이 아빠가 뒤쪽에 앉아 활동에 참여하고 있지 못한 것을 발견했을 때, "내 생각에 지금은 아빠가 마리타에게 먹여 줄 차례인 것 같아요."라고 말할 수 있다. 그러나 두 치료사 모두 아동에게 주의를 기울이는 동시에 부모에게 그들의 역할에 대해 정확하게 설명해 주어야 하는 공동 책임이 있다.

부모를 회기에 참여시키기 전에, 초기 회기에서 부모 모두와 함께할 것인지 부모 중 한 명과 함께할 것인지를 결정해야 한다. 네 명의 성인이 치료실에 함께 있을 경우에는 신호의 혼선과 혼란을 피할 수 있는 활동의 구성과 세심한 계획 설정이 요구된다. 어떤 아동들은 네 명의 성인과 함께 치료실에 있는 것으로도 크게 자극받을 수 있다. 이러한 상황에서는 부모 중 한 명과 해석치료사가 치료실 밖에 있어야 한다. 대부분의 경우, 관계가 더 다져질 필요가 있는 부모와 먼저 치료를 시작한다. 그러나 가끔 아동이 더 편안함을 느낄 수 있도록 아동과 쉽게 관계 형성을 할 수 있는 부모와 먼저 치료를 시작해야 한다. 그리고 아동과 고군분투하고 있는 부모에게 아동의 문제와 욕구에 대해 숙고할 수 있는 시간을 주어야 할 때도 있다. 치료놀이 치료사는 모든 치료 참여자를 위해 활동을 총괄해야 할 책임이 있다. 물론 한 명의 치료사인 경우에도 동일하다.

각각의 회기가 진행되는 동안 회기가 어떻게 진행되었는지 논의하고, 부모가 전해 준 정보를 공유하며, 다음 회기에서 아동에게 필요한 것이 무엇인지에 대해 생각해 보기 위해 몇 분간 서로 대화할 시간을 가져야 한다. 다음과 같은 피드백이 유용하다. "알렉스가 오늘 베개 위에 늘어져 있는 모습이 많이 보였어요. 다음 주에는 일으켜 세워 활동적인 게임을 더 해보도록 해요." 또는 "제니에게 무엇을 하라고 신호를 줄 때 엄마가 많이 망설이는 것을 발견했어요. 다음 주에는 '엄마, 해도 돼요?' 놀이를 해볼 겁니다."

회기 후 이러한 논의는 어떻게 활동을 조직할 것인지, 그리고 누가 이끌어 나갈 것인지에 대해 두 명의 치료사 사이에서 발생할 수 있는 문제를 고려하는 시간이기도 하다. 이는 또한 아동과의 활동 접근법에 대한 서로 다른 의견을 논의할 수 있는 적절한 시간이다. 예를 들어, 아동은 부드럽고 조용한 접근을 필요로 했나, 아니면 활기차고 조금 더 개입적인 접근을 필요로 했나? 해석치료사는 전체 상황에 대해 넓은 시각을 갖고 있어야 하며, 치료놀이 치료사는 아동이 어떻게 느끼는지를 파악할 수 있는 민감한 시각이 필요하다. 이러한 두 종류의 관점은 조화를 이루어야 한다. 보다 오랜 시간 함께한 파트너와는 더 순조로운 공동 작업이 가능하다. 만약 함께 순조롭게 작업하는 것에 어려움이 있다면, 슈퍼바이저에게 조언을 구하거나 믿을 만한 동료에게 문제 해결을 위한 도움을 요청할 수 있다.

각각의 회기 이후에는 어떠한 일들이 일어났으며, 부모와 아동이 어떻게 반응했는지, 자신의 역할에서 어떤 역전이 반응이 일어났는지, 그리고 다음 회기에 대한 계획과 의견에 대해 간략하게 기록해야 한다.

단독치료

만약 단독으로 진행해야 한다면, 치료사는 아동을 위한 치료놀이 치료사와 부모를 위한 해석치료사의 역할을 동시에 해야 한다. 여기에서는 한 명의 치료사가 두 역할을 담당하여 진행할 때의 방법에 대해 제안하고 있다.

회기가 진행되는 동안, 부모는 혼자서 관찰할 수 있다. 치료사는 부모의 관찰에 초점을 맞추도록 과제를 제시해 줄 수 있다. 예를 들어, 회기 중 특별한 부분에서 그들의 아동이 느끼는 감정에 대해 어떻게 생각하는지 적어 보거나, 그들의 아동이 가장 좋아하는 활동에 대해 목록을 작성해 보거나, 언제 그들의 아동이 편안해하며 적절한 눈 맞춤을 하는지에 대해 확인해 보라고 할 수 있다. 부모가 혼자서 관찰을 하기 때문에 일반적으로 다섯 번째로 계획되는 회기 참여보다 조금 더 빠른 시기에 부모를 회기에 참여시킬 수 있다. 만약 부모가 치료실 안에서 관찰을 한다면 회기의 처음부터 마지막 먹여 주기 활동에 참여하도록 초대할 수 있다. 3세 이전의 아동과 함께라면 아동과의 활동에서 어떤 일이 일어나고 있는지에 대해 부모에게 세심하게 설명해 줄 수 있다. 예를 들어, "알렉스는 지금 매우 홍분하기 시작했어요. 침착한 활동을 할 필요가 있어요."

부모만 따로 만나 그들의 질문에 대답해 줄 수 있는 독립된 시간을 계획해야 한다. 녹화한 회기 일부를 보여 주는 것은 어떠한 일들이 일어났는지 논의에 집중하는 데 도움이 된다. 이런 방식은 부모에게 그들이 회기를 지켜보는 대로 두기도 하지만 이후에 숙고할 수 있는 기회를 제공하기도 한다.

혼자서 관찰하는 부모와 함께 상담할 때의 대안으로는 사후에 녹화된 비디오를 부모와 함께 보는 것이 있다. 이러한 방식은 비디오가 재생될 때 부모에게 상호작용에 대해 실시간 코멘트를 줄 수 있다. 그래서 어떠한 일이 일어날 때 부모와 함께 관찰함으로써 부모의 반응에 즉각적으로 반응해 줄 수 있다. 그러나 몇몇 부모들은 자녀의 치료에서 배제하는 것이 어렵기도 한데, 그러한 경우에는 치료실에서 회기를 지켜보게 하는 것이 더 나을 수도 있다.

두 번째로 부모가 회기 중간에 치료에 참여하게 될 때, 그들은 치료실에 들어와야 할 때라는 치료사의 신호에 기꺼이 반응할 수 있어야 한다. 이러한 시점이 되면 치료사의 지지 없이도 회기의 시작을 볼 수 있어야 한다. 만약 아동이 부모가 치료사와 이야기를 나눌 때 기다릴 수 있을 만한 공간이 있다면, 치료사와 부모의 대화는 회기 시작 전이나 후에 15분 동안 이루어질 수 있고, 또는 전화로 상담을 할 수도 있다. 이는 아동의 반응에 영향을 미칠 수 있는 회기 중에 발생되는 어떠한 일이라도 알 수 있는 방법이기 때문에 특히 중요하다. 회기가 끝난 당일에 전화상담을 하는 것은 이러한 필요성을 충족시킬 수 있다. 어떠한 방식으로 부모와 상담을 하게 되든지 전반적인 계획에는 이전 회기의 비디오를 다시 돌려볼 수 있는 정규적인 시간이 포함되어야 하고, 집에서는 어떻게 이루어졌는지에 대해 이야기를 나누어야 한다. 더불어 팀의 일원으로서의 부모가 어떻게 잘해 내고 있는지에 대해 논의해야 하며, 다음 회기의 계획을 세우기 위한 논의도 이루어져야 한다. 만약 부모가 회기에 참여할 것이라면 다음에 하게 될 치료놀이 활동을 미리 연습해 보도록 할 수도 있다.

이렇듯 부모와 아동을 함께 다루는 1인 치료사 역할에는 많은 가능성이 있다. 이러한 대안방식이 시간이 너무 많이 걸린다고 생각되면 두 명의 치료사가 함께하는 표준 방식의 치료놀이 치료를 고려해 볼 수 있다.

사정하기

치료의 첫 단계는 아동의 문제에 대해 사정하고, 그 아동과 가족에 대한 적절한 계획을 세우는 것이다. 초기면접이 이루어지기 전에, 두 개의 표준화된 측정도구인 아동행동 체크리스트(CBCL; Achenbach, 1991b; Achenbach & Rescorla, 2001)와 양육 스트레스 지수(PSI; Abidin, 1995)를 부모가 미리 기재하도록 한다. 이는 부모의 스트레스 정도의 지각과 더불어 각 부모의 아동에 대한 우려 정도를 측정할 수 있다. 초기면접은 아동은 제외한 채 부모와 진행한다. 아동과 부모 간의 관계평가는 MIM을 사용한다.[1] 이 과정은 피드백 회기로 마무리된다.

치료의 종결 단계에서는 치료의 진전을 사정하기 위해 MIM을 다시 시행해야 한다(표준화된 측정도구 체크리스트도 마찬가지다). 사후 MIM이 끝나면 치료사는 부모와 함께 만나 치료 이후 성장한 부분을 보여 주기 위해 사전 MIM과 사후 MIM의 일부분을 선택하여 보여 줄 수 있다.

초기면접

초기면접은 다양한 영역에서 실시되지만, 특히 애착과 관계의 측면에 초점을 두게 된다. 초기면접을 통해 아동의 생물학적 강점과 약점, 가정환경, 아동에 대한 부모의 기대와 관련된 유용한 정보를 얻을 수 있다. 이때 탐색해야 할 영역은 다음과 같다.

- 의뢰 사유
- 발달력
- 부모의 기대와 애착 문제를 포함한 부모의 태도
- 부모 자신의 가족과의 경험
- 부부관계

의뢰 사유 의뢰된 가족을 돕기 위한 첫 번째 단계는 이 가족이 문제를 어떻게 정의하고 있는지 알아내는 것이다. CBCL을 통해 부모가 그들 자녀의 행동을 어떻게 인식하고 있는지 알 수 있다. 그러나 치료사는 부모가 그들이 보는 그대로의 아동의 문제에

대해 그들의 표현으로 묘사하도록 하는 것도 좋다. 또한 교사나 소아과 의사 등 아동과 관련이 있는 다른 성인들이 아동의 문제를 어떻게 보고 있는지에 대해 질문할 수 있다. 그리고 문제가 처음 시작된 시기와 현재 이 특정 시기에 도움을 받으러 온 이유에 대해서도 알아야 한다. 마지막으로 부모가 그들의 어려움에 대처하기 위해 노력해 온 방법에 대해서도 질문해야 한다.

발달력 아동의 발달력에 관련해서는 아동의 애착관계에 영향을 미쳤을 만한 요인들에 대해 강력한 의미를 부여한 탐색을 시도해야 한다. 다음의 논의에서 몇 가지 예시가 될 수 있는 질문을 제시하여 각각의 문제를 어떻게 탐색할 수 있을지 안내하고자 한다. 우선 임신과 관련된 질문으로 시작할 수 있다. "임신 사실을 알았을 때의 기분이 어떠했나요? 임신기간은 어땠나요? 자녀에 대한 기대와 희망은 무엇이었나요? 그 기대와 희망이 충족되었나요?" 입양된 자녀나 위탁보호 상태에 있는 자녀를 둔 부모를 위해서는 그들의 집에 아동이 왔을 때 그들의 기대감과 준비가 어떠했는지 물어볼 수 있다. 이러한 질문에 대한 답으로 부모가 자신의 자녀를 맞이하기 위해 어떤 준비를 했는지에 대한 대략적인 그림을 그릴 수 있다.

출산과 출생 시 어머니와 아동의 건강 상태에 대한 정보는 아동의 욕구에 반응하는 부모의 능력과 부모에 대한 아동의 반응성에 영향을 미칠 수 있는 요인들을 사정하는 데 유용하다. "젖을 먹일 때 어떠했나요? 아동이 쉽게 달래지고 진정되었나요, 아니면 아동이 짜증을 많이 내었나요? 산통을 많이 겪었나요?" 등을 질문한다. 이러한 초기 경험은 애착과정 형성에 강한 영향을 미친다. 입양 또는 위탁보호 자녀의 부모들은 이러한 초기 상황에 대해 알지 못할 수도 있다. 그러나 부모 역할에 대한 이해의 중요성을 새롭게 일깨우기 위해서 아동의 경험에 대한 논의는 유용하다. 9장에서는 입양되었거나 위탁보호 상태에 있는 아동과 함께 있는 가족을 어떻게 상담할 수 있을지에 대한 더 많은 정보를 다룰 것이다.

걷기나 말하기를 시작한 연령과 같은 발달 내력과 관련된 정보는 아동의 신체적·인지적 발달 속도에 대한 단서를 제공한다. 이유식과 배변훈련의 시작 시기와 방법, 청결함과 순응에 대한 기대, 아동의 탐색, 자율성, 독립에 대한 부모의 태도는 아동이 '그 자신이 될 수' 있었던 정도에 대한 정보를 제공해 준다.

아동의 병력에 대한 정보는 건강 문제가 아동의 발달에 지장을 주었는지 혹은 입원이나 고통스러운 수술을 초래했는지를 밝혀내는 데 중요하다. 어떠한 경험이 아동과 부모의 관계에 영향을 미쳤는지 알아내야 한다.

부모의 부재나 질병으로 인한 장기간의 분리와 같이 부모-자녀 관계를 붕괴시킬 수 있는 요인에 대한 정보 역시 중요하다. 아동과 다른 양육자의 경험에 대한 정보도 필요하다. 예를 들어, 부모가 직장에 갔을 때 누가 아동을 양육했는지, 어린이집이나 유치원에는 언제 처음 갔는지, 초기의 분리에 대한 아동의 반응은 어떠했는지 등의 질문을 할 수 있다. 이러한 질문들은 애착 안정성에 영향을 미칠 수 있는 요인들에 대해 설명해 줄 수 있다.

아동과 형제자매의 관계 역시 알아보아야 한다. 아동에게 형제자매가 있는지, 그들은 몇 살인지, 아동에게 동생이 있다면 아동이 동생의 출생에 대해 어떻게 반응했는지, 형제자매와는 어떻게 지내는지 등의 질문을 통해 살펴볼 수 있다.

아동의 현재 기능을 사정하기 위해서 아동의 섭식이나 수면 습관에 대해서도 질문해야 한다. 부모에게 일상적인 섭식, 수면 습관에 대해 묘사해 보도록 한다.

마지막으로 부모가 가장 좋아하는 아동의 성격이나 활동, 특성 등에 대해 설명하도록 하고, 부모가 아동과 어떻게 즐거운 시간을 보내는지에 대해서도 물어보아야 한다.

부모의 기대와 태도 아동의 발달수준에 따른 욕구에 대한 부모의 태도를 탐색해야 한다. 이것은 복잡한 영역이고, 꾸준히 논의되어야 한다. 다음의 부분들이 탐색될 수 있다. 부모는 아동이 징징거리거나 짜증내거나 다치거나 무서워할 때 어떻게 반응하는가? 아동의 성취에 대한 부모의 기대는 얼마나 큰가? 부모가 아동과 어느 정도 밀착되기를 바라며, 그들의 가족은 아동이 오랫동안 아기로 머물러 있기를 바라고 있는가? 그들은 아동이 적절히 행동하고 조용하기를 바라는가 혹은 아동의 자유, 자발성, 순응적이지 않음을 격려하는가? 그들은 자녀와 함께 즐거운가? 가족의 기대 및 문화적 기대는 아동의 현재 문제와 어떻게 관련되고 있는가?

부모 자신의 가족과의 경험 부모가 자신의 가족 내에서 성장한 경험은 자신이 자녀를 양육하는 방식에 크게 영향을 미친다. 초기면접에서 부모 각각의 애착 경험과 그들의 원가족과의 현재 관계에 대한 태도를 살펴보아야 한다. "당신의 가족 내에서의 성장은 어떠했나요? 부모의 형제자매 순위는 어떠했나요? 가정 내에서의 역할은 무엇이었나요? 당신의 부모는 어떻게 훈육하셨나요? 당신의 부모는 당신에 대해 무엇을 기대하셨나요? 현재 부모와 형제자매는 어떻게 지지적인가요?" 또한 아동이 갖는 문제와 비슷한 가족력이 있는지에 대해서도 탐색해야 한다.

부부관계 현재의 부부관계, 아동 양육에 대한 부부 태도의 일치 정도, 아동을 돕기 위해 얼마나 서로 준비하고 협력하는지에 대해 평가해야 한다. "자녀를 양육하는 방식에서 두 분 사이에 차이가 있나요? 이러한 차이점에 대해 논의하고 합의점을 찾을 수 있나요? 당신의 기분이 좋지 않을 때 편해지기 위해 배우자에게 의지할 수 있나요?"

초기면접이 끝날 무렵, 부모에게 다음에 실시될 사정과정으로 아동과 각각의 부모가 몇 가지 간단한 놀이를 함께하는 것을 녹화하는 관찰 회기가 실시된다고 알려 주어야 한다. 부모에게는 여러 가지 간단한 활동에 대해 아동이 어떻게 반응하는지에 관심을 갖게 될 것임을 다음과 같이 설명해 줄 수 있다. "카드에 활동에 대한 지시사항이 적혀 있습니다. 상호작용을 녹화할 것이며, 부모님과 아동이 잘 지낼 수 있는 방법을 찾기 위해 비디오테이프를 자세히 분석할 것입니다. 아동에게는 부모님과 아동이 이 방에 함께 들어와서 서로 즐겁게 지낼 수 있는 방법을 배울 것이라고 말해 줄 수 있습니다."

B가족의 초기면접

다음은 애덤이라는 외동아들을 치료놀이 치료에 데려온 B가족의 초기면접을 요약한 것이다. 그들은 애덤이 엄마에게서 분리되는 것을 어려워하는 문제와 요구가 많은 행동을 염려하고 있었다. 이 가족은 치료놀이 센터와 멀리 떨어진 곳에 살고 있었지만, 문제를 해결하고자 하는 욕구로 집중적인 5회기 치료놀이 상담을 위해 일주일 동안 시카고에 머무르기로 하였다. 아동의 상담은 두 명의 치료사가 함께하였다. 첫째 날 아침에는 초기면접과 MIM이 진행되었다. 가족이 점심을 먹고 근처 공원에서 휴식을 취하는 동안, 치료사들이 MIM 분석을 실시하였다. 그들이 돌아왔을 때, 피드백을 주기 위해 부모와 만남을 가졌다. 피드백 시간에는 애덤을 평소 돌봐 주는 보모가 상담을 위해 따라와 보살폈다. 이러한 시간을 가진 이후에 첫 번째 회기가 진행되었다. 매일 한 회기씩 치료놀이를 실시하였다. 가족은 추후 회기를 위해서 4개월 동안 한 달에 한 번씩 센터를 방문하였다(총 9회기). 이번 상담에서는 센터에서 멀리 떨어져 사는 가족이므로 사후 MIM을 실시하지 않았다.

애덤은 주근깨가 있는 얼굴과 곱슬머리를 한, 네 살 생일을 한 달 앞둔 소년이다.

의뢰 사유

애덤의 부모는 애덤이 주의력이 매우 짧아서 무엇을 하든 2분 이상 지속적으로 주의를 기울이지 못한다고 하였다. "애덤은 쉽게 흥분해요. 잠을 재우는 것이 매우 어렵고, 우리 침대에서 자려고 고집을 피워요. 애덤이 하려고 하는 것을 못하게 하면 매우 화를 내고, 마치 화난 고양이처럼 때리고 할퀍니다. 애덤은 모든 것을 자기 마음대로 하려고 합니다." 그러나 부모에게 가장 시급한 문제는 애덤이 자신이 태어났을 때부터 보살펴 주었던 보모에게 가는 때를 제외하면 한순간도 엄마와 떨어지려고 하지 않는 것이었다. 이제는 애덤이 유치원에 입학할 나이가 되었기 때문에 부모는 애덤이 여름이 끝날 무렵에는 유치원에 입학할 수 있게 분리 문제를 해결하고자 했다.

발달력

애덤은 계획된 임신으로 태어난 아동이었으며, 임신기간이나 출산과정도 순조로웠다. 그러나 애덤의 엄마는 얽매이고 싶지 않다는 이유로 분유 수유를 선택하였다. 애덤은 많이 자고 많이 먹는 순한 아기였다. 부모는 애덤이 빨리 성장하는 것에 대해 매우 자랑스러워했다. 애덤은 다른 아기들에 비해 빨리 웃고, 빨리 머리를 가눌 수 있었으며, 빨리 말을 시작했다. 그런데 애덤이 한번 말을 하기 시작하면 멈추게 하는 것이 어려웠다. 애덤이 6주가 되었을 때, 엄마는 다시 일을 하기 시작하였고, 가까운 이웃이 애덤을 돌봐 주었다. 이 이웃은 지금까지도 엄마가 직장에서 일하는 동안 애덤을 돌봐 주고 있다. 부모에 의하면 이 보모는 '애덤이 집에서 뛰어다니도록' 했다. 이유식은 늦게 시작했지만, 배변훈련은 빨리 시작했다. "애덤은 걷기도 전에 스스로 훈련하였지요."라고 표현하였다.

정상적인 발달과정에 먹구름이 낀 것은 애덤이 9개월이 되었을 쯤에 2년 동안 애덤을 고통스럽게 했던 습진이 발병했던 것이다. "우리는 상태가 악화되지 않도록 애덤이 긁지 못하게 막고, 의사가 지시하는 모든 것을 해봤어요. 그러나 아무 효과가 없었지요. 그동안 애덤은 불행했어요. 애덤이 2년 6개월쯤 되었을 때 비로소 상태가 나아졌어요. 우리 모두 어찌나 안심했던지."

부모의 원가족

부모는 각자의 가족으로부터 긍정적인 지지를 받고 있었으나, 애덤의 문제행동에 대해서는 어느 누구도 해결방법을 제시해 주지 못했다.

부부관계

부부는 서로 지지적이었고 좋은 부부관계를 유지하고 있었다. 그러나 훈육에 대해서는 불일치하는 부분이 있었다. "남편은 내가 애덤을 때려 줘야 한다고 생각하지만, 나는 동의하지 않아요. 남편 스스로도 애덤을 때리는 것을 견딜 수 없을 거예요. 나는 애덤에게 말할 때에는 마치 어른에게 하듯 해요. '네가 엄마 말을 듣지 않을 거면 네 방으로 가렴.' 하고요." 아빠는 애덤이 울기 시작하면 자신은 한 걸음 뒤로 물러난다는 것을 인정하고 있었다. 애덤의 행동은 종종 가족 모두를 화나게 했다.

부모에게 부모가 가장 좋아하는 애덤의 모습에 대해 물어보자, 부모 모두 애덤이 영리하고 빨리 배우며 에너지가 넘치고 명랑하다는 점을 좋아한다는 것에 동의하였다.

그들이 생각하는 치료목표에 대해서 물었을 때는 부모 모두 애덤이 부모와 따로 자고, 엄마와 분리될 수 있으며, 보모의 보살핌을 계속 받는 것보다 유치원에 가게 되었으면 좋겠다는 데 동의하였다.

MIM을 통한 부모-자녀 상호작용 관찰

두 번째 회기는 MIM을 이용하여 부모와 아동의 행동을 관찰하는 것이다. MIM은 예를 들자면 생물학적 부모와 아동, 위탁 또는 입양 부모와 아동, 교사와 아동과 같은 두 개인 사이의 관계를 관찰하고 사정하기 위한 구조화된 기법이다. 이 기법은 치료놀이의 네 가지 차원의 상호작용을 이끌어 내기 위해 고안된 일련의 간단한 과제들로 이루어져 있다. 이는 다음과 같은 부모의 능력을 평가할 수 있다.

- 적절한 지시와 안전한 환경을 제공하고 제한 설정을 하는가(구조)
- 아동의 상태와 반응을 조율하면서 즐거운 상호작용으로 아동을 개입시킬 수 있는가(개입)
- 편안함과 평온함 그리고 양육에 대한 아동의 욕구를 충족시키는가(양육)
- 발달상 적절한 수준에서 성공을 위한 아동의 노력을 지지하고 격려하는가(도전)

각각의 활동에 대한 아동의 반응을 살펴보기 위해서 이 네 가지 차원은 동일하게 중요하다.

아울러 MIM은 관계상의 문제 영역을 세심하게 관찰할 수 있는데, 성인과 아동 모두의 강점과 그들의 관계에서의 상호작용 패턴을 관찰하기 위한 특별한 기회가 된다. 부모들은 종종 그들의 패턴에 대해 알아차리지 못하므로 이러한 부분에 대해 설명하지 못한다.

따라서 MIM은 부모들의 주관적인 보고서에만 의존하는 것보다 직접 상호작용을 살펴볼 수 있다는 점에서 유용하다.

MIM 실시를 위한 환경 기본적인 MIM 관찰 회기는 아동이 먼저 한 부모와 함께하고 난 후, 다른 부모와 다시 함께하는 두 부분으로 이루어진다. 대부분의 사례들은 이 두 회기를 같은 날에 하도록 계획된다. 쉽게 피로해질 수 있는 어린 아동의 경우에는 두 회기를 다른 날에 진행하도록 조정해야 한다. 만약 같은 날 두 번의 MIM 회기를 진행한다면, 각각의 부모와 5~6개의 과제를 하고, 마지막에 아동과 두 명의 부모가 함께 3개의 활동을 해보도록 과제 수를 줄일 수 있다. 만약 가족 중에 한 명 이상의 자녀가 있다면 다른 자녀들의 존재가 상호작용에 어떠한 영향을 미치는지 관찰하기 위해 가족 모두가 함께할 수 있는 몇 가지 활동을 해볼 수 있다. 그러나 여러 사람이 함께 상호작용하는 경우에는 분석이 더 복잡해질 수 있다. 따라서 평가자가 두 명 이상이 함께 실시하는 MIM을 해석하는 데 익숙해질 때까지는 여러 사람이 참여하는 MIM은 실시하지 않는다.

MIM 회기는 다음과 같이 실시된다. 부모와 아동은 아동의 키에 적당한 책상 앞에 나란히 앉는다. 부모와 아동은 둥근 테이블에 서로 마주 볼 수 있도록 비스듬히 앉거나 또는 직사각형의 테이블인 경우에는 나란히 앉는다. 부모와 아동은 상호작용하기가 쉽게 가까이 해야 하므로 테이블 맞은편에 앉지 않도록 한다. 영아나 유아와 함께하는 부모는 부모가 안거나 부모 옆에 있도록 소파나 베개에 기댈 수 있게 되어 있는 바닥에 앉을 수 있다. 회기는 일방경을 통해 관찰되며, 사후 분석을 위해 녹화된다. 만약 일방경이나 녹화 장비가 없다면 방해되지 않도록 조용히 방 안에 앉아 기록한다. 각 활동에 대한 지시사항이 기록된 카드는 뒤집어서 부모 앞에 놓는다. 과제를 위해 필요한 재료는 라벨이 붙은 봉투나 상자에 담아 부모 가까이에 둔다. 가족들이 과제와 도구를 적절하게 사용할 수 있도록 지시사항과 필요한 재료가 들어 있는 각각의 봉투에 활동 순서대로 번호를 매겨 제공할 수 있다.

활동들은 '내 것과 똑같이 블록으로 만들어 보기' 와 같은 구조를 위한 과제들, '부모와 아동이 까꿍놀이하기' 와 같은 개입을 위한 과제들, '서로 건포도 먹여 주기' 와 같은 양육을 위한 과제들, 그리고 '부모와 아동이 엄지손가락 씨름을 세 번 하기' 와 같은 도전을 위한 과제들로 구성된다.

과제 선택하기 MIM을 처음 실시한다면, 내담자의 연령수준을 고려한 추천 기본

과제 목록(부록 A 참조)을 따라야 한다. 이러한 목록은 순서를 어떻게 정해야 하는지, 기본 과제를 어떻게 선택하는지에 대한 본보기가 된다. 다양한 가족들에게 같은 세트의 과제를 사용한다면 비슷한 과제에 대한 반응의 범위를 알 수 있고, 이는 관찰하는 상호작용을 이해하는 데 더 좋은 아이디어를 갖도록 할 것이다. 치료사가 좀 더 확장시킬 준비가 되었다면, 초기면접을 하는 동안 또는 그 이후에 치료사가 세운 가설을 근거로 부모-자녀 관계를 보다 명확하게 이해하도록 특별한 과제를 선택하기 위해 MIM 메뉴얼(Booth et al., 2005)에서 더 많은 활동 목록을 살펴볼 수 있다. 태아, 영아, 유아, 학령 전, 학령기 그리고 청소년과 같이 연령수준에 따라 고안된 과제 목록은 치료놀이협회(TTI)를 통해 구할 수 있다. 각 수준에 제시된 과제는 구조, 개입, 양육, 도전의 네 가지 차원이 수준별로 구성되어 있다.

MIM 과제 설정은 즐겁고 양육적인 과제와 어렵거나 도전적인 과제를 번갈아 한다. 부모와 아동 모두에게 스트레스를 줄 수 있는 '부모가 방 밖으로 나가기' 와 같은 과제는 가운데 순서에 배치하거나, 부모와 아동의 재연합을 도울 수 있는 즐겁거나 양육적인 활동 과제 전에 실시한다. 각 부모에게 아동이 보이는 반응의 차이점에 대해 추론하기 위해서는 양쪽 부모에게 동일한 활동이 제시되어야 한다. 그러나 모든 활동이 똑같이 반복되면 아동이 지루해할 수 있기 때문에 어떤 과제들은 달라질 필요가 있다. 예를 들어, 한 부모와는 블록 쌓기를 하고, 다른 부모와는 그림 따라 그리기를 할 수 있다. 이는 모두 아동에게 부모를 따라 하도록 요구하는 과제다.

부모에게 안내하기 MIM이 실시될 방(보통 치료실)에 가족이 들어오면 카메라를 가리켜 보여 주고, 평가자가 어디에서 관찰할 것인지를 보여 준다. "저는 이 회기를 녹화하고, 이후 동료 치료사와 함께 세심하게 살펴볼 것입니다. 회기가 끝나면 치료를 계획하기 위한 비디오테이프 사용에 대해 허락을 받고자 동의서에 서명해 주실 것을 부탁드릴 것입니다." 12세 이상의 내담자에게도 동의서에 서명해 줄 것을 요구해야 한다. 회기 후에 받은 동의 서명은 평가 참가자가 비디오에 어떤 내용이 있는지에 대해 알 권리도 포함한다.

치료놀이 동의서는 비디오테이프가 다른 전문가들의 훈련을 위해서도 사용될 수 있다는 추가적 선택사항을 포함한다. 물론 부모들은 이 선택사항을 자유롭게 거절할 수 있으나, 대부분은 승인한다. 아주 드물게 어떤 가족들은 모든 회기의 녹화를 거부한다. 비디오를 포함한 모든 기록은 비밀보장이 되어야 하며, 동의서의 서명이나 승인이 있어야만 공유될 수 있다.

부모에게 제공하는 안내는 쉽고 간단해야 한다. 예를 들어, "애덤, 여기 너의 의자가 있단다. 어머니는 다른 쪽 의자에 앉으시면 돼요. 이것은 둘이 무엇을 해야 할지 알려 주는 내용이 적힌 카드예요. 한 번에 하나씩 순서대로 카드를 들고, 지금 무슨 활동을 할 것인지 우리가 알 수 있도록 큰 소리로 읽어 주세요. 어떤 활동들은 재료가 필요할 거예요. 재료들은 테이블 옆에 번호가 매겨진 봉투에 들어 있어요. 이 회기는 ○시에 끝날 거예요. 각 활동이 끝나야 할 것 같은 시간을 생각하면서 그에 맞추거나 조금 일찍 끝낼 수 있어요. 여기에서 하는 활동에는 맞고 틀리는 방법이 정해져 있지 않아요. 저는 일방경 뒤에(혹은 이 방 카메라 옆에) 있으니 혹시 질문이 있다면 알려 주세요. 모든 활동이 끝났다는 것을 알려 주면 제가 방 안으로 들어와 몇 가지 질문을 할 거예요."라고 한다. 만약 치료사가 치료실 안에 있어야 한다면 되도록 눈에 띄지 않도록 주의하고, 부모와 아동이 상호작용하는 것을 격려하기 위해서는 치료사에게 질문을 한 경우 매우 간단하게 대답해야 한다.

각 부모와의 MIM이 마무리될 때, 치료사는 부모에게 다음과 같은 질문을 한다.

- 당신은 집에 있을 때와 같은 모습이었나요? 우리가 집에서 둘 사이에 일어나는 일들을 볼 수 있었나요?
- 뜻밖의 일은 없었나요?
- 가장 좋았던 활동은 무엇이었나요? 왜 그런가요?
- 가장 좋지 않은 활동은 무엇이었나요? 왜 그런가요?
- 당신의 자녀에게 묻지 말고, 당신이 생각하기에 아이가 가장 좋아했던 활동은 무엇이었나요? 왜 그렇게 생각하나요?
- 아이가 가장 좋아하지 않은 활동은 무엇이라 생각하나요? 왜 그렇게 생각하나요?

이러한 질문에 대한 대답을 통해 부모-자녀 활동의 의미에 대해 통찰할 수 있다.

상호작용 평가하기 MIM 상호작용에 대해 분석함으로써 다음 질문에 대한 답을 얻을 수 있다.[2]

- 하루 종일 이 아동이나 부모와 함께 산다는 건 어떨까?

- 관계 안에서 어떤 일들을 경험하며, 격려받을 만한 것은 무엇인가?
- 관계 안에서 어떤 것들이 결핍되어 있으며, 변화되어야 할 것은 무엇인가?
- 아동이 부모에게 원하는 것은 무엇인가?
- 부모사 아동에게 원하는 것은 무엇인가?
- 그들은 얼마나 강하며, 변화하기 위해서는 어떤 도움이 필요한가?

치료놀이의 실제

B가족을 위한 MIM 과제 선택

애덤 가족의 경우에는 아동을 양육하고, 진정시키며, 도전시키고, 아동에게 구조를 제공하는 부모의 능력에 대한 통찰을 줄 수 있는 활동들이 선택되었다. 진정되고 편안해지고자 하는 애덤의 욕구와 더 자신감 있고 독립적이 되려는 욕구에 반응하는 부모의 능력에 관심을 가졌다. 이러한 영역에서 부모의 노력에 대한 애덤의 반응을 보고자 했다.

애덤의 두 번의 MIM은 차례로 시행되었는데, 부모 각각과 함께 5개 과제를 수행하고, 부모 모두와 함께 3개 과제를 수행하는 것으로 구성되었다. 다음은 애덤의 가족에게 제시되었던 각 과제의 지시사항이다.

엄마와 애덤

1. 부모와 아동은 각각 소리 나는 동물 인형을 한 개씩 갖는다. 두 동물 인형을 가지고 함께 놀아 본다.
2. 부모는 아동이 모르는 것을 가르쳐 준다.
3. 부모는 아동이 아기였을 때에 대해 말해 준다.
4. 부모는 아동을 두고 1분간 방 밖으로 나간다.
5. 부모와 아동은 각자 로션을 갖고, 서로 발라 준다.

아빠와 애덤

1. 부모와 아동은 각각 소리 나는 동물 인형을 한 개씩 갖는다. 두 동물 인형을 가지고 함께 놀아 본다.

2. 부모는 아동이 모르는 것을 가르쳐 준다.
3. 부모와 아동은 서로 머리를 빗겨 준다.
4. 부모는 아동을 두고 1분간 방 밖으로 나간다.
5. 부모는 아동에게 그가 어른이 되었을 때를 상상하며 이야기해 달라고 부탁한다.

부모와 애덤

1. 다함께 손탑 쌓기 놀이를 한다.
2. 부모와 아동은 서로 모자를 씌워 준다.
3. 부모와 아동은 서로 먹여 준다.

각 부모에게는 즐거운 활동('소리 나는 동물 인형')을 첫 번째 과제로 선정했는데, 그 이유는 이 과제가 잠재적으로 부모와 아동이 개입할 수 있도록 하며 관찰되고 녹화되고 있다는 데에서 오는 불편함을 해소시킬 수 있기 때문이다. '가르쳐 주기' 과제는 아동의 성취에 대해 부모가 갖는 적절한 기대감과 부모의 기대에 대한 아동의 반응을 평가할 수 있게 한다. ('가르쳐 주기' 과제는 부모에게 가르쳐 주기 위한 어떤 것을 떠올리게 하기 때문에, '블록으로 모양을 만들고 아동에게 부모가 만든 것과 똑같이 만들어 보게 하기' 와 같은 구조적인 활동을 좀 더 명확하게 보기 위해 현재는 MIM 과제 순서의 뒷부분에 배치한다. 새로운 순서는 부록 A의 추천 목록에서 찾아볼 수 있다.) '남겨 두고 방 밖으로 나가기' 과제는 아동이 어떻게 분리 스트레스를 다루는지, 부모와 아동이 다시 만날 때 어떤지를 통해 아동을 분리시키기 위해 준비하는 부모의 능력에 대한 풍부한 정보를 제공한다. 애덤이 엄마와의 분리를 어떻게 다루는지를 특별하게 관심을 두고 살펴본다. 또한 그들이 양육적인 활동을 어떻게 하는지에 대해 관심을 가졌으므로 '서로에게 로션 발라 주기' (엄마)와 '서로의 머리 빗겨 주기' (아빠) 과제를 선택하였다. '아동에게 아기였을 때에 대해 이야기해 주기' 과제는 엄마와 애덤의 초기 관계에 대한 엄마의 관점을 통찰해 보기 위해 선정되었다. '아동에게 그가 어른이 되었을 때를 말해 달라고 부탁하기' 는 애덤이 성장하여 좀 더 독립적이 된 상황을 어떻게 다룰 수 있을지 살펴볼 수 있는 기회를 제공하였다. 애덤이 엄마에게는 지나치게 매달리고 아빠에게는 거부하는 행동을 부모가 어떻게 함께 다루는지를 보기 위해서는 '손탑 쌓기' '모자 씌워 주기' '서로 먹여 주기' 와 같은 즐겁게 협동하고 양육할 수 있도록 하는 세 가지의 과제를 선택하였다. 모든 과제는 부모가 애덤을 개입시키고, 상호작용을 구조화하고, 한계를 설정하며, 그것들을 어떻게 잘 수행해 나가는지 관찰할 수 있는 기회를 제공하였다.

치료놀이의 실제

B가족의 MIM 회기

애덤과 그 가족의 MIM 기록을 통해서 애덤과 각 부모의 상호작용 패턴이 얼마나 빨리 드러나는지 볼 수 있을 것이다. 상호작용을 좀 더 이해하기 위해 애덤과 엄마가 함께 수행한 3개의 과제와 애덤과 아빠가 함께 수행한 2개의 과제, 부모 모두와 함께한 2개의 과제의 전체 내용을 제시한다.

1장에서처럼, 기록문 중 [ ]로 묶은 부분은 어떤 일이 일어나고 있는지에 대한 치료사들의 추론을 나타낸다. 물음표는 추론이 임시적이라는 의미로 그 내용이 이후의 관찰을 통해 확실시되거나 부인되어야 할 것이다. 각 과제에 대한 기록문 끝 부분에 상호작용에 대한 치료사의 해석을 통해 관찰부터 추론과 분석 과정을 더 잘 살펴볼 수 있게 하였다.

애덤과 엄마

엄마는 애덤의 옆에 앉아 있으며, 엄마 앞에는 과제 지시 카드가 놓여 있다. 애덤은 기대에 찬 눈으로 엄마를 바라보고 있고, 앞으로 어떤 일이 일어날지에 대해 흥미로워하는 것처럼 보인다.

1. 소리 나는 동물 인형

엄마: (카드를 들고 읽는다.) 부모와 아동은 각각 소리 나는 동물 인형을 하나씩 갖는다. 두 동물 인형을 가지고 함께 놀아 본다. (봉투에서 인형을 꺼낸다.) 너 하나 갖고 나 하나 갖자. [희망적?] 무슨 놀이를 하고 싶니? 서로 만나게 해줄까? 걔는 이름이 뭐니? 자, 이름이 뭐야? 안 놀고 싶어? [실망함?]

애덤: 응. (뚱하고 뿌루퉁해 보이는 표정)

엄마: 자, 어서……. 걔는 이름이 뭐야? 놀고 싶지 않아? 왜? 이 놀이 싫어? [애원함?]

애덤: 싫어! (동물 인형을 내려놓고 반항적으로 팔짱을 낀다.)

엄마: 음, 나는 좋은데. (두 동물 인형을 모두 들고 혼자 놀기 시작한다.) [새로운 전략의 시도? '내가 놀면 같이 할 거야.' 라고 생각함?]

애덤: 그거 다시 봉투에 넣어! (화남, 야단치는 말투)

엄마: 착하게 놀 거야? (엄마의 동물 인형이 테이블을 가로질러 애덤 쪽으로 '걸어간다'. 놀리는 말투로) 걔가 네 돈을 가져갈 거야……. (애덤이 쥐고 있는 동전을 가리킨다. 애덤이 미소 짓는다.) [재미있게 놀린 것이 애덤을 자신도 모르게 개입시킨다.]

애덤: (들리지 않게 웅얼거리면서 엄마의 팔에 얼굴을 숨긴다.) [엄마의 즐거움 때문에 아주 홍미로워진 후, 편안함을 위해 엄마에게 의지할 수 있게 되었는가?]

엄마: 자, 어서. (부드럽지만 단호하게 애덤을 테이블로 향하게 한다.)

애덤: 밀어 줘! 밀어 줘! (엄마가 애덤을 테이블 가까이로 밀어 준다.) 다른 카드 읽어!

엄마: 한 번에 한 가지만 할 거야. [단호함을 유지함.]

애덤: (들리지 않는 듯)

엄마: 안 돼, 그 카드는 벌써 했어. (짜증난 목소리로, 다른 카드를 집어 든다.) [엄마는 도전받는다고 느끼는가?] 이 카드에 뭐라고 써어 있는지 보자.

[엄마는 애덤에게 "무슨 놀이하고 싶어?" "얘 이름은 뭐야?" 와 같이 선택권을 주면서 상호작용을 시작한다. 애덤은 즉시 저항적이 되고 요구가 많아진다. 애덤은 엄마가 아이이고 자신이 어른인 것처럼 엄마를 야단친다. 엄마가 즐겁게 놀리는 것으로 애덤을 개입시킨 순간, 애덤은 편안해지기 위해 엄마 쪽으로 몸을 돌린다. 애덤의 태도가 매우 까다로웠음에도 불구하고, 엄마는 짜증을 참고 차분한 상태를 유지하며 애덤을 개입시키기 위한 노력을 계속한다. 애덤과 함께하는 것은 결코 쉽지 않으나, 이미 아까의 즐거움이 애덤을 설득시킬 수 있도록 돕는다는 것을 발견하였다.]

2. 가르쳐 주기

엄마: (카드를 읽는다.) 부모는 아동이 모르는 것을 가르쳐 준다. 엄마가 가르쳐 줬으면 하는 모르는 게 뭐가 있지? 너에게 무언가를 가르쳐 줘야 된대. [이 지시에 대한 책임을 카드에게 전가시키나?] 무엇을 알고 싶니? [선택에 대한 책임을 애덤에게 돌리나?]

애덤: (뾰로통해서) 없어.

엄마: 두 마리 돼지를 가지고 어떻게 놀 수 있을지 가르쳐 주는 건 어때? (소리 나는 동물 인형을 집어 든다.) [애덤의 의견을 무시함?]

애덤: 싫어, 하지 마! 다시 넣어! [무시한 것에 대한 짜증?]

엄마: 그만!

애덤: 다시 집어넣어. (화가 난 것이 눈에 보임.) 그거 다시 넣어.

엄마: 그만해. [동요하나 다시 추스름?] 네가 봉투 안에 넣는 것은 어때? (봉투를 집어 든다.) 스스로 정리하는 방법을 가르쳐 줄게. 네가 모르는 거잖아. 돼지 인형을 치우자. [다시 무시함?]

애덤: (동물 인형을 하나씩 봉투에 던져 넣는다.)

엄마: 잘 넣어. [애덤을 훈육한다.] (애덤은 테이블에 팔꿈치를 대고, 턱에 손을 괴고, 반항적으로

엄마를 쳐다본다.) 이게 네가 모르는 거잖아. [빈정거림]
애덤: (봉투 중 하나를 가리키며) 저 안에 뭐가 있는지 보고 싶어.
엄마: 안 돼. 넌 기다려야 돼.
애덤: (엄마를 가리키며) 싫어, 엄마 말 안 들을래.

[자녀에게 특정한 과제가 없이 무언가를 가르쳐 보라고 했을 때, 많은 부모들이 그러했듯 애덤의 엄마도 애덤이 무언가를 생각해 내길 바랐다. 애덤이 대답하지 않았을 때 엄마가 제안을 하긴 했지만, "내가 만약 ~라면 어때?"라는 식으로 엄마는 망설이면서 제안했다. 애덤은 엄마의 질문에 모두 부정적으로 반응하였다. 애덤의 요구적인 행동이 엄마를 망설이게 만들었는가? 아니면 엄마의 망설임이 애덤을 요구적이 되도록 했는가? 애덤의 화난 듯한 저항은 엄마를 화나게 했다. "내가 치우는 방법을 가르쳐 줄게. 이건 네가 잘 모르는 거잖아." 그러나 이러한 태도에도 불구하고 엄마는 애덤을 개입시키기 위해 차분해지려고 노력했다. 애덤의 요구에 대해 엄마가 단호하게 "안 돼. 기다려야 돼."라고 한 것은 훌륭했다.]

3. 아기였을 때
엄마: (카드를 들고 읽는다.) 부모는 아동이 아주 작은 아기였을 때에 대해 이야기해 준다. (애덤은 미소를 지으며 주의를 기울이고 쳐다본다.) 네가 아기였을 때에 대해 알지?
애덤: 응. (미소 짓는다.) [희망적?]
엄마: 네가 어땠는지 아니? 너는 매우 조용했고 항상 잠을 잤어. (애덤은 집중하지 못한 채 쳐다본다.) 내 말 듣고 있어? 네가 아기였을 때 어땠는지 듣고 싶지 않아? [실망함?]
애덤: 응, 듣고 싶지 않아. [내용이 싫었나?]
엄마: 넌 오늘 재미가 없나 보구나.
애덤: 난 다른 거 하고 싶어. 나는 가방 안에 뭐가 들었는지 보고 싶어. (봉투를 가리킨다.)
엄마: 자, 우리가 그 카드를 꺼냈을 때…… 넌 아기였을 때 참을성이 많았어. [애덤의 참을성 없는 것에 대한 반응?]
애덤: 더 말해 줘 봐. (미소 짓는다.) [바라고 기대하는 듯 본다.]
엄마: 더 말해 달라고? 넌 이 얘기 듣는 게 좋구나, 그렇지? [애덤의 의도를 놓쳤나?]
애덤: 응, 그냥 가방 안에 뭐가 있는지 말해 줘. 다른 거 해.
엄마: 넌 아기였을 때 정말 조용했어. 그리고 엄마가 아기였을 때 엄마는 구석에서 혼자 놀곤 했지.
애덤: 왜? [흥미로운 듯]
엄마: 왜? 왜냐하면 다른 사람들 옆에 가는 걸 싫어했거든. 그렇지만 다른 사람들과 같이 있는

건 즐거운 일이야.

애덤: (가만히 있지 못하며) 자자, 카드나 읽어. 카드에 뭐라고 씌어 있어?

엄마: 그럼 같이 보자.

[애덤은 자신이 아기였을 때에 대해 듣는 것을 좋아하는 것처럼 보였고, 애덤의 기분이 달라진 것에 엄마도 안심하는 것처럼 보였다. 그러나 엄마가 애덤이 항상 잠을 잤다는 이야기를 하자마자 애덤은 흥미를 잃었다. 엄마의 실망감은 엄마의 "넌 재미가 없구나."라는 말에서 드러났다. 이러한 수동적인 모습 때문에 애덤이 흥미를 잃었다고 짐작할 수 있다. 애덤은 자신이 아기였을 때 엄마에게 기쁨이 되는 좀 더 생기 있는 모습이었길 바랐는지도 모른다. 엄마는 애덤의 수동적인 모습—"너는 참 참을성이 많았어." "너는 참 조용했어."—에 대해 묘사했고, 참을성이 없고 요구가 많은 애덤의 현재 모습에 대한 엄마의 실망감에 대해 강조했다. 그리고 엄마 자신이 혼자 있기를 좋아하는 조용한 아기였다고 이야기했을 때(그리고 엄마는 재빨리 "그렇지만 다른 사람들과 같이 있는 건 즐거운 일이야."라고 반대로 이야기했다.), 애덤이 엄마와 분리되어 유치원에 가는 것을 어려워하는 것에 대해 엄마가 걱정하는 이유를 파악할 수 있었다. 엄마는 애덤이 엄마와 비슷하고, 엄마처럼 다른 아이들과 함께 있는 것에 대한 즐거움을 놓치게 될까봐 걱정하고 있을 것이다.]

엄마가 방 밖으로 나가라는 카드를 읽었을 때, 애덤은 울기 시작했고 엄마에게 자신을 떠나지 말라고 애원했다. 방 밖으로 나갈 수 있게 해달라고 애덤에게 간청한 후, 엄마는 한 번 나가기를 시도했으나 곧 이 과제를 포기하였다. 엄마가 애덤의 팔에 로션을 발라 주기 위해 시도했을 때, 애덤은 불안해하고 밀어내며 화를 내고 요구가 많아지기 시작했다. 애덤은 로션이 마구 발라지는 것이나 엄마의 부드러운 접촉을 참지 못하는 것이 분명했다. 이는 아동을 진정시키지 못함이 분명하다.

MIM 상호작용이 끝났을 때, 애덤의 엄마에게 기본적인 질문을 했다. 엄마는 애덤이 가장 까다롭게 굴 때 보이는 좋은 예라고 말했다. 때때로 엄마와 애덤이 함께 있고 엄마가 애덤에게 엄마의 방식을 요구하지 않으면, 엄마와 애덤은 훨씬 더 즐거워 보였다. 사실 어떠한 활동도 잘 진행되지 못했기 때문에 엄마에게는 가장 좋아하는 활동을 선택하는 일이 어려웠다. 엄마는 애덤이 어렸을 때에 대해 이야기해 주는 과제를 좋아했지만, 애덤이 들으려 하지 않았을 때에는 그 힘을 잃었다. 엄마는 애덤에게 로션을 발라 주는 것을 좋아하지 않았는데, 애덤이 로션 범벅이 되는 것을 참지 못했기 때문이다. "나도 마찬가지예요."라고 엄마가 말했다. 엄마는 애덤이 어떤 활동을 가장 좋아했고, 어떤 활동을 가장 싫어했는지에 대해 결정하는 것을 어려워했다. 애덤은 모든 활동에 대해 매우 저항적이었다.

애덤과 아빠

애덤과 아빠는 테이블 앞에 나란히 앉았다. 애덤은 처음부터 울기 시작했으나 자리를 떠나지는 않았다. 아빠는 염려하며 애덤을 향해 몸을 굽히고는 애덤을 보살폈다. 애덤의 분노 섞인 울음에도 불구하고 아빠는 평정을 유지하고 집중하기 위해 노력했다.

1. 소리 나는 동물 인형

애덤: 여기서 나가고 싶어!

아빠: (카드를 들고 읽는다.) 동물 인형을 가지고 함께 놀아 본다.

애덤: 그건 돼지야! [순간 자신의 모습을 잊어버렸나? 우는 것을 멈추고 자신의 역할을 한다.]

아빠: (봉투를 집어 든다.) 오, 그래? 보여 줘 봐. [아동의 참여를 고마워하나?]

애덤: (아빠의 손에서 봉투를 움켜쥐며, 동물 인형을 꺼내고 운다.) 난 여기서 나가고 싶어! (테이블 위에 동물 인형을 던진다.) 난 놀고 싶지 않아.

아빠: 돼지를 가지고 놀고 싶지 않아?

애덤: (아빠에게서 등을 돌리고) 싫어! 난 여기서 나가고 싶어. [고통보다 분노?]

아빠: 애덤, 애덤, 돼지를 가지고 놀자, 알았지? (부드럽고 애원하는 말투)

애덤: 싫어! 난 싫어.

아빠: 왜?

애덤: 엄마를 만나게 해줘.

아빠: 안 돼. 엄마는 잘 있을 거야.

애덤: 난 여기 있기 싫어. (애덤은 눈물을 흘렸고, 아빠는 부드럽게 아동의 뺨에서 눈물을 닦아 준다. 애덤은 우는 것을 멈추고 아빠 쪽으로 기대어 아빠가 하도록 둔다.)

아빠: (동물 인형을 집어 든다.) 자자, 돼지를 가지고 놀자.

애덤: (동물 인형을 때리고 아빠에게서 등을 돌린다.) 싫어, 날 내버려 둬. 난 엄마를 원해.

아빠: (치료사를 향해 말하며) 다음 카드로 넘어가도 되나요?

치료사: (눈에 띄지 않는 뒤쪽에서 말한다.) 아빠가 결정하실 수 있어요.

아빠: 우리 돼지 인형을 치우자, 됐지?

애덤: (고개를 끄덕이며) 그래도 난 여기서 나가야 돼. [적응해서 진정하고 있나?]

아빠: 안 돼, 안 돼, 안 돼, 아직 안 돼. 조금 더 놀자. (돼지 인형을 치우고 다른 카드를 집어 든다.)

[애덤은 나가려고 요구하는 동시에 아빠의 행동을 지시하려 한다. 그럼에도 불구하고 아빠는 차분하고 참을성 있게 애덤을 안심시킨다("엄마는 잘 있을 거야."). 그러나 아빠의 말투는 애원

하고 있다("돼지를 가지고 놀자, 알았지?"). (카메라 앞에서 분노에 가득 찬 채 아빠를 거부하는 애덤을 다룬다는 것은 매우 어려운 일이었을 것이다). 그러나 아빠는 애덤을 안심시키고 개입시키려는 노력을 하며 집중했다.]

2. 가르쳐 주기

아빠: 부모는 아동이 모르는 것을 가르쳐 준다……. 어디 보자, 네가 모르는 게 뭐가 있지?

애덤: (아빠에게 등을 돌리며) 없어.

아빠: (좌절감에 미소 지으며 치료사에게 말한다.) 전 아이가 모르는 게 무엇일지 아무것도 생각나지 않네요. 제 생각엔 아이가 이미 많은 것을 알고 있어요. [애덤의 개입에 대해 희망이 없음을 느끼나? 아동의 능력을 인정한다.]

애덤: (계속 울며) 난 이거 싫어……. 여기서 나가게 해줘! [그의 부인과 마찬가지로, B씨는 애덤에게 제안하기 시작했다. 그러나 애덤의 현재 감정 상태로는 해결될 것 같지 않다. 아빠가 이 과제를 포기하는 것은 그리 놀랄 만한 일이 아니다.]

2개의 과제로 예측해 볼 수 있듯이, 애덤은 아빠가 자신의 머리를 빗기는 것을 허락하지 않았고, 아빠가 방 밖으로 나간 동안 엄마와 함께 있길 원한다는 불만을 터뜨렸으며, 아동이 어른이 되었을 때에 대해 이야기해 달라는 요청에도 반응하지 않았다. B씨는 자신이 애덤과 잘해 냈다고 느끼지 못했는지, 마지막에는 어깨를 축 늘어뜨렸다.

끝나고 하는 질문에 대한 대답으로, B씨는 애덤이 엄마와 떨어졌을 때 전형적으로 보이는 행동이라고 했다. "이것이 우리가 말씀드린 모습 그대로입니다. 집에서는 더 심하게 요구하곤 합니다." B씨는 어떤 활동을 그 자신이 가장 좋아했고 싫어했으며, 또한 애덤은 어떤 활동을 가장 좋아했고 싫어했는지에 대해 결정하는 것이 불가능했다.

애덤과 부모

엄마와 아빠는 테이블 앞에 나란히 앉고, 애덤은 그 사이에 앉는다. 애덤은 계속 입을 삐죽 내민 상태였으나 더 이상 울지는 않았다. 아빠가 카드를 읽고 모두 함께 활동을 했다.

1. 손탑 쌓기

엄마: 손탑 쌓기 할래? [애덤을 개입시키기 위한 생기 있는 노력?]

아빠: 내가 먼저 할게. (테이블 가운데 그의 손을 올려놓는다.) [부인을 지지해 주나?]

엄마: 그다음엔 나. (맨 위에 엄마의 손을 올려놓는다.) 우리가 얼마나 높게 만들 수 있는지 보자.

(애덤을 향해서) 이젠 네가 손을 올려놓으렴.

애덤: 싫어!

아빠: 자자, 맨 위에 올려놔 봐. 아빠가 아빠 손을 엄마 손 위에 올려놓는 거 볼래? (손탑 맨 위로 아빠의 다른 손을 올려놓는다.)

엄마: 엄마와 아빠는 놀아야지. ['아마 우리가 계속하면 따라 할 거야.' 라고 생각하나?]

애덤: (울며) 거기서 손 내려놔. (쌓인 손탑에서 엄마의 손을 떼어놓으려 한다.) 난 이 놀이 화 나. (반항적으로 팔짱을 낀다.) [그들의 친밀함에 분노하나?]

엄마: 이 놀이에 화가 나? 왜? [이해하기 위해 노력함?]

애덤: 싫으니까.

아빠: 왜? 이건 그냥 손인데…….

애덤: 싫어!

엄마: (아빠에게) 다음.

아빠: 다음. (다른 카드를 집어 든다.)

엄마: (애덤에게) 네가 이 놀이가 싫다면 그만할게.

[다시 한 번 애덤이 활동에 대한 그의 저항을 계속해서 보였기 때문에 애덤과 함께하는 것이 얼마나 힘든지 볼 수 있다. 엄마와 함께하는 아빠의 개입에 대해 분하게 여기는 것으로 보인다. 부모는 애덤을 활동에 개입시키기 위한 방법을 강구해 보려는 노력에 대해 서로 지지해 주고 있다. 부모 모두 이해하기 위해 노력하고 있다("이 놀이에 화가 나? 왜? 이건 그냥 손인데."). 애덤의 불안한 반응은 그들의 모든 노력을 좌절시킨다.]

2. 모자

아빠: (카드를 읽는다.) 부모와 아동은 서로에게 모자를 씌워 준다. (애덤은 계속 울고 있다.)

엄마: (미소 지으며) 모자다!!

아빠: (우스꽝스러운 모자를 집어 들고는 웃는다.)

엄마: 와, 애덤, 어떤 모자 써 볼래? 나는 마법사가 되어 볼래!

애덤: 싫어, 내가 마법사야! [엄마의 주장이 애덤의 대립을 개입시켰나? 아니면 모자가 부모가 서로 만지는 것보다 덜 위협적이고 더 개입시킬 수 있는 어떤 방법이 된 것인가?]

엄마: 좋아, 네가 마법사 해. (애덤에게 마법사 모자를 씌워 준다.) 나는 어떤 거 해줄래?

애덤: (선원 모자를 가리키며) [잠시 애덤이 참여한다.]

엄마: 내가 몸을 숙일게, 네가 나에게 씌워 줘. (애덤이 엄마의 머리에 모자를 씌워 준다.) 나 어때?

애덤: 별로.

아빠: 나는 어떤 거 해줄래?

애덤: (머리에서 마법사 모자를 치우며) 난 이 놀이 싫어.

엄마: 그럼 내가 마법사 해야지.

애덤: 안 돼! 내가 마법사야.

엄마: (애덤의 머리에 마법사 모자를 다시 씌워 주며) 근데 왜 모자를 벗어?

애덤: 이 놀이 싫어!

엄마: 어떤 걸 아빠한테 씌워 줘 볼까? (애덤이 손가락으로 모자 하나를 가리킨다.)

아빠: 네가 나한테 씌워 줘야 해.

애덤: 싫어.

엄마: 내가 아빠한테 씌워 주면 좋겠어? 네가 어떤 거 해줄지 나한테 말해 줘. (애덤이 모자 하나를 가리킨다.)

애덤: 엄마가 해야 돼. [애덤이 지시를 하는 동안은 괜찮은가?]

엄마: (애덤을 쳐다보며) 넌 마법사 같다. (반응 없음) 넌 마법사처럼 보이는 게 싫어? 할로윈(Halloween) 때 마법사가 되었었지?

애덤: (울기 시작한다.)

[엄마가 마법사 모자를 고르자, 애덤은 자신을 위해 그 모자를 요구했다. 잠시 동안 애덤은 자신의 모습을 잊어버리고 엄마가 자신에게 모자를 씌워 주는 것을 허용했다. 애덤은 엄마와 아빠를 위해서 모자를 고르기도 하였다. 그러나 애덤은 재빨리 행동을 철수하며, "난 이거 싫어."라고 말하고는 마법사 모자를 자신의 머리에서 벗어 던진다. 애덤이 조금 참여했던 그 순간에 활동의 진행을 요구하는 모습을 보인다("엄마가 해야 돼."). 그렇기는 하지만 이러한 즐거운 상호작용 놀이는 개입하기에 대한 아동의 저항을 간단하게 극복할 수 있도록 한다.]

치료사의 평가

가족 간의 상호작용을 관찰했을 때, 어떤 일들이 이러한 상태를 만들었을까 궁금했다. 부모는 보살피고 사랑해 줄 수 있는 능력이 있으며, 많이 노력하고 있고, 제공할 수 있는 것이 많았다. 어떻게 한 어린 소년이 꾸짖는 성인과 같은 소리를 낼 수 있게 되었을까? 애덤은 엄마와 떨어지는 것을 참을 수 없어 하고, 엄마와 함께 있을 때는 엄마를 거부하고 분노하기 시작한다. 어떻게 애덤의 아빠는 애덤의 관심 밖으로 멀어져 버렸을까? 무엇이 그들을 다시 하나가 되게 할 수 있을까?

MIM을 관찰하고 주의 깊게 연구한 과정을 보여 주기 위해 애덤과 부모의 관찰을 바탕으로 처음 제시한 여섯 가지 질문에 대한 답을 제시하였다.

1. 이 아동과의 하루 24시간의 삶은 어떠할 것 같은가? 우리는 즉시 그것이 매우 어려울 것이라 대답할 수 있다. 애덤은 매우 쉽게 흥분하고 모든 것을 통제하기 위해 필사적으로 노력한다. 항상 달걀껍질 위를 걷는 것 같은 느낌일 것이다. 그의 분노에 찬 저항은 어떤 일 때문이든, 어느 때든 촉발될 수 있다.

2. 이 부모와 함께 사는 것은 어떠할 것 같은가? 애덤의 요구와 분노발작에 대해 확고함을 유지하는 것이 쉽지 않다는 것을 이해하기는 하지만, 애덤이 부모의 강력한 통제를 원하는 것은 아닌지 의문이 든다. 애덤은 부모의 인내심을 나약함으로 느끼는 것은 아닌가? 애덤은 "부모가 내 앞에서 우뚝 설 수 없다면 어떻게 나를 돌봐 줄 수 있을까?" 라고 스스로 물어보고 있을 수도 있다.

3. 관계에서 어떤 일이 일어나고 있는가? 부모는 애덤을 개입시키기 위한 그들의 노력에 인내심을 갖고 침착함을 유지할 수 있는 능력이 있다. 즐거움은 애덤을 개입시킬 수 있는 중요한 요소가 될 수 있으며, 애덤에게 허용적일 수 있고, 안정적인 느낌을 가질 수 있도록 해주는 것처럼 보인다. 애덤이 양육적인 관계를 더 좋아한다는 것에 대한 단서가 있긴 하지만, 애덤은 어떠한 접근에도 매우 저항적이다.

4. 어떤 것이 잘 이루어지지 않고 있으며 변화되어야 하는가? 가장 분명한 문제는 애덤의 주도하고자 하는 불안한 욕구와 아동의 이러한 부담을 해결할 수 있도록 자신감 있는 안내를 부모가 제공해 주지 못하고 있다는 것이다. 부모는 부모로서 적절한 역할을 하기 위해 노력하지만, 애덤은 이러한 시도가 쉽게 달성되도록 하지 않는다. 애덤을 다시 안정시킬 수 있는 방법을 찾아야 하며, 부모에게는 아동의 욕구에 대해 안내와 구조를 제공해 줄 수 있는 부모의 능력에 대한 자신감을 가질 수 있도록 한다.

5. 아동이 부모에게 원하는 것은 무엇인가? 애덤은 신뢰감을 느낄 수 있도록 자신이 의지할 안전기지를 제공해 줄 수 있는 부모의 분명하고 확고한 구조와 양육적인 돌봄을 요구한다. 엄마를 붙잡아 두려는 데서 나타나는 애덤의 불안은 엄마가 자신의 욕구를 충족시킬 수 있을지에 대해 확신하고 있지 못하는 데서 기인하는 것 같다. 애덤은

이러한 패턴을 변화시키려는 노력에 저항하겠지만, 그럼에도 불구하고 그의 부정적인 태도를 변화시켜서 새롭고 예상치 못한 개입방법에 반응할 수 있어야만 한다.

6. 이 가족은 얼마나 강점을 가지고 있으며, 가족이 원하는 모습으로 변화하기 위해 어떠한 도움이 필요한가? 애덤의 부모는 그를 매우 아끼며, 변화하고자 하는 강한 동기를 가지고 있다. 그러나 그들에게 자신들이 나아가야 할 명확한 방향에 관한 것은 결핍되어 있다. 부모는 치료에 대해 개방적이며, 참여하고자 하는 강한 열망을 갖고 있다. 애덤은 영리하고, 분명하게 저항하기는 하지만 개입적인 아동이며, 앞으로 주어질 변화에 대한 도전을 충분히 받아들일 수 있을 만큼 견고하다. 애덤의 부모는 아동의 부정적인 태도와 짜증을 잘 내는 행동 때문에 아동의 숨은 욕구를 잘못 이해하고 있음을 깨달아야 한다. 아동의 주도하는 모습 이면에 있는 요구적인 행동은 성인이 주도할 수 없고, 자신을 안전하게 하지 못하며, 더 차분하고 만족스러운 상황으로 이끌어 주지 못한다는 것에 대한 불안인 것이다.

부모에게 피드백 주기

부모의 불안을 감소시키기 위해 피드백 회기는 MIM 회기 후 일주일 이내에 계획되어야 한다. 이러한 회기는 전형적으로 60~90분 정도 진행된다. 아동은 이 회기에는 참여하지 않는다. 만약 부모가 모두 있다면 부모 모두 참석해야 한다. 정보를 함께 듣고 공유하는 것에 대해 많은 갈등이 있는 별거 중이거나 이혼한 부부의 경우에는 예외가 될 수 있다. 이때는 피드백 회기를 따로 진행한다.

피드백 회기를 준비하기 위해서는 MIM이 주의 깊게 분석되어야 하고, 어떤 차원에 특별히 초점을 맞출 필요가 있는지가 사정되어야 하며, 부모에게 관찰한 내용에 대해 해석해 주기 위한 계획이 세워져야 한다. 치료사의 해석을 알려 주기 위해 부모에게 보여 줄 녹화 비디오의 두 부분 혹은 세 부분을 선택한다. 이러한 부분들은 가능하다면 긍정적인 상호작용을 강조할 수 있어야 한다. 6장에서는 피드백 회기를 어떻게 계획하고 실행하는지에 대해 더 자세히 설명하였다.

피드백 회기에서는 부모를 돕는 과정이 시작된다. 이는 보다 공감적이고 이해하는 방식으로 자녀를 바라볼 수 있도록 가르쳐 주고, 새롭고 효과적인 태도로 관계를 맺을 수 있는 방법을 제시하며, 치료과정의 대략적인 흐름에 대해 알려 주는 것을 포함한다. 부모는 자녀와 원하는 관계를 이룰 수 있다는 낙관적인 관점을 새롭게 갖고 피드백 회기를 마쳐야 한다.

긍정적인 것에 초점 맞추기 피드백의 주요 초점은 관계의 긍정적인 면을 찾아내고 잘 이루어진 상호작용을 강조하는 것이다. 예를 들어, 애덤의 분노와 요구적인 태도에 대해 부모가 모두 매우 참을성 있고 차분했다는 것을 들 수 있다. “매 순간 아이에게 사랑스럽고 즐거운 활동을 제공했는데, 아이가 거절했어요. 쉽지 않으셨을 거예요.” 어머니가 소리 나는 동물 인형을 사용한 과제에서 애덤을 참여시키기 위한 방법을 찾기 위해 끊임없이 노력했고, 이러한 노력은 애덤에게 어머니가 진심으로 그와 함께 놀고 싶어 한다는 강한 메시지를 전달했다는 것을 어머니에게 알려 주었다. 애덤이 자신을 돌봐 주려는 아버지의 노력(아동의 눈에서 눈물을 닦아 준 것)을 보았을 때 아버지에게 기대고 울음을 그치는 반응을 보였던 부분을 아버지에게 보여 주었다. 분명히 아버지는 애덤을 안정시키는 능력이 있다. 침착함을 유지하고 애덤이 흥분했을 때 안심시키는 아버지의 능력 또한 매우 도움이 된다. 또한 손탑 쌓기 놀이에서 애덤을 참여시키려는 어머니의 노력에 대해 아버지가 지지해 줌으로써 애덤이 이후 활동에서 좀 더 협조적이 되었다는 것도 언급하였다.

때때로 아동은 부모의 특정한 행동에 좀 더 긍정적으로 반응하기도 한다. 예를 들어, 어머니의 평소 교육적이고 지적인 접근에 저항하는 아동은 어머니가 양육적인 태도로 바꾸었을 때 더 협조적이고 반응적일 수 있다. 애덤의 경우, 어머니의 즐겁고 놀리는 듯한 접근이 애덤을 가장 효과적으로 개입시킬 수 있었다. 비디오테이프를 통해 이러한 차이점을 살펴보고 그에 대해 치료사와 논의해 보는 것은 어머니에게 강력한 영향을 미쳤다. 어머니가 자발적으로 했던 어떤 행동과 아동의 보다 협조적인 반응을 연관 지을 수 있는지 아는 것은 상호작용에서 어머니가 그 차이점을 훨씬 더 쉽게 이해하고 앞으로도 그 행위를 반복할 수 있도록 해준다.

부모가 자신의 행동을 이해하도록 돕기 피드백 회기에서 이루어지는 논의는 종종 부모에게 자신의 반응에 대한 새로운 통찰과 전형적으로 ‘갑자기 변화’ 하는 아동의 행동을 다룰 수 있는 이해와 동기를 얻을 수 있게 한다. 애덤이 아주 작은 아기였을 때에 대한 이야기를 해줄 때, 애덤이 어머니의 이야기를 얼마나 듣고 싶어 했는지를 언급했다. 어머니에게 이 부분에 관한 비디오테이프를 보여 주며 “어머니의 어떤 반응이 애덤의 기분을 달라지게 했다고 생각하세요?" 라고 질문했다. 어머니는 애덤이 조용한 아기였다고 했던 것이 애덤을 실망시켰다는 사실을 발견할 수 있었다. 어머니는 "만약 제가 애덤에게 애덤이 얼마나 귀여운 아기였고, 제가 애덤을 안거나 껴안는 것을 얼마나 좋아했는지에 대해 말해 주었다면 계속 흥미를 가질 수 있었을까요?" 라고 물었다.

부모가 자녀의 욕구를 이해하도록 돕기 피드백 회기에서는 부모가 자녀의 감정과 욕구에 대해 더 잘 이해할 수 있도록 도와주어야 한다. 예를 들어, 어머니가 매우 친절하게 애덤에게 로션을 발라 주려 했지만, 애덤은 그의 피부에 로션을 바르는 것을 꺼렸다는 점을 설명해 주었다. "어머니는 애덤에게 많이 발라 주려 했고, 애덤은 접촉에 매우 민감하기 때문에 아직 그것을 받아들일 수 없었어요. 앞으로 어떤 유형의 접촉이 애덤에게 최선이 될 것인지 알아보기 위해 여러 가지를 시도해 볼 거예요."

더 확고하게 주도할 필요가 있다는 것을 강조해 주었다. 모든 질문에 일정하게 "싫어!" 라고 한 애덤의 대답을 부모 모두에게 언급하면서 그들의 질문을 최소화할 것을 제안하였다. 애덤과의 상호작용에서 좀 더 주도권을 갖는 것이 어떤 느낌인지에 대해 물었을 때, 부모는 모두 그것을 어떻게 할 수 있는지 배우고 싶다고 하였다.

애덤이 왜 이처럼 주도하려는 욕구를 가진 아이로 성장하게 되었는지에 대해 함께 추측해 보았다. "애덤이 6주가 되었을 때, 어머니는 일을 다시 시작하여야 했고, 안전하다고 느끼게 해주거나, 책임지고 돌봐 줄 수 없는 보모에게 애덤을 맡기고 떠났어요. 게다가 습진의 고통은 애덤이 어느 누구도 자신을 편안하게 하거나 진정하게 해줄 수 없다고 믿게 만들었지요. 시간이 지나면서 애덤은 슬프거나 편안함을 받아들일 수 있는 열린 마음보다는 오히려 화내고 요구하는 행동을 함으로써 자신의 고통을 표현하기 시작했어요. 지금은 부모님과 애덤이 함께 있을 때 그의 화내거나 거절하는 태도가 부모님을 당황시키고 마음의 상처를 받게 할 거예요. 부모님은 침착함을 유지하고 즐거운 방법으로 아이를 개입시키기 위해 매우 힘들게 노력하겠지만, 부정적으로 반응하지 않도록 하는 것은 매우 어려운 일이지요. 그러면 애덤은 자신이 다시 거절당한다는 느낌을 받을 거예요."

"애덤의 주도하려는 욕구는 애덤을 안전하다고 느끼게 하지 못하며 성장을 방해합니다. 애덤의 치료사인 매들린은 애덤을 즐거운 활동에 개입시키는 것뿐만 아니라 좀 더 안전함을 느끼게 하고, 진정할 수 있게 하며, 침착할 수 있게 도울 수 있는 방법을 보여 줄 거예요. 매들린이 애덤과 놀이하는 동안, 제[해석치료사]는 부모님들이 치료사가 무엇을 하고 있는지, 또한 애덤이 어떻게 반응하고 있는지에 대해 이해할 수 있도록 도와드릴 거예요. 가끔 부모님께 과제를 내드릴 건데, 이를 통해 부모님은 우리가 발견한 애덤과 잘 이루어졌던 새로운 방식을 연습해 보실 수 있을 겁니다."

치료 초기에는 치료사가 아동과 상호작용을 하는 동안 초기 몇 회기를 부모가 살펴볼 것인지, 적어도 한 부모가 치료 초기부터 아동의 치료 상황에 참여할 것인지가 결정된다. 5장에서는 부모가 관찰을 하는 이유에 대해 논의하였다. 이러한 결정은 피드백 회기에 의논되어야 한다. 애덤의 경우는 처음 두 회기 동안 부모가 관찰을 하도록 결정했다. 관찰한 결과에 따라 판단하건대, 아동의 저항은 혼란스럽거나 어머니와의 분리로 인한 극도의 고통 때문이 아니었고, 아동은 어머니와의 분리를 충분히 견딜 수 있었다. MIM 회기에서, 투덜거리고 괴롭다는 표현을 하기는 했지만 아동에게는 보다 편안한 개입으로 쉽게 변화할 수 있는 많은 신호를 볼 수 있었다. 부모가 회기에 참여하게 되면 새로운 접근에 대한 아동의 수용을 지연시킬 것이라 판단되었다. 또한 애덤의 부모는 어느 정도 회기를 지켜보는 것이 더 좋았다. 부모는 새로운 접근법이 어떤 것인지에 대해 볼 수 있으며, 애덤의 욕구에 대해 통찰할 수 있었다. 애덤의 부모는 한 명 혹은 두 명 모두가 회기 초반부터 참여하게 되면, 징징거리고 투정부리는 애덤의 평소 패턴에 고착될 것이라 생각했다.

치료사는 애덤의 부모에게 애덤이 그들이 회기에 참여하지 않는 것과 즐거워하는 것에 대해, 그리고 주도하는 치료사와 함께하는 것에 대해 어떻게 반응할 것인지 예측해 보도록 하였다. 그들은 아동이 당황할 것이며, 상호작용을 주도하는 것에 대해 매우 능숙한 언어적 기술을 동원하여 항의하거나 불평할 것이라 예측했다(올바른 예측이었으며 곧 발견할 수 있었다). 치료사들도 이러한 일이 일어날 수 있다는 것에 동의했고, 아동이 지나치게 흥분하기 시작하는지에 대해 치료사가 특별히 주의를 기울일 것이라고 부모를 안심시켰다. 만약 이러한 상황이 일어나면 어머니를 치료실로 들어오게 할 수 있다. 치료사는 부모에게 아동의 고통에 대해 어떻게 느끼는지 물었다. "우리는 아이가 흥분하는 것을 보고 싶지 않아요. 그러나 정말 변화가 필요합니다. 더 이상은 이런 일들이 계속되게 할 수 없어요."

치료놀이 치료를 위해 찾아온 대부분의 아이들은 저항의 시기를 거치게 된다고 애덤의 부모에게 말해 주었다. "몇몇 아이들(아마 애덤도 그중 한 명이 될 것이다)은 초기부터 바로 경험하게 될 수 있어요. 또는 몇 번의 회기가 진행된 이후에 시작될 수 있고요. 우리는 아동이 가능한 한 즐거움을 느낄 수 있도록 돕거나 개입시킬 수 있는 다양한 방법을 찾고, 아동과 함께 있으며, 평온함을 유지한 채 이러한 상황을 다룹니다."

치료계획 세우기 피드백 회기가 끝나면, 치료사는 치료를 시작할지에 대해 부모의 동의를 얻어야 한다. 어떤 경우에는 치료놀이 치료를 권하지 않을 수도 있다. 이는 다른 치료기법을 통해 아동이 더 도움을 받을 수 있다고 판단되거나, 치료를 받지 않아도 잘 지낼 수 있다고 여겨지거나, 유일한 중재로 치료놀이를 하는 것에 충분히 안정적이지 않다고 생각되는 가족의 경우에 해당한다(이 내용에 대한 논의는 5장을 참조하라).

치료를 권한다면 치료놀이에 어떤 것이 뒤따르게 되는지에 대해 설명하고, 치료목표에 대해 논의하며, 치료 시간과 기간에 대한 동의를 얻는 것이 피드백 회기에 포함되어야 한다.

어떤 아동이든지 치료놀이를 계획하는 데에는 부모-자녀 상호작용의 본질에서 비롯된 판단과 문제에 대한 치료사의 이해를 바탕으로 아동의 욕구를 회복시키는 정서적 경험의 제공이 절대적이다. 관찰된 상호작용에서 명백하게 드러난다면, 예를 들어 한 아동이 자신의 나이보다 어린 정서적 욕구를 가지고 있을 때, 치료사는 부모에게 모든 차원에서 아동의 나이보다 어린 방식의 활동을 활용함으로써 아동의 욕구를 찾아낼 방법을 강구할 것이라 설명해 주어야 한다.

애덤의 부모는 치료놀이 치료를 간절히 바라고 있었다. 부모는 애덤과의 문제에 대한 해결책을 찾지 못해 절망하고 있었고, 치료놀이가 도움이 되기를 희망하고 있었다. 시작은 집중적 치료로서 일주일 동안 5회의 치료놀이 회기를 계획했다. 그리고 긴 간격을 두고 애덤의 가족이 다시 시카고로 돌아올 수 있을 때 4회의 회기를 이어 진행하는 것으로 서로 동의하였다. 애덤의 치료목표는 부모의 원래 목표에서 실현 가능한 것(부모의 침대에서 아동을 떼어내기, 엄마에게서 분리되도록 돕기, 유치원에 들어갈 수 있도록 준비시키기)으로 수정하였다. 피드백 회기 마지막에 결정된 목표로는 협동하는 데 아동이 보다 긍정적이고 의욕적으로 느낄 수 있도록 돕는 것과 부모와 함께하고 부모가 주도권을 갖는 것이 즐거울 수 있으며 아동을 더 진정시킬 수 있다는 것에 대한 신뢰감을 갖도록 돕는 것이었다. 이것이 성취되면, 아동은 더 이상 상호작용을 통제할 필요가 없다. 아동은 자신의 침대에서 잠잘 수 있을 것이며, 어머니에게서 분리될 수 있고, 유치원에 잘 적응할 수 있을 것이다. 애덤의 부모를 위한 목표로는 한계 설정을 좀 더 단호하게 하고, 양육과 안심시키기를 위한 아동의 욕구에 반응할 방법을 찾는 것이 될 수 있다. 치료사들은 가족이 애덤의 초기 삶에서 잃어버렸던 상호작용의 즐거움을 다시 회복할 수 있도록 만들어 주고자 했다.

애덤의 치료에서는 양육적인 활동이 강하게 강조될 것이다. 왜냐하면 아동은 아기였을 때 받지 못했던, 현재의 과잉민감성과 과잉반응 상태를 차분하게 할 수 있고 진정시킬 수 있는 경험이 필요하기 때문이다. 애덤에게는 그가 안전과 안정감을 느낄 수 있도록 하는 많은 경험이 필요하다. 아동을 개입시키되, 너무 자극시키지 않을 만한 방법을 찾는 것이 중요하다. 또한 매우 명확한 구조를 제공하고자 한다. 두 부분 모두 아동이 성인의 주도를 수용할 수 있게 도와주는 것이며, 또한 보다 나은 정서적 자기조절을 배울 수 있도록 돕는 것이다. 도전적 활동이 아동의 흥미를 이끌기 위해 유용하지만, 이 거짓 성숙된 작은 아이에게는 더 빨리 성장하도록 격려하기 위한 도전은 필요하지 않다. 어머니에게 매달리는 행동은 성장하는 것을 두려워하는 것의 신호라 볼 수 없으며, 이는 오히려 아동이 엄마를 원할 때 엄마가 옆에 있어 줄 것이라는 확신이 없는 것에서 오는 신호라 할 수 있다.

치료놀이 회기의 순서 계획하기

치료놀이 사정과 피드백이 끝나면 가능한 한 빠른 시일 내에 첫 번째 치료놀이 회기를 계획한다. 각각의 회기를 준비할 때는 하고자 하는 활동에 대한 계획을 세우며 정한 활동을 어떤 순서로 할 것인지에 대해 계획한다. 아동의 관심을 붙잡기 위한 가장 좋은 방법이 무엇이 될지에 대한 고려와 이 특별한 아동을 위해 치료사가 강조하고 싶은 차원에 대해 유의한다. 잘 구조화되고 잘 계획된 회기를 제공하기 위해 치료 상황을 꺼리는 아동의 개입을 이끄는 활동과 즐거움의 레퍼토리를 갖는 것이 필수적이다.

회기는 치료목표와 아동의 현재 욕구를 고려하여 미리 계획되지만, 그 계획은 아동의 반응에 근거하여 항상 변화될 수 있다. 아동에게 민감하게 반응하는 것은 항상 치료사의 최우선적인 고려사항이 되어야 한다.

잘 계획된 치료놀이 회기는 다음의 요소들을 포함하는데, 이는 아동의 즉각적인 요구에 따라 변형될 수 있다.

- 도입
  - 인사활동
  - 체크업 활동
- 회기 내 중심활동: 욕구에 따라 다음의 것을 적절하게 섞는다.

- 구조적인 활동
- 개입적인 활동
- 양육적인 활동
- 도전적인 활동

• 끝맺음
- 헤어짐
- 바깥세상으로 나아감

도 입

도입 부분은 인사활동과 체크업 활동으로 나누어진다. 5장에서는 아동에게 치료의 전반적인 특성에 대한 소개를 위한 인사활동의 중요성에 대해 논의하였다. 다음은 치료를 하는 동안 각각의 회기를 어떻게 시작할 수 있을지에 대한 설명이다.

인사활동 인사활동의 목적은 아동이 새롭게 발견된 즐거움을 경험할 수 있도록 하는 것이다. 이 초기 인사는 치료사가 대기실에서 처음 아동을 만나는 순간부터 시작된다. 인사는 기분 좋은 것이어야 하며 개인적이어야 한다. 목소리와 얼굴 표정 및 사용 어휘를 통해 치료사는 새 친구를 만나거나 옛 친구와 재회하는 것과 같은 기쁨을 전달한다. 이러한 기쁨의 표현은 부모-자녀 관계에서도 찾아볼 수 있다. 어머니는 아기가 잠에서 깨어났을 때 즐거워하며, "잘잤니, 예쁜 아가야." "오늘은 얼마나 컸나 볼까?" 혹은 "우리 아기 잡으러 간다! 여기 있네!"라고 말한다. 치료놀이 치료사는 이와 같은 행복함과 개입적인 접근을 취해야 한다. 다음은 아동을 치료놀이 회기로 이끌 수 있는 따뜻하고 적절한 인사의 예다. "와! 내 친구 페이지 아니니?" "안녕 라이언, 오늘 하루 종일 널 만나기만을 기다리고 있었어!" "우리 치료실에 들어갈 때까지 업어 줄게."

만약 초기부터 부모가 회기에 참여하도록 결정되었다면, 부모도 인사활동에 참여하며 놀이방으로 들어오게끔 하는 활동에 함께하도록 격려된다. 부모가 초기 몇 회기는 밖에서 관찰하도록 계획되었다면, 치료사는 가능한 한 아동이 쉽게 부모와 분리될 수 있도록 해야 한다. 부모 혹은 아동이 분리에 대해 불안해하는 것처럼 보이면, 치료사는 부모에게 "어머니, 우리는 조금 있다 어머니를 만나러 다시 올 거예요. 어머니는 여기서(관찰실) 우리가 돌아올 때까지 기다리시면 됩니다."라고 말할 수 있다. 또한 아동에게는 "너의 엄마와 아빠는 일방경을 통해 우리를 보실 거야. 우리가 끝나면 다시 엄마, 아빠를 만날 거야."라고 말해 줄 수 있다.

이러한 경우에는 보통 분리가 쉽게 이루어진다. 만약 그들의 분리가 어렵다면 몇 분 동안 부모를 치료놀이실에 초대할 수 있다. 이때 치료사는 아동에게 "엄마가 널 기다리러 다시 가시기 전에 네가 얼마나 균형 잡기를 잘 하나 보여 드리자."라고 말할 수 있다. 어머니는 한 활동을 본 후 박수를 쳐 주고는 나갈 수 있다.

체크업 활동 체크업 활동의 목적은 (1) 일주일의 헤어짐 후 다시 만나기, (2) 치료사가 항상 같은 자리에 있는 아동의 주근깨와 특별한 근육을 찾을 수 있으며 기억하고 있다는 것을 보여 줌으로써 자기 항상성을 갖게 하기, (3) 치료사가 지난주와 이번 주에 잰 것을 비교함으로써 아동이 성장할 수 있는 능력이 있다는 것을 전달하기의 세 요소로 이루어져 있다.

회기는 아동을 주의 깊게 살펴보고, 아동의 모든 특별한 특성을 찾아보는 점검으로 시작한다. 여기에는 아동의 눈동자 색깔, 치료사가 아동을 부채질했을 때 아동의 머리카락이 움직이는 모습, 볼의 보조개 등이 포함될 수 있다. 치료사는 아동의 미소가 얼마나 큰지 볼 수 있고, 아동의 밝은 갈색 눈이 지난주와 같이 반짝이는지, 또는 아동의 발가락으로 얼마나 많은 솜공을 집을 수 있는지 살펴볼 수 있다. 만약 아동이 이러한 지나친 친밀감에 불편해한다면 좀 더 활동적인 체크업을 할 수 있고, 또는 회기 마지막 부분으로 연기할 수도 있다. 대부분의 아동들은 "네 양말 속에 뭐가 들어 있나 궁금한데." 혹은 "네가 문에 스티커를 얼마나 높게 뛰어 붙일 수 있는지 보자."와 같은 즐거움을 환영한다.

회기 내 전형적인 활동

회기를 계획할 때, 치료사는 아동의 욕구에 적절한 차원의 활동을 선택해야 한다. 오직 하나의 차원에만 초점을 맞추는 일은 드물다. 다음에 제시한 것은 각 차원의 특성에 맞는 활동 목록을 짧게 정리한 것이다. 부록 B에는 활동의 더 긴 목록이 제시되어 있다. 많은 활동은 하나 이상의 차원으로 이용될 수도 있다. 그러나 명확한 설명을 위해 '이 활동의 주요 목표는 무엇인가?'와 같은 질문이 도움이 될 수 있다. 예를 들어, 까꿍놀이는 개입과 도전의 차원 모두에서 사용될 수 있다. 각 활동의 목적과 방법은 특정 상황에서 그 활동이 개입적인 활동으로 분류되는지 혹은 도전적인 활동으로 분류되는지를 결정한다.

- 구조활동에는 '셋을 셀 때까지 기다렸다가 뛰기' '엄마, 해도 돼요?', 손탑 쌓기, 손과 몸의 윤곽 따라 그리기 등이 포함된다.
- 개입활동에는 박수치기 게임, 주근깨 세기, 숨바꼭질, 노젓기, 솜공 찾기 등이 포함된다.
- 양육활동에는 먹여 주기, 로션이나 파우더 발라 주기, 안아 주기, 자장가 불러 주기, 요람 태우기 등이 포함된다. 좀 더 큰 아이들을 위해서는 매니큐어 발라 주기, 페이스페인팅, 파우더나 물감으로 발도장 찍기 등을 할 수 있다. 물론 활동이 끝난 이후에는 친절하게 발을 닦아 주는 것이 필요하다.
- 도전활동에는 방석 위에서 균형 잡기, 팔씨름, 엄지손가락 씨름, 신문지 펀치, 줄다리기, 솜공 가져가기 등이 있다.

각 차원이 각각 다른 목적을 갖기는 하지만, 모든 차원은 아동과 성인 간의 관계를 증진시키고자 하는 데 공통적인 근본적 목적이 있다. 모든 활동은 (1) 아동이 만성적인 불신, 외로움, 고독감의 경험에서 벗어나게 함, (2) 아동이 '나쁜', 무가치하고, 소외되며, 무능한 자기 이미지에서 탈피하도록 함, (3) 아동이 자신을 집단의 구성원으로서 바라볼 수 있도록 함을 가능하게 한다.

활동 순서 계획하기

아동의 욕구에 맞는 차원에 따라 활동을 선택할 때, 치료사는 활동적이고 차분한 활동 간의 균형과 적절한 흐름을 위해 회기 내 활동의 순서도 계획해야 한다. 조용한 체크업 활동 이후에는 생기 있고 즐거운 활동으로 전환한다. 예를 들어, 부드럽고 친절하며 차분한 활동을 위해 느긋이 진행하다 다시 생기 있는 점점 커지는 활동으로 발전시키고, 마지막에는 가능하다면 먹여 주기 활동과 함께 조용히 노래 불러 주기 활동이 통합된 분위기를 만든다. 회기가 진행되는 동안에 치료사는 한 활동에서 다음 활동으로 확신 있는 전환을 하며 구조를 제공하고, 아동이 안전하도록 하며, 필요할 때에는 규칙을 명확하게 해야 한다. 이러한 보편적인 형식과 더불어 특별한 문제(예를 들어, 새로운 경험에 대해 두려워하는 아동, 신체 접촉을 피하는 아동, 신체 불균형으로 불편함을 겪는 아동, 잠시도 쉬지 못하거나 과잉행동을 하는 아동)는 이를 도울 수 있도록 특별히 고안된 활동을 통해 다루어진다. 5장에는 치료사가 각 아동의 특별한 욕구에 맞춰 접근할 수 있는 방법에 대한 좀 더 세부적인 내용이 제시되어 있다.

물론 이렇게 제시된 형식을 고정적으로 따를 필요는 없다. 예를 들어, 가끔 아동이 회기에서 불안한 듯 보이면 가장 좋은 방법으로 인사활동을 마친 후, 아동을 차분하게 만들 수 있는 양육적인 활동을 시작할 수 있다. 때로 아동의 삶이 대립과 갈등의 연속이었을 경우, 아동은 오직 순서와 예측 가능성만을 요구한다.

그러나 인사활동과 끝맺음 활동은 모든 치료놀이 회기에서 필수적인 요소다. 예를 들어, 치료놀이가 필요한 아동들은 그들의 생활 속에서 잠자는 시간이나 밥 먹는 시간 등이 예측 가능하지 않을 수 있으므로 공간과 시간의 경계가 명확하지 않다. 그러므로 치료놀이 회기의 시작과 끝은 치료놀이의 물리적 장소를 포함하여 명확하게 연결될 수 있도록 한다. 회기 시작 때 마음대로 걸어 다닐 수 있거나, 회기가 끝난 후 확 나가 버릴 수 있도록 허용되거나, 무계획적인 회기를 경험한 아동은 정체성에 더 큰 혼란을 느끼거나 세상에 대해 분산된 느낌을 더 강하게 받을지도 모른다.

끝맺음

회기가 끝난다는 것은 치료사와 헤어지는 것과 다시 부모에게 돌아간다는 것의 두 가지 측면을 갖는다.

헤어짐 관계에 대한 느낌을 유지시키고, 아동이 함께한 경험을 잘 가지고 일상생활로 돌아갈 수 있도록 하는 것이 그 목표다. 아동의 신발을 신겨 주는 동안 오늘 회기에서 어떤 것이 즐거웠는지 치료사와 아동이 함께 생각해 보거나, 한 주 동안 연속해서 해보도록 제안할 수 있다. 예를 들어, "케빈, 난 오늘 발끝으로 살살 걸어가기 게임에서 네가 한 방법이 정말 마음에 들었어. 이번 주에 네가 친구들과 함께 이 놀이를 같이 해보면 좋겠다." "어머니, 샐리와 함께 샐리가 잠들기 전 매일 밤 특별한 노래를 함께 불러 보시겠어요?" "난 네 생각을 할 거야."

부모에게 돌아가기 마지막 단계에서는 '바깥세상' 으로 다시 돌아가기 위한 준비로서 자켓 입기를 도와주거나 아동의 신발이나 양말을 신겨 준다. 아동에게 "우리 수요일에 만나자." 라고 상기시켜 줄 수 있다. 만약 부모가 회기에 함께 참여했다면 부모도 이러한 과정에 도움을 줄 수 있다. 아동과 부모가 "손을 잡은 채로 차까지 갈 수 있을지 볼까요?" 처럼 가능한 한 오래 서로 연결된 상태가 되도록 할 수 있다. 아동을 대기실에 혼자 남겨 두거나 혹은 부모를 두고 출구 밖으로 혼자 뛰어가도록 두어서는 안 된다. 치료사는 부모가 치료사와 아동의 집에서의 생활 간에 지속성을 제공할 수 있다는 메시지를 전달할 수 있다. 만약 부모가 회기에 참여하지 않았다면 아동의 손을 잡고 부모에게 데려다 준다. "어머니, 아버지, 새라가 집에 도착하면 엄마, 아빠랑 같이 해볼 수 있는 재미있는 놀이를 배웠어요." 아동이 부모에게 돌아갔을 때, 치료사가 부모를 위해 안내해 주는 것의 하나로 부모에게 아동의 경험에 대해 물어보지 말 것을 조언할 수 있다. 하지만 아동이 자발적으로 말하는 것에는 간단하게 들어주도록 한다.

 치료하기: 1~4회기

다음은 치료의 순서와 어떻게 치료를 구조화할 수 있는지에 대해 논의하고자 한다.

초반 4회의 치료놀이 회기에서, 부모는 자녀와 치료사에게 무슨 일이 일어나고 있는지에 대해 이해하고 생각해 볼 수 있도록 도와주는 해석치료사와 함께 관찰실에 앉는다. 만약 초기부터 부모가 회기에 참여하도록 결정하였다면, 부모는 치료실에 들어와 아동을 무릎 위에 앉히거나 아동과 부모가 나란히 방석 위에 앉아 있는다. 치료놀이 치료사는 적극적인 역할을 맡고, 부모에게 기회를 주어 아동과 상호작용을 해볼 수 있도록 격려한다. 치료가 진행되어 감에 따라 부모는 치료실에 참여하는 시간이 점점 더 많아질 것이며, 점점 더 활동적으로 참여하게 될 것이다.

5회기부터 부모는 각 회기 후반에 치료놀이실에 들어와 아동과 함께한다. 항상 그런 것은 아니지만, 대부분의 아동은 치료에 대한 반응으로 예측 가능한 단계를 거친다. 불확실한 수용 단계에서 아동은 "흥미로워요. 조금 이상하긴 하지만 재미있을 것 같아요."라고 말한다. 이러한 단계에 이어 저항의 단계가 뒤따른다. 이 단계에서 아동은 치료사와 부모가 새로운 방법으로 개입하는 것에 저항하기 위해 이를 중단하고자 하는 모든 노력을 기울인다. 이는 마치 아동이 "이전의 난 아무도 믿지 않았어요. 근데 왜 내가 선생님을 믿어야 하지요?"라고 말하는 듯하다. 이 단계 이후에는 신뢰와 성장 단계가 온다. 이때 아동은 "글쎄, 내 생각에 이건 정말 괜찮을 것 같아요. 선생님을 믿어도 될 것 같아요."라고 말하는 것처럼 보인다. 이 단계가 잘 수립되면, 부모는 치료놀이 회기 안에서 즐거운 상호작용을 하게 되고 집에서도 잘할 수 있다. 이때가 종결을 계획해야 하는 시기다. 5장에서는 치료의 이러한 단계에서 치료사가 어떻게 아동을 안내해 줄 수 있을지에 대한 더 많은 정보를 제시하였다.

애덤의 치료는 일반적인 치료 패턴에 비해서는 짧았지만, 과정의 각 단계에서 어떤 일이 일어나는지에 대해 분명히 보여 줄 수 있다. 애덤의 경우, 세 번째 회기 끝부분부터 어머니가 참여했으며, 부모가 함께는 마지막 두 번의 회기에 참여했다.

애덤은 불확실한 수용의 단계를 건너뛰고 바로 강한 저항의 단계를 시작하였다.

애덤의 치료

엄마에게서 분리되면 저항을 보일 것이라고 미리 예상했음에도 불구하고 부모의 참여 없이 치료를 시작하였고, 그렇기에 치료놀이 치료사는 그들이 회기에 참여하기 전에 관여할 수 있는 새로운 방법을 설정하였다. 그러나 완전히 분리되는 상황을 만들지는 않았다. 예를 들어, 부모는 애덤이 부분적으로 볼 수 있도록 치료실 건너편에 앉아 모니터 뒤쪽에서 회기를 관찰하였다.

가능한 한 쉽게 분리시키기 위해 아동의 치료사인 매들린은 함께 발가락 끝으로 살금살금 걸어 치료실 안으로 들어가기처럼 회기를 흥미롭게 시작할 수 있도록 계획하였다. 아동을 점검하기 위해 치료사는 주근깨 세기, 눈동자 색 살펴보기, 팔과 다리 힘 보기, 베개를 발로 힘껏 차 보게 하기, 아동의 손으로 치료사를 밀어 보기 등을 선정하였다. 밀고 발로 차 보기 활동을 한 후에는 로션으로 손도장 찍어 보기와 아동에게 과자 먹여 주기 등 비교적 차분한 활동을 계획하였다. 아동의 저항에 직면해서는 이러한 많은 활동을 할 수 없었다. 그러나 아동의 저항에도 불구하고 매들린은 활동적인 놀이에 아동을 개입시키기 위하여 계속해서 시도하였다. 그중 몇 개의 활동은 아동의 흥미를 끌었고, 아동의 저항을 방해했다. 초기 15분 동안, 애덤은 종종 엄마를 향해 돌아서고 엄마를 불렀다. 그러나 애덤은 한 번도 매들린을 떠나 엄마에게 가려는 시도를 하지는 않았다.

1회기: 개입에 저항하기

치료가 시작되자, 부모가 예상했던 대로 애덤은 "엄마, 보고 싶어!"와 같은 많은 저항을 보였다. 매들린은 엄마는 그냥 치료실 건너편에 있고, 치료사와 몇 개의 놀이를 한 후에 다시 엄마에게 갈 것이라고 알려 주며 아동을 안심시켰다. 애덤의 저항이 불안과 두려움보다는 분노를 보였기 때문에 매들린은 애덤을 개입시키기 위한 노력을 침착하게 차근차근 하였다. 먼저 애덤의 발로 베개를 차 보라 하였고, 그다음에는 치료사를 밀어 보라 하였으며, 애덤이 더울 때에는 시원하게 해주고 진정하게 하며 마실 물을 주기도 하였다. 이러한 모든 행동에는 애덤을 격려해 주는 "내가 널 잘 보살펴 줄게." "괜찮아." "참 힘이 세구나." 와 같은 긍정적인 말이 수반되었다. 애덤의 분노가 특히 강렬해졌을 때, 매들린은 애덤의 강렬한 분노에 대해 "너 화가 났구나! 너 정말 화가 났어!" 라고 말하며 애덤의 강렬함을 읽어 주었다. 갑자기 애덤이 중간에 순간적으로 저항하기를 멈추고 "이름이 뭐예요?" 라고 물었다. 애덤은 불편함에도 불구하고 이곳에 누군가 관계할 수 있는 사람이 있다는 것을 깨닫게 되었다.

부모의 관찰

아동의 저항으로 부모가 고통스러워하긴 했지만, 애덤의 울음이 진정한 공황 상태나 고통을 나타내는 것이 아니라는 것에 대해 동의하였고, 애덤의 저항에 직면해야 함을 이해하였다. 해석치료사는 매들린의 안정감을 주는 접촉이 애덤을 진정시키는 몇 번의 순간들, 그리고 애덤이 저항하고는 있지만 치료사에게서 벗어나 부모에게 돌아가려고 하지 않는다는 사실 등 애덤이 활동에 흥미를 보이는 순간에 대해 언급하였다. 애덤의 부모는 애덤을 개입시킬 수 있는 흥미로운 활동을 찾아내는 치료사의 능력과 애덤과 함께 있기 위한 치료사의 인내와 애덤에게 화내지 않는다는 것에 대해 매우 놀라워했다. 해석치료사는 "아동이 있는 그대로 훌륭한 아이라는 것을 스스로 느끼도록 하고자 합니다. 애덤이 기대하고 있는 것은 매들린이 자신에게 항복하거나 자신을 포기하거나 거절하는 것입니다. 치료사가 꾸준하게 긍정성을 유지하는 것은 애덤의 기대에 완벽하게 반대되는 일이 될 것입니다." 라고 말해 주었다.

회기 안에서

다음은 회기 내 15분 동안 일어난 일에 대한 기록문이다. 치료사는 애덤을 마주 보고 앉아 있으며, 치료사의 목소리는 부드럽고 달래는 듯하다.

매들린: (애덤의 손에 로션을 발라 주며) 와, 너 정말 예쁜 손을 가졌구나.

애덤: 크림이 너무 많아요.

매들린: 그래 많아, 많아, 정말 많지. 와, 난 이 작은 아이가 너무 좋은데.

애덤: 우리 엄마가 나 집에 가야 한다고 말해 주지 않았어요?

매들린: 너는 곧 집에 가게 될 거야……. 이것 봐, 내가 뭘 가졌는지 봐 봐. (곱슬곱슬한 금발 머리카락을 들고) 난 애덤의 멋진 머리카락을 잡고 있네. (애덤은 계속 저항한다. 그러나 치료

사는 흐트러짐이 없다.) 좋아, 애덤, 여기 종이가 있어. 지금부터 난 너의 손에 조금 더 로션을 발라야 해. 너의 부드럽고 부드러운 손 위에.

애덤: (순간적으로 흥미 있어 하며, 치료사에게 몸을 돌린 채로 로션을 허용한다.) 엄마? 엄마 보고 싶어요.

매들린: (종이 위에 애덤의 손을 찍으며) 여기 아빠 손가락이 있고…… 이건 엄마 손가락…… 그리고 여기에는 너의 애기 손가락이 있네. (이제는 애덤의 손도장이 있는 종이를 집어 들고) 와! 이것 좀 봐! 애덤의 손이네! 이제는 네 발도 해보자. (애덤의 양말을 벗기기 시작한다.)

애덤: 싫어! (잠시 망설이다 자신의 발가락을 가리키며) 봐요, 나 조금 다친 데가 있어요.

매들린: 이것 봐, 여기에 아야 한 데가 있네. 우리 같이 보살펴 주자. 여기에 로션을 조금 발라 보자. (애덤의 발에 로션을 조금 바른다.) 애덤, 넌 발가락이 5개가 있네! 정확하게 다 있네.

애덤: 아니에요. (잠시 울음을 멈추고 흥미롭게 쳐다본다.)

매들린: 하나, 둘, 셋, 넷, 다섯. 발가락이 모두 있네. 애덤, 넌 발가락을 다 가져왔구나. (애덤의 발바닥에 로션을 조금 더 바른다.)

애덤: 엄마! (치료사는 계속한다.) 이건 무슨 종류의 로션이에요? 냄새가 나요.

매들린: (종이 위에 애덤의 발을 올려놓고, 로션으로 애덤의 발도장을 찍는다.)

부모의 관찰

애덤의 부모는 애덤이 상황의 통제를 유지하기 위해 얼마나 힘들게 행동하는지에 대해 "마치 집에서와 같아요."라고 설명했다. 해석치료사는 로션을 바르기 시작하면서 애덤이 잠시 울음을 그쳤고, 방법을 바꾸어 상호작용을 통제하기 위해 "크림이 너무 많아요." "우리 엄마가 나 집에 가야 한다고 말해 주지 않았어요?"와 같은 상당히 발달된 언어적 기술을 사용했다는 것을 지적했다. 해석치료사는 "그러나 잘 보세요. 치료사는 애덤이 질문하고 있다는 것을 알아챘지만, 치료사를 멈추게 하도록 애덤을 내버려 두지 않았어요. 애덤의 손도장을 찍었을 때, 애덤은 매우 흥미로워했어요. 매들린이 애덤의 몸에 집중하는 것이 애덤으로 하여금 자신의 몸을 좀 더 인식할 수 있도록 했어요. 애덤이 어떻게 자신의 발가락의 상처를 가리키고 치료사에게 보게 하는지 보세요. 애덤의 저항에도 불구하고 자신을 돌봐 줄 수 있는 사람으로 매들린을 보기 시작했어요."라고 말했다.

회기 안에서

30분 동안의 회기가 끝나기 직전, 매들린은 애덤을 자신의 팔에 안고 흔들며 노래를 불러 준다.

반짝반짝 작은 별,
넌 참 잘생긴 아이야.

곱슬곱슬한 금발머리와 부드럽고 부드러운 뺨,
쳐다보는 반짝이는 파란 눈
반짝반짝 작은 별,
넌 참 특별한 아이야.

애덤은 질문으로 치료사를 방해하려고 하였으나, 매들린은 애덤이 보살핌을 잘 받고 있다고 느끼게 하기 위해 집중하였다.

첫 회기에서 애덤의 저항은 분노하며 울기, 언어적 위협, 말씨름 등에 치료사를 개입시키기 위해 질문과 정교한 말의 형태로 나타났다. 매들린은 몇 번의 순간 애덤의 주의를 집중시켰고, 진정시켰으며, 자신에게 잠시 주의를 갖도록 하였다. 애덤은 주도하기 위해 확장된 모든 방법을 사용하였다. 부모가 아동에게 단호하게 대하는 데 어려움을 느끼는 것은 의심의 여지가 없다.

가족이 치료놀이실을 떠날 때, 매들린은 "내일 너와 같이 노는 것이 기대된다. 너의 반짝이는 파란 눈과 매우 특별한 주근깨를 생각할게. 우리가 함께 즐겁게 할 수 있는 것들에 대해 계획할 거란다."라고 말해 주었다. 그리고 애덤의 손을 엄마의 손에 건네주며, "어머니, 엘리베이터에 갈 때까지 애덤의 손을 잘 잡아 주세요. 아버지는 애덤이 엘리베이터 버튼을 누를 수 있도록 도와주세요." 라고 말했다.

2회기: 항의와 불확실한 수용

두 번째 회기를 계획하면서 매들린은 애덤과 함께한 첫 번째 회기에서 발견한 두 가지 사항을 고려하였다. 이는 애덤이 빠른 속도나 흥분되는 활동에 의해 쉽게 과잉 흥분하며, 도전적인 활동에 잘 반응한다는 것이다. 그러므로 매들린은 그녀의 목소리 억양과 활동의 속도를 조절하고, 가능한 한 차분하고 진정시킬 수 있는 많은 활동을 찾아내며, 아동의 개입을 지속시키기 위해 조용한 양육활동과 더불어 도전적인 활동을 첨가하는 것으로 회기를 계획하였다. 주도하고자 하는 아동의 노력을 미연에 방지하기 위해서 활동을 하기 전에 아동이 치료사의 즐거운 신호를 기다리게끔 했다. 치료사가 설정한 계획에는 애덤이 전 회기에서 좋아했던 솜공 불기와 솜공 터치(도전활동으로서 애덤이 눈을 감고 솜공이 어디에 닿았는지 알아맞히기), 속도를 조절하기 위한 노젓기가 포함되어 있다.

회기 안에서

매들린은 도전활동으로 애덤을 맞이했다. "치료실까지 손으로 걸어서 들어갈 수는 없을걸?" 흥미를 보이며, 애덤은 자신의 손을 바닥에 짚고 자신의 다리를 치료사가 잡은 채로 치료실까지 몇 걸음을 옮기도록 하는 것을 허용했다. 그때서야 애덤은 저항해야 하는 것을 기억했으나 이번에는 지난번만큼 강렬하게 저항하지는 않았다.

회기의 5분 동안 매들린과 애덤은 다리를 쭉 뻗은 채 마주 보고 바닥에 앉아 있다. 매들린은 그들 사이에 놓인 큰 방석 가운데에 솜공을 올려놓는다.

매들린: 내 팔 밑까지 이 솜공을 불 수 있는지 보자. 나는 너의 팔 밑까지 이 솜공을 불 수 있는지 볼게. 준비, 시작. (애덤은 솜공을 치료사의 팔 밑까지 불어 방석 밑으로 떨어뜨린다.) 와, 애덤, 너 굉장히 잘 부는구나!

애덤: (치료사의 열광적인 반응에 놀란 듯 부르짖기 시작한다.) 엄마! 엄마!

매들린: (놀이를 계속 진행하며, 방석 가운데에 솜공을 놓는다.) 준비, 시작! (애덤은 즉시 징징거리는 것을 멈추고 솜공을 열심히 분다. 애덤이 또 이긴다.)

애덤: (애덤의 성공에 대한 매들린의 흥분된 칭찬에 반응하듯) 엄마! 엄마!

매들린: 넌 두 번이나 이겼는데 난 아직 한 번도 못 이겼네! (솜공을 다시 준비하며) 좋아, 애덤, 내가 시작이라고 말하면 부는 거야……. 시작! (애덤은 울음을 멈추고 솜공을 불어 다시 이긴다.) 훌륭해! 너 정말 세게 잘 부는구나!

부모의 관찰

부모는 어제의 회기가 끝난 직후, 애덤이 다시는 치료실에 가고 싶지 않다고 말했다고 보고했다. 그러나 오늘 아침에 애덤은 치료실에 다시 오는 것에 대한 저항을 하지 않았다. 부모는 지난밤 애덤을 재우기 위해 단호하게 대처했다는 것에 대해 자랑스러워했다. "애덤은 우리의 의도를 바로 알아차리고는 단번에 자리를 잡고 누웠어요." 부모는 애덤이 두 번째 회기에서 엄마를 부르는 것이 전 회기보다 훨씬 적어졌다는 것을 발견했다. 애덤과 매들린이 솜공 하키 게임을 할 때, 애덤의 아빠는 "애덤이 정말 놀이에 참여하고 있네요. 그렇죠? 아이가 즐거워하는 것 같아요."라고 말했다.

회기 안에서

매들린과 애덤은 서로 마주 보고 앉아 솜공 터치 놀이를 한다. 과정은 다음과 같다. 치료사가 애덤의 어느 부분을 솜공으로 갖다 대면, 애덤이 자신의 어느 부분에 닿았는지 가리킨다. 애덤은 매들린이 지시한 대로 따르긴 했지만, (애덤은 어느 부분에 솜공이 닿았는지 묻고 이를 알아맞힐 때 눈을 감고 있다.) 가끔 엄마를 불렀는데, 그래도 전보다는 덜 빈번하고 덜 강렬했다. 매들린은 다음 활동으로 자연스럽게 넘어갔고, 애덤은 징징거리는 것 없이 잘 앉아 있다.

부모의 관찰

해석치료사는 "매들린이 솜공으로 애덤을 만지는 동안, 애덤이 눈을 감고 얼마나 잘 기다릴 수 있는지 보세요. 저건 많은 신뢰가 필요합니다. 치료사가 이 활동을 선택한 이유는 그것이 애덤이 저항 없이 부드러운 접촉을 받아들일 수 있도록 하는 방법이기 때문입니다. 비록 애덤이 아직 엄마를 부르고 있긴 하지만, 전보다 덜하고 간절해 보이지 않습니다."라고 말했다. 각각의 성공적인 접촉 이후, 아동의 '엄마' 라는 울부짖음이 따랐을 때, 해석치료사는 "언제든지 활동이 멈추는 순간, 아이는 엄마를 부릅니다. 이는 거의 습관적이라고 볼 수 있습니다."라고 알려 주었다.

회기 안에서

치료사는 현재 편안하게 안정된 애덤을 자신의 무릎 위에 앉히고 숟가락으로 요거트 아이스크림를 먹여 주고 있다.

애덤: (요거트를 보며) 녹고 있어요.
매들린: 정말 녹고 있네. (계속 먹여 주며) 음, 맛있겠다.
애덤: (가득 찬 숟가락을 가리키며) 너무 많아요!
매들린: (아동의 말을 못 들은 척하며 계속 먹인다.)
애덤: 너무 많아요. (요거트를 먹는다.)
매들린: (애덤을 보며) 넌 반짝이는 파란 눈을 가지고 있구나.
애덤: 저 하얀 물건은 뭐예요?
매들린: (계속 먹여 주며) 음.

부모의 관찰

해석치료사는 "입안이 가득 찰 때, 아동은 불평을 하지만 잘 받아 먹고 있어요. 아동은 불안을 훨씬 덜 느끼기 시작했어요. 두 분은 매들린이 하고 있는 것을 해보실 수 있겠어요? 부모님이 하는 일에 대해서 아동이 비판하는 것에 대해 말려들지 않으실 수 있겠어요? 쉽지는 않을 거예요. 애덤은 부모님을 말려들게 하기 위한 것들을 정확하게 알고 있어요. 애덤이 질문으로 부모님 중 한 분을 혼란스럽게 할 때 두 분이 서로 이 부분을 상기시켜 줄 수 있으시겠어요?"라고 물었다.

회기 안에서

애덤과 매들린은 마주 보고 앉아 손을 잡고 있다. 그들은 '노젓기(Row, Row, Row Your Boat)' 라는 노래를 부르면서 앞뒤로 몸을 흔들며 '배를 젓는' 모습을 하고 있다. 매들린은 때로는 천천히,

때로는 빠르게 하면서 속도를 조절하고 있다. 애덤은 확실히 놀이를 즐기고 있다. 회기가 끝났을 때, 매들린은 애덤을 부모에게 데리고 가서 각 부모에게 아동의 손을 한쪽씩 잡게 하고 차에 갈 때까지 손을 꼭 붙잡고 갈 것을 요청했다. "즐거운 저녁 보내렴. 내일 다시 만나자."라고 치료사가 말하였고, 애덤은 미소를 지으며 부모와 함께 걸어 나갔다.

3회기: 성장과 신뢰

애덤이 회기에서 좀 더 편안해졌기 때문에, 매들린은 애덤을 개입시키기 위한 노력을 줄이고 애덤을 차분하게 하거나 양육적인 활동과 즐겁게 주고받는 놀이로 더 많은 시간을 보내게 되었다. 매들린은 솜공 터치 놀이를 다시 계획했고, 이번에는 애덤도 치료사의 몸에 해볼 수 있도록 하였다. 치료사는 애덤이 매우 힘이 넘칠 때조차도 그의 흥분을 조절하도록 도울 수 있을지를 살펴보고자 방석 차기와 같은 활동적인 놀이를 하고자 했다. 이번 회기가 애덤의 짧은 치료기간의 중간 부분이기 때문에 매들린은 회기 끝부분에 엄마를 참여시켜 아동과 양육적인 활동을 함께하게끔 계획한다.

회기 안에서

매들린은 그녀의 팔로 애덤을 들어 올려 목마를 태우고 치료실에 들어갔다. 처음으로 애덤은 부모와 분리될 때 저항을 보이지 않았다. 그들은 다시 솜공 터치 놀이를 했다. 그러나 이번에는 서로 번갈아 가며 했다. 먼저 치료사가 솜공으로 애덤을 만지면 애덤이 알아맞혔고, 그다음에 애덤이 솜공으로 치료사를 만지면 치료사가 알아맞혔다. 애덤은 미소를 짓고 즐겁게 킬킬 웃기도 하였다.

부모의 관찰

해석치료사는 이제 애덤이 매들린을 신뢰하고 있으며 활기차게 주고받는 놀이에 참여할 수 있게 되었다고 부모에게 알려 주었다. 애덤은 각 활동이 끝날 때마다 더 이상 엄마를 부르지 않았다. 애덤의 부모는 애덤이 "그녀는 재미있는 놀이를 많이 알고 있어요."라며 매들린을 좋아한다고 말했다고 했다. 그리고 저녁에는 평소보다 훨씬 즐겁고 차분하게 보낸다고 하였다.

회기 안에서

애덤은 커다란 방석 아래 자신의 발을 숨겨 놓은 채 매들린과 마주 앉아 있다. 매들린이 신호를 하자, 애덤은 방석을 차서 뒤집어 놓았다.

매들린: 이것 봐! 와, 대단한데! 방석 2개로 해 보는 건 어때?

애덤: (미소 지으며 끄덕인다. 애덤은 확실히 즐기고 있다.) 좋아요!

매들린: (다른 커다란 방석을 집어 들며) 오, 굉장히 무거운데. 이건…… 좀 너무 무겁겠다. (옆으로 치운다.)

애덤: 네.

매들린: (다른 방석을 첫 번째 방석 위에 놓는다.) 넌 매우 튼튼한 다리를 가지고 있어. 좋아, 이제 내가 신호를 주면…… 넌 내가 어떤 신호를 주면 좋겠니?

애덤: 사과요.

매들린: 사과라. 좋아, 준비…… 땅콩버터…… 초콜릿…… 딸기…… 사과!

애덤: (방석을 차서 뒤집는다.)

매들린: 와 이것 좀 봐! 세상에, 정말 놀랍다!

애덤: (뒤돌아 다른 방석을 쥔다. 매들린이 대신할 수 있는 방석을 아동에게 준다.)

매들린: 너의 튼튼한 다리라면, 내 생각엔 방석을 3개도 할 수 있을 것 같아. (애덤의 발 위에 3개의 방석을 쌓는다.)

애덤: (미소 지으며) 무겁겠는데요.

매들린: 그렇겠다. 좋아, 신호는 수박이다. (애덤이 끄덕인다.) 땅콩버터…… 초콜릿…… 수박!

애덤: (방석을 차고 3개의 방석이 모두 뒤집어진다.)

매들린: (환한 미소와 함께) 와우! 훌륭해!

부모의 관찰

해석치료사는 "매들린이 아동에게 무엇을 하라 요청하기 전에 종종 신호를 주는 것을 발견하셨으리라 생각합니다. 이것은 애덤이 기다리는 것을 배울 수 있도록 합니다. 치료사는 신호를 줄 때 땅콩버터나 딸기와 같은 단어를 사용함으로써 항상 재미있고 예측하지 못한 즐거움을 주고 있어 애덤이 지루해하지 않습니다. 애덤은 점점 더 잘 기다릴 수 있게 되었습니다. 애덤의 문제 중 하나는 애덤이 너무 빠르고 너무 쉽게 흥분되는 것이어서 속도를 늦추도록 하는 것이 필요합니다. 부모님이 집에서 연습해 보셨으면 좋겠습니다……. 치료사가 한 번 애덤에게 신호를 정할 수 있는 권한을 준 것을 보셨나요? 더 이상 애덤이 주도하려고 고집부리지 않게 되었을 때부터 매들린은 활동이 진행되는 중에 말을 해보도록 허락을 했습니다……. 애덤은 방석을 찰 수 있는 자신의 능력을 매우 자랑스러워하고 있습니다. 매들린이 무거운 방석을 치우는 것을 보셨나요? 이는 치료사가 애덤이 성공했다고 느낄 수 있도록 하기 위해서입니다. 우리는 애덤이 보살핌을 받는 것을 수용하였으면 하고, 또한 애덤이 매우 유능하다고 느끼며 자신에 대해 매우 좋다고 느꼈으면 합니다.

엄마에게는 "매들린이 오늘 회기의 마지막 부분에서 어머니가 그들과 함께할 수 있도록 어머니를 부를 것입니다. 치료사가 무엇을 할 건지 알려 드릴 거예요. 가끔 아이들은 자신들의 부모가 처음으로 회기에 참여하게 될 때 좀 더 저항적이 되기도 합니다. 아이들은 마치 자신들의 부모가 치료사가 보였던 것처럼 단호할 수 있을지를 평가해야 하는 것처럼 합니다. 만약 이러한 일이 일어난다 해도 걱정하지 마세요. 매들린이 해낼 수 있도록 도와드릴 거예요."라고 안내하였다. 해석치료사는 부모 모두에게 "내일은 부모님 두 분이 모두 회기 후반부에 참여하실 거예요. 그러니 편하게 입고 오세요."라고 말해 주었다.

치료놀이실

애덤의 엄마가 애덤의 신발을 신기는 것을 도와주기 위해 치료실 안으로 들어왔다. 애덤은 엄마의 무릎 위에 앉아도 되는지 물어보았으나, 매들린은 "엄마는 여기(애덤의 맞은편)에 앉으셔야 해. 그래야 엄마가 너의 신발을 신겨 주실 수 있단다."라고 하였다. 애덤은 수용하였고, 마지막에는 엄마와 함께 행복하게 회기를 마무리할 수 있었다.

 치료하기: 5~10회기

전반 15분 동안은 전과 같은 각 치료놀이 회기의 과정들을 상기할 수 있도록 구성되었다. 이는 부모와 해석치료사가 애덤과 매들린을 관찰하면서 무엇을 하고 있는지에 대해 더 배울 수 있도록 한다. 그러나 후반 15분 동안은 부모가 치료놀이실에 들어가 즐거운 활동에 참여하였다.

부모가 활기차고 쾌활한 방법으로 치료놀이실에 들어갈 수 있도록 하기 위해 치료놀이 치료사는 애덤과 함께 베개 밑과 담요 속에 숨어 부모가 애덤을 찾도록 하였다. 대안적인 방법은 ○○ 숨기기 또는 부모가 찾도록 아동을 특별하게 다루는 것이다. 6장에서는 치료놀이실에서 부모가 그들의 자녀와 상호작용을 할 때 어떻게 도움을 줄 수 있는지에 대해 더 세부적으로 살펴보았다.

치료의 종결을 위한 계획을 잘 세우는 것은 중요한 일이다. 종결 회기까지 3회기가 남았을 때부터 치료사는 앞으로 세 번의 회기가 남았으며 마지막 회기에는 파티를 하게 될 것이라고 미리 안내한다. 종결 파티의 준비는 안내를 하고 난 후 회기부터 종결 때까지 하도록 한다. 치료사는 아동이 컵케이크가 먹고 싶은지 혹은 쿠키가 먹고 싶은지와 같이 두 가지 정도의 선택권을 주어 아동이 먹고 싶은 것을 선택하도록 할 수 있다. "어떤 색깔의 풍선이 좋아?" 파티는 정교하게 정돈되기보다는 즐겁고 유쾌한 것이어야 한다.

애덤과 부모

물론 애덤의 경우에는 종결 3회기 전부터 안내해 주는 것이 불가능했다. 이 집중적인 치료에 참여한 모두가 치료 시작부터 오직 다섯 번의 회기만 주어졌다는 것을 알고 있었다. 매우 적은 회기로 이루어졌고 아동을 가까운 시일 내에 다시 만날 것이었기 때문에 종결 파티 역시 하지 않았다. 한 달 후에 가질 네 번의 추후 회기가 계획되어 있었다.

4회기: 치료실 안에서의 부모 참석, 종결 준비

애덤의 마지막 두 회기의 목표는 부모가 즐겁고 개입적인 방법으로 주도권을 갖는 것을 연습하도록 하고, 애덤의 흥분을 조절해 주며, 애덤을 보살피고, 이 모든 것에 앞서 애덤과 즐거울 수 있도록 하는 것으로 정하였다. 부모가 한 번에 함께 들어오는 것보다는 먼저 엄마만 치료실에 들어올 수 있도록 하였는데, 이는 전체 가족을 치료하기 위해서는 애덤과 엄마의 관계를 좀 더 안전한 기반 위에 구축하도록 하는 것이 필수적이었기 때문이다. 부모가 한꺼번에 회기에 참여하는 것은 애덤과 같이 쉽게 조절력을 잃을 수 있는 아이에게는 지나친 자극이 될 수 있다.

회기 안에서

회기가 시작될 때, 매들린은 애덤에게 그들이 이번 주에 만날 날이 한 번밖에 남지 않았다는 것을 상기시켜 주었다. "그래서 나는 너의 생일이 지날 때까지 널 볼 수 없을 거야." (애덤 나이의 아이들에게는 한 달이라는 개념이 무의미하다. 그래서 치료사는 애덤이 이해할 수 있도록 애덤과 관련이 있는 시간인 그의 생일을 예로 들어 설명해 주었다.) 애덤은 별 다른 대꾸 없이 치료사의 공지를 수용했다. 그리고 치료사가 애덤과 놀기 위해 선택한 활동에 기쁘게 참여했다.

회기가 시작되고 15분 후, 매들린은 "이제 엄마가 들어와 우리와 함께 놀 시간이네. 엄마가 우리를 찾아보게 숨자……. 어머니, 눈을 감아 우리가 어디에 숨었는지 보지 않도록 해주세요."라고 말했다. 많은 낄낄거리는 소리와 흥분과 함께 애덤과 매들린은 베개로 요새를 쌓고는 담요 속 안에 숨었다. "엄마를 불러 봐. 진짜 큰 소리로 엄마를 불러. 엄마한테 '들어와 날 찾아봐요!' 라고 말해 봐." 애덤은 열성적으로 엄마를 불렀다. "들어와 날 찾아봐요, 엄마!"

해석치료사와 애덤의 어머니는 치료실에 들어와 애덤을 찾는 척했다.

해석치료사: 어머니, 제 생각에는 애덤이 여기에 있을 것 같아요. 한번 둘러 보세요……. 어머니 생각엔 애덤이 이 깔개 아래에 있을 것 같나요? 아니네요……. 저길 보세요! 이 베개들이 조금 꿈틀거리는 걸 봤어요……. 애덤? (치료사와 엄마가 요새 안을 흘끔 들여다보며) 여기 있어요! 애덤의 미소 짓는 얼굴을 보세요! 엄마가 애덤을 크게 안아 주세요. (애덤과 엄마는 서로 껴안으며, 밝은 미소를 짓는다.)

시간이 조금 지나고, 엄마, 애덤 그리고 두 명의 치료사가 둥글게 모여 앉아 손탑 쌓기를 한다. 처음에는 천천히 하다 점점 빠르게 쌓는다. 애덤은 흥분하기 시작했고, 자신의 순서가 되기도 전에 손탑에서 손을 뺐다.

매들린: 오! 너무 재미있다. 우리가 이걸 아주 천천히 할 수 있을지 해보자. (그들은 다시 시작했고, 조심스럽고 과장된 느림으로 한 손씩 맨 아래에서 맨 위로 옮기며 손탑을 쌓았다. 애덤은 느린 속도로 잘 따라 했고, 자신의 수행에 자랑스러워하는 듯했다.) 정말 훌륭했어! 이제부터는 우리가 위에서 아래로도 할 수 있을지 한번 해보자. 이건 더 어려울 거야. 그러나 난 두 사람이 모두 잘할 수 있다고 생각해. (애덤은 예측하지 못했던 지시에 대해 도움이 필요했으나 너무 흥분되지 않은 상태로 잘 수행했다.) 어머니, 애덤이 얼마나 잘하고 있는지 보세요. 둘이 집에서도 해볼 수 있겠어요? 빨리 했다가 천천히 하는 것을 잘 기억해서 흐트러지지 않게 잘할 수 있는지 보세요. (애덤이 미소를 짓는다. 애덤은 확실히 이 놀이를 즐겼으며, 집에서도 다시 해볼 수 있다는 것에 기뻐했다.)

주도권을 갖고, 엄마의 지시사항에 애덤이 따를 수 있도록 엄마를 연습시키기 위해 치료사는 다음 활동으로 '엄마, 해도 돼요?' 놀이를 계획했다. 해석치료사의 안내와 함께 B씨는 애덤이 "엄마, 해도 돼요?"를 말하고 난 후에 거인 걸음걸이를 하거나 애기 걸음걸이를 하도록 지시했다. 애덤은 이 놀이를 매우 즐거워했으며, "발끝으로 살금살금 걷기는 어때요?"라고 물으며 주도하기 시작했다. 그러나 B씨는 이 활동의 목적이 애덤이 엄마의 지시를 따르도록 연습하는 데 있다는 것을 기억해 내고는 "아니 애덤, 내가 안내자가 될 차례야."라고 친절하게 말하였다.

회기 마지막 부분에 앞서, 매들린과 해석치료사는 담요 안에 있는 애덤을 부드럽게 흔들어 주고는 조심스럽게 엄마의 무릎 위에 앉혔다. 엄마는 팔 안에 애덤을 다정하게 껴안고 쿠키와 주스를 먹여 주었다. 해석치료사는 애덤의 엄마를 팔로 감싸 '반짝반짝 작은 별' 노래("넌 참 특별한 아이구나.")를 부르며 천천히 아동을 흔들어 주도록 도와주었다. 애덤은 엄마의 팔 안에서 편안해했다. 이때는 모두가 즐거웠고 사랑스럽고 조용한 순간이었다.

이 회기의 끝맺음에는 애덤이 엄마의 무릎 위에서 아빠를 마주 보고 앉아 있다.

매들린: 아버지, 애덤은 아빠가 신발을 신겨 주길 원해요. 먼저 각각의 발에 뽀뽀를 해주셔야 해요! (아빠는 애덤의 발에 뽀뽀를 해주고는 재빨리 신발을 신겼다. 애덤은 즐거워하며 낄낄 웃었다. 지금 애덤은 아빠와 함께하는 것이 훨씬 편안해 보이고 더 이상 아빠를 대할 때 저항하지 않았다.)

마지막 회기

매들린과 애덤의 부모가 아동에 대해 발견한 모든 훌륭한 것들과 애덤이 가장 좋아하는 놀이에 중점을 둔다.

회기 안에서

매들린은 애덤을 따뜻하게 맞이하며 매일 애덤을 보기만을 기대했다고 말해 주었다. 그녀는 애덤에 대해 그녀가 발견한 그의 곱슬곱슬한 머리, 특별한 주근깨, 튼튼한 팔 등 모든 특별한 특징에 대해 나열했다. 그러고는 방석 차기와 솜공 하키와 같은 애덤이 좋아하는 몇 개의 놀이를 다시 했다. 매들린은 이번이 그들이 애덤의 생일 이후 다시 만나기 전까지 함께하는 마지막 회기라는 것을 다시 알려 주었다. 그녀는 그 시간 동안 애덤을 기억할 것이며 다시 만났을 때 새로운 주근깨가 생겼는지 또는 키가 더 컸는지 살펴보기를 기대하고 있을 것이라 말해 주었다.

애덤의 부모를 회기에 참여시키기 위한 준비로 애덤에게 4개의 쪽지를 숨겼다. 애덤의 부모는 쪽지들을 찾아내어 거기서 각각 묘사된 활동을 할 것이다. 애덤은 숨기는 것이 조금 간지럽다는 것을 알게 됐지만, 대체적으로 부모가 찾도록 하기 위해 무언가를 숨긴다는 기대감에 더 즐거워했다. 쪽지를 숨기고 나서 애덤은 매들린의 무릎 위에 앉아 아빠를 마주 보았다. 애덤은 아빠가 쪽지를 찾아내길 기다리는 동안 기대감에 가득 차 쳐다보았다. 애덤은 너무 흥분해서 아빠가 찾아낼 때까지 기다리지 못하고 숨긴 것들 중 하나가 어디에 있는지 알려 주었다.

아빠: (쪽지를 읽으며) 볼풍선 터뜨리기.

매들린: 볼풍선 터뜨리기를 어떻게 하는지 알고 계신가요?

아빠: (고개를 끄덕이며 가까이 다가온다. 애덤은 공기를 머금어 자신의 볼을 부풀린다. 아빠는 부드럽게 손가락으로 애덤의 볼을 누른다. 모두가 웃는다.)

애덤: 엄마, 엄마 차례야. [애덤은 아직 주도하기 위해 노력하는 것을 포기하지 않았다.]

매들린: 좋아, 이번에는 조금 더 가까이 와서 애덤이 아빠의 바로 앞에서 바람을 불 수 있도록 할

게요. 조금 더 가까이 오세요. 준비됐어요!

아빠: (애덤의 볼을 '누른다.' 다시 모두가 웃는다.)

매들린: 좋아요, 이제는 애덤의 차례예요. 아버지, 볼을 부풀려 보세요……. (애덤이 몸을 구부리고 세고 강한 몸짓으로 아빠의 볼을 누른다.) 아버지, 애덤이 아주 부드럽게 할 수 있도록 도와주세요. (아빠가 애덤의 손을 잡고 아빠의 볼을 부드럽게 '누르도록' 안내해 준다.)

애덤의 엄마는 아동과 함께 까꿍놀이를 하라고 적힌 쪽지를 찾아냈다. 애덤은 매들린의 무릎 위에 앉아 엄마를 마주 보았다. 엄마는 손 뒤에 숨었다가 애덤에게 다시 얼굴을 보이며 까꿍 했다. 다음에는 엄마의 손으로 애덤의 눈을 가린 뒤 애덤이 까꿍 할 수 있도록 했다. 해석치료사는 애덤의 발로도 까꿍놀이를 해보도록 엄마에게 제안하였다. 애덤은 우스운 변화에 대해 즐거워하며 히죽 웃었다.

아빠의 마지막 쪽지에는 아동이 아빠를 밀어 넘기기가 적혀 있었다. (매들린과 애덤이 함께했을 때 아빠가 본 적이 있는 활동이다.) 애덤은 아빠 앞에 있는 방석 위에 앉아 있다. 둘이 서로 손을 맞잡는다.

매들린: 아버지, 애덤에게 신호를 주세요.

아빠: 좋아, 내가 "복숭아."라고 말하면 하는 거다. 준비…… 사과…… 포도…… 복숭아! (애덤이 아빠를 밀자 아빠가 뒤로 넘어가며 애덤을 무릎으로 받치고 머리 위로 올린다. 애덤은 아빠의 눈에 비친 사랑스러운 모습처럼 기뻐하며 웃는다.)

부모의 관찰

부모는 짧은 5일간의 중재에서 이루어진 애덤과 자신들의 발전에 기뻐했다. 그들은 애덤이 부모가 요구하는 것을 훨씬 더 기꺼이 하게 되었다고 보고했다. 지난밤에는 아빠가 자신을 침대로 가게 하는 것을 허용했다. 부모는 여름 끝 무렵 학교 시작기간에 애덤이 준비될 수 있기를 희망했다. 부모는 특히 그들이 배운 것에 기뻐했다. 어머니는 "전 제가 애덤과 함께 있었을 때조차 그것을 매우 어려워했던 것 같아요. 전 애덤을 밀어내곤 했죠. 지금은 서로 훨씬 편안해졌고, 애덤과 함께 있는 것을 더 즐기게 되었어요. 애덤은 함께하기에 더 즐거운 아이가 되었어요. 정말 좋아요."라고 말했다. 아버지는 "제게 많은 변화가 생겼어요. 전에는 애덤이 저와 무언가를 함께하는 것을 절대 허용하지 않을 것이라는 두려움이 있었어요. 지금은 함께 즐길 수 있게 되었지요."라고 말했다.

아마 그렇게 할 필요까지는 없을 것이라 느껴지지만, 첫 번째 추후 회기 전 한 달 동안 전화로 연락할 수 있다는 것을 부모에게 알려 주었다. 엘리베이터까지 가는 동안 서로 손을 잡은 채 복도를 지나가는 모습은 기쁨을 주었다.

추후 방문하기

치료놀이는 집중적이고 강렬하게 구성되었기 때문에 애덤과 그의 부모에게서 명백하게 드러나는 눈에 띄는 변화가 단기간에 일어났다. 관계 맺는 새로운 방식을 유지하도록 가족을 돕기 위해 치료계획에서 추후 방문은 필수적인 부분이었다. 전형적으로는 먼저 3개월 동안 한 달에 한 번씩 방문하고, 이후에는 3개월마다 한 번씩 방문하여 1년 동안 진행된다. 어떤 가족들은 가끔씩 상담을 위해 다시 방문하기도 한다. 내담자 모두는 그 기간에 발생되는 문제에 대해 전화상담을 할 수 있도록 안내받는다. 이러한 문제들 중 대부분은 전화상담을 통해서도 해결 가능하다. 이따금 가족 구성원 전체가 1~2회기 정도의 특별한 치료 회기를 갖는 경우도 있다.

두 명의 치료사가 있다면, 먼저 추후 회기에 앞서 해석치료사와 부모는 어떤 일이 일어난 날에 대해 이야기를 나눈다. 그러고 나서 치료놀이실에 아동과 함께 참여한다. 한 명의 치료사만 있다면, 부모와의 대화는 회기가 시작되기 전에 직접 만나서나 전화로 이루어져야 한다. 각각의 경우에 치료놀이 회기는 치료 중 설정된 형식을 따른다. 처음에 치료사는 아동을 다시 만나게 된 것에 대해 기쁨을 표현하고, 변화된 가족의 특성을 찬찬히 살펴본다. "와 세상에! 주근깨를 가져왔구나……. 이것만 아니네, 뭔지 알아맞혀 볼래? 여기 새로운 주근깨가 있어. 이건 해변에 놀러갔던 주말에 생긴 것이 분명해." "이것 좀 봐, 넌 너의 멋진 미소를 잘 가져왔구나. 그리고 봐 봐! 이 2개가 새로 났네! 어쩜 너무 멋지다!"

아이들은 추후 방문을 좋아하는 것처럼 보인다. 부모들은 "왜 아이를 데려왔는지 모르겠어요. 잘못된 일이 정말 없었거든요. 그러나 아이가 여기에 다시 오는 것을 정말 좋아해요."라고 보고한다. 부모는 해석치료사와 이야기를 나눌 때, 그들이 한 일에 대해 인정을 받거나 조언을 구하기 위해 질문을 할 수 있으며, 최근 발전된 부분에 대해 알려 줄 수도 있다. "우리는 함께 특별한 놀이시간을 가졌어요. [단호한 제한 설정과 즐겁게 깜짝 놀랄 만한 활동 등] 아이가 긴장하거나 주도하려 할 때[또는 장황하고 합리적으로 따지려 하거나 너무 흐트러졌을 때], 여기서 배운 그대로 했어요. 이것이 우리가 앞으로도 해야 하는 일인가요?"

애덤의 추후 방문

애덤의 치료가 너무 짧았기 때문에 4개월 동안 한 달에 한 번씩 추후 상담을 하도록 계획했다. 애덤의 추후 상담은 위에 제시된 형식을 따랐다. 첫 회기에서는 애덤의 성장한 튼튼한 근육을 풀며 기분 좋게 치료실로 들어갔다. "새로 생긴 큰 근육을 보세요!" 매들린은 애덤의 근육과 키를 쟀다. 매들린은 애덤이 2.5인치나 자라 이제는 지난번에 표시해 둔 곳보다 훨씬 높은 곳까지 점프해서 닿을 수 있는 것을 발견했다. 회기가 진행되는 동안, 애덤과 매들린은 이전에 좋아했던 많은 활동을 하고, 매들린이 애덤을 위해 특별히 고안한 새로운 놀이를 함께했다. 애덤은 기쁨에 빠져 시간이 지날수록 놀이를 주도하려고 시도하는 모습을 보였으나, 치료 첫 회기에서 보였던 불안한 모습이나 요구하는 말투는 보이지 않았다.

애덤의 부모는 애덤이 다시 오기를 기대했다고 말했다. 부모도 다시 방문하기를 열망했는데, 그 이유는 주도하고 진정시켜 주고 양육해 주기를 바라는 애덤의 욕구에 반응해 주는 그들의 새로운 기술에 대해 지지받고 싶었기 때문이다. 부모는 그들의 성공한(그리고 실패한) 경우를 말하며, 새로운 접근법의 성공에 대해 매우 희망적으로 느끼고 있다는 것을 강조했다.

마지막 세 번의 추후 회기도 첫 번째 것과 매우 유사하게 진행되었다. 각 시간에 애덤은 그의 부모의 관심을 더 수용하는 것처럼 보였고, 부모가 주도하도록 두는 것에 더 편안해하는 것처럼 보였다. 세 번째 회기 직전에 애덤은 부모가 입학시키길 희망했던 유치원 프로그램에 성공적으로 들어갔다. 애덤의 어머니는 애덤의 변화가 잘 이루어질 수 있도록 회사에 휴가를 내서 첫 이틀 동안에는 유치원에서 애덤과 함께 있었고, 애덤이 어머니 없이 유치원에 종일 있을 수 있을 때까지 함께 있는 시간을 점차 줄여 나갔다. 이는 애덤에게만 특별히 허용된 것이 아니라 유치원의 기본 방침이었다. 이후 전화상담에서 부모는 애덤이 유치원에 잘 적응하고 있다고 보고하였다. "지금 애덤은 행복하게 유치원을 다니고 있어요. 친구도 사귀고 만족하고 있는 것 같아요. 우리는 치료사 선생님과 함께 한 치료 결과에 대해 매우 행복해하고 있답니다."

1. MIM의 해석과 적용에 대한 더 많은 세부사항은 『학령전, 학령기 아동 MIM 매뉴얼(Pre-school, School Age MIM Manual)』 (Booth 외, 2005)을 고려하라.
2. 각 차원을 고려한 질문에 대한 더 많은 정보를 위해서는 위의 MIM 매뉴얼을 보라.

제5장

아동과 함께하기

4장에서는 치료놀이 치료의 기본 구조에 대해 설명했고, 지금부터는 아동과 그의 부모와 함께할 치료적 경험을 위해 보다 구체적인 지침을 제시하려고 한다. 논의할 내용은 다음과 같다.

- 치료놀이 치료에 대한 전형적인 아동 반응의 단계
- 개별 아동의 욕구에 따른 치료방법
- 아동의 저항을 다루는 방법
- 치료사의 역전이를 다루는 방법
- 치료사를 위한 치료 지침

치료 단계에 따른 아동 안내

치료놀이는 각각의 아동에 대한 개별적인 반응의 중요성을 강조하지만(각 아동에 대한 치료가 매우 다르다는 것에 대한 강조) 실제로 아동의 개입 수준이나 수용 수준의 면에서 치료놀이 치료과정은 매우 예측 가능한 패턴으로 전개된다.

치료놀이 치료는 대략 다음과 같은 여섯 단계로 이루어진다.

- 도입
- 탐색
- 불확실한 수용
- 저항
- 신뢰와 성장
- 종결

아동의 연령과 문제의 특성에 따라 순서는 달라질 수 있지만, 수용 수준의 면에서 아동의 반응을 살펴보는 것은 매우 유용하다. 이는 특히 저항 단계의 가능성에 대해 인식하는 데 도움이 된다. 개선된 행동을 이끌어 낼 수 있는 신뢰와 수용의 성장 이전에 아동이 새로운 관계를 시험해 보는 기간을 가진다는 사실에 대한 인식은 치료사와 부모를 안심시킨다.

우리는 특정 단계가 얼마나 오래 지속될지 정확하게 예측할 수 없다. 치료놀이는 비교적 단기간에 이루어지는 치료이기 때문에 아동이 특정 단계에 오래 머무르지는 않을 것이다. 전형적으로 아동은 성인과의 새로운 상호작용에 약간은 어리둥절해하면서도 흥미를 보이며 시작한다. 종종 저항 단계는 2~3회기 이후에 시작된다. 그러나 4장의 애덤의 사례처럼, 몇몇 아동들은 불확실한 수용 단계로 들어가기 전에 처음 시작부터 저항하기도 한다. 애착 문제를 가진 아동들은 기꺼이 순응하고 깊이 없이 개입하는 '밀월기간' 을 가지며 시작하기도 한다. 그러고는 치료사 및 부모와 관계를 형성하고 있다는 느낌을 받으면서, 친밀감을 거부하고 주도권을 가지려는 모습과 같이 자신들이 생존할 수 있도록 도왔던 과거의 패턴을 다시 보이기 시작한다. 이러한 아동들에게는 방어적인 저항이 치료 전반에서 문제로 나타나게 될 것이다.

도입 단계

말로 설명하지 않더라도, 기본적인 규칙들은 첫 번째 회기에서 명확히 규정된다.

- 치료놀이 회기는 즐거울 것이다.
- 치료사가 안내하고 조직하며, 안전하다.
- 문제에 대해 언급하거나 탐색하기보다는 아동과 부모 사이의 조율된 관계의 순간을

갖는 것에 초점이 맞추어진다.

모든 회기의 초기 첫 만남에서 치료사는 아동이 개입될 준비가 되어 있는지 재빨리 평가해야 하고, 아동의 유용성을 조율하기 위한 접근을 선택해야 한다. 아동이 치료사의 인사를 받아들이기 전에 어머니의 다리 뒤에 잠깐 동안 숨으려고 하는가? 아니면 아동이 치료사의 손을 잡고 치료실까지 성큼성큼 걸어 들어갈 준비가 되어 있는가? 치료사가 선택한 접근이 무엇이든지 아동에게 다음과 같은 의미를 전달할 수 있어야 한다. "난 네가 원래 강하고, 재미있는 것을 좋아하고, 함께하면 즐거운 사람이라는 것을 알아. 그리고 시작하자마자 난 너에게 내가 떠올릴 수 있는 가장 매력적인 세상의 풍경을 보여 줄 거야."

"난 멜리사야."라고 소개한 후, 치료사는 "우리가 함께 치료실까지 큰 걸음으로 갈 수 있는지 보자꾸나." 혹은 "내가 한쪽 손을 잡을게, 어머니는 다른 쪽 손을 잡아 주세요. 우리가 제인을 그네 태우며 치료실 안으로 들어갈 수 있을지 해봐요. 하나, 둘, 셋, 부웅!"이라고 말할 수 있다. 이와 같이 연결된 모습으로 치료사와 아동은 대기실을 떠나 뒤따르는 어머니와 함께 치료실로 향한다. 만일 보조치료사가 있다면 부모를 관찰실로 안내할 것이다. 이러한 경우 치료사는 아동에게 그들이 어디에 있을지를 보여 주고 다음과 같이 말할 수 있다. "엄마와 아빠는 이 방에서 우리를 보고 있을 거야. 우리가 놀이를 다 끝내면 여기 와서 엄마, 아빠를 다시 만날 거야." 이러한 행동은 아동에게 확신을 주며 아동의 개입을 유도한다. 이는 아동이 의심하거나 걱정을 말로 표현할 일이 거의 없게 하기 때문에 불안한 기다림의 시간을 최소화한다.

활기찬 인사나 기운 넘치는 방법으로 치료실까지 가는 것이 항상 가능한 일은 아니다. 여러 사람이 있는 대기실과 같은 곳에서는 이러한 활동적인 방법으로 시작하는 것이 너무 시끄러울 수 있다. 이런 경우라면 치료사는 아동과 부모를 치료놀이실 문 앞까지 데려와 그곳에서부터 치료놀이의 본질인 활발하고 즐거운 도입을 시작할 수 있다. 때때로 아동은 그렇게 갑작스럽게 치료놀이를 소개받을 준비가 되어 있지 않으며, 첫 회기부터 부모가 함께해야 할 수도 있다. 아주 어린 아동과 외상을 입었거나 학대를 받았거나 많은 위탁가정을 거친 아동의 경우 현재의 양육자가 첫 회기부터 함께해야 하며, 치료놀이의 소개는 보다 조용하고 민감하게 이루어진다. 하지만 확신이 있는 긍정적인 태도를 가지는 것과 시작부터 어떤 활동에 아동을 개입시키는 것은 항상 중요하다. 9장에서는 방임, 외상, 상실을 겪은 아동의 욕구를 충족시키기 위해 치료놀이를 어떻게 적용할 수 있는지에 대해 논의하였다.

치료의 모든 단계에 걸쳐, 치료놀이 회기들은 똑같이 확신이 있고 행복하고 즐겁다는 특성을 가진다. 치료놀이의 본질을 아동에게 설명할 필요는 없다(부모에게는 자세하게 설명해 주어야 한다). 조율되고 즐거운 모든 활동을 통해 아동은 조금씩 더 알아가게 된다. 아동이 불안해하거나 확신하지 못한다는 느낌이 든다면, 치료사는 속도를 늦추고 아동이 편안하게 느끼도록 조치를 취할 수 있다. 그러나 치료사는 아동과 함께 만들어 가려는 경험의 본질을 아동에게 보여 주기 위해 꾸준히 계획을 진행하여야 한다.

탐색 단계

치료의 탐색 단계에서 치료사와 아동은 서로에 대해 적극적으로 알아간다. 이는 자신과 타인에 대한 아동의 내적 작동 모델에 변화를 주기 위한 중요한 단계다. 이 탐색은 초기 회기에서 "네가 오늘 뭘 가져왔는지 보자."와 같이 치료사가 아동의 흥미로운 신체적 특징들을 찾으며 시작된다. 이는 엄마가 신생아의 손가락과 발가락을 세어 보고, 아기의 부드러운 머리카락을 느끼며, 아기의 팔다리가 어떻게 움직이는지 살펴보는 것과 유사한 것이다.[1] 치료사는 아동의 눈동자 색깔을 확인하고, 손가락이나 주근깨의 수를 세어 보며, 아동의 손이 따뜻한지 차가운지를 살펴보고, 아동의 근육이 얼마나 튼튼한지 느껴 볼 수 있다. 아동의 특징을 찾는 과정에서 치료사는 작은 멍이나 상처가 난 부분을 발견할 수 있다. 이때에는 신중하게 주의를 기울여야 한다. 치료사는 상처 부위에 로션이나 파우더를 발라 주고, 부모가 상처에 뽀뽀해 주도록 하며, 공감하는 말투로 상처가 많이 아팠을 것이란 사실을 잘 알고 있다고 하며, 아동을 잘 보살펴 주고 싶다고 말할 수 있다. 체크업 활동을 "상처를 찾아보자."라는 말로 시작해서는 안 된다. 이 시간의 초점은 긍정적인 특성들을 찾는 것이어야 한다. 만약 상처를 발견하면 상처를 보살펴 줄 수 있다. 치료기간 전체에 걸쳐 체크업은 대부분의 회기를 시작하는 절차의 한 부분으로 계속된다.

치료사가 아동에 대해 알게 되고 아동도 치료사에 대해 알게 되며 또 치료사가 제공하는 새로운 관계의 본질을 배우면서, 탐색 단계는 아마도 한 회기 이상에 걸쳐 이루어질 것이다. 그 과정에서 아동은 새로운 관점으로 자신을 바라보게 된다. 아동은 치료사가 팔을 불면 팔 위의 털들이 선다거나, 테이블 위에서 치료사의 품 안으로 우아하게 점프할 수 있다거나, 쌓인 베개 위에서 균형을 잡는 동시에 천장에 손을 댈 수 있다거나, 자신이 손가락 밑 마디뼈가 28개라는 사실을 전에는 몰랐을 것이다. 치료사는 사랑스러운 면을 더 찾기 위해 부정적인 행동들마저 바꿀 수 있다. 만일 아동이 반항적으로 늘어진다면,

치료사는 역설적인 접근을 사용해 아동이 매우 능숙한 '봉제 인형' 이라며 감탄한 듯 말할 수 있다. 혹은 아동이 눈 맞춤을 피하려고 고개를 돌린다면 "넌 날 놀라게 하는구나. 눈이 어디로 갔지?" 라고 말할 수 있다. 아동은 자신이 저항적으로 행동할 때에도 사랑스럽게 보일 수 있다는 사실을 예전에는 몰랐을 것이다. 치료사가 아동의 모든 것을 수용하며 흥미를 가져줌으로써, 아동은 치료사나 부모에게 받아들여지기 위해 '착한 아이' 가 되거나 어려운 과제들을 성취해야 할 필요가 없다는 것을 배우게 된다.

탐색 단계에서, 아동은 치료사의 얼굴 모양, 목소리, 자신감 있는 움직임 등을 포함하여 치료사를 하나의 구별되는 개인으로서 인식해야 한다. 아동은 매 회기를 마칠 때마다 치료사에 대한 뚜렷한 이미지를 가지고 돌아가야 한다. 치료사의 목표는 치료사와 아동의 마음속에 한 주 동안 계속 남아 있을 서로에 대한 인식과 진지하고 즐거운 관계의 순간을 가질 수 있도록 하는 것이다.

이 초기 탐색 회기가 어린 소년에게 미친 영향은 아동이 그다음 주에 "보세요, 저 주근깨를 한 개 더 찾았어요!" 하고 치료사에게 말했을 때 뚜렷이 나타난다. 그 일주일 동안 아동은 치료사를 기억했고, 그가 자신의 특별한 주근깨에 매우 흥미를 보였다는 사실도 기억하고 있었다.

불확실한 수용 단계

치료놀이 회기들의 특징에 대한 초반에 보이는 놀라움에 이어, 많은 아동은 불확실한 수용 단계로 들어선다. 이는 첫 회기부터 시작되어 다음 회기로 이어질 수 있다. 아동은 겉으로는 활동들을 따라 할 수는 있지만 내면은 유보된 상태다. 치료사는 아동의 불확실성에 민감해야 하고, 아동의 개입이 단지 표면적일 수 있다는 것을 이해해야 한다. 반면 낯선 사람들에게 무분별한 친밀감을 표현하는 것으로 불안정감을 다루는 아동들은 첫 회기에서도 열의를 가지고 명백한 친밀감을 보이며 반응할 수 있다. 하지만 이러한 반응을 진정으로 편안한 개입의 증거로 받아들여서는 안 된다. 오히려 이는 익숙하지 않은 상황에서 안전감을 유지하기 위한 아동의 자기방어적인 태도일 수 있다.

이 기간에 치료사는 계속해서 확실하고, 민감하고, 반응적이며, 흥미롭고, 즐거운 모습을 지속하는 존재가 되어야 한다. 아동이 뚜렷하게 수용하고 있는 모습을 보이더라도 아동을 더욱 진실되고 신뢰할 수 있는 관계에 끌어들이려는 노력을 멈춰서는 안 된다.

저항 단계

어느 시점에서 아동은 자신과 관계하려는 치료사의 계속되는 노력에 적극적으로 저항할 수도 있다. '밀월기간' 이 끝난 것이다. 이전에 뚜렷한 열성을 보이지는 않았더라도 매우 수용적인 것처럼 보였던 아동은 갑자기 늘어지고 말이 없어지거나 적극적으로 저항하고 부정적이 될 수 있다. 이 저항기간은 아동이 더욱 신뢰를 느낄 수 있을 때까지 어느 정도 수준의 통제력을 유지하려는 아동의 욕구에서 비롯된다. 이는 아동이 치료사에게 많은 영향을 받긴 했지만 치료사가 자신의 욕구를 고려해 줄지에 대해서는 아직 확신할 수 없다는 신호다.

아동의 저항에 대한 치료사의 반응은 실제적이고 개입적이어야 한다. 또한 치료사는 아동의 욕구에 주의를 기울일 것이고, 무슨 일이 있더라도 그의 곁에 있을 것이며, 아동과 함께하고자 하는 놀이는 즐거울 것이라는 메시지를 아동에게 전달해야 한다. 치료사는 아동이 참여를 꺼리거나 거부하는 것이 자신을 화나게 하지 않는다는 사실을 아동이 알 수 있게 해야 한다. 저항은 몇 회기 더 같은 방법 혹은 다양한 방법으로 지속될 수 있다. 하지만 치료사의 확고한 인내심과 암시적인 희망 앞에서 저항은 점점 강도가 약해지다가 마침내 사라질 것이다. 저항이 감소하고 있다는 것의 첫 번째 신호는 종종 슬쩍 하게 되는 눈 맞춤, 차분한 개입의 순간들, 혹은 자신도 모르게 나온 것 같은 스쳐 지나가는 미소의 형태로 나타난다.

물론 저항 단계에 대비하는 것이 도움이 되겠지만, 모든 아동들이 저항 단계를 겪는 것은 아니다. 어떤 아동들은 치료놀이가 제공하는 것들에 매우 개방적이어서 매 순간을 즐기기도 한다. 만약 저항의 모습을 보지 못했다 하더라도 문제의 핵심에 아직 도달하지 못했다고 생각할 필요는 없다. 치료과정의 필수적인 부분이라 생각한다고 해서 절대 저항을 유발해서는 안 된다.

하지만 저항하는 아동들에겐 그 저항을 극복하는 것이 치료 결과의 핵심이 된다. 부모는 종종 그들의 자녀가 고군분투하는 것을 보기 어려워하기 때문에 그런 가능성에 미리 대비하도록 하는 것은 중요하다. 저항은 치료가 필요한 행동이 증가하는 형태로 회기, 가정, 학교에서 모두 나타날 수 있다.

신뢰와 성장 단계

치료사의 따뜻하고 지속적이고 차분하지만 확고한 도움으로, 아동은 마침내 저항 단계를 지나 신뢰와 성장 단계로 넘어갈 준비가 된다. 이 단계에서 아동은 먼저 서로에게 만족스러운 방법으로 다른 사람과 상호작용하는 즐거움을 경험하기 시작한다. 아동은 자신에 대한 자신감과 세계에 대한 신뢰감을 발달시키기 시작한다.

처음에 친밀함의 순간은 빨리 지나간다. 치료사와 아동이 진전을 보이면서 호혜적인 웃음, 서로 간의 주고받음, 가까이 앉아 놀이를 하는 조화로운 시간을 갖는다. 일단 이러한 모습으로 치료사와 아동이 서로에게 익숙해진다면, 치료사와 마찬가지로 다른 사람들도 즐겁고 지지적으로 반응해 줄 수 있다는 아동의 인식을 확장시키기 위해서 부모가 더 적극적인 역할을 할 시간이다.

아동의 부모가 초기부터 관찰을 했다면, 이제 그들은 각 회기의 후반부에서 놀이에 참여하게 될 것이고, 활동을 이끄는 데 점차 더 많이 관여할 것이다. 6장에서는 부모가 자신의 자녀를 위해 치료놀이 치료사의 역할을 전수받는 데 도움을 주는 여러 가지 방법을 제시하였다.

종결 단계

어떤 의미에서 종결일은 치료사와 부모가 함께 대략적으로 회기 수를 정한 초기 합의의 한 부분으로 처음부터 계획된다. 때로는 비용, 치료를 위한 아동보호 서비스와의 계약, 가족의 재정 자원 등의 외부 요인에 따라 아동이 받을 수 있는 회기의 수가 결정된다. 하지만 가능하다면 치료의 종결을 결정하는 것은 아동이 얼마나 잘하고 있는지에 기초해야 한다. 만일 예정된 마지막 회기가 다가오는데도 아동이 치료를 종결할 준비가 되어 있지 않다면 초기에 한 합의가 재조정되어야 한다. 치료사와 부모가 치료의 종결을 결정하면, 종결 준비는 종결 전 네 번째 회기부터 시작한다. 종결은 비교적 짧은 시간 안에 이루어지지만, 치료놀이 치료의 종결에서는 세 가지 구별된 단계인 준비, 예고, 작별이 포함된다.

준비 치료사는 치료를 계획된 대로 종결하는 것이 적절한지 결정하기 위해 부모와의 면담을 계획해야 한다. 이때 초기에 합의했던 목표들이 달성되었는지도 함께 판단한다. 아동에게서 보이는 편안함과 자신감의 향상은 치료를 종결할 준비가 되었다는 신호다. 부모는 회기 내에서 점점 더 많은 주도권을 가져야 하며, 가정에서도 치료놀이 접근법을 성공적으로 적용할 수 있어야 한다.

치료사와 아동의 관계가 의미 있어지고 친밀해지며 회기 자체가 아동의 일상에서 중요한 부분이 되었다 해도, 종결기간에 우울함, 그리움, 잠정적인 불안이 나타나서는 안 된다.

예고 　　회기가 종결되기 4주 전, 아동이 이룬 것을 맥락으로 하여 종결계획을 알린다. "너와 엄마, 아빠가 서로 정말 즐겁게 놀 수 있게 되어서 이제는 날 보러 여기 이렇게 자주 올 필요가 없단다." 그리고 아동이 이해했는지 확인하며 잠시 기다린 다음, 날짜를 정한다. "우리는 세 번을 더 만날 거야. 다음 주, 다다음 주 그리고 그다음 주 목요일이 우리가 만나는 마지막 날이란다." 추후 회기계획에 따라 치료사는 이후에 아동과 몇 번 더 만날 것이라는 사실을 확실하게 알려 주어야 한다.

종결을 예고한 후의 남은 두 회기 동안에는 베개 위에서 균형 잡기, 솜공 하키, 이불 요람 태우기, 빨간불 · 초록불 놀이와 같이 아동이 가장 좋아하는 활동들에 중점을 두어야 한다. 부모는 회기를 계획하고, 아동과 함께 가정에서 하는 활동을 치료사에게 보여주며, 아동의 욕구를 충족시켜 주는 방법에 대해 그들이 배운 내용을 짚어가면서 점점 중심적인 역할을 하게 될 것이다. 그 목적은 관계가 안정적인 기반 위에 있는지, 치료의 목표가 확실하게 달성되었는지, 치료가 끝난 후에도 부모가 이러한 건강한 방법의 상호작용을 실행할 준비가 되어 있는지를 확실히 하는 것이다.

마지막 두 번의 회기를 마친 후, 아동에게 몇 번 더 함께 놀 것인지 상기시켜 준다. 대부분의 아동은 헤어짐에 대한 숨겨진 반응을 탐색할 필요가 없다. 하지만 지금까지 계속해 온 것과 같이 정서적인 반응의 모든 신호에 주의를 기울여 언급해야 한다. 과거에 많은 상실을 겪었던 아동이라면 이 상실에 대한 의미를 받아들이는 데 더 많은 시간이 필요할 것이다.

종결 전 남은 마지막 회기 때, 치료사는 아동에게 "기억하렴, 제니퍼, 다음 주 목요일이 우리가 함께하는 마지막 시간이 될 거야."라고 하며 상기시켜 준다. 회기가 끝날 때쯤 조용한 시간에 치료사는 아동에게 좋아하는 음식이나 하고 싶은 특별한 활동을 물어봄으로써 마지막 파티를 계획할 수 있다. 그리고 마칠 때는 다음 회기가 마지막이라는 것을 다시 한 번 상기시켜 주어야 한다.

작별 종결 파티를 할 때는 아동과 부모의 관계에 주된 초점을 두어야 한다. 치료사는 친근한 참석자와 안내자의 자세로 그 관계에서 분리되어 있어야 한다. 파티의 주제는 아동의 강점과 정체성에 대한 미래지향적인 재확인이다. 치료사와 가족은 파티 모자를 쓰고, 파티 음식을 나누며, 아동의 독특한 특성에 대한 노래를 부를 수 있다. 종이 위에 로션으로 손도장을 찍거나 티셔츠 위에 손도장을 밝게 찍어 아동이 집에 가져가도록 할 수 있다. 혹은 치료놀이 회기 중 발견한 아동의 특징들을 담은 아동의 실물 크기의 그림을 그려 줄 수도 있다. 또한 치료사와 아동과 부모가 함께 찍은 사진도 이 특별한 경험을 상기시키는 데 도움이 된다. 비록 정규 회기는 끝나지만, 치료놀이 경험이 모든 사람의 마음속에 계속 생생하게 남아 있을 수 있도록 한다.

마지막 회기가 끝날 때, 의미 있는 관계를 마무리하는 사람처럼 행동해야 한다. 아동에게 따뜻한 포옹을 해주고, 아동과 같이 특별한 사람과 노는 것이 얼마나 즐거웠는지 말해 주며, 아동을 기억할 것이며 지금부터 아동이 부모와 친구들과 즐겁게 지낼 것임을 알고 있다고 말해 줄 수 있다. 다가오는 추후 방문의 날짜에 대해 알려 주는 것으로 회기를 종결한다. 사후 MIM이 계획되어 있다면 그 역시 언급해 주어야 한다.

 개별 아동에 맞춘 치료계획

치료놀이는 넓은 범주의 애착 및 관계 문제에 유용하더라도 개별 아동의 욕구에 적합하도록 맞춰져야 한다. 1장에서는 아동의 욕구에 적합한 치료를 계획하기 위해 치료놀이의 차원을 어떻게 적용할 수 있는지가 제시되었다. 여기서는 아동이 가지고 있을 수 있는 특정한 행동과 욕구에 어떻게 반응하는지에 초점을 둔다. 아동의 발달력을 이해하는 것은 아동의 치료 초점을 어디에 맞출 것인지를 결정하는 데에 필수적이다. 예를 들어, 많은 분리와 상실을 겪은 아동은 부모가 제한 설정의 방법을 몰라 친가족 내에서 '주도권을 갖고 있는' 문제를 가지고 온 아동과는 매우 다르게 접근해야 한다.

먼저 부모가 초기부터 회기에 참여하는 것이 아동에게 필요한지 아닌지에 대해 어떻게 결정할지 논의하고, 일반적인 치료놀이 접근법의 수정을 요하는 행동들에 대해 논의한다. 마지막으로 다른 종류의 치료놀이 반응을 요구하는 인종적, 문화적 가치와 가족의 생활양식의 차이에 대해 고찰한다. 각 아동의 특별한 욕구에 적절하게 반응하기 위해서는 특정 행동의 의미와 다양한 문화, 가족의 영향을 민감하게 살피는 것이 필수적이다.

시작부터 부모가 회기에 참여해야 할지 결정하기

치료놀이 치료의 기본 패턴은 부모가 참여하기 전 초반 4~5회기를 관찰하도록 하는 것이다. 그러나 부모가 시작부터 아동과 함께 참여해야 하는 다음 세 가지의 경우가 있다.

- 2세 이하의 아동들은 새로운 환경에 대해 안전하다는 느낌을 가질 수 있도록 부모가 옆에 있을 필요가 있다. 부모가 옆에 있음으로써 얻는 이득은 처음 몇 회기들을 관찰하면서 얻는 이득보다 훨씬 많다(6장에서 논의함).
- 과거에 분리와 상실의 경험으로 외상을 입은 아동들은 믿을 만한 양육자가 처음부터 함께함으로써 심리적 안도감을 가질 필요가 있다.
- 만약 아동이 최근에 입양되거나 위탁가정에 맡겨졌다면, 새로운 부모들은 처음부터 아동과 함께해야 한다. 아동을 부모와 떼어놓는다면, 초기의 헤어짐에 대한 기억들을 불러일으켜 아동이 이를 또 다른 헤어짐을 위한 준비로 인식하면서 두려움을 갖게 된다.

아동의 행동에 반응하기

치료놀이 회기 중 치료계획을 수정해야 할 필요가 있는지에 대한 신호를 찾아내기 위해서는 아동의 반응을 신중히 관찰하는 것이 필수적이다. 이러한 수정을 필요로 하는 행동들의 예로는 신체적 불편함, 과잉흥분, 불행감, 성적으로 받아들임, 정보 요청, 불행한 경험의 공유 등이 있다.

신체적 불편함 때때로 아동은 목이 결리거나, 다리가 아프거나, 고통스럽게 베이거나, 긁힌 몸을 이끌고 회기에 올 수 있다. 치료사는 최대한 편안함과 보살핌을 제공하는 동시에, 아동의 아픈 부분을 건드리지 않도록 각별히 부드럽고 조심스럽게 행동해야 한다.

어떤 아동들은 선천적으로 접촉에 매우 민감하므로 신체적 접촉에 대해 매우 고통스러워하며 반응한다. 다음에 제시되는 논의는 접촉에 대한 민감성이 초기의 신체적 · 성적 학대의 경험으로 생긴 결과가 아니라는 것을 전제한다. 9장에서는 학대를 경험한 아동들을 위한 치료놀이 적용방법에 대해 논의한다. 비록 신체 접촉에 대한 스트레스적 반응이 있다 할지라도 궁극적인 접촉의 사용을 배제하지는 않지만, 치료사는 접촉이 필요 없는 까꿍놀이, 아동에게 노래 불러 주기, 콩주머니 던지기, 솜공 불어 주고받기와 같은 활동으로 시작해야 한다. 그러고는 어떠한 형태로든 아동이 견딜낼 수 있는 방식을 사용하여 점차 접촉을 시작한다. 아동이 손에 로션 바르는 것을 매우 불편해한다면 로션 대신 파우더를 사용할 수 있다. 어떤 아동들은 안정감을 주는 단호한 접촉을 가볍고 부드러운 접촉보다 더 잘 받아들이는데, 이는 근육에 강한 압력을 제공하고 많은 아동들에게 안정적이고 조직적인 압력을 줄 수 있다는 추가적인 장점도 있다. 강한 압력에 반응하는 아동은 깃털로 만지는 것이나 치료사가 손가락으로 '아기 돼지 이야기' 놀이를 하며 '집 안으로 들어가는' 동안 팔을 가볍게 누르는 것은 견디지 못하는 반면, 커다란 두 베개 사이에 단단히 껴 있는 것(특별한 '사라 샌드위치')은 좋아할 수 있다.

아동이 감각통합 문제를 가졌다고 생각된다면 평가를 의뢰하고, 아동이 불편함을 극복하고 감각 경험을 조직화할 수 있도록 특별히 고안된 기술을 훈련받은 작업치료사에게 가능한 한 치료를 의뢰해야 한다.[2] 7장에는 감각통합 문제를 가진 아동의 욕구에 따른 치료놀이 적용방법이 제시되어 있다.

조절 곤란　어떤 아동들은 너무 쉽게 과잉흥분하기 때문에 치료사는 자신의 활동을 매우 신중히 살펴봐야 한다. 이런 아동들의 조절 곤란(과민성과 감각 민감성)은 처음부터 애착 및 관계 문제의 원인이 되었을 수 있다. 어떤 아동들은 조율된 어머니가 제공하는 상호 조절의 경험을 하지 못했거나 혹은 방임되었거나 외상을 경험했을 수도 있다. 일반적으로 이러한 아동들에게는 자극을 줄여야 하고, 반드시 아동이 안전하다고 느낄 수 있도록 해야 한다. 치료사는 아동의 반응을 관찰하여 아동이 평온함을 유지할 수 있도록 도와야 한다. 만일 아동의 행동이 통제 불가능할 정도로 악화된다면, 치료사는 최대한 빨리 조절을 회복시키기 위해 노력해야 한다. 이에 대해서는 이 장 뒷부분에서 분노와 통제 불능인 행동을 다루는 방법에 대해 논의할 때 함께 제시하였다. 부모는 자신만의 친숙한 방법으로 아동을 진정시킴으로써 이를 도울 수 있을 것이다.

아동이 조절에 어려움을 겪는다는 것을 알게 되면, 치료사는 아동에게 조절을 연습할 기회를 줄 수 있는 활동들을 제공하고자 할 것이다. 활동들은 아동이 견딜 수 있는 한도 내에서 아동을 흥분시키고 다시 차분한 상태가 되도록 하는 것들이 유용하다. 치료사는 노젓기 놀이를 할 때 처음에 천천히 시작하고는 빠르게, 그리고 계속 빠르게 움직이다가 마지막에는 최대한 느리게 하고, 끝날 때에는 아동의 어깨를 강하게 붙잡아 흥분한 이후에 완전히 안정될 수 있는지 반드시 확인한 후 마친다. 아동은 성공적으로 흥분을 다룰 수 있도록 돕는 많은 경험을 하고 나면 자기조절을 더 잘할 수 있게 될 것이다.

울 음 아동의 울음에 적절히 반응하기 전에, 치료사는 울음의 원인이 무엇인지 알아낼 필요가 있다. 만일 아동이 정말 속상한 것처럼 보인다면, 치료사는 아동의 울음이 질병 때문인지, 슬픔 때문인지, 혹은 두려움 때문인지 반드시 평가해야 한다.

- 질병: 아이가 아프다면 치료사는 얼마나 심각한 것인지 반드시 고려해야 한다. 가벼운 통증이라면 활동의 속도를 늦추고 아동을 안정시키고 진정시키기 위한 노력을 더 해야 한다. 심한 통증이라면 회기를 완전히 멈추고 아동이 안전하게 부모의 보살핌을 받을 수 있게 해야 한다. 만일 치료사가 가정에서 치료놀이를 제공하거나 병원에서 일한다면 침대에 누워 있는 아픈 아동을 방문할 수 있다. 치료사는 베개를 받치고 조용히 앉아 있는 아동과 많은 치료놀이 활동을 할 수 있다. 예를 들어, 차가운 물수건을 아동의 이마에 얹거나, 까꿍놀이를 하거나, 손가락으로 아동의 등에 '메시지'를 쓰거나, 파우더로 아동의 손에 그림을 그리는 등의 활동을 하는 것은 아동에게 치료사와의 지속적이고 편안한 유대감을 느낄 수 있도록 한다. 이러한 유대감은 아동이 아프고 병으로 인해 고립감을 느끼고 걱정에 차 있을 때 더욱 필요하다.

- 슬픔: 아동이 슬퍼한다면 치료사는 언어적인 방법과 비언어적인 방법을 모두 사용해 아동이 어떤 감정을 느끼고 있는지 이해하고 있다는 것을 전달해야 한다. 치료사나 부모가 아동을 안고 흔들어 주며 아동에게 편안한 방법으로 이야기해야 한다. 치료사는 아동의 기운을 북돋아 주거나, 주의를 다른 데로 돌리게 하거나, "이제 곧 기분이 나아질 거야."라고 말하려고 해서는 안 된다. 치료사는 아동의 기분이 조금 나아지고 난 후 즐거운 놀이를 더 해야 한다.

- 두려움: 아동이 두려워한다면 치료사는 아동을 안심시키기 위해 할 수 있는 모든 일을 해야 하고, 아동을 개입시키기 위한 노력을 할 때 속도를 늦춰야 한다. 치료사는 두려워하는 아동이 과거에 외상을 경험했거나 단 한 번도 안정감을 느껴 본 적이 없을 수도 있음을 반드시 고려해야 한다. 치료사는 "이게 널 무섭게 했구나. 네가 안전하게 해줄게."와 같이 아동의 두려움을 인정한다. 그러고는 아동이 편안하게 느낄 수 있도록 조치를 취한다. 이러한 조치에는 치료사가 아동에게 주고자 하는 긍정적

인 경험을 아동이 받아들일 수 있기 전에 그에게 필요한 안정감을 제공하기 위해 부모를 회기에 참여시켜 아동과 함께 있도록 하는 것이 포함될 수 있다.

성적으로 받아들임 드문 경우지만, 아동은 치료놀이 활동들에 의해 성적으로 자극을 받은 것처럼 반응한다. 이런 일이 일어나는 경우는 보통 아동이 신체 접촉에 성적으로 반응하도록 한 경험(성적 학대 혹은 어른의 성적 행동에 노출된 경우)을 했기 때문이다. 치료사의 적절하고 평범한 접촉조차도 이런 아동들에게는 성적 자극과 편안함을 연관시키게 하는 초기의 패턴으로 돌아가도록 자극할 수 있다.

만일 아동이 치료 회기에서 성적으로 자극받게 된다면, 치료사는 무슨 일이 일어났는지에 대해 인식해야 한다. "무언가가 널 불편하게 만들었구나. [만약 치료사가 감정에 대한 아동의 표현을 알고 있다면 그것을 사용한다.] 난 네가 그런 식으로 느끼는 것을 바라지 않아. 나는 네가 안전하다고 느꼈으면 좋겠어." 성적으로 학대받은 아동의 과거를 안다면 그 또한 인식하고 있어야 한다. 그리고 그런 감정들을 더 이상 자극하지 않도록 활동을 전환해야 한다. 만일 아동이 외설적인 발언을 하거나 치료사를 부적절한 방법으로 만진다면, 치료사는 아동이 적절한 접촉과 성적으로 자극하는 접촉을 구분하도록 침착하게 도울 수 있다. 치료사는 "난 네가 나의 이 부분을 만지지 못하게 할 거란다. 넌 내 손이나 내 어깨만 만질 수 있어."라고 말한다. 치료사는 아동을 자극하는 신체 접촉을 피하는 동시에 지속적으로 아동에게 안전한 신체 접촉의 경험을 주기 위한 방법을 찾아야 한다.

이해를 위한 질문 아동은 치료사에게 정보를 얻고자 질문할 수 있다. 이는 치료사와 관계 맺는 것을 피하기 위한 목적이 아닌 알고자 하는 아동의 진실된 욕구가 있기 때문이다. 이러한 욕구를 채워 줄 때까지는 치료놀이 기법을 잠시 중단해야 한다. 아동이 "엄마가 오늘 절 데리러 올 건가요?"라고 묻는 것과 같이 아동이 자신의 안전을 위해 중요한 무언가에 대해 확신하지 못하는 경우를 예로 들 수 있다. 아동이 "옷장 속에 뭐가 있나요?"라고 묻는 것은 덜 명확하다. 이런 경우 치료사는 아동이 그 안에 있다고 생각하는 무언가가 걱정되어 확신을 필요로 하는 것인지, 아니면 치료사가 제공하는 활동을 피하기 위해 질문하는 것인지를 판단해야 한다. 아동의 과거와 일반적인 불안 수준에 대해 가능한 한 많이 아는 것은 치료사가 이러한 두 상황을 구별할 수 있도록 하는 데 도움이 될 것이다.

불행한 경험의 공유 아동은 자신을 괴롭혔던 집이나 학교에서 일어난 어떤 일에 대해 치료사에게 말할 수 있다. 이는 함께하고 있는 놀이를 피하기 위한 수단이 아니라 자신의 불행한 감정들에 대해 이야기하고 싶은 진정한 욕구 때문이다. 예를 들어, 아버지가 아프다거나, 애완동물이 죽었다거나, 학교에서 불량배들이 못살게 굴었을 수도 있다. 비록 치료놀이의 일반적 초점이 즉각적이며 지금-여기의 경험에 맞추어져 있다 해도, 이 순간 치료사는 즐거운 활동들을 잠시 제쳐두고 불행한 아동을 도와 아동이 자신의 걱정을 극복할 수 있도록 해야 한다. 때로는 그 순간에 그것에 대해 단지 이야기하는 것만으로도 충분할 수 있다. 하지만 아동이 불안감을 주는 경험들에 대해 말할 수 있는 지속적인 기회를 가짐으로써 도움을 받을 수 있다는 가능성을 고려해야 한다. 만약 그렇다면 아동이 이를 통해 도움을 받을 수 있도록 미리 잘 구성된 치료양식을 전반적인 계획에 포함시켜야 한다. 9장에서는 외상을 경험한 아동을 돕기 위해 변형된 치료놀이 접근법에 양자관계의 발달심리치료를 결합시킬 수 있는 방법에 대해 논의하였다.

아동의 욕구를 충족시키기 위한 접촉의 활용

치료사는 회기를 계획할 때, 각 아동의 욕구를 충족시키기 위해 다양한 방법을 활용한 접촉을 제공할 것이다. 구조활동에서의 접촉은 조직적이고 조절적이며, 개입활동에서의 접촉은 즐겁고 매력적이다. 또한 양육활동에서의 접촉은 차분하며 안정적이고, 도전활동에서의 접촉은 아동을 지지하거나 안내하기 위해 사용된다. 접촉은 절대 강압적으로 사용되어서는 안 된다. 치료사는 항상 아동의 반응에 따라 조율하며 불안해하거나 접촉을 기피하는 아동에게는 접촉을 받아들일 방법을 강구해야 한다.

구조적 접촉 치료놀이 회기는 구조적인 방법에서 접촉을 사용할 수 있는 많은 기회를 제공한다. 치료사는 조직화된 회기의 시작을 위해 아동을 바퀴가 하나인 손수레처럼 걷게 하거나, 양손을 잡고 방까지 함께 걸어가는 등 즐겁고 상호작용적인 활동을 하며 치료실에 들어갈 수 있다. 치료사는 접촉을 사용하여 아동 혹은 아동과 부모 모두를 쿠션이나 소파에 편안한 자세로 앉게 할 수 있다. 치료사는 '자리 차지하기'나 '모터보트'와 같은 활동적인 게임을 할 때 아동의 손을 잡을 수 있다. 치료사는 아동의 무릎이나 어깨에 손을 얹어 아동을 안정시키거나 움직임을 조정할 수 있다. 솜공으로 만지거나 알루미늄 호일로 아동의 손과 발 모양을 만드는 것처럼 접촉을 통해 아동의 신체에 대한 새로운 경험을 줄 수 있다.

개입적 접촉 접촉은 관계의 형성과 안전함, 수용, 즐거움 그리고 공감의 소통을 위한 중요한 양식이다. 만일 아동이 치료사나 부모와 관계 맺는 데 도움이 필요하다면, 아동과 관계를 맺기 위해 '쎄쎄쎄' 나 '손탑 쌓기' 와 같이 본래 접촉이 필요한 활동들을 활용할 수 있다.

양육적 접촉 양육적 접촉은 초기 부모-영아 관계의 주요한 양상을 구성하는 각성의 상호 조절을 위해 필수적이다. 부드럽고 안정시키는 접촉의 유형을 많이 경험하는 것은 아동이 나중에 갖게 될 스스로 달래고 진정시키는 능력의 기초가 된다. 치료사가 아동의 멍이나 긁힌 상처를 발견하고 로션이나 반창고로 돌보아 주는 것이 접촉을 양육적인 방법으로 사용하는 것이다. 불안해하거나 스트레스 받는 아동을 진정시키고 편안하게 하기 위해, 치료사나 부모는 아동의 어깨에 팔을 두르거나 아동을 흔들어 주어 진정시킬 수 있다. 대부분의 아동은 이러한 종류의 접촉을 좋아한다. 만일 아동이 접촉을 거부한다면, 치료사는 아동에게 필요한 양육적이고 안정적인 경험을 제공하고 아동과 가까워질 수 있는 다른 방법을 찾아야 한다.

도전적 접촉 도전적 활동들은 보통 신체적인 활동이며 경쟁적이기보다는 협력적이다. 이러한 활동들은 활동을 성공적으로 끝내기 위해 신체적 도움이나 안내가 필요하다. 예를 들어, 치료사는 아동이 베개 위에서 안전하게 균형을 잡을 수 있도록 접촉을 할 수 있으며, 아동이 베개 위에서 뛰어내릴 때 팔로 안으며 잡아 줄 수도 있다.

인종적 · 문화적 가치 고려하기

치료놀이의 기본 전제인 건강한 부모-영아 상호작용은 미국과 동유럽의 문화적 가치와 양육방식에 강한 영향을 받았다. 애착 발달을 증진시키기 위해 눈 맞춤의 중요성을 강조하고, '서로의 눈 바라보기' 는 정직함과 솔직함의 신호로서 가치가 있다. 하지만 어떤 문화에서는 어머니가 아기와 눈을 거의 맞추지 않는데, 이는 성장한 아동이 어른의 눈을 똑바로 쳐다보는 것은 무례한 것이라고 여기는 데서 비롯하였다. 서양인들은 종종 접촉의 중요성을 대수롭지 않게 생각하지만, 어떤 문화에서는 아기와 어머니의 몸이 항상 밀착되어 있다. 이런 경우 어머니와 아기는 비교적 매우 적은 눈 맞춤을 하게 된다. 미국 부모들은 다른 많은 문화에서 허용하는 것보다 높은 수준의 활동과 흥분된 상태로 아동들과 놀아 준다. 미국 아동이 수줍음을 타고 조용하고 내성적이라면 아동이 행복한지 그렇지 않은지 궁금해할 것이다. 하지만 어떤 문화에서는 그런 행동이 자연스러우며 심지어는 가치 있게 여겨지기까지 한다.

치료를 계획하는 데에 가족의 문화적 가치를 고려하는 것은 매우 중요하다. 만일 부모가 자녀에게 도움을 주길 원하고, 해결책의 한 부분이 부모와 자녀가 서로 관계하는 방법의 변화라는 데에 동의한다면 가족의 문화적 가치에 알맞은 방법으로 아동을 개입시킬 방법을 찾을 수 있다. 어떤 것이 부모에게 허용 가능한지에 대해 논의함으로써 아동에게 도움이 되는 달성되지 않은 목표와 문화적 차이를 수용할 수 있는 치료놀이 치료방법으로 변형하는 것이 가능하다. 치료놀이는 각 문화에 알맞게 수정되어 전 세계의 인종적 · 문화적으로 다른 많은 집단에서 성공적으로 적용되고 있다.

가족의 생활방식 고려하기

특정한 아동을 위한 치료놀이 전략을 계획할 때, 아동의 관계적 문제와 어떤 문화적 차이뿐만 아니라 가족의 생활방식의 차이 또한 고려해야 한다. 두 대비적인 양육 유형에 대한 치료사의 반응을 통해 치료놀이 치료에서 엄격하게 규칙을 따르게 하지 않는 것의 중요성을 설명할 것이다. 어떤 가족들은 독단적으로 구조화하고 처벌적인 원칙을 강요하며 아동의 욕구와 소망은 이차적으로 중요하다고 여긴다. 이러한 부모들은 종종 아동의 진정한 욕구를 수용하지 못하는, 실제적이고 무뚝뚝하며 권위적인 방법으로 아동을 다룬다. 더 관대한 유형의 가족은, 아동의 욕구와 소망은 다른 무엇보다 중요하게 여기지만 구조, 원칙, 확고한 권위는 사실상 결여되어 있을 수 있다. 이러한 부모들은 '이해심' 과 적극적인 감정 표현을 장려하는 것에 지나친 관심을 가지고 있을 수 있다. 이 과정에서 부모들은 아동의 모든 기분과 요구와 소망을 받아 줄 위험이 있다.

두 집단 간의 차이점은 해석치료사의 제안에 대한 반응에서 살펴볼 수 있다. 보통의 상식을 가진 권위적인 부모는 " '아동을 놀게 하는' 것이 무슨 말인가요? 인생은 힘들어요. 아이가 저렇게 컸는데 지금 아이와 함께 놀아 주는 것은 옳지 않아요. 아이는 절대 노는 것을 멈추고 싶어 하지 않을 거예요." 와 같이 묻는다. 허용적인 부모는 "아이의 부모인 저희가 누구이기에 아이 대신 결정하고 무엇을 하라고 시킬 권리를 갖죠?" 라고 말한다.

물론 두 접근의 결과는 매우 다르며, 각기 부정적인 면을 갖고 있다. 권위적인 부모가 강요한 제한은 아이가 자신은 무능하다는 느낌을 받게 할 수 있다. 허용적인 부모가 제공하는 자유는 아동을 불안하게 만들 수 있다. 그러므로 구속적인 부모는 아동이 탐색하고 놀 수 있도록 더 많은 자극과 움직임과 자유를 허락해야 하고, 허용적인 부모는 아동에게 더 많은 안전감과 구조와 제한을 제공할 필요가 있다.

치료사는 표현적이고 허용적인 부모에게는 경청, 논의, 아동에 대한 합리화를 더 적게 하도록 제안할 수 있고, 권위적인 부모에게는 좀 더 경청하고 논의하도록 조언할 수 있다. 일방경 뒤에서 아동이 치료놀이 회기에 개입되는 것을 관찰하는 동안, 치료사는 관대한 부모에게 "애런 자신이 왜 이런저런 것들을 못하는지 치료사에게 이야기하기 위해 얼마나 끊임없이 노력하는지 보이시나요? 치료사가 어떻게 상황을 다루고 있는지 보세요." 라고 지적할 수 있다. 부모는 놀라워하며 대답할 것이다. "네, 그녀는 반응하지 않네요. 그녀는 아동과 함께하고 있는 놀이만 계속하네요. 왜 대답하지 않죠?" 이에 해석치료사는 "만일 그녀가 아이가 꺼내는 화제마다 대답해 준다면 아이가 회기의 주도권을 갖게 될 거예요. 아이는 자신의 세계를 안전하고 잘 조절되게 지켜줄 수 있는 누군가에 의해 안내받고 지지받는 경험을 할 수 없을 거예요." 라고 설명한다.

그러나 치료놀이를 하고 있는 자신의 자녀를 관찰하는 권위적인 부모에게는 치료사가 이렇게 물어볼 수 있다. "일어나고 있는 일에 대해 아이가 어떻게 느끼는지를 이야기하고 질문하도록 케빈을 어떻게 격려하고 있는지 보세요." 부모는 어리둥절할 것이다. "왜 아이에게 그런 것을 시키려 하죠?" 이때 해석치료사는 "그녀는 아이가 자신의 생각, 감정, 소망이 중요하단 사실을 배웠으면 합니다. 아이에게도 자신의 세계에 영향을 줄 능력이 있다는 사실을 이해했으면 해요." 라고 설명한다. 두 종류의 부모 모두에게 치료놀이 회기에서 관찰한 것과 같이 치료사가 아동을 대하는 행동과 태도의 유형을 열심히 연습해 보도록 과제를 내줄 수 있다.

 아동의 저항 다루기

이 장의 시작 부분에서 논의한 바와 같이, 대부분의 아동은 치료사와 부모와의 새로운 관계가 정말 안전하고 신뢰할 만한 것인지 확인하기 위해 시험해 보는 저항 단계를 거친다. 이러한 확인 작업은 경험이 많은 치료놀이 치료사들에게도 문제가 된다. 만약 치료사가 치료놀이를 갓 시작했고 어려운 상황을 자신 있게 이끌었던 경험이 거의 없다면 틀림없이 위축될 것이다. 그러므로 저항이 일어나야 하는 이유와 저항을 다루기 위한 몇 가지의 일반적 원칙을 이해하고, 치료놀이 차원을 통해 저항을 다루는 방법에 대한 구체적인 제안을 아는 것이 중요하다.

왜 저항이 일어나는지 이해해기

앞서 이야기한 바와 같이, 치료놀이가 효과적이기 위해서는 건강하지 못한 패턴으로 관계를 맺는 모습은 물론, 아동이 가진 부정적인 자아상과 타인에 대한 부정적인 관점에 도전해야 한다. 저항적인 반응은 아동이 가진 부정적인 자아상과 타인을 향한 부정적인 관점에 변화를 주기 위한 치료사의 노력에 맞서 아동이 불편함을 다루는 방법이다. 내적 작동 모델은 수년간에 걸쳐 발달되고 쉽게 변하지 않는다. 안전하다는 느낌을 받을 때까지 아동은 저항할 것이며 자신에게 익숙한 방어와 관계 맺는 방법을 유지할 것이다. 장기간에 걸쳐 형성된 패턴을 바꾸기 위해선 이러한 좋은 경험들이 많이 반복되어야 한다.

저항 단계는 아동이 새로운 관계에 희망을 갖기 시작하지만 이를 확신할 수 있는지 시험해 볼 필요가 있다는 신호다. 아동은 "만일 내가 당신과 가까워지는 위험을 감수한다면 내가 다시는 상처받지 않을 거라고 정말 믿어도 되나요?" 혹은 "내가 기쁘거나 만족해할 때뿐만 아니라 화나고 저항할 때에도 내 곁에 있을 건가요?"라는 말과 같다. 오랫동안 학대와 방임을 당했던 아동들은 끊임없이 공황 상태에 있으며 매우 깊은 수준까지 반드시 부모의 약속을 시험해 봐야 한다.

저항을 다루는 일반적인 원칙

저항을 다루는 첫 번째 단계로서, 치료사는 아동의 저항이 친숙하지 않은 상호작용으로 인한 가벼운 불안감이나 불편함의 상태가 아닌 두려움이나 공포의 상태에서 비롯된 것인지 반드시 평가해야 한다. 만일 아동이 겁을 먹었다면 아동의 두려움을 인정하고 아동이 안전함을 느끼도록 할 수 있는 모든 것을 해보는 것이 중요하다. 아동은 부모와 가까이 앉길 바라거나 치료사가 접근의 강도를 줄이기를 바랄 수 있다. 일단 아동이 더 진정하고 좀 더 안전함을 느낀다면, 치료사는 서로 솜공 주고받기나 비눗방울 터뜨리기와 같은 조용한 활동들에 아동을 개입시킬 수 있다.

만일 아동이 쉽게 조절 곤란을 겪는다는 것을 알게 되었다면 치료사는 자극의 수준을 세심하게 살펴보고, 접근의 강도를 줄이며, 아동의 기분, 반응, 조절과 관련된 문제를 조율해야 한다.

아동이 겁을 먹거나 과도하게 흥분한 것이 아니라고 생각된다면 저항과 관련하여 치료할 수 있으며, 관계 맺기 위한 치료사의 노력에 아동이 더 편안해질 수 있는 많은 방법이 있다. 모든 아동에게 해당되는 기본적인 원칙은 치료사가 아동의 행동을 수용하고 그가 기대하던 부정적인 반응을 피하는 것이다. 아동은 과거에 "안 돼." "그만." "이리 돌아와." 와 같은 말들을 계속해서 들었을 것이다. 이런 말들 대신에, 치료사는 흥미있어 하는 반응이나 긍정적인 반응으로 아동이 놀라게 해야 한다. 이를 위해 치료사는 앞을 내다보고 행동해야 하며, 아동보다 한 발 앞서 있어야 한다.

저항을 직접 다루기 치료에서 저항이 처음 나타날 때 이를 직접 다루기 위해 치료사가 시도할 수 있는 유용한 세 가지 접근법으로는 무언가 재미있는 것처럼 아동의 행동을 수용하기, 역설을 이용한 행동 지시하기, 아동이 거부하는 활동을 반대로 뒤집어 아동이 치료사에게 해보도록 제안하기가 있다.

- 행동 수용하기: 치료사는 함께하는 활동의 일부인 것처럼 무언가 재미있는 것으로 아동의 행동을 받아들여야 한다. 만일 아동이 치료사를 밀어내면, 치료사는 "와, 너 정말 힘이 세구나." 라고 말할 수 있다. 그러고는 이를 밀기놀이로 구조화한다. "네가 날 밀어낼 수 있는지 한번 보자. 하나, 둘, 셋, 밀어!" 아동이 세게 잘 밀고 나면 치료사는 뒤로 넘어지며 아동을 무릎 위에 앉혀 공중으로 들어 올리고는 아동을 깜짝 놀라게 할 수 있다. 이런 놀라움에 저항할 아동은 거의 없다. 아동은 기대했던 부정적인 반응 대신 즐거운 놀라움을 경험하게 되고, 이는 아동의 흥미를 유발하고 치료사와 더 가깝게 만들어 준다.
- 역설 이용하기: 아동의 저항에 대한 또 다른 유용한 반응은 즐겁고 수용적인 방법으로 아동의 행동을 지시하는 것이다. 몸을 흔드는 아동을 진정시키기 위한 노력이 소용없을 때, 치료사는 "네가 온 몸을 흔들 수 있는지 해보자. 그렇지! 혀도 흔들어 봐." 라고 말할 수 있다. 그러면 아동에겐 두 가지 선택권이 주어진다. 역설적인 명령에 저항해 몸을 흔드는 것을 멈추거나(치료사가 첫 번째로 원한 것) 혹은 더 열심히 몸

을 흔들어 치료사의 요구에 응할 수 있다. 만일 아동이 치료사를 밀어낼 때 매우 큰 소리를 낸다면 땅콩버터 젤리 놀이를 할 수 있다. 치료사는 자신이 특이한 방법으로 "땅콩버터."라고 말하면, 아동은 치료사가 한 것과 같은 방법으로 "젤리."라고 말해야 한다고 설명해 준다. 치료사는 아동이 외친 것보다 훨씬 더 큰 목소리로 시작할 수 있다. 그리고 아동이 따라 하는 놀이에 열중하기 시작하면, 치료사는 목소리를 부드럽게 하거나 몸동작, 음조, 강도를 변화시키며 놀이할 수 있다. 곧 아동은 자신도 모르게 개입하게 된다.

그러나 역설적인 방법은 과도하게 사용해서는 안 된다. 너무 자주 사용하게 되면, 이 접근법은 그 효과와 유머의 잠재성 모두를 상실해 버린다. 또한 역설은 단지 놀이로 이끄는 또 다른 방법일 뿐이라는 것을 아동이 이해하도록 해야 한다.

- 아동이 활동을 치료사에게 하도록 만들기: 만일 아동이 손에 로션을 바르는 것을 거부한다면, 치료사는 "네가 나한테 먼저 발라 줘도 돼." 혹은 "엄마한테 먼저 해주자. 넌 내가 엄마에게 로션 발라 주는 것을 도와줄 수 있어."라고 말할 수 있다. 치료사가 자신의 코를 삐 하는 소리와 함께 누르는 것을 싫어하는 아동일지라도 자신이 치료사의 코를 누르는 것은 쉽게 할 수 있다.

저항을 인정하고 활동을 수정하기 저항을 다루는 또 다른 중요한 방법으로는 저항을 인정한 다음 활동을 수정하거나 계획한 대로 계속 진행하는 것이 있다. 아동이 특정한 활동을 거부할 때, 치료사는 저항의 근본적인 원인을 고려해야 한다. 활동이 아동에게 너무 어렵거나, 너무 친밀한 것이거나, 아동이 견딜 수 없는 촉각적인 민감성을 포함하고 있을 수 있다. 이러한 경우, 치료사는 아동이 왜 싫어하는지에 대해 호기심을 보일 수 있으며, 아동을 더 편안하게 할 다른 활동을 찾을 수 있다.

- "내 생각엔 넌 가만히 앉아 있는 것을 힘들어하는 것 같구나. 더 쉽게 할 수 있는 방법을 찾아보자. 오, 알겠다, 자리 차지하기를 해보자."
- "이런 종류의 로션을 싫어한다고 말해 줘서 기쁘구나. 알려 줘서 고마워. 파우더로 대신 해보자."
- "엄마가 널 먹여 주는 것이 지금 당장은 너에게 힘들다는 걸 알아. 너와 엄마가 정확히 동시에 네 크래커를 함께 깨물 수 있는지 해보자."

- "네가 지금 그만두고 싶지 않아 한다는 것을 알고 있단다. 우리가 이렇게 즐거운 시간을 보내고 있을 때 작별인사를 하는 것은 매우 힘든 일이야. 하지만 지금은 우리의 놀이를 마칠 시간이야. 난 네 손에 있는 특별한 주근깨를 기억할 것이고, 다음 주에도 그게 거기에 있는지 확인해 볼 거야."
- 놀이와 놀이방법에 대해 많은 아이디어를 생각해 내는 아동에게 치료사는 다음과 같이 말할 수 있다. "좋은 생각이구나. 그 놀이를 기억해 둘게. 우리 지금은 이 놀이를 해보자."

화가 나고 통제할 수 없는 행동 다루기 비록 치료사가 모든 회기 동안 아동과 안정적이고 잘 조절된 방법으로 상호작용하도록 돕는 일에 초점을 맞추려 노력하지만, 아동이 통제 불능으로 흥분하거나 자신이나 타인을 위험하게 만드는 일을 피하는 것이 항상 가능한 것은 아니다. 아동이 치료사를 때리려 하거나 다른 방법으로 신체적인 상처를 주려 한다면, 아동의 위험한 행동을 멈추게 하고 "아프게 하면 안 돼! 이것이 널 매우 화나게 했다는 것을 알아. 하지만 네가 날 아프게 하도록 놔두지 않을 거야. 난 널 아프게 하지 않을 거야. 난 우리 둘 모두를 안전하게 지킬 거야."라고 말한다. 치료사는 아동이 진정하여 때리는 것을 멈출 때까지 아동의 손을 잡아야 한다. 보통 이 정도면 아동이 때리는 것을 멈출 것이고, 이때 아동의 손을 놓아주어도 된다. 이 시점에서 치료사는 관계의 불화는 끝났고, 자신은 아직도 아동과 연결되어 있다고 느끼며, 아동에게 만족한다는 것을 나타내기 위해 목소리와 표정과 자세를 즐겁고 개방적인 것으로 바꾸는 것이 중요하다. 이는 아무리 강조해도 지나치지 않다. 치료사가 이 사건 후 슬프고 기분 나쁜 표정으로 등을 구부린 채 앉아 있다면 아동은 부정적인 상태로 머무를 것이다. 그러나 치료사가 더 개방적이고 수용적인 태도를 가진다면 빨리 다른 활동으로 넘어갈 수 있다.

만일 아동이 자신을 진정시키려는 다른 노력에 반응하지 않고 흥분하여 위험한 행동을 한다면, 치료사는 즉시 아동을 안전하게 할 수 있도록 조치를 취해야 한다. 이는 아동을 어떻게든 억제시키는 것을 포함한다.[3] 속상해하는 아동을 위한 가장 편안한 자세는 아동을 무릎에 앉혀 치료사와 마주 보게 잡고서는 흔들며 어르는 것이다. 만약 아동이 치료사의 눈을 보고 자극을 더 받는 것 같으면 아동을 바깥쪽을 보게 하고 무릎에 앉히는 것이 아동을 진정시키는 데 더 효과적인 방법이 된다. 아동과 치료사 모두에게 안전함을 제공하면서 최대한 편안한 자세를 찾는 것이 중요하다.[4] 치료사는 아동의 기분이 나아질 때까지 곁에 머물 것이라고 하며 아동을 안심시켜야 한다(그렇게 하여 그가 안전하다는 것과 아동의 행동이 치료사의 눈에 '나쁜' 것으로 보이지 않는다는 것을 알리면서). 아동에게 무언가 씹어 먹을 것을 주거나 빨대로 빨아먹을 수 있는 주스를 주는 것은 아동의 짜증을 빨리 중단시킬 수 있는 매우 효과적인 방법이다. 치료사는 아동의 몸 안의 긴장을 계속 살펴보고 가능한 한 빨리 아동을 놓아주어야 한다. 그리고 치료사는 아동이 화가 났다는 것을 알고, 자신은 아동에게 화나지 않았으며, 아동의 곁에 언제나 머물러 아동이 그런 힘든 시간을 헤쳐 나갈 수 있게 도와주겠다는 것을 말로 설명해 아동을 억제시킬 때 벌어졌던 관계를 다시 회복해야 한다.

아동이 진정되자마자 다른 활동들로 넘어갈 수 있다. 만일 부모가 차분하고 안정적으로 있을 수 있는 능력이 있다면, 부모도 아동을 억제하는 일을 하는 일원이 되어야만 한다. 또한 부모도 아동을 먹여 주거나 달래기 위해 주스를 주는 사람 중의 하나가 될 수 있다. 이러한 상황의 마지막에는 종종 부모의 편안한 품에 아동을 꼭 껴안아 주도록 한다. 이런 접근은 과도하게 피곤해하거나 과도한 흥분을 하거나 또는 겁먹은 아기를 진정시키기 위해 안아 주는 부모의 모습을 모델로 한 것이다.

아동을 안심시킬 수 있는 억제를 제공하는 것이 치료사든 부모든 간에, 치료사는 아동을 안전하고 안정적인 자세로 안을 수 있는 자신의 능력에 자신감을 가져야 한다. 가정에서 종종 '진정시켜야 하는' 아동의 부모는 안전한 억제를 제공하는 방법을 배워야 한다.

- 억제가 적절하지 않은 상황 다루기: 신체적인 억제가 적절한 조치가 될 수 없는 경우들이 있다. (1) 치료사가 아동을 안전하게 억제할 수 없을 경우, (2) 치료사가 일하고 있는 기관에 아동을 억제하는 것을 금지하는 정책이 있을 경우, (3) 아동에게 자신이 갇혔다고 생각하게 하여 원래 가진 근본적인 통제 욕구를 더 강하게 만들 수 있어 억제가 아동에게 치료적이지 않은 경우다. 이 때문에 신체적이지 않으며 단계적으로 줄일 수 있는 접근법이 최선의 개입방법이 될 수 있다. 이를 위해 치료사는 아동에게 신체적으로 가까이 머물러 있어야 하지만 아동을 따라다녀서는 안 된다. 아동이 치료실의 안전한 구역에 있게 해야 한다. 만일 아동이 테이블 밑이나 소파 뒤를 기어간다면 아동 가까이에 조용히 앉아 아동을 내버려 둔다. 아동에게 직접적으로 말하지는 않더라도, 방에 있는 다른 성인들에게 이런 종류의 놀이는 원래 어렵다고 말하면서 아동이 이 상황에서 휴식이 필요하다고 부드럽게 말해 준다. 결국 아동은 안정을 느끼고 있다는 신호를 보일 것이다(슬쩍 보거나, 숨소리가 느려지거나, 손을 뻗을 수 있다). 이 시점에서 마실 수 있는 주스를 주거나, 잡고 있을 수 있는 부드러운

동물 인형을 주거나, 아동의 등에 손을 부드럽게 올리고 있는 것과 같이 다시 관계를 맺기 위한 어떤 방식을 아동에게 제시한다. 만일 아동이 이러한 접근을 거부한다면 계속 조용히 앉아 안심시키고, 방에 있는 다른 성인에게 간간이 말을 걸 수 있다. 만약 아동이 이 접근을 받아들인다면 밀가루반죽 놀이나 스티커 붙이기 놀이와 같이 진정시킬 수 있는 활동의 재료를 꺼낸다(이러한 활동들은 강렬한 눈 맞춤이 필요 없고 지시에 따르지 않아도 된다). 아동이 다시 개입된 것처럼 보이면 아동을 바라보고, 한숨을 돌리며, 매우 화를 내는 것은 힘든 일인데 이런 일이 일어나서 유감스럽다는 것을 차분하지만 확실하게 인식시켜 주는 시간을 잠시 갖는다. 치료사는 신체언어를 통해 아동을 수용하고 있으며, 아동과의 관계 맺기를 다시 시도하고자 한다는 뜻을 전달한다. 이를 위해 치료사는 차분한 표정과 안정감 있는 목소리로 말해야 한다. 아동이 자신의 원초적인 두려움과 고통을 설명하는 것은 매우 어렵다. 그렇기에 무엇 때문에 화가 났는지 물어보지 말아야 한다. 더욱이 이는 다른 사람들이 예전에 시도해 보았던 방식과 같은 것이다. 치료놀이 활동을 통해 다시 개입시키는 것은 치료사가 제공할 수 있는 최선의 치료적 개입일 것이다.

회기가 끝난 후에는 비디오를 검토하며 아동의 짜증을 유발한 자극제를 찾아내도록 한다. 분노폭발을 일으킨 것에 대한 치료사의 가설을 부모와 함께 공유하여, 아동이 왜 그런 식으로 반응하는지에 대해 부모가 더 공감적으로 이해할 수 있도록 한다. 이는 또한 치료사가 자극을 유발시키는 것은 피하고 아동의 욕구를 다루기 위한 회기를 계획하는 데 도움이 된다.

- 아동을 억제하는 이유 이해하기: 아동의 의지에 반해 그를 억제하는 것을 정당화하는 단 하나의 이유는 아동을 안전하게 지키기 위해서다. 그러나 위에 묘사된 것과 같은 방법으로 화난 아동의 곁에 머무는 것은 다른 장점도 있다. 아동은 치료사와 부모가 자신의 심각하게 화난 감정을 비난 없이 받아들일 수 있다는 것을 알게 된다. 또한 자신의 분노가 치료사를 쫓아내지 않는다는 것을 깨닫는다. 아동은 자신이 통제 불능일 때 치료사가 자신을 안전하게 지킬 수 있다는 것, 그리고 자신이 이러한 강렬한 감정을 다루고 공격적이거나 자해적인 충동을 억제할 수 있도록 치료사가 도와줄 수 있다는 것을 알게 된다. 아동이 마침내 긴장을 풀고 치료사의 위안을 받아들일 수 있게 될 때, 치료사와 아동 간에는 강한 유대감이 형성되었다고 볼 수 있다. 이러한 사건이 아동에게 전달하는 메시지는 강렬한 감정이 생겨도 괜찮으며 안전하고

양육적인 어른이 그런 감정들을 다루도록 도와줄 수 있다는 것이다.

각 차원과 관련된 저항 다루기

앞에서는 저항을 다루는 일반적인 원칙을 제시하였고, 지금부터는 치료놀이의 구체적 차원들에 대한 저항에 반응하는 방법에 대해 살펴본다.

MIM 관찰 내용에 기초하여 치료사는 아동에게 강조되고 가장 도움이 필요한 차원이 무엇인지 선택했을 것이다. "내가 가까이 다가가면 아이가 매우 불편해해요."라는 이유가 있다면, 치료사는 먼저 관계를 '쿨' 하게 해야 한다고 생각하기 쉽다. 대신에 저항의 강도는 내제된 욕구의 강도를 똑같이 반영하고 있다는 것을 고려한다면(구조, 개입, 양육 혹은 도전이든 상관없이), 치료사는 그 욕구를 충족시키려 끝까지 노력할 것이다.

구조에 대한 저항 스스로 주도하여 행동하도록 격려하는 가정에서 자란 아동들은 성인의 안내와 규칙을 받아들이는 것을 어려워한다. 이러한 아동은 학교에 가면 종종 까다로운 아이라고 인식된다. 그들에게는 규칙을 따르고 성인의 구조를 받아들이는 것을 흥미롭고 편안하게 만들어 줄 수 있는 경험이 필요하다. 부모와 상담할 때에는 아동이 스스로 많은 선택을 해야 하는 책임에서 벗어나야 한다는 것을 이해할 수 있게 하는 데 중점을 둔다. 부모들은 아동에게 안전감을 전달하고 안내를 해줄 수 있는 강하고 양육적인 어른의 역할을 맡아야 한다.

무반응적이거나 방임적이거나 학대적인 가정에서 자란 아동들은 성인이 자신을 안전하게 지켜줄 거라고 신뢰하지 못한다. 생존하기 위해 그들이 배운 유일한 방법은 자신이 주도하는 것이다. 이런 아동들의 경우, 치료사는 그들의 경험을 조직할 수 있는 사람으로서의 자신의 위치를 천천히 확립해 나가야 한다. 초기에 이런 아동들은 어느 정도의 통제력을 느껴야 할 것이다. 장기적으로는 모든 아동이 자신의 세계를 구조화하는 데 어른에게 의존해도 되며, 어른들이 안전하게 지켜줄 것이라는 사실을 배워야 한다.

자기 세계의 통제권을 차지하기 위해 애쓰는 아동의 행동은 미묘하며 기만적이다. 예를 들어, 아동은 치료사가 어떤 일이 일어났는지 알아차릴 새도 없이 규칙을 바꿔 버릴 수 있다. 타인의 규칙과 구조를 받을 때 느낄 수 있는 안전감과 안심을 아동이 경험하도록 하기 위해, 치료사는 주도권을 가지려는 아동의 노력을 경계해야 한다. 즉, 이러한 아동들은 주도권을 가지려고 하거나, 활동에 참여하지 않으려고 하거나, 도망가는 등의 다양한 전략을 시도한다.

- 주도권 갖기: 주도하기에는 아동이 치료사에게 무엇을 해야 할지 말해 주거나 자신이 무엇을 할지 결정하는 것을 포함한다. 특히 재미있는 놀이에 대한 아이디어가 많은 아동인 경우, 치료사가 주도권을 계속 갖고 있기가 힘들다. 이때 치료사는 "넌 훌륭한 아이디어를 많이 가지고 있구나. 하지만 오늘은 너와 함께 해보기 위해 내가 계획한 재미있는 것들을 보여 주고 싶어."와 같이 말할 준비가 되어 있어야 한다. 예를 들어, "저번 주에 했던 것처럼 베개 위에서 균형 잡기를 해요."와 같이 치료사가 하려고 계획했던 활동을 아동이 시작할 경우, 치료사는 "그게 바로 내가 계획했던 거야. 우리 오늘은 거꾸로 해보자. 베개를 네 머리 위에 쌓아 균형을 잡아 보자."라고 말할 수 있다.

- 활동 거부하기: 만약 아동이 활동을 거부한다면, 먼저 활동이 너무 어려운지, 너무 인지적인지, 촉각에 방어적인 아동에게 너무 불쾌한지, 혹은 이 순간 아동에게 너무 친밀한 것은 아닌지 고려해 보아야 한다. 그 활동이 적절하지 않다고 판단되면 아동의 욕구에 더 적합한 활동을 찾는다. 만일 아동이 통제권을 잃지 않기 위해 혹은 관계를 시험해 보려고 저항하면, 치료사는 계속 주도권을 가지면서 아동과 관계를 유지하는 방법을 찾아야 한다.

  다음의 제안은 아동의 직접적인 거부를 놀이로 전환시키는 방법이다. 만일 치료사가 제안하는 모든 것에 아동이 "싫어요!"라고 말한다면, "오, 나 그 노래 아는데."라고 말한다. 그러고는 '작은 별(Little Star)' 노래의 멜로디를 따라 "싫어, 싫어, 싫어, 싫어, 싫어, 싫어, 싫어, 하기 싫어, 싫어, 싫어, 싫어."를 노래한다. 이 노래는 거절을 즐거운 순간으로 전환하여 다른 활동으로 넘어갈 수 있게 해준다.

- 도망가기: 어떤 아동은 치료사에게서 멀리 도망가거나, 치료실 밖으로 뛰쳐나가거나, 책상 아래에 숨으면서 회기를 구조화하려는 치료사의 노력을 거부한다. 이러한 가능성을 예상하고, 치료사는 회기 안에서 명확하게 구분된 공간을 제공하고, 아동이 그 공간 안에 안전하게 머물도록 자리 잡아야 한다.

  모든 아동들에게 구조를 제공할 때 중요한 점은 활동적인 놀이를 한 후 돌아갈 수 있는 명확한 '홈베이스'를 정해야 한다는 것이다. 이는 아동이 방구석이나 벽에 기대앉을 수 있는 편안한 장소일 수도 있다. 치료사는 아동의 앞에 조용히 앉아 있든지 혹은 더 활동적인 놀이를 위해 서 있든지 아동과 문 사이에 위치해야 하며, 아동을 치료사 옆에 머물게 하기 위해 활동을 바꿔야 한다면 이를 빨리 알아차려야 한다. 치료사는 아동이 도망가지 않을 만큼 안정되었다는 게 확실해질 때까지는 쉴 틈 없이 움직이는 아동에게서 손을 떼지 않으면서 아동보다는 한 발 앞서 있어야 한다. 아동은 자신의 높은 활동 수준을 구조화하기 위해 더 활발한 놀이를 원할 수도 있다. 그렇다면 서서 아동의 손을 잡고 모터보트나 자리 차지하기 놀이를 시작한다. 치료사가 빈틈없고 자신만만하다면 아동은 대체로 치료사의 곁에 머물러 있을 것이다. 그러나 아동이 도망간다면, 침착함을 유지한 채 아동이 안전한지 확인하고 가능한 한 빨리 홈베이스로 되돌아와야 한다.

개입에 대한 저항 　많은 아동은 보살핌을 받고자 의지했던 사람들에게 실망을 느끼거나 상처받았기 때문에, 치료사를 멀리 하거나 개입이 가져오는 친밀감을 피하려고 할 것이다. 아동이 개입에 저항하는 방법은 많다. 일부는 겉으로는 친밀감을 보이고, 다른 일부는 소극적으로 행동하며, 또 다른 일부는 눈 맞춤을 피하며 치료사가 가까이 오지 못하게 한다. 도망가는 행동은 개입과 구조 모두를 피하기 위한 노력일 수 있다. 아동이 어떻게 느끼는지에 대해 이야기한 후, 아동을 편안하게 만들고 즐거운 방법으로 개입시키기 위한 노력을 계속해야 한다. 만일 엄청난 두려움이 아동의 저항의 근원이라면 뒤로 물러서서 아동의 신뢰를 얻고 개입으로 끌어들일 노력을 계속해야 한다.

- 치료사 '현혹시키기' : 애착 문제를 가진 많은 아동들의 무차별적인 친밀성은 진정한 관계를 피하려는 하나의 방법이다. 아동은 표면적으로는 개입적이고 매력적이지만, 이는 진정한 관계가 아니다. '현혹시키기' 위한 시도로는 '귀여운' 행동, 아첨, 가정에서 일어난 재미있는 이야기하기, 장난감이나 책을 가져와서 함께하기 등이 있다. 치료사는 아동이 제공하는 표면적인 관계가 아닌 진정한 관계의 형성에 초점을 유지해야 한다. 멈춰서 아동의 재미있는 이야기를 듣기보다는 계획된 활동을 밀고 나가야 한다. 만일 아동이 칭찬으로 유혹을 시도한다면, 치료사는 그 대화를 아동에게 되돌릴 수 있다. "너는 내가 한 번도 본 적이 없는 가장 부드러운 뺨을 가지고 있어. 어디, 코는 얼마나 부드러운지 한번 보자."
- 소극적으로 저항하기: 아동이 소극적으로 저항한다면 역설적인 접근법을 쓸 수 있다.

"어머, 넌 조용하구나. 넌 쥐처럼 조용하네. 내가 네 코를 만졌을 때 소리를 내는지 한번 보자." 그리고 삑 하는 소리를 내어 본다. 아동의 다른 신체 부위(귀, 턱, 무릎)가 내는 소리를 탐색하며 해볼 수 있다. 콩주머니 떨어뜨리기와 같은 많은 활동들에는 아동의 활발한 반응이 필요하지 않다. 아동의 머리 위에 콩주머니를 얹으면 아동이 조금만 움직여도 콩주머니는 치료사의 손 안에 떨어질 것이고 주고받는 놀이가 시작된다(아래 후안의 사례 참조). 아동의 반응이 필요없는 다른 활동들로는 아동의 등에 '일기예보'를 그리는 것이나 아동의 팔, 발, 손가락 길이를 재 보는 것이 있다.

- 눈 맞춤 피하기: 만일 아동이 눈 맞춤을 피한다면 이를 즐거운 방법으로 할 수 있는 놀이로 조직할 수 있다. 콩주머니 떨어뜨리기, 까꿍놀이, 쎄쎄쎄, 손탑 쌓기 놀이는 모두 자발적인 눈 맞춤의 순간이 필요하다. 가능할 때마다 아동의 눈높이에서 활동을 하라. 눈 맞춤은 중요하다. 왜냐하면 이는 아동이 치료사의 존재를 인식할 수 있게 하고, 아동에게 강렬한 방법으로 치료사의 감정신호를 읽을 수 있는 기회를 주기 때문이다. 치료사는 부모에게 "아동이 부모를 보지 않는다면 부모가 그와 함께 있는 것을 얼마나 즐거워하는지 보지 못할 거예요."라고 말할 수 있다. 앞에서도 말했듯이, 눈 맞춤을 진지한 활동으로 만들지 말고, 고개를 돌리거나 자극을 줄이거나 자신을 안정시키고자 하는 아동의 욕구를 항상 받아들여야 한다. 그리고 아동이 준비되자마자 다시 관계를 맺을 수 있도록 준비해야 한다.[5]

두려워하고 저항적인 아동 개입시키기

다음은 헤드스타트 프로그램의 정신보건사가 어떻게 아동의 혼란스러운 저항을 다루어 아동을 개입하도록 만들었는지를 제시하고 있다.

4세인 후안은 마치 최악의 상황을 예측하듯 세상으로부터 움츠러드는 아이였다. 그는 고개를 숙이고, 몸을 꼬았으며, 어색하게 움찔거렸다. 누구라도 그에게 다가가면 몸을 움츠러뜨리고 도망쳤다. 아이의 몸이 꼬인 것처럼 보이고 움직임이 변덕스러웠기에 신경학 검사를 의뢰했다. 하지만 신경학자는 후안이 너무 겁을 먹어 검사할 수조차 없었다. 후안의 치료사로서 나는 세상에 대해 배울 수 없도록 하고 다른 사람과 함께하는 즐거움을 누릴 수 없게 만드는 스스로를 가둔 두려움이라는 감옥 안에서 아이를 꺼내야겠다고 결심했다. 후안이 그의 부모에게 받은 메시지조차도 부정적이었다. 그의 아버지는 "후안은 단지 절 부끄럽게 만들어요."라고 말했다.

아이의 고통을 보면서, 난 아이에게 부드럽지만 단호하게 다가갔다. 난 내가 아이를 그대로 두기보다는 그의 고독에서 끄집어내야 한다고 생각했다. 아이가 블록 벽장 뒤에 숨었을 때, 난 그를 찾아냈다. 아이가 테이블 밑을 기어갈 때는 그를 따라 기어갔다. 어느 시점에서 난 너무 빠르게 움직였다. 나는 아이와 함께 놀기 위해 그를 잡으려 했지만, 아이는 도망가기 위해 극도로 흥분하여 몸부림쳤으며 내가 잡지 않았다면 땅바닥으로 떨어졌을 것이다. 아이는 위험에 대한 감각이 없었으며, 자신을 에워싼 내 팔을 이용해서 스스로 안전하게 하지도 못했다. 난 이것을 아이의 절망의 신호라 보았고, 더 천천히 움직여야 한다는 것을 깨달았다.

점차 내 조용한 인내심은 성과를 거두었고, 아이는 내 존재를 인정하기 시작했다. 나는 콩주머니를 아이의 머리 위에 얹었고, 그가 그것을 치우려고 고개를 숙이자 내가 뻗은 손 위에 떨어졌다. 난 내 콩주머니를 내 머리에 얹고 아이의 무릎에 떨어뜨리거나, 콩주머니가 아이의 손에 떨어질 수 있도록 손을 잡았다. 아이는 이 놀이에 흥미를 보이기 시작했다. 이 놀이는 처음 그가 콩주머니를 피하려 했던 노력에서 발전한 것이었다. 아이는 고개를 숙여 콩주머니를 내 손에 떨어뜨리기 위해 신호를 기다릴 수 있게 되었다.

아이가 날 밀어내려고 했을 때, 난 이것이 밀기놀이가 되도록 그를 부드럽게 다시 밀어냈다. 아이는 내가 그의 손 윤곽을 따라 그린 후, 내가 만든 윤곽이 그의 손에 얼마나 딱 맞는지 보여 주자 관심을 가졌다. 아이는 자기도 모르게 즐겁게 놀기 시작했다. 내가 우스꽝스러운 모자를 머리에 쓰자, 아이는 나를 쳐다보며 웃었다. 내가 자신에게 하나를 씌워 주는 것도 허락했다. 우리는 거울을 보고 아이가 얼마나 키가 큰지, 얼마나 힘이 센지, 또한 얼마나 높이 점프할 수 있는지 살펴보았다.

일주일에 두 번, 10주에 걸친 회기가 끝나자 작별할 시간이 다가왔다. 바로 그 시점에 아이의 반에서는 파티가 열렸다. 아이의 아버지와 나는 파티를 지켜보다가 후안이 자진해서 첫 번째로 일어나 피냐타를 한방에 깨는 것을 보고 놀랐다. 아이는 눈가리개를 우쭐해하며 차고 자랑스럽게 똑바로 일어나 온 힘을 다해 쳤고, 한방에 피냐타를 깼다. 우리의 10주가 얼마나 많은 변화를 가져왔는가! 아빠는 분명히 자랑스럽게 아들을 지켜보았다. 나는 기쁨의 눈물을 흘리며 아이를 지켜보았다. 난 그 겁먹고 움츠러들던 작은 소년이 영원히 사라졌다는 것을 알았다. 대신 그 자리에는 삶이 제시하는 모든 것을 즐겁게 기대할 수 있는 튼튼하고 자신감 넘치는 아이가 있었다.

양육에 대한 저항 어려움을 겪는 아동을 진정시키고 안정시키고 조절할 수 있는 양육적 경험은 모든 아동에게 필수적이지만, 이는 조절이 필요한 아동들에게 특히 중요하다. 치료를 위해 찾아온 많은 아동은 양육의 차원이 필요하지만 많은 이유로 이를 선뜻 받아들이지 못한다. 감각통합 문제를 가진 어떤 아동들은 신체 접촉과 껴안는 것을 회피하기 때문에 엄마의 품에 안겨 진정되고 안정되는 경험을 놓쳤을 수 있다. 또 어떤 아동들은 의료 처치로 고통받았던 경험 때문에 접촉과 연관된 고통의 기억이 신체에 남아 있을 수 있다. 자주 울고 떼쓰는 어떤 아기들은 먹여 주는 것을 스트레스와 불편함으로 연관 지어 생각할 수도 있다. 또 어떤 아동들은 자신들을 편안하게 해주고 안정시켜며 달래 줄 수 있는 접촉에 대한 욕구에 부모가 반응하지 못했던 경험을 가지고 있을 수 있다. 그들은 이러한 욕구를 부모의 거절과 연관 지어 생각할 수 있다. 나이 든 아동들은 보살핌 받는 것은 유치한 것이라는 메시지를 받았을 수 있다. 이런 아동들은 다음과 같이 말하면서 손에 로션을 발라 주거나 누군가가 자신을 먹여 주는 것을 허락하지 않는다. "난 다 컸어요. 당신이 이렇게 해줄 필요가 없어요." 그러면 치료사는 "난 네가 다 컸다는 걸 알아. 넌 힘도 세고 6개의 베개 위에서 균형 잡을 수도 있잖아. 하지만 우리가 여기에 함께 있을 때는 난 (혹은 너의 부모님과 난) 너에게 이걸 해주고 싶어."라고 대답할 수 있다.

치료사는 자기조절능력을 기르는 법을 배우는 데 매우 필수적인 안정적이고 양육적인 경험을 아동에게 제공하기 위해 모든 노력을 다해야 한다. 하지만 양육적인 활동들은 다른 경험들보다 더 부드럽고 창의적이고 즐겁게 제공되어야 한다. 절대로 아동에게 접촉을 받아들이라고 하거나, 눈 맞춤을 유지하라고 하거나, 먹으라고 하거나, 잡아 준다고 하거나, 흔들어 준다고 강요해서는 안 된다. 아동이 이러한 건강한 부모-자녀 상호작용의 중요한 특성들을 받아들이도록 하는 부드럽고 적절한 방법은 많이 있다. 손에 로션 발라 주는 것을 허용하지 않는 아동이라도 로션 손도장을 찍기 위해 로션을 바르는 것은 받아들일 수 있을 것이다. 혼자 먹겠다고 고집하는 아동이 도넛 돌려먹기 놀이는 즐거워할 수 있다(도넛을 손가락에 끼운 후 아동에게 "가운데 원이 유지되게 몇 입이나 베어 물 수 있는지 보자!"라고 말한다). 아동과 부모 모두에게 크래커를 준 다음 정확히 동시에 '바삭 깨물게' 하고 나서 서로 가까이 몸을 기대 상대방의 바삭거리는 소리를 듣게 할 수 있다. 아동은 음식과 관련된 기분 좋은 경험을 하게 될 것이다. 이때의 목표는 아동이 다른 누군가가 자신의 욕구에 반응해 주는 안정된 경험을 즐길 수 있도록 하는 것이다. 주스, 물 혹은 우유를 유리잔이나 작은 컵, 빨대가 꽂힌 주스통에 담아 줄 수 있다. 아주 어린 아동들은 어머니에게 안겨 병 안에 든 주스를 받아 먹는 것을 수용할 수도 있다. 양육의 욕구를 강하게 부정하는 많은 청소년은 알루미늄 호일로 손, 팔꿈치, 발의 본을 뜬 다음, 부모가 호일 모양을 보고 어떤 신체 부위인지 맞추는 활동으로 양육을 받아들일 수 있다.

도전에 대한 저항 어떤 아동들은 실패할 것이 두려워 도전에 저항한다. 이러한 아동들에게는 즉시 성공할 수 있는 도전을 제시해야 한다. 신문지 펀치는 좋은 예다. 한 장의 신문지를 사용한다(치료사가 윗부분을 살짝 찢어 놓음으로써 확실히 성공하게 할 수 있다). 신문을 옆쪽으로 펼쳐 단단히 잡는다(아동이 세게 치더라도 치료사가 다치지 않는다). 그리고 "네가 이 신문지를 향해 펀치를 날려 찢을 수 있는지 해보자. 주먹을 쥐어 보렴. 내가 '펀치' 라고 말하면 정확히 가운데에 주먹을 날려야 해. 제자리에 준비, 펀치!" 라고 말한다. 만일 아동이 머뭇거린다면 아동의 팔을 앞뒤로 움직여 주먹을 앞으로 내뻗을 수 있도록 도와준다. 그래도 머뭇거린다면 치료사가 신문지를 아동의 주먹 쪽으로 움직인다. 대부분의 아동은 쫙 펼쳐진 신문지에 펀치를 날리고 만족스럽게 찢어지는 소리를 즐거워하며 자신의 성공에 기쁨을 느낀다. 첫 번째 펀치가 성공했다면 한 장의 신문지를 더 추가할 수 있다. "이번 것은 좀 더 어려울 거야. 하지만 넌 한 장으로도 잘했으니 두 장도 할 수 있을 거야. 제자리에 준비, 펀치!"

치료놀이의 실제

무기력하게 행동하는 아동 도전시키기

어떤 아동들은 무기력하고 아기같이 행동함으로써 높은 기대치를 피하는 법을 습득했다. 일어서라고 하면 앉고, 원하는 것을 요구하라고 하면 손으로 가리킨다.

다음 예시에서 치료사는 태미가 무력한 상태에 머무르도록 놔두지 않는다. 치료사는 아동에게 도전을 지나치게 요구하지 않도록 조심하면서도, 태미가 능력을 발휘할 수 있도록 계속 기대하였다. 결국 태미는 해냈다. 태미의 치료사는 회기를 다음과 같이 기술한다.

나는 태미를 내려놓으려고 했으나 태미는 자세를 바로 하지 않았다. 나는 말했다. "어디, 너의 튼튼한 다리를 보자." 그러자 아이는 다리를 뻗었고, 우리는 치료실까지 복도를 따라 걸어갔다. 나는 아이에게 정말 다 큰 아이라고 말했으며 아이가 몇 살인지 알아맞히려고 했다. 7세부터 시작해 아이의 진짜 나이인 4세까지 점점 내려가며 물어보았다. 우리는 달리고 점프하고 뒤집으면서 놀았다. 나는 아이를 단계적으로 뒤집었다. 처음엔 허리에 올려놓고 아이가 거꾸로 바닥에 손을 대도록 했다. 그다음에는 아이를 내 어깨에 올려 뒤집어 주었다. 이 성공적인 경험 후에도 아동은 회기가 끝날 때쯤 다시 무기력한 상태가 되었다. 나는 이제 가야 할 시간이라고 다시 한 번 말했고, 다음 주에 또 와야 한다고 말했다. 아이가 계속 소극적이어서 도전과제를 주었다. "얼마나 크게 설 수 있는지 보자. 네가 얼마나 키가 큰지 보렴. 네가 얼마나 큰 소녀인지 봐 봐. 이리 오렴, 가자." 난 아이를 계단에서 뛰어내리도록 했다. 그리고 우리는 교실까지 군인처럼 걸어갔다.

치료사의 어려움 다루기

지금부터는 치료놀이 치료사가 치료 중에 겪을 수 있는 문제들에 대해 살펴볼 것이다. 치료사는 이 새로운 접근법에 대한 경험이 없기 때문에 어떻게 진행해야 할지 확신하지 못할 수 있고, 예전에 훈련받았던 내용이 아동의 주도를 따르는 것을 강조했기 때문에 치료사 자신이 주도하는 것에 불편함을 느낄 수 있다. 그리고 치료사는 개인적인 역전이 문제에 빠질 수도 있다. 여기서는 몇 가지 가장 일반적인 문제들을 제시하고 이를 다루는 방법에 대해 제안한다.

무능함 느끼기

치료놀이를 처음 접한 것이라면 치료과정의 가장 큰 위협은 불확신감과 의심에서 비롯될 수 있다. 이는 치료사가 자신의 아이디어가 바닥날 것을 두려워하거나, 다른 사람들로부터 비난받을 것을 두려워하거나, 활동적이고 주도적인 역할을 맡는 것이 옳지 않을까 두려워하는 것 등을 들 수 있다.

아이디어 소멸의 두려움 아이디어가 고갈되는 것에 대한 가장 좋은 해결책은 건강한 아동을 찾아 그와 함께 놀아 보는 것이다. 엄마와 어린 아동이 함께 노는 것을 지켜보는 것도 마찬가지로 유용하다. 이를 관찰하는 일은 참신하고 기분 좋게 느껴질 뿐만 아니라 새로운 생각과 기존 주제를 새롭게 변화시키는 데 도움이 될 것이다. 동료 치료놀이 치료사를 관찰하고, 다른 치료놀이 치료사들과 생각을 공유하며, 부록 B에 제시되어 있는 치료놀이 활동들의 목록을 사용하는 것도 유용하다.

다른 모든 방법이 부족할 때에는 이미 주어진 아이디어의 자원으로서 아동의 반응에 의지할 수 있다. 아동이 베개를 발로 차기 시작한다면 베개차기 놀이를 조직할 수 있다. 아동이 눈을 가린다면 까꿍놀이를 할 수 있다. 아동이 베개 밑을 기어간다면 이를 터널놀이로 만들 수 있다. 치료사는 놀이가 뚜렷이 구조화되도록 하고, 이 새로운 아이디어를 완전히 적용하며, 이를 구조화하여 상호작용적이고 보람 있는 것으로 만들 수 있어야 한다.

다른 사람의 비판 다루기 성인과 아동 사이의 밝고, 떠들썩하고, 친밀하고, 신체적이고, 즐거운 상호작용을 하는 것을 누군가가 의심스럽게 지켜보는 상황에서 진행한다면, 치료사는 자신의 일이 비판받을 것이라고 예상할 것이다. 이러한 환경에서는 치료놀이를 보이기 전에 모든 사람들에게 앞으로 어떤 것을 할지에 대해 설명해야 한다. 치료놀이가 어떻게 이루어지는지 설명하고, 몇 가지 활동을 시범 보이며, 치료놀이에 대한 더 많은 정보는 웹사이트에서 확인할 수 있다고 제안하면서 치료놀이에 대한 간단한 소개를 할 수 있다. 하지만 그렇게 미리 준비하는 것이 매우 유용할지라도, 치료실 안에서 나는 시끄러운 소리와 웃음소리를 들은 사람들에게 받을 질문과 방해를 모두 예방하지는 못할 것이다. 우는 아동을 달래거나 화난 아동을 진정시키는 중에 질문을 받는다면, 걱정스러워하는 사람들에게 "조시는 화가 났지만 이제 괜찮아질 거예요."라고 말할 수 있다. 치료사의 자신감은 "난 내가 무엇을 하는지 알고 있답니다."라는 의미를 전달한다. 또한 "나중에 이에 대해 충분히 이야기할게요."라고 덧붙여야 한다. 이런 대답을 듣고도 회기를 계속 방해할 사람은 거의 없다. 아동이 잘 보살펴지고 있다는 것에 안심할 것이다. 치료사는 이후에 치료놀이의 본질에 대해 더 많은 설명을 해야 한다.

주도권을 갖는 것에 대한 불편함

많은 전통적인 치료접근은 아동이 이끄는 대로 따르는 것의 중요성을 강조한다. 만일 그런 접근법으로 훈련을 받았다면 더 구조적이며 성인이 안내하는 접근법으로 전환하는 것이 매우 불편할 수 있다. 각 접근법이 강조되는 이유를 기억한다면 도움이 될 것이다. 치료놀이는 좋은 부모가 자녀에게 제공하는 것과 같은 안전하고, 구조화되고, 안아 주는 환경을 만들어 준다. 아동이 '원하는' 것을 모두 받아주는 양육방식은 아동에게 필요한 안전과 안내를 제공하지 않는다. 반면에 아동 중심적인 치료법은 아동이 치료사의 직접적인 개입에 영향을 받지 않고 자신의 내면세계를 탐색하며 공유할 수 있는 환경을 제공한다. 이러한 차이를 염두에 두고, 치료놀이 회기를 주도하는 것에 대한 불편함을 극복해야 한다. 아동을 이해하고 아동이 이끄는 대로 따르도록 훈련받은 사람이라면 성인이 안내하는 치료놀이 치료에서는 특히 민감해야 한다.

행동화된 역전이 다루기

치료사는 자신과 내담자 사이에 무슨 일이 일어나는지에 대한 정보의 원천으로서(유용할 수 있음), 그리고 내담자의 문제가 자신의 어떤 과거를 불러일으키는지에 대한 정보의 원천으로서(내담자에게 적절히 반응하고자 하는 치료사의 능력을 방해할 수 있음) 자신의 역전이(countertransference) 반응을 지속적으로 인식하고 있어야 한다.

치료놀이와 같이 관계가 중요시되는 치료기법은 관계가 덜 중요한 치료기법보다 더 쉽게 역전이 문제를 불러일으킬 수 있다. 대부분의 변화를 만드는 치료놀이의 힘은 내담자의 잠재적인 동기를 알아차리고 그들에 대한 공감과 효율성을 깊이 있게 할 수 있도록 하는 것과 같이 긍정적인 방법으로 강력한 역전이 정보를 이용할 수 있는 능력에 있다. 아동과 부모의 감정을 상기시키고 조율할 수 있는 치료사의 능력은 그들의 경험에 대한 통찰을 얻을 수 있도록 한다. 이는 치료놀이 치료 방향을 안내할 수 있는 중요한 정보다. 그러나 적절한 반응을 위해서 치료사는 자신의 감정과 욕구를 아동이나 부모의 것에서 분리할 수 있어야 한다. 치료사는 자신의 욕구가 아닌 내담자의 욕구를 대신해 행동하는 것이라는 사실을 확실히 해야 한다. 치료사 자신이 어렸을 때 비슷한 어려움을 겪었기 때문에 내담자와 자신을 동일시하는 것은 긍정적이라 할 수 있다. 이는 아동을 공감하기 위한 자연스러운 원천이 될 수 있다. 그러나 치료사는 아동에게 개입할 때 자신이 어린 시절에 이렇게 했으면 좋았을 텐데 혹은 이렇게 안 했으면 좋았을 텐데와 같은 자신의 바람에 이끌려가지 않도록 신중해야 한다. 부모와 아동 모두와 상호작용을 할 때, 치료사는 자신의 반응이 어디서 나왔는지를 끊임없이 생각해야 한다. 실제로 아동과 부모의 욕구를 조율하고 있는가, 아니면 자신의 문제에서 야기되었는가? 이 아동이 치료사 자신의 군림하는 오빠와의 관계에서 생겼던 화난 감정들을 불러일으키는가?

아동을 치료할 때, 치료사는 성인과 함께할 때보다는 자신의 어린 시절을 재현하고자 하는 강한 유혹이 일어난다. 치료놀이의 접촉과 친밀한 상호작용은 많은 형태의 역전이가 발생되도록 유인하며, 이는 신중하게 고려되어야 한다. 빠른 속도로 진행되는 활동과 많은 양의 신체적, 정신적, 감정적인 참여는 즉각적으로 자기탐색을 할 기회를 거의 주지 않는다. 그러므로 가령 아이를 껴안아 주고 먹여 주는 것이 자신의 보살핌을 받고 싶어 하는 갈망을 자극할 수 있고, 레슬링이나 경쟁적인 놀이는 자신의 이기고 싶어 하는 욕구를 자극할 수 있지만 자신의 감정이 어디서 비롯되었는지에 대해 자문할 시간이 없다. 치료사는 진행 중인 치료계획의 한 부분으로서의 자신에 대해 연구해야 한다.

문제를 인식하고 잠재적인 위험을 깨닫는 것은 역전이의 행동화를 막는 첫 번째 단계다.

문제 인식하기　치료를 할 때 치료사는 자신에게 하는 질문들을 머릿속에 생각하고 있어야 하며, 역전이적 성향이 활성화될 가능성에 대해 인지하고 있어야 한다. 그리고 이후에 스스로 이 문제를 더 자세히 생각해 보는 것으로 빨리 해결해야 한다. 자문해야 할 일들은 "이 특정한 활동은 누구의 욕구를 충족시키기 위한 것이지?" "내가 왜 이런 방식으로 불편한 반응을 보이는 거지?" 와 같은 것이 포함된다.

- 누구의 욕구를 다루고 있는지 이해하기: 위의 첫 번째 질문에 대한 답은 항상 다음과 같아야 한다. "아동의 욕구. 내가 이렇게 하는 이유는 아동의 정신건강 향상을 위해 이것이 필요하기 때문이다." 만일 활동이 치료사 자신의 욕구에서 시작되었다면 그 활동을 즉각 멈춰야 한다. 예를 들어, 베개 싸움을 계획한 이유가 아동이 위협적이지 않은 상황에서 경쟁을 해야 하기 때문이라면 계속 해도 된다. 그러나 치료사 자신이 경쟁하고자 하는 것이 베개 싸움을 선택한 결정적인 요인이라면 활동을 계속할 이유가 없다. 다음의 질문은 치료사가 역전이로 반응한 것인지 판단할 수 있게 해준다. "내가 나 자신의 갈등을 다시 정의하거나 행동화하거나 해결하기 위해 아동을 이용했는가? 내가 아동의 향상된 건강이나 성공과 숙달감을 나 자신의 욕구를 위해 이용하는가? 아동의 성취를 공적으로 인정받아 희망을 보여 주기 위함인가? 내가 분리에 대한 만성적인 불안의 기능으로 치료를 연장하고 종결을 늦추고 있는가?" 이러한 예들은 치료사 자신의 욕구를 만족시키기 위해 아동을 부적절하게 '이용' 하는 수많은 방법 중 일부에 불과하다.

치료사의 치료방식은 누구의 욕구를 충족시키고 있는가라는 질문의 미묘한 면을 보여 준다. 어떤 치료사들은 본래 활기차고 신체적으로 기운차다. 그들은 격렬한 활동을 좋아하고, 그 결과로 빠르게 움직이는 도전적 활동들에 중점을 둘 수 있다. 이러한 치료사들은 아동의 욕구에 상관없이 모든 아동에게 이런 양육방식을 강요하는가? 또 어떤 치료사들은 조용하고 사색적이며 부드럽다. 그들은 부드럽고 양육적인 활동들을 선호할 것이고, 더 활발한 놀이가 필요한 아동과 활발한 활동을 시작하는 데 어려움을 느낀다. 그들은 기운차고 활기찬 아동의 욕구를 충족시킬 수 있는가? '누구의 욕구가 충족되고 있는 것인가?' 라는 질문에 대답하는 것은 치료사가 특정한 아동에게 어떤 방식을 사용할지 결정하는 데 도움이 된다.

- 자신의 불편한 반응 살펴보기: 치료사는 회기 중이나 특정한 상호작용을 하는 도중에 불편함을 느낀다면 그 불편함의 원인이 무엇인지 탐색해야 한다. "아동, 활동, 우리 사이의 상호작용의 무엇이 내게 불편한 감정을 주는가? 내가 하고 있는 일이 객관적으로 보았을 때 아동의 욕구에 적합한 것이라면 왜 내가 죄책감을 느끼고, 화가 나고, 불안하고, 제멋대로인 것처럼 느껴지는 것일까? 내가 하려고 선택한 활동이 적절한 것이라면 왜 내가 과잉보호적이며, 경쟁적이며, 방임적 혹은 집착적인 모습으로 행동하는 것일까?" 와 같이 자문할 수 있다.

  사람마다 성격이 다양하기 때문에 이 질문에 대한 답도 다양할 것이다. 어떤 사람들은 자신의 어린 시절에서 중요했던 인물(예를 들어, 어린 동생), 혹은 치료사 자신과 아동을 동일시하는 것에 기초하여 대답할 수 있다. 또 다른 어떤 사람들은 그런 활동들이 야기한 초기 인생 경험의 무의식적인 기억에 기초하여 대답할 수 있다. 예를 들어, 까꿍놀이를 하는 것은 치료사가 엄마와 놀이를 하던(혹은 엄마가 사라지던) 유아기의 기억을 불러일으킬 수 있다.

잠재적인 위험 인식하기 다른 모든 것에도 민감하게 반응해야 하지만, 치료사는 특히 분노, 의존 욕구, 슬픔, 성적 느낌, 죄책감에 대한 자신의 반응을 인지하고 있어야 한다.

- 분노: 화를 내는 것은 다른 누군가가 자신을 신체적으로 해치거나, 자존심을 건드리거나(예를 들어, 자신의 취약한 부분에 대해 이야기할 때 "너 입 냄새 나." 라고 말하는 것), 혹은 거절할 때 나올 수 있는 자연스러운 반응이다. 경멸, 모욕, 신체적 고통 혹은

버려짐에 대한 원색적인 반응도 분노에 포함될 수 있다. 실제로 아동이 팔을 물거나 얼굴에 침을 뱉었는데도 아동에 대해 부정적인 감정이 없다고 말하는 사람은 자신의 감정에 완전히 몰입하는 것이 아니다. 만일 치료사가 반응적으로 화가 나는 순간 너무 동요되어 그 화를 다룰 수 없게 되거나, 이해할 수 없게 되거나, 이를 극복할 수 없게 된다면 이 또한 같은 문제다. 목표는 화를 경험하고, 그 원인을 이해하며, 그것을 다시 아동이 통합할 수 있도록 돕는 데 이용하는 것이다. 치료사는 특히 특정한 자극에 대한 분노(예를 들어, 아동이 아기처럼 행동하면 화가 나는 것)가 보편적인 반응이 아니라면 고찰해 보아야 한다.

- 의존: 의존 욕구는 피로, 병, 분리 혹은 누군가가 보살핌 받는 것을 볼 때 나타나는 자연스러운 반응이다. 그러므로 아동의 치료가 종결될 때 혹은 아동이 보살핌 받으며 즐거워하는 모습을 볼 때 치료사가 자신의 의존 욕구를 발견하는 것은 놀랄 만한 일이 아니다. 회기 중 이러한 욕구에 이끌리지 않도록 하기 위해 치료사는 스스로를 잘 돌보아야 하며, 피곤하거나 아플 때는 상담하지 않도록 해야 한다. 그리고 치료 종결 시에는 슬픔과 상실의 감정에 열린 마음을 가져야 한다.

- 슬픔: 많은 치료사들은 아동이 불행을 드러내 보일 때 불편해한다. 치료사들은 아동의 감정이 두려움 혹은 슬픔일 때 그것을 분노감이라고 해석할 수 있다. 혹은 아동을 기분 좋게 해주는 것이 자신의 책임이라고 생각할지도 모른다. 기분 좋게 해 주려는 시도에 아동이 반응하지 않는다면 그들은 아동에게 화가 날 것이고, 아동이 자신의 감정을 상하게 했다거나 이로 인해 화가 났다는 메시지를 아동에게 전달할 것이다. 만약 이런 반응이 나타난다면 무엇 때문에 자신이 아동의 슬픈 감정을 들어주고 담아 주지 못하는지 탐색해 보는 것이 중요하다.

- 성적 느낌: 성적 자극은 신체적 친밀함, 유혹적인 행동, 언어화된 성적 도발이나 성적 몰두에 대한 자연스러운 반응이다. 치료사는 이러한 성적 반응이 있음을 스스로 인정하고, 필요하다면 재빨리 중성화한 후 활동을 바꿔 계속 진행하는 것이 중요하다. 회기가 끝나면 그 경험을 신중히 고찰해 무엇이 그런 반응을 자극했는지 이해하고 차후에는 피할 수 있도록 해야 한다.

- 죄책감: 두 가지 종류의 죄책감에 특히 주목해야 한다. 첫째는 다른 사람의 인생에 자기주장을 강하게 제시하거나 참견하여 '타인에게 무엇이 좋은지 대신 결정해 준

다' 는 것에 대한 죄책감이다. 이는 몇몇 치료사들로 하여금 회기를 주도하거나 효과적인 치료놀이를 하는 데 매우 큰 어려움을 느끼게 만든다. 그들 자신의 전능함에 대한 유치한 감정의 자극이나 또는 자기주장을 하다가 은연중에 나타날 수 있는 분노에 대한 두려움이 이런 어려움의 근원이 된다. 둘째는 상담을 '즐기는' 것에 대한 죄책감이다. 치료놀이가 지루하고 어려운 일이 아니라 정말 재미있을 수 있기 때문에 몇몇 치료사들은 이를 매우 불편해할 수 있다. 그들은 치료비를 거절하거나 회기를 부담스러운 짐으로 만들어 버릴 수 있다.

발생되는 역전이 극복하기　　역전이가 발생되는 것을 피하기 위해 할 수 있는 일들이 많다. 회기 미리 계획하기, 슈퍼바이저나 동료가 관찰하도록 하기, 슈퍼바이저와 함께 토론하기, 역할극 해보기, 개인 심리치료 받기 등이 있다.

- 회기 미리 계획하기: 모든 회기를 신중하게 계획하기를 권장한다. 치료사가 치료놀이의 경험이 적거나 즉각적으로 자신의 정서적 반응을 관찰하는 것이 어렵다고 느껴진다면, 계획을 할 때에는 회기 중에 할 치료놀이 활동의 목록뿐만 아니라 계획이 잘못되면 대신 무엇을 할 것인지에 대한 예상도 해야 한다(아동이 풍선을 던지기도 전에 터뜨려 버린다면? 아동이 오렌지 씨앗을 목표물이 아닌 나에게 뱉는다면? 아동이 먹여 주는 것을 원하지 않는다면?). 물론 아무리 많이 사전에 계획하더라도 예측하지 못한 모든 사태에 대비할 수는 없다.

- 슈퍼바이저나 동료가 관찰하도록 하기: 슈퍼바이저나 동료 치료사가 회기를 관찰하도록 하여 역전이가 일어나는 자신의 반응을 지켜보게 하는 것은 논의되어야 하고 해결되어야 할 문제를 집어내기 위한 최선의 방법일 것이다. 관찰은 일방경이나 비디오를 통해 실시될 수 있다. 만약 필요하다면 관찰자는 치료놀이실 안에서 회기를 직접 살펴볼 수도 있다.

- 슈퍼바이저와 함께 토론하기: 만약 직접적인 관찰이 가능하지 않다면 회기를 녹화한 비디오를 사용하여 슈퍼바이저와 정기적으로 토론해 보는 것이 치료사가 아동의 욕구를 놓친 순간들을 알 수 있는 데 도움이 될 것이다. 통찰력이 있고 위압적이지 않은 선배 치료사는 특정한 사건의 원인을 찾아 새로운 해결책을 모색해 보도록 도와줄 수 있다.

- 슈퍼비전하에 역할극 해보기: 내담자-치료사 상호작용에서 나타난 특정한 문젯거리에 대한 슈퍼비전에서 이루어지는 역할극은 치료사에게 그 문제에 통찰력을 가질 수 있게 한다. 부적절한 행동이 일어난 순간, 치료사는 역할극을 멈추고 '그렇게 한' 이유에 대해 고찰해 본다. 그러고는 역할극의 틀 안에서 더 나은 해결책을 논의하여 실행해 볼 수 있다.

- 개인 심리치료 받기: 개인적인 심리치료는 치료사가 되기 위한 준비과정의 일부로서 모든 치료기법의 치료사들에게 적극 권장된다. 치료놀이도 예외가 아니다. 치료사가 자신의 반응을 의식하고 이해하는 것이 증가하면 아동이나 부모와의 상담이 향상될 것이다.

치료 접근법: 치료사를 위한 지침

아래의 치료 접근법 목록은 지침으로서만 사용되어야 한다. 회기의 매 순간에 아동의 즉각적인 욕구가 항상 우선순위의 지침이 되어야 한다. 이 지침들은 치료사를 위해 고안된 것이지만 부모가 따라 할 수 있도록 치료사가 안내하는 모델이 되기도 한다.

1. 주도하는 것에 익숙해지고 자신감을 가져라. 좋은 부모처럼 긍정적인 자기상을 전달해 주고, 안내하고 보호할 수 있는 능력을 보여 주어야 한다.

2. 항상 회기를 책임져라. 치료사는 항상 아동이 안전하고 잘 있는지를 인식하고 있어야 한다. 회기를 처음부터 끝까지 자신 있게 이끌고 구조화해야 한다. 허락을 구하거나, 동의를 기다리거나, 행동하는 것을 사과할 필요가 없다. "너 오늘 점프해 보고 싶니?" 라고 질문하거나 무엇을 할지에 대해 안내한 뒤 "알겠지?" 라고 질문하는 것은 아동에게 치료사가 확신이 없다거나 회기를 통제하는 것은 함께 노력해야 할 일이라는 뜻을 전달하게 된다. 이러한 질문들은 아이들이 "아니요." 라고 대답하도록 유도한다.

   하지만 외상을 경험한 아동과 상담할 때에는 다음과 같이 질문하는 것이 적절하다. "이렇게 하는 것이 안전하다고 느껴지니?" "내가 네 손에 로션을 발라 줘도 되겠니?" 어떤 활동들이 두려움이나 고통을 유발할 가능성에 민감하게 반응하면서 아동을 안전하게 지킬 수 있다는 자신감을 아동에게 전해야 한다.

3. 흥미롭고 즐겁게 하라. 어떤 아동이라도 스스럼없이 놀이에 참여할 수 있도록 하기 위해 치료사는 매우 자발적이어야 하며 개입적이어야 한다.

4. 치료사 자신을 치료실의 가장 중요한 도구로 만들어라. 치료사—치료사의 행동, 움직임, 단어, 소리—는 가장 중요하고 필수적인 치료놀이의 '버팀목' 이 되어야 한다. 아동의 주의를 끌고 진정한 연결의 순간을 만들 수 있는 즐겁고 개입적인 활동을 제시해야 한다.

5. 집중적으로 그리고 절대적으로 오로지 아동에게만 초점을 두어라. 함께하는 짧은 회기에서 아동 그리고 아동의 건강에 대한 잠재력에만 초점을 두어야 한다. 치료사는 아동과 의미 있는 관계를 만드는 데에 치료사 자신 전체와 자신의 모든 신체적 · 정서적 에너지를 투자해야 한다. 이러한 집중의 강도는 부모와 영아 사이의 강도를 모사한 것이다. 이는 그다지 중요하지 않은, 우연히 일어나는 상호작용이 결코 만들어 낼 수 없는 관계를 형성하게 한다.

6. 반응하고 공감하라. 조율적인 어머니처럼, 치료사는 아동의 감정의 활력과 기분에 맞춰 주어야 한다. 필요하다면 아동의 각성 수준을 적절한 수준으로 조절하도록 도와야 한다. 치료사는 아동의 슬픔이나 분노는 물론 아동의 기쁨에도 공감하고 반응해야 한다.

7. 아동의 기분과 감정을 파악하고 분류하라. 치료사는 아동에게 아동의 내적 경험을 자세히 설명해 주거나 그에 대해 이야기해 달라고 요구하지 않으면서도, 아동이 자신의 내적 경험을 더 잘 인식할 수 있도록 도와야 한다. 아동이 경험하고 있는 것이 무엇인지 분류하기 위해 치료사는 아동의 의도와 감정을 읽는 능력을 사용해야 한다. "아, 넌 그걸 싫어했구나. 너무 빠르게 했네. 다른 방법으로 해볼게." "오늘 조금 슬퍼보이는구나. 기분이 나아지도록 내가 도와줄게."

   가능하다면 치료사는 아동의 반응과 그것을 직접 유발시킨 것을 연결해 본다. "넌 내가 다른 놀이를 하길 바라서 화가 났구나." "넌 오늘 학교에서 힘든 하루를 보냈구나. 네가 즐거워하지 않는 이유를 알 것 같아." 그러나 아동의 잠재된 감정을 계속 반복하도록 만들 수 있으니 이러한 언어적인 관찰 소견에 너무 많은 시간을 할애

하지는 않아야 한다.

8. **과거가 아닌 현재와 미래에 집중하라.** 아동과 치료사의 관계를 굳건히 하기 위해 현재를 중요시하는 메시지("우린 지금 함께 있단다." "오늘 너의 발가락을 다 가져왔구나."), 밝은 미래가 눈앞에 있다는 메시지("내일 넌 여기까지 키가 클 거야." "너는 곧 매우 강해질 거야."), 또는 둘 사이에서 가장 중요한 일은 현재 공유하고 있는 바로 이 공간에서 일어나는 일이라는 메시지("난 널 여기서 만날 줄 알고 있었어.")를 전달해야 한다.

   만일 아동이 다른 곳으로 주의를 돌린다면(가정이나 학교에서 일어난 일에 대해 이야기하면서), 치료사는 반응을 하며 이를 통해 아동의 주의를 다시 둘 사이의 관계와 치료놀이 장면으로 끌어와야 한다. "엄마가 집에 있니? 엄마는 분명 집에 있을 거야. 내 생각에는 엄마가 이 특별한 주근깨와 곱슬곱슬한 눈썹과 10개의 꿈틀거리는 발가락을 가진 작은 딸에 대해 생각하고 있을 것 같구나." 그러나 아동이 슬프거나 문제가 되는 경험에 대해 이야기한다면 아이가 하는 말을 신중하게 듣고 공감과 걱정을 명확히 표현해야 한다. 아동이 경험에 대한 이야기를 끝내면 적절한 양육적이고 안정적인 활동으로 돌아와야 한다.

9. **모든 기회를 이용해 아동과 눈 맞춤을 하라.** 치료사의 눈은 기쁘고 즐거우며 흥미를 끄는 방식으로 아동의 눈을 좇아야 한다. 까꿍놀이나 서로의 볼과 코에 스티커 붙여주기와 같이 서로를 바라보도록 할 수 있는 놀이는 눈 맞춤을 돕는다. 그러나 눈 맞춤이 아동과 치료사 사이에 과제 중심적이고 심각한 일이 되도록 해서는 안 된다.

10. **모든 기회를 이용해 아동과 적절한 접촉을 하라.** 건강한 양육이 좋은 접촉의 기회를 많이 갖는 것과 같이, 치료사도 회기에서 조절능력, 신체 인식, 아동과 관계 맺기에 필수적인 건강한 접촉을 많이 해야 한다.

    간질이기는 많은 부모들의 즐거운 레퍼토리의 한 부분이지만, 이는 과잉흥분과 가학적으로 과도해질 가능성이 있다. 따라서 치료사는 아동을 간지럽혀서는 안 된다. 만일 접촉이 우연히 아동을 간질이게 된다면 이렇게 말한다. "간지러웠니? 널 간지럽게 하지 않고도 만질 수 있는지 한번 보자."

    아동이 귀염성 있고 사랑스럽다고 느껴져도(또 그래야 하지만) 관계의 즐거움을 표현하기 위해 포옹이나 뽀뽀를 해서는 안 된다. 이 사랑과 연결의 아주 특별한 신호는 부모와 아동을 위해 아껴 두어야 한다.

11. 신체적 상처에 주의를 기울여라. 작은 부딪힘이나 긁힘이라도 상처 주변에 안정시킬 수 있는 로션을 발라 주고, 부드럽게 문질러 주며, 상처 때문에 아팠을 감정에 대해 이야기하면서 상냥하게 보살펴 주어야 한다. 아동이 다쳤을 때는 어떻게 느끼는지에 대해 치료사가 염려한다는 것을 알 수 있도록 전달해 주어야 한다. 상처에 주의를 기울이는 것은 양육적인 메시지를 전달하며, 이는 아동이 자기 자신을 가치 있게 생각하도록 하고, 장기적으로는 적절한 자기 보살핌과 세심한 주의를 할 수 있도록 이끈다.

12. 모든 기회를 이용해 아동이 자기 자신을 독특하고 특별하고 가치 있게 바라보도록 도와라. 치료사는 아동의 특징을 찾아내고 이름을 붙이면서 아동이 자신의 신체를 더 인식하도록 도와야 한다. "너는 잘 뛸 수 있는 두 다리를 가지고 있구나." "너의 코는 참 따뜻하구나." "정말 튼튼한 근육을 가지고 있네." 아동에게 "넌 참 예쁘게 생겼구나." "참 예쁜 원피스네!" 와 같이 아동이 통제할 수 없는 의미 없는 칭찬은 피해야 한다. 목적은 아동이 자신의 개성, 가치와 능력, 타인과 잘 어울릴 수 있는 사람으로서의 자신에 대한 강한 의식을 발달시킬 수 있게 돕는 것이다.

13. 아동을 있는 그대로 받아들여라. 아기에 대한 부모의 사랑이 아기의 행동이나 순종에 의한 것이 아닌 것처럼, 치료사는 아동을 무조건적으로 대해야 한다. 아동에 대한 치료사의 반응은 아동이 과제를 수행하거나, 치료사의 기대감을 만족시키거나, 아동이 '착한' 행동을 하는 것에 의존해서는 안된다.

14. 아동의 저항행위를 예상하고 실제로 일어나기 전에 행동하라. 행동화 문제 때문에 치료를 찾아온 아동들은 어른들이 "안 돼, 하지 마." "멈춰, 이리 돌아와." 라고 말하며 따라다니는 경험에 매우 익숙하다. 치료사는 아동의 저항적 행동이 시작되기 전에 조치를 취할 수 있는 모든 노력을 해야 한다. 만일 치료사가 자주 "안 돼." 라고 말하거나 아동이 이미 시작한 활동의 방향을 계속 바꾸고 있는 자신을 발견했다면 너무 오래 지체했거나 너무 부족하게 시작한 것이다.

15. 아동이 보내는 신호에 반응적이 되어라. 치료사는 의미 있는 종류의 활동들에 대해 관심을 나타내는 신호에 민감하게 반응해야 한다. 아동의 신호를 잡아내고 상호작용의 일부로 만드는 것은 아동의 욕구와 치료사가 민감하게 반응하고 있음을 전달할 것이다. 아동이 주도하거나 활동을 지시하려고 하는 상황과 진정한 관심으로

공유된 활동을 이끌 수 있는 상황을 구별해야 한다. 아동이 "오늘 카우보이 놀이를 해요."라고 제안한다고 해서 회기계획을 수정해서는 안 되지만, 아동이 부츠를 신거나 카우보이 셔츠를 입고 온다면 치료사가 아동에게 말을 태워 줄 수는 있다.

16. 자발적이고 유연하며 흥미로운 놀라움이 가득하도록 회기를 유지하라. 매 순간 아동의 욕구를 충족시키기 위해 활동이 신중하게 계획되었더라도, 회기 내의 활동들은 자연스럽고 자발적으로 흘러가야 한다. 활동의 즐거운 자발성은 아동의 주의를 끌고 아동의 부정적 세계관에 도전한다. 하지만 어떤 아동들에게는 안정감을 느끼도록 하기 위해 회기가 매우 예측 가능해야 할 필요도 있다는 사실을 명심해야 한다.

17. 회기가 활기차고 낙관적이며 건강을 지향하도록 하라. 치료사는 아동에게 미소 짓고 바라보며 함께 있어서 즐겁다는 메시지를 전해야 한다. 만일 아동이 기뻐하지 않는다면 아동의 기쁘지 않은 마음에 빠져들지 않도록 하며, 이를 조율하여 아동이 조절할 수 있게 도와야 한다. 가능한 한 빨리 개입적인 활동을 제공하여, 세상이 흥미롭고 행복한 곳이며 아동이 기본적으로 튼튼하기 때문에 세상을 즐길 수 있는 잠재력을 가졌다는 메시지를 전달해야 한다.

18. 과도한 불안이나 운동성 과잉행동을 예방하라. 회기를 활기차고 흥미롭게 하는 동시에 아동의 흥분을 조율하고 아동이 흥분을 통제하고 조절할 수 있도록 도와 통제불능 상태로 상승하지 않도록 해야 한다. 이때에는 속도를 줄이거나 더 차분한 활동으로 전환하는 것이 필요하다. 아동이 자기조절을 연습할 수 있게 하기 위해 아동에게 빠른 활동 후 조용한 활동을 할 수 있는 경험을 갖게 하여 아동이 스스로 안정시키는 방법을 배울 수 있도록 도와야 한다.

계속해서 높은 각성 상태에 머무르는 아동들의 경우, 치료사는 회기 전체에 걸쳐 자극과 흥분을 최소로 줄이고, 안심시키기 위한 말이나 행동을 추가하거나 차분한 리더십을 더 많이 전달해야 한다.

19. 시간, 장소, 사람들이 명확히 규정되도록 회기를 구조화하라. 회기가 이루어지는 장소의 경계를 명확히 규정하고, 뚜렷한 규칙과 예측을 전달해야 한다. 회기는 매일 혹은 매주 특정한 시간에 계획되어야 한다. 각 회기는 대략 같은 길이로 이루어져야 한다. 하지만 아동이 아프거나 피곤해한다면 회기를 좀 더 일찍 마쳐도 된다. 치료놀이 공간은 치료놀이실이나 치료놀이 매트를 통해 명확히 제한되어야 한다. 치료

사는 매 회기에 아동과 함께하기 위해 예상대로 항상 등장하는 사람으로서 신뢰할 수 있는 사람이어야 한다. 만일 치료사가 회기에 참석할 수 없다면 해석치료사에게 대신 맡아 달라고 하기보다는 회기를 취소해야 한다.

20. 각 회기 내에 활동들을 체계화하여 분명히 구별되도록 하라. 회기 내의 많은 부분들은 각각 뚜렷한 처음, 중간, 끝이 있어야 한다. 즐거운 몸짓과 함께하는 노래와 운율은 이 경험을 제공하는 데 도움이 된다. 예를 들어, 노젓기 놀이는 뚜렷한 구조를 갖추고 있다. 노래에 의해 조직되지 않은 활동은 "엄지손가락 씨름을 세 번 할 거야." "두 번만 더하고 마칠 거야."와 같이 말하며 구조화할 수 있다.

21. 치료놀이 회기는 아동의 부정적 내적 작동 모델을 변화시키기 위한 도전을 반드시 포함해야 한다. 아동이 자신과 세계에 대한 다른 관점을 받아들일 수 있도록 이끌어야 한다. 아동에게 단순히 자신의 모습 그대로 남게 하기보다는 성장하고 앞으로 나아갈 수 있도록 장려하는 도전과제를 제시해야 한다. 아동이 성취하고 뻗어나가고 성장할 것이라는 치료사의 기대가 함축된 낙관주의는 아동의 자아를 향상시킨다.
표면적인 '편안함'의 의미가 건강하지 못한 방식의 연속이라는 관점에서 아동을 '편안하게' 만드는 데에만 관심을 가져서는 안 된다. 예를 들어, 반복적인 활동들은 자폐아동을 편하게 만드는 것 같지만, 아동을 계속 자신만의 세계로 움추러들게 하는 것은 성장을 방해하기 때문에 아동만의 세계에서 꺼낼 수 있는 방법을 찾아야 한다.

22. 아동이 치료사를 좋아하든 그렇지 않든 상관없이 회기를 이끌어라. 아동이 치료사와 같은 방식으로 치료사를 호감 있게 보건 말건 개의치 말고 아동에게는 호감 가는 무언가가 있다는 것을 알려야 한다.

23. 아동이 스트레스를 받거나 분노를 표출하는 동안 항상 치료사의 존재가 느껴지도록 하라. 아동과 접촉을 하거나 곁에 가까이 머무르고, 치료사의 도움으로 아동의 통제력을 다시 얻을 것이라는 확신을 말로 전하면서, 아동이 짜증을 극복할 수 있는 능력을 얻도록 도움을 주어야 한다.

24. 아이디어가 고갈되면 아동의 신체 움직임을 치료사의 레퍼토리에 포함시켜라. 부모가 그들의 어린 영아와 하는 것처럼, 치료사는 아동의 미세한 움직임을 치료놀이 활

동들의 기반으로 삼을 수 있다. 아동이 우연히 발가락을 꼼지락거리면 '발가락 움직이기' 놀이를 제안할 수 있다. 아동이 거칠게 위 아래로 점프하는 모습은 이를 구조화하는 데 도움이 되는 리듬이 있는 노래와 함께 더 조직된 뛰기 놀이를 해보도록 하는 신호가 될 수 있다.

1. Klaus 등(1970, p. 191)은 신생아에 대한 엄마들의 전형적인 출산 후 행동을 다음과 같이 묘사하였다. "아기의 팔다리를 손가락 끝으로 만지는 것부터 시작해서…… 마사지하고 감싸고 몸을 손바닥으로 만지는 것까지" 살펴보고 만져 보는 것이 '규칙적이고 예측 가능한' 과정이 있다.
2. 감각통합 문제에 대한 논의는 DeGangi(2000)을 참고하라. Ayers(1979)도 참고하라.
3. 억제를 피하고 안전을 유지하는 것과 관련된 도덕적 문제에 대한 탁월한 논의는 다음의 자료를 참고하라. "ATTACh White Paper on Coercion in Treatment", Sept. 2008. Available from www.ATTACh.
4. 몸집이 큰 아동이나 청소년들과 상담한다면 치료사 혼자서 그들을 안아 주려 시도하면 안 된다. 안전하게 억제하는 과정에 대해서도 훈련을 받아야 한다.
5. Cohen과 Beebe(2002)는 부모들이 왜 아기들이 눈길을 돌리는지 이해할 수 있도록 Field(1981)의 연구자료를 사용하였다. 연구 결과는 아기가 돌아보기 5초 전 아기의 심장박동이 빨라지기 시작한다는 것을 보여 준다. 아기가 고개를 돌리고 약 5초 후에는 심장박동이 기본 상태로 돌아온다. 만일 어머니가 아동의 회피를 허용하고 인내심을 가지고 기다린다면, 아기는 일단 자기 자신을 조절하고 나서 다시 어머니를 바라볼 것이다. 만일 어머니가 불안해하고 아동이 다시 자신을 바라보기를 필사적으로 원한다면, 어머니는 아기가 자신의 각성을 조절하고자 하는 순환을 방해할 것이고 대신 '재촉하기' 시작할 것이다.

제6장 부모과 함께하기

이 책 전반에 걸쳐 우리는 치료놀이 치료에 참여하는 부모의 필수적인 역할을 강조한다. 이 장에서는 치료놀이의 목표인 안정적이고 조율되고 즐거운 관계를 발전시키기 위해 부모가 제 역할을 할 수 있게끔 이끌기 위해서 부모와 상담하는 다양한 측면을 설명하고자 한다. 궁극적인 목표는 자기 영속적이고 건강한 패턴으로 형성된 관계를 부모가 가정에서도 유지할 수 있도록 하는 것이다. 만약 두 치료사가 한 팀이 되어 상담한다면 이 역할은 해석치료사가 주로 담당한다. 만약 치료사가 혼자 상담하게 된다면 치료사는 아동과 부모 모두와의 상담을 담당한다. 4장에서는 이 두 가지의 역할을 조직화하는 방법과 치료사 혼자 두 역할을 모두 담당하는 방법에 대해 논의하였다.

이 장에서는 다음에 대해 서술한다.

- 치료에서의 적극적인 역할을 위해 부모를 준비시키는 방법
- 자녀의 욕구를 보다 긍정적이고 공감적으로 이해하도록 부모를 돕는 방법
- 치료를 통해 형성된 건강한 패턴을 지속시킬 수 있는 일련의 과정으로 부모를 안내하는 방법
- 부모의 욕구를 충족시켜 그들이 자녀의 욕구에 반응하고, 배운 것을 실행하도록 하는 방법
- 많은 이유로 추가적인 지원과 자원이 필요한 고위험군의 취약한 부모와 상담하는

방법

- 취약한 부모를 돕는 데 성공적으로 적용된 치료놀이 사례 연구

부모를 상담하는 것은 치료놀이 치료의 다각적인 측면이다. 건강한 관계를 이끄는 단계로 부모를 안내할 때, 치료사는 그들의 욕구에 항상 민감하게 반응해야 한다. 치료사는 아동이 보이는 행동의 의미와 선행된 사건을 이해하도록 부모를 돕는 동시에 발달적 문제와 애착 문제에 대해 부모와 논의해야 할 것이다. 또한 적절한 학교나 여름 캠프를 선택하는 것, 친인척을 대하는 것, 적합한 의사나 영양사를 찾는 것 등을 포함한 일반적인 양육 문제에 대해서도 부모를 도와야 할 수도 있다. 다시 말하자면, 치료사는 심리적 민감성, 철저한 아동 발달훈련, 개인적 지혜, 성숙도, 현명한 판단력을 갖는 것 외에도 현 시대의 아동 양육방법을 잘 알고 있어야 한다.

부모와 상담하는 것에 대한 각 측면을 따로 설명하고 있지만, 많은 단계가 중복되며, 상담은 치료사와 부모가 함께하는 모든 관계를 통해 이루어진다. 초기면접이나 피드백 회기, 정기적으로 계획된 부모상담에서와 같이 상담의 일부는 아동이 함께하지 않는 특별한 회기로 이루어진다. 그 밖에도 부모가 아동을 관찰하고 아동과 함께 회기에 참여하기도 한다.

 치료놀이에서 적극적 개입을 위해 부모를 준비시키기

성공적인 치료놀이 치료를 위해서는 부모에 대한 신중한 사정과 준비가 필수적이다. 이 절에서는 자세한 초기면접, MIM 관찰과 분석 그리고 피드백 회기에 대해 설명한다. 이 모든 것은 부모를 이해하고 부모가 아동의 경험을 깊이 이해하도록 돕는 데 중요한 요소다.

부모에 대해 더 많이 알수록 그들이 치료를 시작하기 전에 준비가 더 필요한지를 결정할 수 있다. 만일 부모가 준비되어 있다면, 치료사는 치료놀이의 특징에 대해 설명하고 치료 시작에 대한 약속을 받아낸다. 아동과의 상담을 시작하기 전 매우 유용한 마지막 단계는 부모 자신들이 치료놀이를 경험하도록 하는 것이다. 이 개인적인 경험은 치료놀이 치료의 특징을 명백히 보여 주며, 부모가 아동의 기분과 욕구뿐만 아니라 자기 자신의 기분과 욕구도 의식할 수 있도록 해준다.[1] 치료를 시작할 때 이러한 회기를 마련할 수 없었

다면 치료기간 중 어느 때라도 적절하다고 생각될 때 이 회기를 실시할 수 있다.

초기면접

초기면접은 치료사가 부모로 하여금 안정감을 느낄 수 있도록 하는 협력관계를 이루어 나갈 과정을 시작하기 위한 기회가 된다. 아동에 대한 자세한 정보를 수집하면서, 치료사는 아동이 보이는 행동의 이유에 대해 부모가 더 많이 이해할 수 있도록 돕는 과정을 시작할 수 있다. 치료사는 또한 부모에 대해서도 가능한 한 많이 알게 될 것이며, 아동과 건강한 관계를 형성할 그들의 능력을 사정하기 시작할 것이다.

협력관계 형성과 안전 조성하기 전반적인 사정과정에서 치료사는 부모와의 협력관계를 적극적으로 형성해 그들이 안전감을 느끼고 치료 팀의 적극적인 일원이 될 수 있도록 해야 한다. 아동의 치료를 위해 찾아온 모든 부모는 스트레스와 실망감으로 고군분투하고 있고, 아동의 욕구를 이해하는 데 다양한 수준의 어려움을 가지고 있다. 아동의 건강한 발달에는 부모가 필수적이기 때문에, 치료사는 그들과 협력적이고 공감적인 관계를 형성해야 한다. 이는 가족 안에서의 부모의 결정적인 역할을 명백히 알리고, 아동에 대한 부모의 진심어린 우려를 존중하며, 아동과 가족에 대한 부모의 목표를 고려하는 것이어야 한다. 치료사는 부모가 비난받는 느낌을 받지 않고 자신들의 기분과 우려에 대해 이야기할 수 있는 안전한 환경을 만들어야 한다. 부모가 아동의 욕구에 반응하고 그들이 꿈꾸는 아동과의 행복한 관계를 달성하기 위해서는 부모 자신들이 이해받고 지지받는다는 기분을 느껴야 한다. 실제로 치료사는 아동에게 반응할 때와 같은 공감적이고 양육적인 태도로 부모에게 반응해야 한다. Hughes(2007, p. 122)는 다음과 같이 말했다. "치료사는 부모에게 애착 대상이 되어 주고, 부모와 치료사가 함께 아동에게 애착 대상이 되어 줄 수 있도록 해야 한다."[2]

아동의 욕구와 행동에 대해 알기 4장에서 논의한 것과 같이, 초기면접 과정의 첫 단계는 부모가 두 개의 표준화된 행동 체크리스트를 완성하도록 하는 것이다. 현재는 아동 행동 체크리스트(CBCL; Achenbach, 1991)와 양육 스트레스 지수(PSI: Abidin, 1995)가 사용되고 있다. 이 두 가지는 치료의 결과를 사정하기 위해 마지막 만남에서 다시 실시할 수 있다.

아동에 대해 조사하기 시작한 바로 그 시점부터 치료사는 아동이 보이는 행동의 이유가 무엇인지에 대해 이해하는 것의 중요성을 알아야 한다. 아동에 대한 부모의 걱정을 듣고 부모가 추측한 행동의 동기에 대해 알게 될 때, 치료사는 아동 행동에 대한 궁금증을 표현하고 어떻게 아동의 초기 경험이 현재의 행동을 유발시켰는지 유추함으로써 공감을 위한 사전 준비를 할 수 있다. Hughes는 치료사가 물어볼 수 있는 훌륭한 질문 목록을 제공했는데, 다음은 그중 일부다.

- 무엇이 아동을 그런 방식으로 주의를 끌게 만들었나요?
- 아동이 원하는 걸 얻지 못했을 때 그토록 힘든 것이 무엇 때문일까요?
- 아동은 왜 실수하는 것을 견디기 어려워하나요? 그것이 당신 때문인가요?
- 아동이 논쟁하지 않고 당신의 결정을 받아들인 경우가 있었나요?
- 가끔 아동이 다른 사람들은 하지 않는 행동을 하는 이유가 무엇이라고 생각하나요?
- 이 행동들을 설명할 수 있는 다른 동기가 있다고 생각하나요?(Hughes, 2007, p. 127)

부모가 아동이 보이는 행동의 의미를 이해할 수 있도록 하기 위해 치료사는 양육자와의 상호작용을 토대로 아동이 발달시키는 내적 작동 모델의 개념을 소개할 수 있다. 부모는 아동의 자아감과 타인으로부터 무엇을 기대할 수 있는지에 대한 감각에서 초기 경험이 미치는 지속적이고도 강력한 영향을 명확히 알아야 한다. 예를 들어, 치료사는 입양부모에게 아동의 까다로운 행동이 아주 어린 시절 발달한 자신에 대한 부정적인 관점에서 비롯되었다고 지적할 수 있다. 부모가 몇 가지의 까다로운 행동들을 묘사할 때, 치료사는 다음과 같이 물을 수 있다. "그 순간에 아동이 자신에 대해 어떻게 느꼈을 거라고 생각하시나요?" "아동이 먹는 것을 비축하는 것은 어렸을 때 자주 굶주린 채 잠이 들곤 했던 경험 때문에 발달된 세계관을 우리에게 말해 주는 것은 아닐까요?"

아동과 건강한 관계를 형성할 수 있는 부모의 능력 사정하기 치료를 시작하기 위한 준비의 일환으로, 치료사는 아동과 건강한 관계를 형성할 부모의 능력을 평가해야 한다.

성인 애착면접(Adult Attachment Interview; George, Kaplan, & Main, 1985)과 아동면접 작업 모델(Working Model of the Child Interview; Zeanah & Benoit, 1995)을 사용해 본 경험이 있다면, 치료사는 이를 사용하여 아동에 대한 부모의 태도뿐만 아니라 애착에 대한 그들의 태도에 관해서도 가치 있는 정보를 수집할 수 있다. 좋은 양육을 받았거나 안정적인 마음의 상태를 이루어 아동의 욕구를 이해하고 그에 반응할 준비가 된 부모는 준비시간이 덜 필요하다. 불안정하거나 부주의한 부모 밑에서 자란 부모는 어려움을 가질 것이다. 하지만 부모가 가까이 오지 못하도록 하고 자신의 욕구에 대해 혼란스러운 신호를 보내는 입양아동이나 위탁아동 혹은 발달 문제를 가진 아동과 직면하면 가장 안정적인 부모라도 힘들어할 수 있다.

치료놀이와 같이 애착에 기초한 치료에서는 부모 자신의 어린 시절 경험과 애착에 관련된 그들의 현재 마음의 상태에 대해 가능한 한 많이 아는 것이 중요하다. 4장에서는 초기면접에서 해야 할 질문들에 대해 논의하였다. 부모의 경험을 더 많이 이해할수록 치료사는 그들에게 더 많이 공감할 수 있다.[3] 이와 동일하게 중요한 것은 부모가 자신의 어린 시절 경험들에 대해, 혹은 이 같은 경험이 아동에 대한 현재 자신의 기분과 반응에 어떤 영향을 미치는지에 대해 더 깊이 생각할수록 그들은 아동에게 더 많이 공감할 수 있다는 것이다. 유용한 질문으로는 "당신이 아동의 나이였을 때에는 생활이 어땠나요?" "아동의 경험이 당신의 경험과 어떻게 다른가요 혹은 같은가요?" 등이 있다. 부모는 아동의 욕구에 반응하기 위해서 자신의 경험을 이해하는 것이 얼마나 중요한지를 알아야 한다. 관계의 상호작용적인 본질 때문에 부모와 아동의 어려움은 부모 자신의 '애착 촉발 경험'에서 유발되는 방식으로 상호작용할 것이다.

부모의 걱정과 개인적 과거에 관해 가능한 한 많이 알게 되면, 치료사는 다음 단계의 사정과정인 MIM을 준비해야 한다. 부모는 이를 통해 아동이 다양한 활동에 어떻게 반응하고 그들의 관계가 어떻게 작용하는지 더 많이 배울 수 있다는 것을 이해해야 한다. 또한 MIM은 아동과 건강한 관계를 형성하는 부모의 능력을 사정할 수 있게 해준다.

MIM 분석

MIM을 분석할 때 치료사는 부모의 강점을 보여 주는 상호작용을 찾으려고 할 것이다. 또한 아동에게 건강한 방법으로 반응하고 이해하려는 부모의 노력을 방해하는 두려움과 불확실성이 감지된 순간에 주목할 것이다. 아울러 치료사는 아동이 자신의 욕구를 어떻게 나타내는지, 그 욕구를 읽고 반응하는 것이 부모에게 얼마나 쉬운 일인지를 눈여겨 볼 것이다. MIM을 통해 치료사는 치료를 계획하는 데 부모와 아동의 욕구를 모두 충족시키고 궁극적으로 부모가 아동의 진정한 욕구에 반응할 수 있도록 이끈다.

부모와 아동 간 상호작용의 본질 때문에, 아동과 부모의 고군분투는 종종 서로 밀접한 관련이 있다. 치료에 의뢰된 생물학적 자녀는 몇 년간의 부모와의 상호작용을 통해 생긴 자기 자신과 그가 기대할 수 있는 것에 대한 인식을 가지고 있다. 아동의 행동은 부모의 강점과 걱정에 대한 적응이다. 4장의 애덤의 사례에서 본 바와 같이, 그를 아기처럼 달래고 안정시키는 것에 대한 어려움은 그를 돌보고 자신에게 의존하도록 하는 것에 대한 어머니의 양가감정과 상호작용을 한 것이다. 이는 양쪽 모두에게 만족스럽지 못한 관계를 만들었다. 애덤이 더 강한 유대감을 요구하는 듯했지만 어머니가 그의 매달리고 요구하는 행동에 신경질적으로 반응했기 때문에 그는 거절당했다고 느꼈다.

위탁가정에 있거나 입양된 아동들은 타인에게 무엇을 기대할 수 있을지에 대한 내적 작동 모델을 부적절한 양육의 초기 경험에 기초하여 형성한다. 이런 아동들 중 대부분은 양육이나 안정에 대한 욕구를 부정하는 것처럼 보인다. 아동이 전하는 메시지는 명백해 보인다. "난 당신이 필요 없어요. 난 나 자신을 돌볼 수 있어요. 난 당신이 날 사랑해 주고 좋아해 줄 거라고 기대하지 않아요." 하지만 실제적으로 잠재된 욕구는 매우 다르다. 아동의 새 양육자가 애착 욕구를 거부한다면 아동은 자신의 진정한 욕구를 놓치게 되고, 부모와 아동은 편안하고 안정적인 관계를 형성하지 못한다. 하지만 양육자가 아동의 잠재적인 욕구에 대해 명확한 통찰력을 가지고 기분 좋게 그 욕구를 충족시켜 준다면 아동은 보다 건강한 이 관계를 받아들이고 진정한 안전감을 형성할 것이다.[4]

MIM을 분석하면서 치료사는 부모와 아동이 네 차원에서 그들이 편안하거나 또는 어렵다고 느끼는 영역을 기록할 수 있다. 부모의 강점이 보이는 영역과 어려움의 원인을 이해하는 것은 변화를 돕기 위한 첫 번째 단계가 된다.

구 조 이 차원에서 치료사는 아동에게 조절을 제공하고 안정감과 안전함을 전달하는 방법으로서의 상호작용을 조직할 수 있는 부모의 능력을 살펴볼 것이다. 자기 자신을 잘 조절하지 못하거나 해결되지 않은 슬픔이나 외상을 가진 많은 부모들은 제한 설정과 자신 있는 리더 역할을 하는 것에 어려움을 느낀다. 어떤 부모들은 아동이 자기 스스로 결정할 줄 알아야 하고 자기 자신을 체계화하는 방법을 일찍부터 배워야 한다는 믿음 때문에 아동에게 너무 많은 권한을 준다. 또 어떤 부모는 아동이 원하는 대로 하지 못하면 화를 낼까 두려워 제한 설정을 주저한다. 몇몇 부모는 자신이 어렸을 때 엄격한 훈육을 경험했기 때문에 자신의 아동에게는 그런 대우를 하지 않기 위해 애쓴다.

개 입 이 차원에서 치료사는 아동의 흥분을 조율하고 조절할 필요성을 인식하는 동시에 아동과 접촉하고 아동과 즐길 수 있는 부모의 능력을 찾으려고 한다. 이는 신체적으로 상호작용하는 방식으로 함께 놀 수 있는 부모의 능력을 포함한다. 부모가 너무 성취감을 지향해 가르치는 것에만 관심을 갖는가? 상호작용을 조절하기에는 부모가 너무 다른 일에 몰두되어 있어 아동의 욕구에 충분히 집중하지 못하는가?

양 육 이 차원에서 치료사는 편안함, 진정, 지지에 대한 아동의 욕구를 예상하고 그것에 반응하여 안정된 관계의 토대를 형성할 수 있는 부모의 능력을 살펴볼 것이다. '부모가 낯선 상황에서의 아동의 불편함을 감지하고 그 불안감을 해소해 줄 수 있는가?'라는 질문을 그 예로 들 수 있다. 때때로 부모는 양육할 준비가 되어 있는데 아동이 그에 저항하는 것이 명백히 보인다. 어머니의 적절한 지지와 양육의 제공에 대한 아동의 거부를 잘 다룰 수 있을까? 부모는 아동을 자신에게 의존하도록 하고 아동을 양육하고 달래는 것에 대해 어떤 기분이 들까? 때로 부모는 어느 정도 성장한 아동을 양육하는 것에 어려움을 느낀다. "그건 너무 애기 같아요. 아이는 그런 걸 하기엔 너무 컸어요." 어떤 부모는 상처를 피하는 유일한 방법은 가까워지지 않는 것이라고 믿으며 애착에 대한 회피적인 태도를 취하게 되었다.

도 전 이 차원에서 치료사는 부모가 아동에 대해 적절한 기대 수준을 가지고 있는지, 아동이 성공할 수 있도록 발판이 되고 지지해 줄 수 있는지, 아동의 성공에 즐거움을 느낄 수 있는지를 살펴볼 것이다. 만일 활동이 아동에게 너무 어렵다면 부모는 아동이 성공할 수 있는 방법으로 활동을 수정할 수 있는가? 만일 부모가 부적절한 기대를 하고 있다면, 치료사는 아동 발달에 있어 부적절한 기대로 조율을 어렵게 만드는 것이 무엇인지를 탐구해야 한다. 부모가 너무 어리고 경험이 부족해 연령에 따라 아동에게 무엇을 기대해야 하는지를 모르는 것은 아닌가? 어쩌면 부모는 아동이 매우 빨리 성장하길 기대했을지도 모른다. 어떤 부모들은 자녀에게 버림받는 것이 두려워 아동의 독립심을 위한 탐색과 전진을 지지하지 못한다. 또 어떤 부모들은 아동의 의존하고자 하는 욕구를 불편하게 여겨 아동이 더 외향적이고 성취적이길 강요한다. 실제 연령에 적절한 도전들을 받아들일 준비가 되지 않은 입양된 아동에게 부모는 종종 아동이 '따라잡도록' 하기 위해 수준 높은 학업적 성취를 강요하기도 한다.

피드백 회기

피드백 회기 중에 치료사는 부모가 아동의 경험을 지속적으로 공감하고 이해하도록 하는 동시에, 자기 자신의 욕구와 경험을 인식하도록 도울 수 있다. 부모와 아동이 상호작용의 네 가지 차원에서 느끼는 편안함을 사전 평가한 후, 치료사는 피드백에서 강조해야 할 몇 가지 특정 장면을 고른다. 이때 상호작용에서 지지하고 강화하고 싶은 측면들을 선택해야 한다. 또한 아동의 행동 중 부모가 이해했으면 하는 순간과 부모의 반응 중 더 알아야 할 필요가 있는 순간을 찾아야 한다. 물론 전달하고자 하는 희망의 메시지도 꼭 포함시켜야 한다.

피드백에서 중점적으로 다룰 내용을 정리한 후, 치료사는 각 부모를 위해 아동과의 관계에서 중요한 의미를 가진 두세 개의 녹화된 영상 일부를 선택해야 한다. 무엇보다도 피드백 회기는 부모의 기분에 대해 치료사가 이해하고 있음을 알리고, 부모가 얼마나 아동에게 관심을 가지고 아동과의 관계가 잘 이루어지도록 하기 위해 얼마나 열심히 노력하고 있는지에 대해 칭찬과 격려를 표현하기 때문에 부모와 깊은 치료적인 관계를 맺을 수 있는 기회가 된다. 부모와 아동의 경험에 대한 모든 탐색은 신중하고 지혜롭게 함으로써 어떤 비난의 느낌도 갖지 않도록 한다.[5]

다음에서는 하나의 사례 기록문을 통해 피드백 과정을 설명하였다. 4세 6개월인 샘은 화내고 반항적인 행동과 빈번한 분노발작을 보여 한부모인 아버지가 치료를 의뢰했다. 아버지가 샘을 베이비시터에게 맡기고 떠나면 종종 아동의 행동은 제어할 수 없게 된다. "아이는 베이비시터에게 소리를 지르고, 못되게 굴고, 그녀가 시키는 일을 하지 않아요. 간혹 그녀는 저에게 집에 와 아이를 진정시켜 달라고 전화를 해요." 샘이 3세일 때까지 그는 결핍된 양육으로 많은 고통을 경험했다. 그는 다시 아버지에게 돌아와 1년 동안 함께 살고 있다. 남다른 통찰력으로 아버지는 말했다. "샘이 저와 비슷하다고 생각해요. 그의 공포는 분노로 표현되죠." 아빠는 과거 자신의 부재를 아이가 버림받았던 것으로 해석하고 있으며, 이것이 그들의 관계와 아동의 행동에 영향을 주었을지도 모른다고 생각했다.

피드백 회기 준비를 위해 MIM를 분석하면서 그들의 관계에 기초가 될 많은 강점이 있다는 것을 발견했다. 샘은 영리하고 유쾌한 아동이었고, 아버지와 함께 있는 것을 정말로 행복해하는 것처럼 보였다. 아버지는 주의 깊고 양육적이었으며, 아들의 존재와 능력을 매우 자랑스러워했다. 때때로 샘이 너무 흥분해 버릇없고 저항적인 모습을 보였지만, 둘은 함께 거칠게 뛰고 구르는 놀이를 즐겼다.

피드백의 목표는 안정적인 관계를 발전시키고 명확한 구조를 제공하여 샘을 안착시키고, 더 많은 자기조절능력을 키워 주는 데 아버지의 역할이 중요함을 이해하도록 아버지를 돕는 것이다.

피드백 회기의 시작

피드백 회기는 회기에 대한 아빠의 생각을 간단하게 토론하는 것으로 시작되었다.

아빠: 재미있었어요. 우리는 놀이를 많이 하지만 이번 것은 달랐어요.
해석치료사: 어떻게 달랐나요?
아빠: 우리는 약간 거칠게 놀아요. 자동차 놀이나 태클 축구같이.
해석치료사: 우리는 아빠의 훌륭한 개입과 참을성에 감명받았어요.
아빠: 제가 늘 잘 참는 것은 아니에요. 솔직히 말하자면요.
해석치료사: 누구나 그렇죠. 아이와 함께할 땐 참을성을 가지기가 쉽지 않아요. 아이가 매우 흥분하면 이리저리 돌아다니니까요.
아빠: 네. 아이가 흥분하면 아이에게 무엇을 시키거나 한 곳에 앉아 있도록 하기가 힘들어요. 제가 아이가 이걸 하는 걸 원하든 원하지 않든 아이는 이걸 하고 싶어 했어요……. 전 아이를 진정시키려고 했어요……. 하지만 제 생각에 전 예전과 똑같은 모습이었어요.
해석치료사: 아이를 어떻게 진정시켜야 하는지에 대한 통찰력을 준 것 같군요. 아이는 매우 활발하고 활동적이고 똑똑해요. 하지만 그에게 닻 역할을 해줄 대상이 필요해요. 흥분을 조금 가라앉힐 필요가 있지요. 제 생각에는 아빠가 그 닻인 것 같아요, 그렇지 않나요?
아빠: 네.

강점 알려 주기 MIM 피드백 중 치료사는 부모가 대부분 인식하지 못하는 부모의 강점과 잘한 것을 알려 줄 수 있다. 이는 부모에게 어려운 영역에 대해서 들을 수 있는 자신감과 능력을 준다.

긍정적인 상호작용 강조하기

간단한 전반적인 토론 후에 아빠가 상호작용을 성공적으로 이끈 순간으로 주의를 돌렸다.

MIM 장면

아빠에게 보여 준 장면은 두 동물 인형이 함께 놀도록 하는 첫 번째 활동의 마지막 부분부터였다. 놀이가 5분 이상 지속되자 샘은 점점 더 활동적이 되어 두 동물 인형을 강한 힘과 큰 소리와 함께 소파 베개 위로 곤두박질쳤다. 다음은 행동의 거의 뒷부분이다.

샘: 포탄이다! (둘 다 동물 인형을 소파 뒤에서 멀리 던지면서) 둘 다 손가락 위에 올려놔 봐요.
아빠: 내 손가락 위에? (그렇게 한다.)
샘: 터져라! 터져라! 포탄! (2개의 동물 인형이 거칠게 곤두박질친다.) 다 해봐요. (곤두박질치는 소리) 터져라!
아빠: (샘을 쳐다보며) [놀이를 충분히 오래 했다고 감지한 것인가?] 다른 놀이 하고 싶니?
샘: 응응! (공감적) [아빠가 주도해서 안심한 걸까?]
아빠: 오, 정말?
샘: (재빠르게 일어나 봉투로 다가간다.) 이거 치워요.
아빠: 이거 치워?
샘: (다음 활동을 찾아 봉투 안을 뒤지기 시작한다.)
아빠: 기다려, 기다려 봐. 우리는 먼저 무엇을 해야 하는지 봐야 해.

피드백

해석치료사는 말한다. “둘 다 모두 즐거운 시간을 보내는 것 같아요. 가장 먼저 어떻게 아이를 놀이에 개입하도록 이끌었는지 보도록 해요. 아빠가 한 일은 아이에게 많은 질문을 한 것이었어요. 아빠가 아동의 주의를 끌기 위해 한 것이라고 생각해요. 이 부분을 조금 보기로 해요.”

아빠: 네, 보통 아이가 즉시 저에게 무엇을 할지 말해 줘요. 아이가 아이디어를 내죠.
해석치료사: 그래서 보통 아이가 놀이를 이끄는군요. 아빠가 의도한 것인가요?

아빠: 네, 전 아이와 함께 놀아요. 전 아이가 자신의 상상력을 사용하도록 놔둬요. 무엇을 할지는 아이가 저에게 말해 주죠. 아이의 놀이이기 때문에 전 우리가 함께 놀 때 무엇을 할지 아이가 제게 말하도록 해요.

해석치료사: 그렇군요. (잠시 비디오를 본다.) 이제 아이가 소파에서 멀리 떨어져 가고 아빠가 아이를 따라가네요. 아빠는 아이가 돌아오길 바라며 말을 하지만 아이가 듣지 않아요. 그러고는 아빠가 뭔가 매우 유용한 행동을 하네요. 아빠는 아이에게 가까이 갔어요. 아이가 아빠의 존재를 느껴야 하기 때문에 가까이 다가가는 것은 아주 좋은 것이에요. 아이의 놀이가 산만해지면서 끝나질 않아요. 그러자 아빠가 명료하게 말하시네요. "다른 놀이를 하고 싶니?" 아이는 "응응!" 하고 대답해요. 이는 마치 아빠가 이 말을 했을 때 아동이 안심한 것처럼 들리네요. 아빠가 옳았던 것 같아요. 아빠는 활동을 끝낼 시간이었다는 것을 알았죠. 어떻게 아셨나요?

아빠: 그저 아이가 놀이를 지루해하는 것처럼 보였어요.

해석치료사: 저도 보면서 바로 그렇게 느꼈어요. 아이는 놀이를 충분히 오래 했고, 아빠가 주도하는 것을 환영했어요. 아빠가 멈춰야 할 시간을 감지하는 것은 아이에게 매우 도움이 돼요. 아이의 어린 시절이 어땠을지에 대해 생각해 봤을 때, 그에게 안정감을 주고 그의 경험을 정리해 주는 양육의 일부를 경험하지 못했음이 틀림없어요. 그래서 한동안 이를 돕는 것은 아빠에게 달려 있을 거예요. 그렇기 때문에 아빠가 아이에게 필요한 것을 감지하고 '그만하자' 고 한 것은 정말 멋진 순간이었어요. 그게 정말 좋은 것이었다는 것을 확실하게 하고 싶네요. 우리는 함께하면서 무엇이 아이를 진정시키는지에 대해 점점 더 살펴보게 될 거예요. 왜냐하면 이건 아이에게 정말로 필요하거든요. 그리고 자신이 안정되는 법을 배우는 유일한 방법은 아기처럼 이를 해내도록 도움받을 때입니다.

부모가 아동 행동의 의미를 이해하도록 돕기 아동에 대한 부모의 깊이 있는 공감을 위해, 치료사는 부모가 아동의 기분을 알아채지 못했다고 생각되는 비디오의 일부를 부모에게 보여 줄 수 있다. 아동이 신호를 잘못 보냈을 수 있고, 그래서 부모는 아동이 보이는 행동의 진정한 의미를 이해하지 못했을 수 있다. 이를 다시 보면서 부모는 아동의 기분을 이해할 수 있을지도 모른다.

샘의 슬픈 그림

아빠가 지시사항을 읽는다. 그림을 그리고 아동에게 그림을 똑같이 따라 그리게 하기. 샘에게 아빠의 그림을 베끼도록 하려는 아빠의 노력을 샘은 비판이라고 해석하는 듯하다. 처음에 샘은 우울해하더니 저항하기 시작하고 결국에는 화를 낸다.

MIM 장면

샘과 아빠가 테이블 앞에 앉아 있다.

아빠: (지시사항을 읽고 연필과 종이를 꺼낸다. 웃는 얼굴을 그린다.)
샘: (펜을 들고 왼손으로 원을 그린다.)
아빠: 아빠가 그린 것을 그리고 있는 거니?
샘: 감자 머리요.
아빠: 감자 머리? 내가 그린 것이…… 감자 머리니?
샘: 아니. (조용한 목소리, 고개를 숙인다.)
아빠: 웃는 얼굴을 그릴 수 있니?
샘: 아니.
아빠: 자, 아빠가 그린 것과 똑같이 그려 봐!
샘: 호박.
아빠: 호박 얼굴? 난 웃는 얼굴을 그렸는데 넌 호박 얼굴을 그렸구나.
샘: (고개를 떨구고 낮은 목소리로) 슬픈 얼굴. [아빠가 '슬픈' 이란 단어를 듣지 못했나?]
아빠: 거기에 머리카락을 그리는 거니?
샘: 슬픈 거요. (부드러운 목소리, 슬픈 표정)
아빠: 내가 다른 걸 그려도 될까?
샘: (고개를 젓는다.)
아빠: 싫어?
샘: 거의 다 됐어요.
아빠: 집을 그려 보고 싶니? 아빠가 집을 그리면 너도 집을 그릴래? (희망적인, 낙천적인 목소리)

[집 그림이 샘을 참여시킬 것이고 그가 정말로 과제를 따를 것이라는 희망?]

샘: (고개를 젓고 계속한다. 그림 그리기에 완전히 몰두되어 있다.)

샘은 오랫동안 집을 그린다. 아빠는 제안을 한다. "문, 창문, 오른손으로도 그려 볼 수 있니?" 샘은 대부분의 제안을 거절한다.

아빠: 안 할 거니? 다른 놀이를 할 준비가 됐니?

샘: 응. 이 그림 가져도 돼요?

아빠: 그래, 가져도 돼. 저기에 두렴. 이름을 써 봐.

샘: 아직 다 안 됐어요. (다시 그리기 시작한다. 조금 오래 걸린다.) [아빠가 조급해진다.]

아빠: 다 됐니?

샘: (연필을 던지고 종이를 잡는다.) 내 종이에요. (반항적인 표정)

아빠: 그래, 가져도 돼!

샘: (종이를 구기며 아빠에게 도전적인 표정을 짓는다.)

아빠: (완전히 놀란 목소리와 표정으로) 난 네가 그걸 보관할 줄 알았는데.

샘: (구겨진 종이를 방바닥에 던진다.) 그림 그리기는 끝났어요.

피드백

해석치료사는 "그림 그리기 활동 중에 무슨 일이 일어났기에 샘이 종이를 구겨 던지면서 활동이 끝났는지 궁금하네요. 아빠는 웃는 얼굴을 그렸죠? 일어난 일에 대한 아빠의 생각은 어떤가요?"라고 묻는다.

아빠: 아이가 먼저 시작했어요. 아이는 보통 혼자서 웃는 얼굴을 그리곤 해요. 그래서 전 아이가 할 수 있을 거라고 생각했어요.

해석치료사: 아주 좋은 선택이었네요. 아빠는 그 그림이 아이에게 어렵지 않다는 것을 알고 있었으니까요. 그리고 아빠는 "그게 아빠가 그린 거니?"라고 물었는데, 그럼 아이는 이미 아빠가 그린 것을 따라 그리고 있지 않았던 건가요?

아빠: 네, 아이가 자신만의 그림을 그리고 싶어 하기 시작했어요. 아이는 그림을 따라 그리지 않고 있었어요. 그게 제가 생각한 거예요. [다른 가능성에 대해 생각하기 시작?] 아마 아이가 제 딴에는 그 그림을 따라 그린다고 하고 있었을지 모르지만, 제가 보기엔 아니었어요……. 예전에 아이는 그림을 잘 그리지 못했어요. 제가 아이에게 웃는 얼굴을 어떻게 그리는지 보

여 주자 꽤 잘 그렸지요.

해석치료사: 제가 여기에 시간을 쏟는 이유는 아빠가 아이에게 그림을 베끼고 있는지를 묻자 아이가 더 저항하기 시작했기 때문이에요. "난 감자 머리, 호박 머리를 그리고 있어요." 그리고 아이가 말했어요. "이건 슬픈 얼굴이에요." 들으셨나요?

아빠: 아니요.

해석치료사: 음, 들리는지 한번 볼까요. (비디오를 함께 본다.) 어떻게 생각하시나요?

아빠: 모르겠어요. 아이는 행복한 얼굴을 그리고 나서 종종 슬픈 얼굴을 그려요. 그것과 다를 바가 없네요.

해석치료사: 처음엔 아이가 아빠의 그림을 베끼는 데에 흥미를 가진 것처럼 보였어요. 그리고 아빠가 아이에게 그 그림은 아빠가 기대한 것이 아니라는 것을 알렸을 때 상황이 나빠지기 시작했어요. 이 시점에서는 정확히 알 수 없지만, 우리는 단지 아빠가 원하는 것을 아이가 하지 않는 것에 대해 아이가 나쁘게 생각할 수도 있는지 궁금해요. 이런 상황이 가능할까요?

아빠: 그렇군요.

해석치료사: 아이가 종이를 구겨 던지게 만든 이 모든 과정에서 제가 느낀 바에 따르면 마치 시작할 땐 좋았는데 기분 좋지 않게 끝난 것 같았어요.

아빠: 네, 아이가 자주 그래요. 아이는 무언가를 망치면 그걸 지우고 싶어 해요. 아이에게 지우개가 있었다면 지우려고 할 거예요. 아니면 구겨서 던져 버린 후 다시 시작할 거예요. 만족스럽지 않았기 때문이죠. 전 절대 만족스럽지 않다고 말한 적은 없지만, 제가 그런 식으로 표현하고 있었던 거 같아요!

해석치료사: 아빠가 아이를 비난하려는 의도는 없었다고 생각해요. 단지 아이가 자세히 보고 아빠의 그림을 따라 하기를 바랐죠. 하지만 샘은 자신이 아빠를 만족스럽게 할 만큼 잘하지 못할 수도 있다는 가능성에 매우 민감한 것처럼 보여요. '슬픈 얼굴' 은 그가 느끼는 기분이 반영된 것이 아닌지 궁금하네요. 하지만 샘은 재빨리 자기의 입장을 고수하고 약간 반항적이 되네요. "난 호박 머리를 그리고 있어요!" 아빠는 궁금해하겠지요. "무슨 일이 일어난 거지? 우린 잘 시작했는데, 왜 지금은 아이가 고집스러워진 거지?" 하지만 아이는 자신의 그림에 대해 나쁘게 생각하기 시작했고, 그래서 종이를 구겨 던져 버린 겁니다. 이것이 실패한 기분을 느꼈을 때 화를 내거나 일을 어지럽히는 패턴인지 살펴볼 거예요.

관계에 대한 아동의 욕구 알려 주기 '방 밖으로 나가기' 과제는 아동의 안전감과 부모의 부재 시 자신을 억누르고 조절하는 아동의 능력에 부모의 역할이 얼마나 중요한지를 부모가 이해하도록 돕는 데 특히 유용하다.

샘의 혼자 남기

혼자 남는 것에 대한 샘의 반응은 혼자 있을 때 그가 얼마나 조절 불능이 되는지에 대한 극적인 예다.

MIM 장면

샘이 소파 옆에 서 있다.

아빠: 자. (키트를 읽는다.) 부모가 1분 동안 방을 나간다. (잠시 멈추고 샘을 바라본다.) 여기 남아서 놀거나…… 아무 일이든 해보렴.

샘: (아빠에게 손을 뻗고 토끼처럼 뛰며) 토끼요.

아빠: (뒤를 돌아보지 않고 재빨리 방에서 나간다.)

샘: (봉투에 다가간다. 먹을 것을 꺼낸다. 잠시 머뭇거린 후 다시 집어넣는다. 소파에 앉아 입술과 혀로 거칠게 푸 하는 소리를 낸다. 일어서서 커피테이블에 손을 대고 바닥에서 발을 떼며 반복적으로 뛴다. 소파 위에 서서 위아래로 뛰고 소파의 한쪽 끝에서 다른 쪽 끝으로 달리고, 소파에서 의자로 뛴다. 카메라를 향해 달리고, 소파를 향해 달려가 소리를 내며 그 위에 엎어지고, 베개를 바닥에 던지고, 이를 다시 줄 맞춰 정리하고, '보잉' 하면서 그 위로 뛰다 아빠가 나간 곳을 향해 방 밖으로 뛰어 나간다. 치료사가 아이를 따라가고, 모두가 다시 돌아온다.)

아빠: 들어가렴. (차분하게)

샘: (바닥에 드러눕는다.)

아빠: 낮잠 잘 거니? (아동을 넘어간다.)

샘: (큰 소리로 기침한다.)

아빠: (소파에 앉아 다음 카드를 본다.) [아동과 재접촉하려는 시도가 없음]

샘: (아빠를 바라본다.)

피드백

해석치료사: 이제 전 아빠가 방 밖에 나갔을 때 무슨 일이 일어났는지에 대해 이야기할 거예요.

우리는 아이가 혼자 남겨졌을 때 어떻게 행동하는지를 보기 위해 이 과제를 하는 겁니다. 1분 동안 떨어졌을 때 아동의 반응은 혼자 남겨지는 것이 아동에게 무엇을 의미하는지에 대해 알 수 있게 해줍니다. 아빠는 아빠가 한 시간 혹은 더 오래 외출하는 것에 대해 아동이 포기함으로써 경험하는 것 같다고 말씀하셨죠?

아빠: 네.

해석치료사: 그럼 아이가 여기에서 무엇을 하는지에 대해 우리는 매우 관심을 가져야겠네요. 아이가 뭘 했다고 생각하세요?

아빠: 아이가 절 보고 싶어 한다는 것을 알아요. 아이는 극도로 흥분하죠. 모르겠어요. 아이는 사납게 굴기 시작해요.

해석치료사: (아빠가 카드를 읽는 시점부터 비디오를 본다.) 아이가 무엇을 느끼는지에 대해 생각해 보세요. 아빠가 떠나자마자 아이가 한 첫 행동은 음식을 가지러 간 것이었어요. 하지만 아이는 그 충동을 물리쳤죠. 그럼 그다음에 무엇을 했을까요? 아기들은 엄지손가락을 빨거나 그들만의 자신을 달래는 방법이 있어요. 샘이 혼자일 때 그 공허감을 채우기 위한 방법은 뛰면서 돌아다니는 것처럼 보이네요.

해석치료사: (장면을 보며) 이제 아이가 어떻게 느끼고 있었다고 생각하세요? 아이의 기분을 느낄 수 있나요?

아빠: 아빠가 무엇을 하는지 알고 싶어 했어요. 내가 무슨 일을 하는지에 대해 항상 호기심을 가져요. 내가 화장실에서 문을 닫고 샤워를 할 때도요.

해석치료사: 그럼 그것이 아이에게 무엇을 의미하나요? 아빠가 무슨 일을 하는지를 왜 알고 싶어 할까요?

아빠: 전 가끔 그 이유를 이해하지 못해요. 아이는 제가 무엇을 하는지 알고 싶어 하고 제가 하는 일을 해요. 면도하는 척하듯이요.

해석치료사: 아이가 아빠처럼 되고 싶어 하나요? 또한 아빠와 함께 있지 않을 때 아이가 기분 나빠하는 것 같아요.

아빠: 맞아요.

해석치료사: 아이에게 아주 좋은 일이에요. 이제 아이가 해야 할 과제이자 아빠도 아이와 함께 해야 할 과제는 아빠와 아이가 다시 함께일 때 정말 좋은 관계를 형성하도록 하는 거예요. 아이가 정말 안전하고, 아빠가 절대 자신을 버리지 않을 거라는 사실을 아이에게 확신시켜 줘야 해요. 부모가 자신을 절대 떠나지 않길 원하는 갓난아기의 상태에 대해 생각해야 해요. 만일 아이가 아빠와 정말 함께 있고 싶어 하지 않는다면 그건 걱정할 만한 일이 될 거예요.

아빠: (고개를 끄덕인다.)

해석치료사: 이것은 아주 좋은 신호예요. 왜냐하면 여기서 일어나는 일은 '아빠가 하는 것을 봐야지.' 라고 보이기 때문이에요. 이는 '난 아빠가 없으면 점점 무너져.' 를 뜻합니다. 이해가 가시나요? 제가 과장하고 있나요?

아빠: 아뇨, 이해가 됩니다.

해석치료사: 그래서 우리는 이를 염두에 두어야 해요. 그것은 아빠가 없을 때 왜 아이가 잘못 행동하는지에 대한 부분이에요. 어떻게 행동해야 하는지를 가르쳐야 한다고 생각하는 대신에 '아이가 무너진다고 생각하지 않도록 우리가 무엇을 할 수 있을까?' 를 생각해야 해요. 아빠는 여기서 크고 중요한 과제를 받았어요. 아이가 의지할 수 있는 가장 안전하고 확신 있는 사람이 되는 것이죠. 이는 아빠가 외출하지 못한다거나 할 일을 하지 못한다는 의미가 아니에요. 하지만 우리는 아이를 도와 아이가 앞으로 일어날 일에 대해 걱정하거나 괴리감을 느끼지 않도록 해야 해요. 아이가 혼자 있게 되면 아기 때 느꼈던 버림받고, 배고프고, 아무도 달래거나 안정시켜 주지 않았던 기분을 몸속 깊은 곳에서 갑자기 느끼게 될 경우가 있을 거예요. 아이는 지금 더 컸기 때문에 (화면을 가리킨다.) 우는 대신 뛰면서 돌아다니지요. 하지만 아기처럼 샘의 첫 번째 생각은 음식을 가지러 가는 것이었어요.

아빠: (웃는다.) 샘은 항상 먹어요.

해석치료사: 좋아요. 음, 그건 아이가 자신을 안정시키는 한 가지 방법이에요. 그래서 우리는 "난 스스로 다 먹을 거야." 하는 아동의 감정 대신에 어떻게 아빠가 정서적으로 아이를 먹여 줄 수 있는 사람이 되는지에 대해 이야기할 거예요. 초기 경험을 가진 아동들의 또 다른 사안이에요. 그들은 '아무도 날 위해 해주지 않기 때문에 나 스스로 해야 해.' 라고 인식하죠. 샘도 어느 정도는 이와 같이 행동하지만, 샘에게 격려되는 점은 아이가 단순히 "나 스스로 할 거야." 라고만 말하지 않고 아빠에게 다가간다는 것이죠. 아빠가 아이의 곁에 없더라도 아빠에게 의지할 수 있다는 느낌을 아이에게 채워 주어야 해요. 우리는 아이에게 아빠의 존재를 상기시켜 주고 그를 안정시켜 줄 무언가를 찾아, 아빠가 떠나야 할 때에도 아이가 아빠를 생각할 수 있도록 해야 해요. 그것이 우리가 회기를 시작하며 해야 할 일이 될 거예요.

부모 행동의 숨은 의미 탐색하기 피드백을 하며 치료사는 상호작용의 중요한 순간에 부모가 무엇을 느꼈는지도 탐색할 수 있다. 이를 위해 치료사는 MIM 비디오에서 부모가 아동의 욕구에 주의를 기울이지 못하도록 방해한 그들의 망설임이나 강한 감정이 반영되는 순간을 선택해야 한다.

방 밖으로 나가기 과제에서 아빠의 반응

이 과제에 대한 아빠의 반응에서 다소 불편한 감정이 감지된다. 아빠는 아빠와 계속 놀고 싶다는 샘의 신호(팔을 뻗고 아빠에게 콩콩 점프하는 것)를 무시하고 자신이 없을 때 무엇을 하라는 지시 없이("여기 남아서 놀거나…… 아무것이나 해보렴.") 재빨리 방을 떠났다. 무언가가 그를 상기시켜 그가 아빠와 떨어지는 상황을 다루는 데 샘이 도움이 필요하다는 것을 감지하지 못하게 했다. 우리는 아빠에게 "방 밖으로 1분 동안 나가세요."라고 지시하는 카드를 읽으면서 무슨 생각이 스쳐 지나갔는지를 말해 달라고 했다. 아빠가 상호작용을 보고 나서 말했다. "샘이 야단법석을 떨까 봐 두려워했던 것 같아요. 전 '빨리 나가면 나갈수록 더 좋다' 고 생각했죠. 전 샘이 나머지 활동들을 하지 못할 정도로 화가 나지 않길 바랐어요. 이제 무슨 일이 일어났는지에 대해 알고 나니, 제가 방을 나가기 전 샘이 토끼처럼 뛰는 것에 반응해 줬어야 한다는 것을 알았어요." 샘이 아빠의 부재를 어떻게 견뎠는지를 봄으로써 아빠는 자신이 없을 때 어떻게 해야 샘에게 도움이 될지에 대한 통찰을 갖게 되었다. "샘에게 할 일을 주었다면 도움이 됐을 거라고 생각해요." 그다음에 우리는 아빠가 돌아온 후 일어난 일을 보도록 했다. 아빠는 또다시 샘이 바닥에 눕고 기침하는 메시지를 무시했다. 아빠는 말했다. "아기 흉내를 내고 제 도움을 필요로 하는 샘의 유아적 놀이들을 제가 받아들였을 때 샘이 성숙하지 못할까 걱정이 되는 것 같아요." 우리는 아빠의 어린 시절 경험들이 샘에 대한 그의 반응에 어떤 영향을 미쳤는지에 대해 아빠와 이야기를 나눌 수 있었다. 아빠는 샘의 불안해하고 징징대는 반응에 대한 자신의 걱정이 어떻게 샘의 단계적 성장을 돕는 방법으로 반응하도록 하는 자신을 방해하는지 깨닫기 시작했다.

부모에게 준비가 더 필요한지 여부 결정하기

피드백 회기의 마지막에 치료사는 치료를 시작하기 전 부모에게 준비가 더 필요한지 여부를 결정해야 한다. 1장에 명시된 바와 같이, 가족이 아동을 안전하게 지키지 못할 경우 그들을 상담하기 시작해서는 안 된다. 이는 아직 약물을 사용하는 부모, 아동을 방임하거나 학대하는 부모, 우울증이 심해 아동의 욕구에 신경 쓰지 못하는 부모 등을 포함한다. 우리가 위에서 논의한 준비에는 이런 부류에 속하지 않는 부모라는 것을 가정한다.

모든 것을 신중하게 준비한 후라도 치료사는 부모가 아직 아동과 함께 치료놀이를 시작할 준비가 되어 있지 않다고 판단할 수 있다. 어떤 부모들은 너무 원하는 게 많아서 아동의 고군분투에 공감할 수 없다. 또 어떤 부모들은 아직 애착에 대해 해결되지 않은 상태이거나 거부적인 태도를 가지고 있기 때문에 아동의 욕구를 충족시키기 위해 자신을 개방하는 것보다 먼저 그들 자신의 문제를 해결할 기회를 가져야 한다. 그리고 또 어떤 부모들은 어려운 아동과의 일상적인 갈등으로 상처받고, 화나고, 심지어는 충격을 받기도 해서 아동과 함께 치료놀이 회기에 참여할 준비가 되어 있지 않기도 하다.

치료놀이 치료를 시작하기 전 부모가 각자 개별적인 준비가 필요하다면, 치료사는 직접 그들과 함께해 볼 수도 있고 다른 치료사에게 의뢰할 수도 있다. 부모가 그들 자신의 욕구를 충족시키는 동안, 가능하다면 치료사는 아동을 위한 개별적인 치료를 준비할 수 있다. 이는 아동이 안정감을 느끼고 자존감을 키울 수 있도록 돕는 것을 목표로 한 변형된 형태의 치료놀이가 될 것이다. 이는 치료놀이 회기 참여를 위해 부모가 적절하게 준비될 때까지 아동을 돕도록 하는 다른 형태의 방식이다.

이 장의 마지막 절에서는 고위험군의 취약한 부모를 상담하는 방법에 대해 자세히 설명한다. 다음에서는 부모가 치료에 참여할 수 있을 정도로 안정되었을 때 치료놀이를 진행하는 방법에 대해 설명한다.

치료 모델 제시하기

치료에 참여하기 전 부모는 치료놀이의 기본 가정인 감정 조절을 위한 접촉과 신체적 친밀함의 활용, 실제로 해보는 치료의 즐거움 등 치료놀이의 본질에 대하여 약간의 이해가 있어야 한다. 그들은 또한 그들의 역할이 얼마나 중요한지도 알아야 한다. 치료사는 이 책의 이전 장들에 제시되어 있는 자료들을 기초로 해 치료놀이 모델의 설명을 적어 준비하는 것도 고려해 볼 수 있다. 부모에게 치료놀이의 예시가 담긴 간단한 녹화테이프를 보여 주는 것도 좋다.

치료 개입에 동의하기

피드백 회기의 끝에서 치료사는 부모가 치료에 참여할지의 여부에 대해, 또 참여한다면 목표는 무엇인지에 대해 부모와 합의해야 한다. 치료의 목표로는 부모가 의뢰한 치료가 필요한 아동의 문제행동들을 줄이는 것이 포함되겠지만, MIM 관찰로 얻은 치료사의 통찰과 문제의 근원에 대한 치료사의 이해를 바탕으로 다음의 것들이 더 강조될 수 있다. 예를 들어, 아버지의 처음 목표는 샘의 짜증을 줄이고 샘이 베이비시터에게 덜 반항적이고 도전적이게 만드는 것이었지만, 이후 샘이 보이는 행동의 근본적 이유에 대해 더 깊은 이해를 하는 것으로 기본적인 목표가 바뀌었다. 우리는 모두 샘이 아버지와의 관계에서 안정감을 느끼고 이로 인해 아버지가 없을 때에도 자신의 기분을 조절할 수 있게 되길 원했다. 아버지에 대한 목표로는 아버지가 샘을 만족스럽고 즐거운 활동에 참여시키는 데 더 적극적인 역할을 하도록 하는 것, 그들의 상호작용에 더 많은 구조와 안내를 제공하도록 하는 것, 그리고 아버지가 샘을 더 안전하고 안정적이게 느낄 수 있도록 돕는 것이었다. 샘이 많은 형태의 양육을 거부했기 때문에, 우리는 아버지가 안정적이고 양육적인 활동들을 제공할 수 있도록 도와 샘이 안전감을 형성하도록 하고 아빠와 분리되었을 때 스트레스를 덜 받게 되길 원했다.

치료사는 부모와의 협력관계가 잘 형성되었고 부모가 회기의 참여자로서의 그들의 역할을 뚜렷이 알고 있는지를 확실히 해야 한다. Hughes(2007, p. 152)는 그런 협력관계를 다음과 같이 묘사하였다. “치료사는 애착과 치료법에 관련된 문제에 ‘전문가’이며, 부모는 그들의 가족과 가족의 각 개인들에 대한 ‘전문가’다.” 치료사는 회기에서 일어나는 어려움들은 자신이 처리할 것이니 부모들은 이를 책임지지 않아도 된다는 것을 분명히 해야 한다. 하지만 Hughes가 제안하는 것과 같이, 치료사는 일이 옳지 않은 방향으로 가고 있다고 느낄 때 서로에게 신호를 보내는 방법도 미리 정해야 한다. 부모는 치료사가 아동을 대하는 방법이 불편하게 느껴질 때 그것을 치료사에게 알릴 수 있어야 하고, 치료사는 부모가 아동에게 다른 방법으로 반응해야 한다고 생각될 때 그것을 부모에게 알릴 수 있어야 한다. 예를 들어, 치료놀이의 즐거운 순간에 몰두한 아버지가 아동을 간지럽히거나 자극하기 시작하는 바로 그 순간, 치료사는 아동이 진정하도록 도와야 할 순간이라는 것을 인식할 수 있다. 이때 치료사는 “아버지, 제인이 꽤 흥분하기 시작했어요. 지금 바로 아이가 진정할 수 있도록 도와줘야 해요. 잠시 아이를 안아 주세요.”라고 말할 수 있을 정도로 부모와 편안한 관계여야 한다.

부모는 치료의 기본적 계획에 대해서도 잘 알고 있어야 한다. 이 계획에는 언제 만나고, 언제 아동 없이 회기를 진행할 것인가에 대해 논의하는 것과 처음 몇 회기들을 관찰하기 위한 약속을 잡는 것, 그리고 부모가 회기에 언제 참여할 것인지에 대한 계획이 포함된다. 그들은 비용과 지불 절차에 대해서도 잘 알고 있어야 한다. 신체 접촉의 활용, 제어할 수 없는 행동을 다루는 방법, 부모가 회기 중 적극적인 역할을 할 거라는 기대 등을 포함해 치료놀이 치료의 본질을 설명하는 자료에 부모가 서명하도록 하는 것이 바람직하다. 부모가 비밀보장에 대한 규칙을 잘 이해했다는 것과 치료사는 아동 방임이나 학대의 증거를 신고할 법적 의무가 있다는 것을 명시한 자료에도 부모가 서명하도록 해야 한다. 마지막으로 회기 녹화에 대한 동의를 구하는 양식에도 서명하도록 한다.

치료놀이 경험하기

부모들이 직접 치료놀이 경험을 해보도록 하는 것은 부모가 치료놀이가 무엇인지, 회기 중 무슨 일이 일어나는지에 대해 이해할 수 있도록 하는 강력한 방법이다. 게다가 이는 부모에게 그들 스스로의 기분과 반응에 대한 통찰력을 주고, 그들 자신의 욕구를 일부 충족시킬 기회를 주며, 아동의 경험을 이해하고 공감할 수 있도록 해준다. 이런 회기는 부모들이 치료 참여를 준비하는 마지막 단계에 하는 것이 이상적이지만, 치료가 시작된 이후에도 필요하다면 할 수 있다.

여기서 주의해야 할 점이 있다. 치료놀이 회기는 관계에 경계상의 문제를 일으킬 잠재성을 지니고 있는 부모의 강렬한 감정을 자극할 수 있다. 부모가 치료놀이 회기를 경험하도록 계획한다면, 치료사는 아동과 부모와 함께하는 치료놀이 모델을 매우 편하게 느껴야 하고 성인들과 치료적으로 함께해 본 경험이 있어야 한다. 치료사의 계획은 명확하게 정의되어야 하며 부모에게 자신이나 다른 경험 있는 치료사와 함께해 볼 기회를 제공해야 한다. 동료 치료사를 구할 수 있어서 자신의 회기를 녹화해 회기가 끝난 후 동료 치료사와 함께 회기를 검토해 볼 수 있다면 잘해 낼 것이다.

부모의 치료놀이 경험

소냐는 7세인 조카 마이클에 대해 도움을 요청해 왔다. 마이클은 엄마의 남자친구에게 성적 괴롭힘을 당했고, 이 사실이 알려진 후 마이클은 엄마를 떠나 소냐에게 맡겨졌다. 성적 학대에 대한 치료를 받던 중 소냐는 치료과정을 신뢰하기 시작했고, 학대아동 치료훈련과 치료놀이 훈련을 모두 받은 치료사에게 자신의 조카와 더 좋은 유대감을 형성할 수 있도록 도와달라고 요청했다. 소냐는 한 번도 자식을 키워 본 적이 없었고 자신의 초기 경험에도 문제가 많았다. 그래서 치료사는 조카와 함께 치료놀이 회기를 시작하기 전 소냐에게 먼저 치료놀이 경험을 제공하기로 결정했다.

소냐의 부모는 알코올중독자였고, 가족 안에서 소냐는 혼자 짐을 감당해야 하는 아이이자 버림받은 아이였다. 초기면접을 통해 소냐는 자신이 성인과 관계를 맺을 때 신뢰를 형성하고 안전함을 느끼는 것을 어려워한다는 것과 타인을 인정하거나 타인에게 인정받는 데 과제 지향적이며 성과를 중요시 여긴다는 것이 명백해졌다. 소냐는 한 번도 안전하고 의미 있는 신체 접촉을 경험해 본 적이 없으며, 순수한 즐거움을 즐길 기회를 거의 가지지 못했다. 회기를 계획하면서, 치료사는 그녀에게 이러한 경험들을 소개할 수 있는 다음과 같은 치료놀이 활동들을 포함하기로 결정했다. 아픈 곳 보살펴 주기, 볼풍선 터뜨리기, 손탑 쌓기, 비눗방울 터뜨리기, 소리나는 얼굴, 얼굴에 그림 그리기, 먹여 주기, 특별한 노래 부르기.

처음 잠깐은 반신반의했지만, 소냐는 치료사가 자신의 긁힌 상처와 멍을 찾아 로션을 발라 주는 경험을 기꺼이 받아들였다. 그녀는 마이클과 함께했던 회기에서 치료사가 마이클의 상처를 보살펴 주는 것을 본 적이 있기 때문에 이 친밀하고 양육적인 접촉에 긴장을 풀고 즐길 수 있었다. 그녀는 놀란 목소리로 말했다. "정말 편안하고 느낌이 좋아요." 그리고 그녀는 자기 조카 나이 아동에게 이런 유형의 접촉과 상호작용이 무엇을 의미하는지에 대한 몇 가지 질문을 했다. 치료사는 모든 연령대의 아동들을 위한 접촉의 중요성에 대해 간단히 이야기했다. 소냐는 특히 아동이 아기였을 때 적절한 양육과 접촉을 경험하지 못했어도 더 크고 난 후라도 이런 경험을 할 수 있게 도울 방법이 있다는 사실에 관심을 가졌다.

그녀는 치료사와 함께 활발한 놀이인 볼풍선 터뜨리기와 손탑 쌓기를 하면서 점점 더 활기차게 되었다. "마이클에게 즐거운 유아적 놀이가 될 거예요. 마이클이 이 놀이들을 항상 하고 싶어 할 것이라 장담해요." 놀이를 하면서 어떻게 느꼈는지에 대해 물었을 때, 그녀는 만족스러운 미소와 함께 대답했다. "관계되어 있는 것처럼 느껴졌어요. 마치 나, 당신 그리고 세상만 있는 것처럼 요." 치료사는 이 활동들을 하는 이유가 아동이 노력하지 않고도 서로 관계를 형성하기 위함이라고 덧붙였다. 소냐가 마이클과 자신에 대한 도움을 요청하는 이유가 마이클과 더 좋은 유대감을 형성하기 위한 것이었기 때문에 이는 소냐에게 중요한 부분이기도 하였다.

소냐는 소리 나는 얼굴 놀이에서 치료사가 소냐의 코, 귀, 턱을 만지면서 내는 재미있는 소리를 웃으며 즐겼다. 치료사는 소냐가 어렸을 때 이러한 즐거움을 한 번이라도 누려 본 적이 있는지 물었다. "오, 아니요, 제 삶은 이런 놀이를 하기에는 항상 너무 진지했어요. 항상 많은 일들이 일어났죠." 그리고 그녀는 생각에 잠기더니 말했다. "제 생각에 전 진지함으로써 제 작은 공간을 지킬 수 있었던 것 같아요. 그렇게 해서 안전함을 느꼈죠. 우리 집에서는 모든 것이 혼란스러웠어요. 전 지금처럼 주책없이 굴었던 적이 없어요. 정말 즐거워요."

소냐는 나머지 활동들도 즐겼다. "단지 놀면서 가만히 있기만 하면 돼요. 아무것도 할 필요가 없어요." 치료사가 소냐에게 약간의 크래커를 권했을 때, 그녀는 그것을 손으로 집어 스스로 먹으려고 했지만 재빨리 자기 자신을 상기시켰다. "오, 규칙을 알아요. 여기서는 선생님이 절 먹여 줘야 해요." 그녀는 예전에 마이클이 했던 회기를 보면서 이 규칙을 배웠다. 치료사가 먹여 주는 크래커를 먹으며 소냐는 말했다. "우리 부모님은 항상 제 기분이 좋고 모든 것이 괜찮다고 생각하셨던 것 같아요. 왜냐하면 전 항상 진지했고 제 할일을 잘했으니까요. 부모님은 절대 저에 대해 걱정하지 않으셨어요."

이는 알코올중독 가정에서 방임된 아이로 사는 것이 어땠는지에 대한 대화를 이끌어 냈다. 그녀는 안전함을 느끼기 위해 관심을 피해야 했다. "지금의 전 다른 사람에게 관심을 받는 것이 불편해요. 심지어 제 생일에도요." 마침내 안전하게 느껴지는 관심을 받게 된 결과로 소냐는 자신의 경험을 돌아보고 그녀 자신의 개인적 반응들을 이해할 수 있게 되었다.

진짜 놀랄 만한 일은 회기의 막바지에 나타났다. 소냐의 눈을 보며 치료사는 '작은 별' 노래로 "넌 참 특별한 아이란다."라고 불러 주었다. 소냐는 어린아이 같은 큰 미소를 머금고 수줍게 말했다. "저 눈물이 나려고 해요." 치료사가 소냐에게 "괜찮아요."라고 말하며 안심시키자, 그녀는 긴장을 풀었고, 눈물이 그녀의 볼 위로 부드럽게 떨어졌다. 그녀는 "제가 왜 이러죠?"라고 큰 소리로 물었다. "당신은 단지 당신 그대로의 모습만으로도 충분히 안전하다고 느껴 본 적이 없었던 것 같아요. 기대도 없고, 성과를 보여 줄 필요도 없고, 완벽한 소녀일 필요도 없는 당신 그대로의 모습이요." 소냐와 치료사는 순수한 관계와 공유된 좋은 느낌이 존재하는 이 순간을 함께 만끽했다.

나중에 치료사는 치료놀이 회기에 참여해 보는 경험이 소냐로 하여금 아동이 이런 종류의 관심과 보살핌을 받을 때 어떤 느낌을 갖는지 알 수 있게 해주었다고 설명했다. "이제는 이것이 얼마나 기분 좋아지게 하는지 아니까, 마이클에게도 똑같이 해주실 수 있을 거예요." "고맙습니다." 소냐는 치료사의 손을 따뜻하게 잡고 말했다. "당신과 함께한 시간이 정말 즐거웠어요."

 부모가 자녀를 더 긍정적이고 공감적으로 이해하도록 돕기

일단 치료가 시작되면, 치료사는 부모가 아동의 경험에 더 민감하게 반응할 수 있도록 돕는 과정을 계속한다. 앞서 말한 것과 같이, 전형적인 패턴은 부모가 이 과정을 촉진할 수 있도록 처음 4～5회의 회기를 관찰하도록 하는 것이다. 5장에서는 아동의 욕구 때문에 부모가 처음부터 회기에 참여해야 하는 상황에 대해 논의하였다.

부모가 관찰하도록 하는 이유 이해하기

아동과 부모의 상호작용을 조화롭게 하는 복잡한 과업에 들어가기 전에, 치료사는 아동과 상호작용할 때 긍정적인 관계에서 아동을 개입시키는 가장 효과적인 방법을 알아낼 수 있다. 자신감 있고 개입적인 어른이 있을 때 아동은 새로운 접근법을 경험하고 받아들일 수 있게 되고, 더 긍정적인 면에서 자신과 세상을 바라볼 수 있게 되며, 저항 단계를 잘 통과할 수 있고, 부모가 회기에 참여했을 때 긍정적으로 반응할 준비를 하게 된다. 만약 아동이 안정적이고 반응적이라면, 부모는 새로운 접근법을 보다 쉽게 실행하게 된다. 어떤 부모들은 아동과 상호작용하는 데 지쳐 이를 조심스러워하기 때문에 회기에 적극적으로 참여하기 전에 아동과 약간의 거리를 둘 필요가 있다. 아동을 더 많이 공감하도록 이끄는 관찰기간은 매우 유익하다. 해석치료사의 도움으로, 부모는 그들의 자녀를 새로운 관점에서 보게 되고 아동의 문제를 더 깊이 이해할 수 있게 된다.

치료사는 유능한 치료놀이 치료사가 아동과 성공적으로 상호작용하는 것을 관찰하는 것이 부모에게 어떤 영향을 주는지에 대해 민감해질 필요가 있다. 부모는 치료사가 형성하는 관계에 대해 질투심을 느낄 수 있다. 그들은 또한 치료사의 성공을 보며 무능하거나 권한을 빼앗긴 기분이 들 수도 있다. 부모는 그들의 자녀가 낯선 사람에게는 활기차고 친숙한 표정을 짓지만 집에서는 거리를 두고 까다롭게 군다면 이를 특히 걱정할 것이다. 그런 아동들의 부모는 "아이가 너무 사랑스럽네요. 왜 아이가 그토록 까다롭다고 하는지 이해가 되지 않네요."라는 말을 종종 들어왔을 것이다. 그 함의는 명백하게 부모의 잘못이라는 것이다. 치료사는 아동이 치료놀이 치료사에게 초기에 보이는 반응을 부모가 자신들이 부적합하다는 또 다른 확신으로 해석하지 않도록 주의해야 한다.

이런 일이 발생하는 것을 막기 위해 처음부터 이런 패턴에 대해 설명하는 것이 중요하다. "많은 아동들이 새로운 사람을 처음 만날 때에는 활기차 보이며 수용적이 됩니다. 집에서는 그렇지 않았던 아동이 여기에서는 협력적이 되고 매우 귀여운 모습을 보이는 행동이 부모님을 힘들게 할 수 있다는 걸 알아요. 부모님이 겪고 있는 문제를 우리도 곧 겪을 거라는 것 또한 알고 있죠. 우리는 아동을 도울 수 있는 가장 좋은 방법을 찾을 수 있도록 부모님이 지켜보는 동안 아동과 함께 처음 몇 회기를 진행할 거예요. 이것은 문제가 생겼을 때 우리가 어떻게 다루는지 보실 수 있는 기회가 될 거예요. 부모님은 아동의 삶에서 가장 중요한 사람이고, 아동이 준비가 되었다고 판단되면 우리는 부모님을 회기에 참여시켜 서로의 관계를 변화시키는 일을 시작할 거예요."

해석치료사의 역할은 부모가 회기 안에서 무슨 일이 일어나는지에 관해 집중할 수 있도록 돕는 것이다. 만일 부모가 자신의 문제에 대해 이야기해야 할 필요가 있거나 가정에서 겪는 어려움 때문에 회기에 집중할 수 없다면, 치료사는 아동을 동반하지 않은 회기를 더 자주 계획해 부모에게 필요한 지지와 안내를 제공해야 한다. 회기에 치료사와 부모가 아동과 함께 참여할 때, 부모가 치료사와 보내는 시간은 절반으로 줄어든다. 그렇기 때문에 지지와 안내를 제공하고, 질문에 답해 주고, 관찰한 것을 공유하고, 과정에 대해 토론할 수 있는 치료사와 부모의 정기적인 회기를 갖는 것이 특히 중요하다.

해석치료사로서 부모를 상담할 때, 치료사는 아동에 대한 공감 형성과정을 지속적으로 다룰 것이다. 다음은 그 과정의 다양한 단계를 나열한 것이다.

- 치료놀이 치료사의 아동에 대한 공감적 접근에 부모 관찰 초점 두기
- 아동에 대한 공감으로 부모의 관찰 안내하기
- 회기 밖에서 일어나는 행동 이해하기
- 부모가 어려운 행동을 다루도록 돕기
- 부모의 기대치를 아동의 욕구에 맞추기

치료놀이 치료사의 아동에 대한 공감적 접근에 부모 관찰 초점 두기

부모가 회기를 관찰하도록 하는 중요한 이유는 이를 통해 부모가 그들의 자녀에 대해 조율되고 공감적인 접근법의 예시를 볼 수 있기 때문이다. 이것이 잘 진행되면, 부모는 아동과 어떻게 상호작용해야 하는지에 대해 새로운 가능성을 보게 된다. 치료놀이 치료사가 부모들이 가정에서 겪는 것과 같은 어려운 행동들을 겪게 되면, 부모는 이 어려움은 자신들만 겪는 것이 아니라는 생각에 안심하게 된다. 아동이 점점 더 반응적이 될수록, 부모들은 자신들도 아동의 욕구에 반응하는 방법을 알게 될 거라는 희망을 가진다. 그러므로 이는 아동이 상호작용을 더 잘 받아들이고 자신에 대해 더 좋게 생각할 수 있도록 돕는 동시에, 부모에게는 아동과 관계된 보다 공감적이고 긍정적인 방법을 보여 주는 것이다.

치료놀이 치료사를 보며 아동이 존중받고 높이 평가되는 것을 깨닫게 되면서, 부모는 종종 자신의 아동을 더 매력적이고 더 사랑스럽게 보기 시작한다. 치료놀이 치료사가 아동과 함께 즐기는 것을 보며, 부모는 반응적인 아기의 부모에게서 보이는 매우 일반적인 즐거움을 되찾거나 혹은 처음으로 그러한 즐거움을 경험해 볼 수 있다. 한 어머니는 치료놀이 첫 번째 회기를 하고 있는 자신의 십대 딸을 보면서 실망감과 좌절감을 쏟아냈다. "난 아이의 모습이 싫어요. 너무 더럽고 지저분해요. 날 기분 나쁘게 하려고 일부러 저렇게 입은 것 같아요." 어머니는 치료사가 딸의 손톱을 정리해 주고, 재미있는 새로운 형태로 머리를 정돈해 주고, 머리 위에 비눗방울 왕관을 얹어 주고, 활기차게 엄지손가락 씨름과 팔씨름을 하는 것을 보았다. 네 번째 회기에서 어머니는 사색에 잠긴 채 "무슨 일이 일어난 거죠? 아이가 너무 예뻐요. 예전엔 전혀 몰랐어요."라고 말했다.

한 아버지는 치료사가 6세 아들의 주근깨를 세고, 상처를 찾아 돌보아 주고, 손과 발에 로션을 발라 주는 모습을 보았다. 그는 갑자기 말했다. "오, 아이가 이걸 얼마나 원하고 있는지 알겠어요. 내가 좀 더 많이 해줬다면 좋았을 텐데. 오늘 밤 아이가 잠들기 전에 해줘야겠어요."

또 다른 부모는 자신의 우울한 딸이 명랑하고 활기찬 치료사와 있을 때 밝아지는 것을 보며 말했다. "오, 더 활기찬 사람과 있으니까 아이가 정말 반응을 하네요. 힘들겠지만 저렇게 되려고 노력할 거예요." 자녀를 위해 치료놀이 치료를 찾는 많은 부모는 효과가 없고 가끔은 파괴적이기까지 한 그들의 행동 패턴에 갇혀 있기 때문에, 더 긍정적인 결과를 가질 수 있는 다른 접근법을 보는 것은 그들에게 대단히 유용하다.

아동에 대한 공감으로 부모의 관찰 안내하기

부모는 관찰을 통해 스트레스에서 자유롭고 일상생활에 대한 걱정 없이 아동의 감정과 욕구를 보다 잘 알 수 있는 기회를 갖는다. 아동의 감정에 대한 이러한 공감적 직관은 건강한 아기를 막 낳게 된 부모들에게선 흔한 경험이지만, 가족이 도움을 받기 위해 찾아왔을 때쯤에는 관계능력이 종종 상실되어 있다. 많은 사례에서 보다시피, 아동이 보내는 신호가 이해하기 어려운 것이었거나 부모가 자신의 욕구에 너무 몰두되어 있어 이 신호를 알아차리지 못하기 때문에 불행하게도 이 능력은 전혀 발휘되지 못했다.

아동의 경험과 감정에 대한 부모의 공감을 높이기 위해 "아이가 지금 어떤 기분일 거라고 생각하세요?"라고 물어보거나 혹은 "치료사가 저렇게 할 때 아이가 어떻게 미소 짓고 긴장을 푸는지 보세요."라고 말할 수 있다. 어떤 부모들은 아동이 활동을 즐기고 있다는 것을 인식하지만, "그저 조정하는 거잖아요. 아이는 다 곧이곧대로 받아들이겠지요. 치료사가 아이에게 집중해 주면 아이는 행복해하겠지만, 난 항상 아이와 함께할 수는 없어요."라고 할 수도 있다. 어떤 부모들은 아동을 '이기적'이라고 여기거나 이 모든 특별한 관심을 받을 자격이 없다고 생각한다. 치료사는 "하지만 기억하세요. 어린 아기가 자신의 기분을 좋게 해줄 특별한 관심을 받기 위해 노력해야 하나요? 우리는 부모님이 아동을 좋은 감정으로 채워 주길 바라요. 부모님이 곁에 없더라도 그 감정에 의지할 수 있도록 하기 위해서요."라고 말해 줄 수 있다. 이는 부모 자신의 경험 중 무엇이 아동에게 공감적으로 반응하는 것을 어렵게 만드는지를 부모와 함께 탐구해 볼 기회가 될 것이다.

또 다른 부모는 로션을 손에 발라 줄 때 아동이 어떤 감정을 느꼈을 거라고 생각하는지 물어보면 아동과 자신의 감정을 혼동한 듯이, "아이가 싫어했어요. 아이는 누군가 자신을 만지거나 로션을 발라 주는 것을 견디지 못해요."라고 대답했다. 치료사는 "네, 그건 아이가 '그건 아기들이나 하는 거잖아요.'라고 말로 한 거예요. 하지만 자세히 보세요. 아이가 정말 거부하고 있나요? 아이가 이 친밀감을 완전히 거부하는 것이었다면 그렇게 꼭 껴안았을까요? 부모님이라면 어떻게 느꼈을지 궁금해요. 부모님이 어렸을 때 보살핌 받았던 것에 대해 무엇을 기억하고 계신가요?"라고 대답해 준다.

아동의 어린 욕구를 불편해하거나 너무 높은 기대치를 가진 부모는 "왜 아기처럼 대해주나요? 아이는 일곱 살이에요. 그는 항상 아기처럼 굴 수 없다는 것을 배워야 해요."라고 말한다. 이는 부모가 자라면서 겪은 문제들을 부모와 함께 탐구해 보고 부모가 아동의 욕구를 이해하도록 도울 수 있는 기회다. 치료사는 아기 같거나 저항적이거나 화가 난 행동의 모든 경우가 아이의 잠재된 욕구—양육적이고 안정적인 구조를 원하거나 혹은 자신의 화난 감정을 누군가 혼내지 않고 받아주길 바라는 것—에 반응해 줄 수 있는 기회가 된다는 것을 설명해 준다. 이런 기회를 이용해 부모는 신뢰를 형성하고 성인의 안정적이고 포근한 존재를 인식할 수 있게 이끌어 주는 상호작용을 시작할 수 있다. "아이는 부모님이 그곳에 있으며 부모님께 의지할 수 있다는 것을 알게 될 거예요."

부모가 아동이 치료놀이 회기 중 새로운 종류의 관계를 경험하는 것을 볼 때, 치료사는 "이것이 아이를 자신과 세계관에 대해 어떻게 느끼도록 만든다고 생각하세요?"라고 물어본다. 그리고 "우리는 아이가 자신이 특별한 존재로서 잘 보살펴진다고 느끼길 원해요." 혹은 "우리는 아이가 자신의 욕구를 충족시키기 위해 스스로 애쓰지 않아도 된다는 것을 배우길 원해요. 아이가 더 많이 신뢰할수록 긴장을 더 풀 수 있어요."라고 말한다.

방임되고 학대받던 위탁아동을 데리고 있는 부모와 상담할 때, 치료사는 아동의 버려지고 방임되었던 어린 시절을 근거로 하여 아동이 자신과 세계를 어떻게 보고 있는지에 대한 추측을 할 수도 있다. "아이는 어른들이 반응적이지 않고 방임적이라고 생각하며, 자신이 가치 없고 사랑스럽지 않은 존재라고 믿을 수밖에 없었어요. 모든 것을 자기가 주도하려는 그의 고집은 (절망이나 포기라기보다는) 그의 자신에 대한 생각과 세계관으로 생긴 논리적인 결과물일 뿐이에요."

부모는 아동이 안정감을 느끼고, 신뢰하고, 강하고 긍정적인 자아개념의 발달을 이루기 위해서는 안정적이고 반응적인 가족들과 있을 때와 같은 경험을 많이 반복해야 하며, 그때에야 비로소 아동의 자아관과 타인에 대한 기대를 변화시키는 것이 가능하다는 것을 알아야 한다. 치료놀이 치료사가 아동과 함께하는 것을 보며, 부모는 자신이 어떻게 해야 하는지 알아가기 시작한다.

회기 밖에서 일어나는 행동 이해하기

부모들은 가끔 주중에 자녀와 함께할 때 겪게 되는 문제들을 어떻게 다루어야 하는지에 대해 도움을 받고자 한다. 6세 여자아이의 입양부모는 아이를 학교에 보내는 것이 항상 힘든 일이라며 불만을 토로했다. "주디는 항상 야단법석을 떨어요. 옷이 너무 작다거나, 양말 속에 무언가가 있다거나, 오늘 신어야 하는 운동화를 신는 것을 못 견뎌 해요. 되는 일이 하나도 없고, 내가 도움을 줄 수 있는 게 하나도 없어요. 항상 결국 우리 둘 다 화가 나곤 하죠. 그러면 아이는 학교에 가버리고, 우리 둘 다 기분이 나빠지죠."

해석치료사가 말했다. "그와 같은 때에 주디에게 무슨 일이 일어나고 있는지에 대해 생각해 보죠. 그 순간에 주디는 자기 자신에 대해 어떤 감정을 느낀다고 생각하세요? 아이가 부모님에게서 떠날 때 어떤 기분일까요? 분리는 아이에게 무엇을 의미하나요? 유기, 외로움 혹은 고통? 아이의 불평이 부모님을 붙잡아 두고 부모님과 헤어지는 시간을 늦춥니다. 그리고 결국 그 불평은 분노감을 일으키고 아이로 하여금 부모님을 떠나는 것을 더 쉽게 만들죠. 하지만 그것은 장기적으로는 도움이 되지 않아요. 그래서 우리는 아이가 자신에 대해 더 좋게 생각하도록 하고 부모님과 더 연결되었다고 느끼며 학교에 갈 수 있도록 하는 방법을 찾아야 해요." 그들은 함께 주디가 즐겁고 양육적인 방법으로 옷을 입게 할 수 있도록 주디의 어머니를 위해 계획을 세웠고, 이는 주디가 보다 안정되고 학교를 행복하게 갈 수 있도록 하는 데에 도움이 될 것이다.

때로는 부모가 아동의 과거 행동에 대해 보다 공감적으로 이해할 수 있게 하는 것도 가능하다. 예를 들어, 존의 부모는 존이 처음 그들과 살게 되었을 때 무엇을 달라고 요구하기보다는 종종 조용히 옆에 서 있기만 했다고 보고했다. 아이가 더 '성장하는 것'을 돕기 위해, 부모는 존의 무력한 침묵에 반응하기를 거부하였고, 아이가 무엇을 원하는지를 말로 표현할 것을 고집했다. '그의 마음을 읽어 주는' 사람이 주위에 아무도 없었다. 아이가 입양부모에게 가장 바랐던 것은 그의 욕구를 그들이 직감적으로 알아주는 것이었다. 성과를 중요시하는 부모에게 이것을 유의하도록 하는 것은 어려운 과제였다.

나중에 존이 축구게임을 한 후 지쳐서 집에 돌아왔을 때 부모가 존에게 숙제와 해야 할 일을 하라고 시키자, 그는 심리적으로 동요하기 시작했다. 존의 부모는 그의 욕구에 대해 새로 이해한 것을 잠시 잊고, 얼마나 힘든지를 말이 아닌 분노발작으로 표현하는 것을 꾸짖었다.

다음은 해석치료사와의 대화다. "어린아이가 할 수 있는 것에 대해 생각해 보세요. 그는 당신에게 말할 수 없어요. 그의 생각을 알아내는 것은 부모의 몫이고, 만일 부모가 이를 잘 이해하지 못한다면 아이는 떼를 쓸 거예요." "하지만 존은 아기가 아니에요. 여섯 살이라고요!" "네, 하지만 그가 지쳤을 땐 여섯 살 아동의 자기조절능력을 발휘할 수 없어요. 이럴 때 존은 아기와 같아요. 게다가 이는 부모님이 존의 새로운 자존감과 부모님이 자신을 소중히 생각하고 보살펴 준다는 것을 신뢰할 수 있는 능력을 한층 더 길러 줄 공감적인 양육을 해줄 수 있는 훌륭한 기회예요."

부모가 어려운 행동을 다루도록 돕기[6]

부모가 가정에서 그들의 자녀가 보이는 어려운 행동을 어떻게 다루는지에 대한 치료사의 조언은 반드시 치료놀이 원리에 기초해야 하는데, 이는 분명하고 안전한 구조, 일관성 있는 보살핌, 민감한 감정 조절, 아동이 보이는 행동의 의미에 대한 공감적 이해를 요하는 아동의 욕구를 충족시켜 주는 것이다. 아동이 이해받고, 진정되고, 양육받고, 가치 있다고 느낄 때 많은 문제들은 더 다루기 쉬워지거나 모두 사라진다.

치료놀이 치료를 위해 찾아온 많은 부모는 아동의 특권을 뺏거나 좋아하는 장난감을 갖고 놀지 못하게 하는 것과 같이 벌을 주면서 아동의 문제행동을 줄이거나 없애기 위해 이미 노력을 한 적이 있다. 그들은 또한 스티커 차트나 다른 보상을 이용해 좋은 행동을 지지해 보려 노력하기도 했다. 하지만 부모들이 아동에게 내재되어 있는 스스로에 대한 부정적인 신념을 깨닫지 못하거나 아동이 보이는 문제행동의 이유를 이해하지 못하고 있기 때문에 이런 방법들은 종종 실패한다. 부모의 인정을 바라는 아동의 욕구에 근거한 행동적인 접근은 아동의 애착 문제가 해결되기 전까지는 효과가 없다.

우리의 접근은 안정애착의 발달을 지지한다. 첫 단계는 명확한 안전감을 제공하는 것이다. 이를 위해 부모는 남을 다치게 하거나 위험한 행동을 멈추게 하는 데에 단호해야 한다. 우리는 부모에게 남을 다치게 하거나 위험한 행동을 즉각 저지하도록 하고, 일어난 일의 심각성을 단호하게 말하여 알려 주며, 아동의 연령에 따라 상대가 어떻게 느꼈을지에 대해 이야기하도록 안내한다. 또한 부모가 수용적이고 열린 태도로 아동에게 접근하도록 돕는다. 우리는 부모에게 Hughes(2007)가 고안해 낸 PACE를 사용하도록 권장한다. 이는 즐거움(playfulness), 수용(acceptance), 호기심(curiosity), 공감(empathy)을 의미한다. 즐거움은 종종 어려운 순간을 희석시킨다. 핵심적인 부모 역할인 수용, 호기심, 공감은 부모가 '행동 밑에 숨겨진 면을 보아' 아동이 그런 방법으로 행동하도록 만든 원인을 알 수 있도록 한다. 그래서 아동이 부적절하게 행동할 때 부모는 아동의 행동을 (인정하는 것이 아니라) 수용하고, 아동이 그렇게 행동한 이유에 대해 (비난이 아닌) 호기심을 보이고(즉, 아동이 어떻게 느꼈는지를 알아내려 노력하고), 아동의 동기에 공감을 나타낸다. 이런 접근은 아동에게 압도적인 수치심이 유발되는 것을 피하게 하는데, 이 수치심은 자기 자신과 관계를 정서적으로 파괴시키는 것이다.

우리는 타임아웃(time-out)을 사용하는 대신 타임인(time-in)을 사용할 것을 제안한다(Weininger, 2002). 화난 아동을 혼자 방으로 보내는 대신, 부모는 아동 가까이에 앉아 아동의 감정에 대해 조용히 말한다. 화난 아동과 부모 자신들의 정서를 함께 조절함으로써, 부모는 아동에게 정서적 자기통제능력과 문제해결 기술을 가르쳐 줄 수 있다. 아동은 자신의 정서를 부모가 두려워하지 않는 것과 아동이 그것들을 어떻게 다루는지를 안다는 것을 배우게 된다. 이것은 화나고 동요된 아동에게 매우 안정적이고 안심시킬 수 있는 것이 될 수 있다. 아동은 조율되고 정서적으로 조절한 경험을 통해 자신의 정서를 다루는 방법을 배운다.

다음은 어떤 부모가 해석치료사에게 이야기한 문제 상황에 대한 한 예다. "화요일에 로버트(5세)는 친구들과 밖에 나가 놀 준비를 서두르고 있었어요. 그런데 자기가 좋아하는 체육복이 세탁기 안에 있다는 것을 알았죠. 그는 화가 나서 울며 소리를 질렀어요. 전 그에게 청바지, 반바지 등 다른 옷들을 보여 주었지만 소용이 없었어요. 더 심하게 야단법석을 떨 뿐이었지요. 어떻게 그렇게 고집스럽고 비합리적일 수 있을까요! 전 인내심을 잃고 '서두르지 않으면 놀지 못하게 할 거야.' 라고 소리 질렀어요. 그 순간 아이는 화가 나서 제게 신발을 던졌어요. 전 정말 이성을 잃고는 '네가 다 망쳤어. 넌 오늘 하루 종일 TV를 볼 수 없어.' 라고 말했어요."

해석치료사는 대답했다. "로버트가 어떤 기분을 느꼈는지 살펴볼까요. 그는 자신이 좋아하는 바지를 입길 기대하고 있었어요. 지퍼나 솔기가 없어 가렵거나 간지럽지 않은 바지요. 아이는 서두르고 있었고 밖에 나가 놀 생각에 신이 나 있었어요. 바지를 찾을 수 없자 아이는 더 흥분했어요. 그러자 아이는 자신이 입을 수 있는 다른 바지들에 대한 엄마의 현명한 제안을 들을 수 없게 되었어요. 전 그게 얼마나 엄마를 낙담시켰는지 이해해요. 결국 엄마가 아이에게 모두의 즐거운 시간을 망친 것은 너라고 말하자 아이는 자신을 제어할 수 없게 되었고 신발을 던진 거예요.

로버트가 이러한 격한 감정을 가질 때 아이를 도울 방법을 찾을 수 있나 생각해 볼까요. 그렇게 흥분할 때, 아이는 문제해결을 위한 엄마의 좋은 생각들에 집중할 수 없어요. 아마 엄마가 아이의 기분을 이해한다는 것을 로버트가 알게 된다면 도움이 될 거예요. 엄마는 이렇게 얘기할 수 있겠지요. '이런, 난 네가 그 체육복을 얼마나 좋아하는지 안단다. 근데 그게 세탁기 안에 있어서 정말 유감이야.' 아이는 지저분하더라도 입을 거라고 이야기할지 몰라요. 하지만 아이의 기분이 얼마나 나쁜지 이해한다는 것을 로버트에게 알리면서도 엄마는 엄마의 입장을 고수할 수 있어요. '네가 실망한 것을 알아. 하지만 그건 다시 입기 전에 빨아야만 한단다.' 이때 아이를 박수치기와 같은 몇 가지 단순한 치료놀이 활동에 개입시켜 아이의 관심을 돌리고 진정시킬 수 있어요. 그런 놀이를 하기에 아이가 너무 화가 나 있다면, 엄마는 그저 아이 옆에 조용히 앉아 아이의 감정을 이해한다는 것을 보여 줘야 할 거예요. 아이가 좀 진정한 것처럼 보이면 다른 바지를 권할 수 있어요. 만약 아이가 그 바지를 발로 차 버린다면, 엄마는 그것을 아이 옆에 차분히 내려놓고 기분이 나아지면 입어 봐도 된다고 말할 수 있어요. 아이의 분노를 이해한다는 것을 보여주기 위해 당신은 아이의 감정의 강도와 비슷한 수준의 감정으로 말할 수 있어요. '저런! 지금 당장은 괜찮은 것이 아무것도 없구나, 그렇지? 나도 네가 그 체육복을 입었으면 해. 하지만 그렇게 할 수 없어. 그건 너무 더럽잖니. 이건 참 어려운 일이고, 네가 조금도 좋아하지 않는다는 것을 알아. 하지만 그래도 난 허락할 수 없어. 넌 내가 나쁜 엄마라고 생각할지도 모르겠지만, 때로는 엄마들도 안 된다고 말해야 해. 이에 대해 조금 생각할 시간을 줄게.' 그리고 엄마는 조금 뒤로 물러서되 아이 곁에 가까이 머물며 안정적인 존재감을 주고 아이가 어떻게 하는지 보셔야 해요. 아이가 드디어 진정했지만 놀이터에 나가기에는 너무 늦었다면 엄마는 이렇게 말할 수 있지요. '미안해, 로비. 로버트, 미안하지만 저녁 먹을 시간이 거의 다 돼서 놀이터에 나갈 수가 없구나. 이리 와서 엄마가 샐러드 만드는 걸 도와주렴.'"

때리고 물고 던지는 아동들의 경우엔, 아동에게 좋다고 생각되는 어떤 방법을 써서라도 아동의 흥분을 가라앉히는 것이 중요하다. 아동이 일단 진정하고 기분이 괜찮아지면 아동이 상처를 준 사람에게 무언가 도움이 되는 일로써 보상을 하도록 격려해 주어야 한다. 예를 들어, 아동이 장난감을 던져 여동생을 다치게 했다면 여동생의 팔에 로션을 발라 줄 수 있다. 그러나 우리는 감정을 지시할 수 없다는 것을 기억하는 것이 중요하다. 장난감을 던진 아동은 여동생에게 아직 화가 나 있을 수 있다. 아동이 아직 강한 부정적인 감정을 가지고 있는 것처럼 보일 때는 부모가 아동에게 웃으라거나 기분 좋게 말하라거나 "미안해."라고 말하라고 강요하지 않는 것이 중요하다. 일단 그런 감정들이 진정되면 관계를 회복하고 상처입은 아이를 정중히 대할 수 있는 무언가를 하도록 아동을 도울 수 있다.

공감적인 말투를 겸하여 아동의 발달적 욕구를 알아가는 이 접근은 종종 행동 문제를 우회해 갈 수 있다. 즐거움과 기분전환은 유용한 도움이 되며, 아동이 발버둥칠 때 곁에 가까이 있어 주고, 아동이 준비되자마자 아동을 부모나 다른 희생양과의 관계로 다시 데려오는 것도(상호작용적 회복) 마찬가지로 도움이 된다. 마지막으로 아동이 더 많이 화를 내더라도 공감적이지만 단호한 제한 설정은 틀림없이 필요하다. '올바르지 않은 행동'을 다루지 못하는 결과가 있어서는 안 된다.

부모의 기대치를 아동의 욕구에 맞추기

부모는 각기 다른 발달 단계에 있는 아동의 욕구와 일치하는 현실적인 기대치를 가져야 한다. 예를 들어, 하산의 아버지가 5세 아들에게 물리를 가르치는 것을 보았을 때, 아버지가 매우 높은 지적 기대치를 가지고 있다는 것이 뚜렷이 나타났다. 이 기대에 부응하지 못함으로써 하산은 낮은 자존감을 갖게 되었고, 학교에서 말하는 것을 꺼리게 되었다. 우선 아들의 높은 수준의 성취가 자신에게 왜 그렇게 중요한지를 아버지가 이해하도록 돕는 것에 치료의 초점이 맞춰졌다. 아버지가 자신의 욕구와 아들의 욕구를 구별할 수 있게 되면서, 그는 자신의 기대치를 하산의 5세 수준의 흥미와 이해능력에 맞추기 시작했다.

어떤 부모들은 아이가 성장하길 꺼려 새로운 기술을 연습하고 세상을 탐구해 볼 기회를 조금밖에 주지 않는다. 그들은 아이에게 매달리고, 종종 부모와 분리되는 것은 위험하다는 메시지를 전한다. MIM 동안 4세 토미와 그의 어머니가 '방 밖으로 나가기' 과제를 수행하는 것을 보며, 아들을 남겨 두고 나가는 것이 어머니에게 얼마나 어려운 일인지를 알 수 있었다. 걱정스러운 표정으로 토미를 돌아보며 어머니는 말했다. "이 카드엔 내가 1분 동안 방을 나가야 한다고 적혀 있어. 괜찮겠니? 무섭지 않니? 난 문 바로 밖에 서 있다가 금방 돌아올게." 어머니의 걱정스러운 표정을 반영하듯, 토미는 울먹이며 어머니에게 매달렸다. "가지 마요, 가지 마요, 난 무서워요." 어머니는 그에게 "딱 1분만이야. 넌 괜찮을 거야."라고 하며 기다릴 것을 잠깐 동안 설득한 후 한숨을 쉬고 말했다. "알겠어. 여기 있을게." 토미의 어머니와 함께 우리는 무엇이 어머니가 아들과 떨어지는 것을 어렵게 만들었는지에 대해 알아내고자 했다. 어머니가 자신의 감정을 이해하게 되면서 토미가 분리하는 것을 더 편안하게 받아들일 수 있도록 도왔다. 이에 어머니는 아이의 연령에 적합한 탐색과 독립심을 지지할 수 있게 되었다.

아동이 정상적으로 발달하고 있고, 부모가 자신의 정서적인 과제에 사로잡혀 있지 않다면 부모가 적절한 수준의 기대치를 유지하는 것은 비교적 쉽다. 하지만 때때로 건강한 가족관계가 방해받는다면 아동의 자신감은 흔들릴 수 있고 평범한 기대치에 부응할 능력이 감소될 수 있다. 이런 방해로는 동생의 출생, 학교에서의 특별한 도전, 조부모의 죽음 등이 있다. 밝고 자신 있던 아동이 갑자기 불안해하고 짜증내고 기분 나빠 할 수 있다. 예를 들어, 초기 6년 동안 조나단은 가족의 언어적이고 지적인 분위기를 편안하게 생각했다. 처음부터 부모는 철학적 접근을 통해 조나단이 스스로 생각하고, 욕구에 대해 이야기하고, 독립적으로 탐색할 수 있도록 격려했다. 동시에 그들은 안정감이나 지지가 필요하다면 부모에게 와도 된다는 것을 명확하게 하였다. 그들의 접근은 조나단을 행복하고 자신감 넘치는 아이로 만드는 데 성공적이었다. 하지만 동생이 태어나고 학교에서 요구하는 것이 많아지자 조나단의 행동은 악화되었다. 몇 회기를 한 후, 부모는 성공과 독립(도전)에 대한 기대치를 낮춰야 한다는 것과 안정감, 포옹, 긴장 이완(양육)이 필요한 조나단의 욕구를 더 많이 이해하고 수용해야 한다는 것을 알게 되었다.

치료놀이 접근으로 부모의 능력 길러 주기

공감과 이해는 성공적인 부모 역할에 필수적이고 부모와의 논의에서 초점이 되기도 하지만, 변화에 영향을 주기 위한 논의에만 의존하지는 않는다. 부모는 그들의 새로운 통찰력을 실행해 보기 위한 실습이 필요하다. 이는 대부분의 다른 애착을 기초로 한 치료법과 구별되는 치료놀이만의 특성이다.

다음과 같은 단계를 거쳐 부모들이 새로운 접근을 가정에서 실행할 수 있도록 준비시킨다.

- 부모 관찰에서 성인 양육자 역할에 초점 두기
- 회기에서 연습해 보도록 안내하기
- 과제 내주기
- 부모 역할 해보기
- 부모가 회기를 주도하도록 하기

부모 관찰에서 성인 양육자 역할에 초점 두기

부모가 아동의 행동을 보다 공감적으로 이해할 수 있도록 안내하면서, 치료사는 그들이 치료놀이 치료사의 역할도 이해할 수 있도록 돕는다. 치료사가 아동과 상호작용하는 것을 관찰하면서 배우는 것은 회기를 주도하고, 궁극적으로 아동과의 관계 개선을 주도할 수 있도록 부모를 준비시키는 첫 단계다. 치료사는 아동에 대한 치료놀이 치료사의 반응에서 장점을 지적해 보여 주고, 이런 활동이나 상호작용의 중요성을 설명해 주며, 부모가 본 것을 가정에서 아동과 함께할 수 있도록 하는 방법에 대해 조언해 줄 수 있다.

치료사가 어떻게 상호작용을 조직하는지 알려 주기 다음 예시에서는 3세인 트레이시의 치료놀이 회기 초반부를 보여 준다. 트레이시의 부모는 아동이 모든 상호작용에서 주도권을 잡으려 하고, 자신의 뜻대로 일이 이루어지지 않으면 자포자기해 버리는 것을 바로잡아 주기 위해 치료를 의뢰했다. 너무 전형적인 아이의 모습이었기 때문에, 부모는 트레이시가 첫 치료놀이 회기에서 주도권을 잡으려 노력한 것에 대해 놀라지 않았다. 치료사 로저가 박수치기 놀이를 시작했을 때, 트레이시는 다른 모양으로 손뼉 치는 것을 제안했다. 로저가 로션 손도장을 찍어 주었을 때, 트레이시는 자신의 다른 손을 먼저 하고 싶어 했다. 부모는 로저가 이 상황을 어떻게 다루고 계속 주도하고 있는지 관찰하는 것에 관심을 가졌다. 아동과 각각 방법의 장점에 대한 논쟁을 시작하는 대신, 치료사는 단지 "정말 좋은 생각이야, 하지만 우린 이걸 먼저 할 거야."라고 말했다. 트레이시가 뾰로통해지고 불평하기 시작하자, 치료사는 "내가 결정하도록 두는 것이 쉽지 않다는 걸 알아. 하지만 난 네가 좋아할 만한 몇 가지 놀이들을 안단다."라고 말했다. 새로운 상황에서 안정감을 느끼고 싶어 하는 트레이시의 욕구를 인식하고, 로저는 그가 계획한 활동의 목록을 보여 주고 자신감 있게 활동을 진행했다. 부모는 치료사의 접근법을 이해하기 위해 도움이 필요했다. 치료사의 접근법은 평소 논쟁을 시작하고 화가 나 그만둬 버리는 부모 자신들의 방법과는 매우 다른 것이었다. "로저가 어떻게 아이 곁에 머물며 아이가 계속 개입하게 하는지를 보세요."라고 해석치료사가 말했다. 트레이시가 갑자기 성난 항의를 멈추고 즐기기 시작했을 때, 해석치료사는 "트레이시가 자신이 주도하지 않아도 즐거울 수 있다는 것을 마침내 깨달았어요."라고 말했다.

치료사가 어떻게 상호작용을 조절하는지 알려 주기 지금부터 샘의 치료놀이 첫 회기의 예를 다시 보기로 한다. 그는 앞서 MIM 피드백을 위해 언급했던 4세 반의 아동이다. 조절은 샘에게 매우 중요한 문제였기 때문에, 치료사 마거릿은 샘이 안정감을 느끼도록 해주고 그를 차분하게 유지시키기 위해 첫 번째 회기를 신중하게 계획했다. 샘은 누군가와 떨어지는 것을 매우 어려워했다. 그래서 그의 아버지와 해석치료사는 회기가 진행되는 동안 방의 한 구석에 앉았다. 마거릿은 노젓기 놀이에서 샘이 흥분을 다룰 수 있는지를 확인하며 빠르고 느린 속도를 번갈아 가며 했다. 샘이 비눗방울 불기 놀이에서 너무 흥분했을 때, 아동은 치료사에게서 슬그머니 멀어졌다. 마거릿은 방의 한 구석으로 차분히 아동을 따라가 아동의 옆에 앉고 안정될 때까지 등을 쓰다듬어 주었다. 그리고 치료사는 샘의 몸에 긴장이 풀리도록 힘을 풀고 느슨해져 보자고 조용히 제안했다. 이 시점에서 치료사는 아버지에게 와서 샘이 몸의 힘을 다 뺀 상태에서 몸의 한 부분만 흔들 수 있는지 보라고 권했다. 이는 샘의 흥미를 자아냈고, 그는 손가락과 발가락을 거의 움직이지 않고 혀와 배를 흔들 수 있었다.

이후 회기를 녹화한 비디오를 보면서 해석치료사는 활동을 재미있고 흥미롭게 만들면서도 샘을 안정되게 유지시키기 위해 치료사가 한 많은 일들을 언급했다. "샘이 얼마나 홍분했는지 신중히 지켜보는 동시에 샘에게 즐거움을 주기 위해 치료사가 어떻게 활동을 계획했는지 보세요. 이것이 바로 아이가 아빠에게 바라는 일이에요."

부모의 저항 다루기 신중히 준비한 후라도 부모는 그들 자신이 어린 시절에 경험했던 것이나 양육에 대해 배워 온 것과는 매우 다른 접근법을 수용하는 것에 아직 확신을 못하거나 그것을 노골적으로 거부할 수 있다. 다음은 부모가 치료놀이 회기를 보면서 물어볼 질문들의 예와 그 대답방법을 제안한 것이다.

- "놀이가 어떻게 도움이 될 수 있죠?" 이 질문은 즐거움, 공감, 반응이 아동의 자존감과 안정감에 매우 중요하다는 치료놀이의 기본 가정에 대한 신중한 설명을 요한다. 치료사는 또한 즐거움의 근본적인 중요한 세부요소들을 부모들이 이해할 수 있도록 도와야 한다. "우리는 매우 신중하게 계획함으로써 놀이를 통해 아동이 자기조절하는 방법, 타인과 활발히 주고받는 상황에 참여하는 방법, 스스로 정말 기분이 좋아질 수 있는 방법을 배울 수 있게 합니다. 아동은 어른들이 자신을 이끌어 줄 수 있고 자신에게 안전감을 줄 수 있다는 사실을 아는 것이 기분 좋은 일이라는 것을 배웁니다."

- "아이가 당신을 발로 차는 것을 놀이로 전환한다면 나쁜 행동에 상을 주는 것이 아닌가요? 당신이 아이에게 시킨 것을 거절하면 아이가 대가를 치르게 해야 하는 것 아닌가요? 제 생각엔 아이를 그런 식으로 내버려 둔다면 그가 똑같은 일을 또 할 것 같은데요. 아이에게 벌을 줘야 해요." 치료사가 아주 뚜렷한 제한을 정해 놓았고 아동이 치료사를 발로 차도록 내버려 두지 않았다는 것을 지적해야 한다. 치료사는 남을 다치게 하는 행동을 저지했지만, 아이에게 수치심을 주는 대신 그 행동을 스스로에 대해 좋게 생각하게 하도록 하는 무언가로 전환하여 아이를 놀라게 했다. 또 다른 대답으로, 그 대가와 벌이 효과가 있었는지를 부모에게 되물을 수 있다. 거의 대부분 그런 방법은 효과가 없었고, 그렇지 않았다면 부모가 도움을 요청하지도 않았을 것이다. 그러고 나서 치료사는 치료놀이는 문제행동에 대해 매우 다른 방법으로 생각한다는 것을 설명해야 한다. "우리는 아동과 가까운 관계를 형성하려고 노력해요. 벌은 거리감을 형성하죠. 아동이 자기 자신에 대해 그리고 부모님과의 관계에 대해 더 좋게 생각한다면 그런 행동들을 할 필요가 없을 거예요."

● "왜 아이가 하고 싶은 놀이를 스스로 선택하게 하지 않나요?" "왜 아이의 질문에 대답하지 않나요? 아이가 말하는 것을 무시하는 건 무례하지 않나요?" 상호작용을 조직할 능력이 있고, 아이를 진정하도록 도울 수 있고, 아이를 안전하게 지켜줄 수 있는 누군가가 곁에 있다는 것을 아동이 느끼는 것이 왜 중요한지에 대해 설명할 수 있다. 아동의 적절한 질문에는 항상 대답한다. 하지만 아동이 계속 질문을 한다면 이는 불안감의 신호이고, 이때는 질문에 반응하기보다 그 불안감에 반응해 주어야 한다. 치료놀이에서는 아동이 상황을 주도해야 하는 부담감 없이 긴장을 풀고 상호작용을 즐길 수 있게 되길 원한다.

● 치료놀이 치료사를 지켜보는 어떤 부모들은 다음과 같이 말할 것이다. "난 저렇게 못하겠어요. 어떻게 놀아야 하는지 모르겠어요." 치료사는 놀이에 대한 부모의 감정을 탐색하고 부모가 아주 중요한 무언가를 놓쳤다는 데 슬픔을 표현해야 한다. 치료사는 자신이 부모의 노력을 안내하기 위해 부모 바로 곁에 있을 것이라고 부모를 안심시킬 수 있다. 부모가 직접 치료놀이를 경험할 기회를 주는 것도 매우 유용하다.

● 때때로 부모는 아동의 거부 때문에 위축되거나 혹은 화가 나고 상처를 받아 이렇게 말할 수 있다. "전 저 방에 들어가 기분 좋은 척을 할 수가 없어요." 치료사는 다음과 같이 대답할 수 있다. "그 사실을 제게 말씀해 줘서 기뻐요. 부모님이 옳아요. 부모님의 기분이 좋지 않은데 기분 좋은 척을 하는 것은 좋지 않아요. 오늘은 그냥 지켜보기만 하세요. 그리고 이후에 저와 만나 일이 어떻게 진행되고 있으며, 상황을 더 호전시키기 위해 무엇을 할 수 있을지에 대해 이야기하도록 해요."

회기에서 연습해 보도록 안내하기

4~5회기를 관찰한 후, 부모는 치료놀이실에 들어와 치료사의 안내 아래 즐거움을 함께한다. 이 단계를 위해서는 신중하게 준비를 해야 한다.

회기에 참여할 준비하기 부모가 회기에 들어오면 아동은 다소 저항을 할 수도 있고, 이전의 패턴을 다시 보일 수도 있다는 것을 부모에게 알려 주어야 한다. 미처 준비하지 못했다면 그들은 자신이 뭔가 잘못했다고 생각하거나 아동이 자신을 좋아하지 않는다는 두려움에 빠지게 될 것이다. 아동이 보일 수 있는 반응들이 일반적이라는 것을 부모가 안다면 아동의 반응을 더 잘 이해하고 수용할 수 있다.

어느 회기든지 회기 중에 부모가 들어오는 것을 아동이 받아들일 수 있도록 돕기 위해 부모의 출입을 놀이로 전환할 수 있는 활동들을 계획해야 한다. 예를 들어, 4장에서 제시한 애덤의 사례와 같이 치료사와 아동이 베개나 담요 아래에 숨은 뒤 부모를 불러 숨어 있는 자신들을 찾도록 할 수 있다. 숨어서 기다리는 동안 아동의 흥분을 억제할 수 있도록 치료사는 꼭 아동과 함께 숨어야 한다. 담요 아래에서 꼭 껴안은 상태로 치료사와 아동은 부모에게 "이리 와서 우리를 찾아보세요."라고 말할 수 있다.

이 활동을 위한 준비를 할 때, 치료사는 부모들이 찾으려고 하는 멋진 소녀에 대해 이야기하도록 하고, 아이를 찾았을 때에는 기쁘게 반응하도록 부모를 안내한다. 만일 아동이 어리고 들떠 있다면 부모들에게 "찾는 데 시간을 너무 오래 끌지 마세요. 아이는 정말로 기다리지는 못한답니다."라고 말해 준다. 일단 아동을 찾으면, 적어도 한 부모와 아동이 강하게 연결되게 하여 이러한 깜짝 인사로 흥분된 아동을 억제시킬 수 있도록 해야 한다. 부모는 아동이 다음 활동을 위해 진정될 때까지 아동을 안아 주고 아동의 손을 잡아 줄 수 있다. 준비가 잘된다면 아동과 부모의 재회는 순조롭게 진행될 수 있고, 다음 활동들로 쉽게 넘어갈 수 있다.

치료사는 부모에게 회기에 참여하는 방법을 준비시키는 것 외에 계획된 활동들을 다루는 방법에 대해서도 안내해야 한다. 이런 유형의 준비는 부모와 함께 별개로 계획된 회기에서 이루어질 수 있고, 부모들이 자신의 역할에 대해 명확히 알 수 있도록 하기 위해 역할극을 포함할 수 있다. 예를 들어, 치료사는 다음과 같이 말할 수 있다. "'엄마, 해도 돼요?' 놀이를 할 때, 어머니가 주도를 하고, 어머니가 시킨 대로 멜리사가 동작할 수 있도록 도와주셔야 해요. 아버지와 전 멜리사와 같은 팀에 들어갈 거예요. 가끔 제가 동작을 틀리는 척할 테니, 어머니가 저에게도 동작을 바로 할 수 있도록 하시면 돼요. 사람은 실수를 할 수도 있고, 이것이 인생의 끝이 아니라는 것을 멜리사가 알게 되길 바라요."

행동 안내하기 일단 부모가 치료실에 들어오면, 치료놀이 치료사가 주도하여 각각의 계획된 활동 안에서의 부모 역할에 대해 명확한 지시를 한다. "어머니, 여기 앉으세요. 아버지는 후안의 다른 쪽 옆에 앉으세요. 우리는 후안이 몸에 힘을 빼고 느슨해지도록 도와줄 거예요. 어머니, 후안의 팔을 들고 조금 흔들어 긴장이 풀렸는지 보세요. 좋아요. 아버지, 다른 쪽 손은 어때요? 이제 후안은 부드러워지고 흐물흐물해졌네요. 아버지, 후안에게 신체 부위 중 하나만 흔들어 보라고 말해 주세요, 아마 배가 좋을 것 같네요."

부모가 새로운 접근법을 시도할 때 그들을 지도해 줄 자신 있고 지지적인 치료사의 존재는 부모에게 도움이 된다.

때때로 부모는 너무 거칠게 아동과 놀아 준다. 치료사는 "그건 좀 셌어요. 부드럽게 다시 해볼까요. 우리는 여기서 아무도 다치지 않길 바라요."라고 말할 수 있다. 만일 부모가 계속 거칠게 아동을 대한다면, 치료사는 별도의 회기에서 부모를 만나 그의 거친 접근법의 원인이 되는 문제에 대해 논의해 보고, 안전하고 부드러운 방법으로 할 수 있도록 활동을 연습해야 한다.

회기 중에 아동에 대해 부정적으로 이야기하거나 나쁘다고 생각되는 행동에 대해 아동을 혼내는 부모에게는 치료놀이 접근법을 더 잘 이해할 수 있도록 치료사가 도움을 주어야 한다. 치료사는 다음 회기를 하기 전에 부모를 만나 치료사가 회기를 주도하도록 놔두는 것이 가장 효과적이라는 것을 상기시켜야 한다. 치료사는 부모가 아동의 행동을 다루는 치료사의 방법에 대해 어떤 감정을 가지고 있는지 탐색해야 한다. 또한 부모가 치료놀이의 기본 철학을 이해하고 수용하고 있다는 것을 확인해야 한다. 부모는 회기 안에서 일어나는 일이 불편하게 느껴질 때 치료사에게 신호를 보낼 수 있으며, 부모가 잊어버리고 아동에게 도움이 되지 않을 거라 생각되는 무언가를 한다면 치료사가 부모에게 신호를 보낼 수 있다고 합의했던 내용을 상기시켜야 한다.

부모의 욕구에 초점 맞추기 치료사가 부모를 치료실에 들어오도록 할 때쯤이면, 치료사는 부모가 가장 다루기 어려워하는 상호작용의 차원이 무엇인지에 대해 잘 알고 있을 것이다. 부모의 특정한 해결되지 않은 문제들에 따라(이제 치료사는 그것들에 대해 알고 있으니) 치료사는 부모에게 필요한 기술을 연습할 기회와 상호작용을 더 편하게 느낄 수 있는 기회를 제공할 수 있도록 회기를 계획해야 한다.

- 구조: 만약 어머니가 아동에게 자신의 권위를 주장하지 못한다면 어머니가 상호작용을 이끄는 연습을 해볼 수 있는 활동을 계획해야 한다. 예를 들어, 14세 입양아동의 어머니는 따라 하기 활동에서 딸을 주도하는 역할을 맡는다. 이 상황에서는 어머니가 동작을 이끌어야 하고 말을 거의 사용하지 않고 딸에게 명확하게 지시해야 한다. 딸은 어머니가 만드는 모든 순간을 따라 한다. 놀이를 더 흥미롭게 만들기 위해 딸은 쌓아 놓은 베개 위에서 균형을 잡으며 어머니의 동작에 집중해야 했다. 어머니는 아이와 함께 주의를 기울이며 집중해서 자신과 딸을 보다 가깝게 만드는 즐거운

순간을 주도해 보는 경험을 했다.

- 개입: 앞에서 본 것과 같이, 샘의 아버지는 상호작용을 조직하는 데 주도권을 거의 갖지 않았고, 많은 질문을 통해 아들을 개입시켰다. 샘은 아버지와 서로 엎치락뒤치락하는 놀이를 시작하는 것에 행복한 듯 보였지만, 이로부터 생긴 상호작용의 결과는 혼란스럽고 초점이 없는 것이었다. 치료놀이 회기에서 마거릿은 보다 주고받는, 차분한 상호작용이 가능한 놀이에 샘을 개입시키기 위해 보다 직접적인 시도를 해 보도록 아버지를 도왔다. 그녀는 아버지에게 손탑 쌓기 놀이를 시작하는 방법을 보여 주었고, 놀이를 더 재미있게 만들고, 조절의 경험을 제공하기 위해 더 천천히 혹은 더 빠르게 진행하도록 지도했다. 샘이 너무 흥분하기 시작했을 때, 그녀는 샘의 양손을 부드럽게 잡고 손을 움직여야 할 순간에 아이의 손가락에 신호를 보내 줌으로써 샘이 느긋해지도록 도울 수 있는 방법을 아버지에게 보여 주었다.

- 양육: 편안함과 보호를 원하는 아들의 욕구에 어머니가 반응해 주지 못해 왔다면 어머니에게 아들의 팔과 다리에서 찾은 모든 작은 상처들을 보살피도록 할 수 있다. 치료사는 또한 사고를 막기 위한 주의사항을 알려 주어, 아동을 안전하게 지키는 것에 대해 부모가 더 잘 인식하도록 도울 수 있다. 예를 들어, "어머니, 그때 아이가 너무 빨리 뛰었어요. 그렇게 되면 아이가 부딪힐 수 있답니다. 이번엔 정말 안전하게, 아이가 조심해서 다시 해볼 수 있도록 도와주세요." 와 같이 말할 수 있다.

- 도전: 아버지가 아들의 수동적 저항에 대해 걱정한다면, 치료사는 아빠와 아들이 한쪽에 같이 서고 치료사가 다른 한쪽에 서서 줄다리기를 해보도록 할 수 있다. 아빠와 아들은 서로 힘을 합쳐 치료사를 그들 쪽으로 끌어당겨야 한다.

과제 내주기[7]

아동이 자신에 대해 더 좋게 느끼게 하고 보다 관계를 다질 수 있게 할 만큼 회기의 영향력이 강력하기 때문에, 부모가 집에서도 동일한 접근을 실행해 보도록 하는 것이 필수적이다. 맨 처음 회기에서 그날 밤 아들과 함께 몇 가지 양육적인 활동을 해보겠다고 말하는 아빠는 분명히 준비가 된 것이다. 어떤 부모들에게는 그들이 자신감을 더 가지거나 아동이 반응할 준비가 더 잘 될 때까지 시간이 조금 더 필요할 수도 있다. 하지만 모든 부모는 경우에 따라 배운 것을 스스로 연습해 볼 필요가 있다. 부모가 아동과 보다 공감적이고 구조화된 새로운 방법으로 상호작용하는 것에 익숙해졌다고 생각된다면, 치료사는 가정에서 성공적으로 해볼 수 있는 몇 가지 활동을 시도해 보도록 권할 수 있다. 과제에 대한 치료사의 제안은 가족의 생활양식과 일정을 고려해야 한다.

어떤 부모들에게는 과제가 아침식사를 먹게 하기 위해 늦잠을 자지 말고 일어나도록 하는 것과 같이 기본적인 것이 될 수도 있다. 특정한 놀이나 활동을 제안하기 전에 이런 종류의 구조를 준비하는 것이 필요하다. 부모의 주도에 아동이 반응할지 확실하지 않다면 아동의 적극적인 반응이 필요 없는 활동들을 제안해야 한다. 이런 활동들은 아버지가 동화를 읽어 주는 동안 아동을 무릎에 앉히는 것이나 아동을 목욕시키고 편안한 커다란 수건으로 싸 부드럽게 마사지해 주는 것과 같은 전형적인 양육활동일 수 있다.

어떤 부모들은 정기적으로 계획된 치료놀이 상담이 최선이라는 걸 알게 된다. 또 어떤 부모들은 정기적인 시간으로 계획하는 것보다 그들의 모든 일상 안에 치료놀이 활동과 태도를 포함시키는 것을 보다 쉽게 느낀다. 아침에 잠에서 깨우는 시간은 5분간의 멋진 체크업 회기로 전환될 수 있다(아동을 침대 속에 있는, 부드럽게 문질러 줘야 하는 혹인 것처럼 대해 주는 것, 졸려 하는 손가락과 발가락들을 애정 어린 뽀뽀로 깨워 주는 것). 10분 동안 조용히 먹여 주고 흔들어 주고 노래 불러 줌으로써 일상의 취침시간은 더 좋아질 수 있다.

많은 부모들이 아동의 일상을 돌보는 데 걸리는 시간에 압도당해, 과연 아동과 놀기 위해 매일 15분을 더 쓸 수 있을지 의문을 갖는다. 치료사는 부모에게 장난감을 치우거나 침대를 정리하는 것을 놀이로 만들어 이 단순한 일상생활을 귀찮은 일이 아닌 공유된 즐거운 경험으로 전환하도록 제안할 수 있다. “부모님께서는 시간을 얼마나 아낄 수 있는지 놀라실 거예요.”

집에서 할 과제를 내줄 때, 부모가 신중히 계획을 세워 이를 잘 경험해 볼 수 있도록 돕는 것이 중요하다. 치료사는 “이런 활동을 계획하기에 가장 알맞은 시간이 언제인가요? 다른 자녀가 학교에 가거나 낮잠을 자거나 다른 일로 바쁠 때로 활동을 조정할 수 있나요? 어디에서 하실 건가요? 어떤 활동들을 먼저 하고 싶으신가요?” 와 같이 물어볼 수 있다. 다음에 회기를 할 때는 과제를 얼마나 했는지 물어봐야 한다. 만일 문제가 있었다면 부모가 접근법을 수정할 수 있도록 하여 다음에는 더 잘 해볼 수 있도록 돕는다. 만일 부모가 치료놀이 활동을 집에서 하지 않은 채 매주 온다면 무엇 때문에 활동을 어렵게 느끼는지 알아볼 필요가 있다.

아동이 집에서는 치료놀이 치료사와 있을 때처럼 반응적이지 않을 수도 있다는 사실을 부모에게 알려 주어야 한다. 활동들이 과도한 저항이나 통제가 불가능해질 만한 흥분 없이 진행되도록 하기 위해, 치료사는 선택된 활동들을 회기 중에 연습해 봄으로써 아동이 편안하게 느끼도록 하고, 부모가 활동들을 잘 다룰 수 있도록 해야 한다.

다음은 좋은 과제가 될 수 있는 활동의 목록이다(활동에 대한 설명은 부록 B 참조).

- 소리 나는 얼굴
- 특별한 악수하기
- '반짝반짝 작은 별' 노래 부르기
- 손가락, 발가락 수 세기
- 요람 태우기(이 활동은 부모가 모두 필요함)
- 미끌미끌 당기기 놀이
- 아동의 등에 기상예보 안마해 주기
- 솜공 하키
- 담요 안에 아이가 숨고 숨바꼭질 놀이 하기
- 과일 맛 젤리로 신체치수 재고 아동에게 먹이기

활동보다 더 중요한 것은 적극적인 개입에 대한 부모의 태도다. 즉, 기분 알아차리기, 욕구에 반응하기, 수용적이고 긍정적이 되기, 즐겁게 놀기 등이다. 외상과 상실을 경험한 아동의 부모는 가정에서 안정되고 조절되면서도 즐거운 분위기를 만들기 위해 특별한 도움이 필요할 것이다. 부모는 아동의 흥분이 고조되고 있다는 신호와 스트레스의 징후가 되는 행동을 알아차리는 법을 배워야 한다. 그들은 아동이 흥분하기 시작할 때 받아들일 수 있는 진정시키는 의례적 활동을 제시할 준비가 되어 있어야 한다. 과제의 경험을 성공적으로 만들기 위한 준비의 한 부분으로서, 치료사는 가족이 아동을 달래고 진정시킬 수 있는 의례적인 활동의 목록을 만들도록 도울 수 있다(Gray, 2002, p. 261 참조). 목록을 만들고 나면 회기 안에서 아동과 함께 활동들을 연습해 볼 수 있다.

부모 역할 해보기

부모가 회기에서 보다 적극적인 역할을 할 수 있도록 준비시키기 위해 치료사는 동료 치료사와 함께 부모를 (아동 없이) 만나 다음 회기에서 하게 될 활동을 계획하고 역할극을 해봐야 한다. 역할극 중에 한 부모는 아동의 예상된 반응을 연기해 볼 수 있고, 다른 한 부모는 주도하는 연습을 해볼 수 있다. 한 부모만 참여하게 된다면 치료사가 아이 역할을 할 수 있다. 예를 들어, 부모는 쉽게 흥분하는 아동을 위해 어떻게 천천히 차분하게 움직여야 하는지, 혹은 변화를 두려워하는 아동을 위해 어떻게 한 활동에서 다른 활동으로 확신 있게 옮겨 가야 하는지를 배워야 한다. 모든 부모가 다 미리 연습해야 하는 것은 아니지만, 이는 적극적으로 권장되는 확실한 방법이다. 스스로 좋은 양육을 받아본 경험이 없는 부모들에게는 특히 도움이 된다. 치료가 막바지에 다다를수록, 이러한 역할극은 아동과의 회기를 부모가 완전히 주도하도록 조정될 수 있다.

부모 역할 연습하기

다음은 3세 딸의 양육권을 되찾은 지 얼마되지 않은 싱글맘 카멘과 함께한 역할극 회기를 제시한 것이다. 가정폭력 때문에 양육권을 빼앗긴 후 1년 반 동안, 그녀의 작은 딸 셀리나는 몇 군데의 위탁가정에 맡겨졌으며, 엄마에게 정착해 함께 사는 것에 어려움이 있었다. 아동보호서비스(CPS)는 둘 사이의 관계를 촉진하고, 카멘이 셀리나의 욕구를 이해하고 그에 적절히 반응하도록 도울 수 있는 8회의 치료놀이 회기를 권장했다.

MIM을 통해 카멘이 딸에게 두드러지게 신경을 쓰고 있으며, 카멘의 이러한 마음이 아동을 가르치는 것으로 나타나고 있다는 것이 드러났다. 예를 들어, 유대감을 갖기 위해 먹이기 과제('서로에게 먹여 주기')를 수행하는 대신, 그녀는 셀리나에게 사탕 조각의 색깔을 말하고 그것을 세도록 했다. 가르치는 것이 왜 그녀에게 그렇게 중요한지 묻자 그녀는 "셀리나가 이 세상을 살아가려면 많은 것을 알아야 해요. 아이는 이미 많은 위탁가정에 있어야만 했거든요."라고 대답했다. 모든 관찰을 통해 카멘과 셀리나가 상호작용의 초점을 더 조율되고 양육적인 활동으로 바꿀 수 있는 기회를 가져보는 것이 좋을 것이라 여겨졌다.

처음에 카멘은 딸과 사이좋게 지내기 위해 도움이 더 필요하다는 제안을 약간 꺼렸다. "전 어떻게 아이를 돌봐야 하는지 알아요. 아이가 아기였을 때 전 항상 아이를 돌봤어요. 전 제 동생들을 모두 키웠어요. 전 이걸 할 필요가 없어요." 하지만 치료놀이 치료사가 셀리나를 잘 돌봐 주며 즐거운 시간을 보내는 것을 보면서 그녀는 동요하기 시작했다. "전 저걸 할 수 있을 것 같아요. 제 어머니는 저와 저렇게 놀아 준 적이 없어요. 하지만 셀리나가 정말 좋아하는 게 보이네요." 그 후 카멘은 회기에 참여했고, 새로운 접근법을 매우 빨리 배웠다.

카멘이 마지막 회기를 주도해 보도록 준비하면서, 우리는 계획하기와 역할극 회기를 일정에 넣었다. 그녀는 몇 회기 동안 치료놀이 치료사의 안내 아래 아동과 상호작용을 했지만, 회기를 주도하고, 한 활동에서 다른 활동으로 매끄럽게 이어갈 수 있도록 하는 연습이 필요했다. 카멘은 역할극 회기를 위해 이전에 셀리나와 함께 즐겼던 활동들인 신문지 펀치, 로션 손도장 찍기, 노젓기, 먹여 주기, '반짝반짝 작은 별' 노래 불러 주기를 선택했다.

카멘이 부모 역할을 하는 동안 해석치료사는 셀리나의 역할을 했다. 카멘은 자신이 무엇을 하고 싶어 하는지에 대해 잘 알고 있었지만, 아동에게 계속 집중하고 주도권을 잃지 않도록 재빨리 움직이기 위해서는 도움이 필요했다. 신문지 펀치를 하기 전 아이의 강한 근육을 어떻게 확인하는지 연습하던 중 카멘은 방의 다른 쪽을 보고 있었다. 해석치료사는 "이걸 할 때 딸을 바라봐 주시겠어요? 엄마의 눈은 정말 애정이 있고 따뜻해요. 셀리나를 직접 바라봐 준다면 엄마가 자신을 얼마나 사랑하고 있는지 아이가 알 수 있을 거예요."라고 말했다. 카멘이 다음 활동을 소개하는 데 느리게 움직이자, 셀리나 역할을 맡은 해석치료사는 재빠르게 도망쳤다. 카멘이 말했다. "아, 제가 빠르게 움직이지 않는다면 셀리나를 놓치겠군요." 이렇듯 연습 회기는 카멘의 접근법에서 어색한 부분들이 매끄럽게 되도록 하고, 딸을 마주했을 때 반응적이고 주도적이 되도록 준비하는 것으로 진행되었다.

부모가 회기를 주도하도록 하기

아동에게 치료놀이 접근법을 사용하는 데 부모가 편안하게 느끼도록 돕는 마지막 단계는 부모가 회기를 책임지도록 하는 것이다. 이는 부모가 이전 회기에 참여하며 가졌던 모든 경험들을 완성시킨다. 회기가 끝나면 치료사는 부모에게 녹화테이프를 보여 주며 그들이 자신의 성과를 평가해 보도록 할 수 있다. 그들은 종종 자신의 모습을 매우 만족해한다.

역할극으로 연습을 한 후, 카멘은 치료놀이 치료사와 해석치료사가 격려해 주기 위해 한쪽에 앉아 있는 동안 셀리나와의 마지막 회기를 주도했다. 8회기가 끝날 무렵, 카멘은 아이를 양육할 준비가 훨씬 더 잘 되어 있었지만 아직은 많은 도움이 필요했다. 우리는 그녀의 아동보호서비스기관 직원이 가족을 계속해서 신중히 살펴보고, 카멘이 일하는 동안 매우 훌륭한 현 위탁모가 아이를 돌봐 주며, 카멘과 아이가 처음 세 달 동안은 한 달에 한 번, 그다음엔 1년 동안 세 달에 한 번 추후 점검을 위해 방문할 것을 권장했다.

부모의 결핍된 욕구 충족시키기

앞서 매우 명백히 설명했듯이, 부모의 욕구를 충족시켜 주고 그들로 하여금 지지와 이해를 잘 받고 있다고 느끼게 하는 것은 치료놀이 치료의 필수적인 부분이다. 치료놀이 치료사가 아동이 자기 자신에 대해 좋게 생각하도록 만들기 위해 아동을 높이 평가하고 아동에게 공감적으로 반응해 주는 것과 같이, 해석치료사도 부모에게 이와 같이 반응해 준다.

지지해 주기

모든 부모는 아동을 키우며 직면하게 되는 문제에 대해 지지, 이해 그리고 공감이 필요하다. 하지만 애착 문제를 가지고 있거나 선천적인 자폐증과 같은 발달 문제를 가지고 있는 아동들은 부모의 노력에 비해 많은 진전을 보이지 않는다. 따라서 이러한 아동들의 부모에게는 강하고 보다 지속적인 지지가 필요하다. 부모가 아동의 욕구에 주의를 기울이기 전에 부모 자신들이 지지받고 있다는 느낌을 받아야 하고, 누군가가 자신들의 충족되지 않은 초기 욕구들을 알아차리고 반응해 주고 있다는 사실을 알게 되어야 하며, 그들 자신이 스스로에 대해 좋게 생각해야 한다. 많은 부모는 긍정적이고 공감적인 방법으로 양육을 받은 적이 없다. 그러므로 그들의 욕구는 필수적으로 충족되어야 한다. 공감과 수용이 장기적으로는 부모들의 과중한 짐을 덜어 줄 수 있겠지만, 부모들은 종종 그보다 더 많은 것이 필요하다. 이러한 경우에 치료사는 부모들이 지역사회에서 적절한 지지자를 찾을 수 있도록 도와야 한다. 예를 들어, 자폐아동의 부모는 부모 지지집단과 휴양시설에 대한 정보가 필요할 수 있다. 입양아동의 부모는 입양부모 단체를 통해 다른 사람들과 그들의 경험과 문제를 공유하고자 할 수 있다. 치료사는 지역사회에서 이용할 수 있는 자원이 무엇인지에 대해 알아야 하고 부모들에게 소개해 주어야 한다.

부모의 욕구 충족을 위한 집단 치료놀이

좋은 양육을 위해 부모의 욕구를 충족시킬 수 있는 또 다른 방법으로는 부모 치료놀이 집단을 들 수 있다. 12장에서는 집단 치료놀이에 대해 설명하고, 부모와 아동을 함께 참여시키는 예시들을 제시할 것이다.

부모를 위한 집단 치료놀이

집단 치료놀이는 양육기술을 향상시키고, 아동 발달에 대한 지식을 제공하며, 부모가 그들의 자녀와 상호작용하기 위해 활용할 수 있는 대안의 범위를 넓힐 수 있도록 구성되어 공공임대주택 거주자에게 제공된 프로그램의 일환으로서 제공되었다(Leslie & Mignon, 1995). 여기에는 총 12회기를 하는 것이 계획되었다. 10회기는 '엄마들만을' 위한 것이었고, 나머지 2회기는 각 엄마가 한두 명의 아동과 함께 참여하기로 결정했다. 촉진자 역할을 하는 세 명의 치료사가 회기를 이끌었다. 목표는 스스로를 성장시키는 건강한 행동을 수용하고 연습이 필요한 참여자의 능력을 향상시키고, 좋은 양육은 어떤 느낌이 드는지에 대한 보다 나은 이해를 돕는 것이었다. 각 회기는 체크업으로 시작되었고, 기쁨을 공유하면서 마쳤으며, 그 사이에는 즐겁고 활동적인 놀이와 차분한 놀이들이 번갈아 이루어졌다.

발생할 수 있는 모든 저항을 줄이기 위해 첫 회기는 빠르고 즐겁게 계획되었다. 종이끼고 박수치기(도전 내용은 종이를 손바닥 사이에서 떨어뜨리지 않으면서 박수를 치는 것), 딸기주스, 손탑 쌓기, '미스 매리맥(노래에 맞춰 쎄쎄쎄하기)', 비눗방울 터뜨리기와 같은 놀이들은 도전적일 뿐만 아니라 엄마들이 한 번도 허용 가능하다고 느껴 본 적이 없는 우스꽝스러운 재미도 제공했다. 파트너에게 아이스캔디를 먹여 주거나 막대사탕을 다섯 번 빨게 해주는 것은 집단 구성원들이 재미있고 위협적이지 않은 방법으로 양육의 경험을 할 수 있도록 했다. 이 여성들은 서로와의 접촉을 불편해했기 때문에 이와 같은 것들이 놀이의 한 부분으로 진행되지 않았다면 하지 못했을 일이었다. 로션을 전달하며 발라 주고 옆 사람을 깃털로 만지고 어느 부위인지 맞추도록 하는 것은 무난했다. 원으로 빙 둘러앉아 서로 어깨를 안마해 주는 것은 더 어려웠다. 게다가 여성들은 명백히 보이는 즐거움과는 상관없이 집단활동을 매우 신속하게 끝내려는 경향이 있었고, 한 번 더 하자고 요청하지도 않았다. 집단 구성원들에게는 놀이가 어땠는지에 대해 표현할 기회가 주어졌다. 더 하고 싶은 놀이에는 엄지손가락을 올려 보이고, 별로 재미없는 놀이에는 엄지손가락을 내려 보이는 것이었다. 어린아이의 놀이 같은 치료놀이 안녕 노래는 완전히 거부되었고, 이는 참가자 중 한 명이 만든 랩으로 대체되었다.

사전 계획에서는 마지막 두 회기에 아동을 참여시키려 했으나, 아동을 참여시켜야 할지 결정해야 할 시간이 다가왔을 때 엄마들이 일제히 "아니요!"라고 대답했다. 이 경험은 아직 그들의 자녀와 공유할 준비가 되지 않은 그들의 중요한 욕구를 채워 주었다. 그들은 그들만을 위한 무언가가 필요했다.

부모의 개인적 문제와 부부간의 갈등 다루기

때때로 부모들은 그들 자신의 개인적 문제들이나 부부갈등을 해결하기 위해 도움이 필요한데, 여기에는 아동을 성공적으로 양육하도록 하는 것을 방해하는 양육방법에 대한 갈등도 포함된다. 이 갈등들이 사소한 것이라면 치료사는 개별적인 부모 회기에서 갈등의 해결을 도울 수 있을 것이다. 하지만 가끔 부모의 문제와 갈등이 너무 심각할 때에는 치료놀이 회기와 관련된 상태에서 해결하기보다 더 강도 높게 해결해야 할 필요가 있다. 이런 경우 치료사는 치료놀이 회기와는 별도로 부모를 개별 혹은 부부 상담 전문가에게 의뢰해야 한다. 이런 상담은 치료놀이 회기와 동시에 수행될 수 있다. 가끔은 부모가 다른 문제들을 모두 해결할 때까지 치료놀이 치료를 중단해야 하는 경우도 있다.

취약하고 위험도가 높은 부모 상담하기[8]

이 장에서 제안하는 접근법들은 어느 정도 수준의 정신건강, 협조성, 개방성을 가정하고 있지만 모든 부모가 이러한 모습을 지닌 것은 아니다. 아동을 치료에 의뢰했다 해도 어떤 부모들은 사실상 치료에 참여하기 위한 준비가 되어 있지 않은 경우도 있다. 이런 부모들은 아동과 함께 치료를 시작하기 전에 더 오랜 준비기간이 필요하다. 다음에서는 부모가 참여를 어려워하는 몇 가지 이유와 이런 어려움들이 표출되는 방법 그리고 치료를 위해 어려움에 대비하는 방법에 대해 논의한다.

부모의 어려움 이해하기

부모는 동기의 부족, 통찰력의 부족 혹은 그들 자신의 개인적 문제 때문에 치료놀이를 할 준비가 안 되어 있을 수 있다. 만일 아동의 교사나 학교사회복지사가 아동이 도움을 받아야 한다고 제안했다면, 부모는 이에 완전히 동의하지 않은 상태에서 마지못해 하는 것일 수도 있다. 아동을 안전하게 지키지 못했던 부모는 아동을 가정에서 안전하게 지킬 수 있도록 혹은 아동을 되돌려 받기 위한 준비를 하도록 아동보호서비스로부터의 치료 명령을 받았을 수 있다. 이런 부모들은 치료에 오는 것을 싫어하는 경향이 있다. 또 어떤 부모들은 아동에게 문제가 있다는 것은 인정하지만 자신이 아닌 치료사가 그것을 고쳐 줄 것이라고 기대할 수 있다. 치료사가 부모도 치료에 참여해야 한다고 제안하면, 아동의 문제가 자신들 탓이라고 생각해 불편해한다. 어떤 부모들은 이보다는 덜 방어적이더라도 아동이나 그들 자신의 문제에 대해 거의 통찰하지 못할 수 있다. 친자식을 성공적으로 길러낸 입양부모들은 초기 관계적 외상을 겪었던 입양아동의 문제행동 앞에서 왜 자신들의 개인적인 문제를 들추어내야 하는지 이해하는 데 어려움을 느낄 수 있다. 부모 자신들이 좋지 못한 양육을 받았다면 양육을 위해 필요한 안정감을 형성하기 이전에 먼저 해결해야 할 문제들이 많을 수도 있다. 마지막으로 부모의 성격장애는 부모의 조절을 어렵게 만들고, 스트레스로 인한 분노를 이끌어 내어 치료를 어렵게 만들 수 있다.

부모가 주저하는 이유 이해하기

잘 준비되어 있지 않거나 주저하는 부모를 돕기 위해, 치료사는 그들의 억지로 하는 것과 노골적인 저항 뒤에 무엇이 있는지 가능한 한 많이 알아내야 한다. 다음은 부모가 치료사의 제안을 거부하는 이유가 될 수 있는 문제들의 예다.

- 부모들은 치료기법을 나약함의 신호나 '미친 사람들' 만을 위한 것이라고 보는 문화 안에서 생활하고 있다.
- 부모들은 엄하고 무반응적인 환경에서 자라 놀이나 양육을 위한 정서적 에너지를 가지고 있지 않다. 즐겁고 반응적이며 양육적인 보살핌의 치료놀이 모델을 제시하면 부모들은 그것을 받아들이기 어려워한다. "전 제 아이와 함께 놀고 싶지 않아요. 아이는 현실세계에 나갈 준비를 해야 해요."
- 부모들은 자신들의 부모가 보여 주었던 엄한 양육에 동질감을 느껴 이를 옹호한다. 그들은 "이게 우리 부모님이 날 키우신 방법이었고, 전 잘 자랐어요." 혹은 "전 살아남기 위해 그 교훈을 배워야 했어요."라고 말한다.
- 부모들은 수용적이고 공감적인 방법으로 아동의 욕구에 반응해 준다는 생각을 불편해한다. 왜냐하면 그런 반응이 그들의 권위를 약화시킬 것이라 걱정하기 때문이다. 부모들은 그들이 '진지하다' 는 것을 아동이 알기를 바란다. "내가 우리 아이와 놀아준다면 아이는 절대 멈추지 않을 거예요."
- 공감을 경험해 본 적이 전혀 없기 때문에 부모들은 공감이 부족하고 아동의 욕구를 종종 인식하지 못한다. 부모들은 아동의 욕구를 계속해서 인식하지 못하거나 그들

자신의 바람과 욕구를 아동에게 투사하면서 자신들의 욕구를 충족하는 데에만 집중할 수 있다. 부모들은 이러한 상황의 결과로 생긴 아동의 억압된 감정의 행동화에 놀란다.

- 부모들은 방임과 외상을 경험한 과거가 있다. 부모들은 그들 자신을 보호하기 위해 상처받지 않기 위한 정서적 갑옷을 만들었다. 이는 종종 노여움이나 거친 행동으로 나타난다. 그들은 다른 사람을 신뢰하는 데 큰 어려움을 겪는다.

이러한 부모의 중대한 문제들은 다양한 방법으로 표출될 수 있다. 부모는 아동과 그의 정서적 반응을 두려워할지 모른다. 부모는 아동을 원망하거나 아동에게 화를 낼 수 있다. 혹은 부모가 아동을 질투하거나 아동과 경쟁할 수 있다. 아동에게 더 나은 삶을 주기 위해 노력하는 동시에, 그들은 아동이 감사할 줄 모른다고 생각할 수도 있다. "내 아이가 어떻게 이런 식으로 행동할 수 있죠? 아이가 저보다 많은 것을 가졌는데도 말예요."

치료놀이를 위해 취약한 부모 준비시키기

취약한 부모에게 치료가 성공적이려면, 치료사는 부모 내면에 자녀의 욕구에 반응할 준비가 되어 있지 않은 상처받은 아이가 있다는 것을 이해해야 한다. 치료사는 안정감을 느끼고, 받아들여진다고 느끼고, 이해받는다고 느끼고 싶어 하는 취약한 부모의 기본적인 욕구를 충족시켜 줄 방법을 찾아야 한다. 다음은 취약한 부모의 욕구 충족을 돕기 위한 지침들이다.

- 취약한 부모와 신뢰적 관계를 형성하는 것은 도전적인 일일지 모르지만, 이는 부모와 아동이 함께하는 상담을 위해서는 필수적이다. 가장 중요한 것은 부모들의 우려와 욕구를 공감적으로 이해해 주고 그에 반응해 주는 것이다.
- 치료사에 대한 부모들의 불신을 수용하고 인정해야 한다. "이곳에 올 필요가 없다고 느끼는 부모님의 생각을 이해해요. 부모님은 아이를 집에 데려오기 위해 온갖 노력을 했는데 다른 사람들은 아직 부모님에게 도움이 필요하다고 생각하니 정말 속상하실 거예요. 그러나 전 부모님이 아동을 위한 치료의 한 부분이 되어 주셨으면 해요. 왜냐하면 부모님은 아이의 삶에 가장 중요한 인물이고 아이를 가장 잘 아는 사람이기 때문이에요. 전 부모님의 도움이 필요하답니다."

- 문제에 대한 부모의 정의를 알아야 하고 이를 수용해야 한다. 치료사가 아동이 잘되기를 바라는 부모의 마음을 이해한다는 것을 부모에게 알려 주어야 한다.
- 서두르지 말고 천천히 부모들의 과거를 알아가야 한다. 그들의 양육행동과 신념을 탐색할 때에는 대립적이거나 판단적이어서는 안 된다.
- 점차적으로 부모의 외상적 경험에 대해 알아가야 한다. 그들이 삶에 대해 이야기하도록 만들어야 한다. "어릴 때의 삶은 어땠나요? 부모님이 기분 나빠 하면 어떤 일이 일어났나요? 당신의 부모님이 중요하게 여기시던 것 중에서 배우고 싶은 것은 무엇인가요? 부모님은 그것을 어떻게 당신에게 가르쳐 주셨나요?" 그리고 그들의 경험에 공감을 표현해야 한다.
- 부모들이 큰 소리로 화내는 것을 개인적으로 받아들이지 말아야 한다. 그들이 치료사를 밀어내려 하는 것처럼 보이겠지만, 그들은 자신의 연약한 자존감을 보호하는 것뿐이다.
- 다른 모든 방법이 소용없고 부모와 치료사의 서로 다른 두 관점을 조화시킬 수 없다면, 치료사는 문제에 대한 부모의 신념이 얼마나 확고한지 인식하고 있다는 것을 그들에게 알려 주어야 한다. "제 생각도 확고해요. 아마 우리가 이를 해결하기 어렵겠지만 할 수 있는지 우리 한번 해봐요. 아마 전 부모님에게서 무언가를 배울 수 있고, 부모님께서도 저에게서 무언가를 배우실 수 있을 거예요."
- 인생의 진지함을 강조하거나, 복종과 통제를 중요시 여기는 부모에게는 우선은 즐거움보다는 구조를 먼저 강조해야 한다. 가볍고 유머러스한 접근법은 서먹함을 깨기 위해 많은 가족들에게 매우 유용하게 적용되지만, 이러한 부모에게는 효과가 없을 것이다.
- 목표를 낮게 설정해야 한다. 작은 변화조차 아동에게 중요한 영향을 줄 수 있다.

언제 치료놀이 회기를 시작할지 결정하기

어느 시점에 이르면 부모와 아동을 치료놀이 회기에 함께 참여시킬 수 있는 준비가 될 것이다. 이의 실행 여부를 결정하는 것은 부모가 안정감을 유지할 수 있는지, 일관성을 유지할 수 있는지, 가정에서 치료놀이 접근법을 안전하게 사용할 수 있는지에 대한 치료사의 판단에 따른다.

재결합 준비하기　　방문 시 치료놀이를 적용하는 것은 부모와 아동의 재결합 요구 조건을 충족시키기 위한 부모의 노력에 확실하게 도움이 된다. 오랫동안의 부재 끝에 아동과 재결합하는 일을 부모 스스로에게 맡겨 두기보다는 치료놀이 활동들을 이용하여 부모의 방문을 안내할 수 있다. 이는 의미 있는 상호작용을 만들어 낼 수 있는 기회이며, 아동의 욕구에 대한 부모의 이해와 올바른 인식을 높일 수 있는 부가적인 가치를 가진다. 또한 회기에서 부모 자신들의 욕구도 충족시킬 수 있는 가능성도 있다. 10장에서는 재결합을 위해 노력하는 생물학적 어머니가 관리감독하에 아동을 방문할 때 활용되는 치료놀이의 예를 살펴볼 수 있다.

재결합 과정 중에 있는 가족이 치료놀이를 활용할지를 결정하는 중이라면, 치료사는 부모가 충분히 향상되지 않아 결국 양육권을 되찾지 못하게 되었을 때에 아동이 겪게 될 실망감의 위험을 반드시 고려해야 한다. 부모가 관리감독 없이 아동을 방문한다면, 치료사는 안전하고 적절한 방법으로 가정에서 치료놀이 활동을 사용할 수 있을 정도로 부모가 충분히 안정되었다는 것을 반드시 확인해야 한다. 그러므로 치료놀이 치료에 부모를 아동과 함께 참여시키기 전에 자신의 행동을 성찰하고 변화시킬 수 있는 부모의 잠재력을 제대로 평가하는 것이 중요하다. MIM은 이 사정의 중요한 부분이 될 수 있다.

가정폭력이 발생한 가족 상담하기[9]

가정의 폭력이나 신체적 학대로 아동이 격리된 가족을 상담하는 경우, 치료놀이를 활용하여 부모와 아동을 가까이 만들기 전에 매우 많은 준비가 필요하다. 이 과정에서 부모의 협조를 얻기 위해 치료사는 이 예비적인 작업을 하는 것은 그들이 안정감과 자신감을 더 느낄 수 있도록 돕기 위한 것이며, 놀이를 하거나 아동과 관계를 맺을 수 있는 안전한 환경을 보다 잘 조성하도록 돕기 위한 것이라는 점을 강조할 수 있다.

첫 번째 단계는 폭력의 범위 및 강도와 각 부모가 연습해야 할 대인관계 기술을 평가하는 것이다. 전형적으로 이러한 기술로는 화를 참거나, 스트레스를 다루거나, 갈등을 해결하는 기술들(의사소통, 문제해결 기술)을 들 수 있다. 치료놀이 치료의 전 과정에서 안전 수준을 유지하기 위해서 부모는 아동의 행동을 다루기 전에 먼저 자신의 감정을 다룰 수 있어야 하고 안정감을 유지할 수 있어야 한다. 만일 부부 사이에서 폭력이 일어났다면 학대받은 부모는 아동을 안심시키기 위해 충분히 강해져 더 이상 폭력을 용인하지 않으며 아동을 보호할 수 있어야 한다.

욕구를 사정한 후, 치료사는 부모들에게 필요한 기술을 익힐 수 있도록 도와야 한다. 상황에 따라 이 기술들은 집단 혹은 개별 세팅에서 익힐 수 있다. 부부 혹은 가족 회기는 이러한 상담에서는 효과적이지 않다.

또한 부모들에게는 기초 부모훈련이 필요하며, 특히 폭력의 영향과 아동학대에 관련된 문제 및 부모 자신이 폭력으로 어떤 영향을 받았는지를 중점적으로 다루어야 한다. 이를 위해 부모에게 어린 시절의 그들 자신을 포함하여 모든 아동이 가지고 있는 다음 세 가지 기본적인 욕구와 세 가지 기본적인 두려움에 대해 가르치는 것이 도움이 된다.

- 세 가지 기본적인 욕구
  - 안전감 느끼기
  - 수용되고 있다고 느끼기
  - 스스로 진정시키는 법 배우기
- 세 가지 기본적인 두려움
  - 버려지는 것
  - 제압당하거나 압도되는 것
  - 실패하는 것

만일 이 욕구들이 어린 시절에 충족되지 못했거나 치료에서 해결되지 못한다면, 이는 성인이 된 부모에게 계속적으로 영향을 미치고 아동에게 반응해 주는 그들의 능력을 지속적으로 방해할 것이다.

이 훈련은 부모가 그들 자신을 더 잘 이해하고 아동에게 공감할 수 있는 기반을 마련해 준다. 부모들은 충족되지 못한 어린 시절의 욕구와 두려움에 자신이 아직 영향을 받고 있으며, 그들 자신과 아동들이 더 좋게 느끼고 잘하도록 돕기 위해 할 수 있는 일들이 있다는 것을 이해하기 시작할 때, 치료놀이를 하고자 하는 더 많은 동기를 가질 수 있게 된다.

다음은 약물을 남용하는 취약한 젊은 어머니 때문에 거주치료센터에 있는 그녀의 아기와 함께한 치료놀이의 예시다.

약물남용 어머니와 4개월 된 아기의 치료놀이[10]

임신 말기부터 약물을 남용했던 32세 엄마 엠마와 아이 헬렌은 거주보호시설에서 살고 있었다. 이 시설에는 다섯 가족이 있었고, 이들 모두 아동보호서비스를 통해 이곳에 배치되었다. 전형적으로 이곳에 있는 가족들은 자녀가 태어난 후 1년 동안 치료를 받는다. 치료의 초점은 아기를 돌볼 수 있도록 어머니들의 능력을 강화시키고(기본적 양육을 제공할 수 있게 되는 것), 아기와 상호작용하도록 하며(발달적이고 심리적인 욕구에 주의를 기울이는 것), 아기들이 가지고 있는 중독을 치료하는 것(약물중독을 치료하는 것)이다. 헬렌이 4개월 되었을 때 치료놀이 개입을 시작하였고, 헬렌과 엠마 사이의 전반적인 정서적 관계를 향상하는 것이 목표였다.

엠마는 이 시설에서 매우 전형적인 엄마다. 그녀는 수년간 오피오이드 약물을 사용해 왔다. 그녀는 전문대 교육을 받았으며 아르바이트를 해왔다. 그녀는 아버지의 폭력에 시달렸다. 헬렌은 그녀의 첫 아기였다. 임신 초기에 엠마는 도움을 청해 부프레노핀 대체 치료법을 시작했고, 이는 출산 후에도 계속되었다. 헬렌은 태어나면서부터 신생아금단증후군을 겪었고 모르핀 치료가 필요했다.

첫 한 달 동안, 거주시설의 보호자는 엠마와 헬렌의 관계가 매우 소극적이었다고 말했다. 엠마는 헬렌을 기본적으로 잘 양육하였으며, 헬렌은 귀엽고 명랑했지만 운동근육이 경직된 아기였다. 그러나 그들 사이에는 사회적 교류가 거의 없었다. 헬렌을 바라보는 엠마의 눈은 공허해 보였고 헬렌에게 미소를 지어 주거나 말을 하지 않았다. 그녀는 종종 헬렌을 바닥에 앉혀 놓고 책을 읽거나 다른 일을 했다. 헬렌을 들어 올려 보라고 하자, 그녀는 헬렌이 자신을 바라보지 않도록 하여 자신의 무릎 위에 앉혔다.

영아 MIM 관찰

엠마는 헬렌에게 조용한 목소리로 지시사항을 읽어 준다. 그녀는 헬렌을 자신 앞 베개에 눕히고는 쳐다보지 않았다. 상호작용은 공허했다. 엠마는 매우 슬퍼 보였고, 그녀의 목소리도 슬프게 들렸다. 헬렌이 태어났을 때의 이야기를 아이에게 해주도록 하자, 엠마의 표정이 잠시 굳어졌고 이내 아무 말도 하지 않았다. 대부분의 시간을 헬렌은 다소 굳어 있었으며 어머니가 다가오면 종종 고개를 돌렸다.

초기면접과 엠마 자신의 애착 경험에 대한 자기보고서를 기초로 하여 살펴보았을 때 엠마의 내면세계가 메말라 있다는 것을 알 수 있었다. 그녀에게는 표상이 거의 없었다. 그녀는 헬렌이나 헬렌과 관련된 자신에 대해 잘 묘사하지 못했다. 그녀는 헬렌을 귀여운 아기라고 생각한다고 말했지만, 갓 태어났을 때의 헬렌에 대한 개인적인 기억을 하나도 말하지 못했다.

치료놀이 치료의 목표는 헬렌에게 전적으로 결여되어 있는 유대감에 대한 기본적인 감각과 엄마와 즐거움을 공유하는 것, 그리고 엠마가 헬렌에게 더 마음을 열고 반응적이 되도록 돕는 것이었다.

1회기: '헬렌을 무릎 위에 앉히기'

엠마가 헬렌을 안고 있을 때, 치료놀이 치료사는 그녀의 어깨에 팔을 둘렀다. 그들은 함께 노래를 부르며 치료놀이실로 들어갔다. 치료사는 엠마가 커다란 쿠션 의자에 앉아 헬렌을 무릎 위에 앉힐 수 있도록 도와주었다. 헬렌은 치료사의 인사 노래에 큰 미소로 응답했다. 반면 엠마는 희미하게 미소를 지었다. 그녀는 헬렌을 무릎에 안전하고 편안하게 앉히지 못하는 것 같았다. 엠마의 손에 로션을 발라 주기 위해 치료사는 아기를 자신의 무릎 위에 앉혔다. 치료사가 아기를 엠마의 무릎에 다시 앉히려고 하자, 헬렌은 저항하며 등을 구부렸다. 이러한 반응 때문에 치료사는 헬렌을 자신의 무릎 위에 계속 앉혔지만, 이는 엄마가 뒤로 기대고 멀어지게 만들었다. 결국 헬렌은 어느 누구의 무릎에도 편안히 앉아 있지 못했다.

2~5회기: '헬렌이 개입하기 시작하다'

치료사는 엠마가 헬렌을 편안하게 안아 줄 수 있는 방법을 찾도록 도왔다. 조금씩 긴장을 풀기 시작하면서 엠마는 인사 노래를 따라 부르기 시작했고, 헬렌은 긴장을 풀고 엄마에게 기대기 시작했다. 치료사는 엠마와 헬렌을 함께 비치는 스카프로 가렸다가 스카프를 들어 그들을 다시 찾아내는 '까꿍 놀이' 를 했다. 이는 헬렌의 흥미를 끌었고, 헬렌은 처음으로 엄마의 눈을 열심히 바라보는 듯했다.

엄마와의 상담: '엄마는 멋진 미소를 가지고 있어요'

엠마는 아기나 자신의 경험을 돌이켜볼 수 있는 능력이 거의 없었기 때문에 매번 3회기가 끝날 때마다 따로 이야기를 나눌 수 있는 시간이 마련되었다. 처음에 엠마는 매우 긴장했다. 엠마가 치료놀이 회기 안에서 아기와 함께 있는 자신의 모습이 녹화된 비디오테이프를 처음으로 살펴보는 중에 중요한 순간이 발생했다. 헬렌이 엄마 가까이에 있는 베개에 누워 옹알거리고 있었다. 엠마는 평소와 같이 아기를 확인하거나 살펴보며 그곳에 그대로 눕혀 놓았다. 치료사는 두 번째 회기의 이 장면에서 비디오를 멈춘 후 엠마에게 말했다. "보세요, 여기서 헬렌을 바라볼 때 엄마의 미소가 정말 멋져요. 헬렌이 당신의 따뜻함을 정말로 느끼고 즐기는 것 같아요!" 엠마는 매우 놀란 듯 물었다. "제가요? 정말요?" 그녀의 표정은 활기찼고 얼굴은 붉어졌다. 그리고 잠시 후 그녀는 헬렌이 자신의 얼굴을 더 잘 볼 수 있도록 헬렌의 자세를 자발적으로 바꾸어 주고는 아이에게 미소를 지었다.

5~8회기: '나 여기 있어요'

헬렌은 열심히 회기에 참여하였다. 아이는 치료사의 눈을 강렬하게 바라보았다. 치료사가 노래를 부르자 활기찬 소리로 반응했다. 치료사가 헬렌의 발가락과 손가락을 세고 스카프로 까꿍놀이를 하자 아이는 즐겁게 반응했다. 치료사가 헬렌의 팔을 즐겁게 위아래로 움직이도록 하고, 발을 앞으로 차 보도록 하며, 아이와 함께 '춤을 추자' 아이의 온 몸에 긴장이 풀렸다. 아이의 즐거움을 보면서 엠마는 옅은 미소를 지었고, 그 춤과 함께 그녀의 몸도 리듬 있게 움직였다. 엠마가 아이의 손에 로션을 발라 주어야 할 차례가 되자, 그녀는 긴장을 풀었고 그 활동을 즐기는 것처럼 보였다. 하지만 이 공유된 즐거움을 느끼면서도 헬렌은 아직 엄마를 마주 보고 앉을 때 엄마와의 눈 맞춤을 피했다.

9회기: '난 여기 있고 당신은 거기 있어요'

이 회기를 시작하면서 치료사는 자신과 아이 사이에서 발달된 긍정적인 상호작용을 어머니와 헬렌에게로 전달하기 시작했다. 평상시의 인사 노래를 부르고 헬렌의 팔과 다리에 로션을 발라 준 후, 치료사가 비눗방울을 불었고 헬렌은 이 활동을 즐겼다. 헬렌이 신이 나서 반응하도록 만든 몇 개의 비눗방울을 분 후, 치료사는 헬렌을 자신의 무릎에 앉히고 비눗방울을 엄마에게 주었다. 잠시 머뭇거리다 엠마는 천천히 비눗방울을 불기 시작했고, 헬렌은 약간 무표정이 되었다. 하지만 엠마는 사랑스러운 미소를 짓기 시작했고 단호하게 말했다. "이번 것은 우리 예쁜 헬렌의 작은 손을 위한 비눗방울이야!" 그녀는 한 무더기의 비눗방울을 불고는 웃었다. 헬렌은 엄마의 눈을 똑바로 쳐다보고는 이내 웃기 시작했다. 이 눈 맞춤과 공유된 즐거움의 순간은 오랫동안 지속되었다. 회기는 먹여주기로 마무리되었는데, 이때가 회기 중 가장 느긋한 시간이었다.

종결 및 추후점검 회기

헬렌이 9개월이 되어 엠마와 헬렌이 거주시설을 떠날 때까지 치료놀이는 18회기가 진행되었고, 추가적으로 두 달에 한 번 있는 추후점검 회기가 실행되었다. 치료놀이를 시작한 직후부터 편안하고 더 연결된 그들의 상호작용은 거주시설에서도 볼 수 있었다. 특히 9회기를 마친 후부터 이는 더 뚜렷이 나타났다. 이제 엠마와 헬렌은 미래를 더 낙관적으로 볼 수 있게 되었다. 그들은 치료놀이 치료사와 거주시설 직원과 정기적으로 만나 통원치료를 받았다. 엠마는 아직 대체 치료법을 받고 있지만 프로그램을 거의 마쳐 가는 중이다. 추후점검 상담에서 엠마는 헬렌을 초기면접 때보다 더 생생하고 일관적이게 묘사했다.

결 론

고위험군의 아기와 어머니가 함께한 치료놀이의 결과는 긍정적이었다. 엠마와 헬렌은 24시간 거주가 가능한 치료환경에서 초기 9개월 동안 매일 여러 가지 전문적인 도움을 받으며 치료놀이를 했기 때문에, 치료놀이 자체가 가져온 변화가 어느 정도인지는 뚜렷하지 않다. 그럼에도 불구하고 거주시설 직원들 모두는 헬렌과 엠마 사이의 정서적인 상호작용이 치료놀이를 시작한 직후부터 얼마나 바뀌기 시작했는지 발견하고는 놀랐다. 우리는 이러한 변화가 왜 일어났는지에 대해 많은 고찰을 해보았다. 우선 치료놀이는 좋은 상호작용의 가장 기본적인 요소를 직접적으로 다룬다. 이는 엄마가 아이에게 무엇을 먹여 주고 어떻게 입혀 주는지에 대해 치료사가 지침을 주는 것뿐만 아니라 정서적인 유대감에 초점을 맞출 수 있도록 돕는 것을 포함한다. 이러한 초점을 맞추기 위해서는 비해석적이고, 즐겁고, 긍정적이며, 성장을 촉진하는 방법을 사용한다. 이 접근법은 지금까지 아기와 좀 더 활발하게 해보라는 지시사항을 소극적으로 피해 왔던 외상을 경험한 어머니에게 중요하다고 보인다. 이 문제는 부모상담에서 더 강조되었다. 아기의 감정이나 의도를 이해해 보도록 엠마에게 직접적으로 요구하는 것은 소용이 없었다. 치료놀이에서 공유된 긍정적인 순간들을 나누고 말로 표현함으로써 그녀가 자신에 대해 더 긍정적으로 생각할 수 있게 된 듯하다.

1. 현재 핀란드 치료사들은 협력관계를 강화하기 위해 치료놀이 치료의 첫 번째 단계로 부모 회기를 포함한다. 이 회기의 가치에 대한 훌륭한 논의와 이 회기의 자세한 설명에 대해 알고 싶다면 다음을 참고하라. Laakso, M. "Parent Session in Theraplay: A Way to Consolidate Therapeutic Alliance and Joint Focus." In E. Munns (ed.), *Applications of Family and Group Theraplay*. Maryland: Jason Aronson, 2009.
2. DDP에 포함된 팀워크를 위해 부모를 준비시키는 방법에 대한 매우 훌륭한 논의는 Hughes(2007)를 참고하라.
3. Hughes(2007, pp. 150–151)의 애착 발달을 위한 양육 태도를 참고하라. 이는 부모가 많은 문제들에서 자신과 아동에 대한 인식을 나타내는 체크리스트다. 이는 부모의 관점에 대한 좋은 정보의 원천이며, 부모에게 자신과 아동의 욕구를 이해하는 것이 중요하다는 것을 알릴 수 있는 방법이다. 부모가 자신에 대해 더 깊이 이해할 수 있도록 안내하는 데 유용한 Siegel과 Hartzell(2003, pp. 133–134)의 부모 자기점검을 위한 질문 목록(Question for Parental Self-Reflection)도 참고하라.
4. 이 점에 관한 전체적인 논의는 다음을 참고하라. Dozier, M. "Attachment-Based Treatment

for Vulnerable Children," *Attachment and Human Development*, 2003, 5(3), 253-257.

5. Beebe(2003, p. 45)는 부모가 아기와 상호작용하는 녹화테이프를 검토하며 민감하게 지지하는 부모의 필요성에 대해 충고한다. "비디오 방법의 성공은 엄마를 '유지' 시킬 수 있는 치료사의 민감한 능력에 의존한다. 이 능력은 엄마를 따르고 지지해 주며, 비디오를 제안할 순간과 비디오를 얼마나 봐야 하는지를 감지하고, 설교적인 입장보다는 협조적인 입장을 갖고, 비디오를 보며 부모의 이야기를 계속 듣고, 특히 수치심이나 비난받는 느낌과 같은 양육 스트레스의 신호에 민감하게 반응하고, 아기에 대한 부모의 경험이나 부모의 내면세계에 대한 이해를 깊이 하기 위해 이것들을 공감적으로 이용할 수 있는 것이다."
6. 어려운 행동을 다루는 부분은 Dafna Lender의 도움을 받았다.
7. 과제에 대한 부분은 Phyllis Rubin이 준비한 치료놀이 유인물을 기초로 하였다.
8. 취약한 부모와 상담하는 부분은 Phyllis Rubin이 준비한 치료놀이 유인물을 기초로 하였다.
9. 가정폭력을 겪은 가족과 함께 상담하는 부분은 Donna Gates의 개인적 교신에 따랐다.
10. 이 사례는 치료놀이의 효율성을 연구하기 위해 고안된 핀란드 치료놀이 프로그램의 일부다(Mäkelä, Salo, & Lassenius-Panula, 2006). 이 연구에는 사전-사후 측정을 위한 표준 프로토콜과 치료놀이 전체의 슈퍼비전을 위한 프로토콜이 있다. 다음과 같은 한 세트의 표준 평가서가 사용되었다. 영아 마샥 상호작용 평가(The Infant Marschak Interaction Method; MIM), 엄마로서 자신과 아기의 모성 표상에 초점을 둔 반구조화된 면접인 부모 발달면접(The Parent Development Interview: PDI; Slade, Belsky, Aber, & Phelps, 1999), 엄마의 우울증 측정방법인 에딘버그 산후우울증검사(The Edinburgh Postnatal Depression Scale: EPDS; Cox, Holden, & Sagovsky, 1987), 사회경제적 지위와 애착 질문지. 같은 세트의 측정방법이 치료 종결 후 3개월 뒤에 시행되었고, 1년 뒤 다시 한 번 시행될 것이다. 치료놀이 과정은 진행 중인 모든 치료놀이 과정들의 추후 점검과 슈퍼비전을 위해 한 달에 한 번 만나는 연구 슈퍼비전 집단에서 신중하게(4번) 지도감독되었다.

제3부

치료놀이의 특별한 적용

3부에서는 치료놀이가 특정 부류인 아동의 욕구를 만족시키기 위해 어떻게 적용될 수 있는지를 보여 줄 것이다. 7장, 8장은 선천적이거나 신경학적인 기초 위에 관계 문제를 갖게 된 아동에게 치료놀이가 어떻게 기여할 수 있는지를 보여 주고 있다. 7장에서는 치료놀이가 조절장애를 가진 아동에게 어떻게 적용될 수 있는지를 알려 준다. 8장에서는 치료놀이가 자폐증 아동과 어떻게 함께할 수 있는지를 설명한다.

이 두 장 모두에서 보여 주는 공통적인 이슈는 아동의 신경학적인 문제가 부모로 하여금 아동의 욕구를 충족시키기 어렵게 한다는 것이다. 자녀에게 개입하려 하거나 안정애착관계를 발달시키려는 부모의 노력을 방해할 요소가 있을 수 있다. 치료놀이가 기본적인 신경학적 문제를 변화시키지는 못한다 할지라도 아동이 자극을 참아내고 새로운 경험에 대처하도록 도울 수는 있다. 치료놀이는 또한 부모가 아동의 욕구를 이해하도록 도우며 반응에 적절히 조율할 수 있도록 돕는다. 이렇게 함으로써 건강한 상호작용을 해치는 일부 장벽은 극복될 수 있으며, 아동이 보다 심도 있는 학습과 건강한 경험을 하도록 열어 주어서 아동과 부모 모두가 따스하고 즐거우며 상호작용적인 관계를 발달시킬 수 있게 된다.

9장과 10장에서 고려하는 아동의 문제는 자신의 신체적 본성에 의해서가 아니라 꼭 필요한 양육환경의 실패에서 야기된 것들이 다루어질 것이다. 9장에서는 치료놀이가 복합외상으로 고통을 겪는 아동의 욕구를 충족시키기 위해 어떻게 적용되고 접근될 수 있는지를 보여 준다. 10장에서는 생물학적 부모로부터 분리되어 고아원이나 입양시설에서 자라게 된 아동을 치료놀이가 어떻게 도울 수 있는지를 소개한다. 치료놀이는 아동에게 결핍의 필연적 결과와 같은 다양한 외상과 원부모의 상실 이후에 어떻게 신뢰를 배우며 새로운 부모와 안정애착을 형성하도록 도울 수 있는지 그 방식들을 알려 주어야만 한다.

또한 걸음마기부터 학령기 아동까지 치료놀이 치료의 많은 예시들이 제시될 것이다. 11장에서는 치료놀이가 청소년에게 어떻게 적용될 수 있는지를 보여 준다. 마지막으로 12장에서는 치료놀이가 모든 연령의 집단에게 적용될 수 있는지에 관해 논의한다.

제7장
조절장애 아동을 위한 치료놀이

조절장애가 아동에게 어떻게 영향을 미치는지를 알아보기 위해서 먼저 두 명의 3세 아동을 살펴보기로 하자.

조시는 하루를 잘 지내는 밝고 활발한 소년이다. 그는 밤에 10시간을 자며 아침이면 기분 좋게 일어난다. 조시가 옷도 쉽게 잘 입고 아침밥도 스스로 잘 먹고 나면 아빠는 일하러 가는 길에 어린이집에 조시를 데려다 준다. 조시는 어린이집 프로그램에도 열정적으로 참여한다. 그는 우주비행사 그리기를 즐기며, 퍼즐도 함께 맞추고, 이야기도 잘 듣는다. 바깥놀이 동안에도 친구와 큰 공을 던지고 잡으며 놀기를 좋아하고 세발자전거도 열심히 탄다. 아빠가 데리러 오면 재미있었던 하루에 대해 아빠에게 이야기해 준다. 저녁식사 후에 아빠는 조시가 8시에 잠이 들기 전까지 이야기책을 들려주고 아들이 얼마나 잘 지내 왔는지도 이야기해 준다.

카티아 역시 말을 잘하는 밝은 아이다. 그런데 그녀는 지금도 안심하기 위해 밤에 때때로 깨어 울면서 엄마를 부른다. 그녀는 아침에 자주 짜증을 내면서 일어나고 엄마에게 옷 입는 것을 도와달라며 칭얼거리듯 요구한다. 그녀는 목이 올라와 있는 셔츠나 몸에 꼭 맞는 허리밴드가 있는 특정한 옷 입기를 소리 지르며 거부한다. 피부에 붙는 비옷과 같은 재질을 참지 못하고 입기를 거부한다. 엄마가 어린이집에 데려가려고 차 시트에 앉히면

Annie Kiermaier

카티아는 뒷자리에 앉아 앞자리를 발로 차며 소리를 지른다. 엄마가 일하러 가기 위해 어린이집에서 헤어지려 하면 엄마에게 울며 매달린다. 어린이집에 들어가면 일단 카티아는 대집단 활동에서도 이야기를 잘 듣고 가상놀이도 즐긴다. 그러나 교실이 조금만 시끄럽고 혼란스러워지면 쉽게 압도당해 손가락을 빨거나 옆에서 그것을 조심스럽게 바라보다가 위축된다. 음악이 시끄럽거나 하면 아이는 울음을 터뜨린다. 퍼즐 조각을 함께 맞출 때도 잘 안 되면 쉽게 좌절하고 그것을 바닥에 던져 버릴 때도 있다. 아이는 '서투르게' 색연필을 잡고 흘려 그리면서 때때로 얼굴을 그릴 때도 눈은 2개의 작은 원으로, 입은 줄 하나로 단순한 모양과 색을 쓴다. 바깥놀이를 할 때에도 다른 친구들과 함께 공을 던지거나 잡는 놀이를 하지 않는다. 카티아는 뛰는 것도 서투르고 세발자전거도 타려고 한 적이 없다. 어린이집에서 오는 동안 차에서 잠이 들고, 집에서는 자주 떼를 쓰느라 녹초가 된다. 저녁식사 후에 카티아가 이야기하는 동안 엄마에게 사랑스럽게 다가가 껴안기도 하지만 잘 때에는 혼자 남는 것이 싫다며 소리를 지르며 또다시 떼를 쓴다. 엄마는 아이 때문에 녹초가 되고 걱정도 많다. 엄마는 아이를 어린이집에 두고 하루 종일 자신이 일하는 것이 잘못인 것 같다고 스스로를 비난하기도 한다. 엄마는 아이와의 애착에 뭔가 문제가 있는지를 알고 싶어 하며 치료놀이가 도움이 될 수 있다는 말을 들었다고 했다.

둘 다 임신과 출산이 건강하고 정상적이었다 해도 조시와 카티아 사이에는 많은 차이가 있다. 갓난아기 때 조시는 모유 수유를 위해 3시간 정도 깨어 있었으며 자는 것도 일정하고 빠르게 잘 발달하는 아기였다. 돌보고 나서 엄마가 아이를 다시 이불에 눕히면 아기는 곧 잠들었다. 반면 카티아는 낮이나 밤이나 자주 깨고 손이 많이 가는 까다롭고 짜증 많은 갓난아기였다. 아기는 엄마가 자신을 흔들의자에 눕혀 부드럽게 흔들어 주거나 안을 때 가장 만족해했지만 엄마가 자신을 이불에 눕히려 하면 놀라서 울기 시작했다.

카티아는 조시보다 더 어렵게 인생을 시작한 듯하다. 두 아동 모두 안정되고 사랑이 가득한 집에서 신체적으로 건강하다고 본다면 어떻게 그 차이를 이해할 수 있을까? 그리고 더 중요한 것은 치료놀이가 어떻게 카티아와 엄마를 도울 수 있을 것인가?

두뇌, 애착, 조절 간 발달에서의 상호작용

카티아의 문제를 보는 다양한 시각들이 있다. 지난 10년 동안 두뇌가 어떻게 발달하는지를 이해하게 하는 괄목할 만한 두뇌 연구들을 보면 알 수 있다. 애착관계는 인생의 첫 일 년 동안 형성된다. 그리고 감각과 정서적 자극에 대한 반응을 조절하는 능력을 인간이 어떻게 발달시켜 왔는지도 이해할 수 있다. 여기에서는 카티아를 가장 잘 이해하기 위한, 그리고 어떻게 치료놀이가 이 아이를 도울 수 있는지에 관한 세 가지 관점을 살펴볼 것이다.

2장에서 살펴보았듯이, 과학과 약물은 인간의 생애 첫 일 년의 성장과 각성에 관해 많은 가르침을 주었다. 아동이 잉태되어 있는 25주부터 첫돌까지 특히 두뇌는 우반구에서 기하급수적으로 성장하고 발달한다. 이때 아기는 주 양육자와의 정서적 의사소통인 애착을 발달시키고, 애착은 아기의 자기조절 발달에 유의하게 영향을 미친다. 애착관계가 영아의 자기조절능력의 기초가 되는 것은 물론, 자기조절능력이 애착관계를 강화하는 것도 동시에 일어난다. 영아는 엄마가 외부에서 조절해 줌으로써 인생을 시작하게 되고, 아기는 엄마가 자신의 정서를 조율해 주는 능력과 경험을 조절해 주는 능력에 의존하게 된다(Siegel, 2001). 애착관계와 자기조절능력의 발달은 너무 밀접해서 Allan Schore(2000, 2001a, 2005)는 애착을 "양자 간의 정서적 조절"로 정의하기도 하였다. 아동은 성장·발달하면서 이러한 경험들을 내면화하면서 점점 정서와 감각적 자극에 대한 반응을 조절할 능력을 갖추게 된다. 다음은 그 주요 사항이다.

- 영아는 자신의 독특한 유전적, 심리학적, 신경학적 구성을 바탕으로 출생한다.
- 생애 첫 일 년 동안 영아의 두뇌는 특히 우반구에서 극적이며 기하급수적으로 성장하는데, 그곳은 자기를 안정시키고 조절하는 능력 및 감정적 표현을 관할하는 영역이다.
- 생애 첫 일 년 동안 영아의 가장 중요한 성취는 주 양육자와의 강한 애착관계를 발달시키고, 정서적이고 감각적인 자극을 스스로 잘 조절하는 능력을 발달시키는 데 있다.
- 자기조절능력이란 영아와 양육자 간의 애착관계로 형성된다.

어린 아동의 사회 · 정서적 발달

영아의 가장 초기 경험은 건강한 사회 · 정서적 발달의 기초가 되지만 그것은 시작에 불과하다. Stanley Greenspan은 초기 사회 · 정서적 발달을 이해하는 유용한 틀을 만들었다. DC:0-3R(Diagnotic Classification of Mental Health and Developmental Disorders of Infancy and Early Childhood, revised; Zero to Three, 2005)[1]에서는 정서적이고 사회적인 기능에 대한 아기의 능력을 소개하고 있다(〈표 7-1〉 참조). 여기에서는 출생부터 48개월까지 사회 · 정서적 성장의 발달 단계를 각 수준에서 묘사하고 있다.

가장 어린 아기는 자신의 경험을 형성하면서 한 수준에서 다음 수준으로 천천히 이동한다. 그러나 본래적인 것이든 불리한 경험 때문이든 간에 조절장애가 있는 아동은 발달하는 동안 쉽게 변화하지 않는다. 정서적 · 감각적 자극에 자신의 반응을 조절하느라 안간힘을 쓰기 때문에 지체되는 것인데, 그 점이 그들의 애착관계와 전반적 발달에 불리하게 영향을 미친다. 이러한 아동을 위한 치료는 주의와 조절을 공유하는 1~3개월 정도의 기술을 강화하는 것도 포함해서 이루어진다. 치료놀이의 밀접하고도 상호적인 개입과 호혜적인 상호작용은 생애 초기에 이루어지는 부모-자녀 관계의 역동을 재창조해서 아동이 부모와 함께하는 관계적 맥락에서 스스로를 조절할 수 있는 능력을 발달시키도록 도울 수 있다.

표 7-1 정서적 · 사회적 기능에 대한 능력

수준	정서적 · 사회적 기능 능력	발달 수준
1	주의와 조절	출생~3개월에 관찰되기 시작
2	관계 형성; 상호 개입	3~6개월에 관찰되기 시작
3	의도적인 쌍방향 의사소통	4~10개월에 관찰되기 시작
4	복잡한 몸짓과 문제해결	10~18개월에 관찰되기 시작
5	생각과 느낌을 표현하는 상징의 사용	18~30개월에 관찰되기 시작
6	상징을 논리적으로 연결; 추상적 사고	30~48개월에 관찰되기 시작

감각 자극을 조절하고 처리하기

감각 자극을 조절하고 처리하는 데의 어려움은 Jean Ayres(1971, 2005)가 처음으로 연구하고 소개하였다. 1960년대 및 1970년대에 그녀와 다른 작업치료사들은 다양한 '감각 통합장애'를 확인하였다. Ayers는 처음에는 접촉에 대한 과도한 반응, 특히 가볍거나 기대하지 못했던 접촉과 촉각, 청각 · 시각 · 전정기관과 고유 수용기를 포함한 다른 감각 체계에 과도하거나 과소하게 반응하기 시작하는 것을 '촉각 방어' 라고 정의하였다. 감각적 민감성과 정서적이고 행동적인 반응 간의 상호관계들은 Stanley Greenspan과 작업치료사인 Georgia DeGangi가 집중적으로 연구하였다(DeGangi, 2000; DeGangi et al,. 2000; Greenspan & Weider, 2006b). 그들은 아이들과 십대 그리고 성인들에게도 보이는 조절-감각처리의 연속적인 변수들을 소개하고 있다.

작업치료사들은 감각처리장애라는 개념에 주요한 관심을 둔 반면, 정신건강이나 발달 전문가들은 감각처리장애와 행동 그리고 조절장애를 기반으로 하는 어려움 간의 관계에 관심을 두었다. 감각처리라는 개념은 다른 용어로도 사용되고 있는데, 감각처리조절장애(DC:0-3R)나 조절-감각처리장애(ICDL-DMIC)가 그것이다. 어떻게 불리건 이것들은 중요한 요점을 이해하는 방식이 된다. 즉, 아이가 감각 자극을 처리하는 데 어려움을 겪을 때 발달은 벗어나게 되고 행동은 조절되기 어렵다는 것이다. 조절장애 치료와 연구의 대다수가 어린 아동(5세 이하)을 중심으로 이루어졌지만, 조금 더 큰 아동이나 심지어 십대나 성인도 감각 투입에 대한 반응을 조절하려 분투한다면 치료를 통해 도움을 받을 수 있을 것이다.

조절장애 이해하기

모든 아동은 폭넓은 스펙트럼에서 자신만의 독특한 조절-감각처리 패턴이 있다. 그러나 아이의 감각과 운동 반응이 정서적, 사회적, 언어적, 운동적 혹은 인지적 기술의 전형적 발달을 막거나 어려움을 겪게 할 때 조절장애일 가능성도 생각해 봐야 할 것이다. DC:0-3R에 명시된 것처럼, 조절장애란 확실히 구조적이고 성숙적(constitutional-maturational) 패턴으로 인식된다.[2]

DC:0-3R에 따르면, 감각처리조절장애라는 용어는 "감각 자극에 대한 반응을 할 때 발달과 기능에 손상을 가져오게 되어 운동능력뿐만 아니라 정서 조절과 행동 조절에 어려움을 겪는 아이에게 해당된다. 조절장애라고 할 수 있는 행동 패턴의 특징은 접촉, 시각적, 청각적, 미각적, 후각적, 공간에서의 움직임과 같은 감각 자극, 그리고 한 공간에서 다른 사람의 위치 인식과 같은 감각 자극이 (1) 여러 장면을 아울러서 (2) 다양한 관계 안에서…… 명백하게 나타나는 것이다" (2005, p. 28). DC:0-3R 목록은 조절장애를 세 가지 유형으로 구분하고 있다.

- 과민증(hypersensitive)
- 저감각(hyposensitive) 또는 과소반응(underresponsive)
- 감각 자극 추구/충동

이러한 유형의 조절장애들은 다음 세 가지 양상을 모두 갖는다.

- 감각처리의 어려움
- 운동의 어려움
- 특정한 행동 패턴

과민증

과민증 아동은 가벼운 접촉, 시끄러운 소리, 밝은 빛, 익숙하지 않은 냄새와 맛, 거친 옷감이나 공간에서의 움직임과 같은 일상의 감각 자극에 쉽게 압도되어 버리기 때문에 감각처리에 어려움을 갖는다. 이 아이들은 다양한 자극이 올 때 느끼는 강렬한 반응들을 조절하면서 극심한 스트레스를 경험한다. 여기에는 두 가지의 하위 유형이 있는데, 하나는 두려워하는/조심스러워하는 유형이고 다른 하나는 부정적/반항적 유형이다. 둘 다 감각 자극에 과민한 방식으로 반응하지만 운동과 행동 패턴에서는 다르다.

두려워하는/조심스러워하는 유형 두려워하는/조심스러워하는 아이는 울고, '얼어붙은 것' 같으며, 산만하고, 공격적이고, 화를 버럭 내고, 떼깡 부리고, 과하게 놀라는 반응을 보이며, 행동의 동요를 보임으로써 자극을 피하려 한다. 그렇게 행동하기에 음식의 질감, 맛, 냄새와 같은 다양한 것에 대한 내성이 감소될 수 있다. 두려워하는/조심스러워하는 아이의 운동 패턴은 몸의 조절과 긴장 상태, 운동 협응에서 어려움을 갖고, 운동계획에서도 어려움을 가지며, 기대보다 덜 탐색적이고 제한된 감각운동 놀이를 한다. 두려워하는/조심스러워하는 아이의 행동 패턴은 지나치게 조심하고, 금지하며, 두려움이 탐색하는 범위를 제한하고, 확신하기 어려워하며, 변화를 힘들어하고, 새로운 상황에 집착할 뿐더러, 수줍어하고, 산만해지며, 충동적이고, 짜증이 많으며, 걸핏하면 울고, 스스로 진정하는 능력에 어려움이 있다. 두려워하는/조심스러워하는 아이는 좌절되거나 실망하는 것을 회복하기 어려워한다. 이 아동은 새로운 상황이나 경험에 늦게 접근하거나 피하려는 경향이 있다.

부정적/반항적 유형 두 번째 그룹의 이 아동들도 과민증이 있지만 매우 다른 반응을 보인다. 부정적/반항적 아동 역시 감각처리 패턴에서 두려워하는/조심스러워하는 아동과 유사하지만 매우 다른 행동 반응을 보인다. 그들은 부정적 반응을 나타내고 자주 화를 내는 분노발작을 하거나, 계속 까다롭게 구는 것과 같은 부정적인 행동 패턴을 보인다. 이 아이들은 통제하려 하고 반항적이며 자신에게 요구된 것들을 반대로 하려는 모습을 자주 보인다. 또한 반복을 좋아하며 변화에 당황해하기도 한다. 그들은 강박적이고 완벽주의적이어서 새로운 경험이나 사건에 늦게 개입하거나 피하려고도 한다.

저감각/과소반응

감각처리에 어려움을 겪는 이 집단의 아동들은 과민증 아동과는 반대다. 과소반응을 하는 아이들은 반응하기 전에 높은 강도의 감각 투입이 필요하다. 이 아이들은 대개 조용하고 지켜보는 편으로, 타인의 제안을 자주 받아들이지 못하고 환경에 반응하지 않는 것 같다. 양육자들은 저감각 아동들에게 지속적으로 개입해야 할 수 있다. 이런 아이는 타인과 상호작용하고 행동을 하도록 동기화할 각성에 도달하는 것이 어렵다. 그들은 소리, 움직임, 냄새, 맛, 접촉, 자기수용 감각에 과소반응하는 감각 반응성 패턴을 가지고 있다. 탐색을 적게 하고, 놀이 레퍼토리가 제한되어 있으며, 무기력하고, 운동계획이 빈약하며, 동작도 서투른 운동 패턴을 보인다. 그들은 몸을 흔들거나 위아래로 점프하는 등 특정한 감각 투입을 찾고는 반복하려 할 것이다. 이렇게 과소반응하는 아동의 행동 패턴은 자극에 위축되거나 무기력하고 무감각한 외형을 보이며, 자신의 세상과 상호작용하거나 탐색하는 데 관심이 확실히 부족한 것으로 나타난다. 이 아이들은 지체되거나 위축되어 보이며, '조율되지 않는' 대화와 상상, 생각의 범위가 상당히 제한되어 있다.

감각 자극 추구

감각처리에 어려움을 보이는 세 번째 범주의 아이들은 높은 강도, 잦은 빈도, 오랜 기간의 감각 투입이 필요하다. 높은 강도의 감각 자극에 대한 열망은 파괴적이거나 위험한 행동을 하게 한다. 행동 패턴으로는 굼뜬 행동 없이 산만한 충동성을 보이고 어찌할 줄 몰라 사고 경향이 높게 나타난다. 이 아이들은 행동 수준이 매우 높다. 그들은 압박을 통한 자극과 사물, 사람과 지속적으로 부딪히는 것을 추구한다. 항상 감각 자극을 추구하기 때문에 부주의하고 혼란스러운 것처럼 보인다. 그리고 흥분하기 쉽고 침투적이어서 가상놀이에서도 공격적이고 모험적이며 무모한 공격적인 주제를 나타낸다. 다른 사람 및 사물과 신체적으로 만나려는 아이들의 급박한 욕구는 타인의 신체적 공간을 침범하거나 화나지 않았는데도 다른 사람을 때리는 등 파괴를 불러오기도 한다. 다른 사람들은 이러한 아이의 행동을 숙고해서 나온 공격성으로 보고 역으로 이 아이에게 공격적이게 된다.

조절장애에 접근하기

치료놀이가 어떻게 감각처리에 있어서 조절장애를 가진 아이들을 도울 수 있을까? 첫 단계로는 사정을 통해 양육자와의 관계를 포함한 아동의 안녕에 부정적으로 영향을 미치는 조절의 어려움이 있는지를 알아보아야 한다. 치료사는 부모면담과 MIM의 과정을 관찰하면서 조절장애의 단서를 찾아야 한다. 만약 아동이 조절장애라면 아동의 치료계획에 효과적인 전략을 세울 수 있도록 정확히 사정하는 것이 중요하다.

치료놀이 치료사는 아동이 감각처리장애를 치료하고 진단하는 데 전문가인 작업치료사가 아동을 평가하도록 의뢰해야 할 수도 있다. 그러나 조절장애를 행동과 감각의 두 측면에서 볼 수 있기 때문에, 5세나 그 이하의 영유아를 위한 조절의 어려움을 사정하는 데 도움이 되도록 하나 이상의 진단도구가 결합된, DC:0-3R을 활용하여 조절장애를 진단하는 임상가들에게도 가능하다.

연구자들은 5%의 아동이 조절기능에 어려움이 있다고 보고 있다. 따라서 치료사는 새롭게 의뢰된 모든 아동을 선별해야 한다. 진단도구와 치료접근의 대부분은 8세나 그 이하의 아동에게 초점이 맞춰져 있다. 만약 치료사가 십대와 같이 더 나이가 많은 아동이 조절 문제로 어려워한다고 의심이 되면 일반상담이나 혹은 작업치료사에게 의뢰하는 것이 적절할지도 모른다.

조절의 어려움이 가볍거나 중간 정도라면 사정을 통해 선별되지 않을 수도 있지만, 치료놀이 치료의 초기 국면에서 확실히 드러날 수 있다. 일단 임상가는 아이가 조절장애로 힘들어한다는 것을 이해했다면 치료놀이가 효과적으로 개입되도록 조정해야만 한다. 아동의 중요한 문제가 조절장애인지 아닌지, 부모-자녀 관계에서의 힘겨루기와 같은 다른 문제들이 결부된 것인지, 혹은 동시에 이 두 가지가 모두 포함된 것인지를 식별하는 것은 어려운 일이다. 그럼에도 불구하고 치료사가 조절장애가 아동의 행동에 부정적인 영향을 미친다고 생각한다면 조절의 견해를 치료놀이 치료와 통합하는 것이 도움이 될 수 있다. 조절장애가 있는 아동의 경우, 치료놀이 치료사의 능력과 감각처리장애 전문가인 작업치료사의 능력에 의존해서 치료놀이는 아동에게 주요한 개입이 될 수 있을 것이고, 작업치료와 함께 제공될 수 있을 것이다.

 특정한 감각 자극에 대한 아동의 반응 이해하기

여기서는 이제 특정 감각 자극에 대한 아동의 반응을 좀 더 면밀히 살펴보면서 세 가지 기본적 유형을 생각해 볼 것이다. 각 설명과 함께 감각양식에서 조절을 발달시키는 데 유용한 치료놀이 활동의 목록을 소개하였다.

Carol Kranowitz(1998, 2003)는 지침이 되는 유용한 틀을 소개해 주었다. 그녀는 감각처리장애의 작업치료 틀을 통해 아동이 촉각, 전정신경, 자기수용 감각, 시각, 청각을 사용해 어떻게 반응하는지를 보여 주고 있다. 이러한 감각체계들은 아이들이 접촉, 균형, 움직임, 시야, 소리에 대한 반응을 조절하려고 할 때 조절장애 아동에게 문제가 나타나게 만든다. 감각 자극에 대한 아이들의 반응은 과민증, 저감각 혹은 이둘의 혼합으로 나타날 수 있다. 더구나 어떤 아이들은 시간이 지나면서 일관적이지 않은 반응을 보일 수도 있다. 그날 입은 옷이 무엇인가에 따라 과민증이 증가할 수도, 집이나 학교에서처럼 환경이 다를 때 반응이 다르게 나타날 수도 있다.

촉각

Kranowitz는 촉각에는 보호적/방어적 체계와 선별적 체계의 두 가지 구성요소가 있다고 설명하였다. 보호적/방어적 체계는 아동으로 하여금 잠재적으로 해로운 자극에 스스로를 경계하게 만든다. 선별적 체계는 몸이 만져지는 곳, 가벼운 접촉이건 깊은 접촉이건 간에 크기, 모양, 체온, 밀도, 사물의 질감과 같은 정보 등, 아동이 무엇을 만지고 있는지 상당히 세부적인 것을 아동에게 말해 준다. 촉각기능에 문제가 있을 경우 타인이나 사물에 의해 닿거나 타인이나 사물을 만지는 데 어려움을 유발하는, 피부를 통해서 지각된 두뇌의 처리과정에 문제가 있을 수 있다. 그들은 접촉하는 것에 과민증을 나타낼 수도 있고, 저감각을 보이거나 촉각 선별에 어려움이 있을 수도 있다.

Kranowitz는 촉각이 촉각 수용, 신체 인식, 운동계획, 시각 수용에 관한 정보를 아동에게 줄 수 있다는 것을 발견했을 뿐만 아니라 아동이 정서적으로 안정감을 느끼도록 도우며 적합한 사회기술을 발달시킬 수 있다고 밝혔다. 촉각에 어려움이 있는 아동은 접촉을 통해 배우는 것이 어렵다. 촉각 수용은 아동이 과도한 반응을 경험하지 않으면 작용하지 않기 때문에 적합하게 발달하지 못한다. 과민증 아동은 신체적 애정(포옹이나 키스)과 같은 정상적인 사회적 상호작용에 위축될 수 있고, 접촉을 피하려고 하기 때문에 관계에서 즐거움과 기쁨을 경험하려고 지나치게 애를 쓴다. 저감각 아동은 즐거움을 거의 느끼지 못하고 양육자에게 긍정적 피드백을 주지 못하는 등 반응이 적을 수 있다. 그리고 공감의 발달이 매우 어렵다. 과민증 아동은 고통이나 불편함으로 가득 차 있는 데 반해, 저감각 아동은 다른 사람의 감정을 이해하지 못해 관계를 잘 맺을 수 없다. 선천적으로 가까이 있는 사람들과 즐거움을 함께하지 못하는 이러한 아동은 다른 사람과 어떻게 놀아야 하는지를 배우는 데 어려움을 갖는다. 그들은 의미 있는 인간관계를 발달시키려고 애쓴다. 촉각에 어려움을 갖는 아이는 타인을 거부하는 것 같고, 투쟁 또는 도피로 결국은 거부되어 버리고 만다. 그들은 다른 사람과의 상호작용을 경직되게 통제하려 한다. 다른 사람과 따스한 애착을 형성하는 것이 그들에게는 도전이 된다.

과민증 과민증 아동은 예상하지 못한 접촉, 특히 가벼운 접촉이나 닿으려는 것을 직감적으로 느꼈을 때에 크게 부정적인 정서로 반응한다. 그들은 투쟁 혹은 도피 반응을 보이는 경향이 있다. 투쟁할 때 아동은 강한 저항과 심지어 공격성을 보인다. 도피로는, 아동은 불편을 일으키는 사람이나 사물로부터 수동적으로 피하거나 위축되는 행동을 한다. 이러한 아동은 특별히 부드러운 키스와 같은 가벼운 접촉을 회피한다. 과민증 아동을 간지럽하는 것은 그들에게 고통스러운 경험이 될 수 있다. 그러나 아이러니하게도 과민증 아동은 깊은 압박이나 확실한 접촉을 주는, 꽉 껴안는 것 같은 깊은 접촉은 갈망하기도 한다. 그 압박이란 것은 가벼운 접촉의 예민함을 넘어서게 하기도 한다. 어떤 과민증 아동은 많은 접촉을 원해 담요의 은색 선과 같은 편안하게 하고 진정시키는 촉각 경험을 주는 것을 반복적으로 만질 것이다. 때론 작은 인형과 사물을 잡을 때 기대하지 못했던 접촉에서 자신을 방어하려 한다. 접촉에 과민증인 아동과 함께 치료놀이를 할 때, 치료사는 아동의 반응을 모니터해서 포옹과 같은 적절한 양의 접촉을 '딱 맞게' 조심스럽게 소개해야 한다. 예를 들면, 재미있는 방식으로 방을 건너려고 할 때에는 치료사와 부모가 과민증 아동을 따스하면서도 확실하게 껴안고 놀이를 해야 할 것이다.

저감각 　저감각 아동은 촉각에 대해 반응을 적게 보여서 더 많은 자극이 필요하다. 이러한 감각을 얻기 위해 아이들은 지속적으로 사물과 사람을 만져야 할 수도 있다. 그들이 알아차리지 못하는 것처럼 보이거나 양육적 접촉에 반응을 하지 않는 것처럼 보이며, 아프게 닿는 것도 알아차리지 못하기도 한다. 그들은 접촉이 매우 강렬하지 않으면 그에 대해 전혀 반응을 보이지 않을 수도 있다. 이러한 아이들은 더욱 센 강도가 필요하고 자신들이 반응할 수 있는 자극의 수준에 도달하도록 자주 자극을 요구한다. 치료사가 이러한 아이를 치료하게 될 때에는 '노젓기' 혹은 치료사 무릎에 어린 아이를 태우고 가면서 "꼬마 버스를 타요."와 같은 저감각 아동에게 높은 수준의 자극을 줄 수 있는 활동을 선택해야 한다. 치료사는 아이가 미소 짓거나 더 크게 웃을 수 있게 되는 것처럼 긍정적으로 반응하기 시작할 때까지 많은 에너지를 가지고 활동을 반복해야 한다.

빈약한 촉각 선별 　촉각 선별에 어려움이 있는 아동은 학교에서의 학습과 같은 복합적인 목적을 가진 것에 대해서 촉각을 활용하기 어려워할 것이다. 두뇌가 아이에게 무언가가 어떻게 느끼는지에 관한 정확한 정보를 주지 않기 때문에 아이는 새로운 것들의 무게, 질감, 모양 등을 결정하기 위해 반복적으로 사물을 다루어 보려고 한다. 예를 들어, 코트 단추를 잠그는 것이 촉각 선별에 어려움이 있는 아동에게는 매우 도전적인 경험이 될 수 있다.

촉각 조절을 발달시키기 위한 치료놀이 활동 　다음 치료놀이 활동들은 과민증, 저감각 혹은 빈약한 촉각 선별이 있는 아동에게 적용할 수 있는 촉각 자극을 제공하는 것들이다.

- 로션, 파우더와 같은 재료 활용하기(양육): 아이가 접촉하며 로션을 만지도록, 그리고 치료사가 아이에게 로션 같은 것들을 발라 줄 수 있도록 아이를 격려하라. 마사지할 때 아이의 피부 위에 붓, 솔, 스펀지, 부드러운 천 등 다양한 기구를 활용하라. 면도크림이나 요거트, 젤과 같은 것을 가지고 '만지는' 놀이를 마음껏 즐겨라.
- 부채질하기(양육): 아이에게 부채, 베개, 신문지 등으로 부드럽게 바람을 일으켜 주어라.
- 솜공 터치와 다른 접촉활동(양육): 아동이 눈을 감은 채 치료사가 아이의 어디를 만지는지 알아맞히도록 하라. 아이에게 솜공이나 깃털 중 어느 것으로 만지는지를 알아내도록 물어보는 것도 더 큰 도전이 될 수 있다. 아이의 등이나 손에 모양, 글씨, 도안 같은 것을 그리고 아이가 그것을 알아맞히도록 하라. 아이가 눈을 감고 손으로 치료사나 부모의 신체 일부(예를 들면, 코, 머리, 손가락, 귀 등)를 만지고는 알아맞히도록 하라.
- 손발 찍기(양육): 물감이나 면도크림을 이용해 아동의 손이나 발을 손가락으로 '그리도록' 하고 종이를 그 위에 덮어 나타나게 하라. 그 후에는 부드럽게 씻고 말려 주며 발에 파우더도 발라 준다. 아이가 엉망이 되는 것을 즐기도록 하면서 촉각 경험을 만족시켜라.
- 매니큐어 바르기(양육): 또 다른 굉장한 촉각 경험이 될 것이다.
- 먹여 주기(양육): 다양한 질감의 음식을 주어라.
- 담요 흔들어 주기(양육): 담요를 흔들어 주기 전이나 그 후에 아이를 김밥처럼 담요에 둘둘 말아서 강한 압박을 느끼게 해주는 것에 담요를 사용할 수도 있다. 김밥을 꽉꽉 눌러 주면서 좀 더 센 압박을 느끼게 할 수도 있다. 또한 아이를 햄버거의 햄이라고 하면서 쿠션이나 베개로 조금은 확실하지만 부드러운 느낌을 추가할 수도 있다.
- 특별한 키스(양육): 코끼리, 나비, 에스키모 키스 등을 함으로써 아이가 가벼운 접촉을 견뎌낼 수 있는 능력을 키운다.
- 까꿍놀이(개입): 치료사의 손이나 스카프, 담요 등으로 아이를 숨기고는 부드럽게 찾아내면서 '까꿍' 하고 말할 수 있다. 아이가 어른을 '찾도록' 서로 그 활동을 할 수 있다. 그러고 나서 담요 밑에 아이와 함께 숨어 담요를 텐트처럼 만들어 볼 수도 있다.

• 박수치기(개입): 아이와 쎄쎄쎄와 같은 단순한 놀이를 할 수 있으며, 큰 아이에게는 좀 더 복잡한 박수치기 놀이를 할 수 있다.
• 점차적으로 늘리는 놀이(개입): 원으로 둘러앉아 각각 접촉을 하나씩 더해 나갈 수 있다. 이 놀이는 다른 종류의 접촉을 경험할 기회를 주며 연속적인 것을 기억할 수 있게 한다.
• 비눗방울 터뜨리기(구조): 비눗방울 터뜨리기 외에도 아이가 구강의 운동기술을 강화하도록 비눗방울을 불게 할 수도 있다.

전정 감각

전정체계는 목, 눈, 몸의 움직임과 균형에 대한 정보를 두뇌에 전달하면서 사람의 신체가 어느 공간에 있는지를 그 사람에게 알려 준다. 더욱이 그 신체가 부드럽고 효과적으로 움직이도록 하는 근육 발달에 기여한다. 전정체계는 몸이 움직이거나 서 있을 때 두뇌에게 몸이 어느 방향으로 움직이고 있으며 얼마나 빠른지를 알려 준다. 전정체계의 핵은 귀 안에 있는데 몸의 모든 움직임을 관장한다. Kranowitz(1998, p. 101)는 귀의 내부를 통해 감지된 두뇌의 감각이 비효율적인 처리를 하는 것을 전정 역기능이라 정의하였다. 전정기능에 문제가 있는 아동은 "움직임, 중력, 균형, 공감에 관한 정보를 통합하기가 어렵다. 아이는 움직임에 대해서 과도하게 민감하거나 지나치게 민감하지 못하거나 혹은 둘 다에 해당되어서…… 아이가 똑바로 서는 자세를 취하는 것을 발달시키지 못할 수 있다. 그리고 기거나 살금살금 걸어가는 것을 전혀 배우지 못할 수도 있으며 걸음을 늦게 배울 수도 있다. 아이는 마루 위에 엎드리거나, 구부정하게 앉거나, 탁자 위에서 손으로 턱을 괴고 앉을 수 있다. 나이가 들수록 서투르고 조화롭지 못하며 세련되지 못하게 될 수 있다."

전정에 문제가 있는 아동들은 사람이나 사물이 움직일 때 그것들을 초점화하기 어려워하는 것과 같은 시각적 문제도 나타날 수 있다. 또한 언어를 처리하는 데 어려움이 있을 수 있다. 전정에 문제가 있는 아동은 대부분의 아이들을 자연스럽게 진정시키는 움직임을 조절하지 못할 수도 있다. 조직화된 방식으로의 움직임에 대한 어려움은 아이의 행동, 주의, 정서를 표현하는 데 나쁜 영향을 미친다. 비효율적인 전정체계는 움직임, 즉 빠른 움직임이나 중력의 불안정과 같은 것들을 참아내는 것을 포함한 움직임에도 아동을 과민하게 할 수 있다. 또는 갈망하고 희망하는 움직임에도 저감각일 수 있다. 특별히 머리나 눈이 움직일 때 두뇌가 감각 자극으로 넘쳐나 두뇌는 그것을 통합하거나 조직화할 수 없다. 치료놀이 치료사는 전정이 과민하거나 과소하거나 어떤 상태에도 접근할 수 있는, 담요로 아이를 흔들어 주기와 같은 전정활동을 조심스럽게 적용해야 한다.

과민증 과민증 아동은 자전거 타기, 미끄럼 타기, 그네 타기 등을 피할 수도 있다. 차를 타는 것도 이 아이들을 아프게 느끼도록 할 수 있다. 동그란 타이어로 만든 그네를 타는 것처럼 회전하는 것은 현기증과 멀미, 복통을 일으키기도 한다. 이러한 아이들은 쉽게 피로를 느끼고 운동통합과 운동계획도 빈약할 수밖에 없다. 전정기관의 문제는 심지어 낙하할 수 있다는 가능성만 있어도 비정상적인 고통과 불안으로 중력의 불안정을 느낀다. 두뇌는 앉았다 서는 것과 같은 단순한 활동, 즉 중력의 변화가 있는 활동에 대해 과도한 반응을 나타낸다. 이러한 아이들을 위해 움직인다는 것은 어려워서 자주 투쟁 혹은 도피 반응을 자아내기도 한다. 투쟁은 부정적으로서 반항적인 행동, 태워지거나 흔들리는 것에 대한 저항으로, 그리고 분노와 고집의 표현으로 나타날 수 있다. 도피의 경우, 아이는 움직임에 대한 회피와 과도한 주의를 보이기도 한다. 함께 모여서 노래 부르기와 같은 활동이 이 아이들에게는 매우 무서울 수도 있다. 이 모든 어려움 때문에 그들은 경직되고 강한 통제를 보여 사회·정서적 문제를 일으킬 수 있다.

저감각 저감각 아동의 두뇌는 움직임의 메시지를 충분히 만들어 내지 못한다. 이 아이들은 반응하기 전에 높은 수준의 움직임을 원한다. 그들은 많은 활동을 갈망하고 예측할 수 없는 방식으로 중력에 저항하기도 한다. 아이들은 거꾸로 그네에 매달려 있거나 가구 모서리에 매달려 있기도 한다. 또한 사람과 사물과 부딪힘으로써 강렬한 움직임의 감각을 찾거나 혹은 점프했을 때보다도 더 높은 사물 위를 기어 올라감으로써 그 감각을 구하고자 한다. 흔들거나 그네 타는 것과 같은 움직임을 갈망하고, 빙빙 돌거나 과격하게 머리를 흔드는 것과 같은 도는 동작을 찾는다. 전정체계는 중력의 안정, 움직임과 균형, 근육 상태, 쌍방 간의 통합, 청각-언어적 처리, 시각-공간적 처리, 운동계획과 정서적 안정 등에 영향을 준다. 이 체계의 모든 것은 아이가 전정(기관)의 자극에 대해 저감각일 때 부정적인 영향을 받을 수 있다.

전정 조절 발달을 위한 치료놀이 활동 치료놀이 치료사는 전정에 과민하거나 저감각인 아동에 접근하기 위해 조심스럽게 전정활동을 적용해야 한다.

- 이불 요람 태우기(양육): 빨리 또는 천천히 하면서 속도와 리듬을 다양하게 하라.
- 함께 모여서 노래 부르기(구조): 더 많이 빙빙 돌도록 더 빨리 움직여라.
- 노젓기(구조): 구조화되게 돌 수 있는 기회를 제공하라.
- 밀어 넘어뜨리기, 무릎 위 타기(개입): 전정 자극을 줄 기회를 많이 제공하라. 특히 아이는 어른의 무릎 위를 타고 올라갔다 내려갔다 한다.
- 밀어 넘어뜨리기, 위로 당겨 올리기(개입): 예측 가능하고 안전하게 될 때까지 반복하라.
- 배를 저어라(개입): 빨리, 천천히, 중간으로 하라.
- 등에 올라타기(개입): 부드럽게 또는 거칠게 그리고 갑자기 움직여라.
- 아기가 타는 방식(개입): 많은 전정 자극을 제공할 수 있다. 양육적 리듬을 다양하게 해서 "가자, 가자, 집으로 가자. 가자, 가자, 엄마한테 가자. 다 왔다!" 라고 하면서 아이를 어른의 무릎 위에 부드럽게 떨어뜨린다.
- 균형 잡기(도전): 바닥에 누운 채 배 위에 베개를 올려놓고 아이의 베개가 떨어지지 않게 한다. 또한 아이가 머리 위에 물건을 올려놓고 방을 걸어다니게 하라.
- 베개 위에서 균형 잡기, 뛰어내리기(도전): 베개 위에 올라서서 균형을 잡은 후, 바닥 위에 일렬로 베개를 다시 놓고 아이가 베개 사이를 뛰어서 건너게 하라.
- 터널 통과하기(도전): 아이가 베개나 담요, 어른 다리 사이의 터널을 기어서 통과하게 하라.

자기수용 감각

Kranowitz(1988, pp. 132-133)에 따르면 자기수용 감각은 "자신의 움직임이나 신체 위치에 관한 감각 정보를 말하는 것으로 접촉과 움직임의 감각을 통합하도록 한다. 자기수용 감각의 수용기는 근육, 관절, 인대, 힘줄과 연결세포에 있다. 이러한 수용기에 대한 자극은 움직임과 중력이다." 수용기는 어떻게 근육이 확장되고 수축되는지, 어떻게 관절이 굽히고 펴지는지에 관한 메시지를 뇌에 보낸다. 자기수용 감각은 발을 바닥 위에 놓고 서 있거나 손이 컵을 잡고 있는 것에 대해서 뇌에게 알려 준다. 이것이 신체 인식을 증진시켜서 운동 조절과 운동계획을 하게 하거나 효과적이고 경제적으로 몸의 부분들을 움직일 수 있게 돕는다. 잘 기능하는 자기수용체계는 사람이 부드럽게 걷거나 빨리 뛰기, 계단 오르기, 앉기, 서기, 스트레칭하기, 눕기 등을 쉽게 하도록 돕는다. 자신의 몸을 믿을 수 있기 때문에 사람들은 정서적으로 안정감을 느낀다. 자기수용 감각의 역기능은 근육, 힘줄, 관절, 인대, 연결세포를 통한 감각 자극을 비효율적으로 처리하도록 하며 자주 촉각과 전정 체계의 문제와 연결된다. 이는 빈약한 신체 인식을 일으켜 운동계획을 어렵게 한다. 이러한 아이들은 쉽게 좌절하고 몸 움직임도 서투르다. 그들은 사물을 조종하는 데 어려워하며 물건을 떨어뜨리거나 흘리는 등 너무 많이 혹은 너무 적게 힘을 쓴다. 자신의 몸이 하는 것을 바라보면서 보상하려고 한다. 침대에서 일어나 옷을 입는 것은 아이가 자신의 움직임을 지켜보지 않는다면 매우 어려운 일이 된다. 정착되지 않은 새로운 움직임을 시작하는 것은 공포를 자아내기 때문에 자기수용 감각의 역기능은 정서적 불안정과도 자주 연결된다. 자기수용 감각은 신체 인식, 운동계획, 운동 조절, 움직임의 등급, 자세 안정성, 정서적 안전감 등에 영향을 미친다.

자기수용 감각 조절을 발달시키기 위한 치료놀이 활동

- 줄다리기(도전): 아이의 팔과 다리를 눌러 합해서 아주 작게 만들 수 있도록 기회를 마련하라.
- 상대방 밀기(도전): 큰 근육을 움직이고 협응할 기회를 주어라.
- 베개 밀기(도전): 아동은 팔을 사용할 수 있고 힘차게 미는 데 다리를 사용할 수도 있다.
- 손수레(도전): 큰 근육을 '움직일 수 있는' 또 다른 기회가 된다.
- 빠져나가기(도전): 아동의 몸을 치료사의 팔로 감싸고 아이가 빠져나가도록 한다. 즐거운 방식으로 저항을 조절할 수 있는 부드러움을 창조할 수 있다.
- 손가락, 팔, 다리 씨름(도전): 치료사와 아이의 몸이 어느 공간에 있는지를 피드백해 주면서 아이의 활동을 '경기' 라고 이름 지으며 설명해 줄 수 있다.
- 기어가기 경주(도전): 많은 움직임을 할 기회가 된다.
- 베개 위에서 균형 잡기, 뛰어내리기(도전): 다리에 자기수용 감각 투입을 하면서 많이 움직일 수 있다.
- 신문지 펀치, 골대에 던져 넣기(도전): 구조를 많이 사용하여 통합과 조절을 증가시킨다.
- 특별한 악수(개입): 아동이 생각한 후에 다양한 손 움직임을 기억해 낼 수 있다.
- 자유롭게 던지기(개입): 아이에게 던질 기회를 주어라. 솜공이나 신문지공 같은 가벼운 것으로 시작하라. 안전하다 여겨지면 콩주머니 같은 좀 더 무거운 사물로 확장

시켜라.

- 로션이나 파우더 발라 주기(양육): 확실하고 강하게 만져 주어라.
- 미끌미끌 쭉(양육): 특히 관절에 많은 자기수용 감각의 투입을 제공하라.

시각과 청각

보고 듣는 것에 과도하게 예민하거나 지나치게 둔감한 아이들이 있을 수 있다. 과민증 아이는 너무 많은 시각 자극이 있을 때에는 빠르게 과잉흥분될 수 있다. 과민증 아동은 밝은 빛이나 시각적인 과도한 자극이 있는 교실에서 눈을 감거나 눈 맞춤을 줄이거나 부주의하고 산만해질 수 있다. 저감각 아동은 사물을 볼 뿐만 아니라 만지기까지 하면서 다른 감각적 투입을 갈망한다. 아동은 다른 사람의 얼굴 표정, 몸짓과 같은 중요한 시각적 단서를 놓칠 수도 있다.

소리에 민감한 아동은 시끄러운 소리나 특정 가락에서 귀를 막을 수도 있다. 그들은 소리에 지나치게 민감해서, 가령 세탁기 소리와 같은 멀리서 나는 소리도 경계한다. 그들은 또한 현저하게 작은 소리에도 쉽게 산만해질 수 있다. 만약 아이가 저감각이라면 보통의 목소리에 귀를 기울이는 것이나 말로 하는 지침을 따르는 것에도 어려움을 겪을 수 있다. 저감각 아동은 음악, TV, 영화를 볼 때도 볼륨을 높이 올리려 하며 큰 목소리로 말함으로써 이를 보상하려 한다.

시각과 청각 자극에 관한 치료놀이는 과민증 또는 저감각 아동에게 조심스럽게 접근하는 데 초점을 둠으로써 치료놀이 활동과 조율하도록 한다. 저감각 아동에게 밝게 색칠한 공을 사용하는 것, 과민증 아동에게 부드럽게 속삭이는 것 등은 아이를 환경에 적응시키는 방법들이다. 치료사는 소음이 나는 창문을 닫아 주는 것처럼 남은 한 주간 동안 환경적 적응에 대해 부모와 교사에게 조언을 해줌으로써 환경의 다른 측면에 적응시킨다.

 치료놀이가 아동을 더 잘 조절하도록 돕는 방법

초기 두뇌 발달, 애착, 자기조절에 대해 이야기했던 것으로 돌아가서, 치료놀이가 조절장애로 어려움을 겪고 있는 아이들을 어떻게 도울 수 있을 것인가를 살펴보자. 자기조절능력은 영아와 양육자의 애착관계로 형성되고 구성된다는 것을 알 것이다. 치료놀이의 핵심은 아이가 감각 자극에 대한 반응을 조절하도록 돕는 데 애착관계를 활용하는 것이고, 그래서 아동은 앞의 〈표 7-1〉에서 제시한 정서적 · 사회적 기능 능력 중 1 수준인 주의와 조절의 능력을 발달시킬 수 있게 된다. 아동이 선천적이거나 부정적인 초기 아동기 경험(심각한 스트레스나 외상, 불충분한 애착 경험 등) 때문에 조절에 어려움을 갖게 되었더라도, 치료놀이에서는 조율되고 친밀하고 즐거운 치료놀이 상호작용을 함으로써 아동이 조절을 더 잘 하게 되고 부모가 손수 아이를 도울 틀을 제공할 수 있다. 치료놀이 회기는 다음과 같이 고안되었다.

1. 아동이 감각 자극에 긍정적으로 반응하도록 돕는다.
2. 아동이 자신의 감각 경험에 맞는 정서적 반응을 발달시키도록 돕는다.
3. 조절이 안 되는 순간에도 아동이 긍정적이고 호혜적인 상호작용으로 개입을 할 수 있도록 한다.
4. 조절이 안 되는 순간에도 애착관계를 경험할 수 있도록 하고 아이가 더 잘 조절할 수 있도록 돕는다.
5. 부모가 조절이 안 되는 자녀를 향한 공감과 이해의 능력을 강화하도록 한다.

치료놀이 회기 동안 '조절의 롤러코스터' 타기

치료사와 부모가 지지를 하면서 아이가 조절을 연습할 수 있도록 하기 위해서는 자극을 주는 활동과 진정하는 활동을 번갈아 하는 '롤러코스터' 를 제공하도록 치료놀이 회기가 구성되어야 한다. 치료사는 자기조절을 할 아동의 능력을 도전시키기 위해 짧은 활동을 하고 빨리 전환하여 진정하고 가라앉히는 양육적 활동을 함으로써 아동이 항상성을 찾도록 도울 수 있다. 이 사이클은 반복되는데, 친밀한 개입과 명확한 구조가 항상 유지되어야 한다. 성인의 안내와 구조는 조절하기 어렵거나 통제할 수 없는 자신을 성인이 지켜줄 것이라는 믿음을 아이가 갖도록 도울 수 있다. '조절의 롤러코스터'를 반복하는 것은 회기 중 아이와 부모가 자연스럽게 애착관계를 강화하고 자기조절을 더 잘 할 수 있도록 돕기 위해 회복적인 경험을 통한 배움을 제공하려는 것이다.

치료놀이 원리 사용하기

각각의 치료놀이 원리는 조절 문제를 가진 아동을 돕는 데 특정한 도움을 줄 수 있다.

구 조 구조의 원리는 아동이 치료사와 부모가 자신을 조절하고 진정할 수 있게 돕는다고 배우게 한다. 조절에 어려움이 있는 아동이 수용될 수 있는 행동에 대한 제한과 경계를 아는 것은 안전과 안정을 느끼게 한다. 과민증이나 저감각 아동에게 예측 가능성은 특히 중요하다. 다음에 무슨 일이 일어날지를 아는 것과 전환을 위해 준비할 시간이 있다는 것을 아는 것은 조절에 어려움이 있는 아동을 위한 구조의 본질적인 측면이다. 지속성, 안전, 안정과 같은 성인이 마련해 주는 구조는 아이가 스트레스를 주는 자극에 자신의 반응을 조절할 능력을 확장시키도록 할 수 있다. 과민증 또는 저감각 아동에게 천천히 하게 하고 기다리게 하며 조심스럽게 주의를 기울이게 하는 것도 특별하게 도움이 될 수 있다. 치료사가 조심스럽게 손을 움직이면서 신문지 펀치를 유도하거나 빨간불, 초록불과 같이 방향을 가리킬 수도 있는데, 치료사는 명확하고 예측 가능한 구조를 제공함으로써 조절에 어려움이 있는 아동이 안전감을 느끼고 자신을 통제할 수 있도록 도와야 한다.

개 입 조절에 어려움이 있는 아동을 위한 궁극적 목표는 친밀한 상호작용을 하면서 긍정적인 개입을 더 오래 견딜 수 있도록 하는 것이다. 조절장애가 있는 아동은 자주 울고 도망하며 때리는 등 양육자와의 파괴적인 상호작용을 함으로써 부정적인 반응을 보여 상호작용에서 멀어지고자 대처한다. 이 경우 개입활동을 통해 아이에게 초점을 맞춤으로써 긍정적인 유대를 유지하도록 돕고 흥미를 제공하며 놀라운 상호작용적 경험을 주어 아이를 도울 수 있다. 치료사는 신체를 체크업 하고 주근깨를 세고 가볍게 비벼대면서 회기를 시작하여, 조절에 어려움이 있는 아동이 관심을 보이고 주의를 기울이도록 도울 수 있다. 아이에게 불어 넘어뜨리는 활동을 하도록 할 때, 치료사는 미소와 웃음으로 반응할 수 있다. 만약 아이가 놀이에 개입하는 것을 하지 않는다면, 치료사는 개입하고 주도하는 방식으로 아이를 재빨리 다시 데려와야만 한다. 치료사는 까꿍놀이와 같은 부드러운 놀이로 눈 맞춤을 피하는 아이를 개입시킬 수 있다. 또한 치료사는 손탑 쌓기 놀이를 함으로써 치료사를 때리려고 하는 아이를 다시 개입하도록 할 수 있다.

양 육　아동의 생애 초기 몇 달 동안 형성된 영아와 어머니 간의 애착관계는 생존에 필수적이며 이후의 자기조절능력의 기본이 된다. 양육관계의 질은 선택이 아니다. 그것은 인간 발달에 필수적이다. 초기 경험을 반영하는 것과 같이, 치료놀이 치료사와 부모는 지속적이고 예측 가능하며 따스하고 진정시키는 경험을 제공해서 조절에 어려움이 있는 아동이 안심하도록 항상 편안함과 안정감을 주어야 할 것이다. 그래야 아이의 정서적 욕구가 항상 충족된다. 치료사가 상처를 돌보아 줄 때, 혹은 '작은 별'과 같은 조용한 노래를 불러 주거나 로션을 손과 발에 발라 줄 때, 아동은 어른이 자신을 진정시키고 편안해지도록 도울 수 있음을 믿게 되며 자신이 가치있다는 메시지를 받는다.

도 전　조절장애 아동을 위한 가장 큰 도전은 아이가 너무 많거나 혹은 너무 적은 감각 자극에 의해 조절이 어려워지는 것이다. 따라서 치료놀이의 도전활동은 아이의 '편안한 지대'의 약간 밖에 있는 감각과 정서적 경험을 참아낼 수 있도록 아동의 능력을 점차적으로 증진시키는 데 초점을 둔다. 예를 들어, 저감각 아동을 위한 도전은 아동이 몇 분 동안 까꿍놀이를 하도록 하는 것일 수 있다. 그러나 과민증 아동을 위한 도전은 깃털과 같은 것으로 성인이 아이의 몸을 만져 주고 아이는 그것을 확인하는 것을 즐기고 또 참아내는 것일 수 있다. 감각 집중활동에 대한 아이의 참을성이 증진될 때, 치료사는 아이에게 더 많은 도전 경험을 주기 위해 활동의 강도와 시기를 늘릴 수 있다. 소리에 과민한 아이의 경우, 치료사는 부드러운 속삭임으로 시작해 점점 큰 소리를 내지만 아이가 압도되지는 않는지 항상 주의 깊게 살펴야 한다. 노래와 리듬은 소리에 쉽게 압도되는 아이들에게 재미있는 소리를 소개하는 훌륭한 방법이기도 하다.

사례 예시

DC:0-3R의 틀, 작업치료사들의 감각통합 개념, 치료놀이의 네 가지 원리 등을 활용해 보면, 치료놀이가 얼마나 여러 유형의 조절장애 아동이 잘 조절하도록 도울 수 있는지를 살펴볼 수 있다. 심지어 아동이 DC:0-3R로 진단받기에는 너무 성장했어도 과민증, 저감각, 감각 추구/충동적 아동과 같이 여전히 조절에 어려움이 있는 아동의 문제를 이해하는 것과 효과적인 치료계획을 만들어 내는 데 적용할 수 있다.

과민증, 두려워하는/조심스러워하는 아동 돕기

이제 7장의 처음에 언급했던 3세의 카티아로 돌아가 보자. 사정과정에서 치료놀이 치료사는 카티아가 과민증이며, 두려워하는/조심스러워 하는 아이라고 판단했다. 아이는 특히 특정한 섬유나 접촉, 시끄러운 소리와 움직임에서의 갑작스러운 변화와 같은 감각 자극에 과도하게 반응하였다. 아이는 자기 진정이 어렵고 진정하고 편안해지기 위해서는 엄마에게 의존해야만 했다. 카티아는 두려워하고 불안한 행동 패턴을 보였다. 아이는 엄마에게 매달리며 분리되는 것을 어려워했다. 어린이집에서도 미끄럼 타는 것을 부끄러운 듯 지켜보았으며 자주 위축되어 있었고 탐색의 범위도 제한되었다. 아이는 특히 새로운 상황, 즉 가족이 새로운 친구네 집을 방문하러 가거나 새로운 가게로 쇼핑하러 가는 상황을 두려워했다. 아이는 자주 짜증을 내고 눈물을 흘렸다. 아이는 압도될 때마다 자주 떼를 쓰고 불같이 화를 내는 반응을 보였다. 그리고 쉽게 좌절하였고, 새롭거나 도전하는 상황에서는 엄마나 선생님에게 "나 못해. 대신 해줘." 라고 말하며 그 상황을 자주 회피하였다. 과민증 운동의 어려움은 낮은 근육의 탄력과 운동 협응, 운동계획의 어려움까지 포함한다.

치료놀이 회기는 매주 이루어졌으며 이어 부모상담도 이어졌는데, 여기에서는 카티아의 엄마가 딸의 행동이 감각 자극에 과민한 결과이고 아이가 자신의 반응을 조절하도록 도울 기술을 제공해야 한다는 것을 이해시켜야 했다. 카티아는 작업치료에도 의뢰되었다. 치료놀이 회기는 양육과 구조 요소를 강하게 결합시켰고, 카티아가 천천히 차근차근 도전할 수 있는 자극을 접하도록 하였으며, 놀이는 자주 반복하고 예측할 수 있는 요소들을 활용하였다. 치료사인 테리는 카티아와의 친밀한 조율에 초점을 두었다. 심지어 카티아가 조절되지 않는다는 신호를 약간만 보일 때도 그것을 알아차리고 아이가 하던 것을 멈추게 하고는 어떻게 아이가 느끼는 것 같은지를 반영해 주었다. "내가 깃털로 네 피부를 만졌을 때, 너는 그것을 밀어 버렸어. 네가 간지럽다고 느꼈구나. 이제 그걸 다시 한 번 해보려 해. 그러나 이번에는 네 피부를 솜공으로 만질 거야. 준비됐지? 이제 시작한다!" 테리는 회기 동안 촉각과 청각 자극을 다양하게 소개해서 확장하도록 할 수 있었다. 치료사는 카티아가 노래 부르는 것을 좋아한다는 것을 알았고 카티아가 즐거워하는 몸짓과 접촉도 함께 하면서 아이와 엄마가 재미있는 노래를 부르도록 이끌었다. 치료사는 아이가 긍정적인 반응을 할 때마다 긍정적인 감정으로 반응했다. 처음 몇 회기 동안 카티아는 엄마에게 매달리고 무릎 위에 앉아 있었으며 때로는 엄마를 고개 돌려 바라보며 눈물을 흘렸다. 치료놀이가 진행되면서, 아이는 빈백 의자에 앉아 있을 수 있게 되었고, 점차 치료사와 친밀한 관계를 발달시킬 수 있게 되었다. 테리는 아이의 엄마 및 작업치료사와 상담하였다. 그들은 '감각 다이어트'와 치료계획을 함께 짰다. 아이의 엄마는 새로운 감각 경험을 점차적이지만 확고하게 아이에게 소개하도록 배웠고, 아이는 그것들을 더 잘 견딜 수 있게 되었다. 아이의 작업치료사는 아이의 운동계획과 협응을 강화하는 데 초점을 두었는데, 아이는 4개월 후에 세발자전거를 탈 수 있게 되었다. 카티아의 확신이 증진되면서 아이는 집과 어린이집에서 모두 "할 수 있어!"라는 태도를 발달시킬 수 있게 되었다.

과민증, 부정적/반항적 아동 돕기

타일러는 부모와 두 어린 동생과 함께 사는, 헤드스타트에 참여하고 있는 4세 6개월 된 소년이다. 이 아이는 타인에게 정서적으로 화를 버럭 내거나 공격성을 보이는 등의 부정적 행동을 보여서 의뢰되었다. 선생님과 엄마는 아이가 '좋은' 그리고 '나쁜' 순간들이 있으며 그런 행동들이 너무 자주 바뀐다고 하였다. 학교에서 타일러의 그러한 행동은 점점 악화되어서, 주말이 될 때쯤에는 더 나빠지는 경향이 있다. 집에서의 생활을 보면, 타일러의 엄마 신디는 아이가 '구조를 사랑하는' '아들'이라고 한다. 엄마에 따르면, "경계가 강화되어야만 하거나 아이가 불평을 마구 쏟아내고……밀어 버리죠. 타일러는 의지가 매우 강하고…… 완고해요. 지시를 따르는 것을 항상 좋아하지는 않고요. 자신이 결정하기를 원하고 매우 활동적이어서 자주 흥분되는데요. 일단 흥분되면 아이를 진정시켜야 해요." 엄마와 선생님은 타일러가 청각적 과민증을 보여서 항상 시끄럽다는 말을 많이 한다고 보고했다. 역시 아이가 귀에 손을 대고 "너무 시끄러워요."라고 말하는 것이 관찰되었다. 엄마는 또한 타일러가 밝은 빛과 색깔에도 어려움을 보인다고 말하였다. 집에서 엄마는 타일러가 일대일로는 잘한다고 하지만 아이 셋을 키우는 데 그런 순간은 자주 일어나지 않는다고 했다.

MIM을 관찰하면서 신디가 타일러에게 잘 반응하도록 명확하고 긍정적인 구조를 아주 잘 제공한다는 것을 알 수 있었다. 아이는 놀이를 관찰하는 동안 지속적으로 개입되었다. 게임의 규칙을 이해하지만 화를 버럭 내는 많은 순간이 있어 규칙을 '어기려' 하였다. 엄마는 긍정적이고 차분하였으며 단호하였다. 타일러가 잘 반응하도록, 모든 질적인 면에서 그러하였다.

타일러는 혐오적인 것으로 감각 자극을 경험하였는데, 특히 시끄러운 소리와 밝은 빛에 더욱 그러하였다. 타일러의 감각 반응 패턴은 산만함, 공격성, 분노발작을 포함한 화를 버럭 내는 것, 운동적 동요, 불쾌한 자극으로부터의 회피 시도를 증가시켰다. 이러한 모든 행동 패턴은 과민증, 부정적

/반항적 아동에게 보이는 것이었다. 부정적 행동, 통제하려는 행동, 반항, 반복 선호, 일상적인 일이나 계획에서의 변화에 적응하는 것을 어려워함, 강박증과 완벽주의, 그리고 새로운 경험과 자극에 느리게 개입하거나 회피하는 것 등이 모두 포함된다.

타일러의 치료계획은 엄마와 집을 기반으로 치료놀이를 하는 것이 포함되었으며 헤드스타트에서의 집단 치료놀이뿐만 아니라 선생님과의 상담도 계획되었다. 타일러의 부정적이고 반항적인 행동 반응을 일으키는 시각적 · 청각적 자극을 견디는 능력을 증진시키는 것이 목표가 되었다. 헤드스타트 선생님과의 상담은 학교에서의 혐오적 자극에 대한 노출을 감소시키는 전략도 포함되었다. 선생님은 아침식사 동안 아이가 교실의 뒷자리에서 선생님 옆에 앉도록 했다. 그래서 아이는 가능한 한 다른 아이들과는 멀리 떨어져 있을 수 있었다. 선생님 가까운 곳에 앉는 것은 아이로 하여금 선생님과의 지지적 관계를 발달시키도록 도왔고, 결국 교실에서 '안전기지' 로 선생님을 인식하게 하였다. 이렇게 하는 것이 타일러를 진정시키고 안심하도록 만들었으며 아이가 아침식사 중에 친구들을 때리거나 발로 차는 행동을 하지 않도록 했다. 아이의 선생님과 치료사는 함께 진정하는 시간과 흥분되는 활동 기간의 변화를 위해서 아이의 하루 일정을 수정하였다. 예를 들면, 시끌시끌하고 활동적인 바깥놀이 후에는 조용한 집단활동을 가졌다. 선생님은 형광등을 끄고 천장에 여러 갈래의 크리스마스 불빛을 달면서 아주 환한 불빛은 피하였다. 또한 타일러(필요하다면 다른 아이들)가 압도되어 버리려 할 때 스스로 '피할 수 있는' '조용한 공간' 을 마련해 주었다.

타일러는 선택받은 친구들 4명과 함께 일주일에 한 번 소집단 치료놀이에 참여하게 되었다. 집단 치료놀이는 소개하는 활동으로 시작되었다. 치료사인 제시카는 손을 각 아동의 어깨나 다리에 조심스럽게 올려놓고 집단 성원들에게 말하였다. "조용한 목소리로 말해 보자. 얘가 누구지?" 아이들은 친구의 이름을 속삭여 주면서 "안녕." 하고 말했다. 모든 아이들이 소개되자, 제시카는 아이들에게 집단 치료놀이 규칙을 암송하도록 요청했다. "누구도 다치지 않기, 함께하기, 즐겁게 지내기!" 각 아이들에게 상처가 있는지 살펴주었고 각 상처 근처에 로션을 부드럽게 발라 주었다. 만약 아이의 몸에 상처가 없다면 제시카는 "와, 상처가 없네." 하고 부드럽게 말하면서 미소를 지었다. 그러고 나서 치료사는 집단 치료놀이 활동을 이끌었다. 타일러가 제일 좋아하는 치료놀이 활동의 하나는 '오리, 오리, 거위' 였다. 한 아이의 머리를 "거위" 라고 말하면서 살짝 건드리면, 아이는 일어서서 다른 아이들을 향하여 원을 돌며 뛰어다닌다. 두 아이가 만나면 서로 껴안아 준다. 제시카는 주의 깊게 집단 회기를 조율했고, 진정시키고 스스로 조용한 목소리로 말했으며, 모든 아이들도 부드러운 목소리로 말할 것을 격려했다. 집단 치료놀이에서 모든 아이들과 타일러의 관계가 결속되자, 타일러는 공격적 에피소드들을 줄이면서 놀 수 있었다. 헤드스타트에서의 일상과 친구들과의 개선된 관계에 따른 환경의 변화가 점점 타일러의 공격적 행동의 감소로 나타났다. 때때로 아이는 귀를 막으면서 여전히 자극에 대한 과민증을 보이기도 했지만 헤드스타트 교실에서 행복하고 적극적인 아동이 되었다.

저감각/과소반응 아동을 돕기

카디샤는 17개월 된 걸음마기 아동으로 대부분의 시간을 앉아서 바라보는 데에만 보내므로 친척들이 '어린 부처' 라고 부른다. 아이는 아직 걷거나 말하지 못한다. 아이의 다른 발달적 징표들도 예상보다 늦었다. 아이는 나이보다 몸무게가 많이 나가서 움직임도 느리다. 소아과 의사는 아이가 아직 걷지 못하는 것을 우려했지만, 부모는 아이가 '순한' '문제를 일으키지 않는' 아이라고 기뻐하였다. 엄마 레이철은 가벼운 우울증이 있다. 엄마는 커튼을 내린 채 하루 종일 텔레비전을 본다. 아이의 아빠는 공사장 인부로 오랜 시간 일을 하러 나가 있으므로 아이가 깨어 있는 시간에는 집에서 멀리 떨어져 있는 상황이다. 카디샤를 돌보아 주는 사람이 치료놀이 치료사인 베서니에게 아이를 의뢰했는데, 치료사는 이 아이를 '더딘' 그리고 저감각/과소반응 아동이라고 생각했다. 치료놀이의 목표는 (1) 카디샤가 감각 자극에 적절히 반응하도록 돕는 것, (2) 아이의 연령에 적합한 방식으로 자극을 주는 것과 상호작용하는 방법을 엄마가 배우도록 돕는 것이었다.

엄마와 함께하는 치료놀이는 아이가 상호작용을 할 수 있도록 이끌고 흥분시킬 수 있는 감각 자극을 소개하는 것에 초점을 맞추었다. 베서니는 아이의 손과 발에 박하향 로션을 발라 주었다. 치료사는 엄마로 하여금 놀이를 위해 일찍 들어오게 해서 엄마와 치료사가 아이의 손과 발을 동시에 마사지해 줄 수 있게 되었다. 자극의 수준을 높이기 위해 치료사는 다양한 감각적 접근을 활용하였다. 치료사가 아이의 발을 마사지하면서 '맥도날드 아저씨 농장(Old MacDonald Had a Farm)' 과 같은 노래를 생생하게 불러 주곤 했다. 치료사는 까꿍놀이를 하기 위해 아이의 머리 위에 환한 빨간색 담요를 흔들면서 점점 더 크고 활기찬 목소리로 "베서니 어딨지? 베서니 어딨지? 베서니 어딨어?" 하고 말했다. 마침내 치료사는 감탄조로 "여기 있네."라고 말하면서 아이의 머리에 있는 담요를 끌어내리면서 아이를 향해 환한 미소를 지었다. 개입을 시작하자 마침내 아이는 웃으면서 치료사의 얼굴을 향해 손을 뻗었다. 치료사는 "그래, 더하고 싶어?" 하고 말했다. 치료사는 그 놀이를 엄마와 순서를 바꿔 가면서 반복했다. 치료사는 아이가 자신과 마주 보도록 무릎 위에 앉히고 부드럽게 튕겨주고 점점 즐겁게 양육적인 리듬으로 '꼬마 버스를 타요' 를 부르며 튕겨 주었다. 그다음에는 엄마에게 아이를 넘겨 주면서 아이를 역시 튕겨 주라고 격려했다. 치료사는 엄마를 위해 어떻게 놀이를 즐겁게 하는지, 눈을 크게 뜨고 입을 벌리면서 과장된 얼굴 표정을 지을 수 있는지를 지속적으로 보여 주는 모델이 되었다. 치료사는 아이 옆에 가까이 앉아서 아이에게 금붕어 모양의 과자를 주었다. 다음에는 아이가 치료사에게 과자를 주도록 신호를 했고, 서로의 입에 과자를 즐겁게 넣어 주도록 하면서 호혜적인 상호작용을 시작하였다. 모든 개입 자극의 결과로, 아이는 점점 더 생기를 찾게 되었다. 회기의 끝은 아이와 엄마가 서로 코를 찌익 누르는 생생한 놀이로 이루어졌다. 매번 아이는 엄마의 코를 만졌고 엄마는 '삐익' 하는 소리를 크게 냈으며, 아이는 사랑스러운 웃음 소리와 함께 활짝 미소를 지었다.

회기가 진행됨에 따라 카디샤는 치료사와 엄마에게 점점 더 많은 상호작용을 시도하게 되었다. 아이는 자신의 머리에 빨간 담요를 놓으면서 까꿍놀이를 하고 싶다는 신호를 보냈다. 다음에는 어른의 머리에 담요를 놓으면서 신호를 보냈다. 아이는 어른이 튕겨 줄 수 있도록 어른의 무릎 위에 기어 올라갔으며 비눗방울을 가리키며 말하기도 했다. 아이는 "엄마." "더." "비누바~." "비눗방울."이라고 말하기 시작했다. 회기가 끝난 후에 엄마는 딸과 더욱 즐거운 놀이를 하게 되었다고 하면서, "이제 더 즐겁고…… 저도 아이가 웃는 게 좋아요."라고 말했다.

충동적, 감각 자극 추구 아동 돕기

3세인 웨인은 부모의 지시를 따르는 것과 전환의 어려움 때문에 발달센터를 통해 치료놀이에 의뢰되었다. 아이는 타인을 자주 때리고 발로 차며 침을 뱉었다. 의뢰 사유는 아이의 '과잉행동적' 움직임과 화가 나거나 흥분할 때 스스로 진정하기 어려운 것이었다.

웨인의 정신건강 사정은 아이가 높은 감각 투입 수준을 적극적으로 추구하는 것으로 설명되었고, 종종 그 행동이 파괴적이고 공격적인 행동으로 나타난다고 보고되었다. 아이는 운동 방출의 욕구가 높았고 꽤 충동적이었으며 거실 탁자와 같은 곳에서 뛰어내리는 것 같은 위험한 행동을 하였다. 웨인은 자포자기하면서 어른이 자신의 세계를 구조해 주는 것을 받아들였고, 그럴 때쯤 어른의 노력에 반응하게 되었다.

MIM 동안 아이는 조심스럽게 분석하는 치료사를 바라보면서 마치 치료사가 하지 말라고 말할 것을 바라듯이 자신이 거실 탁자에서 뛰어내릴 거라고 말했다. 아이는 엄마가 자신의 행동을 구조하려는 노력에 잘 부응하였고, 지시를 듣고 반응하였으며, 강한 모방기술을 가졌고, 엄마가 신체적으로 가까이 있으면서 명확하고 확고한 지시를 할 때에는 매우 주의를 기울였다. 그러나 신체적으로나 정서적으로 약간 물러나 있게 되는 순간에는 스스로 '못된 아이'와 같은 말을 하였다. 웨인은 공중에서 팔을 흔들며 때리는 시늉을 하면서 빠르게 조절되지 못했다. 또한 엄마에게 혀를 내미는 등의 부정적인 행동을 하면서 상호작용을 망쳤다. 그 순간에 아이는 '종잡을 수 없는' 아이였다. 아이는 한 순간 집중하고 주의를 기울이다가 그다음 순간에는 물건을 던지고 팔을 흔들곤 하였다. 아이는 매우 흥분하였고 공격적이며 침투적이고 무모하였다. 가상놀이에서도 공격적인 주제를 많이 포함하고 있었다. 사람과 물건과의 신체적 접촉에 대한 아이의 욕구는 다른 사람의 신체적 공간을 침범하는 것, 소유물을 파괴하는 것, 확실하게 촉발될 일이 없어도 타인을 때리는 상황을 이끌었는데, 이는 분노의 공격성으로 오인되곤 했다.

MIM 관찰 후에 이루어진 엄마와 치료사 애니가 대화 하는 중에도 웨인은 치료사의 팔을 때리면서 대화를 방해하였다. 치료사는 이것을 '하이파이브' 게임으로 전환하였고, 아이는 신체적으로 그 활동에 개입되는 것을 즐기면서 구조의 놀이에 서서히 반응하게 되었다. 치료사에게 개입하려는 아이의 시도를 공격성으로 해석하면서, 엄마는 빠르게 아이에게 그러지 못하게 했고 아이가 못되게 행동한다고 말했다. 그러자 아이는 근처의 수조를 치기 시작했다. 아이는 어른이 반응을 조절하려 한다고 절망적으로 바라보았으며, 부족한 구조의 감각을 주려 한다고 인식하였다.

매주 하는 치료놀이의 초점은 아이에게는 감각적 도움과 자기수용 감각적 투입이 필요한 감각 '다이어트' 를 도전과 함께 하면서 아이와 엄마에게 모두, 구조를 제공하는 데 있었다. 치료사는 달리거나 의자 위를 뛰어오르면서 놀이를 하고 싶어 하는 아이에게 "나는 네가 빈백 의자에 앉아 있을 때 놀이할 준비가 되었다는 것을 안단다."라고 말하면서 회기를 시작했다. 그러고 나서 치료사는 아이의 팔과 다리 근육을 확실하게 만지면서 회기를 시작했다. "와, 장군같네. 너 점점 강해지고 있어, 그치? 오늘 근육이 얼마나 센지 한번 보여 줘." 아이는 자랑스럽게 웃으면서 자신의 근육을 만들어 보인다. 치료사는 아이의 팔과 다리 근육을 만져 보고, 아이는 지속적으로 그 근육을 만들어 낸다. 아이를 빈백 의자에 가까이 앉아 있게 하면서 치료사는 아이의 팔다리를 확실히 문질러 주고 발과 손을 로션으로 마사지해 줌으로써 감각 자극을 보태 주었다. 애니가 뒤로 넘어지면서 "오, 이런, 이제 네가 나를 잡아 주렴!" 하고 활기차게 말할 때 놀라움의 요소와 확실한 접촉, 자기수용 감각의 결합은 끌어당기고 압박하는 미끌미끌 넘어지는 재미있는 놀이로 직접적으로 전환될 수 있다. 즐거운 웃음과 미소가 자주 일어나는 미끌미끌하면서 넘어지는 놀이를 반복한 다음, 치료사는 아동과 함께 손을 잡고 흔들어 주면서 여러 번 노 젓기 할 때의 노래를 반복해서 부르며 이 놀이를 이끌어 나갔다. "자, 이제 정말 천천히 하자."라고 말할 때에는 매우 천천히 움직였고, 다음에는 "이제 진짜 빨리 할 거야."라고 하면서 둘은 매우 빠르게 앞뒤로 노를 저었다. 그러다가 알맞은 제 속도로 돌아왔다. 회기가 진행되면서 치료사는 웨인에게 빨리 할지 혹은 천천히 할지를 결정하도록 선택권을 주었다. 아이의 첫 번째 선택은 언제나 '빨리' 였다. 속도에서의 변화는 아이로 하여금 스스로를 조절하고, 빠르고 느린 움직임을 모두 즐기고 그것에 반응하도록 도와주었다. 강하게 구조적이고 활동적인 놀이를 많이 하고 난 후, 애니는 아동에게 조용한 노래를 부르는 동안 부드럽게 부채를 부쳐 주거나 부드럽고 느슨하게 해주는 등의 진정시키는 활동을 제공해 줌으로써 '조절의 롤러코스터'로 웨인을 이끌어 주었다. 때때로 엄마는 아동이 엄마의 무릎 위에 앉아 있는 동안 이야기를 읽어 주었는데, 이 활동 역시 주말에 그들이 자주 즐기는 활동이 될 수 있었다. 그러고 나서 애니는 한두 개의 활동적인 놀이를 더 하였다. 웨인이 가장 좋아하는 놀이는 2개였는데 빨간불, 초록불과 신문지 펀치를 하고 그것으로 농구를 하는 것이었다. 치료사는 아동이 잠깐 멈추어 기다리도록 도왔고 천천히 세어 주어 기대할 수 있게 해주었다. "하나, 둘, 셋, 펀치!" 신문지를 펀치하고 찢어진 조각들을 모아 치료사와 엄마, 아동은 단단한 공으로 만들었다. 치료사는 팔로 골대를 만들어 아이에게 "하나, 둘, 셋." 하고 신호를 주면서 공을 던지도록 하였다.

초기 회기에서, 아동은 항상 어른의 손을 잡는 것이 필요했고, 한두 번 이상 빨간불, 초록불에 개입되어 있는 것이 어려웠었다. 그러나 치료가 진행됨에 따라 아동은 점차 관심을 기울이게 되었으며, 시작하고 멈추어야 하는 지시를 따르는 것도 더 나아졌다. 어른의 손을 잡지 않고도 놀이를 하는 것이 가능해지기까지 했다. 일단 놀이에 숙달되자, 치료사는 아이가 "초록불…… 빨간불." 하고 신호를 주고, 엄마와 치료사가 그 지시를 따르는 활동으로 순서를 바꾸도록 했다. 회기는 거의 항상 아이가 엄마의 무릎에 앉아 이야기를 듣거나 엄마가 과자를 먹여 주는 것으로 마무리되었다. 그리고 치료사와 엄마는 아동에게 '작은 별' 노래를 불러 주며 담요에 아동을 눕히고 천천히 흔들어 주었다. 노래가 끝나자 엄마와 치료사는 아동을 바닥에 내려놓고 담요 안으로 아이를 감싸서 엄마에게 그 상태로 아이를 건네주었다. 엄마에게 "와, 엄마 여기 훌륭한 선물이 있어요. 무얼까요?" 하고 소리치면서 아이를 안겨 주면, 엄마는 조심스럽게 '선물'을 펴 보고는 웃고 있는 아동을 발견한다.

치료사는 자주 활동을 반복해서 그들이 예측할 수 있도록 도왔다. 그래서 웨인은 놀이를 하는 동안 자신을 조절할 수 있다는 자신감을 얻게 되었다. 치료사는 하나 혹은 두 개의 새로운 활동을 가미해서 놀이에 놀라움과 흥미를 더했다. 웨인은 점차적으로 조절하는 것이 나아져 갔다. 아동의 도전에 대한 엄마의 이해도 극적으로 증진되었다. 엄마는 아이를 '못된 아이'라면서 '못된 아이가 앉는 의자'에 앉히려 했지만, 이제는 아동에게 강하게 구조화해 주면서 자기수용 감각과 촉각적 투입을 통해 아동의 욕구를 충족시킬 순간을 인식할 수 있는 다양한 활동을 하게 되었다. 결국 엄마와 아이 모두의 놀이는 점점 재미있고 즐겁게 변화되었다.

치료사가 치료가 끝날 즈음에 회기를 위해 그들의 집에 방문하였다. 엄마는 현관에서 치료사를 맞으며, "오, 어서 오세요. 우리가 오늘 무엇을 하려는지 보세요. 빵을 구으려 해요!"라고 말하였다. 엄마는 부엌의 싱크대 위에 재료를 준비해 놓고 명확한 구조를 제공하면서 아이에게 차례로 무엇을 넣어야 하는지 설명해 주었다. 그리고 아이에게 그릇을 건네주었다. 아이는 얼굴에 큰 미소를 보이며 빵을 만들기 위해 반죽을 휘휘 저으면서 '근육'을 사용하였다. 아이는 엄마가 준 팬 위에 조심스럽게 반죽을 부었다. 빵이 굽히는 동안, 그들은 부엌 탁자에 앉아 함께 그림을 그렸다. 아동은 이제 엄마의 명확한 구조를 따를 수 있게 되었고, 스스로를 조절하게 되어 즐거운 개입도 하게 되었으며, 둘이 즐기는 활동을 하는 동안에도 집중과 관심을 기울일 수 있게 되었다. 엄마는 많은 기술을 배워 일상에서 아동이 진정되고 스스로 조절할 수 있도록 도왔다.

치료놀이의 실제

ADHD 아동 돕기

주의력결핍 과잉행동장애(ADHD)로 진단된 많은 아동들은 감각 자극에 대한 자신의 반응을 조절하는 데 심각한 어려움을 보인다. 8세인 브라이언이 가만히 앉아 있지 못하는 것 같아 보이기에 아이의 아빠는 아이에게 농담으로 "무슨 일이야? 바지에 개미 들어갔어?" 라고 말하기도 한다. 아이는 부엌 식탁에서도 꼼지락거린다. 아이는 서서 조그만 링 안에 거품 농구공을 넣는 장난감을 가지고 놀기 전에 바로 숙제를 간신히 한 장 정도만 읽을 수 있다. 축구 팀에서는 스타 선수이며 가족과 함께 캠프를 하고 하이킹을 즐길 수 있다. 그러나 학교에서는 자신이 해야 할 일에 대해 관심을 두지 않는다. 3학년 때까지 집과 학교 모두에서 기대가 컸다. 아이는 자주 좌절하였고, 때때로 자신의 어린 여동생이나 친구들을 향해 공격적인 행동도 하였다. 부모는 왜 브라이언의 행동이 또래 친구들과 같지 않은지를 이해할 수 없었다. 특히 아빠는 화가 나고 좌절하는 정도가 심해졌다. 1년 전에 브라이언은 ADHD로 진단을 받았다. 브라이언은 학교에서 '특수교육' 에 참여하게 되었고, 최근에 치료놀이 치료사인 더그에게 의뢰되었다. 더그는 브라이언의 부모에게 감각 추구적/충동적 진단은 더 어린 아이들에게 자주 적용되며, ADHD는 조절장애로 이해될 수 있다고 설명하였다. 치료사는 브라이언에게 하는 치료놀이의 목표는 부모가 아동과 애착관계를 형성하고 아이가 더 잘 조절하도록 돕는 것이라고 하였다. 치료사는 회기에서 '조절의 롤러코스터' 에 대해 이야기하였다. 즉, 조용하고 진정시키는 구조화된 놀이와 활동적인 놀이를 주의 깊게 변화를 주는 회기를 해야 한다고 말했다.

치료사는 5회기에 문 앞에서 브라이언과 아빠를 맞이하면서 회기를 시작하였고, 브라이언에게 "거인 걸음으로 다섯 번 만에 빈백 의자까지 갈 수 있는지 보자!" 라고 말하며 아이에게 도전을 주었다. 브라이언은 치료사를 향해 이를 드러내고 씽긋 웃더니 다섯 걸음 만에 치료실을 가로질러 곧바로 돌진하듯 걸었다. 아이는 치료사 근처의 빈백 의자에 풀썩 앉았다. "잘 왔어, 친구. 파이팅!" 아동은 치료사에게 의기양양한 듯 파이팅을 하였다. 치료사는 아이의 근육을 체크하고 나서 팔과 다리를 힘껏 만져 보며 말했다. "자, 할 수 있을 때까지 세게 내 손을 잡아 봐! 우와, 세다. 이제 나를 밀 수 있는지 보고 싶은데!" 치료사는 아이 앞에 무릎을 굽히고 자신의 어깨에 아이의 손을 얹게 하였다. 그리고 "내가 셋을 세면 할 수 있는 한 세게 나를 밀어 봐. 좋아, 하나 둘 셋!" 하고 말하였다. 아이는 힘껏 치료사의 어깨를 밀었고, 더그는 뒤로 흔들리다가 바닥으로 넘어졌다. "와, 진짜 센데." 치료사는 아이를 향해 손을 내밀었고, 아이가 치료사를 잡아 일으켜 다시 앉는 자세로 돌아오게 하였다. 치료사는 주머니에서 솜공을 꺼내서 아이에게 뒤로 돌아 앉아 눈을 감으라고 말하였다. 아이가 그렇게 하자, "내가 솜공으로 너를 만질 테니 내가 어디를 만지는지 맞춰 봐."라고 말하였다. 치료사가 아이의 손을 터치하자 브라이언은 소리쳤다. "내 손!" 치료사는 아이의 아빠가 솜공으로 터치하도록 하였다. 그들은 번갈아 하면서 몇 분 동안 다양한 신체부위를 터치해 주었다. 그다음엔 '엄마, 해도 돼요?' 라는 놀이를 하였는데 그때 치료사는 이름을 바꿔 '아빠, 해도 돼요?'라는 놀이로 만들자고 하였다. "아빠가 말하기를 네 번 뛰어 건너라." 하자 "아빠, 해도 돼요?"라고 아이는 물어보았고, 이에 아빠는 "그럼."이라고 대답하였다. 치료사는 놀이에서 브라이언에게 개입을 유지하면서 도전과 구조의 원리를 어떻게 결합시킬 수 있는지 아빠에게 설명해 주었다.

시간이 지나면서 브라이언의 아빠는 자기조절의 틀 안에서 아들의 도전행동을 이해하기 시작했고, 아이를 도울 수 있는 치료놀이에 기반한 새로운 레퍼토리를 발전시키게 되었다. 브라이언은 치료놀이를 하는 동안은 물론 집에서도 재미있는 접근을 활용한 구조적 활동을 증진시키려는 아빠의 능력에 반응을 보이게 되었다. 치료사와의 종결이 가까워 오면서, 치료사는 "가장 좋았던 점이 뭐였는지 아세요? 저는 아빠와 아들 모두 요즘 정말로 즐거워하는 모습을 보는 것이 아주 좋답니다."라고 반응해 주었다.

생애의 첫 몇 달 동안, 영아는 인생을 위한 두 가지 본질적인 기술을 발달시키기 시작한다. 즉, 친밀한 애착관계에 참여할 능력과 감각적 · 정서적 자극들에 반응하여 자기를 조절할 수 있는 능력이다. 이 두 가지 기술은 복잡하게 얽혀 있어서 동시에 발달하게 된다. 불행히도 어떤 아이들은 자기조절능력을 적절히 발달시키지 못하는데, 이는 타고난 특성 때문일 수도 있고 생애 초기 몇 달 동안의 부적절하고 부정적인 환경 때문일 수도 있다. 이런 아이들은 조절장애를 일으키기 쉽고 과민증, 저감각 또는 감각 추구/충동적 행동을 보일 수도 있다. 감각처리장애 전문가와 작업치료사는 모두 사정 및 치료적 접근을 한다. 치료놀이는 부모와의 친밀한 애착관계를 형성한다는 맥락에서 아이가 조절을 더 잘하도록 돕기 위해 부모에게 굉장한 기회를 제공할 수 있다. 아이는 감각과 정서 자극에 대한 아이들의 반응을 조절하도록 돕는 방식으로 구조, 개입, 도전 및 양육을 활용하는 부모를 재경험할 수 있게 된다.

1. ICDL-DMIC(Interdisciplinary Council on Developmental and Learning Disorders Diagnotic Manual for Infancy and Early Childhood)에서 이것은 기능적 · 정서적 발달능력이라고 불린다.
2. 조절 감각처리에 대한 어려움은 감각처리장애, 감각처리조절장애 혹은 조절-감각처리장애 등 다양한 용어로 불린다.
3. TABS(Temperament and Atypical Behavior Scale; Neisworth et al., 1999)는 효과적인 진단 도구로 신뢰성과 타당성이 있고, 11~17개월 영아에게 사용할 수 있는 역기능적 행동에 대한 개별 접근의 규준참조 척도다. TABS는 4개의 하위 영역에서 부정형의 행동이나 빈도에 대한 양적인 데이터를 제공해 주는데, 여기에서는 분리되고 과민한 행동, 조절을 잘 못하는 것과 전반적인 기질과 조절에 대한 색인뿐만 아니라 조절장애까지 포함한다. 이 도구는 부모가 10분 정도 안에 평정할 수 있고 임상가들이 평가한다. Georgia DeGangi의 『소아에게서 일어나는 감정과 행동에서의 조절장애(Pediatric Disorders of Regulation in Affect and Behavior)』(2000)는 아동의 조절 문제와 발달을 측정할 수 있는 세 가지 유용한 사정도구를 제시하고 있다. 그것은 Georgia DeGangi와 Susan Poisson의 '영아-걸음마기 증상 체크리스트(Infant-Toddler Symptom Checklist)'와 Stanley Greenspan과 Georgia DeGangi의 '기능적 정서적 사정 척도(Functional Emotional Assessment Scale)', Georgia DeGangi와 Lynn A. Balzer-Martin의 '영유아를 위한 감각통합 개인력 질문지(Sensorimotor History Questionnaire for Preschooler)'다. 감각통합장애에 활용할 수 있는 다양한 도구는 Western Psychological Services에서 활용할 수 있다.

제8장
자폐 스펙트럼 장애 아동을 위한 치료놀이

자폐증 아동과 함께한 치료놀이의 예로서 2장에서 다룬 베키를 다시 떠올려 보자. 우리는 어머니에게 치료목표와 추후점검에 관한 코멘트를 덧붙였었다.

최근에 자폐증으로 진단받은 베키는 MIM에 어머니, 아버지와 함께 참여했다. 베키는 사람 간의 접촉을 피하기만 했고 웃지도 않았으며 때때로 상동행동을 보여 주었다. '아동과 쎄쎄쎄하기' 라는 과제에서 아버지 네드가 노래의 리듬을 따라하면서 베키의 손을 잡았다. 베키는 첫 소절을 부르는 동안에는 아버지를 쳐다보았지만 곧 등을 돌리더니 천장의 불빛으로 눈을 옮겼다. 아버지는 아동의 눈빛을 따라가며 물었다. "우리 아가, 뭘 보니?" 아버지가 아동의 손을 풀어 주자, 베키는 아버지에게서 빠져나가 버렸다. 아버지는 실망스러운 듯했다. "쎄쎄쎄 재미없니? 응?" 하고 아버지는 물었다. 이후의 인터뷰에서 아버지는 베키가 집에서 부모와의 상호작용도 지속적으로 빠져나가는 '유령' 과 같다고 묘사했다.

치료사 섀런과 일주일에 한 번씩 만나는 치료가 진행된 6개월 후, 치료사는 베키에게 개입하는 재미있고 신체적이며 상호작용적인 방법을 발견했고, 순서를 번갈아서 하는 개입활동을 통해 좀 더 오래 상호작용할 수 있었다. 바닥에 베키를 앉힌 채 베키의 두 발을 치료사 가슴에 대게 한 후 치료사가 셋을 세면 두 발로 밀도록 했다. 넘어진 치료사의

Sandra Lindaman · Phyllis B. Booth

웃는 얼굴을 보기 위해 베키는 치료사의 손을 잡아 일으켜 주었다. 이런 식으로 치료사는 베키가 리듬을 조절하게 해주고 움직임, 동요, 감정의 통합을 경험하도록 도와주었다. 치료사는 베키의 코끝을 누르면서 '삐' 소리를 냈고, 베키가 다시 치료사의 코를 누르면서 그 소리를 듣도록 해주었다. 베키는 치료사의 의도를 알아차리기 시작했고 치료사가 다시 손가락을 구부린 채 코앞으로 다가가자 앞으로 살짝 몸을 기울여 주었다. 치료사는 비눗방울을 하나 건져 베키가 손가락으로 그것을 터뜨릴 수 있도록 얼굴 앞에 가져다 주었다. 손가락으로 비눗방울을 터뜨렸을 때, 베키는 처음에는 살짝 당황한 것 같았다. 치료사는 재빨리 아동이 불편하다는 것을 알아차리고 닦아 주었다. 처음에 베키는 감정을 표현하지 않고 기계적인 방식으로 이러한 활동들을 했다. 몇 회기가 지나자 베키는 치료사의 미소에 대한 반응으로 미소를 지었고 얼굴에 표정을 만들었다. 아동의 정서적 소통은 극적으로 증가했다. 베키는 비로소 "준비, 시작!" 하며 문장으로 말을 하기 시작했고 치료사의 코를 누르면서 "삐~~~"라고도 하였다. 베키는 '까꿍' 동작을 흉내 내기도 하고 까꿍하다가 치료사에게 장난을 치기도 했다. 아동은 동그랗게 부푼 뺨을 손가락으로 터뜨릴 때 나는 소리를 좋아하는 등 우습고 재미있는 놀이들을 즐겼다. 20회기 후에 베키는 눈 맞춤이 더 늘었고, 놀이를 시작하자고 요구할 수도 있게 되었으며, '꼬마 버스를 타요(The Wheels on the Bus)' 라는 노래를 같이 불렀는데 가르쳐 주지 않아도 혼자 가사를 떠올리며 노래를 부르는 것이 가능하게 되었다. 관계와 의사소통의 기초가 확립되면서 베키는 언어 사용능력이 증진되었다. 30회기가 지나자 특수유치원 프로그램에 등록하게 되었고 치료가 종결되었다. 이때까지 베키의 부모는 집에서도 치료놀이 기법을 확고히 활용해 왔다. 부모는 이제 딸과 더 만족스러운 관계를 할 수 있는 상호작용이 가능해졌다.

10년 후에 어머니는 치료놀이 회기가 담긴 비디오테이프를 보면서 초기를 회상했다. 그리고 다음과 같이 썼다.

> 아이 아빠와 내가 기이하고 반응 없는 베키에게 얼마나 열심히 상호작용하려고 했는지는 잊어버렸다. 나는 베키가 '엄마' 라고 나를 부르고…… 알 수 있기를 갈망하고 그럴 수 있을지를 의아해하면서 나를 바라보기를 바랐던 것을 기억한다. 우리가 처음으로 베키를 치료놀이 협회로 데려왔을 때, 확실히 베키는 유령과 같았다. 신체적으로는 존재하지만 심리적으로는 아닌, 우리에게서 자꾸만 멀리 빠져나가는 유령. 솔직히 나는 아이를 잃을 것만 같았다.
>
> 영아와 막 걷기 시작한 걸음마 단계의 정상적인 아기들은 사람들과 상호작용하는 데에

서 기쁨을 느낀다. 베키는 어떻게 상호작용하는지를 배워야 했을 뿐만 아니라 그 상호작용이 정말로 즐거운 일이라는 것을 알아야 했다. 아동을 위해 치료놀이는 그렇게 했다. 게다가 치료놀이에서 하는 '번갈아 하는 놀이'는 베키가 의사소통에 관여하는 것을 배울 수 있는 튼튼한 기초가 되었다.

이제 베키는 어떠한가? 의사선생님은 자폐적이기는 하지만 여태껏 만난 사람 중 '기능이 제일 좋은'(아스퍼거 장애는 아니다) 사람 중 하나라고 말한다. 베키는 나와 길게 대화할 수 있게 되었고 자신의 하루에 대해서 말하기도 한다. 다른 사람들에게 자신을 소개하기도 한다. 친구도 있고 파티에 초대되기도 한다. 2, 3학년 정도 수준의 수학 문제나 글을 읽기도 한다……. 아이는 유머감각도 가지고 있고 일정의 변화에 적응할 수 있는 융통성도 있다. 그래서 이제 비로소 나는 베키를 알게 되었다. 나는 불가능하다고 생각했던 것만큼 이제 진짜로 아이를 알게 되었다. 베키가 내 인생의 기쁨이며 내가 아이를 가르치려고 할 때보다 더 많이 나를 가르쳐 왔다는 것을.

자폐증은 타인에게 개입하는 능력의 기초를 형성하고 관계에 참여하는 과정에 부정적으로 영향을 미친다. 치료놀이 치료는 개입하고 관계 맺고 의사소통하는 기본적 능력을 구축하는 데 초점을 두기 때문에 이러한 방법은 자폐증 아동을 돕는 데 이상적이다. 우리는 아동들이 가족과 사회집단 내에서 관계를 형성하는 것을 돕기 위해 긍정적이고 즐거운 상호작용으로 아동들에게 개입한다.

1950년대에 시카고에서 일했던 심리학자인 Austin DesLauriers는 후에 치료놀이라고 알려진 것에 대한 기초와 초기 이론들을 제공했고, 자폐증을 위한 치료를 개발했다. 어머니의 빈약한 양육이 자폐증의 원인이라고 알려졌던 시기에 DesLauriers는 자폐증이 타인과 관계를 맺는 능력을 방해하는 신경학적 장애라고 이론화했다. 그가 자폐증 아동의 기술들을 발달시키는 데에 Lovaas와 같은 행동치료사들의 긍정적 결과들을 인정했을지라도, 그는 치료가 타인과 사회적 · 정서적 관계를 증진시키는 데 초점을 두어야 한다고 믿었다. 그는 장난감을 가지고 노는 놀이를 최소화하고 부드럽고 지속적인 침범을 최대로 해서 자폐아의 사적인 세계에 정서적 개입과 사회적 반응을 촉진하는 치료를 중요시하였다. 1960년대에 그는 다양한 사례 연구에 새로운 방법을 활용하였으며 『당신의 아이는 잠들어 있다-영아기 자폐증: 원인론, 치료법과 부모의 영향력(Your Child Is Asleep—Early Infantile Autism: Etiology, Treatment and Parental Influence)』(DesLauriers & Carlson, 1969)을 편찬하여 그 결과를 나타내는 등 새로운 접근을 발달시키는 노력을 했다. DesLauriers와 함께 일하면서 다른 프로젝트에도 참여했던 Ann Jernberg는 어머니-

자녀 간 상호작용에 몰입했다. 우리가 책 서두에 소개했던 것처럼 Jernberg는 헤드스타트 프로그램에서 아동을 치료하기 위해 DesLauriers의 관계중심 접근에 여러 요소들을 통합시켰다. 머지않아 치료놀이가 개발되었고 치료놀이 협회는 일리노이의 엘름허스트 컬리지 언어학과에서 지원한 특수 프로그램에서 자폐증 아동을 위한 치료법으로 치료놀이를 활발히 적용하였다. 이 장에서 볼 수 있겠지만, 자폐아동들을 위해 치료놀이는 국제적으로 활용되고 있다.

이제 자폐증은 신경발달학적 장애로 이해되고 있다. 이러한 매력적인 반향이 자폐아동과 자폐증 성인의 두뇌기능에 대해 더 많이 알려 주었다. 자폐증이 신경생물학적인 것이라는 데 관한 새로운 정보들을 요약하면서 Diane Williams(2008, p. 11)는 다음과 같이 말한다. "자폐증은 초기 두뇌 회백색질에서의 과도한 성장과 변성으로 생길 수 있다. 기능적인 부분에 대한 연구가 말하듯 자폐증이 있는 개인은 각기 다른 인지적 과제에 대한 주요 두뇌 영역들 간 동시화를 감소시킬 수 있다. 두뇌 영역들 내 연결과정은 매우 강하다. 자폐아동의 뇌가 기능하는 방식으로 조절하는 접근방법을 유도할 수도 있고 보다 융통적인 사고와 학습의 촉진을 이끌어 낼 수도 있음을 이러한 결과를 통해 이해할 수 있다." 이 장에서는 자폐 스펙트럼 장애 아동의 욕구를 충족시키기 위해서 어떻게 치료놀이를 적용할 것인지를 설명하고 자폐증의 신경생물학적인 것에 관한 새로운 결과들을 밝히고자 한다.

자폐 스펙트럼 장애에 대한 정의

미국정신의학협회의 『정신장애의 진단 및 통계 편람(Diagnostic and Statistical Manual of Mental Disorders: DSM-IV-TR, 2000, p. 69)』에서는 전반적 발달장애라고 알려진 자폐 스펙트럼 장애(autism spectrum disorders: ASD)를 이와 같이 정의하였다. "발달의 여러 영역에서 심각하고도 전반적인 손상의 특징을 나타낸다. 즉, 사회적 상호작용 기술, 의사소통 기술, 또는 정형화된 행동, 관심과 활동의 실재로 특징지을 수 있다. 이러한 질적인 손상은 일반 개인의 발달수준이나 정신연령과 비교하여 상당히 유의미한 차이가 있을 정도로 벗어나 있다." 이 장애는 심각한 자폐적 장애로부터, 특정하게 명명되지 않는 전반적 발달장애(PDD-NOS), 좀 더 가벼운 형태인 아스퍼거 장애까지 포함한다. 이러한 장애에는 레트 장애와 아동기 비통합성 장애와 같이 드물게 나타나는 장애까지 포함한다.

이 장에서 우리는 차이, 특별한 능력 그리고 도전에 관한 전 범위를 아우르는 자폐 스펙트럼 장애(ASD)라는 용어에 대한 최근의 관례를 따른다.

 자폐증의 근원적 문제에 대한 이해

최근 연구를 통해 우리는 자폐증의 신경학적 기초에 대해 이해할 수 있게 되었다. 신경학적 어려움에서 유발된 행동적 · 적응적 증상들은 치료놀이 치료의 핵심이기도 하다. 다음의 신경학적 문제들, 결과로 나타난 어려움 그리고 치료목표가 이 장에서 설명될 것이다.

- 감각–감정–운동 연결의 결함
  - 결과: 아동이 타인과의 협응, 공명, 리듬, 조절을 할 수 없게 함
  - 치료목표: 아동이 자신을 조절하게 하고 감각과 정서 그리고 움직임을 서로 조율하게 하는 기본 패턴 조성하기
- 거울신경 기능의 결함
  - 결과: 아동은 타인의 의도를 읽지 못함
  - 치료목표: 타인의 의도에 관한 비언어적, 언어적 단서를 읽고 반응하기
- 언어와 신호의 복잡한 실타래로 얽힌 정서적 단초로부터 이야기를 시작하는 것을 어려워하며 의사소통을 어려워함
  - 결과: 아동은 느낌과 생각 그리고 바람을 적절하게 표현할 수 없음
  - 치료목표: 타인과 느낌 및 생각 공유하기
- 운동계획 영역과 청각, 시각, 감각 조율에 부가적인 처리 결함
  - 결과: 아동은 보편적인 방식으로 정보를 받아들이며 처리하지 못하거나 감각 정보에 대해 과잉행동으로 혹은 지나치게 소극적으로 반응함
  - 치료목표: 적절한 감각 각성이 일어나는 개입 조성하기
- 이러한 결함들은 생애 초기에 상호작용의 기본적 측면에 영향을 줌
  - 결과: 문제가 축적되어 또 다른 결과를 이끌 수 있음. 아동은 자신을 표현하고 생각하는 데 필요한 상징과 합리적 기술을 사용할 수 없음
  - 치료목표: 더 좋은 수준의 기능을 지지할 수 있는 주의, 조절, 관계의 기본 패턴 조

성하기

- 앞에 언급된 이겨내야 할 일들은 부모가 아동과 상호작용하는 데 동시성, 지속성, 함께 조절하도록 돕는 것들을 어렵게 함. 그래서 아동과 유대하려는 부모의 노력에 비해 보상이 적음
  - 결과: 양육자의 리듬, 타이밍, 상호작용의 지속성이 영향을 받아서 아동에 대해서는 사회적 위축을 더 나타낼 수 있음
  - 치료목표: 양육자가 독립적으로 상호작용에 관한 치료놀이의 원리를 활용하고 자녀와의 조화로운 개입이 가능하도록 하기

다음에서는 신경학적 문제 및 관계적 측면에 관한 폭넓은 연구들을 자세히 살펴볼 것이다.

감각-감정-운동 연결의 결함

Greenspan과 Weider(2006a, p. 397)는 위험요인과 여러 다른 형태들로 나타나는, 이겨내야 할 일과 상호작용하는 유전적 소인에서의 모델을 제시하고 있다. 유전적 소인은 "자폐증의 핵심적 심리 결함인 감정이나 의도를 행동 계획으로 잇고 느낌이나 상징으로 잇는" 이러한 연결을 무능하게 만들어 버린다.

자폐증은 '연결의 장애' 라는 견해가 합의되고 있는데 더욱이 후에 자폐증이라고 진단받은 영아의 두뇌(예를 들면, 어린 형제들의 두뇌)를 검사했던 MRI에 의해 그 사실이 입증되고 있다(Williams, 2008). 이 연구에서 자폐증은 주요한 두뇌 영역들 간 동시적 연결을 감소시키고 있다고 증명되었다. 동시적 연결의 감소는 두뇌의 다양한 영역들 간 정보통합에 손상을 일으켜 서로 간의 연결에 어려움을 가져오고 함께 조절하는 것에 기본적 어려움을 야기할 수 있다. 연결기능이 떨어진다는 것은 정보를 빠르게 처리하는 것을 어렵게 만들고 통합하는 것도 힘들게 하는 것은 물론, 진행되고 있는 네트워크를 융통성 있게 재조직하는 데에도 어려움을 가져온다.

Wilson-Gamble(2006, p. 4)은 나타난 어려움이 정신적 영역들 간 통합의 어려움 때문이라고 설명하였다.

신체적, 심리적 혹은 관계적 통합의 어려움의 예는 다음과 같다. 아동은 동시에 여러 가

> 지 일을 할 수 있다……. 즉, 신체의 리듬을 조직하고 상호 동시적으로 서로 조절하고 상호작용하는 능력(예: 번갈아 하기, 감정 나누기, 의미 나누기, 다른 사람의 행위 · 의도 · 목적 이해하기, 자세의 적응, 공동 관심 등)이 결합되어 있다. 더욱이…… 자폐증은 빠르게 주의를 전환하고, 인지 조절, 실행기능, 정서적 표현, 판단처리, 신체 움직임, 일부 자율기능, 두뇌 영역들 간 정보 교환을 가능하게 하고, '자기-타자' 차이를 알아내게 하고, 뉴런의 교환에 융통성을 발휘하게 하는 데 중요한 역할을 하는 두뇌 대뇌피질 다발의 기능을 방해한다.

근래 이러한 발견은 연결의 부조합을 설명하는 Klin과 다른 학자들(2009)의 보고를 뒷받침하고 있다. 두 살배기 자폐증 아동은 생물학적인 움직임인 운동기능은 못하지만 비사회적 행동에는 집중한다. 반면, 정상 발달 중인 영아는 생물학적인 움직임을 하는 것을 좋아하고 비사회적 행위를 무시한다. 움직임을 지각하는 두뇌 영역은 이러한 움직임이 얼굴 표정의 기본적인 사회적 신호에 관련하는 것과 연관되고, 또한 방향을 설정해 바라보게 하고 타인의 의도를 이해하는 능력을 키우는 생각과 관련이 있다. 저자는 생물학적 움직임을 지각할 가능성과 관련해 이러한 현상이 아주 어린 시기부터 자폐증 아동들에게 나타나 이후의 사회적 발달과 사회적 상호작용에 손상을 일으킬 수 있다고 주장한다.

거울신경 기능의 결함

자폐증 아동의 유대나 조율 실패에 대한 보다 자세한 분석은 거울신경의 역할에 대한 Fillipo Muratori(2008)의 연구에서 볼 수 있다. 2장에서 제시된 것처럼, 거울신경은 과제지향적인 행위가 수행될 때와 다른 사람이 그 행위를 수행하는 것을 관찰할 때 모두 발화된다. Muratori는 이를 관찰-실행 체계라고 불렀다. 체계가 적절히 기능하지 않을 때 자폐증 영아의 경우, 입과 얼굴의 움직임을 재생할 능력이 감소된다. 그들은 상호작용적 행위를 모방할 수 없고 다른 사람의 행위의 의도를 예측하기가 어렵다. 정상적인 영아는 자신의 의도와 타인의 의도를 정신으로 통합하고, 그렇게 행동함으로써 예측하는 것을 배우게 되며, 각 개인들과의 친밀감이라는 특질을 만들어 나간다. 많은 자폐증 영아들에게는 이러한 능력이 부족하다.

의사소통에서의 어려움

유대와 조율의 기초적 장애에서 수많은 어려움이 불거진다. 이러한 어려움들은 사회 문제를 해결하는 데 참여하고 정서적으로 의미 있는 아이디어들을 떠올리게 하는 정서적 신호의 사용과 제스처, 발화를 어렵게 할 뿐만 아니라 지속적으로 상호작용하는 것을 할 수 없게 만든다.

운동계획 영역과 청각, 시각, 감각 조율 영역에서의 결함

사회적 관계와 의사소통에서의 기본적 어려움이 자폐증이라는 전 스펙트럼에 보편적인 것이지만, 이들도 처리와 조절의 어려움, 즉 운동계획 영역과 청각, 시각, 감각 조율에 있어서는 각각의 독특한 조합을 갖게 된다. Greenspan과 Wieder(2006a)는 이러한 생물학적 근거를 둔 조절의 어려움은 아동의 관계와 의사소통 기술에 어려움을 미친다고 주장하였다. 7장에서는 다양한 종류의 조절장애가 소개되었고, 치료놀이가 어떻게 그들을 치료하는 데 활용되었는지를 보여 주었다. 자폐아동은 그와 비슷한 조절의 어려움을 갖고 있으며 그중 상당수의 논의들이 ASD 아동과 함께하는 데 활용될 수 있다.

생애 초기의 어려움이 유대, 조절, 관계 맺기에 미치는 영향

이미 언급한 것처럼, 동시성의 중추신경학적 결핍은 유대, 상호 조절 및 관계의 발달을 방해할 뿐만 아니라 이후에 발현되는 많은 복합적 문제로 연결된다. Greenspan과 Wieder(2006a)에 따르면 자폐증이 있는 사람은 성숙한 개인과 달리 이와 같은 중요한 능력—다른 사람의 시각으로 세계를 보고 공감하는 것(마음이론), 고차원적인 추상적 사고, 관심의 나눔, 사회적 관심과 문제해결 능력, 호혜적 정서 교류, 기능적 언어—에서 어려움이 있다. 생애 초기의 유대, 조절, 관계를 맺는 기본 능력의 발달에 초점을 둔 개입은 이러한 고차원적 기술이 발달할 기초를 제공하는 가장 좋은 기회가 된다.

상호작용에서 동시성과 지속성 유지의 어려움

모든 어려움은 부모-자녀 상호작용의 유연한 조절과 조율의 발달을 방해해서 아동의 발달에 심각한 문제를 초래할 뿐만 아니라 부모에게 실망과 엉뚱한 반응을 안겨 준다. Wilson-Gamble(2006, p. 4)은 국제회의에서 영아기에 나타나는 자폐증의 신호에 관해 다음과 같이 언급하였다.

> 집에서 찍은 비디오를 통한 연구에서 보면, 부모와 자녀 간 전형적인 상호작용의 부드러운 상호 조절과 리듬감 있는 조율이 사라질 때 부모가 사회적 상호작용의 요소를 강화하지 못하게 됨에 따라 자연스러운 리듬과 상호작용의 동시성이 영향을 받는다. 부모가 아동에게 무의식적으로 맞추려 시도할 때, 부모의 상호작용은 자녀와 조율할 수 없었던 순간들로 인해 불규칙적이고 강요하는 몸의 움직임으로 나타나게 된다.
>
> 결국 부모의 이러한 적응은 아동이 하는 사회적 시도에 불규칙적으로 부모가 반응하게 만들고 또한 사회적 상호작용도 격려하지 못하게 되어 아동은 점차 사회적으로 위축되고 만다.

자폐증의 문제와 치료놀이 치료목표 및 원리 간의 관계 이해하기

자폐증의 신경학적 기초와 결과로 나타난 행동 및 관계 문제에 대한 선행 분석은 치료가 취해야 할 방향을 제시해 준다. 치료놀이라는 관계에 기초한 모델은 자폐증 아동의 치료에 꼭 맞다. 주요 어려움이 존재하고 있는 그 수준에 직접적으로 작용하기 때문에 자폐증에 적합하다. 여기에서는 각 이슈를 가장 잘 설명할 수 있는 원리와 요점에 관련지어 치료목표를 설명하고자 한다.

- 감각, 감정 그리고 행동을 상호 조절하고 조율하는 기본 패턴 만들기: 치료놀이에서는 초기의 정서적 유대와 주고받는 기본적 조율 패턴을 만들도록 하면서 의미 있고 호혜적인 관계로 아동에게 직접적으로 개입하도록 특별하게 고안된, 주의 깊게 조절된 상호작용으로 시작한다. 구조라는 치료놀이 원리는 아동이 활동들을 조직하고 조절하며 참여할 수 있게 돕는다.

- 의도에 관한 비언어적 · 언어적 단서를 읽고 반응하기: 치료놀이 치료사는 아동의 단서를 조심스럽게 관찰하고 반응하면서 아동이 치료사의 단서를 알아차리고 명확히 할

수 있도록 약간은 과장해서 반응한다. 이를 통해 아동이 타인의 의도를 이해하도록 할 수 있다. 개입이라는 치료놀이 원리는 아동이 단서를 읽고 반응할 수 있는 다양한 기회를 마련해 준다.

- 느낌과 생각으로 의사소통하기: 치료놀이가 말에 의존하지 않는다는 사실은 자폐증 아동의 욕구에 매우 적합하다. 치료놀이는 대신 언어의 전조에 관심을 갖는다. 즉, 상호작용의 주고받음과 의미 있는 교환에 집중한다. 그러나 치료놀이가 언어 발달에 직접적으로 관여하지 않는다고 해도 자폐증 아동이 치료놀이 회기에서 말하기 시작하고 타인에게 언어적으로 혹은 비언어적으로 생각과 느낌을 전달하게 되는 것은 당연하다. 치료놀이의 개입이라는 원리는 아동이 느낌과 생각에 관한 단순하거나 조금 더 복잡한 메시지들을 의사소통할 수 있도록 하는 능력의 구축에 발판이 될 수 있다.

- 최적의 감각적 각성으로 개입하기: 치료사는 아동의 각성 수준과 치료사의 의도를 조심스럽게 조율하도록 매우 가깝게 있게 된다. 치료사는 감각 각성과 개입의 적당한 균형을 위해 애쓴다. 왜냐하면 치료놀이는 다양한 감각으로 최적의 감각 각성에 도달할 수 있는 많은 기회를 제공하기 때문이다. 양육의 원리는 안정시키는 감각 경험들을 제공하는 활동들로 구성된다. 구조, 개입 그리고 도전의 즐겁고 활발한 놀이 등은 자기 수용과 전정신경의 욕구를 충족시킬 수 있다.

- 고차원의 기능을 뒷받침할 수 있는 관계 맺고 조절하며 참여하는 능력 만들기: 치료놀이의 초점이 관계 맺고, 조절하며, 참여하는 초기 발달적 기술에 있기 때문에 치료놀이는 고차원적으로 의사소통하고 생각하는 기본을 만든다. 치료놀이의 구조, 개입, 양육의 원리는 아동에게 관계 맺는 능력을 강화시키는 기초를 제공한다. 그리고 도전은 적절한 시간에 좀 더 복잡한 기술을 발달시킨다.

- 양육자에게 보상이 될 수 있도록 아동과의 일체감을 갖고 리듬감 있는 조율로 즐거운 개입을 할 수 있게 도와주기: 개선된 부모-자녀 관계는 항상 궁극적인 치료놀이 치료의 목표가 된다. 우리는 부모가 아동과의 일상에서 치료놀이의 모든 원리를 이해하고 활용할 수 있도록 안내해 준다.

조기개입의 중요성

자폐증 영아의 초기 발달에 대한 전반적인 도전이란 초기 사정과 개입이 매우 중요하다는 사실이다. 12개월부터 24개월까지가 특별히 중요한데, 이때 많은 자폐증 영아가 위축되어 있는 것처럼 보이기 때문이다. 이 시기는 일반적으로 복잡한 사회적 상호작용의 '규칙' 과 상호적 몸짓과 같은 사회적 기술을 배우는 시간이다. 자폐증 아동이 가진 이러한 어려움을 확인해 봄으로써 아이들이 직면하고 있는 기본적 관계 형성 및 조율의 어려움을 이해하는 조기 근본적 치료가 필요한데, 그것은 두뇌에 신경학적 문제로 인한 계속적인 영향을 막을 수 있는 접근일 것이다. 하지만 좀 더 늦은 나이에 치료를 시작하더라도 성공적이지 않다는 말은 아니다.

경험상, 치료놀이를 했던 아동들은 언제 치료놀이를 시작했건 간에 더 참여적이 되고 사회적으로 상호작용할 수 있게 되었으며, 더 다정해지고 즐거워했다. 치료놀이의 효과성을 뒷받침하는 좋은 일화가 도움이 될 수 있는데, 이러한 증거는 여기 사례에서 자세히 소개될 것이다. 몇몇 연구 결과는 자폐증 아동 치료에서 치료놀이의 효과성을 잘 기록하고 있는데, 이에 대해서는 이미 3장에서 소개한 바 있다. 자폐증 아동과의 집단 치료놀이 연구에 대해서는 이 장 후반부에 제시할 것이다.

자폐증 아동의 욕구 사정하기

자폐증 아동은 저마다 독특한 프로파일을 가지고 있기 때문에 치료의 성공은 아동의 특별한 강점과 민감성을 아는 것과 관련된다. 만약 ASD로 아동이 공식적 진단을 받지 않았다면 자폐증에 더 전문화된 센터에서 자세히 진단을 받도록 의뢰해야 한다. 필요하다면 작업치료, 언어치료, 교육, 특수 서비스로 의뢰할 수도 있다. 또한 부모가 알려 준 자세한 개인력, 과거 보고의 검증, MIM 녹화와 분석을 포함한 전형적인 치료놀이 사정과정도 활용된다. 치료놀이 사정과정은 4장에 이미 자세히 소개한 바 있다. 이 과정을 통해서 아동의 특별한 민감성 및 아동이 참아낼 수 있는 자극의 수준과 유형을 이해하게 된다. 일단 치료가 시작되면, 아동이 다양한 활동에 반응하고 자극에 대한 인내를 증진시키며 사회적 상호작용을 지속하게 할 즐거운 놀이들을 잘 조율할 수 있는 방법에 대해 알게 된다. 자폐증 아동이 어려움을 보이는 강도와 정도, 심각성이 다양한 영역에서 다를지라도, 치료의 원리는 모든 아동에게 적용할 수 있다.

부모의 참여를 지지하기

ASD 아동과 하는 치료놀이 성공의 중요한 측면은 부모의 참여에 있다. 이미 언급한 것처럼, 개입하려 했던 부모의 노력이 종종 헛수고가 되기도 한다. 따라서 ASD 아동의 관계능력을 증진시키는 치료는 부모가 보상받는 방식으로써 상호작용하는 방법을 알 수 있도록 부모를 참여시켜야만 한다.

과거에는 자폐증 아동 관계맺기의 어려움이 애착을 발달시키는 능력을 저해한다는 가설이 있었다. 그러나 1980년대에 이루어진 연구에서는 그 가설을 반박했다. 애착 유형을 결정짓는 Ainsworth의 낯선 상황에서, 이 아동들이 애착을 형성할 뿐만 아니라 거의 반수 정도는 안정애착까지 형성한다는 것을 밝히고 있다. 이러한 발견에 이어 Oppenheim과 동료들(2008, p. 25)은 '모성적 통찰력(maternal insigntfulness)'은 ASD 아동의 안정애착 발달에 결정적 요인이었다고 밝히고 있다. "아동의 장애라는 제약조건에서도 안정애착은 ASD 아동의 발달적 잠재력(전형적으로 발달하는 아동에게서의 안정애착의 역할과 유사한)을 최대로 끌어낼 수 있도록 한다."

Oppenheim 등(2008, p. 25)은 '통찰력'을 "아동 행동 속에 숨어있는 동기를 생각할 수 있는 능력, 예상하지 못한 아동의 행동과 새로운 행동에 대해서도 열려 있는 능력, 아동의 도전행동에 수용을 보이는 능력, 다양한 방식으로 아동을 볼 수 있는 능력"으로 정의하였다. 반영기능과 마찬가지로, 통찰력은 2장에서 소개한 치료놀이의 핵심개념 중 하나다.

안정애착 관계는 건강한 부모-자녀 관계의 산물인 동시에 장기간의 정신건강에 중요한 열쇠가 된다. 자폐증 아동을 돕는 데 관계가 중요한 것과 마찬가지로, 발달하는 아동에게 발달적 잠재력을 성취하도록 하는 것은 중요하다. 부모 참여의 목표는 부모가 아동의 독특한 장점, 학습방식, 특별한 욕구들을 잘 알아차리도록 도와서 관계에 더 잘 준비되도록, 그리고 상호작용과 발달을 전체적으로 촉진하도록 하는 데 있다.

그러나 ASD 아동의 부모는 민감하게 반응해야만 한다는 어려움과 아동과 관계를 잘 맺을 수 있도록 반영하는 방식에서 어려움이 있다는 두 가지 난점에 직면해 있다.

- 부모는 기대했었던, 반응을 보이는 자녀를 갖지 못했다는 상실감을 다룰 수 있어야 한다.

• 부모는 정상적인 아이라면 문제가 되지 않을 정도의 자극에도 자주 압도되어 버리는 아이, 친해지려는 부모의 노력에 저항하거나 회피해 버리는 아이, 부모의 제안에 반응을 보이지 않는 아이에게도 반응하는 방식을 알아야 한다.

이러한 이유로, 치료사는 부모가 자녀와 함께 생산적인 방식의 이행을 돕기 위해 부모와의 민감하고 지지적인 관계 발달을 위해서 두 배의 노력을 기울여야 한다. 이 장에서 소개되는 사례에서는 부모의 인식, 이해, 참여, 유능감을 기반으로 성취과정에서 나타나는 심오한 차이들을 명확하게 보여 줄 것이다.

부모가 상실감을 다루도록 돕기[1]

예상했던, 전형적 방식으로 발달하지 않는 자녀를 두었다는 현실에 대한 부모의 적응 부담 때문에 부모가 견뎌야 하는 과정을 묘사한 언어는 많다. 부모는 아동에 대한 꿈을 잃었고 상실이라는 단어를 접해야만 했다. 그 단어는 '해결된 상태(resolved state)' (Oppenheim et al., 2007, 2008)에 도달하는 것이라 볼 수 있는데 애도과정의 완성으로, 그리고 부모-자녀 간의 내적 작동 모델을 재구성하는 것으로 생각할 수 있다. 그 용어가 무슨 뜻으로 사용되건 간에 그 과정은 부모에게 필수적이며 중요하다. 이때의 용어는 '재지향(reorienting)' 이라고 할 수 있는데, 그 이유는 부모가 구성해야 하는 긍정적이고 감각적인 자녀에 대한 이해와 기대에 있어서의 인식적 변화를 표현하는 것이기 때문이다. 부모는 자녀가 진정 어떠한 아이인가를 그대로 보는 매우 어려운 과업을 수행하면서, 비로소 부모로서의 욕구를 성취할 수 있다.

부모의 욕구에 적절하게 반응하기 위해서는 부모가 재지향의 과정 중 어디에 있는가를 파악하는 것이 매우 중요하다. 심지어 자녀가 전형적인 방식으로 발달하지 않는다고 부모가 계속 걱정하던 중이었어도, 자녀가 실제 진단을 받으면 부모의 고통은 더욱 커질 수밖에 없다. 부모가 진단을 받아들이고 자녀의 현실을 수용하고 견디는 정서적 단계들—충격, 부인, 비난, 분노, 죄책감, 수용, 행동—에 대해서 많은 선행 연구들이 소개하고 있다. 그러나 이러한 정서적 단계는 한꺼번 혹은 생일, 입학식, 첫 공동체, 성인식 등 특별한 인생의 경험에서 또다시 여러 차례 일어날 수 있다.[2] 부모의 재지향 단계란 부모가 어떤 순간에 아동과 어떻게 상호작용할 것인가를 결정하는 것이다. 아동의 발달적 차이의 정도와 독특한 천성, 부모의 성숙과 지식, 가족 태도, 문화, 이해, 지지, 지역사회의 태도와 지원 등 많은 요인이 부모의 반응에 영향을 미칠 수 있다.

재지향이 일어나는 고통스러운 과정 중에, 부모의 몸부림에 대해 치료사가 부모를 지지하고 조율하며 경청하는 것은 필수적이다. 더불어 치료사는 자신의 사적 상실의 경험과 한데 섞여 있을 수 있는 부모의 감정에 대한 자신의 반응도 살펴야만 한다. 치료사는 부모의 슬픔과 같은, 반복적으로 일어나는 일에 치료사 자신이 반응하기 어렵다는 것을 알아차릴 수도 있고, 부모를 너무 빨리 '기운 차리게' 만들려는 치료사 자신을 발견할 수도 있다. 또 한편으로 부모가 이 상황을 부인하는 시기에 처해 있을 때 '현실을 직면' 하도록 하라고 치료사는 유혹을 받을 수도 있다. 부모가 불같은 분노를 품고 있는 것이 오히려 치료사가 화를 내도록 만들 수도 있다. 따라서 부모의 노여움을 사적으로 받아들이지 않는 것이 중요하다. 치료사가 부모의 슬픔을 모두 닦아 주지 못한다는 것을 아는 것, 그리고 부모를 도울 수 없을 만큼의 먼 거리에 치료사 자신을 두지 않는 것은 모두 중요하다. 아동 미래의 한계에 대한 현실적 공포에 당면해 있는 부모의 욕구와 슬픔을 수용할 때라도 항상 치료사는 아동의 가정을 증진시킬 수 있다는 희망을 부모에게 전달해야 한다.

동시에 부모도 자신의 현실에 재지향하려 노력해야 한다. 부모는 새로운 스트레스 상황에 많이 노출될 수 있다. 부모는 자녀의 진단으로 인해 바쁜 일정을 내려놔야 하고, 집안일도 해야 하며, 다른 아동도 돌봐야 하는 등 큰 부담을 갖게 된다. 많은 부모는 다른 자녀들과의 시간을 보내지 못하는 것에 죄책감을 느끼기도 한다. ASD 아동에게는 데이케어도 제한되어 있을 뿐만 아니라 안전한 곳을 찾기도 어렵다. 부모가 많은 도움을 필요로 하는 다른 확대가족들은 아동의 욕구를 어떻게 다루어야 할지 몰라서 위축되어 있을 수도 있다. 어떤 문화에서는 전형적인 방식으로 발달하지 않는 아동을 두었다는 것만으로 가족을 배제할 만큼 창피한 일로 여기기도 한다. 결국 부모는 아동에게 필요한 학교 프로그램과 특수치료를 위한 돈을 모으려고 계속 안간힘을 쓸 수밖에 없게 된다. ASD 아동의 부모가 직면한 이러한 모든 스트레스에 대해 치료사는 가능한 한 많은 정서적 지지를 해주어야 한다. 부모와 함께하는 것에 대한 지침을 설명해 줄 때, 우리도 항상 정서적으로 지지하고자 하는 욕구로 돌아갈 수 있다.

부모가 아동의 신호와 특별한 요구에 반응하도록 돕기

만약 사회적 발달의 기초가 되는 조율적이고 동시적인 상호작용을 제공하려면, 부모는 아동의 대처 및 반응 양식을 완전히 이해해야만 한다. 전형적인 방식으로 반응하지 않는 아동의 반응을 모니터하여 지속적으로 변하는 ASD 아동의 욕구를 충족시킬 상호작용 양식을 만들어 가야 한다. 치료놀이에서는 사회적이고 정서적인 의사소통에 벽을 만드는 아동의 어려움의 본질을 이해하도록 부모를 돕기 위해서, 치료놀이에 부모를 직접 참여시킨다. 치료사는 아동의 독특한 감각 차이와 특별한 요구를 부모가 조율하는 것뿐만 아니라 아동이 조절하도록 돕는 방법을 부모에게 알려 준다. 치료사는 안내를 통해 부모가 아동과 성공적으로 상호작용하고 아동의 신호를 읽고 반응하도록 돕는다. 치료놀이는 부모와 아동에게 이득을 주는 긍정적인 상호작용으로 부모가 아동에게 개입하는 즐겁고도 동기적인 방식을 제공할 수 있다. 아동과 함께하는 성공적인 느낌과 만족스러운 상호작용을 즐기는 것은 부모가 아동의 상황을 재지향할 수 있도록 해준다.

다음은 회기에서 부모를 포함했을 때의 이점 목록이다.

- 모든 치료접근은 의미 있는 상호작용으로 아동에게 개입하는 시간 증가의 중요성을 강조한다. 부모가 치료의 한 부분이 될 때, 부모는 집에서도 아동과 성공적인 상호작용을 할 수 있다. 이를 통해 아동은 치료 환경에서부터 집까지 일반화할 수 있다.
- ASD 아동은 관계 형성에 어려움을 갖기 때문에, 아동을 위한 치료에서 확실히 알아야 할 점은 관계기술을 발달시키는 것이다. 가장 좋은 방법은 아기에게 하는 방식으로 하는 것인데, 제일 중요한 사람과 함께하는 것이다.
- 부모가 회기에 함께할 때, 아동은 친숙한 부모의 존재를 재확인하고 진정하게 된다.
- 치료놀이의 즐겁고 개입적인 상호작용 경험은 부모가 보수적인 치료에 초점을 두던 방식에서 좀 더 가볍고 즐겁게 개입하는 방식으로 전환하도록 도와 좀 더 만족스럽게 상호작용하게 한다.

ASD 아동의 부모와 함께하기 위한 지침

Karyn Searcy 등(2008)은 ASD 아동의 부모와 함께하기 위한 지침을 다음과 같이 제시하고 있다.

협력관계 형성하기

- 진정한 공조를 만들어라. 부모는 치료목표 수립에서 어떠한 상호작용이 그러한 목표들을 이끌 수 있는지를 이해하고 나누기를 원한다.

- 아동에 대한 부모의 의견과 믿음을 존중하라. 부모는 자녀와 여러 해를 함께 지냈기 때문에 자녀에 대해 잘 안다. 더욱이 여러 부모는 시간과 에너지를 많이 들여 ASD에 대해서 알아왔기 때문에 거의 '전문가' 나 다름없다.
- 치료사가 하고 있는 일, 각 활동에 대한 치료사의 목표, 과정, 기술 등을 쉬운 말로 설명하라.
- '정신지체' '장애' '특수교육' 과 같은 단어는 조심스럽게 사용하라.
- 앞에서 말했던 것처럼, 항상 정서적 지지를 바라는 부모의 욕구를 알아차려라.

부모가 아동의 독특한 특성을 보도록 돕기

- 아동의 장점이 무엇인지, 아동이 가장 잘 반응하는 것은 무엇인지, 아동이 어떤 상황을 차단하는지, 아동의 욕구에 가장 잘 반응하는 것은 무엇인지를 발견하기 위해 부모가 아동을 새로운 관점으로 보도록 도와라.
- 회기가 녹화된 비디오테이프를 통해 아동의 관심과 불안, 아동에게 어려운 것이 무엇인지를 함께 탐색하라.

부모를 회기에서 적극적으로 인도하기

- 부모가 아동과의 상호작용에서 유능감과 확신을 갖도록 하라.
- 성공적인 것을 발견하기 위해 부모에게 '빛을 발하지' 말고 팀으로서 함께 해야 함에 주의를 기울여라.
- 아동과의 관계에서의 어려움이 부모에게만 있지 않다는 것을 알도록 도와라. 아동과 함께하는 순간에 했던 치료사의 실수도 지적하라. 예를 들면, "아~, 내가 조금 더 밀려고 했는데……. 어머니, 다시 해보죠."
- 부모가 아동이 보내는 조절곤란의 신호를 알아차리도록 하는 것과 아동을 진정시키는 방법을 알도록 도와라.
- 부모가 진행되는 과정에서의 작은 단계—아동이 반응을 나누기 위해 부모에게 고개를 돌리는 순간, 축 늘어지는 시간이 줄어드는 등—의 중요성을 알도록 도와라.
- 상호작용에서 부모에게 환희를 가져오게 했던 것이 무엇인지를 알아두어라. 부모가 그 즐거움을 인식하게 해서 경험을 쌓을 수 있게 도와라.
- 아동의 분위기(어느 날은 아동이 다른 때보다 조절이 어렵고 흥분되어 있을 수 있음)와 부모의 분위기를 회기에 적용하라. 부모가 희망적이고 개입하는 것을 어렵게 만드는

스트레스 요인을 살펴라.

부모가 아동에게 개입하는 시간을 증가시키기

치료사는 집에서 치료놀이를 하는 부모의 가치를 강조한다. 자폐증 아동이 집에서 부모와 치료놀이를 하는 것은 매우 절대적인 것으로, 적극적으로 개입되지 않을 때 아동은 자주 자폐적이 된다.[3] 집은 놀이활동을 통해 개입을 할 수 있는 다양한 기회를 제공하는 자연스러운 환경이다. 이것은 아동이 치료놀이 회기에서 배운 기술들을 이행하고 다른 사람과 관계하는 기술들을 확고히 하도록 돕는다. 잠들려 할 때, 목욕할 때, 음식을 먹을 때와 같이 규칙적인 시간에 부모가 개입하고 양육하며 도전함으로써 아동과 함께 놀면서 그 시간을 즐길 수 있다. 치료사는 지속적이고 활동적이며 신실한 부모의 참여가 ASD 아동에게 좋은 결과를 가져오는 중요한 요인임을 발견해 왔다. 다음 사례는 이러한 점을 증명해 준다.

집에서 치료놀이 활용하기

PDD-NOS로 진단받은 제키는 S박사와 치료놀이를 하게 되었다. 일단 회기가 안정되자, 부모는 치료놀이 방법들을 집에서 활용하기 시작했다(Bundy-Myrow, 2005). 우선 아침과 저녁에는 매번 아동을 진정시키는 양육적인 활동을 했다. 회기에서 배운 활동들을 활용하면서 '맞이하기, 만나기, 마치기' 의 일상을 이루어 나갔다. '맞이하기'란 엄마와 아빠가 아이를 불러서 오게 하는 대신 제키에게 몸을 움직여서 다가가는 것을 의미한다. '만나기' 란 엄마가 제키의 주의를 확실히 끌 수 있도록 행동, 목소리 톤, 성량, 타이밍 등을 조절하는 것을 뜻한다. 예를 들면, 제키는 아침에 깨어나는 데 시간이 걸리므로 엄마가 아들의 팔과 등을 오래, 확실하게 문질러 주면서 아이를 천천히 '알아나갔다(discovered)'. 일상을 '마치기' 위해서는 치료놀이 부모 코칭 회기에서 배운 '섬 뛰기' 놀이를 활용하였다. 제키가 즐겁고 따스한 개입으로 '베개 섬'을 함께했기 때문에, '침대 섬' 에서부터 '화장실 섬' 혹은 '아침식사 섬' 까지 옮겨 다니기를 좋아했다. 섬으로 뛸 때마다 "준비, 시작." 하고 신호를 주었고 섬에 도착하면 꼭 안아 주었다.

제키와 부모가 다루기에는 어려운 두 가지 영역이 있었다. 즉, 집 밖에서의 구조화되지 않은 시간과 전환시간이었다. 제키는 아직 다른 사람의 사회적 신호를 정확히 읽거나 생리적인 단서를 독립적으로 알아차리지 못할 뿐만 아니라 배운 기술들을 다른 맥락에서 수행하기 어려웠다. 치료놀이 회기에서, 제키는 코코아버터 로션을 바르는 것에 안정적이고 긍정적인 방식으로 반응했으며, 바닷가에서도 행복한 경험들을 자연스럽게 적용할 수 있게 되었다. 이러한 연계를 활용하여 S박사와 제키는 아이가 가는 곳은 어디든지 그 기술들을 발달시켰다. 코코아버터 로션은 제키의 체크업에 일정하게 사용되었다. 아이는 특히 S박사가 손목, 팔꿈치, 목덜미를 문질러 주는 것을 좋아했기 때문에 엄마가 놀이실에 들어왔을 때는 로션이 묻은 부분에 뽀뽀를 해주도록 했다. 그러고 나면 제키는 손목에 묻은 로션 냄새를 맡고, 근육을 경직하고 팔과 다리를 꼰 상태에서 집에 있는 귀여운 강아지처럼 이완되기 시작했다. 그는 다른 활동들에서도 냄새 맡고, 경직되고, 이완되기를 반복했다. 예를 들면, 아동이 몸을 경직되게 했을 때 엄마와 아빠는 아이를 이불에 눕힌 채로 위로 올려 '위로 부웅 올리기' 놀이를 했다. 아이는 엄마가 자신을 찾도록 빈백 베개 아래 숨어서 기다리는 것을 연습하기도 했다. 아이는 '시작!' 이라는 언어적 · 시각적 신호를 기대하면서 '준비 자세' 를 보였다. 또한 손목을 들어 코로 가져가 로션 냄새를 맡는 비밀스러운 신호는 '해변' 이라고 불렀다. 엄마와 아빠, 제키는 "해변놀이 하자." 라고 말하면서 놀이를 시작했다. 엄마는 자신의 가방 안에 로션이 묻은 솜공을 지퍼백에 넣은 채 다니기 시작했다. 가족은 이 활동을 교회에 가기 전 음식점에서 그리고 차를 타고 다니면서도 했다. 부모는 제키의 욕구에 반응하고 기대하는 데 능숙해졌다. 아이는 버스에서도 "해변놀이 하자." 라고 엄마에게 자랑스럽게 말하면서 자신의 솜공을 옮겨 줄 것을 요구하게 되었다.

 아동의 욕구를 만족시키기 위한 치료놀이 원리 활용하기

다음 사례 연구는 치료놀이의 네 가지 원리가 각 자폐증 아동의 독특한 욕구를 만족시키는 데에 어떻게 적용되는지를 보여 주고 있다. 각각의 표는 치료사와 부모의 역할과 활동, 그리고 각 원리가 아동에게 미치는 바람직한 효과를 보여 준다.

구 조

자폐증 아동에게 구조의 원리는 특히 중요하다. 구조는 아동에게 안전감과 예측감을

표 8-1 ASD 아동을 위한 치료놀이의 본질: 구조

구 조	
치료사나 부모의 역할	아동에게 기대되는 효과
아동에게 최대한의 편안함과 영향을 주기 위한 위치와 공간을 마련하라.	아동은 혼란 없이 집중할 수 있게 된다.
최적의 감각 각성을 유지할 수 있도록 아동을 도와라.	아동은 과도한 혹은 과소한 자극을 받지 않게 된다.
단순하고 조직화되며 상호작용적인 놀이의 연속으로 아동을 이끌어라.	아동은 단순한 놀이에 참여하도록 이끌린다. 아동은 어른의 조절-조직화에 따라 조절되고 조직화될 수 있다.
상호작용을 지속시킬 수 있는 능력을 발달시켜라.	아동은 더 많은 순서를 기다릴 수 있게 되고 더 오랜 시간 상호작용을 할 수 있게 된다.
활동들 간에 전환하는 능력을 발달시켜라.	아동은 긍정적인 감정으로 조용히 한 활동에서 다른 활동으로 이동할 수 있게 된다.

주: * $p < 0.01$
출처: Siu(2007), 허가하에 사용함.

줄 뿐만 아니라 아동이 신체적 · 정서적으로 치료사나 부모가 다가가는 것을 허락해 주기 때문이다. 치료사는 아동의 반응에 기초한 활동을 위해 단계를 세운 후 민감하게 상호작용해야 한다(〈표 8-1〉 참조).

놀이 공간과 위치 치료놀이에서 치료사가 활용하는 간단하면서도 편안한 놀이 공간은 안전과 예측을 창출하고 감각 투입을 최적화하며 산만함을 줄인다는 면에서 자폐증 아동에게 특별히 유용하다. 편안한 놀이 공간은 아동을 상호작용에 집중하기 쉽게 만든다. 전형적으로 치료사는 아동이 벽에 기댈 수 있도록 해서 마룻바닥 위 빈백 쿠션이나 베개로 만든 좌석에 아동을 앉힌다. 치료사나 부모는 아이를 직접 마주 보고 앉을 수 있고, 때로는 아동을 무릎 위에 앉히기도 한다. 활동을 하기 위해서 치료사가 일어설 때도 있지만 다시 이 자리로 돌아와 앉는다. 왜냐하면 일부 자폐증 아동은 치료사가 서거나 하는 장면에서는 적극적으로 떠나거나 벗어나 버림으로써 상호작용을 회피할 수 있기 때문이다. 따라서 치료사가 아동과 신체적으로 함께 있을 수 있는 방식을 발견하는 일은 매우 중요하다. 아동을 치료사(혹은 부모)의 무릎 위에 앉히거나 베개 위에 아동을 앉히거나 빈백 쿠션을 자신에게 바싹 당겨 앉히는 것의 확고한 힘은 아동에게 안전감과 조직감을 갖도록 도와줄 수 있다. 어떤 아동은 부모가 안고 가볍게 흔들어 주면서 음식을 먹이기 전에 이불 안에 들어간 채 동그랗게 말려 있는 경험을 즐길 것이다. 또 다른 아이들은 어른의 무릎에 앉는 것이 너무 자극적이기 때문에 빈백 쿠션 위에 앉는 것을 더 좋아할 수 있다. 아동의 연약한 감각신경 체계를 조절하고 조정하도록 하는 데에 단순한 담아 주기가 도움이 될 수 있다. 안전감과 편안함을 관계 속에서 느끼도록 아동을 돕는 것의 초점은 아동이 진정한 채로 반응하면서 정서적으로 더 생생하고 자발적이 될 수 있도록 하는 데 있다.

최적의 각성 창조 자폐증 아동은 자주 자극을 받고 불안도 쉽게 촉발하기에 신체적 접촉과 즐거운 상호작용에 대한 건강한 발달과 학습이 요구된다. 따라서 치료를 위한 도전은 아동이 어떤 감각 양상을 사용하느냐뿐만 아니라 언제 어떻게 그것들을 사용하느냐를 결정하는 데 있다. 또한 아동이 위축되거나(도피 또는 경직 반응으로) 신체적으로 공격적인 방식으로(투쟁 반응으로) 이끄는 압도되고 혐오적인 경험을 주지 않고 아동에게 효과적으로 개입할 적절한 각성 수준을 결정하는 것도 중요하다. 이것은 결정적이라고 할 수 있다. 만약 아동이 위축되거나 뒤로 물러서 버리려는 욕구를 느꼈거나 압도되었다는 감정을 피하기 위해 싸우고자 하는 욕구를 느꼈다면, 아동은 사회적 · 정서적 · 인지적 배움이라는 필수적인 기회를 계속 놓쳐서 아동의 상태가 아동에게 쓸모없게 되어 버리고 만다. 조절 원리와 활동에 대해서는 7장에 좀 더 자세히 나와 있다.

연속된 놀이를 통해 아동 이끌기 구조의 본질은 아동을 조직화하고 조절하는 단순한 놀이들을 통해 아동을 안내하는 데 있다. 이런 식으로 할 때 아동은 리듬감을 탈 수 있으며, 또 상호작용의 기쁨에 대한 기대로 다른 사람들을 쳐다보기 시작한다. 왜냐하면 치료놀이 관계는 어른에 의해 시작되고 유도되는데 그 성공이 아동의 능력에만 의존하는 것은 아니기 때문이다. 어른은 활동이 아동의 강점에 기초해 구성한 것임을 확신할 수 있어야 하고, 조금 더 높은 수준의 반응에 도달하도록 아동을 격려할 수 있어야 한다. 신체인식 및 운동계획에 어려움을 가진 어린 자폐증 아동이 자신에게 무엇이 일어날지를 정확히 이해하지 못했을 때에도 아이의 손을 잡고 아이가 활동을 실행하도록 돕는 것은 매우 유용하다. '쎄쎄쎄 놀이'를 하기 위해 손을 잡거나 팔꿈치를 살짝 찌르거나 하는 것이 아동을 움직이게 할 수도 있다. 이러한 인도가 아동에게는 치료사가 기대하는 것이 무엇인지를 이해하도록 하며, 아동에게 신체라는 것의 느낌을 줄 수도 있고, 활동을 연습할 수 있도록 돕는다. 오래지 않아 아동은 도움 없이 활동을 시작할 수 있게 된다.

ASD 아동은 자신이 완전히 이해하지 못하는 새로운 활동에 직면했을 때 자주 불안해한다. 그래서 치료사는 아동이 좋아하는 것 같지 않는 활동은 하지 않도록 유혹되기 쉽다. 그러나 치료사는 아동이 '치료사를 쫓아 버리거나' 혹은 '치료사를 몰아내 버리도록' 허용해서는 안 된다. 치료사의 강요(insistence)로 아동이 많이 힘들어보여도, 안전한 환경에서 아동이 그토록 원하지 않았던 상호작용을 조심스럽게 다룰 수 있는 경험을 하도록 돕기 위해서 치료사는 버텨야 한다. 예를 들어보자. 7세 된 제프가 처음에는 어른의 몸으로 만든 터널 밑으로 지나가는 것을 못마땅해했다. 하지만 치료사는 아이가 뒤로 물러나는 것을 허락하지 않고 대신 협력치료사가 도와서 제프가 터널을 통과할 수 있도록 하였다. 이 활동을 세 번째 하게 되었을 때 아이는 터널을 통과하면서 자신감에 차서 움직였고, 마지막에는 얼굴에 커다란 미소를 지으며 터널에서 나왔다.

노래와 음악이 자폐증 아동을 특별히 끌어낼 수도 있다. 좋아하는 노래의 반복적인 친숙감과 예측감은 아동에게 단어를 기억하게 하고 제스처로 참여할 많은 기회를 준다. 양육적 리듬의 친숙함과 리드미컬한 손가락놀이는 아동에게 개입하기 좋은 활동들이다. 노래를 잠깐 멈추면 빠진 노래 단어를 아동에게 넣게 할 수도 있고, 양육적인 리듬이나 노래에 맞춰 동작을 하게 도울 수도 있다. 왜냐하면 많은 자폐증 아동들은 청각처리 능력이 지체되어 있고 운동계획 기술이 잘 발달되지 않았기 때문에 단어를 말하게 하거나 행동으로 실행할 충분한 기회를 갖도록 하기 위해서는 잦은 반복과 비교적 긴 일시멈춤이 필요하다.

상호작용 연장하기 좋은 결과를 가져오는 데 중요한 것은 개입을 시작하는 것뿐만 아니라 산만해지는 것을 자연스럽게 막고, 위축되거나 도주하는 아동의 주위와 집중을 조금 더 연장하는 것이다. 자폐증 아동으로서의 자기 경험을 밝힌 Grandin(1995)은 자신이 위축되려는 것에서 벗어나도록 개입하고 배울 수 있도록 돕는 방식을 엄마가 알았다는 것이 자신의 발달에 얼마나 중요한 것이었는지를 강조하였다.[4] 일단 치료사가 활동을 정했으면 번갈아 하기를 더 많이 하며, 반복을 통해 그 활동이 진행될 수 있도록 해야 한다. 치료가 진행됨에 따라 치료사는 활동에서 변수와 복잡성을 조금씩 더할 수 있다.

전환에 대처하기 전형적으로 자폐증 아동은 무슨 일이 일어나는지 이해하지 못하거나 혹은 일이 너무 빨리 '진행되어' 버릴 때 동요되며 불안해한다. 이 아동들이 조화를 이루는 일이나 정보처리 속도에 문제가 있다는 이해를 바탕으로, 치료놀이에서는 아동이 이러한 도전을 극복할 수 있도록 도울 수 있다. 즐거운 활동들 간의 전환을 통해 아동을 부드럽고 안전하게 인도해 냄으로써, 치료사는 아동이 전환을 다룰 수 있도록 가르친다. 아동이 익숙한 놀이의 많은 반복에 대해 확신을 갖도록 함으로써, 그리고 각 회기가 예측 가능한 구조로 되어 있다는 안전에 대한 확신을 줌으로써, 치료사는 그 범위 내에서 안전을 창조할 수 있다. 어떤 아동에게는 연속된 활동을 요약한 사진을 보여 주는 것도 도움이 된다. 글을 읽을 수 있는 아동에게는 일정을 적어 놓은 것도 도움이 될 수 있다. 의사소통 수단이 무엇이든지 일정은 아동이 한 활동에서 다른 활동으로 전환하는 것에 대처하고 준비하도록 해주며, 회기의 처음과 끝을 수용하도록 하는 것에 도움이 될 수 있다.

주의와 집중의 공유를 강화하고 놀이의 연속을 조절하기 위해 구조 사용하기

3세 때 자폐증으로 진단받은 9세 소녀인 카미는 상호적인 사회성 기술을 증진시키기 위해 치료놀이를 받도록 권유되었다. 엄마는 카미가 말도 잘하고 읽을 수는 있지만 사회성 기술이 어린아이 수준이라고 말했다. 또래와의 놀이도 제한되어 있고 어른의 주도하에서만 놀이가 촉진되었다.

MIM 그리고 초기 치료놀이 회기에서 카미는 새로운 도전의 국면인 비구조화된 상황이나 새로운 사람과의 상호작용 혹은 익숙하지 못한 상황에서 쉽게 흐트러졌다. 치료사인 앨런과 카미의 엄마는 가족과 친구들과의 놀이를 할때 아이가 할 수 있는 단순한 연속된 놀이를 배우는 이점이 있다는 데 동의했다. 앨런은 두 활동을 선택했는데, 그것은 카미의 손과 치료사의 뻗은 손 사이에 솜공을 앞뒤로 부는 놀이와 손탑 쌓기 놀이였다.

카미의 엄마는 아동이 벽에 기대어 매트 위에 다리를 꼬고 앉는 것을 도와주었다. 치료사는 자신의 입 앞에 손바닥을 편 채 위로 올리면서 아이에게 똑같이 하라고 말했다. 치료사는 손바닥 위에 솜공을 놓고 아동의 손 위에 부드럽게 불어 주었다. 아동은 곧 통제할 수 없을 정도로 깔깔거리기 시작했고 이내 엄마에게 넘어졌다. 치료사는 엄마에게 "오, 오, 내가 너무 빨리 했나 봐요. 아이에게 놀이가 어떻게 진행되는지 보여 주도록 해요." 두 어른은 놀이가 성공적으로 이어질 수 있도록 둘이서 여러 번 그 솜공을 불었다. 카미가 자발적으로 "한 번 더."라고 말하자, 엄마는 "아니, 두 번 더 하자!"라고 대답했다. 앨런은 다시 손을 위로 폈고, 이번에는 아이가 다시 불어 주었다. 치료사와 엄마는 아이에게 축하인사를 건네며 한 번 더 하도록 격려해 주었다. 아이는 진정한 채 두 번을 더 한 후 자신의 성취에 미소를 지었고, 세 사람은 조용히 하이파이브도 했다.

치료사는 그들이 할 두 번째 놀이에 대해 설명했다. 그는 손바닥을 아래로 펴서 카미에게 자신의 손 위에 아이의 손을 놓으라고 말했다. 아이는 재빨리 손탑을 쌓고 나서 곧 매트 위에 뒹굴면서 웃기 시작했다. 두 번째 시도에서 아이가 불기를 시작하자, 치료사는 "아, 너 부는 것에 대해서 생각했구나. 여태까지 우리는 단지 솜공을 부는 데에만 손을 사용했는데, 여기서 엄마와 내가 너에게 손탑 쌓는 것을 보여 줄게."라고 말했다. 그러고 나서 앨런은 엄마와 손탑을 쌓는 방법을 느리게 보여 주었다. 카미는 치료사와의 손탑 쌓기는 저항했지만 엄마와는 하겠다고 말했다. 아이와 엄마가 함께 손탑을 여덟 번까지 쌓고 나서야 아이가 완전히 그 활동에 대해 이해하였다는 것을 알게 되었다. 그리고 아이는 치료사와 한 번 더 그 놀이를 할 수 있었다. 아이가 놀이를 확장하고 조절하는 데 언어기술을 사용하도록 하기 위해서 치료사는 손의 움직임을 일일이 세기 시작했고, 12까지 할 수 있게 되었다. 그날 저녁 아빠에게 그 놀이를 보여 줄 계획을 가진 채 아이와 엄마는 그 회기를 떠났다.

개 입

구조의 조절 및 안전을 구축한 후, 개입은 자폐증 아동과 함께 치료를 할 때 열쇠가 되는 중요한 치료놀이 원리다. ASD 아동이 다른 사람과 함께 개입하는 것이 어렵기 때문에 아이를 알아차리게 하고 고려하게 하는 흥미로운 힘이 되는 치료놀이 원리는 매우 중요하다. 이미 언급했던 것처럼, 치료사는 굉장한 민감성을 가지고 있어야 하며 아동이 위축되거나 도주하지 않도록 불안하게 하거나 놀라지 않게 해야 한다. 아동이 즐겁게 견디고 자발적인 방식으로 참아낼 수 있도록 하는 최대한의 개입을 제공하는 것을 목표로 삼아야 한다. Greenspan과 Wieder(2006a, p. 69)는 자폐증 아동에 대한 개입의 중요성을 다음과 같이 묘사하였다. "개입을 통해서 우리는 따스함과 환희, 신뢰를 가진 채 아동의 세계에 들어간다. 이것은 아동이 스스로를 조절하도록 도울 수 있는데, 그 초점이 개입하려는 양육자에게 있기 때문이다. 이러한 개입은 의사소통할 희망을 이끌어 내고, 타인과 관계 맺는 즐거움을 발견하도록 하며, 외부세계에 참여하도록 이끌 수 있다."

다른 많은 치료법과 달리, 치료놀이는 자폐증 아동에게 심하게 부족한 사회기술을 과도하게 가르치지는 않는다. 대신 더 다양하고 세밀한 방식으로 아동이 이러한 기술들을 배울 수 있도록 돕는다. 관계의 중심에서 치료사는 이러한 능력을 발달시켜야 하며, 부모

표 8-2 ASD 아동을 위한 치료놀이의 본질: 개입

개 입

치료사나 부모의 역할	아동에게 기대되는 효과
신체적 · 상호작용적으로 특별한 관심을 보이면서 아동에게 강렬하고 집중적인 초점을 두어라.	아동은 '보임' 을 느낄 수 있게 된다.
아동이 좋아하고 싫어하는 것, 고통스러워하는 것과 즐거워하는 것 등에 대한 반응을 인식하라.	아동은 '감정' 을 느끼게 된다. 즉, 아동은 성인과의 감정적 유대를 경험할 수 있다.
아동이 치료사에게 관심을 두고 집중하도록 도와라.	아동의 주요한 관심은 장난감이나 도구보다는 치료사에게 있게 된다.
성인의 얼굴과 신체 그리고 얼굴 표정과 제스처로 아동의 주의를 끌어라.	아동은 성인의 얼굴 표정, 제스처, 그리고 간단한 지시에 주의를 기울이게 된다. 아동은 자신과 상호작용하는 특별한 누군가로 타인을 인식하게 된다.
아동이 간단한 도구를 가지고 놀고 놀이행동을 할 수 있도록 주의를 끌어라.	함께 주의를 기울이는 것을 아동이 경험하게 된다.
상호작용을 통해 긍정적 감정을 공유하고 증가시켜라.	아동이 타인과의 상호작용 때문에 더 긍정적인 감정을 경험하게 된다.
아동이 자신의 행동을 의사소통으로 만들도록 아동을 모방하라.	아동은 자신이 성인에게 영향을 줄 수도 있고 무언가를 시작할 수도 있다고 경험하게 된다.
번갈아 하는 것을 발전시켜라.	아동은 앞뒤의 여러 순서를 수행할 수 있으며 다음에 무슨 일이 일어날 것인지를 예측하고 기대할 수 있게 된다.
비언어적이고 언어적인 의사소통의 모든 수단을 격려하라.	아동은 언어적 · 비언어적 의사소통의 시도를 증가시킬 수 있다.
모든 의사소통에 반응하라.	아동은 '들림' 을 느끼게 된다.
놀이 상호작용의 레퍼토리를 발달시켜라.	아동은 치료에서 이미 놀았던 익숙한 놀이를 시작할 수 있게 된다.

는 사회적 과정 내에서 그것이 의미하는 바가 무엇인지를 더 이해해야 한다. 직접적인 상호작용을 통해 발달된, 타인을 책임지고 공유하며 인식하는 능력은 바로 사회기술의 핵심이라고 할 수 있다(〈표 8-2〉 참조).

아이에게 초점 두기　마치 부모가 열정적으로 자기 아기의 손가락, 발가락을 세고 아기의 모든 새로운 행동과 반응을 지켜보는 것처럼, 치료놀이 치료사도 자폐증 아동에게 그 경험을 제공해야 한다. 대부분 체크업 때 이것을 확실히 볼 수 있지만, 이 행동은 회기 내내 일어난다. 타인에 의해 보인 그 경험은 아동에게 자기와 타인 그리고 관계에 대해 배우는 기초가 된다.

아동의 반응 확인하기 치료놀이 치료사는 약간은 과장된 방식으로 아동의 반응에 비언어적으로 따라 하거나 약간의 단어를 사용하여 아동의 반응을 대처하는 순간에, 아동이 좋아하고 좋아하지 않는 것에 대해 혹은 기뻐하거나 침울해하는 것에 대해 알아차릴 수 있어야 한다. 예를 들면, 베키가 치료사와 했던 손바닥치기 놀이를 떠올려 보면, 아동이 찡그리면서 하던 손을 치우고 귀를 가렸을 때 치료사는 당황한 어조로 아이의 얼굴을 만지며 "박수를 너무 많이 쳤구나, 섀런." 하고 말했다. 치료사는 항상 아동의 의도를 알아차리려고 노력하며 제스처와 반응에 의미를 주려 노력한다. 예를 들어, 아동이 손을 뻗쳤을 때 원하는 것이 무엇인지 확인해야 하는 것처럼 말이다. 아동의 제스처를 알아차림으로써 당신은 아동의 반응과 의도에 대한 확신을 높일 수 있다.

치료사에게 집중하고 참여하게 하기 치료사는 아동이 상호작용에서 더 많은 즐거움을 발견할 때까지 장난감을 배제한 채 직접적인 상호작용으로 시작한다. 상호작용의 증진을 위해 간단한 소도구들이 사용될 수 있는데, 예를 들면 약간의 로션으로 치료사의 코에 솜공을 붙이는 것 등이다. 얼굴을 마주할 수 있는 위치에서 자연스러운 눈 맞춤이 일어나게 해야 한다. 왜냐하면 얼굴은 지속적으로 변하기 때문에 아동이 듣고 움직이는 동안 아동을 참여할 수 있게 만드는 많은 자극이 되기 때문이다. 치료사는 직접적으로 눈을 맞출 수 있게 되는 아동의 참을성에 민감해야 하는데, 비록 강요하지는 않더라도 치료사의 얼굴 가까이서 많은 활동을 함으로써 아동에게 접촉을 격려해야 한다. 예를 들면, 비눗방울 놀이에서 치료사의 코앞에서 비눗방울을 하나 건져서 아동 자신의 손이나 발로 터뜨리게 할 때 치료사의 얼굴을 보게 해야 할 것이다. 치료사는 기분 좋은 미소와 얼굴 표정을 짓고 "와, 네가 거기 있었네." 라고 말하면서 아동과 눈 맞춤을 할 수 있다.

눈 맞춤을 피하는 것은 자폐증 아동들이 압도된 경험을 조절할 수 있는 가장 보편적인 방식 중의 하나다. 모든 아동이 각성 수준을 조절하기 위해 때때로 눈 맞춤을 피하기도 하지만, 시각적 자극에 굉장히 민감한 자폐증 아동들은 훨씬 더 자주 그러하다. 아동이 견디도록 그리고 눈 맞춤을 즐기도록 돕는 방식을 찾는 것이 바로 생산적인 방식으로 아이에게 개입할 수 있는 본질적인 발판이 된다. 즐거움도 중요한 문제다. 치료사는 아동을 불안하게 만들고 두려움을 주고 압도되게 하는 것이 무엇인지를 사정해서 가능한 한 아동을 편안하게 만들어야 한다. 눈 맞춤을 기계적으로 보상받아야 하는 과제로 여겨서는 안 된다. 대신 각 아동에게 동기를 유발하게 하고 즐거움을 주는 활동을 계획해서 아동이 감각을 효과적으로 처리하고 통합할 수 있도록 강화해 주어야 한다.

아동의 반응에 집중하는 것뿐만 아니라, 치료사는 아동이 어른의 비언어적 행동에 주의를 기울이도록 이끌어야 한다. 치료사의 목적은 아동이 타인의 의도를 인식할 수 있도록 기초를 세워 주는 것이다. 예를 들어, 치료사가 로션 병을 가져와 그것이 차갑다는 것을 알았다고 하자. 치료사는 눈썹을 치켜 올린 채 눈을 크게 뜨고 약간 떨면서 "오, 이건 네게 발라 주기에 너무 차네."라고 말한다. 치료사는 로션을 손에 짜서 두 손으로 문지르며 말한다. "따뜻해지도록 문지르자. 문지르자, 문지르자." 치료사는 문지르던 것을 잠깐 멈추고 손을 벌려 로션을 바라보며 머리를 흔든다. 그러고 나서는 "조금 더 하자."라고 말하면서 계속 로션을 문지른다. 그다음 치료사는 "이제 됐다."라고 말하며 아동의 손을 잡고 강한 터치로 아동의 손에 로션을 발라 준다.

주의를 기울여가기 부모와 어린 아동이 하는 놀이에서 자폐증 아동들을 성공적으로 개입시킬 수 있는 많은 활동을 발견할 수 있다. 부모와 아동이 기본적인 상호작용 놀이를 경험하도록 돕는 것이 이미 전에 아동에게 제공되었을 수도 있지만, 아동이 전에는 그것을 받아들이지 못했을 것이다. 간단하게 말하면, 이러한 놀이를 통해 아동이 성공적이며 유능하다고 느끼도록 만들어 주어야만 한다. 까꿍놀이 같은 것은 아동에게 놀라움의 요소를 사용해서 집중하도록 만들 수 있다. 어린 ASD 아동과의 첫 회기에서라면, 아동이 편안하게 느끼고 활동에 익숙해질 시간이 필요하다는 것을 감안해서 치료사가 한정된 레퍼토리만을 사용해야 한다. 아기에게 익숙한 놀이를 반복하는 것이 적합하듯이, 특히 아동이 '더' 원할 때 그렇게 해야 한다. 그러나 새로운 경험의 인식을 차단하는 것과 참는 것과는 반드시 구별되어야 한다. 일단 그러한 상호작용적 놀이를 할 수 있게 되었다면, 비눗방울이나 머리를 꾸벅 숙여 떨어뜨릴 수 있는 콩주머니와 같은 간단한 소도구로 할 수 있는 상호작용적 놀이로 확장시켜야 한다.

긍정적인 감정 공유하기 자폐증 아동에게 개입할 때 재미있으면서 아동을 더 많이 웃게 하는 놀이의 중요성을 과장하는 것이란 불가능하다. 자폐증 아동을 위한 치료놀이의 목표는 바로 아동의 즐거움의 경험뿐만 아니라 타인과의 상호작용에 있다. 경직되게 계획된 다른 치료법에 비해, 치료놀이는 즐거움과 유연성—아동의 욕구에 대한 공감적 조율의 맥락에서—이 있다는 장점이 있다. 세부적으로 단절된 과업을 달성해야 하고 각각의 단계로서 가르치는 기술에 초점을 둔 치료방법들은 자발적이고 온화한 상호작용을 부인한다. 어떻게 즐거움이 허드렛일이 될 수 있단 말인가. 잘 조율된, 즐거운 활동을 동반한 놀라움과 기쁨은 이러한 아동들이 자주 느끼는 공포와 혼동을 뛰어넘게 해준다. 그것이 훨씬 더 필요한 관계를 구축하도록 돕는다.

아동 따라 하기 　자폐증 아동은 타인의 모습을 흉내 내기 어려워해서 치료사가 먼저 아동의 모습을 따라 하는 것으로 시작해야 한다. 이것은 아동이 '무언가를 시작하도록', 그리고 아동이 어른에게 영향을 미칠 수 있도록 느끼게 하여 아동과 어른 간 상호작용이 나타날 수 있게 한다. 치료사는 이러한 따라 하기를 '반영(mirroring)' 이라고 부른다. 모든 아동에게 감정 조율과 반영은 인식과 상호 개입, 수용과 신뢰를 가져올 수 있다. 자폐증 아동의 경우에는 좀 더 의도적으로 반영의 형태를 특별히 활용할 수도 있다. 이런 종류의 반영은 아동의 언어적 · 비언어적 반응을 따라 하는 것 모두를 포함하는데, 치료사 반응의 감정적 강도를 과장하거나 조화시킴으로써 확인할 수 있다. 아동의 소리를 따라 하는 것이 효과적인데, 그것은 부모가 아기에게 즐거운 말을 거는 것과 유사하다. 언어 지연이 있는 아동에게 아동의 소리를 따라 하는 것은 의사소통적 언어의 중요한 전조가 되는 것이므로, 아동은 그 소리에 집중하고 그 소리들을 상호작용적 의사소통으로 전환시킨다. 이것이 바로 의사소통적 교환의 시작이 되며, 그러한 적극적인 교환을 함으로써 진정한 의사소통적 언어를 이끌어 낼 수 있다. 예를 들면, 마거릿은 데먼의 깔깔거리는 소리를 따라 하면서 즉시 개입할 수 있었고, 사랑스러운 '대화'를 이끌어 낼 수 있었다. 의사소통적 언어의 시작을 필요로 하는 아동의 소리를 반영하는 것은 아동이 자신의 반향적 언어를 진정한 의사소통으로 바꿀 수 있도록 돕는 일이다.

치료사는 반복적이거나 회피적인 행동을 자주 하려는 아동에게 개입하기 위해 약간 다른 형태의 반영을 활용하기도 한다. 아동에게 활동이 무슨 가치가 있는지를 알아내려고 노력한 다음, 치료사는 소리, 움직임, 진정 정도가 비슷한 특성의 상호작용 형태를 창조한다. 바꿔 말하면, 치료사는 모든 사람이 공유할 수 있는 것으로 아동의 활동을 확장한다. 치료사는 아동의 리듬과 강도에 참여함으로써 치료사 자신을 아동 행위의 일부로 만들고 아동의 고립된 활동을 상호작용적인 것으로 만들려 시도한다. 치료사 자신을 아동 활동에 포함시키는 이러한 과정은 아동을 성가시게 할 때도 있다. 치료사가 자신을 아이와의 공유된 세계 속에서 밀고 당기기를 하면서 아동을 따라 하는 노력에 대해서 Greenspan은 다음과 같이 말한다. "나는 아동을 성가시게 만들고 싶지는 않지만, 그렇게 함으로써 아동이 잠시 나를 바라보며 나에게 목적을 가지고 말하도록 하기 때문에…… 아동은 마침내 나의 존재를 알아차리고 약간이라도 아동 자신이 나와 관련되어 있다는 것을 알게 된다." (Greenspan & Wieder, 2006a, p. 71)

번갈아 하기　　만약 치료사와 함께하는 타인이 있다는 것을 인지하지 않으면 치료사는 정말로 뭔가를 순서대로 할 수가 없다. 치료놀이 치료사는 앞뒤로 하는 강한 특성을 가진, 간단하면서도 성공할 만한 놀이활동을 만든다. 아동은 놀이에 참여함으로써 다른 사람의 행동을 기대하는 것을 배운다. 예를 들어, 치료사인 수는 자신의 뺨을 동그랗게 부풀리고는 라이언에게 약간 기대어 자신의 손으로 두 번 뺨을 부드럽게 터뜨렸다. 그러고 나서 치료사는 아동의 손을 자신의 뺨으로 가져가서 아동이 뺨을 터뜨리게 도왔다. 치료사는 아동이 자신의 뺨을 터뜨리도록 격려했고, 비로소 아동도 거의 할 수 있게 되었다. 치료사는 아동의 얼굴을 지그시 눌러 터지는 소리를 나게 만들었다. 수는 다시 뺨을 공기로 가득 채우고는 앞으로 기울였고, 라이언은 미소를 지으며 그녀의 얼굴 가까이 다가갔다. 아동은 이제야 그 놀이를 이해할 수 있게 되었다. 수가 뺨에 공기를 가득 채워 부풀릴 때면 언제나 아동은 그녀에게로 다가왔다. 특별한 놀이로 자신의 뺨을 터뜨리면서 아동은 치료사를 맞이하기 시작했다.

의사소통 격려하기　　개입적이면서 상호적인 의사소통에 초점을 두기 때문에, 치료놀이는 말을 못하는 자폐아동에게 언어의 기초를 형성시킬 수 있는 좋은 위치에 서게 된다. 또한 치료놀이는 언어가 잘 발달되었다 하더라도 비효과적인 방식으로 말을 하는 아동에게 진짜 상호작용적인 의사소통을 하도록 도울 수 있다. 단어와 어구를 가르치는 것에 특별한 초점을 두지 않는 치료놀이를 하는 동안, 아동들은 점점 말을 하기 시작한다.

자발성, 자연스럽게 소리가 나는 놀이에서의 시작, 반영, 이미 설명된 노래와 리듬의 사용 외에도, 다음과 같은 지침이 도움이 된다.[5]

- 치료사의 언어를 단순하면서도 직접적으로 유지하라. 길고 복잡한 문장과 세련된 어휘는 피하라. 아동의 수용적 언어 욕구에 맞추도록 치료사의 언어를 선택하라.
- 자연스러운 제스처와 신호를 말과 함께 섞어서 활용하라. 아동은 이해하기 위해서

는 시각적 연결이 필요하다. 또 치료사는 그림을 활용한다. 아동이 원하는 것을 지목하도록 격려하라.

- 과거의 것, 없는 것 또는 멀리 있는 것에 관해 말하는 대신, '현재'의 언어를 써서 지금 이 순간에 일어나는 것과 볼 수 있는 사물을 활용하라.
- 일어나는 것에 이름을 붙여라. 마치 부모가 어린 아기에게 말하는 것처럼 아동의 행위에 대해 얘기하라. 아동이 발에 접근할 때, 치료사는 "발을 만지고 있구나."라고 아동 행동의 의도를 명명하면서 그 순간에 아동의 레퍼토리에 있는 제스처를 취하면서 말한다. "로션이 좋구나." "비눗방울이 재미있구나."와 같이 아동이 느끼는 것을 짧게 인식시켜라.
- 초기에 치료사가 선택을 하게 한다면 눈 맞춤 반응, 그림이나 사물 선택, 신체적 제스처를 할 수 있는 기회를 제공하라.
- 만약 아동이 언어로 반응하지 못한다면 신체적으로 인도하거나 손으로 끌어 주라. 적절한 신체적 반응으로 그 행동을 진술하거나 명명함으로써 아동을 도울 수 있다.

의사소통에 반응하기 치료놀이 상호작용을 하면서, 치료사는 아동의 의도, 바람, 욕구와 메시지를 해석하려고 노력함으로써 타인에 의해 그것이 들리는 경험을 하게 할 수 있다. 치료사는 아동이 무엇을 의사소통하려 하는지, 치료사가 어떤 방식으로 아동에게 반응을 한다는 것을 아동이 확신할 수 있도록 크게 말해 준다.

놀이 상호작용의 레퍼토리 발달시키기 치료놀이 참여를 통해 아동과 부모는 그들이 함께하는 일들의 가짓수를 늘릴 수 있다. 자폐증 아동의 어머니는 "집에 함께 있을 때 이러한 놀이들을 할 수 있게 되었어요. 아무것도 할 수 없어 힘든 시간이었는데." 쉽게 혼란스러워지는 아동과 대부분 야단법석이었던 놀이로 개입했던 다른 부모 역시 아동에게 조용하고 더 부드러운 방식으로 개입하는 것을 배울 수 있었다.

학교 장면에서 개입을 격려하기 집에서 하는 치료놀이나 치료놀이 회기 외에도, 자폐증 아동은 치료놀이의 즐겁고 개입적인 접근을 따르도록 준비되어 있는 지지적인 학교 프로그램이 필요하다. 만약 가능하다면 치료사는 아동과 함께 생활하는 모든 사람에게 치료놀이 접근을 증명하고 설명해야 한다. 다음 사례는 주간치료센터의 직원을 치료놀이 원리로 효과적으로 준비시키는 것에 대해 소개하고 있다.

학교 직원과 동료의 개입 효과를 최대화하기[6]

자폐증 아동인 7세 제프는 친구와 가족에 대한 공격성, 사회적 상호작용, '적대적' 행동이 늘었기 때문에 학교에서 실시하는 주간치료 프로그램에 참여하게 되었다. 아동은 친구들을 향한 어떤 움직임을 보이지 않았고 눈 맞춤과 신체적 접촉도 피했다. 아동의 말은 대개 반향어였다. 아동의 학업 성취도는 자기 학년을 밑도는 수준이었다. 치료사인 데이브는 초기면접과 사정 후에 제프를 치료놀이에 의뢰했다. 그의 부모는 열정적이어서 프로그램에 참여하게 되었다.

제프의 개별 회기는 14개월 동안 일주일에 한 번씩 이루어졌다. 회기에서 치료사는 제프가 감정적으로 의미 있는 행동에 참여할 수 있게 매번 노력했다. 치료사는 진정되고 양육적인 활동과 즐겁고 개입적인 활동이 균형을 이루도록 했다. 까꿍놀이, 베개 터널 기어가기, 레슬링, 로션 발라 주기, 먹여 주기 등등. 치료사는 모든 몸짓과 소리를 발달시켜 제프가 활발하게 상호작용할 수 있도록 하였다. 이러한 반영은 아동이 더 자발적이고 적합한 언어를 사용하도록 이끌었다.

제프는 처음에는 강하게 회기에 저항했다. 그는 치료사의 팔에서 벗어나려 노력했고 눈 맞춤을 피하기 위해 치료사의 가슴에 머리를 묻기도 하였다. 데이브는 부드럽지만 지속적으로 추구했고, 항상 신체적 접촉을 유지하려고 했으며, 아동이 견딜 수 있는 한 많이 아동에게 눈 맞춤을 했다. 제프는 상호작용에서 점차 편안해지기 시작했고, 데이브는 특징적 반응 없이도 아동에게 접촉할 수 있게 되었으며 서로 눈 맞춤도 증가했다. 일단 아동이 편안한 단계에 도달하자, 주간치료센터 직원들의 참여가 더 필요했다. 곧 아동의 눈 맞춤이 더욱 개선되었고, 회기에서뿐만 아니라 친구와 가족 및 선생님과 다른 구성원들에게까지 눈 맞춤은 확대되었다.

즐겁고도 지속적인 개입의 원리도 아동의 주간치료 프로그램에 더 확대 적용되었다. 모든 직원들은 주의 깊고 체계적인 그 계획에 동의했고, 모든 사람이 가능한 한 아동과 자주 상호작용하였다. 그들은 아동에게 즐거운 활동과 의사소통으로 개입하였고, 아동과 신체적 접촉을 했으며, 눈 맞춤을 위해서 아동의 시야 안으로 즐겁게 움직였다. 그들은 아동이 지속적으로 그들을 인식하기를 원했고 관계 맺기를 원했다. 아동은 쉽게 위축되거나 물러날 수 없었다. 아동의 과정을 효과적으로 만들 수 있었던 것은 실제 제프의 친구와 직원 그리고 가족이 함께 이룬 모든 노력의 총체였다.

뿐만 아니라 제프 주위의 ADHD로 진단받은 다른 아동들은 제프에게 강한 영향력을 끼친 치료사들이나 다름없었다. 그들의 활발한 활동과 자연스러운 침투적 행동은 제트를 내부에서 이끌어 냈다. 집단 치료놀이는 제프와 친구들에게 강력하게 활용되었다.

원으로 모여 친구들끼리 손이나 뺨에 서로 로션을 발라 주는 활동, 전기 게임, 그리고 서로의 이름을 불러 주면서 부드러운 공을 전달해 주는 활동은 제프를 끊임없이 개입되게 하였다. 회피의 기술을 자기보호적인 수단으로 삼았던 이 소년은 이제 자기 인생의 모든 중요한 사람이 현재에, 계속적으로 존재하고 접근 가능하며 아무도 그를 위축되게 만들지 않는다는 것을 알게 되었다. 사실 아동은 즐거움과 수용됨을 경험했기 때문에 더 이상 자기 스스로를 보호할 필요를 느끼지 않게 되었다.

프로그램이 끝날 무렵, 제프는 사회기술이 극적으로 증가하였다. 그는 또래집단에서 인기인 중 한 명이 되었다. 아동은 여러 친구들을 사귀고 우정을 유지하게 되었다. 눈 맞춤도 증가했고, 반향어는 새로운 사람을 만날 때와 같은 스트레스나 불특정 상황에 나타났다. 그의 학업성취 역시 굉장히 증가했다. 제프는 학교에서 정규 2학년에 참여하게 되었고, 학교 선생님은 그에게 가능한 한 많이 개입을 해주어 아동이 지속적으로 잘할 수 있었다. 이제 22세가 된 제프는 지역 보수관리 회사에서 정규직 직원으로 근무하고 있다. 최근 그는 회사에서 승진을 했으며, 아직은 부모와 함께 살고 있지만 현실적 목표는 독립이다.

양 육

양육이라는 치료놀이 원리도 예민하고 불안한 아동에게 중요하다. 양육은 인간에게 안전과 안정, 편안함을 제공하는 가장 근본적인 유대가 된다. 접촉을 불편해하는 많은 아동들은 젖병으로 수유되거나 안기거나 보살펴졌던 기본적인 양육의 이점을 잃어버린 까닭에 그러하다. 따라서 자폐증 아동을 진심으로 진정시키는 양육활동을 발견하는 것은 매우 중요하다(〈표 8-3〉 참조).

표 8-3 ASD 아동을 위한 치료놀이의 본질: 양육

양 육

치료사나 부모의 역할	아동에게 기대되는 효과
아동에게 편안한 양육적 터치를 제공하라.	아동은 양육이라는 매우 집중되고 친밀한 상호작용을 경험하고 수용하며 즐기게 된다.
아동이 화났을 때 진정시켜라.	아동은 부정적 정서가 상호작용을 통해 회복되는 것을 경험하게 되고 다른 사람에 의해 개입됨으로써 진정할 수 있게 된다.

양육을 편안하고 즐거운 것으로 만들기 치료사가 수용할 수 있는 편안한 양육적 접촉방식을 알게 될 때, 아동은 자신을 돌보는 어른에 의해 보살핌, 관심을 받으며 친밀한 상호작용을 즐기는 경험을 할 수 있게 된다. 가령, 엄마의 팔에 안겨 있는 것을 참지 못하는 아동이라 해도 엄마의 무릎이나 베개에 지지되는 것은 받아들일 수 있다. 엄마가 먹여준 쿠키를 베어 물 때, 아동은 엄마의 얼굴을 통해 즐거움을 볼 수도 있다. 엄마는 상호작용을 좀 더 유지하기 위해 아동의 손가락을 마사지하면서 강한 터치로 적응시킬 수 있을 것이다. 치료사는 아동이 다른 사람에게는 즐거움의 원천이며 또한 다른 사람들이 좋은 것도 줄 수 있다는 것을 아동이 이해하기를 원한다.

혼란스러운 아이가 진정될 수 있도록 양육 활용하기 양육은 동요되어 있는 아동을 진정시키고 가라앉히는 잠재력이 있다. 만약 아동이 혼란에 빠져 있을 때 부모가 어떻게 아이를 진정시켜야 하는지를 알게 하려면, 자기 진정이나 자기 자극에 전적으로 의존해 있도록 하지 않고 타인으로부터의 진정시키는 접근의 편안함을 아동이 경험하도록 해야 한다. 또한 부정적인 정서의 상호작용적 회복이 가능한 세계로 아동은 들어가기 시작할 것이다.

예민하고 고립된 청소년 딸에게 엄마가 양육하는 방법을 알게 하기

다음은 첫 치료놀이 훈련과정을 이제 막 마친 여성이 쓴 글이다.

최근 나는 고위험군 가족과 함께하는 일의 일부로서 치료놀이 입문수련을 막 마치게 되었다. 수련기간의 첫 이틀 동안, 나는 치료놀이 기술을 직업상 어떻게 수행할 수 있을지 생각했을 뿐만 아니라 자폐가 있는 18세 딸아이의 엄마로서 치료놀이가 나의 개인적 상황에 가져올 수 있을 이점에 대해서도 생각하게 되었다.

내 딸 에밀리는 ASD를 수반한 경증의 학습장애가 있었다. 아이는 쉽게 사회화되지 못했고 친구들과 함께 시간을 보내지도 못했다. 가족과 함께 생활하게 하려는 내 노력에도 불구하고, 아이는 많은 시간을 혼자 침대에서 TV를 보며 지냈다. 에밀리는 접촉을 불편해했다. 이러한 문제는 아이가 타인과 함께하는 신체적 · 사회적 상호작용의 결핍에서 비롯된 듯했다.

질문에 대한 토의시간이 되었다. "내가 딸과 치료놀이를 할 수 있다고 생각하세요?" 트레이너 중의 한 명이 재미있는 놀이로 시작하라고 제안했다. 나는 그날 배운 놀이로 딸에게 개입하려는 계획을 가지고 집으로 향했다.

나는 '연습이 필요한' 놀이의 목록을 살펴보도록 아이에게 주면서 비구조화된 방식으로 에밀리에게 치료놀이를 소개했다. 나는 솜공 불기 놀이를 제안했다. 우리는 놀랍게도 굉장히 재미있었고, 에밀리는 편안해졌으며 내가 자신의 손도 잡도록 허락해 주었다. 나는 아이가 새로운 놀이에 예민해하는 것을 곧 알게 되었고 아이가 점점 쌓여가는 베개 더미 위에 설 수 있도록 도와주었다. 아이는 점점 더 커지는 베개 더미 위에 올라서서 균형을 잡도록 내가 도와줄 수 있게 했다.

또한 나는 에밀리가 눈 맞춤을 지속하도록 격려하고 싶어 손을 잡고 얼굴을 마주 대하고 서서는 내가 눈을 깜빡이는 방향으로 아이가 오른쪽 또는 왼쪽으로 움직이도록 신호를 주었다. 확실히 이 활동은 에밀리가 하기는 어려워서 아이가 자주 눈 맞춤을 피하였지만 다음에 어디로 갈지를 보라는 나의 격려에 따라 아이는 다시 시도하게 되었다. 에밀리에게 확실히 도전이 되었던 놀이는 바로 '딸기주스' 였다. 내가 "딸기."라고 말하는 똑같은 속도, 성량, 억양으로 아이는 "주스."라고 말하였다. 에밀리가 의사소통하고 표현하고 새로운 단어를 말하는 것을 어려워했기 때문에, 나는 이 활동을 간단히 할 수 있으면서도 쉽고 성취할 수 있게 도와주었다.

이렇게 즐거운 놀이를 한 후, 에밀리는 깔깔거리며 내가 매니큐어 놀이를 하고 싶어 하는 것 같다고 말했다. 나는 아이의 제안에 굉장히 놀랐다. 에밀리가 할 거라 기대한, 어쩌면 마지막일지도 모르는 친밀한 활동을 할 기회를 나는 꽉 움켜잡았다. 아이의 손에 로션을 덜면서 우리는 상처를 돌봐주고 손금을 살폈다. 나는 에밀리가 내가 원했다면 매일 이 활동을 했을 거라는 아이의 말을 듣고 놀랐다.

에밀리는 또한 강박증을 앓고 있었다. 아이는 식사하기 전에 자신의 식기 등이 어떠한지 꼼꼼하게 살피고 자신이 먹는 음식이나 식기 등을 다른 사람이 만지거나 사용하는 것을 허락하지 않았다. 이것은 음식을 먹여 주는 활동에 장애가 되었다. 우리는 아이가 가장 좋아하는 거품이 가득한 핫초코를 함께 마시면서 회기를 끝냈다.

에밀리는 우리가 경험한 치료놀이를 '재미있고 편안한 것' 으로 묘사했다. 아이는 하기 쉬운 놀이(눈 맞춤과 먹여 주기 놀이는 빼고)라고 말하면서 그것이 접촉과 손잡는 것을 더욱 쉽게 만들었다고 했다.

치료놀이는 내 딸과 내가 신체적으로 즐겁게 다시 개입할 수 있는 소중한 기회가 되었다. 우리는 매주 여러 번 치료놀이를 바탕으로 한 다른 활동들을 즐기고 있다. 이제 에밀리는 손뿐 아니라 팔에도 로션 바르는 것을 좋아한다. 나는 지금까지 이러한 가능성을 믿지 않았다. 에밀리가 더 자주 신체적으로 접촉하려고 하고, 포옹할 때 더 편안해지는 것을 알게 되었다.

치료놀이 입문 전에 나는 무던히도 에밀리를 신체적으로 친밀하고 도전적인 방식으로 개입하려고 애써 왔다. 이제 부모와 전문가로서 나는 나이, 능력 등 여러 욕구에 관계없이 치료놀이가 아동에게 개입하는 방식을 나에게 알려 주었다고 정말 말할 수 있다.

도 전

도전이라는 치료놀이 원리가 ASD 아동에게 조금씩 부가될 수 있다. 아기활동의 단순한 개입활동으로 시작해서 치료사는 새로운 활동과 도전을 점차적으로 소개해 아동이 새로운 상황에 직면할 때 유능감과 편안함을 점진적으로 느끼도록 할 수 있다. 이것은 타인과의 상호작용에 참여하는 아동 능력의 범위를 확장시킬 수 있으며 아동이 새로운 활동의 다양함을 견딜 수 있게 한다(〈표 8-4〉 참조).

표 8-4 ASD 아동을 위한 치료놀이의 본질: 도전

도 전

치료사나 부모의 역할	아동에게 기대되는 효과
아동이 다양한 새로운 활동을 견딜 수 있도록 도와라.	아동은 타인과 더 상호작용하게 되고 특별하게 상호작용하는 데에 참여할 수 있게 된다.
중간 정도의 어려운 활동을 완수할 수 있도록 아동을 돕고 격려하라.	아동은 타인의 격려나 원조를 바탕으로 조금 어려운 일들을 수행하는 것을 경험하게 된다.

새로운 활동 참아내기 단순하고 익숙한 활동은 아동에게 개입될 수 있지만, 새롭고 친숙하지 않은 활동은 처음에는 아동에게 수용되지 못할 수 있다. 이때 치료사는 계속 노력하는 것이 중요하다. 아동은 치료사가 기대하는 것을 이해할 시간이 필요할 것이다. 아동은 계획하고 진행하며 반응하고 새로운 것으로 전환할 여분의 시간이 필요할지도 모른다. 따라서 치료사의 움직임과 표정을 과장되고 느리게 하여 설명하면서 직접 안내하며 활동을 보여 주는 시간, 아동이 이해하기 시작하도록 충분한 시간을 주는 것이 중요하다.

약간 어려운 활동을 성취시키기 ASD 아동에게는 약간 어려운 활동을 완수하는 행동을 도전으로 삼거나 좀 더 오랜 시간 상호작용하도록 머무르게 하는 것도 도전으로 할 수 있다. 가령 아동은 번갈아 하는 능력을 발달시키는 것으로 도전에 직면할 수 있다. 그리고 아동은 타인의 도움이나 격려에 힘입어 약간 어려운 것을 성취하는 경험을 하게 될 수도 있다. 이러한 도전의 일부는 전에 거부했던 자극을 참아낼 수 있는 능력도 포함한다. 만약 단계적으로 치료사가 이러한 경험을 소개한다면, 아동은 도전이 무서워할 만큼 그렇게 압도되는 것은 아니라는 것을 배울 수 있게 된다. 도전을 제시할 때에 치료사는 아동이 쉽게 경험을 관찰할 수 있으며 한 단계 앞으로 나아갈 수 있는 시점에서 도전을 시작해야 할 것이다. 마치 부모가 이제 걸을 준비가 된 걸음마기 아기에게 손을 뻗어 걷게 하는 것처럼, 치료사는 주저하는 아동이 첫 번째 발걸음을 뗄 수 있도록 인도해야 한다. 방어적인 아동의 손바닥에 로션을 조금 짜서 잘 발라 주거나 파우더를 처음에 조금 묻힌다거나 하는 것은 아동이 새로운 경험을 처리하거나 수용하게 하는 능력으로 확장시킬 것이다. 자폐증 아동에게 그러한 것을 반복하는 것은 가치 있는 일이므로, 특별히 어려운 활동이 필요한 것이 아니라 이전에 쉽지 않았던 일을 하는 것이 아동에게도전의 시작이 될 수 있다.

치료놀이의 도전은 비언어적 신호와 사회적 시도와 관습 등을 사용하거나 이해하는 데 어려움이 있는 아스퍼거 장애 아동에게도 유용하다. Paris Goodyear-Brown(2009)은 아동이 사회적 신호에 주의를 기울이도록 돕는 도전과 구조의 활용에 대해 생동감 있게 설명하였다. 그녀는 사회적 신호를 읽는 능력이 부족하고, 흥미가 제한되어 있으며, 대화에 대한 관심 부족으로 타인을 제대로 인식하지 못하는 것은 물론, 눈 맞춤도 잘 이루어지지 않고, 신체적 경계에 대해서도 잘 이해하지 못하는 9세 아동의 치료 사례를 제시하였다. 그녀는 처음에 아동에게 언어적 신호를 주면서 사용했던 콩주머니 놀이를 다양하게 바꾸어 눈을 깜빡이는 비언어적인 신호로 전환하였다. 아동을 좀 더 기다리게 하면서 도전을 하게 했고, 치료과정에서 눈 맞춤을 더 길게 하도록 하고 응시하는 시간도 증가시켰다. 아동과 엄마가 서로의 제스처를 따라 하게 하는 활동은 아동이 엄마와의 신체적 관계에서 자신의 몸의 위치를 확인할 수 있게 도왔다. 몸의 경계에 관한 다른 단서들을 알아차리도록 아동을 돕기 위해, 치료사는 몸을 재는 테이프로 감초 말린 것을 사용하여 편안하게 아동의 몸을 잴 수 있었다. 그러고 나서 그녀는 아동의 몸을 잰 감초 말린 테이프를 아동에게 먹였고, 도전과 양육을 혼합해 활용할 수 있었다. 적당한 사회적 거리를 유지하도록 하기 위해서 아동은 치료사와 엄마와 함께 빨간불, 초록불 놀이를 했다. "그건 너무 가까워."를 의미하는 비언어적인 신호는 '빨간불' 이다. 초록불 신호에 아동은 부모를 향해 걸어갔고 빨간불이라는 신호를 보았을 때에는 움직임을 멈추었다. 치료사와 엄마는 아동이 "너무 가까워."라는 신호를 정확히 읽었을 때, 그리고 적당한 거리에서 멈추었을 때에도 격려해 주었다.

도전 소개하기

치료놀이 활동을 집에서도 했던 앞의 6세 PDD-NOS 아동 제키의 치료로 다시 돌아가 보자. 초기 회기에서 S박사는 콩주머니 놀이를 통해 제키를 안내했다. 치료사는 자신의 머리에 콩주머니를 올려놓고 아동의 손에 그것이 떨어지게 했으며, 다시 아동의 머리에 콩주머니를 올려놓고 치료사가 다시 그것을 잡는 놀이를 하였다. 아동이 이 활동을 좋아하게 되자, 치료사는 떨어뜨리기 전 2개나 3개의 콩주머니를 차례차례 포개어 머리에 올려놓으면서 도전과 재미를 더하였다. 계속하던 것을 고수하려는 제키의 성향을 깨뜨리기 위해 S박사는 때때로 활동을 바꾸어 아동의 머리 위에 콩주머니를 올려놓고 엄마를 향해 걸어가게 해서 엄마의 손에 콩주머니를 떨어뜨리게 했다. 치료놀이 활동이 진행됨에 따라 제키는 집중, 조절, 개입의 능력이 확장되고 개선됨을 보여 주었다. 이에 치료사는 좀 더 도전적인 콩주머니 놀이로 전환하였다. S박사는 거울 앞에서 서로 마주 앉아 있을 때 엄마와 아동에게 5개의 콩주머니를 건네주었다. 그리고 "엄마가 제키의 몸에 콩주머니를 올려놓으시면 제키가 엄마 몸 위에 똑같이 올려놓을 거예요."라고 말했다. 엄마는 조심스럽게 아동의 무릎 위에 콩주머니를 놓았고, 아동은 엄마의 무릎 위에 그것을 놓으면서 키득거렸다. 엄마가 다음 콩주머니를 어디에 놓을까 하고 아동을 섬세하게 살폈다. 아동도 그와 같이 엄마를 조심스럽게 살펴보았다. 엄마와 아동은 그들이 무릎, 어깨, 머리 위에 콩주머니를 놓을 때까지 계속 그렇게 하였다. S박사는 그들이 자신을 감탄하며 바라볼 수 있도록 거울을 보게 하였다. "엄마가 이제 머리를 기울이시면 제키가 하나를 잡을 거예요. 자, 이번에는 제키가 엄마 것을 잡아 보렴. 좋아, 이제는 어깨다." 그들은 서로 어깨를 움직여 콩주머니를 떨어뜨렸고, 무릎에서도 떨어뜨렸다. 제키의 빛나는 눈, 즐거운 웃음, 엄마 뺨에 뽀뽀하기 등은 새롭고도 공유된 세계를 함께 발달시키기 위한 제키와 관계를 맺기 위한 엄마의 도전은 물론 옳은 자극을 제공한 것이라고 치료사는 엄마에게 말해 주었다.

다양한 접근을 통해 치료 효과 증대시키기

이 장에서 치료사는 치료놀이 접근을 집에서도 가족이 함께하는 것이 중요하다는 것을 강조했다. 제프의 사례에서처럼, 치료놀이 원리가 주간치료센터에서 이루어짐으로써 효과가 증대된 것을 알 수 있다. 이제는 치료의 효과를 극대화하기 위해 치료놀이를 부가적으로 활용하면서 다양한 접근을 요구하는, 매우 심각한 어려움이 있고 지체되어 있는 ASD 아동과의 작업을 예로 들어 볼 것이다.

이미 보았다시피, 치료놀이는 아동을 위한 기본적 정서와 사회적 기초를 제공할 수 있다. 양육과 도전의 영역은 아동을 안전하다고 느끼도록 만들어 학습할 수 있게 한다. 개입과 도전은 아동이 새로운 경험에 도달하고 실험하도록 격려한다. 그러나 우리는 아동이 또한 다른 치료도 필요하다는 것을 알고 있는데, 아동이 치료놀이 경험을 통해 개입되었다면 다른 치료도 더 잘 수용할 수 있다. 아동은 특별한 도전 영역에서 더 많은 지지가 필요할 것이다.

다양한 접근을 포함하여

자폐증으로 진단받은 11세 캘리시는 자해행동, 신체적 공격성, 불순종 등 심각한 행동 문제를 빈번히 보였다. 지적 손상도 심각했지만 정확한 평가가 어려웠다. 아동의 자폐적 징후는 손바닥을 반복적으로 치기, 제한된 사회적 상호작용과 의사소통의 부재 등이었다. 캘리시는 침실에서 많은 시간을 보냈다. 커버 뒤에 숨고 사람에게 머리를 내미는 것과 같은 놀이도 자주 일어나지 않았다. 아동은 부모의 촉진으로 음식을 먹거나 기초 감각 놀이를 할 수 있었으나, 때때로 웃고 뛰며 손바닥을 치는 자폐적 징후를 보이곤 하였다. 배변훈련도 이루어지지 않았다. 물에서 노는 것이나 등을 세게 문지르는 것과 같은 특정 감각 경험들만은 굉장히 즐기고 있었으나 새로운 활동에 대해서는 공포 반응이나 저항으로 반응하였다.

자폐증에 대한 이해를 하게 된다면 이 아이들을 도울 수 있는 다양한 접근의 전략이 필요하다는 것을 알게 된다. DSM-IV-TR에 나와 있듯이, 많은 자폐증 아동에게는 사회성 문제뿐만 아니라 반복적이고 정형화된 행동들과 의사소통의 결핍, 심각한 정도의 정신지체가 있다. 이러한 복잡한 프로파일은 친구 간 우정의 발달, 공동체에서 협상하는 능력, 자신을 돌보는 일이나 집안일을 배우는 것, 안전에 대한 인식, 학업적·직업적 성취, 놀이와 여가활동에 참여하는 것, 자신의 건강에 대해 책임을 지는 것 등을 어렵게 만든다.

특히 자폐증과 같이 다양한 욕구가 있는 아동과 할 수 있는 집중적인 치료 작업은 거주치료센터와 외래환자 치료 프로그램의 다음 다섯 가지 주요 영역에서 독립적이고 긍정적인 사회적 기능을 향상시키기 위해서 접근되어야 함을 증명하고 있다.

- 해를 끼치는 비적응적인 행동을 감소시키고 친사회적 행동을 증가시키는 사회·행동적 기능
- 형식이 있는 의사소통
- 비폭력적이고 진정된 행동을 하게 될 때의 여가 기술
- 교통과 관련되거나 다른 신체적, 사회적 위험으로부터 안전을 유지하는 사회통합력
- 개인적, 가정적 보호를 위한 적응적 일상생활 기술

어떠한 치료 프로그램도 자폐증에 단독치료로 활용될 수 없다. 행동치료, 사회기술 훈련, 언어치료, 작업치료, 특수교육과 같은 기법의 혼합이 항상 필요하다. 그러나 어떤 행동들에는 위의 요소를 포함하는 치료계획이 성공에 매우 유용할 수 있어서 치료놀이가 주요 접근이 될 수 있다.

캘리시의 치료 프로그램은 심각한 인지적 지체와 자폐가 있는 아동의 행동적 건강과 기능을 향상시키는 데 납득할 만한 프로그램으로서, 치료놀이가 결합되어야 함을 보여 주고 있다. 다음을 포함해서 사정과 치료계획이 개발되었다.

- 행동기능 분석
- 양육자가 제공하는 구조를 받아들이는 것, 협동적 놀이기술을 배우는 것, 여가 기회를 강화시키는 것과 같이 타인과의 정서적 개입으로서의 치료놀이
- 사회통합의 연습(아동은 거의 대부분 홀로 있었다)
- 그림교환 의사소통체계(Picture Exchange Communication System: PECS)를 활용하는 의사소통 훈련
- 인지적이고 발달적인 기술놀이를 연습하는 긍정적 강화체계 사용
- 과업 분석, 신속한 위계, 이전으로의 연쇄(오류 없는 학습을 촉진하는 기술) 등을 단계적으로 활용하는 자조기술 훈련
- 자폐 지지반을 위한 학교상담과 옹호

치료놀이 회기

치료놀이는 간단한 회기로 집에서도 약 15~20분 정도 할 수 있다. 까꿍놀이, 비눗방울 터뜨리기, 로션 미끄러지기 놀이, 손을 잡고 앞뒤로 흔드는 노젓기, 종이 위에 손·발 찍기, 과일맛 껌 테이프로 아이의 몸을 재고 그것을 먹여 주기와 같은 것을 첫 회기의 계획으로 세울 수 있다. 지나치게 저항적이지 않은 활동은 종종 협력적인 상호작용에 대한 약간의 노력으로도 순순히 수용될 수 있다. 까꿍놀이는 부분적으로만 성공적일 수도 있다. 때때로 아동은 이불 밑에 감춘 얼굴을 보여 준다. 단지 비눗방울에 약간의 관심을 보였지만 비눗방울을 전혀 불지는 못했다. 그리고 노젓기나 종이 위에 손을 따라 그리기는 강하게 거부했다. 아동이 즐길 수 있는 확실한 활동은 과일맛 껌을 먹는 것이었다.

치료놀이 프로그램은 아동의 감각적 관심과 인지·발달적 수준에 맞게 디자인되었다. 물감 붓을 활용한 감각놀이 활동과 등 마사지 도구, 콩주머니, 떠는 인형, 향기 나는 로션 등은 아기 돼지, 풍선 균형 잡기, 비눗방울 터뜨리기, 노젓기, 박수치기와 같은 놀이와 함께 치료놀이 회기에 활용되었다. 힘 주어 마사지하기 등의 활동은 작업치료사가 제공한 것이었다.

치료적 지지 스태프(TSS)와 가족 포함하기

치료적 활동을 계속 유지하고 활동을 최대한 많이 하기 위해, 부모와 TSS는 매일 비슷한 상호작용을 하며 치료 회기에서 적극적인 참여자가 되기 위하여 미리부터 훈련을 받아야 한다. 치료를 시작하고 6주 안에 치료과정을 진행 노트에 기록해야 하는데, 리듬이 있는 음악, 아이의 발을 찍은 알루미늄 호일, 몸에 숨길 사탕과 그것을 누가 찾을 것인지 등을 포함하여 활동에 참여할 사람 및 아동의 미소가 얼마나 증가했는지 등을 적는다.

의사소통 훈련에 치료놀이 통합시키기

가족과 TSS들은 그림교환 의사소통체계(Frost & Bondy, 2002)에 대한 기초 사용법을 알도록 훈련받아야 한다. 이 체계의 I단계에서는 그림을 바라는 것과 바꿀 수 있다고 아이에게 가르치는 것에 초점을 둔다. 캘리시의 경우에는 그것이 음식이 되었다. TSS와 치료놀이 치료사들은 소통적 파트너 및 격려자로서 행동했다. 캘리시가 음식을 얻기 위해 치료사에게 안겼을 때, 즉 아동이 그것을 바란다는 것이 증명되자 격려자들은 아동의 손으로 그림을 집도록 안내했고, 음식 대신에 치료사들에게 그 그림을 주었다. 캘리시는 즉시 생각을 하게 되었고, 여러 회기를 거치면서 가족 중 여러 명과 의사소통하는 것이 가능해졌다. 이 접근은 양육의 방법으로 음식을 주는 전통적인 치료놀이에서 벗어나는 것이었다. 그러나 의사소통 방법을 발달시키도록 캘리시를 돕는 데에는 필요한 것이었다. 회기 중에 양육환경을 유지하기 위해서 치료사는 매 회기나 장면에서 아동에게 음식을 요구하도록 하지는 않았다.

행동기능 사정 및 가르치는 기술과 치료놀이 통합시키기

치료를 시작하게 된 의미 있는 징후는 캘리시의 머리를 때리는 강한 자해행동(SIB)이었다. 이 문제에 접근하는 첫 단계로서 치료사는 자해행동을 시간마다 추적하기로 하였다. 자해행동은 일주일에 천 번 이상이나 있었다. 혼란이 증가할 때는 찰과상과 멍이 들 정도로 세게 머리를 때렸으며 타인을 향해 신체적 공격을 하기도 하였다. 비디오 기록을 통해 캘리시의 행동 맥락과 빈도를 추적할 수 있게 되자, 자해행동은 우선 아동이 학습과제에 참여하거나 기술 수행이 요구되는 것과 같이 뭔가를 해야만 하는 상황에서, 다음으로는 혼자 있는 상황에서 더 자주 발생한다는 것을 알게 되었다. 그리고 아동에게 뭔가를 요구하지 않는 놀이를 하는 동안에는 자주 발생하지 않는다는 것도 알게 되었다. 이 프로파일을 통해 특정한 행동접근 전략이 제안되었다. 첫째, 캘리시가 혼자 있을 때 설명할 수 없는 내적인, 자기 자극적인 이유 때문에 머리 때리는 자해행동이 발생한다고 설명되었다. 비염도 의심되었기에 그것이 치료되었다. 둘째, 아동이 과제를 하도록 요구되는 상황에서 그 난이도를 낮추어 제시하는 관계, 새로운 치료놀이 활동을 소개하거나 새로운 기술을 가르칠 때 속도를 좀 늦춰 천천히 하게 하고, 새롭고 어려운 과제에 참여하게 할 때에는 아동에 대한 긍정적 강점을 강화하거나 그것을 반복적으로 해볼 필요성을 제시하였다. 셋째, 치료놀이와 감각활동과 같은 것을 잘 활용하면서 놀이를 하면서 자주 쉬는 것이 훨씬 일찍 아동에게 소개되었다면 좌절의 증가를 낮추고 혼란을 막을 수 있을 것 같다고 제안하였다.

기본 기술 발달시키기

인지기술뿐만 아니라 기본적인 개인기술과 가정에서의 기술도 증진되었다. 캘리시는 PECS 기술로서 아이가 바라는 아이템의 그림을 선택하고 별을 받고 나서 판 위에 별을 붙이는 것을 수행하는 세 가지 과업을 완수했다. 아동이 바랐던 아이템의 그림과 토큰으로 교환이 이루어지자 3개의 판이 가득 채워졌다. 정서적 친밀감, 개입과 진정의 감정을 아이가 유지하도록 하면서 아동의 감각활동을 하였는데, 아동이 좌절의 신호를 보이면 치료놀이를 하였다. 아동은 일 년 이상 계속하면서 5분 정도였던 도전이 45분 정도까지 증가되었고, 테이블 위에서 하는 활동, 기술 강화하는 활동도 할 수 있게 되었다.

사회적 통합과 여가 선택을 하도록 증진하기 위해 치료놀이 활용하기

TSS와 부모와 함께한 매일의 실천을 통해 캘리시의 치료놀이 참여는 증가하였다. 아동은 풍선을 치는 놀이의 즐거움을 알게 되었으며, 이를 통해 아동에게 가족과 치료사들과 함께한 상호작용적 놀이를 통한 개입도 증진시킬 수 있었다. 곧 아동은 아빠와 야외에서 축구공을 앞뒤로 차는 놀이를 하면서 즐거워하였다. 캘리시는 비눗방울 놀이와 같은 상호작용적인 놀이를 즐기기 시작했는데 이

놀이를 하는 동안 웃으며 편안함을 느낄 수 있게 되었다. 아동은 스스로는 비눗방울을 불지 못했으나 치료사와 함께 그것을 터뜨리는 것을 즐겼다. 바라보고 기다릴 수 있는 이러한 기술은 이후에 치료사가 도미노의 줄을 세우는 것이 가능할 정도로 기다릴 수 있었고, 자신이 그것을 밀어 넘어뜨리는 도미노 놀이도 할 수 있게 만들었다. 캘리시가 좀 더 사회적 놀이와 사회적 의사소통 감각을 발달시키도록 돕기 위해서, 치료사는 누나를 포함한 사회적으로 건강한 아이들을 회기에 참여시켰다. 캘리시는 치료사의 지도하에 아이들과 풍선놀이를 할 수 있게 되었고, 치료놀이에서 전에 한 적이 있는 '노래 부르며 함께 앉기'를 하였다. 치료놀이 회기에서 이 놀이를 하는 것은 다른 아이들과 놀 수 있는 기술을 아이에게 알려 준 것이었다. 또한 아이들을 통해 캘리시는 의사소통 기술을 연습할 수 있었다. 아이들은 그림교환에 대해 쉽게 이해했고, 캘리시가 바라는 음식의 항목이 있는 아이템을 통해 의사소통할 수 있게 되었다.

일단 치료놀이를 하는 동안 치료사에게서 친밀감이 형성되자 지역사회로의 외출이 시도되었는데, 그것은 이웃 주변을 산책하는 것부터 시작되었다. 아동이 멀리 가버릴 수 있기 때문에 안전보장을 위해 두 명의 어른이 항상 필요했다. 그는 '엄마, 해도 돼요?'라는 놀이를 이해하지 못했기 때문에 치료사가 "뛰자……. 이제 그만."이라는 직접적인 말을 따라 하도록 하는 더 간단한 형태로 해야만 했다. 이것을 완수했을 때 아이에게 주어지는 '보상'은 등을 문질러 주거나 하이파이브를 하거나 음식을 주는 것이었다. 시간이 지날수록 아동의 산책은 더 길어지고 지역사회 여가센터에 보관되어 있는 자전거를 타는 일도 가능해졌다.

결과

캘리시와 가족에 대한 치료의 전 과정은 14개월이었다. 처음에 2주의 초기면접과 사정이 있었으며, 가족 지지 외에 4주라는 기간의 개입이 있었다. 이 기간에 집에서와 학교에서의 기술 수준을 알기 위한 관찰, 행동기록 체계의 개발, 전반적인 치료계획의 일반화, 행동지지 계획의 개발, TSS 초기 훈련 등이 이루어졌다.

이러한 기능척도(Scales of function: SOF)를 통해 기능 수준, 기본선에서 행동을 평가하도록 하였으며, 사후 치료에서 그것을 다시 평가하도록 하였다. 기능척도는 생활기능을 방해하는 것, 필요한 개입, 위험요소에 기반해 만들어진 것으로서 각 수준에 대해 표준화된 것이었다. 1수준이 생활을 위협하는 가장 심각한 것이라면, 10수준은 평균 이상이었다. 3수준은 생활의 어떤 영역(예를 들면, 학교, 사회화, 지역사회 나들이)의 기능이 떨어지는 것, 혹은 행동 때문에 의학적 보살핌이 필요하거나 눈높이에 맞춘 모니터링이 필요하다는 것을 가리킨다.

초기 평가에서 신체 공격성 영역, SIB에서 캘리시의 행동 수준과 불순응은 꽤 심각해서 각각의 슈퍼비전이 필요했다. 신체 공격의 위험성은 매우 높고 지속적이었다. 머리의 안전을 위해 헬멧을

써야 할 정도로 SIB의 강도가 높았으므로 스스로 자기를 돕는 행위나 학업 수행을 하는 것은 거의 불가능했다. 지속적인 비영양 물질 섭취(persistent eating of nonnutritive substances: Pica)가 캘리시에게는 상대적으로 덜 심각했으므로 아동이 언어적 격려를 통해 이를 다룰 수 있게 하였다. 끌꿀거리듯 내는 소리와 제스처는 아동이 할 수 있는 유일한 의사소통 형태였다.

6개월과 1년 후에 이루어진 평가는 〈표 8-5〉와 같이 행동의 심각성에서 유의한 향상률을 보여 주었다. 또한 아동의 공격성, SIB, 분노발작, 의사소통 수준 점수에서 지속적인 향상 경향을 볼 수 있다. PECS 성취와 의사소통에서의 향상은 유의한 상관이 있었다. 대소변 문제가 초기에는 향상되었으나 안정 수준까지 도달하지는 못했으므로 이 문제에 대한 외부 전문가와의 상담이 촉진되었다. 캘리시는 6개월 동안 8개 중 6개 영역에서 지속적인 향상을 보였고 사후 관리인 1년 동안에는 8개 중 5개의 영역이 더 좋아지게 되었다.

치료놀이는 캘리시를 위한 치료과정의 통합적 요소였다. 치료놀이는 다른 모든 치료사들의 참여가 가능하도록 친밀감과 정서적 관계를 형성하는 데 필수적이었다. 또한 놀이, 기술 증진, 협력적 활동에서 다른 사람과의 참여에 대한 강화, 맥락, 관계를 제공하는 데 결정적이었다. 치료놀이가 통합되면서 사교적·여가적 기술교육, 일상적응 기술교육, 사회통합 촉진, 의사소통 강화, 파괴적 행동의 감소를 나타냈다.

표 8-5 캘리시: 기초선과 사후 관리의 기능척도 비교

행 동	심각도 점수		
	기초선	6개월	1년
신체적 공격	3	5	6
자해행동(SIB)	2.75	4	5
불순응	3.25	6	5
발작	2.75	4	6
지속적인 비영양 물질 섭취(pica)	5.5	5	6
유분증, 유뇨증	2.25	5	5
감각, 성적	6	6	6
의사소통 수준	2	3	4

 사회적 지평 확대: 자폐아동을 위한 집단 치료놀이

자폐아동을 위한 치료놀이의 궁극적 목적은 독립성, 친구 사귀는 능력, 타인과 함께하는 것은 물론 소속감을 갖게 하는 데 있다. 치료놀이는 치료사-아동과 부모-자녀 관계에서 사회적 관계를 증진시키는 과정으로 시작한다. 어떤 아동은 특별한 치료 없이도 다른 관계와 상황에서 이 기술들을 일반화할 수 있지만, 어떤 아동은 더 많은 도움이 필요할 수 있다. 집단 치료놀이는 아동이 더 큰 세계로 나아가도록 사회적 관계기술을 확장시키는 데 확실한 방법이 된다.

집단 치료놀이에서 아동집단의 리더와 다른 촉진자(어른이나 좀 더 나이 든 아동)는 조직화된 방식으로 함께 모여서 놀이를 한다. 집단 치료놀이의 '규칙'(12장에서 자세하게 제시됨)은 다음 과정을 나타낸다.

- 리더인 어른은 상호작용을 계획하고 이끌며 구조, 개입, 양육, 도전의 원리가 통합될 수 있도록 책임을 져야 한다.
- 리더는 '상처 주지 않기'—신체나 정서 모두—를 강조하여 모든 구성원의 안전과 양육, 통합과 존중을 확신시켜 주어야 한다.
- '함께하기'는 집단이 즐거우면서도 생산적인 방식으로 타인과 함께 있는 것에 초점을 둔다.
- 아동을 동기화하고 조절하게 하고 즐거움에 도달하는 데 모든 '재미'가 활용된다.

집단 치료놀이는 어른이 감독하더라도 개입, 편안함, 양육, 즐거운 경험의 영역에서 아동에게 초점을 둔다. 명확한 경계 속에서 특정한 시간에 특정한 장소에서 회기가 이루어졌다. 시작과 끝을 위한 특별한 활동으로 구조화된 회기계획이 있다. 회기에서 시행하는 활동의 목록은 참여자들이 자주 볼 수 있는 곳에 게시되기도 한다. 활동적인 것에서부터 조용한 활동에 이르기까지 모든 활동은 아동의 최근 발달수준보다 약간 높은 것으로서 아동의 능력 안에 있는 것으로 계획된다. 아동이 집단에 있는 동안 신체적으로나 정서적으로 위축되지 않도록 하고 참여를 격려한다. 집단 치료놀이의 정신은 참여적이고 존중적이며 양육적이고 즐거운 것이다.

집단에 있는 모든 아동을 위한 목적은 자기와 타인에 대한 인식을 증진시키는 것이고,

관계를 형성하고 발달시키며 소속감과 타인에 의한 수용을 발달시키는 것이다. 아동은 순서를 지키거나 상호작용을 시작하고 유지하는 것을 통해 효과적으로 의사소통하는 것을 배우게 된다. 그들은 또한 타인을 양육하는 것과 타인으로부터 양육받는 것을 배우게 된다. 집단 상황에서 그들은 신뢰와 안전감을 발달시킨다. 마침내 집단 경험은 확신과 자존감을 강화하고 자기가치감을 발달시킬 수 있게 하였다.

집단에서 무슨 일이 일어나는지 이해를 돕기 위해, 여기에서는 언어 습득의 어려움과 자폐를 가진 6세 아동들의 전형적인 45분간의 활동들을 제시하였다.

- 시작 노래('우리가 함께할수록'): 모두 동그랗게 손을 잡고 노래를 부른다.
- 인사하면서 공 건네기: 공을 주면서 말한다. "안녕, 제인, 잘 지냈니?" 그러면 공을 받은 사람이 "좋아, 고마워, 너도 잘 지냈지?" 라고 말하면서 다른 사람에게 똑같이 인사하며 공을 건넨다.
- '머리, 어깨, 무릎, 발(Head and Shoulders)' 노래: '머리, 어깨, 무릎, 발' 노래를 하면서 따라 하게 한다. 또는 다음과 같이 덧붙인다. "머리, 어깨, 무릎, 앉기; 손바닥치고 발 구르고 머리, 어깨, 턱, 가슴; 손바닥 치고 '난 최고야.' 라고 소리친다!"
- 모터보트 리듬: 모두 손을 잡고 원을 그리며 속도를 빠르게 혹은 느리게 리듬을 타고 소리를 내며 움직인다. "모터보트, 모터보트, 천천히 가자."
- 파우더로 손바닥 찍기: 아이들이 파트너와 둘씩 짝을 이루어 서로의 손에 파우더를 발라 주고 손금의 선을 살펴본다.
- 풍선 치기: 앉은 채로 집단 구성원들이 풍선을 위로 쳐올린다. 풍선이 바닥에 떨어지기 전까지 모두 숫자를 함께 센다.
- 낙하산 흔들기: 각 아동은 순서대로 견고한 천 위에서 집단 구성원이 흔들어 주는 것을 탈 수 있다. 모두가 좋아하는 자장가를 불러 준다.
- 목록 챈트: 리더는 손바닥을 치면서 챈트를 하는 패턴을 만든다. "하나, 둘, 가자, [범주명, 항목명]" 집단 구성원들은 챈트로, 적합한 시간에 목록에 있는 항목에 이름을 순서대로 붙인다.
- 감자칩 먹이기: 치료사는 원에 있는 각 아동에게 감자칩을 먹인다. 그리고 아동들은 서로 감자칩을 먹여 준다. 그들은 소리를 내고 서로 그 소리를 듣기도 한다.
- 마무리 노래: 원에 있는 모든 아동과 손을 잡는다. "안녕, 안녕, 친구들. 안녕, 안녕, 선생님……."

이러한 간단한 활동은 사회기술을 형성하는 데 풍성한 기회를 제공한다. 한 활동을 예로 들어 보면, 한 집단 구성원이 공을 잡고 인사하며 그 공을 다른 구성원에게 넘겨 줄 때, 다음과 같은 기술이 사용되는 것을 볼 수 있다.

- 전환에의 자기조절
- 시각적 · 청각적 신호 따라 하기
- 개인으로서 그리고 집단 구성원으로서 참여하기
- 자기와 타인 인지하기
- 자기와 타인 인정하기
- 돌봄을 드러내기
- 신뢰 형성하기
- 눈 맞춤
- 상호작용을 시작하고 유지하기
- 개입, 변환, 재개입에 주의 기울이기
- 듣기
- 번갈아 하기
- 기억, 청각, 시각을 사용하여 작용시키기: 누가 선택되었고, 누가 그렇지 못했나? 누가 필요한가?
- 선택하고 결정하기
- 눈-손 협응 발달시키기
- 말하는 동시에 행하기
- 위험을 감수하고 자신감을 세우며 가치감을 느끼기

집단 치료놀이 효과성의 증명

ASD 아동과의 집단 치료놀이에 대한 효과성을 입증하는 일화적 보고는 많이 있다. 여기에서는 뉴욕의 한 특수학급에서 성공적으로 이루어졌던 집단 치료놀이의 보고서를 살펴보겠다. 이어서 홍콩의 한 유치원에서 이루어진 집단 치료놀이의 결과에 대한 연구를 살펴볼 것이다.

뉴욕 보고서 뉴욕 서부에 있는 여러 공립학교에서는 5년 이상이나 ASD 아동과 초급과 중급 특수학급에 있는 친구들이 사회 · 정서적 커리큘럼(Bundy-Myrow, 2000)의 일부로 일주일에 두 번 치료놀이 집단에 참여하게 되었다. 아동들은 네 집단 부분에서 '함께하기' 와 참여하기를 배웠다. (1) 인사와 체크업, (2) 놀이, (3) 과자 나누기, (4) 안녕 인사를 하였다. 시작과 끝 부분은 매주 반복되었으므로 빠르게 배울 수 있었다. 아동들은 열정적으로 의자를 준비했고, 집단 치료놀이가 시작되기를 바라면서 시계를 보기도 했다. 이어지는 집단회기의 시작과 끝 부분은 아동에게 참을성보다는 자발성과 언어화의 향상을 격려하였다. 갑자기 한 소년이 웃는 얼굴을 보이며 인사하자 집단이 감사의 박수를 쳤다. 매주 시작할 때마다 새로운 활동과 새로운 과자가 놀이에서 소개되었고, 두 번째 회기에서는 그것을 반복하였다. 아이들은 새로운 활동에 적응하게 되었는데, 두 번째 회기에서는 더 적응적이 되어 진행이 될수록 새로운 활동을 더 잘할 수 있게 되었다. 성인-아동 쌍으로 시작된 놀이는 성인의 지지와 함께 아동-아동 쌍의 활동으로 진전되어 갔다. 시작과 끝에 좋아하는 활동이 구성되었다. 예를 들면, 친구에게 알루미늄 트랙 아래로 솜공을 불면서 "차들이야."라고 친구에게 전해 주는 것을 들 수 있다. 리더들은 집단의 응집성을 유지하면서 각 아동의 독특한 욕구에 주의를 기울였다. 회기가 진행될수록 치료놀이 환경은 즐겁고, 자발적이며, 안전하고, 양육적이며, 동기화되는 꽃을 피웠다.

집단 회기가 있은 지 5년 후, 고등학생의 나이가 된 아동의 부모는 아이가 옛날에 학교를 같이 다녔던 친구 일부와는 눈 맞춤이 가능하다고 말했다. 그 어머니는 학교에서 학부모 대표로 일했기 때문에 다른 ASD 아동과도 꽤 친했다. 그녀는 아이가 보다 넓게 확장될 수 있는 능력을 가졌다면서 개별적이고 관계적인 경험에 근거한 치료놀이를 받지 못한 학생들보다 치료놀이를 받은 학생들이 더 사교적이고 다른 사람에게 관심을 더 갖게 되었다고 말했다.

홍콩 연구 홍콩에서 수행한 연구는 자폐아동과의 8주 여름 프로그램인데, 중국 유치원 아동의 사회적 반응성을 강화시키는 데 치료놀이의 효과성을 평가한 것이었다(Siu, 2009a). 무작위로 ASD 아동은 치료놀이 집단과 표현예술 집단 등 두 집단으로 나누어졌다. 두 집단에 부모도 참여하였다. 치료놀이 집단은 여기에서 서술한 패턴을 따랐다. 표현예술 집단에서는 워밍업 활동, 노래 게임, 몸을 움직이는 운동활동을 포함해서 구조화된 프로그램으로 음악과 운동을 활용하였다.

사전과 사후 개입자료, 그리고 한 달 뒤 추후점검에서 사용한 자료는 사회반응척도

(Social Responsiveness Scale: SRS)의 평정이었고 또한 부모면담도 수집되었다(Constantino & Gruber, 2005). 두 프로그램 모두는 SRS 측정에 의하면 사회적 동기, 사회적-개인적 행동으로 개입하려는 동기에서 유의미한 증가를 가져왔다. 창조적인 표현예술 집단은 근육운동 측면에서 상호적인 사회행동인 사회적 의사소통에서 유의미한 증가를 보였다. 치료놀이 집단은 두 가지 다른 측정에서 유의미한 향상을 보였다. 즉, 사회적 신호를 알아차리는 사회적 인식과 사회적 신호를 해석하는 능력인 사회적 인지 부분이다.

두 집단의 부모들은 그 경험에 대해 매우 긍정적이었고 자신의 자녀가 다른 사람과 관계를 더 잘 맺게 되고 더 행복해졌다고 느꼈다. 추후점검에서 치료놀이에 참석한 부모는 자녀가 좋아하는 활동의 이름을 더 잘 알고 자녀가 그것을 좋아하는 이유를 알고 있는 적극적인 개입 이행자가 되어 있었다. 그들은 또한 자폐아동의 부모로서 유능감을 획득하게 되었다. 표현예술 집단의 부모 중 50%가 활동을 활용한 데 비해, 치료놀이 집단의 부모는 75%가 여전히 그 활동을 활용하고 있었다.

치료놀이의 마지막 목표는 ASD를 가진 어린 아동을 위해 집단 치료놀이의 파트너로서 사춘기 직전의 촉진자들을 개발시키는 것도 포함되어 있었다.

사춘기 직전 촉진자를 활용한 집단

관계와 의사소통에 다양한 어려움을 나타내는 3세 반에서 6세까지의 ASD 아동 5명을 위한 집단이 구성되었다. 11세나 12세인 한 명의 '촉진자'가 한 아동에게 지정되었다. 필요할 때 도와줄 수 있음은 물론 상호작용을 지도감독하고 있는 치료사 및 치료놀이를 훈련받은 두 명의 성인 촉진자가 집단을 유도하였다. 45~55분 동안 지속된 회기는 8주 동안 한 주에 한 번씩 진행되었다.

10대 초반의 촉진자들은 매우 양육적인 것으로 증명되었다. 리더는 그들 모두를 개별적으로 잘 알고 있었다. 그들 모두는 우연하게도 아이를 돌보는 과정을 거쳤는데, 그들이 이 코스를 받았다는 사실은 더 어린 아동의 욕구를 돌보는 것을 배우는 데 자신들의 역할에 관심이 있다는 것을 증명해 주었다. 집단 시작 전에는 촉진자들에게 두 시간 정도의 오리엔테이션도 있었다. 촉진자들은 앞으로 있을 회기에서 아동들과 함께할 수 있을 치료놀이 활동을 오리엔테이션에서 연습했다. 아동들의 특별한 욕구 또한 논의되었다.

첫 집단 회기는 모든 회기에서 있을 똑같은 패턴을 따랐다. 큰 이불 위에 커다란 원 형태로 모든 사람이 앉아 있는 것으로 시작되었다. 각각의 어린 아동은 두 명의 좀 더 큰 사람 사이에 앉았으며 다음과 같이 회기가 진행되었다.

- 전체 집단활동으로 시작하기
  - 시작 노래
  - 전체 집단이 한 아동에게 상처가 있는 곳에 로션 바르는 것을 바라본다. 리더는 각 아동을 안아 주고 집단은 "와." 하고 말한다. 그때 촉진자-아동 쌍이 서로 앉아 어른의 도움으로 함께 로션을 바른다.
- 일대일 활동
  - 촉진자-아동 쌍이 2개나 3개의 활동을 더 한다.
- 전체 집단활동
  - 전체가 집단원으로 모여 두 번째 환영 노래를 한다.
  - 4~6개의 집단활동
  - 집단활동 마치기
- 먹여 주기 활동
- 집단 챈트('모든 사람은 특별해')
- 안녕 노래

어떤 아동은 시작부터 바로 다른 집단 구성원의 관심을 받아들일 수 있다. 이는 심지어 새로운 환경에서 초기 고통을 경험했던 일부 조용한 아동에게도 적용될 수 있었다. 그들은 자신이 인식되었다는 것을 알아차렸다. 초기에는 집단의 관심을 압도당하는 것으로 경험했던 아이들이었지만 곧 적응할 수 있게 되었다. 결국 그들은 집단이 그들 자신에게 직접적으로 보여 준 관심을 받아들이고 즐기기까지 했다. 집단이 다른 사람들을 알아보았을 때, 각 아동은 그들이 정상적으로 할 수 없었던 먼저 말을 거는 행동도 할 수 있게 유도되었다. 게다가 그들이 집단으로부터 관심을 받았을 때와 다른 사람들을 인식하게 되었을 때 그 상호작용을 유지하도록 도움을 받았다. 아동들은 이름에 반응하고 눈 맞춤을 시작하며 답례로 눈을 맞춰 주는 것, 인사를 시작하고 인사에 반응하는 것 등에서 향상을 나타냈다.

아동을 돕는 한 활동은 집단 전체가 개별 아동을 흔들어 주는 이불 요람 태우기였는데, 이 활동을 통해 아동은 자기 자신은 물론 개인으로서의 타인도 볼 수 있었다. 흔들어 주는 움직임에서 야기된 전정 자극이 의기양양한 기분을 자아낼 수 있었다. 흔들기를 도와준 아동들은 이불에 있는 아동과 즐거움을 공유하기도 하였다. 이 활동으로 아동끼리 주고받음의 진심을 다하는 참여, 그리고 아동이 좋아하는 것을 지켜보는 것은 스릴 넘치는 일이었다. 아동이 항상 그들의 순서를 지키는 것은 아니었지만 이불로 기어가는 즐거운 경험을 매우 좋아했다. 그리고 촉진자의 도움으로 아동들은 자신의 순서가 아닌 것을 잘 인식할 수 있게 되었다. 이것이 순서를 기다리는 어려운 과업을 배우는 데 도움이 되었다.

아이들이 좋아하는 또 다른 활동은 뮤지컬 훌라후프였다. 각 아동은 촉진자와 쌍을 이루었다. 음악이 시작되자 촉진자는 아동이 춤을 추도록 격려했고, 음악이 멈추면 함께 훌라후프 안에 서 있었다. 처음에는 훌라후프가 각 쌍의 숫자만큼 충분했다. 그러나 점점 후프가 없어지면서 많은 아동과 촉진자가 적은 수의 후프로 몰려들었다. 결국 하나의 후프만 남게 되자 모든 집단 구성원들(12명)은 밀착해서 모여 있었다. 아이들은 그토록 가까워지는 것을 수용했고, 일부는 무척 좋아하기까지 했다. 이 활동은 신체적인 밀착을 참도록 하면서 아동이 개인으로서 자신과 타인을 볼 수 있도록 돕는 데 유용하였다.

이후의 여러 회기에서도 새로운 활동이 이루어졌다. 시작과 끝 활동은 전형적인 집단 치료놀이와 같았으며, 이로써 다음에 뭔가 있을 것을 알았기 때문에 즐거운 기대감이 아동들에게 일어나는 듯했다. 전형적인 발달을 보이는 아동들과 대조적으로, ASD 아동의 관심을 끄는 데는 신기함이 자주 필요했으며, 그들이 편안함 및 개입하기에 충분한 안전감을 갖도록 하기 위해서는 놀이에서의 반복과 친숙함이 요구되었다.

집단 치료놀이 회기가 자연스러운 흐름의 결합이듯, 이 집단에서 가진 활동의 친숙함은 전환 문제가 일어날 수 있는 가능성을 없애기도 하였다. 특히 두 명의 성인과 함께 서서 손을 잡거나 하는 활동을 하려고 할 때 전환이 일어나게 된다. 이것은 심지어 근육에 문제가 있는 아이들조차 쉽게 따를 수 있게 하였는데, 집단이 원으로 움직이기 시작할 때 신체적 안내를 자연스럽게 제공해 주게 된다. 집단의 목표는 아이들이 즐겁고 재미있는 방식으로 타인과 관계 맺는 기쁨을 경험하도록 하는 것이었다. 압도하지는 않지만 (약간은) 과장된 상호작용이 아이들을 긍정적인 정서적 각성 상태로 이끌었다. 아이들은 다른 사람의 개입을 갈구하기 시작했다. 8회기와 마지막 회기에서는 앉아서 조용해 보였던 아동들도 그들 자신이 놀이에서 행복한 아이인 것같이 즐기고 있었다. 첫 회기에 휑하니 앉아 혼란스럽고 고통스러우며 불편해 보였던 아동들과는 확연히 달라져 있었다. 아이들은 그 과정을 신뢰하게 되었고 그들의 환경을 더 잘 인식하게 되었으며 더 잘 상호작용하게 되었다. 아이들이 활동에 참여하도록 도울 때에도 신체적, 언어적 촉진이 훨씬 줄어들었다. 아이들은 서로 간에 그리고 촉진자, 리더들에게 미소를 지을 수 있었고 방도 둘러볼 수 있게 되었다. 또한 초기 회기보다 더 많은 상호작용을 보였다. 초기에 울고 있었던 한 소년은 마지막 몇 회기 동안 미소를 짓고 웃게 되었다. 심지어는 누군가에게 먹여 주는 일의 위험도 감수하게 되었다. 그는 카메라를 찍는 사람에게 포도를 먹여 주고는, 집단의 다른 친구들이 지켜보는 가운데 자신의 성취에 대한 승리의 점프를 하였다.

집단 치료놀이는 ASD 아동에게 개입, 상호작용, 의사소통 및 언어와 사회 기술의 발달에 매우 효과적이라고 보고되어 왔다. 아이들은 상호작용에 대해 처음에 가졌던 주저함에서 곧 벗어나 함께 큰 즐거움을 맛볼 수 있게 되었다. 만약 치료사가 그들에게 안내나 촉진을 주지 않고 아이가 주도를 받아들이도록 기다리기만 했다면 상호작용은 결코 일어나지 않았을 것이다. 집단 치료놀이는 상호작용을 위한 자연스러운 기회를 만들어 준다. 아동들은 그들이 함께 '어떻게' 활동하고 연습하는지를 '봄'으로써 서로 간의 배움이 가능하다. 공유된 경험과 연습의 과정이 유대와 관계 형성 및 더 깊은 이해와 학습을 불러일으킬 수 있다.

이 장에서는 자폐 스펙트럼 장애가 있는 아동을 위한 개별 치료놀이와 집단 치료놀이의 원칙과 실제에 대해 설명하였다. 치료놀이는 자폐증 아동의 잠재력을 풀어내는 유용한 도구가 될 것이라 확신한다.

1. 부모와 함께하는 것에 관한 다음 부분은 Karen Searcy의 자료에 근거한 것이다.
2. Ken Moses(1987)는 상태(state)라는 용어를 선호하는데, 그가 상태를 진행되고 있는 연속된 것으로서 보지 않고 부모가 해결을 향해 일하고 겪어 나가는 것으로서 파악하기 때문이다.
3. Lovaas 방법(Lovaas, 1977; Maurice, 1996)을 활용한 부모는 치료사가 아동과 일주일에 40시간을 함께 보내도록 하였다. Greenspan과 Wieder(1997)는 상호작용적 놀이, 언어치료, 작업치료, 통합유치원 프로그램(한 반의 1/4이 특수한 욕구가 있는 아동이고 3/4은 일반적인 발달을 하는 아동임) 등록까지 다양한 방식으로 아동과 가능한 한 많이 상호작용하면서 시간을 보내는 것의 중요성을 강조했다.

4. 자폐아동을 위한 개인 경험을 더 잘 알기 위해서는 Grandin과 Scariano(1986), Grandin (1995), Williams(1988, 1993)를 참고하라.
5. 이러한 의사소통 전략은 비계설정(scaffolding)의 개념으로, Prizant와 Wetherby(1989), Weitzman(1994), Bruner(1984)와 같은 여러 권위자로부터의 생각을 편집한 것이다.
6. 사례 연구는 Fuller의 "Theraplay as a Treatment for Autism in a School-based Day Treatment Setting", *Developmens in Ambulatory Mental Health Care: Continuum: The Journal of The American Association for Partial Hospitalization*, 1995, *2*, 89-93에서는 약간 다른 형태를 보인다.

제9장
복합외상을 경험한 아동을 위한 치료놀이

대부분의 치료놀이 치료사는 심각한 외상을 경험한 아동들을 치료한다. 예를 들어, 방임적이고 위험한 환경에서 비일관적이고 학대적인 양육자와 함께 살거나 많은 상실을 경험한 아동들을 치료한다. 아동에게 가해지는 폭력은 매우 치명적이어서 많은 아동들이 개입 없이는 극복할 수 없다. 임상가들이 이러한 외상을 경험한 아동들에게 치료놀이가 효과적이라고 느끼는 이유는 치료의 본질에서 찾을 수 있다.

- 치료놀이는 애착관계를 형성하는 데 초점을 둔다: 외상이 관계 안에서 일어나는 것이라면 그것을 치료하는 데 건강한 관계가 필요하다. 우리는 외상이 부모-자녀 관계를 깨뜨릴 수 있고 그러한 붕괴가 (위탁보호를 받든 입양되든) 외상을 야기할 수 있다는 것을 안다. 치료놀이는 붕괴된 관계가 회복되거나 새로운 관계가 형성될 수 있도록 양육자를 참여시킨다. 부모-자녀 관계를 촉진시킴으로써 치료놀이는 아동이 필요한 존재이며 가치 있게 느끼고 자신의 독특한 성격을 발달시킬 수 있는 안전한 피난처를 만들어 낸다.
- 치료놀이는 아동이 평온하고 안전하게 느끼도록 돕는다: 우리는 외상의 경험들이 아동

Phyllis B. Rubin · Dafna Lender · Jessica Mroz Miller

의 신경생리를 지나치게 자극하고, 아동이 두려움을 느끼게 하며, 또한 쉽게 통제에서 벗어나게 만든다는 것을 안다. 적절하고 양육적인 접촉뿐만 아니라 마음을 가라앉히고 진정시키는 다양한 활동들을 통하여 아동이 자신의 흥분된 상태를 조절하고 차분하고 안전하게 느낄 수 있도록 돕는다.

- 치료놀이는 아동이 즐거움을 배울 수 있도록 돕는다: 치료놀이는 아동의 두려움을 감소시키기 때문에 아동이 안전하게 느끼며 놀 수 있게 한다. 치료놀이는 또한 부모들이 자신의 권위를 유지하면서도 자녀와 노는 방법을 가르쳐 준다. 놀이와 즐거움은 아동과 가족의 삶에서 적절한 지위를 회복시켜 준다.

이 장에서는 만성적인 외상으로 고통받는 아동들의 두뇌에 어떤 일이 일어나는지, 그리고 그들의 욕구를 충족시키기 위해 우리가 얼마나 민감하게 치료놀이를 적용시키는지에 대해 기술할 것이다. 따라서 외상에 관한 문제들을 어떻게 다룰 것인지에 초점을 맞추었다. 여기서 설명하고 있는 대부분의 아동들은 위탁보호에 있거나 입양된 아동들이며, 따라서 새로운 양육자들과 애착을 형성해야만 한다. 10장에서는 새로운 애착관계를 형성하는 것과 관련된 문제들에 초점을 맞추었다.

진단적인 문제의 이해

학대, 방임, 박탈, 위탁기관의 잦은 이동, 시설입소를 포함해서 진행 중인 초기 외상의 범주를 나타내는 데 복합외상이라는 용어를 사용한다. 이 책을 출판할 때까지 진단상의 문제에 동의하는 사람은 없었다. 국립 아동 외상 스트레스 네트워크(The National Child Traumatic Stress Network: NCTSN)는 관계 안에서 오는 만성적인 외상이 '복합적으로' 발달의 일곱 가지 영역에 손상을 주기 때문에 복합외상(complex trauma; Cook et al., 2003)이라는 용어를 사용한다. 혹자는 발달적 외상(van der Kolk, 2005)이라는 용어와 관계적 외상(Schore, 2001b)이라는 용어를 사용한다. 전자는 두뇌 발달의 초기 단계에서 일어나는 외상을 뜻하며, 후자는 양육자와의 관계에서 일어나는 외상을 뜻한다. 어떠한 용어든 간에 이러한 유형의 외상은 화재, 홍수 또는 교통사고와 같은 하나의 재해적인 사건에 기인하는 외상과는 다르다.

불행히도 복합외상은 아동을 보호하고 양육해야 하는 사람들이 반대로 하고 장기간에 걸쳐 반복적으로 아동을 신체적 · 정서적으로 또는 두 가지 모두에서 해를 가했을 때 일어난다. 우리는 아기가 10분 동안 울 때 스스로 진정하고 잠들기를 원하는 부모들의 일반적인 스트레스 수준에 대해 말하는 것이 아니다. 아동이 자신에게 정서적, 신체적으로 보호를 제공해 줄 사람이 없다고 느끼게 하는 만성적인 방임, 학대, 모욕 그리고 정서적 유기에 대해 말하고 있다. 복합외상은 (1) 안전기지의 상실, (2) 외상 자체, (3) 조절의 어려움을 수반한다(Schore, 1994; Main & Hesse, 1990). 이러한 아동들은 두려움과 근원적 수치심으로 가득 찬 삶을 살며 민감한 치료 없이는 다른 사람과 애착관계를 형성하는 것이 어려워진다.

외상을 입은 두뇌의 이해

우리는 양육자에게 보호받지 못한 채 두렵고 인생을 위협하는 경험에 만성적으로 시달리게 될 때 아동의 두뇌에 어떤 일이 일어나는지를 살펴볼 것이다. 아동의 체계는 스트레스를 받게 되면 정서적인 분노를 일으키는 두뇌의 중심부—편도체—가 활성화되어, 위급할 때 소화면역체계에서 에너지를 빼내 싸움에 대항하여 신체를 보호하고 지각된 위험에서 벗어나기 위해 스트레스 호르몬인 코르티솔을 방출하는 것과 같이 두려움이나 분노와 관련된 화학적인 반응을 일으킨다(Gerhardt, 2004). 스트레스가 만성화되면 다양한 체계가 무너질 수 있다. 코르티솔은 명시적 기억의 중심부가 되는 해마의 신경조직을 파괴한다. 만성적인 높은 수치의 코르티솔은 수용체의 기능을 방해하고 위험의 신호가 되는 크고 작은 감각들의 경계, 의심 상태를 아동이 유지하도록 하며 '동작 태세' 에 머물게 할 수 있다. 교감신경체계는 높은 수준에 머무를 수 있다. 항상성을 유지하기 위해 부교감신경계가 작동하게 된다. 이것은 좋은 현상이라고 할 수 있으나, 위험한 환경에서 경계 상태의 이완은 더 심한 학대와 심지어 죽음을 의미할 수 있다. 그러나 두뇌가 스스로를 진정시키는 동안에도 경계체계는 유지될 수 있다. 그것은 마치 두뇌의 가속화를 느리게 하고 동시에 중지시키는 것과 같다(V. Kelly, 개인적 교신, 2009. 2. 28). 신경체계는 말 그대로 자신과 싸우는 상태이며, 다른 기능과 체계를 서서히 파괴시키게 된다. 자극 수용에 반응하는 데 중요한 역할을 하는 시상은 예측하지 못한 자극에 두려움 반응을 일으키며 감각 정보가 연결되지 않고 분해되도록 오작동될 수 있다(Fisher & Kelly, 2007). 자율신경계는 경직되고 해리된 행동 뒤에 두려움이 감추어질 수 있도록 부교감신경계에서 멈출 수 있다.

발달적인 손상 영역의 이해

스트레스와 생존을 위한 싸움이 지속될 때, 발달의 여러 영역에서 손상이 일어난다. NCTSN에 의해 보고된 『복합외상에 대한 백서(The White Paper on Complex Trauma)』(Cook et al., 2003)에서는 다음과 같은 일곱 가지 영역의 손상을 밝히고 있다. 이 중 대부분은 치료놀이와 직접적으로 연관되어 있다.

- 애착: 아동들은 신체 경계에 관한 문제를 가지고, 신뢰하지 못하고 의심하며, 사회적으로 고립감을 느끼고, 대인관계에서 어려움을 가지고, 다른 사람들의 정서와 조율하지 못하고, 조망 수용에 어려움을 가지며, 다른 사람들과 동맹관계를 맺는 데 어려움을 가질 수 있다.
- 생물학적 문제: 아동들은 감각운동, 협응, 평형, 신체적 긴장, 통각 상실, 신체적 접촉에 대한 과민성, 신체적 접촉의 위치를 알아내는 데서의 어려움을 가지고, 신체화와 의학적인 문제가 증가될 수 있다.
- 정서 조절: 아동들은 정서를 조절하고, 감정과 내적 경험을 묘사하고, 내적 상태를 알고 묘사하며, 욕구와 바람을 의사소통하는 데 어려움을 가질 수 있다.
- 분열: 아동들은 의식의 변형된 상태, 특히 외상과 관련된 기억에 관한 건망증, 비인격화, 비현실화를 경험할 수 있다. 또한 손상된 기억에 대해 두 가지 이상의 별개의 의식 상태가 있을 수 있다.
- 행동 조절: 아동들은 낮은 수준의 충동 조절을 보일 수 있고, 자기파괴적인 행동, 공격성, 병리적인 자위행동, 수면장애, 섭식장애, 물질남용, 과도한 순종, 반항, 놀이에서 외상의 재현, 규칙을 이해하고 따르는 데서의 어려움을 보일 수 있다.
- 인지: 아동들은 자기조절, 과제 집중과 수행, 학습과 언어, 계획과 예측, 대상항상성, 공간과 시간의 이해, 청각과 시각의 지각, 이해기능 수행에 어려움을 가질 수 있다.
- 자기개념: 아동들은 지속적이고 예측 가능한 자기개념의 결핍, 분리의 어려움, 신체 이미지에 대한 문제, 낮은 자존감 그리고 수치심을 보일 수 있다.

두뇌에 대한 외상의 장기적 영향 이해

외상이 만성적으로 될 때 아동의 신경생리에는 외상 경로가 만들어진다. 두뇌는 "두려움에 사로잡히거나"(Fisher & Kelly, 2007) "달아올라서"(van der Kolk, 1991) 과거 외상에 대한 아주 작은 신호에도 불이 붙어 반사적으로 반응하게 된다. 즉, 안전이나 위협에 대한 비언어적인 신호에 지나치게 집중하게 된다(Perry, 2006). 제륜장치—외상적인 감각에 대한 내재적인 신체적 기억을 편도체 안에서 재생시키는 자극—는 다른 사람들이 비이성적인 과잉반응이라고 지각하는 방어적이고 처리되지 않은 우뇌의 반응을 일으킨다. 이것은 분명히 근본적으로 과거 위협에 대한 반응이기 때문에 현재에는 과잉반응이다. 두뇌는 본래의 외상과 유사한 현재의 자극에 자동적이고 무의식적인 반응을 하도록 강요된다(LeDoux, 1998). 생존을 위한 행동이 시작되고 두뇌는 싸우거나 도망가기 위한 근육들로 신호를 보내고, 만약 탈출하는 것이 불가능하다면 멈추거나 굳어져 버린다. 이 순간 아동은 뇌간, 즉 환경에서 즉각적인 위협을 사정하고 반응하는 영역에 의하여 기본적으로 기능한다. Bruce Perry와 동료들(2007)은 이러한 상태를 각성의 연속체에서 '경보' 상태라고 부른다. 이때 아동은 더 이상 추상적인 사고와 학습에 몰두할 수 없다. 아동은 행동의 결과에 대하여 생각할 수 없으며 지각된 위협에 대해 충동적이고 공격적으로 반응한다. 아동은 대뇌피질을 통하여 상황을 재평가할 수 없으며, '나는 지금 정말로 안전하다' 고 느낄 수 없다. 아동은 자신의 과거가 현재로 침범하면서 외상의 순간을 경험하게 된다.

두려움에 사로잡힌 아동의 특징적 행동에 관한 이해

이러한 조건화된 두려움에 대한 신경학적 외상 반응들은 치료사와 부모들에게 매우 혼란스럽고 도전적인 행동을 일으킨다. 이러한 행동들은 다음과 같다.

- 수치심이나 분노에 더 민감해짐: 아동이 만성적으로 소외감을 느끼고 양육자와의 관계에서 두려움을 느끼게 되면 그 결과로 수치심을 갖게 된다(이것은 내 잘못이야, 나는 좋은 아이가 아니야, 나는 여기에 있어서는 안 돼). 이것은 위축되거나 폭력적으로 공격하려 하는 자기보호적인 욕구를 일으키고, 해소되지 않을 경우에는 관계를 마비시키거나 손상시킬 수 있다. 수치심은 관계를 회복시키도록 하는 감정인 죄의식

과는 다르다.

- 쉽게 조절의 어려움을 가짐: 반응은 (1) 가능한 위험(외상)에 대한 과잉 경계, (2) 쉽게 수치심을 느끼는 것에서 온다. 조절의 어려움은 분열이나 경직으로 가장될 수 있다.
- 안전하게 느끼기 위해서 통제하려는 욕구: 이러한 아동들은 만성적으로 통제에서 벗어난다고 느끼기 때문에 어느 정도 안전감을 느끼기 위한 무모한 시도로 외적인 세상에서 그들이 할 수 있는 어떤 것이든 통제하려고 한다. 이것은 다른 사람들을 통제하기 위한 의식적인 욕구와는 다르다.
- 친밀감, 양육, 사랑에 대한 두려움: 두뇌가 외상의 영향을 받게 되면, 상황에 대한 중립적이거나 심지어는 긍정적인 측면도 위험한 경험을 연상시킬 수 있다. 복합외상에서 대인적 접촉, 눈 맞춤 그리고 접촉은 외상적인 경험의 일부가 되어서 현재 위험한 것으로 인식되어 피하게 만들 수 있다.
- 깊은 감정을 피하고 단지 큰 감정만을 느끼는 것: 어떤 아동들은 결핍, 슬픔, 분노의 깊은 감정을 피하기 위해 부모와 치료사들로부터 자신의 정서를 차단하려 한다. 반대로 조절의 어려움이 밖으로 표출되는 아동들은 자신을 도와주려고 애쓰는 사람들이 외상을 주었다고 느끼게끔 부모와 치료사들을 끊임없이 공격하곤 한다.
- 다른 사람들의 의도를 위협으로 오해하기: 외상을 입은 아동들은 최악의 상황을 기대하는 것에 익숙해진다. 심지어 긍정적인 얼굴 표정과 목소리 톤 그리고 말들도 화나고 부정적인 것으로 경험될 수 있다.
- 파편화된 내적 작동 모델에 의해 행동하기: 이러한 아동들은 긍정적이고 부정적인 내적 작동 모델의 불안정한 혼합체를 가지고 있다. 어떤 순간에 그들은 명백히 성나게 하는 일도 없이 긍정적인 것에서 부정적인 것으로 바뀔 수 있다. 다른 사람들의 의도를 잘못 해석하는 것과 위험에 대해 지나치게 경계하는 것은 자신의 환경이 위험하고 적대적이라는 부정적인 모델로 쉽게 이동하게 만든다.
- 왜곡된 양심에 의해 선택하는 것: 공감적인 초기 양육자가 박탈된 아동들은 양심을 발달시키는 데 필수적인 발달적 경험들을 갖지 못하게 된다. 행동에 대한 책임을 받아들이는 것은 그들에게 치명적이지만 남을 비난하는 것은 흔한 일이다.
- 끊임없는 주의를 요구: 이러한 행동 뒤에 있는 두려움은 그들이 존재하지 않고 쉽게 잊히며 버려질 수 있다는 것이다(초기 양육자와의 관계 붕괴로 이러한 일들이 일어난다).
- 신뢰가 발달할 때 더 충동적으로 행동하는 것: 아동들은 반복적으로 유기되도록 노력하거나 부모를 잃어버리는 데 대한 두려움을 갖게 된다.

외상에 대한 반응을 진정시키는 것

외상에 대한 연구자들을 이끌고 있는 Bessel van der Kolk와 Bruce Perry는 각성 상태의 두뇌를 진정시키려면 치료가 그 사람의 생리학적인 상태를 다뤄야 한다고 주장하였다(Wylie, 2004; Perry & Szalavitz, 2007). 두 연구자는 신체적 행동, 몸동작, 각성 수준에 대한 주의, 진정과 위로가 의식적인 사고와 주의로 외상을 처리하는 데 필수적이라고 본다. Perry의 신경순차적 접근(Perry & Szalavitz, 2007)은 관계적 외상으로 손상된 두뇌의 수준까지 치료가 이뤄질 것을 제안한다. 만약 두뇌의 하부 부분—경보나 마비 반응과 관련이 있는—이 지속적으로 각성 상태에 있다면 높은 수준의 신경학적인 기능이 정상적으로 발달할 수 없다. 초기에 발달하는 두뇌의 하부 부분은 리듬과 신체 접촉의 치료 효과에 반응한다. Perry는 치료놀이가 그러하듯이, 진정시키는 활동들이 돌봄과 양육적인 관계에서 행해질 수 있다고 제안한다. 이불 요람 태우기, '작은 별' 노래, 노젓기, 상처 돌보기와 같은 치료놀이 활동들은 진정시키고 조절을 가능하게 하는 율동적이고 신체적인 접촉의 경험을 제공한다.

 복합외상을 경험한 아동을 위한 치료놀이 변형

아동의 두뇌는 매우 쉽게 위협받고 반응하기 때문에 외상에 대한 반응을 진정시키기 위해서는 아동의 두려움에 더 민감하고 주의를 기울이는 방향으로 치료놀이를 변형시킬 필요가 있다. 동시에 과거의 부정적인 경험들을 치료하기 위해 재미있고 애착을 촉진시키는 상호작용을 제공해야 한다. 다음에서는 외상을 입은 아동들에 대한 치료놀이의 변형을 제안할 것이다. 각각의 아동은 외상에 어떻게 대처하였는지에 따라 다른 욕구를 가지기 때문에 어떠한 변형을 이용할 것인지 선택하는 데 임상적인 판단이 이루어져야 한다.

아동의 개인력에 대해 알기

치료사는 외상적인 사건의 시기와 빈도, 아동의 생활환경, 양육자 수, 그리고 위탁기관의 이동으로 인해 아동이 경험한 상실의 수와 같은 아동의 외상과 관련된 개인력에 대해 가능한 한 많이 알고 싶어 할 것이다. 만약 아동이 방임을 하는 친부모와 함께 장기간 있었다면 확대가족과 부모 사이에서 여러 번 왔다 갔다 했는지, 그리고 만약 아동이 해외입양되었다면 방임과 자극 결핍의 정도를 알기 위해서 아동이 고아원에서 받은 보호의 질을 아는 것이 중요하다. 아동이 얼마나 많은 외상을 겪었는지를 판단하기 위해 아동의 여정을 여러 측면에 걸쳐 재구성해야 한다. 아동에게 어떤 일이 있었는지 더 많이 알수록, 아동의 두려움과 욕구에 더 많이 조율할 수 있고 동시에 부모를 더 많이 도울 수 있다.

부모가 아동의 환경에 대해 잘 알지 못하는 것부터 추정하고 아동 발달에 대한 전체적인 영향을 일반화하도록 돕는 것 또한 치료사의 일이다. 매우 애정이 깊은 한 부모는 15개월에 중국에서 입양한 벨라라는 3세 여자아이가 다른 아동들에게 공격적이기 때문에 데리고 오게 되었다. 그들은 그녀가 고아원에서 받은 보호가 다른 중국의 고아원에 비해 비교적 적절했다고 말했다. 고아원은 깨끗하고 밝았으며, 아동과 양육자의 비율이 다른 곳에 비해 좋았으며(실제적으로 이것은 영아 10명당 1명의 양육자가 있는 것을 말한다), 잘 먹고 의학적으로도 보호를 잘 받았다. 부모는 그들의 딸이 고아원을 떠난 지 2년 후에 다른 아동들에게 공격적으로 행동할 만큼 무엇 때문에 그토록 외상을 겪었는지 이해할 수 없었다. 아동의 개인력에 대해 몇 번의 대화를 나눈 후, 엄마는 우연히 방문자 '출입금지' 방을 지날 때 한 장면을 목격했다고 말했다. 그녀는 9~11개월의 걸음마기 아기가 아기 침대에서 꺼내져서 보행기에 놓여 있는 것을 보았다. 한 직원이 공동 그릇과 숟가락을 들고 있었다. 여자 아기들이 숟가락을 잡는 것을 막기 위해서 아기들의 손목이 보행기에 묶여 있었다. 여자 아기는 오트밀 죽을 먹기 위해서 직원에게 달려들었다. 한 숟가락 먹인 후 직원은 다음 아동이 먹을 수 있도록 아기를 밀쳤다. 음식을 다 먹은 후 아기는 젖병과 함께 다시 아기 침대에 놓였다.

벨라의 부모는 모든 여자 아기들이 고분고분하고 소리 지르거나 울지 않았기 때문에 외상적인 장면을 목격했다고 깨닫지 못했다. 그러나 벨라의 치료사는 아기의 손이 묶여 있던 것부터 아기가 음식을 먹기 위해 고아원의 자매들과 경쟁해야 했던 것까지의 모든 경험이 벨라의 두뇌에 엄청난 불안을 초래했다는 것을 알았다. 이것은 벨라가 만성적으로 박탈당하고 불안하며 위협적이라고 느낄 만한 일이었다. 치료사는 이런 예들을 통해 그것이 어떻게 벨라의 두뇌와 세상에 대한 인식에 영향을 미쳤는지를 설명하면서, 그들의 딸이 왜 위협을 느끼고 다른 입양된 형제들에게 공격적이 되었는지 알 수 있게 도와주었다. 부모가 아동의 개인력을 이해하도록 돕는 것은 치료에서 부모들이 반드시 가져야 하는 공감의 토대가 된다.

부모 교육하기

외상에 의해 어떻게 행동이 유발되고 아동이 왜 처벌과 타임아웃 대신 지지, 안정 그리고 공감을 필요로 하는지 부모가 이해하도록 도와주어야 한다. 부모는 아동이 얼마나 많은 스트레스를 받고 있으며, 이것이 무관심, 수동성 또는 허세 뒤에 숨어 있는지를 이해할 필요가 있다. 외상에 대한 조건화된 반응이 어떻게 아동들에게 자동화된 생존 기제가 되는지 부모를 교육시킴으로써 이것이 그들 자신에게 개인적인 반응이라기보다는 외상 반응이라는 것을 부모가 인식하도록 도와줄 수 있다. 게다가 많은 외상을 입은 아동들은 방임과 자극의 결핍 그리고 사회적 상호작용의 결핍 때문에 감각적인 문제를 가진다. 만약 작업치료가 의뢰되어야 한다면 왜 그것이 중요한지를 설명해야 한다. 고아원에서 입양된 아동들의 부모는 고아원에서의 생활이 얼마나 아동의 정서적이고 사회적인 발달에 손상을 입히는지 이해할 필요가 있다. 친부모가 알코올이나 약물을 남용한 증거가 있을 경우, 부모들은 이것이 아동에게 어떠한 영향을 미치는지와 아동이 어떠한 기술을 발달시키는 데 어려움이 있는지를 교육받아야 한다.

안전감 형성하기

아동의 안전감—신체적으로나 정서적으로나—을 중요하게 생각해야 한다. 학대를 받은 것으로 알려진 아동과 함께하고 있다면 가장 먼저 해야 할 일은 그들이 안전하다는 것을 확신시켜 주는 것이다. 아동의 안전이 보장된 이후에만 치료놀이를 치료의 일부로 여겨야 한다. 만약 아동이 지금은 안전하다고 추측되는 과거의 학대자나 자신을 보호하지 않았던 부모와 함께 있다면 그것에 대해 전적으로 책임을 지고 심각한 판단 착오를 수정해야 한다. 이러한 반성적인 회복이 이루어지지 않는 한 치료는 소용이 없다.

당신이 안전하다고 느끼는 상황에 아동이 있다고 해도 아동은 안전하지 않다고 느낄 수 있다. 우리는 폭력이 끝났거나 과거에 이미 지나갔다고 해서 아동이 안전감을 느낀다고 간주할 수는 없다. 환경이 안전해 보이는지 관찰하는 것보다는 아동이 안전하게 느낄 수 있는 환경을 부모가 제공하도록 도와줄 필요가 있다. 복합외상의 개인력을 가지고 있는 아동들에게 안전감을 확립시키는 것은 치료의 첫 단계다. 치료놀이는 이러한 과정에서 역할을 수행한다.

외상이 있는 아동들은 그동안 폭력을 당하고, 양육자에게 두려움을 느끼며, 양육자와의 관계에서 혼란을 느끼고, 가정에서 버림받으며, 낯선 사람들과 생활하는 많은 스트레스 요인들을 경험해 왔다. 주된 목표는 아동이 안전하고 평온하게 느끼고, 타인을 신뢰하게 하며, 정상 상태로 돌아가도록 도움을 주는 것이다.

안전감 느끼기 아동이 정서적으로 안전감을 느끼고, 그들의 호전적이고 회피적이며 경직된 반응을 가라앉히려면 보호받고 존중받고 있다고 느낄 필요가 있다. 부모는 아동에게서 무심코 수치심과 거부감을 이끌어 내지 않는 선에서 아동의 감정과 행동을 수용할 수 있도록 도와주어야 한다. 가족 내에서 안전한 환경을 만들기 위해서 애쓰는 동안, 아동 자신이 고통받은 폭력을 이해하고 통합할 수 있도록 도와줄 필요가 있다. 만약 외상과 관련된 치료에 숙련되어 있다면, 이것을 또한 치료의 일부분으로 제공할 수 있다. 그렇지 않다면 이러한 치료를 할 수 있는 다른 사람에게 의뢰해야 한다. 아동들은 자신의 경험을 이야기하는 것만으로도 쉽게 과잉자극 상태로 촉진되어 대화치료를 할 수 없는 경우가 있다. Perry(1994, p. 3)는 "두려움에 휩싸인 아동은 단어를 '듣지 않는다'. 그들은 (과정) 정서를 '듣는다'."라고 말했다. 또한 아동들은 외상을 반복적으로 처리할 수 없다. 외상치료와 치료놀이의 조합은 하나의 방식에서 다른 것으로 이동하는 데 이상적이다. 이것은 치료놀이의 경험적인 특성이 도움이 될 수 있다는 것을 보여 준다.

신뢰감 발달시키기 외상과 학대는 신뢰감에 치명적일 수 있다. 아동은 경보 상태에 있는 한 신뢰감을 배울 수 없다. 아동이 안전하고 차분하며 안락하게 느끼도록 하고 그들이 필요할 때 성인에게 의지할 수 있다는 것을 배우도록 하는 데 초점이 맞추어져 있어야 한다. 멜로디, 노래 그리고 율동적인 동작에 구조와 예측 가능성이 더해질 때 아동의 경보체계를 멈출 수 있다. 그리고 개입과 양육은 그들이 특별하게 보호받고 있다고 느끼도록 도와준다. 회기에서 상처에 특별한 주의를 기울일 때, 아동은 위로의 메시지를 전달받는다. 멍든 곳에 로션을 발라 주고 상처 난 곳에 밴드를 붙여 주는 등 체크업을 할 때 돌보는 의식을 행하면서 아동이 사랑과 보호를 받을 자격이 있음을 느낄 수 있도록 한다. 회기 중에 생기는 우발적인 충돌과 상처는 즉시 보살피고 더 안전하게 활동이 반복되도록 한다. "정말 안전하게 좀 더 천천히 하자." 이런 방식으로 아동은 그들의 욕구를 충족시키고 안전하게 하기 위해 양육자를 신뢰할 수 있다는 것을 알게 된다.

정상 상태 확립하기 치료놀이의 세 번째 목표는 아동이 정상 상태로 되돌아갈 수 있게 도와주는 것이다. 아동이 편안하게 느끼고 자신감을 가질 수 있도록 부모가 낮 동안 예측 가능한 일과를 설정하고 또한 밤에 의식을 만들도록 도와줄 수 있다. 부모가 흥미를 느끼고 아동의 삶을 밝혀 줄 방법을 찾게 도와주어야 한다. 이런 아동들은 놀이를 포함하여 다른 아동들이 갖는 정상적인 경험을 해보아야 한다.

전형적인 치료놀이 프로토콜보다 부모를 더 참여시키기

부모와 함께하는 것은 전형적인 치료놀이보다 더 복잡할 수 있다. 매우 도전적이며 혼란스러운 행동들을 다루어야 하기 때문에 부모들은 외상을 입은 아동을 다루기 위해서 더 많은 지지와 도움이 필요하다. 항상 부모 자신의 외상과 애착관계에 대한 어느 정도의 상담이 필요하다. 10장에서는 어떻게 치료사가 양모가 아동과 안정애착을 형성하기 위해 어머니 자신의 초기 경험을 처리하도록 도와줄 수 있는지에 대해 서술하였다. 해결되지 않은 문제들은 부모들이 아동의 반응에 더 반작용을 나타내게 하며, 긍정적이고 수용적이며 양육적이도록 하는 데 방해가 될 수 있다. 성인 심리치료 경험이 있다면 무엇이 그들을 자극시키는지 이해할 수 있기 때문에 부모들과 함께하는 데 장점이 될 수 있다. 부모의 애착관계에 대해 공감하는 것은 그들이 아동의 개인력에 대해 더 많은 공감을 할 수 있도록 지지해 주는 강력한 모델이 될 수 있다. 그렇지 않으면 애착 문제를 이해하는 치료사에게 그들을 의뢰해야 한다. 우리는 부모를 치료하기 위해 Daniel Hughes의 치료법(2007)과 Francine Shapiro의 안구운동 민감소실 및 재처리 요법(Eye Movement Desensitization & Reprocessing: EMDR, 1995)을 이용하는 것이 유용하다는 것을 발견하였다. 그러나 어떻게 부모와 치료할 것인가는 임상적인 판단과 훈련에 기초하여야 한다.

아동의 회피와 거부에도 불구하고 그들을 개입시키는 데 부모의 기술을 발전시켜야 한다. 어떤 부모들은 자신이 아동의 상처 주고 위협적인 행동에 의해 정서적으로 학대당했다고 느낀다. 만일 그들이 실제적으로 아동을 두려워한다면 정서적으로 또는 신체적으로 친밀해지려는 그들의 능력이 심각하게 방해받을 것이다. 이런 경우에는 문제를 해결하기 위해 부모들이 치료놀이에 참여해서 점진적으로 아동과 신체적으로 친밀해지는 활동을 함으로써 둔감해지게 하는 것이 중요하다.

부모들이 아동의 초기 경험이 어떻게 손상을 입었는지를 인식하게 되면서, 아동이 무엇을 경험했고 그들을 보호하는 데 무엇이 결핍되었는가에 관한 부모의 슬픔을 처리하기 위해서 치료사의 도움과 지지가 필요하다. 결과적으로 양육활동 중에 보살핌을 받고자 하는 충족되지 않은 욕구가 나타날 수 있기 때문에, 아동이 취약해질 정도로 충분히 안전하게 느낀다면 훨씬 더 어리게 행동한다는 것을 부모에게 알려 주어야 한다.

부모와 아동 간의 상호작용을 촉진하는 역할하기

입양가족뿐만 아니라, 복합외상으로 고통받은 아동들과의 치료놀이에서는 처음부터 부모들이 회기에 참여할 것을 강력히 권한다. 우리는 전에 일어났던 것처럼 아동들이 부모에게서 분리된다고 생각하기를 원하지 않는다. 그리고 가장 중요한 것은 근본적인 애착이 아동과 부모 사이에 있다는 것을 확실하게 하는 것이다. 치료놀이의 과정에서 아동은 치료사에 대해서 유사하지만 덜 중요한 애착을 발달시킬 수 있다. 그러나 그것이 아동에게서 '분열' 을 일으킬 만큼 강하게 일어나지는 않는다는 것을 명심해야 한다. 양육자에게 애착을 형성하지 못한 아동이나 양육자로부터 반복적인 붕괴를 경험한 아동들은 치료사를 또 다른 양육자로 볼 수 있으며, 부모보다는 치료사에게 매달릴 것이다. 따라서 치료사의 역할에 대해 분명하게 인식해야 한다. 부모와 아동에게 부모가 되어 줄 수는 없다는 것을 설명해 주어야 한다. 치료사의 역할은 가족이 더 가깝게 느끼고 함께 즐거움을 느낄 수 있도록 도와주는 것이다.

아동이 껴안고 입 맞추기를 원한다면 포옹과 입맞춤은 단지 가족만을 위한 것이라고 상냥하게 이야기해 주어야 한다. 아니면 흥미 있게 말하라. "와우, 어떻게 포옹하고 입맞추는지 알고 있다니 얼마나 멋지니! 그런 것들은 엄마와 아빠한테 하는 거야." 그러고 나서 조심스럽게 부모에게 주의를 돌리게 한다(V. Kelly, 개인적 교신, 2009. 2. 28). 또한 부모는 이렇게 말할 수 있다. "난 네가 누구를 안아 주고 입맞춤해 줘야 할지 혼란스러워 한다는 것을 알고 있어. 네가 알 수 있도록 내가 도와줄게." 더 부드럽게 바로잡을 수 있도록 아동과 가족의 중요한 관계를 존중하는 특별한 악수를 만들어 낼 수도 있다.

놀이를 하는 이유 설명하기

아기였을 때 놀이를 해보지 못한 아동들은 놀이가 재미있고 좋은 느낌을 준다는 기대를 발달시키지 못한다. 대신 성인과의 집중적이고 친밀한 접촉을 불편하고 두려운 것으로 경험할 수 있다(V. Kelly, 개인적 교신, 2009. 1. 7). 초기 양육환경이 아동의 발달에 긍정적이지 않았기 때문에, 아동은 모든 사람들이 자신에게 적대적일 것이라고 두려워한다. 아동에게 그들의 두려움을 이해한다고 말하고, 치료 초기에 부모와 아동에게 치료사가 왜 이러한 재미있고 즐거운 게임을 하는지에 대해 처음부터 끝까지 명확히 하는 것이 중요하다. 아동에게 다음과 같이 말해 주어야 한다. "어린 아기들은 태어나면서부터 미소 짓고 놀 준비가 되어 있어. 그래서 그걸 배우는 건 쉽고 매우 재미있단다. 그러나 가끔 아이들은 이러한 좋은 경험들을 하지 못하고 안전하게 지내는 것을 배우는 데 모든 시간을 쏟아야 해. 나는 그것이 너에게 일어난 일이라고 생각하고 있어. 지금은 영원히 변하지 않는 엄마와 함께 있고, 엄마와 재미있고 행복하게 지내는 것이 얼마나 편안한지를 배우게 될 거야."

'저항' 을 자기보호의 욕구로서 보기

복합외상을 경험한 아동을 상담하는 것은 외상을 경험하지 않은 아동을 상담하는 것과는 다른 저항에 대한 이해가 필요하다. 외상을 겪지 않은 아동들은 그들이 유지하고자 하는 가족의 역동성 내에서 역할을 하기 때문에 저항한다. 이것은 두려움에 의한 것이 아니라 친밀함에 의해 일어나는 무의식적으로 학습된 행동이다. 이러한 아동들에 대한 내적 작동 모델은 아마도 "나는 힘들고 성가시며, 너무 요구적이거나 피곤하게 굴어. 부모님은 나를 다루지 못하고 지치고 화가 나 있어. 세상은 예측할 수 없고, 믿을 수 없으며 나를 거부해." 와 같은 것이다. 이런 가족들을 다룰 때는 그들이 긍정적인 내적 작동 모델의 발달에 근본적인 건강하고 친밀한 상호작용을 경험할 수 있도록 가족의 역동성을 '촉진시켜야 한다' . 반대로 외상을 입은 아동이 저항하는 것처럼 보이는 것은 안전하게 지내기 위한 절망적인 욕구에서 나온다. 외상을 입은 아동들은 말 그대로 자신의 삶을 위협하는 경험을 하게 되고, 내적 작동 모델을 갖는다. "나는 혐오스럽고 아무 가치가 없으며 좋은 것을 받을 자격이 없어. 그 누구도 나에 대해 상관하지 않아. 어떤 사람도 믿을 수 없어. 세상은 위험하고 적대적이야." 와 같은 것들이 가족 내에서 그리고 치료사와 아동의 위험스러운 경험을 강화시킬 수 있기 때문에, 현재의 환경에서 두려운 반응을 일으키는 것을 피하기 위해서 이러한 아동들과는 훨씬 더 어렵고 민감하게 상담해야 한다.

치료놀이의 긍정적이고 활발한 접근은 그들의 부정적인 내적 작동 모델과 모순되기 때문에 이러한 아동들에게 '저항'을 일으킬 수 있다. 개입과 양육은 긍정적인 의도에서 행해진 경우라도 불안과 분노를 일으킬 수 있다. 이런 아동들은 즐거움을 어렵게 느낄 뿐 아니라 거리를 두고 경계해야 한다고 느낀다. 이것은 마치 아동이 "즐거움과 양육적인 돌봄은 나의 삶의 일부가 될 수 없어. 나는 이런 것들을 받을 가치가 없어. 이건 나에게 낯설고 위험해. 나는 그것을 이해할 수 없어. 이것은 나를 부모님과 가깝게 해줄 것이고 두려움을 느끼게 만들 거야. 나는 이런 것들이 일어나지 않게 지켜야 해."와 같이 주장하는 것과 같다. 이런 아동에게는 오직 그들의 세계에서 통제하는 것이 자신이 살아날 수 있는 유일한 방법이다. 치료사 또는 부모가 안내할 때, 그들은 자신의 중심에서 위협당한다고 느낀다.

아동의 두려움을 인정하고 존중하기

어떤 아동들은 확실히 두려워하며 과도하게 경각심을 일으킨다. 그들은 몸이 뻣뻣해지고, 얼굴은 경직되며, 눈은 힐끗 본다. 아동의 두려움을 인정하고, 그들을 보호하고 안전하게 유지할 것이라는 사실을 알려 주어야 한다. 무엇이 일어날지 불안해하는 것에 반응하는 구체적인 방법은 자료들을 준비하고 자신에 대해 가질 수 있는 질문에 답해 주는 것이다. 같은 맥락에서 아동이 그러한 것들을 물어볼 수 있도록 허용하고 함께 방을 살펴보고 탐색하도록 한다. 이와 같이 그들의 두려움에 차분하게 반응하며, 무슨 일이 일어날지 그들이 알아야 한다는 것을 인정한다. 놀이를 할 때 지나치게 친근하고 노출되어 있다고 느낄 수 있기 때문에 그들의 신발을 즉시 벗기지는 말아야 한다. 아동에게 다른 일들이 일어날 것이라는 사실을 알려 주기 위해 새로운 활동에 대해서 설명해 준다. 예를 들면, "지금부터 내가 이 벽에 너의 키를 잴 수 있게 일어나는 것을 도와줄 거야." 이것은 외상을 입은 아동에게 위험하게 느껴질 수 있는 놀라움을 막는 일이다. 신뢰할 수 있는 양육자의 존재는 아동을 안심시키고 진정시킬 수 있다.

외상을 입은 아동의 두려움 존중하기

섀너는 치료놀이를 시작하기 6개월 전에 입양될 가능성이 있는 가정에 배치된 7세 아이였다. 그녀의 초기 인생은 심각한 방임, 가정폭력 그리고 부모의 신체적 학대로 가득 차 있었다. 그녀는 3세부터 7세 때까지 몇 군데의 위탁가정에 배치되었고, 보살핌과 보호가 부적절하다고 느껴질 때 다른 가정으로 옮겨졌다. 그녀의 새엄마는 그녀를 불안해하고 비판적이며 매우 지배적인 아이라고 묘사했다. 그녀는 섀너가 질책을 받을 때 '멍해지는' 것에 주목했다. 섀너는 자신의 감정을 나누지 않았고 부모를 좋아하지도 싫어하지도 않았다. MIM에서 섀너는 무표정하고 활동을 시작하려 하지 않았으며, 엄마의 질문이나 그녀를 개입시키기 위한 시도에 거의 반응을 하지 않는 위축된 정서를 보였다.

치료사 톰은 섀너가 분리되고 싶어 하는 경향을 가지고 있다는 것을 상기하면서 첫 치료 회기를 계획하였다. 그녀가 안전하고 편안하게 느끼게 하기 위해서 엄마가 그들과 함께 방에 있도록 했다. 그는 양육보다는 재미있는 개입과 도전에 초점을 맞추었다. 그는 놀라움을 배제하고 놀이활동을 하는 데 필요한 실제적인 접촉으로 섀너와의 신체적인 접촉을 제한했다. MIM 이후 첫 회기에서 톰은 치료실 문에서 풍선을 들고 섀너와 그녀의 엄마를 만났다. "둘 다 다시 만나게 돼서 반갑습니다!" 그는 인사할 때 악수를 하며 이렇게 말했다. 그는 섀너의 손에 특별히 주의를 기울이며 "어머니는 섀너가 배드민턴과 피아노를 잘 친다고 말씀하셨죠. 섀너, 나는 네가 이 게임을 위해 완벽한 손을 가지고 있다고 생각해. 우리는 쿠션이 있는 자리까지 가는 동안 풍선을 쳐서 이것을 공중에 띄울 거야."라고 말했다. 톰은 회기가 재미있고 다룰 수 있을 만큼 도전적이라는 것을 알려 주기 위해서 이 활동을 선택했다. 엄마는 미소 짓고 풍선을 잡으려고 손을 들며 "글쎄요, 그건 할 수 있을 것 같네요."라고 말했다. 섀너는 살짝 웃었지만 확신이 없어 보였다. 그래서 톰은 "어머니, 제가 풍선을 어머니에게 던질 테니 어머니는 섀너에게 던지세요. 이제 걸어갈 겁니다."라고 말했다. 그들이 쿠션까지 이르렀을 때 톰이 말했다. "여기 여러분의 쿠션이 있어요. 섀너, 그리고 어머니, 어머니는 섀너의 바로 옆에 있는 자리에 앉으세요." 섀너는 톰의 쿠션 옆의 바닥에 놓여 있는 몇 장의 신문지와 솜공, 크레페 종이를 묶는 리본 테이프에 주목하였다. 그는 섀너가 새로운 환경에서 무슨 일이 일어날지에 대한 두려움을 줄이기 위해서 이 물건들을 가방이나 바구니 안에 넣어두는 대신 일부러 그냥 놓아두었다. 섀너는 "이건 뭐예요?"라고 물었다. 톰은 "이것들은 우리가 오늘 가지고 놀 물건들이란다."라고 대답했다. 섀너는 새로운 환경을 매우 의식하면서 방구석에 있는 TV를 가리켰다. "저건 어디에 쓰는 거예요?" 톰은 편안한 목소리로 대답했다. "응. 나는 사무실에 TV를 가지고 있어. 우리는 오늘 그것을 사용하지 않을 거야." 섀너는 계속해서 말했다. "저 문은 무엇을 위한 거예요?" 톰은 "그곳은 화장실이란다. 알다시피 네가 새로운 환경에 있을 때 물건들을 확인하는 것은 좋은 생각이란다. 그걸 같이 하자. 다른 뭐가 보이니?"라고 물었다. 톰이 섀너의 과도한 경계 상태를 수용하고 정상화하였다는 것은 중요한 사실이다. 5분 동안 섀너는 방의 세부적인 것들을 살펴보았고, 톰은 각각에 대해 섀너와 함께 이야기했다. 마지막으로 톰은 성공적으로 섀너에게 초점을 돌리면서 이렇게 말했다. "자, 다 살펴봤니? 우와, 너는 세세한 것들을 알아차릴 정도로 예리한 눈을 가지고 있구나!

이건 내가 이미 너에 대해 알고 있었던 것들이야. 너는 여기 있는 모든 것을 알 정도로 좋은 손과 예리한 눈 그리고 좋은 머리를 가지고 있어. 나는 너와 어머니가 여러 가지를 잴 수 있는 크레페 종이를 가지고 있어. 어머니, 리본 테이프를 가져가서 섀너의 오른손 가장 긴 손가락이 손목에서부터 얼마나 되는지 재 주세요."

민감성과 조율 증가시키기

복합외상을 경험한 아동들은 양육자에게서 거의 조율을 경험하지 못한다. 양육자들이 아동의 욕구에 더 조율했더라면 학대와 방임은 일어나지 않았을 것이다. 치료과정의 한 부분으로서 아동에게 다른 경험을 주어야 한다. 긴장, 불편함 또는 스트레스의 작은 신호에 주의를 기울임으로써 민감성과 조율을 증가시켜야 한다. 신체의 미묘한 긴장과 눈의 깜박임은 아동이 두려워하고 있다는 신호일 수 있다. 외상을 입은 아동들은 자신의 욕구에 대해 잘못된 신호를 보낼 수 있기 때문에 이러한 신호들은 언제나 읽기 쉬운 것은 아니다. 그들은 불편할 때 웃거나 간지럽히고, 불안할 때 활동을 제안할 수 있다. 또는 눈이 커지거나 작아지면서 중요한 감정을 느끼고 있음을 암시할 수 있다. 아동의 신호가 존중된다는 것을 알게 하기 위해서 호기심과 친절함으로 반응할 필요가 있다.

실제적이고 위협적이지 않은 접촉 이용하기

무엇이 건강한 접촉인지 알려 주기 위해 아동이 점진적으로 접촉에 더 편안하게 느끼도록 도와주어야 한다. 만약 아동이 다른 사람들이 자신에게 접촉하기 위해 허락을 받아야 한다는 것을 알게 되면, 그것이 그들을 존중하지 않는 사람들로부터 스스로를 보호할 수 있는 좋은 방법이라는 것을 알려 주어야 한다. 부모와 치료사가 아동을 매우 존중하고 그들이 좋은 접촉을 수용하는 법을 배우도록 도와줄 것이라는 사실을 알려 주어야 한다. 언제나 아동의 '아니요' 라는 말을 받아들이고 아동이 아무 말도 하지 않을 때도 두려움이나 불편함을 발견하면 그것을 말로 나타내 주어야 한다. 이것은 아동이 과거의 외상적인 사건에서 경험했던 것과는 반대로 매우 강력할 수 있다.

접촉은 활동의 측면에서 이해되어야 하며 아동을 참여시키고 그들이 조절하도록 도와

불안해하고 반항하는 아동에게 조율하기

아산티는 오랜 기간에 걸쳐 위탁보호를 받은 8세 여자아이이다. 그녀는 여러 번 재배치되었고 그중 한 가정에서 학대받았으며, 지금은 양부모와 함께 3년간 살고 있다. 부모는 그녀가 '흥분을 잘하고' 과잉행동을 보인다고 묘사했다. 그녀는 오랫동안 가만히 있지 못하고, 몸과 긴 머리를 앞뒤로 흔들며 큰 소리가 나는 자극적인 게임에 몹시 빠져 있으며, 부모가 설정한 제한을 종종 무시했다. 그녀는 부모에게 '소리 지르고' '생각 없이 행동하곤 해서' 부모들을 멀어지게 했다. 첫 번째 치료놀이 회기에서 아산티와 엄마는 치료사 민디를 만났다. 그녀는 그들이 빈백 의자까지 느린 동작으로 걸어갈 것이라고 작은 소리로 이야기했다. 민디는 엄마가 회기를 관찰할 수 있도록 방 건너편에 앉게 했다. 민디는 아산티와 함께 앉아서 체크업을 하기 시작했다. 민디가 손가락을 세면서 그녀의 빛나는 눈을 의식하고 특별한 점과 상처를 발견하고 있을 때 아산티는 열심히 응시했다. 민디는 아산티의 몸이 긴장되고 굳어 있음을 느낄 수 있었다. 민디는 손가락을 세는 동안 아산티가 그녀의 팔을 끌어당기려 할 때 근육의 변화를 느꼈다. 민디는 그것을 무시하기보다는 "오, 나는 네가 이 활동에 대해서 확실히 알고 있는지 궁금하구나. 너의 손가락을 세면서 내가 뭘 하고 있는 것일까? 전에 그 어떤 사람도 나의 손가락을 세어 본 적은 없었어! 글쎄, 아산티, 나는 누군가 손가락을 세어 주는 것이 아이들을 중요하고 특별하게 느끼게 하기 때문에 좋다고 생각해. 그래서 나는 지금 너의 손가락을 세어 볼 거야. 준비해."라고 말했다. 아산티는 아직 확실하지는 않지만 자신의 신호에 대한 민디의 민감성과 앞으로 일어날 일에 대한 신중한 준비로 더 안전하게 느꼈다. 민디의 눈을 응시하면서 그녀가 더 편안하게 셀 수 있도록 아산티는 팔의 긴장을 풀었다. 회기 내내 민디는 아산티가 자신의 신체를 통해서 전달하는 작은 불안의 신호를 인지하고 그것에 대하여 말했다. 예를 들면, "너는 이것에 대해 확신하지는 않아. 그렇지?" 아산티는 어떤 때는 "아니요."라고 말하며 머리를 흔들고, 또 어떤 때는 뒤돌아보며 민디의 조율에 놀라워했다. 아산티가 "아니요."라고 말할 때, 민디는 "알았어, 이렇게 하는 것은 어떠니?"라고 말하며 활동을 수정했다. 민디는 아산티가 안전하고 지지받고 있다고 느끼게끔 부드럽고 자신감 있게 진행해 나갔다. 회기를 통해 조율을 위한 많은 기회가 제공되었고 아산티가 계속해서 관계를 맺도록 해주었다.

주면서 지지와 구조를 제공하기 위한 목적에서 이용되어야 한다. 접촉은 아동이 유혹이나 공격성과 구별하도록 돕기 위해서 실제적이고 위협적이지 않아야 한다. 대부분의 아동들은 안정된 접촉이 자신을 진정시킨다는 것을 알게 된다. 간지럽고 부드러우며 가볍고 일시적인 접촉은 자극적일 수 있으므로 피해야 한다. 팔이나 머리를 쓰다듬는 것과 같이 아동이 너무 매력적이어서 접촉하고 싶어하는 감정에서 나오는 접촉은 아동이 아닌 치료사의 욕구를 충족시키는 것이기 때문에 적절하지 않다. 이것은 역전이 반응으로 인식할 필요가 있다. 회기를 녹화한 비디오테이프를 보고 자문을 받음으로써 역전이 감정과 행동에 대한 인식을 증가시킬 수 있다. 부모가 이러한 방식으로 아동을 접촉하는 것을 본다면 이런 유형의 접촉은 실제로 치료사가 제공하는 치료적인 놀이로부터 아동을 혼란스럽게 하기 때문에 멈추어야 한다.

개입을 위한 최적의 각성 상태 유지하기

쉽게 조절의 어려움을 일으키는 아동이 치료놀이의 인지된 자발성에 의해 최적의 각성 상태를 유지하는 것은 도전적일 수 있다. 아동이 최적 범위의 각성 상태를 유지할 수 있도록 돕기 위해 다음과 같은 것들이 이루어져야 한다.

- 온화하지만 재미있고 개입적으로 접근하기
- 눈 맞춤과 관련된 자극 최소화하기
- 예측 가능성 증가시키기
- 선택권 제공하기
- 좌뇌나 좌우 뇌의 통합을 요구하는 활동 이용하기

온화하게 접근하기 불안하고 과도로 경계하는 아동이 경보를 발하지 않도록 하기 위해 자극의 수준을 줄여야 한다. 목소리를 낮추고 천천히 움직이는 것은 흥분을 가라앉힐 수 있다. 아동이 흥미롭고 좋아할 만하며, 신뢰할 만하고 재미있으며 잘 돌보아 주는 성인이라는 것을 알리기 위해 자신감 있고 온화하고 재미있는 태도를 유지해야 한다.

눈 맞춤과 관련된 자극 최소화하기 아동은 때때로 치료사나 부모와 얼굴을 대하는 접촉으로 위협을 느낀다. 직접적인 시각적 접촉을 피할 수 있다면 아동은 활동에 참여할 수 있다. 아동의 눈을 가리고 쿠션이나 담요 밑에 있게 하거나 볼 준비가 되어 있지 않은 사람들을 외면하고 앉아 있을 수 있는 활동들을 이용해야 한다. 우리는 다음에 제시한 칼의 사례에서 이러한 경우를 볼 수 있다.

예측 가능성 증가시키기 구조와 예측 가능성은 아동이 무엇이 일어날 것인지 예측할 수 있도록 도와준다. 예측 가능성을 증가시키기 위한 한 가지 방법은 회기 동안 하려고 계획한 활동 목록을 아동과 함께 재검토하는 것이다. 회기에서 예측 가능한 일련의 활동을 하게 하는 것은 아동이 불안해하지 않고 잘 참여하도록 도와줄 수 있다. 똑같은 게임이나 노래로 회기를 시작하거나 끝내고, 몇 가지의 활동을 하고 그다음에 더 많은 활동을 할 수 있도록 휴식시간을 줄 수 있다.

선택권 제공하기 또 다른 선택은 활동을 제공하고 아동이 차례로 자신의 방법을 사용해서 하도록 하는 것이다. 아동이 더 많은 통제를 느끼게 하기 위해서 치료사에게 솜공을 숨기거나 아버지의 손에 로션을 발라 주는 것과 같이 아동이 먼저 활동을 시작하게 할 수 있다. 예를 들면, 치료사는 로션을 바르기 시작할 때 이렇게 말할 수 있다. "나는 너의 손과 아빠의 손에 로션을 바를 거야. 너의 손에 먼저 바를까? 아니면 아빠의 손에 먼저 바를까?"

좌뇌나 좌우 뇌의 활동 이용하기 아동이 눈에 띌 만큼 흥분했을 때는 개입을 유지할 수 있도록 상호작용의 강도를 줄여야 한다. 좌뇌를 이용하는 활동으로 바꾸거나 좌우 뇌의 통합을 요구하는 활동으로 바꾸는 것은 우뇌를 진정시킬 수 있고 조절의 어려움을 막을 수 있다. 애착과 관련된 아동 서적을 읽는 것은 비개인적이기는 하지만 치료놀이와 일치하는 무언가에 아동의 주의를 맞추도록 한다. 이 장의 마지막 부분에서는 치료에서 애착 중심의 아동 서적을 사용하는 것에 대해 언급하였다.

그러나 어떤 아동들은 회기가 얼마나 예측 가능하고 치료사가 얼마나 온화하게 접근하는가와 상관없이 너무 쉽게 경계한다. 놀이와 활동의 제공은 아동에게 안전을 위협하는 것으로 느껴질 수 있다. 아동은 난폭하게 치료사의 확신에 찬 제안을 거부하고 재빨리 달아나서 물건을 집어 던지며 "싫어!"라고 고함칠 수 있다. 이런 경우에는 아동의 기본적인 욕구가 충족되고 아동이 치료놀이에 준비되었는지를 재평가하는 것이 필요하다. 치료놀이에서 이익이 되는 아동의 능력을 방해할 수 있는 많은 변수들이 있다. 조절에 어려움이 있는 아동을 진정시키기 위한 제안으로 다음과 같은 것들이 있다.

회피하는 아동 개입시키기

칼은 13개월 때 러시아에서 입양된 4세 남자아이이다. 그는 항상 하라고 하는 것과는 반대로 행동하기 때문에 통제되어야 했다. 역설적인 방법은 언제나 효과가 있기 때문에 치료사 팻은 그를 엄마의 무릎에 앉히고 그가 그렇게 하지 않게끔 도전했다. 칼은 엄마로부터 돌아 앉아 엄마의 얼굴을 대면하는 강도를 줄이기 위해 팻이 솜공 터치를 하도록 허용하였다. 팻은 칼에게 엄마가 손을 만지게 할 것인지, 아니면 볼을 만지게 할 것인지를 선택하게 했다. 칼은 "손이요."라고 말했다. 엄마는 뒤에서 칼의 손을 솜공으로 터치했고, 그는 엄마가 자신의 다른 손도 터치했다고 말했다. 팻은 칼이 다른 손에서도 접촉을 느낄 수 있는 데 대한 놀라움을 표현했다. 엄마가 뒤에서 접촉하는 것이 칼이 견딜 수 있는 친밀함의 수준이었기 때문에 엄마가 어떤 신체 부위를 접촉할 것인가를 칼이 선택하게 하면서 계속 진행했다. 그리고 팻은 칼의 반대쪽 신체 부위에서 접촉하도록 했다. 그다음에 팻은 엄마와 칼이 톡톡이를 함께 터뜨리도록 제안했다. 칼은 이런 것들을 해보지 못했다. "나는 이것을 혼자 할 수 있어요." 그는 단호하게 말했다. 이에 팻이 말했다. "그럼, 당연하지. 나에게 보여 줘." 칼은 몇 개를 성공적으로 터뜨렸다. 다음에 팻은 "자, 네가 하나를 터뜨린 다음에 엄마가 하나를 터뜨리게 할 수 있겠니? 누가 먼저 해야 할까, 칼?" 하고 말했다. 칼은 자신이 먼저 하겠다고 했다. 그래서 칼이 먼저 하나를 터뜨리고 그다음에 엄마가 하나를 터뜨렸다. 팻은 칼에게 엄마가 한 번 터뜨린 다음에 터뜨리라고 말했다. 팻은 칼의 주의를 집중시키는 데 주력하면서 각각의 터뜨리는 횟수를 셌다. 칼이 얼마나 잘 협조하고 엄마와 얼마나 순서를 잘 지키는지 깨달았다면 칼은 놀이를 멈추었을 것이다. 결과적으로 엄마와 칼은 리듬을 맞추며 도전과 재미를 즐기기 시작했다.

- 가정에서 정서적 · 신체적 안전 수준이 치료적이라는 것을 확실히 하기 위해서 부모와 함께하는 것을 증가시켜라.
- 의학적이거나 정신과적인 평가를 위해서 아동을 의뢰하라.
- 자문을 구하라.

좋아하는 활동 연습하기

케이는 루마니아에서 15개월 때 입양된, 두려움에 사로잡힌 두뇌를 가지고 있는 4세 여자아이다. 아동은 안전감을 느끼기 위하여 모든 것을 통제해야 했고, 만일 자신이 책임지지 못하면 놀이에 참여하려고 하지 않았다. 다행히도 몇 가지 활동들이 그녀를 꾸준히 참여하게끔 했다. 그중 하나는 아동 자신의 특성에도 불구하고 케이를 '사로잡은 것' 으로 보이는 솜공 숨기기였다. 이 활동을 한 이후에 엄마는 케이가 식당에서 자신의 셔츠 안에 숨긴 냅킨을 엄마가 찾을 수 있도록 둥글게 말았다고 했다. 치료사는 케이와 엄마가 치료놀이 회기에서 이 활동을 반복할 수 있게 했다.

부모와의 긍정적인 상호작용을 위해서 아동의 인내심 기르기

외상을 입은 아동들은 재미있고 양육적인 활동들에 저항하기 때문에 아동이 부모와 상호 의존하게 만드는 편안한 활동을 찾기가 힘들다. 우리는 다음과 같은 전략들을 제안한다.

- 효과가 있는 활동 반복하기
- 가능할 때마다 친밀감 쌓기
- 점진적으로 양육과 친밀함 제공하기

효과가 있는 활동 반복하기 흥미롭고 아동을 흥분시킬 수 있는 활동을 발견할 때에는 회기 내에서나 회기에 걸쳐서 그것을 반복하게 하고 그것을 '숙제' 로 제시하는 것을 망설이지 말아야 한다. 긍정적인 상호작용의 패턴을 발달시키기 위한 가장 좋은 방법은 연습하고 또 연습하는 것이다.

친밀감 쌓기 개인적인 상호작용을 발달시키기 위해서 치료놀이 활동을 시작하거나 확장시키고 부모와 아동 간의 친밀감과 접촉을 촉진하기 위한 기회를 잘 이용해야 한다.

폐쇄적이고 접촉을 회피하는 아동과 친밀감 쌓기

제리는 취학 전에 입양된 이래 부모의 접촉과 친밀감을 거부해 온 11세 남자아이다. 치료놀이에서 제리는 우호적이든 우호적이지 않든 간에 어떠한 종류의 접촉도 무시해 버렸다. 치료사 킷은 처음에 접촉을 하지 않는 활동—풍선 치기, 측정하기(최소한의 접촉으로), 깃털 잡기—을 선택했다. 다음으로 킷은 제리의 손에서 엄마가 선과 글자들을 찾게 하였고, 제리에게 엄마의 손에서 선을 찾아보도록 했다. 이것은 너무나도 친밀한 놀이였기 때문에 제리는 엄마에게서 벗어나려 하며 재빠르게 말했다. "나는 이것을 하기 싫어요." 제리가 손을 문지르는 것을 주목하며 킷이 물었다. "그것이 너를 간지럽혔니? 손을 이렇게 빨리 문질러 보자." 제리와 엄마는 그녀를 따라 했다. 킷은 재빠르게 말했다. "내 손을 느껴 봐. 어떤 손이 더 따뜻하니?" 제리는 킷의 손을 잡았다. 그 순간을 이용해서 킷은 엄마에게 세 사람이 원을 만들 수 있도록 손을 잡으라고 말했다. "그래, 누구의 손이 가장 따뜻하니?" 제리는 자신의 손이 따뜻하다고 말했지만 사실은 엄마의 손이 가장 따뜻했다. 제리는 밝게 말했다. "내가 두 번째예요!" 이제 제리가 참여한 채로 그들은 제리가 이길 수 있는지 보기 위해서 모두 손을 문질렀다.

점진적으로 양육과 친밀함 제공하기 두려움으로 두뇌가 사로잡혀 있는 아동에게 양육과 친밀함을 제공하는 것은 매우 어려운 일이다. 이러한 종류의 상호작용은 강렬한 눈맞춤과 가까운 신체 접촉 그리고 받는 것에 대한 경험을 필요로 할 수 있다. 양육은 잃어버린 슬픔을 유발할 수 있는 욕구와 갈망의 깊은 감정을 이끌어 낼 수 있기 때문에 아동을 놀라게 할 수 있다. 또한 친밀한 양육을 충분히 경험하기 위해서 아동은 자유로워질 필요가 있다. 고통스러운 감정들에 대해 개방하고 통제를 잘하는 것은 외상을 경험한 아동들에게 어려울 수 있다. 이 때문에 그들은 종종 부드럽고 양육적인 활동들을 피한다. 아동이 경계적이고 방어적이지 않게 하기 위해서 친밀함과 양육을 천천히 제공하는 것이 필요하다.

치료놀이의 실제

독립적인 아동에게 양육과 친밀함 제공하기

리어는 20개월 때 중국에서 입양된 6세 여자아이다. 입양 전에 리어는 고아원에서 자랐으며, 양육자는 아동이 매우 독립적이라고 보고했다. 입양 후 리어는 자기 자신을 위해 무엇인가를 해주길 원하는 듯했다. 그러나 특히 엄마가 자신을 돌보려고 할 때마다 엄마에 대해 종종 비판적이었다. 이것은 치료놀이 회기에서 명백하게 나타났다. 리어는 치료사의 양육과 개입에는 수용적이었지만 엄마에 대해서는 비판적이고 거부적이었다. 예를 들면, 치료사 데보라가 리어의 상처 난 부분에 로션을 발라 줄 때는 편안하게 그것을 받아들였다. 그러나 엄마가 할 때 리어는 자신의 팔을 가리키며 사납게 말했다. "엄마는 잘못 하고 있어요. 그렇게 문지르지 말아요. 엄마는 로션을 너무 많이 발랐어요." 이에 반응해서 데보라가 말했다. "엄마가 너를 보살피게 하는 게 힘들구나." 리어는 동의했다. 데보라가 말했다. "엄마가 너를 돌보게 할 수 없는 건 힘든 일이야. 리어는 어려서 너를 돌보고 안전하게 해줄 수 있는 엄마가 필요할 때 크고 강해지는 것을 배워야 했어. 이제 엄마를 신뢰하고 안전하게 느끼는 건 매우 어려워. 너는 계속 그렇게 하며 강한 소녀가 되기를 원하는구나."

리어와 엄마가 리어의 거부를 이해하도록 돕는 것은 중요하지만, 또한 그들에게는 리어가 엄마로부터의 돌봄과 친밀함을 편안하게 받아들이도록 도울 수 있는 경험이 필요했다. 양육과 친밀함에 대한 수용력을 키우기 위해서 리어는 엄마에 대해 두뇌에서 긍정적인 반응을 일으킬 수 있는 반복된 경험이 필요했다. 리어가 친밀함을 받아들이기 위해서 데보라는 스티커 활동을 선택했다. 데보라는 리어에게 스티커 한 장을 주고 자신의 얼굴에 붙이도록 했다. 리어는 그렇게 했다. 데보라는 리어가 스스로 스티커를 선택하게 했고 그녀가 통제감을 익히게 하기 위해서 그것을 얼굴에 붙이게 했다. 데보라는 스티커를 가지고 무엇을 할 것인지 명확하게 알려 주면서 구조화했다. 그다음에는 엄마에게 스티커를 보여 주며 스티커를 골라서 리어의 얼굴과 똑같이 자신의 얼굴에 스티커를 붙이게 했다. 엄마는 자신의 얼굴에 스티커를 붙이고 나서 리어에게 같은 부분에 스티커를 붙인 것을 보여 주었다. 데보라는 그들이 서로의 모습을 거울처럼 볼 수 있도록 더 가까이 다가가도록 했다. 리어는 웃으면서 엄마를 보기 위해 잠깐 고개를 돌렸다. 리어가 매우 수용적이었기 때문에 데보라는 이 활동을 몇 번 더 반복했다. 리어는 엄마와 똑같은 곳에 스티커를 붙이는 데 집중하고 스티커를 어디에 붙일까 신중하게 생각하면서 이 활동을 즐기고 있었다. 그녀는 어떠한 방식으로도 엄마를 거부하거나 비판하지 않았다. 곧 그녀는 미소 지으며 웃고 있었다. 그녀는 즐겁게 말했다. "우리는 똑같은 곳에 스티커를 붙였어요!" 다음 단계는 직접적인 접촉을 시도하는 것이었다. 데보라는 리어에게 스티커를 엄마의 얼굴에 붙이도록 한 다음 엄마가 리어 얼굴의 똑같은 곳에 스티커를 붙이게 했다. 리어는 엄마의 접촉을 편안하게 받아들이며 스티커를 서로에게 붙이는 동안 온화하게 엄마의 눈을 바라보았다. 남은 회기 동안 리어는 자신의 얼굴을 만지며 스티커가 있는지 확인했다. 그런 다음에는 엄마의 얼굴에 스티커가 아직도 붙어 있는지 확인하기 위해 엄마의 얼굴을 쳐다보았다. 그러나 엄마가 리어에게 간식을 먹여 주는 시간이 되었을 때는 엄마가 자신을 먹여 주도록 하지 않았다. 리어는 데보라에게 말했다. "나는 혼자 먹을 수 있어요!" 데보라는 리어가 혼자 조금 먹도록 내버려 두고는 다음 단계에서 엄마가 과자를 들고 있게 했고, 리어는 자신의 입에 과자를 넣을 수 있도록 엄마의 손을 잡아야만 했다. 결국 리어는 엄마가 자신에게 몇 개의 과자를 먹여 주도록 했다.

조절의 어려움이 있는 아동을 진정시키고 편안하게 하기 위한 방법 개발하기

이러한 아동들은 쉽게 조절의 어려움을 일으킬 수 있기 때문에 숙련된 치료사도 어린 내담자가 그들의 통제에서 벗어나고 피하고 싶어 하며, 거칠게 화내거나 수치심을 나타내는 순간들을 갖는다는 것을 발견할 것이다. 비록 우리가 아동의 수치심과 위협을 조절함으로써 그러한 극단적인 반응을 피하려 한다 해도 아동이 무엇에 과민반응을 일으킬지 예측하기는 힘들다. 아동의 반응을 '저항'으로 보는 것보다는 아동 자신을 안전하게 하기 위한 절망적인 시도로 인식해야 한다. 일단 경보 상태가 일어나면 주된 관심은 아동을 진정시키고 조절하며 안심시키는 것이다.

다음의 기술은 심각한 학대와 낯선 사람의 접근에 의해 패닉 상태에 있던 아동에 대한 Bruce Perry의 접근으로서 심각하게 조절의 어려움을 갖고 있는 아동을 진정시키고 안전하게 느끼게 해주는 모델이 된다. "나는 되도록 위협적이지 않게 하기 위해서 노력했다. 빠른 움직임이나 눈 맞춤 없이, 자장가 같은 가락과 리듬의 낮은 톤으로 말하기 위해 노력했다. 나는 겁난 아기나 놀란 동물처럼 그에게 다가갔다." (Perry & Szalavitz, 2007, p. 131) 아동에게 위협적인 외부 자극을 줄일 수 있도록 치료놀이 회기에서 안전하고 편안한 방의 공간을 제공할 수 있다. 아동이 자신의 얼굴을 가린다면 전형적인 치료놀이 내담자에게 하는 것처럼 더 이상의 활동을 진행하지 말고 스스로를 진정시키기 위해 쿠션이나 담요 안으로 들어가게 해야 한다. 이것은 아동이 치료사 옆에 있는 것에 위협을 덜 느낄 수 있게 아동의 수준에 맞추도록 도와줄 것이다. 동시에 공격받는 것에 대한 고조된 두려움을 감소시키기 위해 아동과 치료사의 거리를 유지해야 한다. 아동에게 음식이나 음료수를 제공할 수 있다. 아동이 자신을 진정시키는 동안, 치료사는 부모와 함께 아동이 무엇을 느끼고 왜 그렇게 느끼는지 민감하게 이야기할 수 있다. 아동의 경험에 대하여 이야기하는 것은 그들이 이해받고 있다고 느끼게 할 수 있다. 아동이 다시 개입할 수 있을 만큼 진정되면 치료사는 관계를 회복하기 위해 필요한 것을 해야 한다. 조절의 어려움이 있는 아동을 진정시키도록 돕는 사례에 이어 다음에서는 관계 회복에 대하여 논의할 것이다.

치료놀이의 실제

조절의 어려움이 있는 아동 진정시키기

헬은 쉽게 조절의 어려움을 갖는 아동이었다. 그는 아버지의 손에 작은 인형을 떨어뜨리는 것과 같은 단순한 일을 하도록 할 때에도 자주 "싫어!" 라고 말하곤 했다. 만약 아동이 화가 났다는 것을 치료사가 알아차리면, 아동은 즉시 고개를 떨어뜨리고 얼굴을 찡그리며 쿠션 속에 얼굴을 묻었다. 아버지가 왜 화가 났는지 다그치면, 아동은 더욱 화가 나서 아버지를 때렸다. 치료사가 아동을 놀이에 개입시키려고 하면 헬은 발로 차거나 도망치려고 했다. 치료사는 말을 적게 하는 대신에 헬이 자신의 눈과 얼굴을 가리는 것에 대해서 조용히 지지해 주고 칭찬해 주는 게 가장 좋다는 것을 알게 되었다. 얼마간의 침묵이 흐른 후, 치료사는 조용히 헬의 아버지에게 이러한 행동은 헬이 자신의 강한 감정에서 나오는 휴식이 필요하다는 신호라고 알려 주었다. 그는 압도당하기를 원하지 않았으며, 그래서 그는 현명하게 약간의 휴식을 취하고자 했다. 치료사는 헬의 아버지가 조용히 기다리도록 하고 헬에게는 주스와 과자를 가져다주었다. 치료사는 헬이 다시 개입할 준비가 되었다고 느낄 때 대인간의 상호작용에 초점을 두지 않고, 물건을 이용해서 헬을 편안하게 해줄 수 있는 활동(점토나 알루미늄 호일, 파우더로 손도장 찍기)을 했다. 이것은 헬이 마음의 평정을 되찾고 다시 아버지나 치료사와 관계하는 데 도움이 되었다.

관계 단절의 회복

조율에서 관계의 단절은 정상적인 발달의 한 부분으로 발생한다. 초기 몇 개월 동안 부모는 아기가 하는 모든 것에 기뻐한다. 아기는 '다 잘할 수 있다'. 아기들은 부모가 자신의 욕구를 이해하고 민감성 있게 즉시 반응할 때 부모의 조율을 느낀다. 그러나 아동이 움직이기 시작하고 환경을 탐색하기 시작하면 제한을 설정할 뿐만 아니라 아동이 예상하는 대로 하기 시작한다. 부모들은 얼굴에 부정적인 정서를 표현하며 "안 돼." "그만 해." "기다려." 라고 말한다. '안 돼' 라는 말을 들으면 아동은 갑자기 외로움을 느끼고 사랑받지 못한다고 느끼게 된다. 세상은 산산조각 나고 아동은 새로운 정서인 수치심을 느끼게 된다. 풀죽은 눈으로 아동의 몸은 얼어붙는다. 아버지는 "안 돼!" 라는 말이 아동에게 미치는 극적인 효과를 보면서 서둘러 아동과 다시 관계를 맺고자 한다. 아버지는 아동을 잡고 등을 토닥거리며 "괜찮아. 아빠는 너에게 상처를 주려고 한 게 아니라 네가 꽃병을 깰까 봐 걱정되어서 그런 거야. 괜찮아. 아빠가 여기 있어." 라고 말한다. 아버지의 위로를 통해 아동은 수치심과 아버지에 대한 두려움을 가라앉히고, 천천히 아버지의 얼굴을 쳐다보고 아버지의 사랑스러운 미소를 보며 아버지가 자신을 염려한다는 것을 알게 된다. 아버지는 아동과의 관계를 회복하게 되고 아동은 다시 사랑받는다고 느끼며 자신에 대해서도 좋게 느낀다.

처음에는 매우 고통스러운 경험이지만, 이러한 관계 단절은 시간이 지남에 따라 아동이 점차 자신에게 가장 중요한 사람들이 그러한 관계 단절을 회복시켜 주리라 믿기 때문에 상처를 덜 받게 된다. 그러면 아동은 자라면서 새로운 시도와 실수도 하고 정상적인 좌절을 견딜 수 있게 된다. 단절이 잘 회복될 수 있다면 아동이 자신을 좋은 사람으로 느끼고 건강한 방향으로 자기를 발전시켜서 도전과 역경을 극복할 수 있게 한다.

반대로 복합외상을 경험한 아동들은 회복되지 않은 수치심의 경험이 너무 많기 때문에 자신을 깊이 미워하게 된다. 만성적으로 회복되지 않은 단절은 자신이 잘못하고 있으며 부끄러운 존재라고 생각하게 하고 스스로를 미워하게 만든다. 수치심은 아동에게 해가 되는 정서로, 아동은 어디로 사라지고 싶거나 격노하게 된다. 수치심이 지속되면 그것은 아동의 내적 작동 모델의 토대가 되고 복합외상을 일으키게 된다. 단지 조율된 회복만이 아동을 치료할 수 있다.

치료놀이의 목표는 어린 아기에게 어머니가 조율하는 것처럼 하는 것이다. 그러나 어머니와 걸음마기 아기와 같이 불가피하게 단절이 일어나는 때도 있다. 만약 이것이 복합외상을 경험한 아동과의 회기에서 일어난다면, 치료사는 수치심이나 분노의 반응을 접하게 될 수도 있다. 어렵기는 하지만 이것은 단절을 회복할 수만 있다면 치료할 수 있는 좋은 기회가 되기도 한다. 우선 첫 단계는 아동이 사랑받지 못하고 있다는 생각을 버리게 하는 것이다. 아동을 거부하거나 비난하는 대신 염려하는 반응을 보이게 되면 아동에게 치료사가 여전히 자신을 가치 있게 여긴다는 것을 알려 주게 된다. 그러고 나서 치료사는 아동에게 무엇이 일어났는지를 이해하려고 노력하고 자신이 이해한 것을 아동에게 설명한다. 이것은 아동의 수치심을 일으키는 데 대한 책임을 치료사가 져야 한다는 것을 의미한다. 마지막으로 치료사는 아동의 반응이 자기보호에서 나왔으며 아동이 이전에 위협받고 자신이 나쁜 아이라고 느끼게 만들었던 때처럼 느꼈기 때문에 아마도 전과 같이 반응했다는 것을 인지하게 된다. 이렇게 한 후에 치료사는 양육이나 개입 활동을 함으로써 다시 관계를 맺을 수 있다.

예를 들어, 치료놀이 활동을 하는 동안 너무 열광하게 되면 아동이 치료사를 때리거나 발로 찰 수도 있다. 치료사가 활동을 멈추고 회기에서는 상처를 주지 않아야 한다는 것을 아동에게 상기시키면 아동은 수치심을 느끼게 될 것이다. 그러고 나서 회복의 일부로 치료사는 무엇이 아동을 화나게 했는지 말할 수 있다. 아동이 때리거나 발로 차는 것은 치료사에게 무언가 중요한 것을 이야기하려고 하는 아동의 방식인 것이다. “네가 그 종이를 주먹으로 쳤을 때 ‘잘했어!’라고 내가 고함치는 것을 네가 싫어하는 것은 아닌지 궁금해. 내가 너를 놀라게 하거나 무섭게 했다고 생각해. 네가 나를 때린 것은 나에게 그걸 말하려고 한 거야. 다음번에는 너무 흥분하지 않도록 잘 기억할게.” 아동이 인지된 위험에서 자신을 보호하려고 했다는 것을 치료사가 이해하게 되면 아동은 자신의 행동에 대한 수치심을 완화시킨다. 아동이 사랑을 잃어버린 게 아니고 무슨 일이 일어났는지 함께 알아낼 수 있다는 것을 알게 되면 자신이 부정적인 상황을 견디고 다룰 수 있다는 것을 깨닫고, 치료사가 아동을 소중하고 가치 있게 여긴다는 것을 알게 된다.

치료적인 지지체계의 확장

치료놀이에 확대가족이나 공동체를 참여시키는 것은 어떤 아동에게든지 가치가 있지만, 그중에서도 견고하게 내면화하기 위해서 일관성 있고 긍정적인 메시지가 필요한 외상을 입은 아동의 치료에 특히 도움이 된다. 조부모, 삼촌 또는 이모, 사촌, 선생님, 친구들이 회기에 참여하면 아동에게 지지적인 메시지를 제공하게 되고, 이러한 사람들이 아동을 더 잘 이해하도록 하는 데 도움이 된다.

치료놀이에 확대가족 참여시키기

13세의 새뮤얼이 양부모, 양조부모 그리고 두 명의 새로운 치료사와 함께 방에 들어왔을 때 그의 얼굴만 봐도 알 수 있었다. "여기에서 무슨 일이 일어나는 거지?" 새뮤얼의 과거 치료 경험에는 그와 치료사만 함께했다는 것이 느껴졌다. 몇 가지의 장난감 혹은 보드게임 그리고 주로 치료사가 하는 이야기들로만 진행되었다. 이전에 그의 가족은 치료에 참여하지 않았다. 아동은 치료를 위해 신발을 벗은 적도 없고, 우스꽝스러운 놀이도 한 적이 없으며, 누군가 로션을 발라 주거나 무언가를 먹여 준 적도 없다. 거의 2년 동안 전통적인 치료를 받은 후에도 새뮤얼의 부모는 아동의 공격적이고 무례하며 반항적인 행동이나 양심 없는 행동에 어떤 진전도 보지 못한 것을 알았다. 새뮤얼에 대한 가족들의 헌신은 컸지만, 그들은 아동을 어떻게 개입시키고 훈육하며 양육해야 하는지 몰랐다. 그래서 그들은 도움을 구하고 있었다.

새뮤얼의 첫 치료놀이 회기가 있기 일주일 전, 부모와 조부모는 그들 자신을 위하여 집단 치료놀이 회기에 참여했다. 후에 할머니가 말했다. "우리는 이 방식이 좋아요. 이것은 재미있어요. 그러나 새뮤얼이 이것을 할지는 모르겠네요." 그들의 의구심은 첫 회기에서 즉시 사라졌다. 새뮤얼, 부모, 조부모 그리고 두 명의 치료사 모두가 원형으로 서서 건너편에 있는 사람의 이름을 부르면서 콩주머니를 던져 주는 놀이를 했다. 치료사가 활동에 풍선을 추가하자, 모든 사람들은 새뮤얼의 얼굴에 화색이 돌면서 즐거워하는 것을 보았다. 곧 모든 사람들은 풍선을 치고 그들의 머리에 콩주머니를 올려놓고 균형을 잡는 놀이를 하면서 긴장을 풀고 편안함을 느꼈다. 부모가 음식을 먹여 주고 로션을 발라 주는 놀이 등으로 새뮤얼이 양육에 마음을 여는 것을 보면서 가족들은 놀라워했다. 새뮤얼의 지지체계를 확장시킨 것은 아동에게 스스로 즐기고 우스꽝스러워질 수 있는 기회를 제공하였으며, 또한 그들의 관계를 강화시키고 아동이 수용된다고 느끼도록 도와주었다.

치료사는 새뮤얼의 부모와 조부모가 새뮤얼과의 치료놀이 과정을 더 잘 이해하도록 돕고 싶었기에 해석치료사와 함께 다른 방에서 두 번째 회기를 지켜보도록 했다. 그들은 치료사가 로션으로 자신의 상처를 돌보도록 새뮤얼이 허용하는 것을 보고 놀랐으며, 그가 베개를 쌓아놓고 그 위에 서서 헬리콥터처럼 돌면서 노는 것도 보았다. 해석치료사는 이 기회를 이용하여 생물학적 나이에 맞는 경험과 대비해서 발달적으로 적합한 경험에 대한 새뮤얼의 욕구와 더 어린 욕구를 충족시키기 위해서 이러한 활동들을 일상생활에 통합시키는 법에 대해서 이야기했다. 새뮤얼의 부모와 조부모는 더 많이 공감하고 이해하게 되었으며, 이로 인하여 부모 역할과 조부모 역할에서 더 민감하고 조율을 잘하게 되었다.

그 어른들은 치료에 참여하면서 놀라움을 계속 경험하였으며, 짧은 기간 내에 새뮤얼의 공격성과 반항심이 감소하고 이제 새뮤얼이 가족들과의 관계가 손상될 때 죄책감을 느끼게 되었다고 보고하였다. 새뮤얼의 치료에 조부모를 참여시킨 것은 아동이 그의 가족 모두로부터 지지를 느끼게 했기 때문에 아주 큰 영향을 미쳤다. 이렇게 확장된 공동체가 형성한 정서적 · 심리적으로 안전한 환경 속에서 새뮤얼은 성장하기 시작했다.

자문 구하기

외상과 관련된 문제, 두려움에 의한 행동, 이러한 모든 것으로부터 유발될 수 있는 강한 정서 때문에 복합외상을 경험한 아동과의 상담은 치료사에게 특히 도전이 된다. 따라서 이러한 아동들을 치료하는 사람들은 전문적인 자문을 받도록 권한다. 함께 협의할 수 있는 신뢰할 만한 동료가 있다는 것은 역전이 문제뿐만 아니라 이러한 치료와 관련된 복잡한 문제들을 인식하는 데 도움이 될 수 있다.

 성적 학대를 받은 아동과 함께하기

성적 학대를 받은 아동과의 치료놀이는 지금까지 서술한 아동과 함께할 때보다 더 특수한 기술과 많은 자기인식이 요구된다. 치료놀이의 건강한 친밀감과 놀이는 아동에게 혼란을 줄 수 있다. 왜냐하면 성적 학대는 종종 처음에는 해가 없는 놀이로 시작해서 더 신체적으로 되고, 점차 더 친밀해져서 결국에는 학대로 미묘한 선을 넘어가기 때문이다. 아동은 자신이 신뢰하는 재미있는 사람에게 점차 유혹될 수도 있다. 이제 우리는 아동에게 다시 한 번 놀이를 신뢰하라고 요구한다. 그러한 경험을 가지고 있는 아동은 조심하게 된다. 우리는 치료놀이가 그러한 아동을 치료하는 데 중요한 역할을 할 수 있다는 것을 믿지만, 치료사는 성적 학대의 희생양이 된 아동과 이것을 어떻게 할지 신중해야 한다. 치료놀이는 아동에게 잘 조율되고 반응적인 성인과의 상호작용 경험뿐만 아니라 안전하고 양육적인 신체 접촉의 경험을 제공한다. 종종 어떤 전문가들은 '접촉을 하지 않도록' 안전한 계획을 세우기도 한다. 만약 이렇게 하여 아동이 믿을 수 있는 성인들로부터 어떠한 접촉도 받을 수 없다면 아동은 좋은 접촉을 받지 못하게 될 것이며, 결국에는 좋은 접촉과 나쁜 접촉을 구별하지도 못하게 될 것이다. 아동은 계속해서 자신이 받는 접촉은 성적이거나 학대적인 접촉뿐이라고 생각하게 될 것이다. 놀이치료협회(Association for Play Therapy)의 '신체 접촉에 대한 보고서(Paper on Touch)' (2009. 3. 13)에 따르면, (1) 신체 접촉은 아동이 학대 경험이 있다는 이유로 금지되어서는 안 되며, (2) 안전하고 건강한 신체 접촉은 치료에 필수적이며, (3) 신체 접촉은 아동의 치료계획에 신중하게 통합되어야 한다. 만약 의심스럽지만 아동이 성적 학대를 받았거나 성적인 행동에 노출되었는지 확실하지 않은 경우에도 이러한 지침들을 따라야 한다.

성적 학대를 당한 아동과 치료놀이를 할 때는 다음과 같은 권고사항들을 따라야 한다.

- 회기에서 치료사 외에 누군가와 함께 있어라.
- 치료사의 의도를 명확히 하라.
- 경계선을 명확히 설정하라.
- 차분하고 수치스럽지 않은 태도로 성적인 행동에 반응하라.

회기에서 누군가와 함께하기

비록 이 장에서 부모들이 아동의 치료에 참여해야 한다고 하기는 했지만, 성적 학대를 받은 아동을 혼자 치료하지 않는 것은 두 가지 이유에서 특히 중요하다. 또 다른 성인이 있다는 것은 (1) 치료사가 하는 것이 아동에게 비밀스러운 것이 아님을 확실히 하고, (2) 치료사가 잘못된 비난을 받는 것에서 지켜 준다. 부모는 회기에 직접적으로 참여하거나, 해석치료사와 함께하거나, 치료사 없이 회기를 관찰할 수 있다. 만약 치료사가 방에서 다른 사람과 함께 있을 수 없다면 회기를 비디오테이프에 녹화하는 것을 강력히 추천한다.

의도를 명확히 하기

치료 초기에 아동이 학대받은 사실을 알고 있다는 것을 알리고 치료사의 의도를 모두 알리면서 진행해 나가는 것은 매우 중요하다. 만약 아동이 무슨 일이 일어났는지를 확인하게 해주는 단어를 사용한다면("성행위를 했다." "옷을 입지 않은 채로 나와 잤다.") 그것을 사용하도록 한다. 만약 어떤 단어도 사용하지 않는다면 당신은 아동이 적절한 단어를 사용하도록 도와줄 필요가 있을 것이다. 성인은 자신의 행동에 대해 책임이 있으며 그러한 행동들은 잘못된 것이었다는 것을 아동에게 말해 주어야 한다. 회기에서 치료사와 함께 놀 것이며 또한 서로 신체 접촉을 할 것이라는 것을 설명해 주어야 한다. 치료사는 학대자가 아동에게 그랬던 것처럼 아동을 접촉하거나 상처를 줄 의도가 전혀 없으며, 학대자가 한 행동 때문에 아동이 어떤 접촉이 괜찮은 것이며 어떤 접촉이 괜찮지 않은 것인지에 대해 혼란스러울 수도 있다는 것을 말해 주어야 한다. 성적 학대가 좋게 느껴지는 접촉으로 시작해서 서서히 성감을 주기 때문에, 치료사가 아동에게 의도하는 '좋은 접촉' 은 여전히 아동을 혼란스럽게 하고 불편함을 야기하며 조건화된 성적 반응을 일으킬 수도 있다. 어떤 아동들에게는 학대가 그렇게 나쁘게만 경험되지는 않는다는 것을 아는 것도 중요하다. 정서적인 친밀함, 유혹 그리고 심지어는 성적인 접촉까지도 (물리적으로 강요된 것이 아니라면) 아동에게 즐겁게 느껴질 수 있다. 그러나 아동은 다른 사람들이 '나쁘고 상처를 주며 잘못된 것' 으로 묘사하는 것에 대해서 자신은 좋게 느끼기 때문에 심한 죄책감을 느낄 수도 있다.

경계선 설정하기

성적으로 자극된 아동이 건강한 경계선을 설정하는 법을 배우도록 돕는 것은 도전적인 일이다. 치료놀이에서 무엇이 '좋은 접촉' 인지 알게 하고 아동이 이러한 경계선을 설정하도록 도와줄 필요가 있다. 또한 경계선은 신체적인 느낌과 관계가 있다. '좋은 접촉' 에 대한 반응의 느낌은 성적으로 자극된 신체적 느낌과는 다르며, 치료사가 하는 여러 종류의 접촉이 아동에게 어떻게 느껴지는지를 확실히 하기 위해서 계속 확인할 필요가 있다. 간단히 아동의 그림을 그리고 신체의 어느 부분이 누구에 의해 접촉될 수 있는지 이야기할 수 있다(V. Kelly, 개인적 교신, 2009. 3. 8). 또한 아동이 더 잘 알게 되고 부모가 그것에 대해 어떻게 느끼는지를 알게 되면 사람들에게 다른 경계선이 있을 수 있다는 것을 아동이 배우도록 도와줄 수 있다. 이것은 분명히 치료사로서 해야 할 일이다. 이러한 전략들은 치료사가 아동을 해치지 않을 것이며 아동이 혼란스러울 때 치료사가 다시 안전하게 느끼도록 해준다는 것을 신뢰하게 도와줄 것이다. 더 나이가 많은 아동들에게는 왜 접촉이 치료에서 필수적인 부분인지, 그리고 치료사가 어떻게 치료놀이 회기에서 접촉을 이용할 것인지 더 자세하게 말해 주어야 한다. 접촉은 모든 사람들에게 중요하기 때문에 그것이 안전하다는 것을 아동이 배울 수 있도록 치료사가 도와주고 싶다고 말해 줄 수 있다. 치료사는 접촉이 치료의 한 부분이 된다는 설명을 들었다는 동의서에 12세 이상의 아동이 서명하게 할 수도 있다.

성적으로 자극된 행동에 반응하기

치료사는 회기 중 아동의 수치심을 더 이상 유발하지 않는 방법으로 성적으로 자극된 행동에 반응할 준비가 되어 있을 필요가 있다. 만약 아동이 성적인 방법으로 행동한다면 치료사는 회기에서 (접촉이나 시선이) 아동이 그렇게 행동하게끔 했다는 것을 인지하며 매우 민감하게 반응해야만 한다. 다음 메기의 사례는 치료사가 사용할 수 있는 언어의 예를 보여 준다. 어떤 아동들에게는 성적으로 자극된 느낌과 외상을 일으키는 것에 대해 부모나 치료사와 의사소통할 수 있는 신호를 만드는 것이 도움이 될 수 있다. 예를 들면, 당신은 아동이 정서와 유발요인을 표현할 수 있는 구체적인 단어를 만들도록 도울 수 있다. 만약 아동이 학대받았던 것처럼 자신의 몸이 반응하고 있음을 부모에게 알리기 위해서 이러한 단어를 사용할 수 있다면, 부모는 공감하고 아동이 다시 안전하게 느끼게끔 도와줄 수 있다. 부모는 또한 아동이 어려움을 겪고 있음을 관찰할 때 아동이 자신의 정서와 유발요인을 확인하도록 도와주기 위해 그 단어를 사용할 수 있다. 치료놀이 회기에서는 이러한 신호가 되는 단어를 사용할 수 있다.

사람들은 때때로 상처에 로션을 바르고 '아동을 무릎에 올려놓고 흔들어 주는 놀이'에서 아동을 뛰게 하고, '작은 별' 노래를 부르면서 아동을 흔들어 주는 것과 같은 활동들이 성적으로 학대받은 아동을 자극하지는 않는지, 그래서 하지 말아야 하는 것은 아닌지 염려한다. 무엇이 학대받은 경험을 상기시키는지 예측하는 것은 불가능하기 때문에, 단지 어떤 아동들에게는 그것이 유발요인이 될 수도 있다는 이유만으로 이러한 활동들을 피하지는 않는다. 성적으로 학대받은 아동들도 학대받지 않은 아동들이 받는 편안함, 양육 그리고 재미있는 경험을 할 자격이 있다. 그러나 치료사는 아동의 비언어적인 반응에 충분히 조율하고 불편함이나 조절의 어려움을 나타내는 신호를 잘 알아차려야 한다. 이러한 신호들은 비명을 지르고, 높은 톤으로 웃고, 머리를 돌리고, 일어나고, 도망가고, 갑자기 조용해지거나 거리를 두고, 혹은 재잘대거나 이상한 소리를 내고, 명백히 교태를 부리거나 희롱하는 것 등을 포함한다. 이러한 행동들을 통해 불편한 느낌들이 아동을 자극한다는 것을 알 수 있다. 예를 들면, 신체적인 거리를 늘리고, 구조를 더 많이 하고, 의도를 명확히 하고, 새로운 활동으로 바꾸는 것과 같이 상호작용이 수정되어야 한다는 것을 알 수 있다.

성적으로 학대받은 아동과의 치료놀이에서 접촉에 관한 문제를 다루는 것은 쉬운 과정이 아니다. 그러나 그것이 잘 다뤄질 수 있다면 아동에게 매우 효과적인 정서적 경험이 될 수 있다. 치료놀이는 건강한 경계선이 명확해지고 존중되는 친밀함, 양육 그리고 놀이를 회복시키는 경험을 제공할 수 있고(V. Kelly, 개인적 교신, 2009. 3. 8), 따라서 아동을 치료하고 무엇이 정말 좋은 접촉인지를 내면화하도록 도울 수 있다.

성적으로 자극된 아동에게 반응하기

메기와 양모는 메기가 4세일 때 치료놀이를 시작했다. 메기는 성적 학대를 받았으며 이전에 어린 아동들의 성적 학대를 전문으로 하는 치료사에게 치료를 받은 적이 있다. 치료사는 메기와 엄마가 성적으로 자극된 느낌과 유발요인에 대해 의사소통하는 방법을 발달시키도록 도와주었으며 메기가 놀이를 통해서 학대를 탐색할 수 있는 안전한 환경을 제공하였다. 메기의 성적으로 자극된 행동은 치료과정에서 주로 엄마가 메기의 유발요인에 대한 인식을 증가시키면서 크게 감소했다. 엄마는 이러한 진전에 매우 만족스러워하기는 했지만 메기가 과거에 성적으로 학대받았다는 것 때문에 메기를 접촉하거나 안는 것을 두려워했다. 엄마는 메기의 통제하려는 행동에 대해 염려했고, 치료놀이가 자신과 딸을 위해 두 가지 문제를 해결해 줄 수 있기를 바랐다.

치료를 시작하기 전에 치료놀이 치료사인 클레어는 아동이 과거에 받았던 치료에 대해 이해하기 위해서 메기의 성 학대 치료사와 이야기를 나누었다. 또한 엄마와 함께 한 첫 번째 회기에서 메기를 접촉하는 데 대한 두려움에 대해서 엄마와 이야기를 나누고 회기에서 엄마가 자신 있게 접촉할 수 있도록 준비시켰다.

치료 초기에 메기에게 안전한 환경을 수립하는 것은 매우 중요한 일이다. 클레어는 누군가 메기를 부적절하게 접촉했고 이것이 접촉에 대해서 그녀를 혼란스럽게 한다는 것을 자신이 알고 있음을 알려 주었다. 클레어는 자신이나 엄마가 그런 식으로 메기를 접촉하지 않을 것이라고 말했다. 클레어는 메기나 엄마와 함께 놀이를 하게 될 것이고, 메기가 함께 더 즐거워할 수 있게 도와줄 것이며, 어떻게 혼란스럽고 상처 주지 않으면서 가까워지고 접촉할 수 있는지를 배우도록 해줄 것이라고 메기에게 설명했다. 또한 엄마에게 메기가 가끔씩 혼란스럽게 느낄 것이며 치료사와 엄마가 학대자가 했던 것처럼 자신을 접촉할 것이라고 생각할 수 있다고 말했다. 클레어는 메기가 어떤 경험을 했는지 감안해서 그러한 혼란이 이해될 수 있으며, 엄마와 치료사가 함께 메기가 자신의 느낌을 이해하고 자신을 돌보는 성인들로부터 안전한 접촉을 받을 수 있도록 도와줄 것이라고 메기에게 확인시켜 주었다.

첫 번째 회기에서부터 클레어는 메기가 엄마의 무릎에 앉게 하고 치료놀이 상호작용을 시작하였다. 메기의 엄마는 메기가 이렇게 앉는 데 저항하지 않는 것에 놀랐다. 그러나 클레어는 메기가 접촉에 대한 불안에 주의를 집중시키지 않도록 재미있는 활동에 즉시 개입시킨다면 엄마의 무릎에 앉는 것에 대해 긍정적으로 반응할 것이라고 확신했었다. 이렇게 앉아서 몇 번의 회기를 한 후, 클레어는 메기가 엄마와 얼굴을 마주 보고 상호작용할 수 있도록 자신의 무릎에 자리를 바꿔서 앉게 했다. 치료는 잘 진행되었고, 몇 번의 회기 후에 메기는 엄마로부터 상처 돌보기와 같은 양육적인 접촉을 받아들이고 엄마의 팔에서 편안히 간식을 먹게 되었다.

다섯 번째 회기에서 클레어가 메기와 상호작용하는 동안 메기는 엄마의 무릎에 앉아 있었다. 클레어와 메기는 작은 쿠션을 한 군데씩 잡고 깃털을 앞뒤로 불며 그것을 잡았다. 메기는 미소 지으며 웃고 있었으나 깃털을 더 빨리 불고 더 크게 웃으면서 매우 흥분하기 시작했다. 메기가 조절하도록 돕기 위해 클레어는 메기가 깃털을 빨리 자신에게로 불도록 하고 나서 온화하고 부드러운 목소리로 "자, 이제 우리가 깃털을 얼마나 천천히 불 수 있는지 보자."라고 말했다. 메기는 비명을 지르며 등을 구부렸다. 그녀는 엄마의 머리카락을 제치고 목을 향해 파고들어 엄마의 귀에 속삭였다. 메기의 엄마는 클레어에게 "메기가 깃털을 너무 빨리 불어서 당신을 지나쳐 간 게 기분이 나쁜가 봐요."라고 말했다.

클레어는 고개를 끄덕이며 말했다. "너는 그게 걱정되니? 네가 그렇게 해도 괜찮아. 점점 흥분하고 있었고 우리 둘 다 매우 빠르게 불고 있었어." 그러나 클레어는 메기의 반응이 자신이 어떻게 깃털을 불었는가에 대한 것이 아니라, 메기가 자신의 목소리를 유혹적으로 받아들이고 이것이 생리학적인 외상 반응을 일으킨 것은 아닌지 의심했다. 그래서 클레어는 이렇게 말했다. "나는 내 목소리가 너를 화나게 한 건 아닌지 궁금해. 내 목소리가 너를 불편하게 만들었는지 알고 싶어." 메기는 고개를 끄덕이며 엄마에게 더 깊이 파고들었다.

클레어는 계속 말했다. "나는 내가 그런 식으로 목소리를 낼 때 그것이 삼촌(학대자)을 생각나게 하거나, 아니면 너의 몸이 그가 너를 접촉하려 할 때처럼 느끼게 하는지를 알고 싶어." 메기는 슬픈 표정으로 다시 고개를 끄덕였다.

"메기, 네가 그렇게 느낀 것은 너의 잘못이 아니야. 삼촌이 너에게 한 것 때문에 네가 혼란스러운 거야. 그는 그렇게 하지 말았어야 했어. 어른은 아이들을 그런 식으로 만지면 안 돼. 이것은 너의 잘못이 아니야." 잠시 쉬고 클레어가 말했다. "네가 괜찮다면 내가 목소리를 다르게 할 수 있는지 보자." 그다음에 그녀는 아주 명확하고 사무적으로 말했다. "좋아. 나는 이 깃털을 너에게 가능한 한 천천히 볼 거야." 메기는 웃으며 쿠션을 준비했다. 회기의 나머지 동안 메기는 잘 조절되고 편안해했다.

그다음 회기에서 클레어는 지난번 회기에 대해서 메기와 엄마와 함께 이야기하는 것으로 시작했다. "지난주에 우리가 놀이를 하는 동안 너는 혼란스러운 감정을 가졌어. 너의 몸은 혼란스럽고 삼촌이 너에게 접촉하기 전에 어떻게 느꼈는지를 기억했어." 메기는 엄마 옆에 조용히 앉아서 클레어에게 집중했다. 클레어는 계속해서 말했다. "나는 네가 그렇게 느낀 것에 대해 매우 유감스럽게 생각해. 나는 네가 이러한 느낌들을 갖는 것을 원하지 않아. 나는 네가 엄마와 나에 대해서 안전하게 느끼고 우리와 함께 재미있게 놀면서 우리가 그런 식으로 너에게 접촉하지 않는다는 걸 알았으면 해. 오늘 우리가 놀이를 할 때 그것을 확실히 할게. 우리가 어떤 놀이를 하고 나서 나는 놀이를 멈추고 네가 어떤 혼란스러운 느낌을 가졌는지 물어볼 거야. 네가 만일 그렇다 해도 괜찮아. 우리가 그것에 대해 도와줄 거야. 만일 그렇지 않다면 그것도 괜찮아. 엄마가 너에게 가까이 하도록 하는 것을 배우는 동안 네가 여기서 안전하다고 느끼는 것이 가장 중요해." 그러고 나서 클레어는 메기의 흔들거리는 발가락, 단정한 미소, 밝은 갈색 눈에 대해 말하며 메기가 회기에 무엇을 가지고 왔는지 주목하기 시작했다. 클레어는 메기가 엄마와 껴안고 안전한 거리에 있도록 했다.

남은 회기 동안, 클레어는 각각의 활동 후에 잠시 멈추고 그녀의 느낌에 대해서 메기와 확인하고 메기의 엄마에게도 메기가 어떻게 느끼는지 알 수 있는 것을 알아차린 게 있는지 물었다. 매번 메기는 재미있고 좋게 느끼며 혼란스러운 감정을 가지지 않는다고 말했다. 이렇게 조심스럽게 확인하는 것은 즐거운 시간을 갖는 동안 메기의 외상이 유발될 때 얼마나 두렵고 놀라운지 클레어가 이해하고 있다는 것을 메기와 엄마에게 알려 주기 때문에 중요하다. 그녀는 또한 메기가 그러한 혼란스러운 감정을 갖지 않고도 어떻게 즐겁고 재미있는 상호작용이 일어날 수 있는지를 알기 원했다. 이후의 회기에서 클레어는 회기의 자연스러운 흐름을 유지하기 위해서 메기의 혼란스러운 감정에 대해 직접적으로 확인하는 것을 계속하지는 않았다. 그러나 클레어는 계속해서 높은 수준의 조율을 유지하였다.

이 사례에서 메기는 엄마의 무릎에 앉아 있는 근접성과 접촉을 편안하게 느꼈다. 그렇지만 메기가 불편한 느낌을 갖게 한 것은 그녀를 유혹한다고 오해하게 만든 클레어의 권유하는 목소리였다. 상호작용의 어떤 요소가 아동에게 불편한 감정을 일으킬 것인지는 미리 알 수 없다. 제스처와 목소리 또는 얼굴 표정이 괴로움을 일으킬 수 있다는 가능성을 인식하고, 이러한 가능성을 살피고 그에 맞추어 가야 하는 것이다.

치료놀이를 다른 치료와 통합하기

이 장에서 왜 치료놀이가 초기 외상을 경험한 아동들을 치료하기 시작하는 데 효과적인 방법인지를 기술했지만, 어떤 아동들은 지금-여기의 초점에서 치료놀이가 다루지 않는 문제들을 처리하기 위해서 다른 치료들과 결합된 치료 접근을 필요로 한다. 긍정적인 감정을 증가시키고 공동 조절하기 위하여 치료놀이가 이용되며, 비록 회기에서 드러나는 부정적인 정서가 있는 아동들을 돕기는 하지만 과거의 부정적인 경험들을 다루지는 않는다. 그러나 외상을 입은 아동들은 '해결되지 않은' 또는 처리되지 않은 외상이라고 할 수 있는 많은 부정적인 경험들을 가지고 있다. 그들은 이러한 경험들에 내포되어 있는 부정적인 정서를 다루는 경험들이 필요하다. 그들은 또한 일관성 있는 이야기를 만들어 낼 수 있도록 초기 경험에 대한 의미를 이해하는 데 도움이 필요하다. 이러한 아동들은 언어를 구사할 수 있기 때문에 자신의 경험과 정서를 전달할 수 있는 단어를 사용할 수 있고 다차원의 치료 접근으로부터 이익을 얻을 수 있다.

외상을 입은 아동들에게 치료놀이만을 이용하도록 한계를 두지 않는 다른 이유들이 있다. 어떤 아동들은 치료놀이의 목표와는 정반대로 부모들에게 무관심하거나 거부하는 것으로 치료놀이에 반응한다. 부모-자녀 관계를 개선시키려는 노력에도 불구하고 이러한 반응이 지속된다면 이를 살펴볼 필요가 있다. 또 다른 이유는 치료놀이의 불일치 문제다. 2장에서 논의한 바와 같이, 변화를 일으키는 치료놀이의 중요한 측면은 아동을 건강하게 하기 위해서 그들의 부정적인 내적 작동 모델과는 불일치하는 세상을 보는 관점을 제공한다는 것이다. 그러나 복합외상의 경우에서 만일 치료놀이의 긍정적이고 낙관적인 태도가 아동의 내적인 상태와 지나치게 모순된다면 아동은 우리의 세상에 대한 관점을 명백히 거부할 것이다. 그것은 우리가 그들을 이해할 수 있는 능력을 가지고 있다는 것에 대한 아동의 믿음을 혼란스럽게 할 것이며 치료 효과는 떨어질 것이다. 이 같은 이유로 우리는 그러한 아동들을 잘 치료하기 위해서 다른 치료접근을 치료에 통합시킬 필요가 있다.

치료놀이는 다양한 방법으로 다른 접근과 통합될 수 있다. 어떤 아동들의 경우에는 메기와 같이 치료놀이를 시작하기 전에 더 직접적인 방법으로 외상에 대해 이야기할 수 있다. 또 다른 경우에는 치료놀이로 시작하고 나서 외상의 경험을 다루기 위해 다른 방식으로 전환할 수 있다. 또는 각각의 치료놀이 회기의 한 부분에서 다른 방식을 소개하고 회기에서 예측 가능한 새로운 패턴을 만들 수도 있다. 예를 들면, 인사, 체크업, 목표와 관련된 활동들과 같이 전형적인 치료놀이 순서로 회기를 시작하고 이후에 아동의 타임 라인을 따라서 활동하거나 이야기를 만드는 활동들을 할 수 있다. 흔들어 주기, 먹여 주기, 노래 부르기와 같은 양육으로 회기를 마무리해야 한다. 치료놀이는 또한 회기 내에서 아동의 욕구에 대한 치료사의 조율에 기초해서 더 자발적인 방법으로 다른 접근과 통합될 수 있다. 이 장에서 우리는 치료놀이 회기에서 아동의 과거를 어떻게 이야기할 것인지에 대한 예시를 보여 주고 있다. 여기에서는 외상을 입은 아동들을 치료하는 데 치료놀이와 잘 맞는 다른 치료방식에 대해 설명할 것이다. 또한 치료놀이를 이러한 접근들과 어떻게 통합할 수 있는지 설명하기 위해서 몇 개의 사례를 제공할 것이다.

- 양자관계의 발달심리치료
- 가족 애착 이야기치료
- 안구운동 민감소실 및 재처리 요법
- 타임라인
- 심리극
- 슬픔에 대한 치료
- 독서치료

양자관계의 발달심리치료(DDP)

DDP(Hughes, 2007)는 과거 외상과 관련된 감정과 사고, 수치심의 상태, 그리고 현재의 유발요인을 탐색할 수 있도록 치료사와 부모가 아동에게 정서적 안전감을 제공해 주기 위해 즐거움(Playfulness), 수용(Acceptance), 호기심(Curiosity) 그리고 공감(Empathy)(PACE)의 '태도'를 이용한다. DDP는 치료놀이가 그러하듯이 즐겁고 개입적이며 조율을 하는 동시에 정서적인 공동 조절과 지금-여기의 치료적인 상호작용을 포함한다. 치료놀이 치료사와 같이, DDP 치료사는 치료에서 매우 적극적이며 아동이 그들에게 영향을 미치도록 허용한다. DDP 치료사는 중립적인 태도를 유지하는 것보다는 아동과 진실한 관계를 맺는 것이 정서적인 건강과 자기이해를 촉진시킨다고 믿는다. 부모들은 회기에 참여하고 가정에서 정서적으로 지지적인 환경을 제공하도록 지도받는다. 치료놀이와는 대조적으로, DDP는 과거의 외상을 해결하고 통합할 수 있도록 언어적으로나 정서적으로 외상을 다루고 의미를 창조한다. 우리는 놀이, 양육, 외상에 대한 아동 욕구의 균형을 맞추는 데 DDP와 치료놀이가 훌륭하게 병행될 수 있다는 것을 발견하였다(Rubin, Lender, & Mroz Miller, 2009).

치료놀이와 DDP 통합하기

앤은 심한 학대, 방임 그리고 많은 상실을 경험한 후 4세 때 가정위탁 보호시설에서 입양된 7세 여자아이였다. 그녀의 부모는 아동이 행복해지려고 노력하지만 그녀의 행복은 진실되지 않아 보인다고 말했다. 그녀는 종종 사소한 실망스러운 일이 있거나 다시 하라고 지시받을 때에 지나치게 화를 내며 엄마에게 물건을 차고 던졌다. 그녀는 입양된 남동생과 애완동물에게 으스대기도 했다. 가족 외출은 아동에게 힘든 일이었다. 그녀가 말썽을 일으켜 일찍 집으로 돌아와야만 했다.

앤이 초기에 경험했던 박탈, 학대 그리고 많은 양육자들의 상실은 그녀가 입양가족에 대해 심각한 두려움을 갖게 했다. 초기 경험이 편안하고 행복하지 않았기 때문에 그녀는 기쁨, 즐거움, 사랑으로 생일을 축하해 주는 가족이 편안하지 않았다. 앤의 치료사는 치료놀이가 그녀에게는 또 하나의 낯선 경험이라는 것을 알았다. 치료사는 천천히 진행하면서 앤의 반응을 보기 위해 한 번에 하나씩 작은 것을 해야만 했다.

앤이 그녀 자신에 대해서 불편하게 느낀다는 것은 앤의 치료사에게 명백했다. 앤의 엄마 프랜신이 앤의 불편한 감정들을 회피하고 앤이 '행복'을 느끼도록 몰아치는 것도 명백했다. 초기의 치료놀이 회기에서 앤은 자신이 '슬프고', 최소한의 도전 수준에도 불구하고 활동들이 어렵다고 말했다. 앤의 감정은 치료놀이 활동에 의해 직접적으로 유발되었으며, 치료사는 앤이 자신의 정서를 확장시키고 이해하도록 돕기 위해서 DDP를 이용했다.

한 예로 앤과 엄마는 깃털 불기 놀이를 했다. 앤은 놀이를 하는 동안 엄마의 웃음과 격려를 즐기는 것처럼 보이지 않았다. 갑자기 앤은 깃털을 잡고 엄마를 향해서 등을 돌렸다. 프랜신이 물었다. "앤, 왜 멈췄어? 재미있지 않니? 너 정말 잘 부는구나." 치료사가 앤의 엄마에게 상냥하게 말했다. "어머니, 앤이 그렇게 재미있어하는 것 같지는 않았어요." 그러자 앤의 어머니는 매우 실망스러운 표정을 지으며 말했다. "앤, 뭐가 잘못된 거니? 너는 무엇가에 화가 나 있니?" 앤은 눈살을 찌푸리며 알아들을 수 없게 중얼거렸다. 그러나 치료사는 앤의 주된 감정이 분노가 아니라는 생각이 들었다. 앤의 치료사는 엄마의 팔에 가볍게 손을 얹으며 말했다. "어머니도 알다시피 앤이 화난 게 아니라 단지 혼란스러워 보이네요." 그러고 나서 앤에게 직접적으로 말했다. "앤, 엄마가 깃털을 불면서 웃고 있었고 나도 웃고 있었어. 그리고 우리 둘 다 너 또한 재미있게 놀고 웃기를 바랐어. 그리고 나는 궁금해……(치료사는 앤의 주의를 끌기 위해서 잠시 멈추었다). 우리가 그랬던 것처럼 너는 그 놀이가 재미있다고 느끼지 않았니? 그것이 이상하거나 무섭게 느껴졌니?" 앤은 치료사를 옆으로 쳐다보고 찌푸렸던 눈살을 피며 놀라움에 가득 차 "네."라고 고개를 끄덕였다. 이것은 치료사가 계속반응하게 하는 신호가 되었다. "그래, 특히 네가 프랜신의 집에 오기 전에 너의 삶에 너무 많은 상처와 실망이 있었기 때문에 그럴 수 있어." 치료사는 앤이 그녀의 눈을 깊게 바라보는 동안 말하는 것을 멈추었다. 그러고 나서 프랜신을 보며 말했다. "어머니도 알다시피 그녀는 어머니와 함께 살기 전에 잘 살아남았어요. 그리고 그것은 그녀가 항상 경계해 왔다는 것을 의미해요. 항상 다음에 그녀를 상처 입힐 것을 경계하면서 말이지요. 그래서 우리가 재미있는 무언가를 할 때 그녀의 뇌는 '이봐, 조심해. 이것은 너를 다치게 할 수 있어.' 라고 말할 수 있어요."

프랜신은 고개를 끄덕이고는 앤을 부드럽게 쳐다보며 말했다. "그래, 너는 당연히 우리가 여기서 하는 재미있는 것들을 두려워할 수 있어." 앤은 여전히 두 손으로 깃털을 잡은 채 엄마와 치료사를 향해 돌아 앉았다. 치료사는 앤의 주의 깊은 눈과 조용한 제스처를 보며 그녀가 더 나아가도록 마음을 열었음을 알 수 있었다. 치료사는 말했다. "너는 우리가 왜 이런 놀이를 하는지 아니?" 앤이 대답했다. "왜요?" "글쎄, 우리는 서로 웃을 때 안전하고 사랑받는다고 느끼기 쉽단다. 그런 거야. 그렇게 아기들이 세상이 좋은 곳이라는 것을 배우는 거야. 그러나 너에게는 그렇지 않았어. 너는 너 자신을 보호해야 했고 삶이 힘들다는 것을 배워야만 했어. 너는 한 번에 조금씩 놀이를 하고, 이상하거나 두렵게 느껴질 때 조금 기다리는 것을 배웠어. 우리는 시간을 가질 테니까 네가 다시 놀이할 준비가 되면 알려 줘." 앤이 말했다. "좋아요, 깃털 불기를 할까요?" 앤은 눈에 띄게 밝아졌으며 열심히 했다. 그래서 그들은 다른 치료놀이 활동을 하기 전에 깃털 불기를 몇 번 더 했다.

가족 애착 이야기치료

이 접근은 외상을 입은 어린 아동들을 돕기 위해서 직접적으로 그들의 경험에 대한 일관성 있는 내적 이야기—안정애착의 특징—를 발전시키도록 촉진한다. 부모들은 아동이 어떻게 외상에 영향을 받았는지 이해하도록 도움을 받고, 외상을 다루고 애착을 증진시킬 수 있는 일련의 이야기들을 발전시키고 들려주도록 지도받는다(Lacher, Nichols, & May, 2005). 핵심적인 이야기들은 주장하는 이야기(Claiming Narrative), 발달적인 이야기(Developmental Narrative), 외상에 대한 이야기(Trauma Narrative), 장래에 대한 이야기(Future Narrative)다. 이러한 것들은 이야기를 들려주기 전이나 후 또는 둘 다에 치료놀이를 이용함으로써 통합될 수 있다. 종종 이러한 이야기들은 양육이나 놀이에 이르게 한다. 치료놀이는 부모와 아동들에게 그들이 놓쳤던 초기의 상호작용을 경험할 수 있는 토대를 제공할 수 있다. 그렇게 함으로써 그들은 아동의 장래에 대한 이야기의 일부가 될 수 있다.

치료놀이와 이야기를 통합하기

냰시는 그녀가 만약 새로운 가족에게서 처음부터 자랐다면 어떻게 걷고 말하고 안전하게 느끼는 것을 배웠을지 발달적인 이야기를 들으며 엄마 옆에 앉아 있었다. 갑자기 낸시는 엄마의 무릎 위로 올라가서 즉흥적으로 엄마의 코를 눌렀다. 이에 치료사는 낸시가 엄마의 코에 '경적' 을 울릴 것을 제안하며 재빨리 치료놀이로 전환했다. 낸시는 그렇게 하고 즉시 눈을 반짝이며 말했다. "이건 내가 할아버지와 하는 것이에요!" 엄마의 무릎에 앉아서 그들은 서로의 코와 귀 그리고 턱에 경적을 울려댔다. 이것은 낸시가 처음으로 치료놀이 회기에서 친밀감과 경계하지 않은 즐거움이 일어나도록 허용한 경우였다.

안구운동 민감소실 및 재처리 요법(EMDR)

EMDR은 내담자가 안전하고 통제된 치료환경에서 과거의 외상 경험에 대한 기억들을 처리하도록 돕기 위해 (치료사의 손의 움직임이나 촉감 자극에 의해서) 좌우 두뇌의 자극을 활용한다. 외상과 관련된 부정적인 믿음, 감정 그리고 신체 감각이 명확히 나타나고 온전히 그 경험이 처리되며, 결국 긍정적인 믿음이 본래의 부정적인 믿음을 대신하게 된다. EMDR은 연상을 더 건강하고 더 긍정적이며 더 현실적으로 만듦으로써 신체와 정신에 대한 외상의 무의식적인 영향을 알게 하는 것으로 생각된다. 결국 기억의 경고 신호는 감소하고 정서적인 두뇌를 크게 손상시키는 힘을 잃게 된다.

치료놀이와 EMDR은 여러 가지 방법으로 통합될 수 있다(Strauss, 2009). 외상에 관한 치료는 내담자가 치료사를 신뢰해야 한다. 치료놀이는 아동이 치료사를 치료적인 관계를 촉진하는 호의적인 사람으로 보게 할 수 있다. 만약 외상의 기억이 치료놀이를 하는 동안 떠오른다면 좌우의 자극이 아동을 진정시키고 감정을 가라앉히도록 이용될 수 있다. EMDR로 외상을 처리한 후에 치료놀이 활동은 도전활동을 통해 아동의 유능감을 나타낼 수 있다. 외상이 충분히 다루어진 후의 성인들을 위한 지침은 비활성화된 외상과 함께 "나는 가치 있어." "나는 강해." 또는 "나는 안전해."와 같은 언어적 확신을 연상하게 하는 것이다. 치료놀이는 아동들이 이러한 확신을 경험하도록 도울 수 있다. 양육은 가치 있게 느끼는 경험을 제공하고, 도전의 성공은 아동이 강하다고 느끼게 도와줄 것이다. 고통스러운 기억들을 처리하고 난 후, 양육은 편안함을 제공하고 외로움의 감정을 경감시킬 수 있다. 때때로 외상 치료 회기에서 아동에게 휴식이 필요하거나 '저항' 을 보이는 곤경에 처할 수 있다. 개입활동들은 아동이 치료사와 다시 관계를 맺도록 도울 수 있다. 또한 치료놀이는 시작하는 회기와 끝나는 회기에서 구조를 이용해 아동을 안심시킬 수 있다. 마지막으로 EMDR은 외상을 다루기 전에 내담자가 먼저 심리적으로 '안전한 곳' 에 있도록 하기 때문에, 치료놀이는 부모-자녀의 관계를 향상시켜서 그것이 아동의 가장 '안전한 곳' 이 되도록 치료할 수 있다.

타임라인, 심리극, 슬픔에 대한 치료 및 독서치료

이러한 방법들은 아동들을 복합외상에서 치료하는 데 역할을 할 수 있고, 치료놀이와 쉽게 통합될 수 있다. 아동의 타임라인을 작성하는 것은 아동이 견뎌야만 했던 상실과 경험을 기록하면서 자신의 삶의 연대기와 자신의 삶에 오고 갔던 사람들을 살펴보도록 도울 수 있다. 낯선 사람에게 맡겨지는 것이 얼마나 힘든지 고아원에서의 삶을 실연하거나, 아동이 친부모와 이야기하고 그들이 물어보지 못했던 것들을 물어보는 것처럼 느끼도록 심리극을 이용할 수 있다. 아동이 자신의 삶에서 잃어버린 사람들(친부모, 형제, 확대가족, 이전의 위탁부모)에 대해서 이야기하도록 하는 슬픔에 대한 치료는 양육에 대한 욕구를 이끌어 낼 수 있다. 독서치료의 측면에서는 아동이 부모와 건강하고 양육적인 상호작용을 보고 모방할 수 있도록 회기나 가정에서 읽을 수 있는 애착 관련 서적들이 있다.[1]

복합외상을 경험한 아동과 치료놀이를 하는 것은 외상을 경험하지 않은 아동들을 치료하는 것보다 더 많은 조율, 반영, 회복, 부모의 역할 그리고 다른 치료 접근에 대한 지식이 필요한 특별한 도전이 될 수 있다. 그러나 치료놀이는 이러한 아동들이 결코 가져보지 못했던 부드럽고 양육적이며 재미있는 부모와의 상호작용과 같이 깊은 치료의 경험을 제공할 수 있다. 그러한 경험 없이 아동들은 정서적으로 손상을 입은 채 남아 있을 위험이 있다. 치료놀이는 모든 아동들이 충분히 받을 자격이 있는 양육적이고 애정적이며 보호적인 관계를 경험할 수 있게 해준다.

1. 다음은 아동들이 읽을 수 있는 애착에 관한 서적들이다.

- *Pete' s a Pizza*, William Steig, HarperCollins, 1998
- *Mean Soup*, Betsey Everitt, Voyager, 1992
- *Hug*, Jez Alborough, Candlewick Press, 2000
- *Owl Babies*, Martin Waddell, Candlewick Press, 1992
- *What Mommies Do Best/What Daddies Do Best*, Laura Numeroff, Simon & Schuster Books for Young Readers, 1998
- *Willie' s Not the Hugging Kind*, Joyce Durham Barrett, HarperCollins, 1991
- *Even If I Did Something Awful*, Barbara Shook Hazen, Aladdin Books, 1992
- *The Little Brute Family*, Russell Hoban, The MacMillan Company, 2002
- *More, More, More Said the Baby*, Vera Williams, Greenwillow Books, 1996
- *If You Were My Bunny*, Kate McMullan, Scholastic Press, 1996
- *The Runaway Bunny*, Margaret Wise Brown, Harper Trophy, 1942
- *I Will Kiss You (Lots & Lots & Lots)*, Stoo Hample, Candlewick Press, 2005
- *So Much*, Trish Cooke, Candlewick Press, 1994
- *The Way Mothers Are*, Miriam Schlein, Albert Whitman & Co., 1963
- *Love You Forever*, Robert Munsch, Firefly Books, 1986

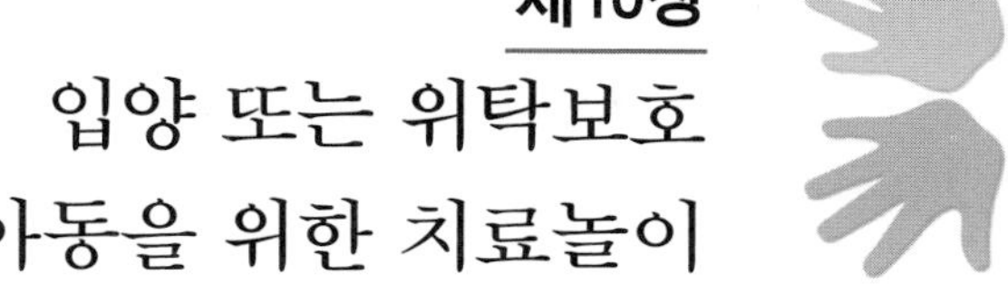

제10장 입양 또는 위탁보호 아동을 위한 치료놀이

관계와 애착을 증진시키는 치료놀이의 강점은 위탁보호를 받거나 입양된 아동들과 그들의 가족들에게 성공적으로 적용되게 하는 요인이다. 이러한 아동들은 아마도 다른 아동들보다 더 안정된 부모 역할과 많은 공감, 즐거움과 지도를 필요로 한다. 재미있는 상호작용을 통해서 관계를 형성하는 것을 강조하는 치료놀이는 고통스러운 과거의 해결책이 될 수 있으며 부모와 아동이 결속하는 데 필요한 경험을 제공할 수 있다. 지난 20년 동안 두 집단의 특별한 아동들과 함께 일하는 전문가들과 부모들의 치료놀이에 대한 관심이 증가하고 있다. 입양되기 전 그들의 삶에 있어서 일시적으로 또는 평생 동안 시설에서 생활하다가 해외 입양된 많은 아동들, 그리고 친가족을 떠나서 영구적인 가정을 기다리며 위탁보호를 받고 있는 많은 학대 아동들과 방임 아동들이 그들이다.

이 장에서 묘사된 아동들은 인생 초기에 안정애착의 발달을 방해하거나 붕괴시키는 일관성 없는 양육, 실패 또는 상실을 경험한다.[1] 그들의 대다수는 9장에서 논의된 복합외상으로 고통을 겪을 것이고, 따라서 발생되는 문제들이 중복될 수 있을 것이다. 이 장에서 우리는 어떻게 아동들이 새로운 양육자와 애착을 형성하도록 도울 수 있는가에 주로 초점을 둘 것이다. 먼저 우리는 상실이 아동들과 그들을 돌보는 사람들에게 무엇을 의미하는지 살펴볼 것이다. 그리고 나서 치료놀이가 어떻게 도움을 줄 수 있는지에 대한 것으로 넘

Jessica Mroz Miller · Dafna Lender · Phyllis B. Rubin · Sandra Lindaman

어갈 것이다. 우리는 입양 또는 위탁 아동들의 특별한 정서적 욕구, 각각의 욕구와 관련된 양육의 문제들 그리고 치료놀이가 어떻게 부모들이 그 욕구를 다루도록 도울 수 있는지에 대해 논의할 것이다. 다음으로는 위탁부모나 입양부모와 어떻게 함께할 것인가에 대해 논의할 것이다. 마지막으로 많은 재배치를 경험한 아동들을 치료하는 문제들을 논의하고 위탁가족에서 입양가족으로 바뀐 아동과의 치료놀이에 대한 예시로 끝맺을 것이다.

아동의 경험 이해하기

위탁보호를 받거나 입양된 아동은 연령과 관계없이 친부모와의 지속적인 관계의 상실을 시작으로 수많은 상실을 견뎌 오고 있다. 각각의 발달 단계에서 아동이 그러한 상실을 인식하고 이해하는 것은 애착에 영향을 미칠 것이다.

모든 입양아동들은(영아기에 입양된 아동들도) 다음과 같은 경험들을 공유한다(Jernberg, 1990, p. 271).

- 그들은 "본래 어머니의 생리적이고 정서적인 유형과 이후의 어머니의 생리적이고 정서적인 유형 간의 불일치를 경험한다."
- 그들은 "두 어머니의 생리 상태와 심리 상태에 적응해야 할 뿐만 아니라 최소한의 스트레스를 보이며 그렇게 하도록 기대된다."
- 그들은 "상실, 분노 그리고 슬픔의 감정에 대해 안다."
- 그들은 "자기존중감에 심각한 위협을 경험한다."

아동이 분리를 경험하는 나이에 따라 상실은 다른 심리적인 의미를 가질 것이다. 우리는 그러한 경험이 생리적인 리듬, 소리, 시각, 후각 그리고 체온과 피부결의 변화에 적응해야 하는 것 외에 어린 영아에게 무엇을 의미하는지는 알 수 없다. 아동이 친부모에게 버려진 의미를 감수하는 것은 나중의 일이다.

좀 더 나이 든 영아나 걸음마기에 입양된 아동들은 양육자나 익숙한 양육적인 일상의 상실을 민감하게 느낀다. 이러한 어린 아동들은 또한 자신을 표현할 수 없고, 자신에게 말하는 것을 완전히 이해할 수 없는 데 대처해야만 한다. 걸음마기 아동은 자립을 향한 첫 번째 시험적인 단계를 거치는 발달 단계에 있다. 부적절한 가정에서 옮겨지거나 고아원에서 자란 많은 아동들은 이러한 단계를 거치는 데 안전기지가 될 수 있는 건강한 의존의 시기를 경험하지 못한다.

더 나이 든 아동들은 새로운 가정으로의 변화에 더 전적으로 참여할 수 있으나 사건과 설명에 대한 이해는 마술적 사고나 구체적 사고와 같은 그들의 인지발달 수준에 의해 한정된다. 마술적 사고(18개월에서 6, 7세까지)는 사건을 개인화하는 경향을 말한다. 아동들은 자신의 생각, 바람 그리고 행동이 일어나는 모든 일의 원인이라고 믿는다. 그들은 서로 관련되지 않은 사건들에서 원인과 결과를 가정한다. 그리고 현실과 환상을 구별하는 데 어려움을 갖는다. 구체적 사고(6세에서 11, 12세까지)는 문자상의 해석과 절대적인 사고를 말한다.[2] 따라서 아동들은 연령에 따라 다양한 방식으로 자신의 경험을 이해할 것이다. 이러한 아동들 중 일부는 후에 그들이 버려진 이유에 대한 아동기 믿음에 대해서 함께 나눈다. "엄마가 나를 버릴 정도로 내가 잘못한 것이 무엇일까?" "아마 내가 너무 많이 울거나 잘 먹지 않았을 거야……. 내가 아마 무언가를 잘못했을 거라고 생각해……. 그건 내 잘못이야." (Brodzinsky, Schecter, & Henig, 1992, pp. 43, 79) 초기의 부정적인 경험과 결합된 이러한 사고는 그들 자신을 말썽쟁이이며 가치 없고 나쁜 아이로 보게 한다.

처음 위탁가정이나 입양가정에 보내지면 많은 아동들은 부모나 초기 양육자의 상실에 대해 슬퍼한다. 새로운 부모들은 그들이 좋은 보호를 받지 않았다는 것을 알기 때문에 이것을 이해하기 어려울 수도 있다. 그들이 종종 깨닫지 못하는 것은 아동들의 애착에 대한 욕구는 아동이 심지어 가장 신뢰할 수 없는 양육자와도 결속하게 만든다는 것이다. 양육의 질과는 상관없이, 아동들은 그들이 이제껏 알고 있는 유일한 양육자에 대해서 강력한 감정을 가지고 사랑을 경험할 것이다. 새로운 부모가 이렇듯 상실을 슬퍼하는 아동의 욕구를 존중하는 것은 중요한 일이다. 또한 아동이 새로운 부모와 애착을 형성하는 것이 친부모나 초기 양육자로부터 허용된다는 것도 중요하다.

입양아동의 삶에서 언젠가 아동은 입양되기 전 자신의 초기 개인력에 대해서 배우고, 자신의 경험에 대해서 이야기하고, 왜 자신이 버려졌는지에 대한 생각을 나누고, 자신에게 입양이 어떤 미묘한 의미를 가지는지 살펴보는 것이 필요하다. 이러한 것들은 항상 그런 것은 아니지만 때때로 애착을 방해할 수 있는 전통적인 '입양에 관한 문제들' 이다. 많은 어린 아동들은 발달적으로 이러한 문제들을 다룰 수가 없지만, 입양부모나 위탁부모는 이에 따른 행동에 반응해 주어야 한다. 안정애착 관계를 형성하는 것은 아동들의 내적인 경험이 어떻게 그들의 행동에 영향을 미치는지 새로운 부모들이 이해하도록 돕는 것을 포함한다.

 치료놀이가 어떻게 도울 수 있는지 고려하기

치료놀이는 다른 아동들과 같은 방식으로 부모와 입양아동 또는 위탁아동들 간의 관계를 형성한다. 그러나 우리는 희망이 산산조각 난 아동과 애착을 형성하려고 할 때 특별한 도전에 부딪히게 된다. 이러한 실망감과 함께 애착을 형성하는 것은 입양부모나 위탁부모의 시간, 인내, 에너지 그리고 헌신을 필요로 한다. 정상적인 애착과정은 열망과 믿음이 있는 아동의 참여가 필요할 것이다. 입양이나 위탁보호의 애착과정에서 아동은 스스로 생존하는 데 도움이 되었던 행동 패턴으로 쉽게 돌아가는 경향이 있다. 그것은 훨씬 더 어렵기 때문에 입양부모와 위탁부모는 과정 내내 많은 지지가 필요하다.

일반적인 원리 이해하기

아동의 나이가 얼마건 간에 치료놀이는 아동이 특별하고 사랑스럽고, 아동의 세상은 흥미롭고 살 만한 곳이며, 그들의 세상에 있는 성인들은 반응적이고 양육적이라는 것을 증명하고자 한다. 이러한 것들에 대해 이야기하기보다는 부모와 아동이 회기에서 직접 체험하게 한다. 정서적으로 더 어린 아동의 욕구에 강조를 두며 치료놀이는 부모와 자녀의 초기 애착과정을 재형성한다. 친자녀가 반응적인 부모를 의지하고 신뢰하는 것처럼, 입양자녀도 새로운 부모를 의지하고 신뢰할 만한 사람으로 경험하기 시작한다.

치료놀이는 직접적인 특성을 갖고 있고 부모와 아동이 함께 상호작용의 새로운 방법을 배우도록 하기 때문에 위탁가정이나 입양가정에 유익하다. 아동 혼자보다는 가족체계와 함께하는 것의 중요성이 경험이 많은 입양 임상가들에 의해 지지되고 있다(Reitz & Watson, 1992; Grabe, 1990).[3]

사정과정 실행하기

이러한 많은 아동들이 복잡한 삶을 살았기 때문에 친부모에 대한 아동과 가족의 관계를 포함해서 자세한 사회적인 개인력에 대해 아는 것은 중요하다. 가족으로서 그들의 경험에 대한 부모와의 면담에서는 아동을 집에 데려온 것이 그들의 결혼생활이나 가족을 어떻게 변화시켰는지뿐만 아니라 어떻게 위탁부모나 입양부모가 되도록 결정하게 되었는지 물어보아야 한다. 4장에서 모든 부모들과 초기면접을 할 때 사용할 수 있는 질문들을 제시했다. 다음의 화제들, 즉 아동들과의 부모 경험이나 정상적인 발달에 대한 지식, 애착과정에 대한 지식, 아동의 장래를 위한 계획, 다른 양육자들이 있는지, 부모로부터의 분리 유형, 가정에서 치료놀이를 할 수 있는 시간과 욕구 및 가능성 등은 특히 입양이나 위탁 아동의 부모에게 적합한 것이다.

입양부모는 종종 아동의 초기 개인력에 대해 잘 알지 못한다고 말한다. 그러나 자세히 살펴보면 그들이 모르는 몇 가지 세부적인 것들이 중요한 정보가 될 수 있다. 예를 들면, 한 부부가 학교와 가정에서의 미성숙하고 감정이 격한 행동 때문에 치료를 받기 위해서 5세의 입양된 아들 브라이언을 데려왔다. 초기면접에서 브라이언의 부모는 친부모가 그를 어떻게 다루었는지에 대해서는 거의 알지 못하지만 그녀가 좋은 사람 같아 보였고, 아동을 사랑하지만 그를 키우기에는 너무 어렸다고 보고했다. 그들은 또한 브라이언이 한 살 때 처음 와서 기저귀 발진이 있었고 그의 다리로 무게를 지탱하지 못했다고 말했다. 부모를 위해 정보를 연결하고, 그것이 방임의 신호이며 방임이 아동의 정서 발달에 큰 영향을 미쳤고 현재 아동에게 영향을 미치고 있다는 것을 부모가 이해하도록 돕는 것은 치료사의 몫이다. 이것은 아동이 부족하거나 일부러 반항한다고 보기보다는 부모가 아들의 현재 어려움에 대해 공감하고 이해하도록 도왔다.

4장에서 언급한 바와 같이, 위탁부모 또는 입양부모와 아동 간의 상호작용을 평가하기 위해서는 마샥 상호작용 평가(MIM)를 사용한다. 애착 문제가 있는 아동은 MIM에서 처음에는 명백하게 문제를 일으키지는 않는 것처럼 행동할 수 있으나, 실제 일상생활에서는 가족 내에서 문제를 일으킬 수 있다. 치료사는 애착 문제에 익숙하지 않은 사람들에게는 명확하지 않은 미묘한 역동성에 대해 잘 알 필요가 있다. 실험을 통해서 우리는 위탁아동이나 입양아동들이 MIM에서 잘하는 것처럼 행동하는 것, 환경과 상호작용을 통제하려고 하는 것, 양육에 저항하는 것과 같은 행동을 하는 것을 볼 수 있었다.

아동이 MIM에서 잘하는 것처럼 행동하려고 하는 한 가지 이유는, 아동이 또 다른 새로운 가족에게 '보내지기' 위한 준비로 사정받는다고 생각한다는 것이다. 이러한 아동들이 가정에서보다 MIM에서 더 잘 행동하는 또 다른 이유는 그들이 부모와 함께 있는 것보다 낯선 사람과 함께 있을 때 더 편안해한다는 것이다. 이러한 아동들은 관계가 더 친밀해질수록 양육자에 대해 의존하는 취약성에 의해 더 많이 위협받는다고 느낀다. 따라서 사정과정에서 아동은 가정에서보다 훨씬 더 즐겁고 협조적으로 보일 수 있다. 아동이 대중 앞에 있고 비디오로 녹화된다는 것을 아는 것은 심지어 부모와 함께 있을 때에도 매력적이고 거짓으로 성숙해 보이게 할 수 있다. 아동들이 실제보다 더 좋게 보일 수 있는 반면, 부모들은 아동의 또 다른 면을 알고 있고 또 함께 살고 있기 때문에 더 문제가 있는 것으로 볼 수 있다.

MIM에서는 분위기나 감정 또는 어려운 화제를 통제하기 위해서 많은 책임을 지려고 하는 아동들을 종종 볼 수 있다. 그들은 많이 말하거나 가방 안에 무엇이 있는지 물어보거나 부모가 웃고 행복하게 느끼도록 하기 위해서 노력하기도 한다. 매우 극적인 아동들은 슬픔과 취약성의 불편한 감정들을 피하려고 할 수도 있다.

다른 아동들은 부모가 자신을 도와주거나 양육하도록 허용하는 데 특별한 문제를 갖는다. 그들은 자신에게 해주는 것보다 부모에게 해주는 것을 더 좋아한다(머리 빗겨 주기, 로션 발라 주기, 먹여 주기). 부모가 아동을 양육하는 것보다 아동이 더 부모를 양육하는 것을 볼 때 그것이 부모의 욕구를 충족시키려고 하는 것은 아닌지 의심한다. 그러나 여기에서 고려하고 있는 아동의 경우에 이것은 부모의 욕구를 나타내는 것이 아니며, 부모가 아동에게 양육을 제공할 때 거부하기보다는 아동이 양육을 통제하게 하도록 부모가 배웠을 수 있다. 그들은 이것이 그 순간에 아동이 허용할 수 있는 유일한 양육의 경험이라고 배웠을 수 있다. 치료놀이의 목표는 아동이 실제로 부모에게 양육받을 수 있도록 변화시키는 것이다.

MIM을 관찰하고 피드백을 줄 때 개방된 호기심을 갖는 것이 중요하지만, 그림을 왜곡시킬 수 있는 미묘한 역동성 때문에 그것은 위탁보호나 입양의 경우에는 특히 중요하다. 친가족과의 경험을 근거로 성급한 추론을 하기보다는 부모의 관점에서 상호작용을 탐색할 수 있을 때까지 판단을 보류할 필요가 있다. 이렇게 하기 위해서 MIM에서 치료사가 호기심을 갖는 부분을 그들에게 보여 주고 무엇이 일어나고 있다고 생각하는지 물어볼 수 있다. 일단 행동 뒤의 역동성에 대해서 더 많이 알게 되면, 치료사는 결론을 내릴 수 있고 권고할 수 있다.

치료기간과 특성 고려하기

입양아동이나 위탁아동들과의 치료놀이 회기는 친자녀와의 치료놀이와 매우 유사하지만 몇 가지 중요한 차이점이 있다. 일반적으로 저항이 클수록 치료과정은 더 길고 변화는 더 천천히 나타난다. 구조, 개입, 그리고 양육이 초기의 애착 경험을 재형성하는 차원들이기 때문에, 이러한 것들이 유능성과 자립에 초점을 두는 도전보다 더 강조된다. 부모와 관련된 많은 상담은 그들이 정서적으로 더 어린 아동의 발달적 욕구를 이해하고 위안과 안전을 위해 아동이 의지할 수 있는 양육자가 되기 위한 방법들을 찾도록 도와주는 것을 포함한다. 5장에서 언급한 바와 같이, 아동의 안전기지나 정서적 유대와 즐거움의 근원으로서 부모의 역할을 지지하기 위해서 입양아동들은 처음부터 부모가 회기에 있어야 한다. 그들의 개인력 때문에 잠재적인 새로운 애착에 지나치게 반응할 수도 있는 아동들의 경우, 우리는 부모-자녀 관계를 붕괴시키거나 누가 아동의 일차적 양육자인지에 대해서 아동을 혼란스럽게 하기를 원하지 않는다. 치료사의 역할은 가족이 더 즐겁고 더 잘 지내며 서로 더 가깝게 느끼도록 해주는 것이라는 사실을 아동이 알게 해야 한다. 치료사로서 우리는 종종 돕고 있는 아동을 이해하기 위해서 부모들이 한쪽에 앉아서 지켜보는 동안 아동과 함께 활동을 해볼 수 있다. 일차적 양육자로서 부모의 역할을 강조하기 위해서 치료사는 먼저 아동 앞에서 다음과 같이 부모의 동의를 구해야 한다. "아버지, 저는 아버지와 수지가 같이 놀 수 있는 몇 가지 놀이를 가르쳐 주고 싶어요. 제가 아버지에게 보여 주기 위해서 먼저 수지와 놀이를 해봐도 괜찮을까요?" 다른 경우에는 아동이 지켜보는 동안 부모와 함께 활동을 연습할 수 있다. 이러한 연습경험의 목표는 항상 부모와 아동이 관계를 형성하도록 상호작용하게 하는 것이다. 이 장에서는 어떻게 처음부터 부모들을 회기에 참여시키고 처음부터 끝까지 부모-자녀에 초점을 두는지에 대한 많은 사례를 제시하였다.

 입양 또는 위탁보호 아동의 욕구 이해하기

입양 또는 위탁보호 아동들에 관한 문헌은 아동이 정서적으로 건강해지도록 돕기 위해서 부모들이 이해하고 반응해야만 하는 여섯 가지의 중요한 욕구들에 대해 정의하고 있다(예: Hughes, 1997; Fahlberg, 1991 참조).

- 조율과 조절을 경험하는 것
- 부모의 구조를 신뢰하고 받아들이는 것
- 상호관계와 개입을 발전시키는 것
- 부모에게서 양육받고 그것을 받아들이는 것
- 유능하고 가치 있다고 느끼는 것

• 가족 구성원으로서 소속감을 느끼는 것

각각의 욕구에 대해 논의하는 동안, 먼저 이것이 어떻게 아동의 내적 경험을 반영하는지와 어떻게 관찰 가능한 행동에 영향을 미치는지 살펴보고, 다음으로는 양육에 관한 문제들에 대해 살펴볼 것이다. 마지막으로는 각각의 욕구에 반응하기 위해서 어떻게 치료놀이를 이용할 것인지에 대해 논의할 것이다.

조율과 조절을 경험하는 것에 대한 욕구

2장에서 논의한 바와 같이, 정서적으로 조율된 부모의 반응들(적절한 양의 접촉, 흔들어 주기, 먹여 주기, 콧노래 부르기, 목소리나 동작의 속도, 얼굴 표정 바꾸기)은 우뇌의 초기 발달에 중요한 경험이 된다. 만약 부모가 아기에게 조율할 수 없다면 아기는 부모의 존재를 느끼지 못할 것이며 위로받지 못할 것이다. 만약 이것이 만성적으로 일어난다면 아기는 자신을 위로하고 강력한 감정을 다루는 법을 배우지 못할 것이다. 아기는 또한 괴로울 때 아무도 자신을 도와줄 수 없다는 것을 배우게 될 것이다. 조율되지 못한 양육을 경험한 많은 위탁아동 또는 이후에 입양된 아동들은 자기조절 기술이 부족하고 필사적으로 치료사나 부모가 도움을 줄 수 있도록 가까이 있게 할 것이다.

많은 입양아동들은 말로 하지 않아도 이해될 수 있는 그들의 감정, 바람 그리고 의도를 갖는 것을 경험하지 못했다. 우리 모두는 우리의 삶과 세상에 대해서 최초의 양육자가 해석해 주는 양자관계의 경험을 통해서 우리가 어떻게 느끼는지, 무엇을 원하는지, 그리고 지각한 것들의 의미가 무엇인지를 배운다. 아기가 울고 있다고 상상해 보자. 어머니는 재빨리 반응한다. "어머나, 배가 고프구나. 내가 먹여 줄게!" 어머니는 우유병을 준비해서 아기를 먹이고, 아기는 더 이상 배고픔을 느끼지 않는다. 이러한 방식으로 아기는 배고픔이라는 감각의 의미뿐만 아니라 다른 모든 감각과 감정들을 배우게 된다. 종종 더 나이 든 입양아동들의 부모는 아동이 화가 나거나 슬프다고 말하는 대신 분노발작을 일으키거나 물어 버리는 것에 좌절한다. 이것은 적절하게 반응을 받지 못한 아동들이 신체적으로 지각하는 상태를 동일시하도록 배우지 않았기 때문이다. 그들은 자신의 감정을 표현할 수 없을 뿐만 아니라 자신의 욕구가 충족될 것이라고 믿지 않는다.

양육에 관한 문제 이해하기 부모들이 어린 영아와 직면하는 주요한 과제는 그들의 욕구에 조율하고 일상의 상호작용에서 그것을 조절하는 방법을 배우는 것이다. 이렇게 하기 위해서 그들은 작은 신호에 민감하고 지속적이며, 때로는 독특한 아동에게 무엇이 효과적인지 배우고 반응하는 방법에서 창조적이어야 한다. 아동이 종종 자신의 욕구에 대해서 잘못된 신호를 보내고 조절에 심각한 문제를 갖고 있기 때문에 위탁아동이나 입양아동들의 부모에게 이것은 매우 혼란스러울 수 있다. 잘못된 신호와 조율이 계속되면 부모들은 자신의 능력을 의심하기 시작하고 아동이 그들을 받아들이는지에 대해서도 의심하게 된다. 게다가 불안이 커지면 조율은 더욱 어려워지게 된다.

조율과 조절 발달시키기 치료놀이는 공동 조절의 과정이 일어날 수 있도록 부모가 입양아동들에게 조율하도록 돕는다. 아동의 우뇌가 조절될 수 있도록 부모가 생리학적으로나 정서적으로 아동과 연결되도록 돕는다. 과도하게 웃는 아동의 경우에 처음에는 아동이 웃는 강도에 맞추어서 같이 웃을 수 있다. 그러고 나서 치료사는 각각의 점프 동작에 맞춰 웃으며 함께 방을 가로지르며 뛸 수 있다. 다음에 치료사는 점프 길이에 변화를 주고 그에 맞게 다양하게 웃을 수 있다. 즉, 긴 점프에는 큰 웃음을, 짧은 점프에는 조용한 웃음을 보여 준다. 다음에 빈백 의자로 아주 조용하게 점프할 수 있다. 이러한 일련의 상호작용을 통하여 자극된 아동의 두뇌에 맞추고 나서, 함께 뛰고 웃는 것을 통해 그것을 조직하도록 돕는다. 다음으로 치료사는 웃음의 강도를 변화시키고 아동이 치료사를 따라 하도록 돕는다. 이것은 아동이 진정하고 더 차분한 수준에서 주의를 집중할 수 있도록 돕는 구조와 개입을 제공한다.

또한 치료놀이 치료사는 아동의 신체나 얼굴 표정을 의사소통을 위한 명백한 시도로 이해한다. 예를 들면, 치료사가 솜공으로 아동의 코를 접촉할 때 아동이 몸부림친다면 치료사는 이렇게 말할 수 있다. "어머나, 내가 너의 코를 접촉할 때 그것이 너를 간지럽히는 것처럼 보였어. 손에 한번 해볼게. 이제 좀 낫니?" 이러한 방식으로 아동은 자신의 감각에 대해서 배우고 동시에 치료사가 자신의 감각에 반응적이라는 것을 배우게 된다. 치료놀이 치료사가 아동의 감정 상태에 조율하고 아동이 더 잘 이해되고 연결된다고 느끼도록 도울 수 있는 많은 기회들이 있다. 아동의 입장에서 말하는 것은 조율을 가져올 수 있다. 예를 들면, 양모는 '작은 별' 노래를 부르는 동안 어린 딸이 얼굴을 가리고는 엄마가 노래를 부르기보다는 허밍으로 부르기를 원하자 실망스러워했다. 치료사는 그 순간 아동이 안긴 채로 엄마가 자신에게 노래 불러 주는 것을 보고 듣는 것이 아동에게 과도할 수 있으며 괜찮다고 조용하게 설명해 주었다. 따라서 치료사는 아동과 조율하고 엄마가 그것을 발달시킬 수 있도록 도왔다.

조율은 또한 아동이 한숨 짓거나 손을 내려다보거나 순간에 분리되어 있는 것처럼 보일 때, 조용한 내적 반영과 재구성의 순간이 필요하다는 것을 지각할 때 일어난다. 아동의 신호에 반응하고 언제 다시 연결될 수 있을지를 판단하는 것은 치료사의 몫이다. 그들이 마치 "이제 나를 위해 무엇을 할까요?"라고 말하는 것처럼 잠깐의 시간 후에 치료사를 올려다볼 때 알 수 있을 것이다. 이러한 종류의 신체 상태에 대한 조율은 아동이 편안하고 치료사와 연결되어 있다고 느끼게 도울 것이다.

조율의 또 다른 방법은 슬픔, 분노 또는 즐거움과 같은 아동의 감정을 읽고 반응하는 것이다. 예를 들면, 낮은 자존감을 가진 입양된 8세 여아의 치료사는 체크업을 하면서 아동의 다리에 있는 긴 상처를 발견했다. 치료사는 상처에 대해 말했고 아동은 수치심을 느낀 듯 즉시 눈살을 찌푸리고 시선을 아래로 향했다. 치료사는 궁금해하며 부드럽게 물었다. "어머나, 너는 그 상처에 대해 나쁘게 느끼고 있는 것 같구나." 아동은 그렇다고 고개를 끄덕이고는 자신이 수치스럽게 느꼈던 과거 경험에 대해서 말했다. 치료놀이 회기에서 이러한 조율과정이 일어나는 것은 자신의 감정을 인식하는 데 어려움을 갖고, 잠시 동안 자신이 느끼는 것을 함께 추측할 수 있는 성인이 필요한 입양아동이나 위탁아동에게 특히 중요하다.

부모의 구조에 대한 믿음과 수용에 대한 욕구

양육의 실패를 경험한 대부분의 아동들은 자신의 욕구가 충족되지 않는 데 대처할 여러 가지 방법을 가지고 있다. 어떤 아동들은 "나를 내버려 두세요. 당신에 대해서 상관하지 않아요."라고 말하며 수동적으로 행동하거나 위축행동을 함으로써 자기 자신을 방어한다. 그러나 많은 아동들은 어떤 희생을 치르더라도 통제하려고 한다. 그들은 성인의 권위, 특히 새로운 위탁부모나 입양부모의 권위를 받아들이려고 하지 않는다. 이것은 이러한 아동들이 그들의 삶에 있는 성인들은 일관성 있게 믿음을 주지 못했고, 따라서 자신이 스스로를 돌보아야 한다는 것을 배웠기 때문이다. 부모들은 아동의 동기를 잘못 해석하고 종종 이렇게 말한다. "아이가 반항적이에요. 자기가 하고 싶은 대로만 하고 규칙을 따르지 않아요. 협조를 거부해요." 또는 "아이는 내가 하라고 말하는 것과는 반대로 자기가 하고 싶은 대로만 해요." 반항적인 행동 뒤에는 아무도 그렇게 하지 않기 때문에 자신이 책임져야 한다고 믿는 두려워하는 아동이 있다. 아동은 '그들이 내가 두려워하는 학대와 방임을 하지 않도록 내가 원하는 것을 확실히 다른 사람들이 하게 해야 해.' 라고 생각한다.

양육에 관한 문제 이해하기 부모에게 자신이 하고 싶은 대로만 하려고 고집하는 아동은 분명히 쉽지 않다. 그러한 아동은 때때로 아동에게 부모 노릇할 권리가 있는지 입양부모들의 불확실한 믿음을 위협한다(Reitz & Watson, 1992). 종종 불임증이나 또는 자신의 삶에서 다른 이유의 상실로 가치 있게 느끼지 못하는 부모들은 이제 입양부모로서도 가치 있게 느끼지 못한다. 그리고 부모들은 또한 아동을 입양하기 위해서 엄격한 평가과정을 거치기 때문에 자신들이 완벽해야 한다고 느낄 수 있다. 따라서 그들이 도움이 필요하다는 것을 인정하기는 쉽지 않다.

신뢰감 발달시키기 아동은 토대가 완전히 형성되기 전에 벽을 지탱하는 발판처럼 부모가 그들의 삶에서 힘이 된다는 것을 느낄 필요가 있다. 신뢰하지 못하는 아동을 위한 부모의 구조는 누군가에게 의지하는 것이 안전하다는 것을 배우도록 도울 수 있다. 치료놀이에서 우리는 부모들이 책임을 지고, 한계를 정하고, 아동을 안전하게 하도록 도와주며, 아동이 일련의 활동들을 완성하도록 돕는다. 자신의 생존을 스스로 책임져야 한다고 생각하는 아동에게는 성인이 이끌도록 하는 것이 특히 어렵지만, 이것은 아동이 안정애착을 형성하기 위해서 꼭 필요한 것이다.

치료놀이 회기에서 다음의 예시와 같이 즐거운 놀이나 활동을 통해 비교적 짧은 시간에 아동이 부모의 리더십을 받아들이도록 도우면서, 부모들은 상호작용을 이끌고 조직하는 것을 연습할 수 있다.

상호관계와 개입을 발달시키는 것에 대한 욕구

진정으로 존재하는 것—그 순간에 누군가와 함께 있다는 것—에 대한 결과로 깊은 애착이 발달한다. 위탁아동이나 입양아동은 부모와 관계 맺는 것을 완전히 피하고 정서적으로 개방하는 것을 억제할 수 있다. 아동들은 눈 맞춤을 피하고, 신체 접촉을 피하고 무시하거나 피상적인 친절함을 보이고, 혼란스러워하며, '거기에' 당신과 함께 정말로 있지 않은 것처럼 보일 수 있다. 그것은 마치 아동이 자신에게 이렇게 말하는 것과 같다. "나는 사람들과 함께 있는 것이 편안하지 않아요. 나는 다른 사람들과 함께 즐기는 법을

통제하려는 아동에게 따뜻하고 재미있는 구조 이용하기

앨런과 베키는 7세의 렉시가 2세일 때 그녀를 러시아 고아원에서 입양했다. 그녀는 이전에 심각하게 방임되었으나 그녀의 부모는 새로운 가정에서 많은 혜택을 제공하였고, 그녀는 모든 발달적·학문적 영역에서 그녀의 나이 수준을 빠르게 따라 잡았다. 부모는 그녀의 높은 수준의 독서기술과 싹트고 있는 연기능력을 자랑스러워했다. 그러나 가정에서 렉시는 심각한 행동 문제를 가지고 있었다. 거의 매일 그녀는 부모, 특히 엄마에게 반항했다. 그녀는 저녁식사 전에 식료품실에서 쿠키를 꺼내거나 소파 뒤에서 위험하게 뛰어내리는 등 하지 말라는 것을 일부러 하는 것처럼 보였다. 엄마가 그녀를 멈추려고 하면 그녀는 베키가 제지하기 어려울 만큼 분노발작을 일으킬 때까지 화를 냈다. 렉시의 양부 앨런도 무기력하게 느꼈다. 그는 더 엄격히 하거나 그녀를 즐겁게 하거나 또는 그냥 그녀를 무시하려고 애썼다. 그러나 이러한 전략들은 단지 그녀를 더 화나게 하였으며 행동들은 지속되었다.

치료놀이 회기에서 렉시의 치료사 마샤는 부모와 렉시가 함께할 수 있는 단순하고 재미있는 활동들, 예를 들어 아동의 몸에 작은 인형을 올려놓고 균형 잡기, 신문지를 주먹으로 치고 그것을 팔 안으로 던지기, 아동에게 과자 먹여 주기와 같은 것들을 제안했다. 아동이 높은 수준의 구조를 필요로 할 때는 부모가 방에 있는 경우에도 치료사가 아동과 주된 상호작용을 하면서 치료가 시작되어야 한다. 아동에게 너무 적은 구조를 제공하는 부모들은 주도권을 갖는 문제에서 아동의 주장에 쉽게 이끌릴 수 있다. 이에 부모들은 혼자서 하기 전에 어떻게 치료놀이 치료사가 책임을 지면서 긍정적인 태도를 유지하는지 볼 필요가 있다. 마샤가 아동의 머리 위에 한 개의 작은 인형을 올려놓고 균형 잡기를 시작하려고 하자 렉시가 고함쳤다. "아니요, 3개요!" 마샤는 따뜻하지만 확신 있게 대답했다. "처음에 하나 하고 그다음에 3개를 하자." 렉시는 "이제 3개, 그다음에 5개!"라고 요구하며 하나를 얹고 균형을 잡으며 방을 가로질러 갔다. 마샤는 기쁨으로 놀라 렉시를 쳐다보며 말했다. "어머나, 너는 5개나 할 수 있을 거라고 생각하니? 먼저 우리는 모자 3개를 할 거야. 하나는 머리 위에 그리고 양쪽 어깨에 하나씩." 렉시는 저항하지 않고 3개의 모자를 얹고 걸어갔다. 렉시의 성공에 기뻐하며 마샤가 말했다. "이제 네가 5개를 할 수 있는지 보자!" 렉시가 말했다. "싫어요. 나는 공놀이가 하고 싶어요." 마샤는 그녀가 성공적이고 연결되는 방식으로 다른 사람과 과제를 끝마치거나 또는 그러한 방식으로 반응되는 좋은 감정에 익숙하지 않다는 것을 이해하며 이것을 거부하는 것으로 받아들이지 않았다. 따라서 그녀는 이렇게 대답했다. "나는 네가 5개를 할 수 있다고 생각해. 너는 좋은 균형 감각을 가졌어." 그리고 렉시는 그렇게 했다. 그러나 그녀는 모든 것을 완전히 통제하지 못했기 때문에 약간 자신 없어 보였다. 그럼에도 불구하고 마샤는 성공적으로 활동을 끝낼 수 있었다. 그녀의 부모는 지켜보는 동안 렉시가 자주 하곤 하는 찡그린 얼굴에 주목하고 다음에 무엇을 할 것인지 렉시의 두려움에 대해 해석치료사에게 조용히 말했다.

아니나 다를까 렉시는 3개의 작은 인형을 들고 방에 던졌다. 마샤는 그녀가 던진 곳을 쳐다보며 말했다. "어머나, 이것 봐!" 마샤는 잠깐 멈춘 후에 말했다. "셋을 세면 나머지 2개도 함께 벽에 던져 보자." 그녀는 렉시에게 모자 3개를 주며 렉시가 어떻게 해야 할지 생각하기 전에 재빨리 "하나, 둘, 셋." 하고 세었다. 그들은 함께 모자를 벽에 던졌다. 그러고 나서 마샤가 말했다. "그래, 이제 그것을 가지러 휴지통까지 기어가 보자." 마샤가 재빨리 하자 렉시가 뒤를 따랐다. 그다음에 그들은 방석 위에 앉았다. 렉시의 부모는 렉시가 또 다른 저항으로 진전되지 않는 것을 보고 놀랐다.

이후 회기에서 마샤는 렉시의 부모가 이불 요람 태우기를 함께 하도록 했다. 그들은 함께 렉시를 담요로 매우 조심스럽게 들어 올려서 '보니가 바다 저편에 있네(My Bonnie Lies Over the Ocean)' 노래에 맞춰 천천히 흔들어 주었다. 렉시는 일부러 담요 안에서 몸부림치며 가장자리에 다리를 올려놓았다. 비록 마샤가 처음에 분명히 규칙을 설명했음에도 불구하고 부모는 담요를 내려놓고 렉시가 흔들리는 동안 정말 안전할 수 있도록 가만히 누워 있어야 한다고 다시 설명해 주어야 했다. 그들이 렉시를 다시 들어 올렸을 때, 렉시는 익살맞게 다리를 내밀었다. 마샤는 즉시 렉시를 부드럽게 내려놓도록 다른 사람들에게 신호를 보냈다. 렉시는 엎드려서 얼굴을 가렸다. 마샤가 말했다. "어머니도 알다시피 렉시를 안전하게 하는 것은 우리의 일이에요. 그래서 이제 다른 것을 해야겠어요. 딸 등에 일기예보 놀이를 해본 적이 있나요?" 그리고 일기예보 놀이를 어떻게 하는지 어머니에게 알려 주었다. 렉시는 계속해서 얼굴을 가리고 있었지만 엄마가 등을 쓰다듬어 주자 긴장을 풀었다.

이후 다섯 번의 회기는 그들이 렉시에게 확고하게 하는 것과 렉시의 두려움을 이해하는 것 사이에 균형을 맞추며 베키와 앨런에게 더 많은 책임이 가도록 하는 방식으로 계속되었다. 동시에 렉시는 다른 사람이 책임지게 하고 신뢰하는 것을 배웠다. 마샤는 렉시의 부모가 즐거움과 공감으로 아동의 저항을 다루고 아동이 그들의 기대를 따라갈 수 있도록 확신에 차 있지만 따뜻한 주장을 하도록 도왔다.

확고함과 함께 즐거움의 태도를 발전시키는 것은 입양아동에게 부모가 자신을 보살피고 안전하게 지켜줄 것이라는 메시지를 전달할 것이다.

모르겠어요. 그래서 나는 나 자신에게만 몰두할 거예요." 아동은 또한 이렇게 말하는 것일 수도 있다. "나는 전에 상실을 느끼고 상처를 받았어요. 그리고 다시는 상처받고 싶지 않아요. 나는 당신과 함께 즐기고 당신에 대해 깊게 관심 갖는 것으로부터 나 자신을 보호하고 있어요. 왜냐하면 당신을 잃으면 슬플 테니까요." 어떤 아동들은 분별없이 부모보다 다른 사람들과의 상호작용을 더 선호하는 것으로 보인다. 아동은 이렇게 말하는 것일 수도 있다. "나는 엄마, 아빠와 가까워지는 데 대한 두려움 때문에 거리를 둘 거예요." 또는 "가까워지려고 하지 않는 사람과 이야기하고 노는 것이 더 쉬워요." 분별없는 행동은 깊은 상실을 경험한 아동이 누군가 아동과 영원히 함께할 것이라는 사실을 믿을 수 없다는 것을 가리킬 수 있다. 따라서 이러한 아동은 누군가와 관계 맺는 것을 항상 경계한다. 성인들이 사랑에 빠지는 것과 유사하게, 부모가 아동에게 '구애하고' 부모와 아동 둘 다 '서로에게 몰두하는' 애착의 경험을 나눌 수 있다는 것은 매우 중요하다. 우리가 2장에서 묘사했던 이러한 진정한 만남의 순간에는 어떠한 방어나 자기의식이 존재하지 않는다. 대신에 그들은 서로에게 높은 강도의 '놓아주는' 상호적인 순간과 재미있게 부모와 아동이 서로에게 속해 있음을 느끼고 아동이 애착의 두려움을 갖지 않도록 돕는 경험을 갖는다.

양육에 관한 문제 이해하기 부모들은 아동이 그들의 모든 제안을 거절하고, 그들을 바라보지 않으며, 즐거움을 피하고, 실재하지 않는 것처럼 보이며, 그들보다 다른 사람들과 상호작용하는 것을 더 선호하는 것처럼 보이는 한 서로 연결되어 있다는 느낌을 발전시키는 것이 어렵다는 것을 알게 된다. 부모들은 거부당하고, 상처받으며, 실망하고, 부적합하게 느끼고, 정서적으로 아동과 소원해질 수 있다. 상처받고 부적합하게 느끼는 것은 부모가 그들 자신에게 화나고 유감스럽게 느끼도록 이끌 수 있다. 치료사에게 올 때쯤 부모들은 그들이 사랑을 되돌려 받지 못하기 때문에 아동과 함께 있는 것을 즐거운 것으로 받아들이지 않고 아동에게 어떠한 사랑도 느끼지 않을 수 있다. 부모들은 아동이 반응할 수 있도록 개입시키는 데 도움이 필요하다.

관계를 맺는 데 있어서 어려움의 일부는 또한 부모들의 문제에서 나올 수 있다. 그들은 또한 아동의 영아기와 유아기의 상실에 대한 슬픔, 만일 그들이 아동을 더 일찍 입양했더라면 고통에서 아동을 구할 수 있었을 것이라는 괴로움, 그리고 아동을 다른 사람들이 양육했었다는 것을 아는 것 때문에 아동과 소원함을 경험할 수 있다(Hopkins-Best, 1997). 이러한 감정들은 부모가 개입하고 애착을 형성하는 데 방해가 될 수 있으며 부모와의 회기에서 다루어질 필요가 있다.

상호관계와 개입 발달시키기 치료놀이는 아동을 개입시키기 위해서 가장 기본적이면서 때로는 새로운 방식을 사용한다. 회기 초기에 체크업은 친부모가 영아들에게 자연스럽게 하는 것처럼 위탁부모나 입양부모가 할 수 있는 기회—아동의 특별한 가치를 세밀하게 체크하는—를 제공하는 특별한 힘이 있다. 치료사는 부모가 아동의 푸른 눈동자와 속눈썹 길이, 지난번 회기 이후로 상처가 얼마나 나았는지, 또는 매니큐어가 얼마나 지워졌는지에 초점을 두도록 도울 수 있다. 아동들은 부모가 귀에 있는 주근깨, 웃을 때 생기는 보조개, 심지어 그들에게 오기 전에 있었던 오래된 상처와 같은 그들의 독특한 특징을 발견할 때 자신에 대해 배우게 된다. 체크업은 일반적으로 아동의 주의를 끌고 진심으로 보이고 이해되는 경험을 제공하며, 많은 아동들은 이런 식으로 주목되는 데 대해 큰 기쁨으로 반응한다.

부모들은 이러한 단순한 관찰의 힘에 대해 자주 놀란다. 그들은 치료사와 자신들이 아동에게서 '발견하게 되는' 독특한 가치에서 즐거움을 찾는다. 비록 처음에는 흥미롭고 개입적이지만, 때때로 아동의 반응은 편안하게 유지될 수 없고 더 피상적이고 소원하며 거부적일 수 있다. 이 경우 치료사는 "너는 너의 팔꿈치가 얼마나 튀어나왔는지 체크하는 데 많은 시간을 들이는 것이 바보 같다고 생각할 수도 있어. 그러나 나는 엄마와 아빠가 진심으로 너의 팔꿈치가 균형 잡혀 있다고 생각한다는 것을 알아."라고 말할 수 있다. 더 깊은 수준에서 치료사는 이렇게 말할 수 있다. "너는 이것에 대해 확실하지 않아. 나는 그 이유를 알 것 같아. 너는 어릴 때 이것을 함께할 엄마나.아빠가 없었어. 그러나 아이들에게는 이것이 필요하고 지금 너는 그것을 해줄 수 있는 엄마가 있어."

치료사는 부모가 아동의 손, 발 또는 팔꿈치 모양의 점토를 만들고, 아동에게 비눗방울을 불어 주고, 아동이 새끼손가락이나 팔꿈치, 턱으로 비눗방울을 터뜨리도록 하며, 삐뿌놀이나 2인 3각 경기를 하고 미끄럼 놀이를 하도록 도울 수 있다. 치료사는 이것을 지켜보면서 그들이 얼마나 훌륭한 한 쌍인지, 얼마나 잘 조화되는지, 그리고 그들이 얼마나 훌륭한 소리를 만들고 있는지에 대해 말할 수 있다.

치료사는 자신감을 가져야 하며 저항하는 입양아동이나 위탁아동을 이끌 수 있는, 연령에 적합하고 개입적인 활동의 레퍼토리를 가지고 있어야 한다. 새로운 부모나 치료사와 반복적으로 개입하는 경험은 진정한 결속의 순간을 제공한다. 치료사의 목표는 다양한 활동을 통해 부모와 아동 간의 유대감을 시간에 걸쳐 연장하는 것이다.

새로 입양된 아동을 개입시키기

앨리스는 5세 때 중국의 고아원에서 입양되었다. 그녀의 가족은 엄마와 아빠 그리고 앨리스보다 2년 더 일찍 중국에서 입양된 여동생이었다. 그녀는 새로운 가정으로 오고 나서 3개월 후 치료놀이를 시작하였다. MIM에서 그녀는 엄마에게 애착을 보이지 않았으며 아빠가 사탕을 주지 않는 한 아빠와의 상호작용을 거부하고 회피했다. 그녀는 쎄쎄쎄와 로션 발라 주기에서 엄마와의 상호작용을 허용하였지만 엄마가 그녀를 1분 동안 혼자 놔두는 것에 대해서는 무관심했고, 엄마가 돌아왔을 때에도 아무런 반응을 보이지 않고 MIM 봉투를 들여다보고 있었다. 아빠가 그녀를 개입시키려고 할 때는 아빠를 발로 차고 킁킁거리는 소리를 내었으나, 아빠가 그녀에게 사탕을 주자 가까이 와서 협조적으로 반응했다. 단지 3개월이 지난 후에 새로운 부모에게 애착을 보이지 않는다는 것은 놀라운 일이 아니었지만 그녀는 자신에게 다가가려고 하는 부모의 노력에 저항하였고, 그래서 그들은 애착 발달을 돕기 위해서 치료놀이를 원했다.

치료사인 사라가 좀 더 쉽게 수용된 관계를 강화시킴으로써 시작하고자 했기 때문에 첫 회기는 앨리스와 엄마와 함께 이루어졌다. 앨리스와 아빠의 회기는 나중에 이루어졌다. 사라는 엄마가 앨리스의 위치를 정해 주도록 코치했고, 그들은 마주 보고 앉아서 까꿍놀이, 쎄쎄쎄, 볼풍선 터뜨리기, 손가락과 발가락 세기, 코 · 귀 · 턱 체크업 하기와 같은 어린 아동을 위한 놀이에 아동을 개입시켰다. 엄마와 사라는 앨리스를 방석과 의자 위에 서 있게 하고 "하나, 둘, 셋, 출발!" 하면 엄마의 품으로 점프하도록 했다. 처음 안겼을 때 그녀는 엄마에게 안겨 있는 동안 단지 뻣뻣하게 엄마에게 매달려 있었다. 상호적인 포옹은 없었다. 그녀는 엄마를 '꼭 껴안도록' 지도받아야 했다. 이러한 방법으로 그녀는 껴안는 것을 배웠다. 사라는 또한 엄마가 앨리스를 먹이고, 먹인 후에 관계를 계속 맺으며, 흥미를 발전시키도록 도와주었다. 처음에 앨리스는 입에 음식을 넣어주면 거리를 두며 머리를 돌렸다. 정상적인 발달에서 아동들은 음식을 넣어주면 부모를 쳐다본다. 먹여 주기는 눈 맞춤, 모방, 조율 그리고 놀이가 충분히 일어나는 강력한 정서적 교류의 경험이 될 수 있다. 앨리스는 이러한 경험을 해본 적이 없었다. 사라는 엄마에게 그녀를 먹이는 동안 1세 아기에게 부모가 하는 것처럼 얼굴을 마주 보기 위해 그녀의 이름을 권유하는 듯 부르고 그녀가 먹을 때 하는 얼굴의 움직임을 따라 하는 등 앨리스에게 말을 시키도록 지도했다. 점차 앨리스는 단지 엄마가 먹이는 것뿐만 아니라 엄마와 관계 맺는 것을 즐기기 시작했다.

엄마와 함께한 15회의 회기가 끝나고, 앨리스와 아빠와의 회기가 시작되었다. 사라는 엄마가 했던 것과 같은 활동을 아빠에게 하도록 했다. 앨리스는 엄마 없이 이제 아빠와 관계하는 것이 가능해졌다. 아빠는 그녀를 담요로 싸서 노래를 불러 주고, 파우더로 발자국을 만들고, 그녀를 무릎에 앉히고 얼굴을 보며 푸딩을 먹여 주었다. 이제 앨리스는 음식을 한 번 먹을 때마다 아빠를 쳐다보는 것에 흥미를 느꼈다. 애착이 발달하고 있었다. 부모 둘 다 회기에 참여했을 때 시험이 왔다. 이전에 앨리스는 엄마가 있을 때 아빠를 거부하였다. 그런데 이번에는 셋이 모두 함께 노는 동안 두 명과 상호작용을 했다. 그들은 테이프 한 조각을 건넸고, 접착력 있는 부분이 바깥으로 향하도록 둥글게 말아서 볼 사이에 놓고, '아' 소리를 내는 동안 서로의 입을 가볍게 치면서 '아-아-아' 하고 소리를 냈다. 그들은 신호에 맞추어 그녀가 그들 사이를 왔다 갔다 하도록 하고 서로에게 음식을 먹여 주었다. 그녀는 또한 부모가 서로 먹여 줄 때 황홀해하며 바라보았다. 아빠와 6회기를 함께한 후에, 4회의 종결 회기가 있었다. 마지막 회기에는 가족 전체—앨리스, 엄마와 아빠 그리고 여동생—가 참여했다. 치료사는 둥글게 앉아서 놀이를 시작했고 그들이 하는 것을 보기 위해 떨어져 앉았다. 그들은 볼우물 터뜨리기, 집단 쎄쎄쎄, 뜨거운 감자-차가운 감자를 했고 모두가 다양하게 짝을 지어서 서로를 먹여 주었다. 회기는 '작은 별' 노래로 끝이 났다. 치료가 끝난 후 앨리스와 가족의 관계는 계속해서 발전했다. 부모는 치료가 너무나도 성공적이었다고 느꼈고 이후에 세 번째 아이를 입양하기로 결정했다.

부모로부터 양육받고 그것을 받아들이는 것에 대한 욕구

불안정애착의 모든 아동들처럼, 입양아동이나 위탁아동들은 부모들의 도움을 종종 거부한다. 만일 넘어져서 다치면 그들은 이렇게 말한다. "아프지 않아. 나는 이것을 돌볼 수 있어." 그들은 자신을 꽤 잘 돌볼 뿐만 아니라 심지어 부모에게서 보호자의 역할을 인계받으려고 할 수도 있다. 한 나이 든 입양아동의 머리에 껌이 엉겨 붙었을 때 아동은 도움을 구하기보다는 가위로 그것을 잘라내서 머리카락이 없는 채 지낼 수 있다. Hughes(1997)는 이러한 아동들이 사랑받고 누군가에게 특별하다고 느끼거나 누군가가 필요하다는 것을 회피하려고 하는 것이라고 묘사하였다. 친밀함은 취약하다는 것과 필요로 한다는 것의 강력한 감정을 이끌어 내기 때문에 무섭게 느껴질 수 있다. 그러한 아동들은 이렇게 말하는 것처럼 보인다. "나는 나를 돌보아 줄 누군가에게 의지할 수 없어. 나는 스스로 할 거야."

양육에 관한 문제 이해하기 어느 누구도 자신을 편안하게 해주거나 양육해 주지 않을 것이라는 사실을 배운 아동을 돌보고 편안하게 해주며 양육하는 것은 쉽지 않은 일이다. 이러한 아동들은 그것이 그들의 생각이라면 자신이 보살펴지는 것을 허용하지만, 종종 부모가 먼저 보살피려고 하면 그것을 거부할 수 있다. 그들은 예측할 수 없으며, 어떤 경우에는 부모에게 향하지만 그다음에 그들이 도움이 필요할 때에는 부모를 무시할 수 있다. 나이 든 입양아동의 부모들은 심지어 양육하는 것이 더 어렵다는 것을 발견할 수 있다. 우리 모두는 어린 아동에 대해서는 타고난 양육 반응을 가지지만 나이 든 아동에 대해서는 양육하고자 하는 강한 충동을 갖지는 않는다. 심지어 아동의 독립심을 보다 좋은 것으로 받아들일 수도 있다. 초기의 상실감 때문에 아동이 아직도 애착에 대해서 배우고 있고 더 어린 아동의 욕구를 가지고 있다는 것을 부모가 기억하는 것은 힘든 일이다.

명백히 아동이 더 어릴수록 부모나 치료사가 인지적, 정서적, 신체적으로 직접적인 양육을 제공하는 것이 더 쉽지만, 어떤 연령에서도 그것은 깊은 영향을 미친다. 더 나이 든 입양아동을 어린 아기처럼 양육하고자 하는 충동을 갖는 부모들은 "아기같이 대해 주기에는 너무 나이가 들었어."라고 말하는 친구와 가족 구성원들에게 비웃음을 당할 수도 있다. 입양에 대한 컨퍼런스에서 치료놀이에 대해 들은 한 어머니는 이렇게 말했다. "맞아요! 여섯 살짜리 아이를 집으로 데려왔을 때 난 그녀를 안고 흔들어 주고 먹여 주는 것이 옳은 일이라 생각했고, 그녀도 그것을 좋아했어요. 그러나 모든 사람들이 내가 미쳤다고 말했지요."

입양부모는 종종 명백히 신체적, 심리적 욕구를 가지고 있는 아동이 그러한 욕구에 그들이 반응하도록 허용하지 않을 때 좌절감과 거부감을 느낀다. 아동이 배가 고프다고 말하지만 주는 것을 먹지 않거나 혹은 넘어져서 무릎에 상처가 났지만 아버지가 상처를 치료하게 하지 않을 때, 그것은 부모에게 엄청난 긴장을 가져올 수 있다. 아동은 부모가 필사적으로 주려고 하는 보호를 받아들이지 않는다. 이러한 긴장은 결과적으로 부모들이 무능하다고 느끼고, 분노하며 절망하게 만든다. 초기면접 회기에서 심각한 애착 문제를 가지고 있는 아동의 입양부모들은 자녀에 대해 애정이 없는 것처럼 들릴 수 있다. 그러나 이것은 일반적으로 몇 개월이나 몇 년 동안 고립된 아동을 돌보려는 시도가 좌절된 부모의 반작용이다. 부모들은 아주 작은 긍정적인 피드백이라도 지속적으로 하고 아동에게 이기기 위해서 많은 지지를 필요로 한다.

부모에서 아동까지 양육 발달시키기 위탁아동이나 입양아동을 직접적으로 또는 간접적으로 양육하는 방법을 발견하는 것은 치료놀이에서 중요한 측면이다. 직접적인 방법에는 상처 돌보기(더 이상의 상처를 막는 것), 로션과 파우더 발라 주기, 아동에게 노래 불러 주기, 요람 태우기, 이불 요람 태우기, 좋아하는 음식과 물병 또는 주스병으로 음료수 먹여 주기 등이 있다. 이러한 것들은 부모가 제공할 기회가 없었던 우유병의 수용적인 대체물이 될 수 있다. 치료사는 왜 그들이 더 어린 방식으로 아동을 양육하는지를 분명히 하도록 도와줄 필요가 있다. 그들은 아동이 어렸을 때 이런 방식으로 돌보아지지 않았다는 것을 알고 있으며, 아동이 그것을 필요로 하고 받을 가치가 있으며, 아동이 그때 느꼈어야 했던 방식으로 이제 돌보아지고 사랑받는다고 느끼도록 해줄 수 있다는 것을 전달해야만 한다.

직접적인 양육은 아동들이 매우 취약하다고 느끼게 만들어서 그것을 피하게 할 수도 있다. 만약 부모와 아동이 양육에 관한 문제로 갈등을 겪고 있다면, 치료사는 아동이 어떻게 반응하는지 보고 부모에게 모델을 제공하기 위해서 먼저 아동을 양육하고자 할 수도 있다. 나이 든 아동을 무릎에 앉히는 것은 부적절할 수 있지만, 아동과 치료사가 가까이 앉을 수는 있다. 부모들 또한 경험의 일부가 될 수 있도록 가까이 앉아서 치료사가 아동에게 준 과자를 씹을 때 얼마나 큰 소리가 나는지 들을 수 있다. 만약 먹여 주기가 잘 이루어지면 치료사는 부모가 같은 방식으로 아동을 먹여 주도록 격려할 수 있다. 그다음에 치료사는 아동이 부모의 무릎에 앉도록 제안함으로써 친밀감을 증가시킬 수 있다. 치료사는 이렇게 말할 수 있다. “아버지, 나는 아드님이 아버지의 무릎에 아주 잘 앉아 있을 거라는 것을 장담해요. 아버지는 아이를 먹이는 동안 안아 줄 수 있어요.” 아동들이 부모로부터 점차 양육받고 천천히 친밀감을 증가시키도록 돕는 또 다른 방법은 젤리로 신체 측정하고 먹이기, 아동이 눈을 감게 하고 어떤 음식을 먹었는지 추측하기, 아동이 부모의 손가락에 있는 도넛을 몇 번에 먹는지 보기와 같은 재미있는 방법으로 먹이는 것이다.

아동이 직접적인 양육을 허용하지 않을 때는 재미와 즐거움의 요소가 있는 양육적인 활동들을 이용하여 간접적으로 양육할 수 있다. 치료사는 이러한 활동들이 즐겁고 친밀감을 형성할 수 있기 때문에 치료 전반에 걸쳐서 그것을 계속해서 이용해야만 한다. 간접적인 양육을 제공하는 재미있는 활동들의 예는 손가락 페인트를 이용해서 프린트하는 것과 같이 프린트를 만들기 위해서 손이나 발에 로션이나 파우더 발라 주기(이것은 손이나 발을 씻고 말리는 것이 필요하다), 여러 종류의 모자를 쓰게 하고 아동을 칭찬해 주기, 종이 장식이나 의상 보석 달기, 아동에게 파우더 자국 숨기고 부모가 찾아내서 문지르기 등이 있다. 부가적으로 그것이 애착과정의 토대를 형성하는 반응적인 양육이기 때문에, 우리는 아동의 얼굴이나 몸의 신호를 알아채고, 감정을 인지하고, 아동의 반응을 반영하는 조율된 반응을 하는 것을 강조한다. 다음은 간접적인 양육(활발한 놀이 후에 아동에게 부채질해 주기)에서 직접적인 양육(나이 든 입양아동을 안고 먹여 주기)으로 나아간 사례다.

치료놀이의 실제

나이 든 아동이 양육을 받아들이도록 도와주기

한쪽에는 11세의 마이클과 그의 양부모, 다른 한쪽에는 두 명의 치료놀이 치료사가 팀이 되어 격렬하게 줄다리기를 한 후, 엄마와 아빠는 소파에 앉을 때 마이클의 양옆에 앉도록 지도되었다. 치료사들은 큰 쿠션으로 세 사람에게 부채질을 해주었고 각각 다른 사람의 머리가 바람에 어떻게 움직이는지 확인하도록 했다. 그들은 엄마의 머리가 가장 많이 움직이고, 아빠는 무스를 사용해서 머리가 움직이지 않으며, 마이클의 머리는 이마에서 오른 쪽으로 흔들린다는 것을 발견했다. 치료사들은 담요를 바닥에 깔고 마이클이 중앙에 눕도록 했다. 치료사들은 마이클의 머리가 있는 쪽의 담요를 잡았고, 엄마와 아빠는 그의 얼굴을 볼 수 있도록 마이클의 발이 있는 쪽을 잡았다. 마이클은 이불 위에서 그네 태워진다는 것을 믿지 못했지만 네 명의 성인이 담요 귀퉁이를 들어 올리자 즉시 몸을 뻗었다. 마이클을 앞뒤로 흔드는 동안, 치료사들은 부모가 "마이클은 바다 저편에 있네. 마이클을 우리에게 되돌려 줘."라고 노래를 부르게 했다. 마이클은 미소 짓고 웃으며 다시 흔들어 달라고 요구했다. 부드러운 착지 이후에 엄마와 아빠는 다시 소파에 앉았다. 치료사들은 그를 엄마의 무릎에 앉혔고 아빠는 그의 발을 받쳐 주었다. 엄마는 짜내는 병으로 마이클에게 그가 가장 좋아하는 주스를 먹여 주었다. 마이클은 웃으며 "아기 같아요."라고 말했다. 그러나 그는 병을 받아들였고 자신이 내는 소리와 거품 그리고 다 마시고 트림하는 것까지 마시는 방법을 알아가는 동안 부모를 바라보았다. 부모가 말했다. "마이클, 이것은 대단해. 너는 아기일 때 너를 돌보아 줄 엄마나 아빠를 갖지 못했어. 우리는 이제 너에게 이것을 해줄 수 있어서 매우 기뻐."

아동들이 방어적으로 독립적이거나 친밀함을 회피할 때, 부모들은 양육적인 치료놀이 활동 내에서 아동이 보살핌을 받아들이고 취약성을 드러낼 때까지 아동의 강하고 무관심한 겉모습 이면에 취약한 모습이 있다는 것을 믿기 어려울 수 있다. 요람에 있던 아동이 손을 뻗어 어머니의 얼굴을 만지며 탐색할 때, 아버지가 상처에 입 맞추는 것을 10세 아동이 진지하게 바라볼 때, 또는 7세 아동이 컵에 있는 것을 조금씩 마시고 빨기 시작할

아동이 부모에게서 양육과 친밀감을 받아들이도록 돕기

테이트는 위탁가정에서 입양가정으로 온 8세 아동이었다. 학대와 여러 위탁가정을 거치는 동안 불안에 의해 유발된 행동들은 아동과 부모가 사랑스러운 순간들을 갖지 못할 것이라고 확신하게 하며 정신 착란과 혼란을 일으키게 했다. 사실 아동이 부모의 제안에 냉담하고 무심해서 부모는 아동이 그것이 필요한지 의심스러웠다. 세 번째 치료놀이 회기에서 엄마와 테이트가 담요 밑에서 엉켜 있는 동안 아빠는 눈을 감도록 요구되었다. 아빠는 눈을 뜨고 그가 누구의 팔, 무릎, 머리 그리고 손을 만지고 있는지를 확인하기 위해 담요의 윗부분을 조심스럽게 만졌다. 놀랍게도 테이트는 이 활동에 열심히 참여했다. 마침내 담요를 벗겼을 때, 모두는 아동이 얼마나 사랑스럽게 엄마와 껴안고 있는지를 볼 수 있었다. 가장 놀라운 결과는 엄마에 대한 영향이었다. 그녀는 테이트가 집에 온 이후로 그와 그렇게 친밀한 감정을 가지지 못했으며, 그녀에 대한 아동의 욕구도 느낄 수 없었다고 말했다. 테이트는 그것이 보이지 않게 가려져 있다는 것을 느꼈기 때문에 이러한 친밀감을 더 쉽게 허용할 수 있었던 것으로 보인다. 이것은 부모가 가정에서 이러한 경험을 재창조할 수 있는 방법을 생각하도록 도왔다.

때 부모는 놀라고 감동받는다. 이것은 아동이 이러한 양육을 진정으로 필요로 했는지, 아동이 초기 삶에서 얼마나 많이 놓쳤는지, 아동이 아기였을 때 얼마나 외로웠는지를 부모에게 일깨워 주는 귀중한 순간일 수 있다. 따라서 부드럽게 치료놀이를 하는 동안 이전까지는 단지 인지적으로만 양육을 이해할 수 있었던 부모에게서 정서가 일어날 수 있다.

유능하고 가치 있다고 느끼는 것에 대한 욕구

많은 위탁아동과 입양아동은 자신이 무능하고 나쁘며 가치 없다고 느낀다. 이러한 감정들은 부분적으로 자신에게 일어나는 나쁜 일들을 당할 만하다는 확신에서 기인하며, 부분적으로는 그들 자신을 사랑스럽고 세심한 양육의 대상으로 경험한 적이 없다는 것에서 기인한다. 유능하고 가치 있게 느끼는 아동으로 자라기 위해서 영아는 조율되고 반응적인 양육을 경험해야 하며 양육자와 상호적인 즐거움을 많이 경험해야만 한다. 위탁보호에 있거나 입양된 많은 아동들은 학대와 심한 방임을 경험한다. 그러한 경험들은 수치심과 무가치함을 강화시킨다. 그러나 태어나자마자 입양되거나 위탁보호를 받은 아동들도 그러한 감정들을 경험한다. 단지 친부모를 상실하는 경험이 아동의 가치감에 영향을 줄 수 있다. 아동들은 흠이 있고 '잘못된' 것처럼 느끼며 부모가 그들을 돌볼 수 없는 것에 대해 자기 자신을 비난할 수 있다. 즉, 그들은 자기 자신이 유기되도록 자초했다고 느낄 수 있다. 어떤 아동들은 또한 그들의 무가치함을 더 조장할 수 있는 인지적이고 발달적인 문제들을 가질 수 있다. Hughes(1997, p. 31)는 이러한 아동들이 건강하고 발달적인 애착 패턴의 왜곡으로 그들 자신을 무가치하다고 규정짓고 '수치심'을 나타낸다고 제안하였다.[4] 한 입양된 나이 든 소년이 캠프에서 상을 받았을 때, 스카우트 대장은 그가 마치 그것을 받을 자격이 없는 것처럼 행동하고 심지어 주목받기를 원하지 않는 것처럼 행동했다고 보고했다. 아동은 이렇게 말하는 것 같다. "나는 자격이 없어요. 그들이 나에게 상처를 주거나 나를 원하지 않았다면 나는 이렇게 많은 것을 받을 가치가 없어요."

양육에 관한 문제 이해하기 아동의 낮은 자존감을 없애기 위해서 아동에 대한 부모의 기대치를 아동이 성공할 수 있는 수준으로 조정하는 것이 중요하다. 입양부모는 아동의 나이, 크기, 학교 배치에 따라서 학령 전기나 학령기 아동의 능력에 대한 인상을 형성할 것이다. 몇몇 입양부모들은 아동의 초기 박탈에 대한 경험을 만회하기 위해서 학업적 성취나 인지적 발달을 강조할 수 있다. 입양아동들의 인지 발달과 운동 발달은 평균 이상의 수준에서 심각한 발달지연(종종 자극의 결핍으로 인해서)의 수준까지 넓은 범위를 갖지만, 애착관계의 붕괴 때문에 그들 모두는 훨씬 더 어린 정서적인 욕구를 갖는다. 그들은 종종 또래의 다른 아동들이 다룰 수 있는 상황에서 자기통제를 유지할 수 없으며 부모들이 기대하는 것만큼 상호관계가 가능하지 않다. Koller(1981)는 아동이 실제로 단지 부모의 양육을 받을 수만 있고 반응은 할 수 없는 영아나 걸음마기 아기처럼 기능할 때 부모들은 애착의 상호 수준에 적절한 친밀함과 상호 만족을 경험하기를 기대한다고 말했다.

유능감과 자기가치감 발달시키기 치료놀이는 이 책에서 묘사한 바와 같이 따뜻하고 양육적이며 세심한 방식으로 있는 그대로의 아동을 수용한다. 종종 이것은 도전보다 더 많은 양육과 보살핌을 제공하는 것을 의미한다. 도전적인 활동들을 할 때에는 아동이 성공하고 유능함을 경험할 수 있도록 기대치를 정해야 한다. 아동의 신체 크기는 무시하고 정서적으로 미숙한 아동의 욕구에 맞춰야 한다. 물론 구조적이고 개입적이며 양육적인 접근에 저항하는 아동들을 개입시키기 위해서 적당하게 도전적인 활동들을 이용할 수 있다. 치료놀이에서 아동이 편안하게 느끼는 수준을 점차 높이고 자신이 성공할 수 있다는 것을 보여 주어 연령에 적합한 성취에 도달하도록 도와주기 위해서 도전을 이용할 수 있다. 그러한 활동들은 경쟁보다는 협력에 초점을 두어야만 한다. 예를 들면, 방석 위에서 균형 잡기, 협력해서 레이스 달리기, 풍선 오래 치기는 아동의 능력 밖으로 도전시키지 않으면서 긍정적인 자기감을 발달시킬 수 있는 좋은 활동들이다. 위탁아동이나 입양아동들은 친부모의 상실, 태아기의 약물 노출, 양육자의 변화, 학대 그리고 방임과 같이 이미 그들의 삶에서 엄청난 도전에 직면했기 때문에 그들이 연령에 적합한 성취를 갖도록 도전하기 전에 먼저 그들의 더 어린 욕구를 충족시키는 것이 매우 중요하다. 부모들은 모순된 수행, 인지적 능력과 정서적 능력 간의 차이, 그리고 학교에서의 수행과 가정에서의 행동 간의 차이를 예상해야 한다. 어떤 부모들은 조숙한 재능에 기뻐하고, 아동이 거리를 유지하고 성인의 양육을 방해하기 위해서 이러한 재능을 이용할 수 있다는 것을 깨닫지 못한 채 부적절하고 조숙한 독립심을 강화시킬 수 있다.

아동의 더 어린 욕구를 충족시켜 유능감과 가치감 증가시키기

폴은 두 번의 위탁보호 후에 4세 때 입양되었다. 8세 때 그는 기분이 좋거나 부모와 유대감을 느끼는 경우에는 나이에 맞게 행동했다. 그러나 그는 변화의 중간에서 피곤할 때나 유대감을 느끼지 못할 때는 어린애같이 굴었다. 그는 배운 것을 잊어버렸고, 비판을 받아들이지 못했으며, 분노발작을 일으켰다. 이럴 때 부모는 그가 자신에게 전혀 애착되어 있지 않다고 느꼈으며 자기통제를 유지하기 위해서 아동이 '더 노력' 하기를 바랐다.

폴과 부모와의 회기는 아동의 더 어린 발달적 욕구를 충족시키고, 아동이 초기에 경험하지 못한 조율된 양육의 경험을 제공하기 위해서 재미있고 양육적인 활동에 초점을 두었다. 그러한 활동들은 폴의 상처에 로션 발라 주기, 가족들의 손자국 만들기, 엄마가 손가락으로 도넛을 들고 있는 동안 아동이 그것을 물게 함으로써 폴에게 도넛 먹이기를 포함했다. 폴의 회기는 또한 그의 유능감을 키우기 위해서 적당히 도전적이고 협력적인 활동들을 포함했다. 이러한 활동들에는 방석 위에서 균형 잡고 아빠 품으로 점프하기와 터질 때까지 비눗방울을 앞뒤로 불기가 포함되었다.

치료사는 폴의 부모가 말하고 가르치는 방식을 함께 있고 행동하는 방식으로 바꾸게 했다. 그녀는 부모가 폴의 더 어린 욕구를 이해하고 예측하며 적극적으로 충족시키도록 돕는 데 초점을 맞추었다. 예를 들면, 그때 폴은 항상 배고프다고 불평했기 때문에 부모가 학교에서 폴을 데려올 때 폴을 위한 간식을 가져간다든지 하는 것이었다. 부모가 폴의 정서적인 욕구에 더 반응적이 되자, 부모는 폴의 어린애 같고 통제할 수 없는 행동들이 줄어들고 더욱 사랑스러워지며 자신들과 더욱 유대감을 느끼게 되는 것을 발견했다.

가족으로서 소속감을 느끼는 것에 대한 욕구

모든 아동들은 자신이 가족에 속해 있다고 느낄 필요가 있다. 부모들은 언제나 여러 가지의 간단한 방법들로 아동들이 '소속감' 을 느끼도록 한다. 그들은 아동의 출생을 알리고, 가족과 세상으로 아동을 환영하는 종교 의식들을 행하기도 한다. 그들은 가족 사진을 걸고 이름을 공유하며 관습을 전한다. 그들은 공통점이 있는 신체적인 특징과 습관 그리고 특성들에 기쁜 마음으로 주목한다. 이것은 아동이 가족에 속한다고 느끼는 과정의 전부다. Vera Fahlberg(1991, p. 37)는 이렇게 묘사하였다. "소속감을 느끼기 위한 행동들은 세상에서 '우리' 와 '그들' 을 구분 짓는 것이다." 그러나 소속감을 느끼는 것은 위탁가족이나 입양가족에 있는 아동들에게는 저절로 되는 것이 아니다. 가족 구성원들이 생물학적으로 관계를 맺고 있지 않을 때 그들은 차이점들을 너무나 잘 알고 있을 수 있다. 가족 구성원들은 전혀 닮지 않을 수 있으며 서로 다른 습관과 버릇들을 가지고 있을 수 있다. 아동은 친가족과 얼마간 살았을 수도 있으며 새로운 가족의 특징들을 공유하고 있지 않다는 것을 잘 알고 있을 수 있다. 여러 가정에서 양육을 받은 아동들은 그들이 결코 어디에도 진정으로 속하지 않을 것이라고 느낄 수도 있다.

양육에 관한 문제 이해하기 이 장의 앞부분에서 언급한 바와 같이, 어떤 입양부모들은 입양아동에 대한 부모 역할의 '권리' 에 의문을 제기하기도 한다. 이것은 아동이 부모와 가족에 속해 있다고 느끼는 능력에 영향을 미칠 수 있다. 부모들은 이러한 감정이 유별난 것이 아니며, 생물학적으로 관계를 맺고 있지 않은 나이 든 아동의 부모가 되는 것과 관련된 감정들을 다루는 데는 상당한 노력과 시간이 필요하다는 것을 이해해 주기를 바란다. 게다가 아동이 친밀해지는 것을 거부하고 중요한 문제행동을 보인다면, 부모들은 아동과 함께하는 것이 바람직하지 않다고 느끼게 되고 자녀로서 아동이 소속감을 느끼도록 하는 데 주저할 수도 있다.

가족에 의해 소속감 느끼기　위탁가족이나 입양가족들이 아동들과 소속감을 느끼게 하는 과정에 중점을 둘 수 있는 여러 가지 방법들이 있다. 그들은 독특한 가족 의식을 만들 수 있고, 전체 가족 사진을 걸어 놓거나, 아동이 가족에게 온 날 또는 입양된 날을 기념할 수도 있다. 치료놀이는 입양가족들이 소속감을 느끼도록 초점을 맞출 수 있는 몇 가지 독특한 방법들을 제공한다. 첫 번째로 가장 중요한 것은 치료사가 아동과 함께 노는 데 대한 허락을 구하고, 부모가 아동을 가장 잘 아는 유일한 사람이라는 것을 인식할 수 있는 기회를 갖게 함으로써 부모 역할을 존중하는 특별한 노력을 통해 부모가 아동을 양육할 자격이 있다고 느끼도록 도울 수 있다. 이것은 그들이 서로에게 속해 있음을 치료사가 알고 있다는 것을 부모와 아동에게 증명하며, 그들이 자신의 역할을 서로 자연스럽게 받아들이도록 도와준다.

가족에서 소속감을 증진시킬 수 있는 여러 가지의 치료놀이 활동들이 있다. 가족이 한 팀으로서 할 수 있는 활동은 가족 유대와 팀워크 그리고 공유된 성취감을 만들어 낼 수 있다. 예를 들면, 줄다리기 놀이는 아동이 소속감을 느끼게 하고 아동을 가족으로 끌어당기게 한다. 부모가 한쪽에 서고 아동과 치료사가 다른 쪽에 선 다음, 부모는 아동을 자기 쪽으로 데려오기 위해서 있는 힘껏 줄을 잡아당긴다. 일단 아동이 부모 쪽으로 오면 세 사람은 모두 치료사를 그들 쪽으로 잡아당기기 위해서 함께 힘을 쓴다. 치료사가 가족을 자신의 쪽으로 끌어당기든지, 아니면 가족이 치료사를 그들 쪽으로 끌어당기든지 간에 마지막 결과는 똑같다. 즉, 생기 넘치고 개입적인 팀이다. 치료사는 또한 회기에서 아동과 부모 간의 유사성을 알아보는 데 시간을 보낼 수 있다. 그것은 신체적인 특징들뿐만 아니라 성격, 버릇, 좋아하는 것과 싫어하는 것들을 알아차리는 것을 포함한다. 비록 피상적이라고 할지라도 가족 구성원들이 같은 색의 옷을 입고 회기에 오면 우리는 항상 이것을 언급하는 것을 좋아한다. 치료사는 그들이 가족이기 때문에 일어날 수 있는 일이라고 생각할 수 있다. 또한 차이점을 무시하지 않고 그것을 존중하며, 이러한 차이점이 각각의 독특한 가족 내에 항상 존재한다는 것을 인정하는 것이 중요하다.

특히 다음의 치료놀이 활동은 가족 내에서 강한 유대감을 형성하고 아동이 소속감을 느끼도록 도왔다. 아버지와 어머니는 중간에 담요를 깔고 마루에 앉았다. 3세 된 아동이 부모 중 한 사람의 무릎에 앉았다. 다른 한 사람이 셋을 세자 부모는 담요를 들어 올렸고, 아동은 담요 밑으로 반대편 부모의 한 사람에게로 건너갔다. 부모는 아동이 가로질러 가는 것을 보며 기뻐했다. 그러고 나서 아동이 다른 부모에게로 건너갈 때 토끼처럼 깡충깡충 뛰거나 비행기처럼 날아가는 것과 같이 다른 재미있는 방법들을 덧붙였다. 어린 소년은 부모의 팔에 안길 때마다 매번 기뻐서 소리를 질렀다. 어머니는 이 활동을 하면서 아들에 대한 사랑으로 압도되는 것을 느꼈고 아동과 남편에 대한 유대감을 느낄 수 있었다고 말했다. 이 활동은 어머니에게 아동이 그들과 함께 걸음마를 배웠다면 바로 이러한 모습이었을 것이라고 생각하게 만들었다.

아동이 소속감을 느끼도록 돕기

하워드와 제니퍼 코너는 치료를 받을 때 세 자녀를 둔 위탁부모 및 입양부모였다. 킴(12세)과 토니(8세)는 친형제 사이로 코너 가족과 일 년 동안 함께 살았고, 애슐리(6세)는 7개월 동안 함께 살고 있었다. 세 아동들 모두에게 생물학적 친권은 종료되었고, 코너 가족이 이 아동들을 입양하기 위한 장기계획을 세운 상태였다. 킴과 토니에 대한 입양 절차는 이미 시작되었고, 애슐리에 대한 입양 절차는 막 시작할 즈음이었다. 아동들과 잦은 갈등이 있었고 그 갈등은 가끔 신체적인 공격으로 이어졌으며, 부모는 때때로 아동들이 한 팀이 되어 부모에게 대항한다고 느낄 정도였다. 아동들은 자주 코너 부부가 자신들의 '진짜 부모'가 아니라고 말하곤 했다. 각각의 아동은 부모와 함께 개별 치료놀이 회기에 참여했으며, 세 아동이 모두 함께 몇몇 회기를 가지기도 했다. 두 명의 다른 치료사가 가족과 함께했으며, 그들이 함께 가족 회기를 이끌었다. 세 아동들과 네 명의 성인들이 함께 하는 것은 각각의 아동이 회기 동안 필요한 일대일의 주의집중을 가능하게 했다. 가족 회기의 목표는 가족 구성원들 간의 응집력을 형성하고 그들만의 독특한 방법으로 서로에게 소속감을 강화시키는 것이었다.

모든 회기는 체크업으로 시작했다. 각각의 아동은 부모와 치료사에 의해 칭찬받았고 독특한 눈동자색, 머릿결, 피부색 그리고 주근깨에 대해 인식하며 감사하게 여겼다. 성인들은 또한 가족 구성원들의 일부나 모두에게서 공통점을 찾았다. 다음으로 부모는 한 번에 하나씩 각 아동의 상처에 로션을 발라 주었다. 오직 부모만 각각의 아동과 유대를 느끼게 하기 위해서 그들만 이 활동을 하도록 결정했다. 아동이 기다리기 힘들어할 때, 치료사는 아동의 옆에 앉아서 기다릴 수 있도록 도와주었다. 가족은 또한 모든 회기의 마지막에 사용할 가족 응원을 만들었다. 모든 가족 구성원들은 둥글게 손을 모으고 "예, 코너!"라고 외치며 손을 높이 들어 올렸다. 한 회기에서 부모는 모두의 손에 크레용으로 그릴 수 있는 가족 상징을 만들었다. 그러고 나서 각각의 아동은 상징에 다른 부분을 덧붙였다. 다른 활동들은 가족의 손자국 만들기, 같은 목표를 향해 전 가족이 함께하는 협력적인 솜공 달리기, 독특한 방법으로 행해진 풍선 균형 잡기였다. 처음에 부모가 풍선을 배에 대고 균형을 맞추었으며, 이후 아동이 집에 온 순서대로 한 명씩 더하여 가족 모두가 함께 배에 커다란 풍선을 대고 방 주위를 돌아다녔다.

가족 치료놀이 회기는 가족이 함께할 수 있는 안전하고 구조적이며 협력적이고 긍정적인 방법을 제공했다. 가족활동 전에 각각의 아동과 부모가 했던 개별 치료놀이는 두 사람 간의 애착을 발달시키도록 도왔다. 가족 회기는 응집력과 즐거움을 주는 집단적인 경험을 제공하였다. 부모는 치료놀이가 아동들과 유대감을 느끼고 그들을 양육할 수 있는 수단을 제공하였으며, 부가적으로 치료사가 아동들 간의 상호작용을 촉진하는 것을 보면서 형제간의 문제를 어떻게 다룰 것인지에 대한 확신을 갖게 되었다고 보고했다. 결과적으로 그들은 부모로서의 역할에 대해 전반적으로 더 자신감을 느꼈다. 치료 후에 아동들은 서로에게 더 협조적으로 변화되었으며 신체적인 공격성은 사라졌다. 그들은 또한 '가족 게임이나 밤에 영화 보기'와 같은 함께하는 활동들을 즐기게 되었고, 아동들은 치료 전보다 더 일관되게 부모를 '엄마와 아빠'라고 부르기 시작했다. 가족 치료놀이는 그들이 서로에게 유대감과 소속감을 더 느끼도록 도와주었다.

부모와 함께하기

우리는 부모들이 위탁아동이나 입양아동들의 많은 욕구를 이해하고 충족시키는 것이 얼마나 어려운지 설명하고 있다. 이러한 부모들과 함께하는 것은 6장에서 묘사된 부모와 함께하기 위한 기본적인 방법뿐만 아니라 9장에서 설명된 방법도 포함한다. 다음에서는 특히 입양아동의 부모들과 관련된 두 가지의 문제에 대해 논의할 것이다. 그것은 아동의 경험에 대해 공감하는 것과 그들 자신의 애착 문제를 이해하는 것이다.

아동의 경험에 대해 공감하기

아동을 입양하거나 위탁하고 있는 부모들은 준비되지 못한 욕구와 행동들을 다뤄야만 한다. 많은 부모들은 좋은 가족과 사랑을 제공하는 것이 아동이 정서적으로 건강하고 '정상' 이라고 느끼는 데 충분하기를 바란다. 그들은 나쁜 행동이 일어날 때 놀라고 그것이 더 큰 문제의 신호라는 것을 인식하지 못할 수도 있다. 분리와 상실, 박탈, 외로움의 초기 경험이 아동에게 영속적인 영향을 미칠 수 있다는 사실을 받아들이는 것이 어려울 수도 있다. 한 부모는 아동의 초기 고통과 외로움에 대해 깨닫고 나서 전에는 그것에 대해 한 번도 생각해 본 적이 없었다고 울며 말했다.

불행하게도 어떤 부모들은 방임의 장기적인 영향에 대해서 미리 교육받지 못할 뿐만 아니라 아동이 과거에 있었던 방임이나 거부의 징후를 나타낼 수 있다는 것을 깨닫지 못한다. 치료사의 역할은 이러한 문제에 대한 부모의 인식과 민감성을 증진시키는 것이다. 치료사는 아동이 가정으로 오기 전에 혼자 있었고 적절한 양육을 박탈당했다는 것을 부모가 깨닫도록 도와주는 것이 필요하다. 부모는 그것이 아동에게 어떻게 느껴졌고, 이제 부모를 신뢰하는 능력에 어떻게 영향을 미칠 것인지 이해하는 것이 필요하다. 그들은 또한 아동의 과거가 지나가거나 잊혀진 것이 아니라 여전히 아동의 일부라는 것도 이해해야 한다.

아동을 입양하는 데 대한 흥분으로 부모들은 종종 낯선 사람에게 입양되는 것(즉, 데려가지는 것)이 아동에게 얼마나 고통스럽고 무서운 일인지 잊어버린다. 부모에게 중요하고 흥분되는 순간이 아동에게는 종종 두려울 수 있다는 것은 정말 안타까운 일이다. 부모가 '아동의 입장에서 바꾸어 생각하면' 아동을 보호해 주기 위해 같이 있어 주지 못한 데 대해 죄책감을 느끼고 아동이 친부모로부터 거부와 상실을 경험한 데 대해 슬픔을 느낄 수 있다. 부모는 입양에 대한 이해와 아동의 입양 경험에 따른 고통을 통합시키기 위해서 지지가 필요할 것이다.

어떤 부모들은 아동의 초기 경험이 어떠한 영향을 미쳤는지 느끼는 것이 어려울 수도 있다. 그렇게 할 수 없다면 부모는 아동 자신을 이해하고 과거의 상실을 해결하는 데 필요한 조율을 아동에게 제공할 수 없을 것이다. 부모는 아동의 개인력을 받아들이는 데 치료사의 도움이 필요할 수 있다. 만약 부모가 아동의 고통을 인식하는 데 특히 거부적이라면 부모 자신의 애착 문제에 대해 살펴보도록 한다.

애착 문제를 가지고 있는 부모 돕기

심각한 애착 문제를 가지고 있는 아동이 가족에 들어오면 부모 자신의 애착 역동성이 유발된다. 이것은 친자녀나 입양아동, 위탁아동의 부모 모두에게 해당된다. 그러나 부모가 매일 아동의 거부적이고 반항적인 행동에 직면하게 되면 생각했던 것보다 더 화가 나고 통제할 수 없는 자신을 보게 될 수도 있다. 이러한 경우에 치료사는 성인의 문제를 다루는 데 능숙하거나 또는 부모가 애착 중심의 성인 심리치료를 받도록 하는 것이 절대적으로 필요하다. 입양부모에게서 유발된 역동성은 종종 자신의 과거에 중요한 인물로부터 희생양이 되었던 경험과 관련이 있다.

Mary Dozier와 동료들(2002)은 위탁부모가 위탁아동의 애착 유형을 불안정애착에서 안정애착으로 바꾸도록 도울 수 있지만 문제가 되는 자신의 애착 경험이 위탁아동에게 필요한 민감한 양육을 제공할 수 있는 능력을 방해해서는 안 된다고 했다. 그렇다고 해서 부모가 이상적인 아동기를 보냈어야만 한다는 것은 아니다. 부모가 자신의 아동기를 회상하고, 경험의 패턴과 고통을 인식하며, 자신의 과거 경험과 아동의 과거 경험을 구분할 수 있어야 한다는 것이다. 부모는 자신의 과거의 치유되지 않은 상처로부터 행동하기보다는 아동의 욕구를 충족시키기 위해서 필요한 것을 할 수 있어야만 한다.

애착 문제를 가지고 있는 부모 돕기

엘렌은 4세인 리나가 13개월일 때 러시아에서 입양했다. 리나가 가족 구성원들에게 공격성을 보이고 관계를 맺고자 하는 엘렌의 노력에 강한 거부를 하는 것이 원인이 되었다. 리나는 엘렌의 다른 입양아동인 4세의 카렌을 지나가면서 이유 없이 때리곤 했다. 엘렌이 리나에게 신발을 신으라고 하거나 잘 자라는 인사를 하려고 방에 들어가면, 리나는 "저리 가."라고 말하곤 했다. 엘렌은 언어적·정서적으로 학대하는 가정에서 자랐으며, 가능한 한 빨리 17세가 되자마자 집에서 나와 버렸다. 그녀는 대학교에 가고 전문직을 가지고 결혼을 하면서 '훌륭한 인생'을 이뤘다고 생각했다. 그녀는 과거에서 벗어났고 결코 뒤돌아보지 않았다고 확신했다. 그녀는 마치 자신이 고통스러운 아동기로부터 구해지기를 바랐던 것과 같이 그들을 구하며 두 명의 박탈된 아동을 입양한 것에 대해 자랑스러워했다. 엘렌이 리나를 치료놀이에 데려왔을 때, 그녀는 단지 리나의 행동을 향상시키는 데 초점을 두었다. 그러나 몇 번의 회기 후에 엘렌은 치료사에게 전화해서 자신이 전혀 리나와 관계를 맺거나 상호작용을 할 수 없다고 느끼기 때문에 더 이상 리나와 함께 살 수 없다고 말했다. 그녀는 리나를 볼 수 없었다. 그녀는 리나가 자신을 미워하고 리나에게 하는 어떤 것도 성공적이지 못하다고 느꼈다. 이러한 고통의 울음에 반응해서 치료사는 엘렌이 혼자 와서 이러한 감정에 대해 이야기하도록 했다. 엘렌은 머리를 숙인 채 다음 회기에 왔다. 그녀는 소파에 털썩 앉아서 천천히 말했다. 그녀는 초기 몇 회기에서 볼 수 있었던 전문적이고 쾌활한 엄마로 보이지 않았다.

치료사는 엘렌이 왜 리나에게 그렇게 부정적인 반응을 하는지 발견하도록 도와주었다. 엘렌이 리나에 대해서 느끼는 두려움은 리나와 자신의 엄마 간의 정신적인 융합에서 온 것이었다. 엘렌은 리나의 비열함과 언어적인 공격성을 엄마가 하는 것으로 경험했다. 엘렌이 집에서 벗어나고자 하는 것은 놀라운 일이 아니었다. 성인치료의 경험이 있던 치료사는 고통스러워하는 엄마를 도와주기 위해서 즉시 매주 두 번씩 회기를 갖도록 제안했다. 사실 엘렌은 엄마와 관련된 해결되지 않은 애착 문제를 끄집어낸 매우 힘든 아동에 의해 '자극되었다'.

리나와 치료놀이 회기를 다시 시작하기 전에 치료사와 엘렌은 두 달 동안 집중적으로 함께했다. 엘렌이 아동기 감정을 더 해결해서 리나의 행동에 의해 더 이상 유발되지 않도록 하기 위해 그들은 격주로 개별 회기를 계속했다. 이러한 집중적인 지지로 엘렌은 리나에 대해 훨씬 더 많은 공감을 할 수 있게 되었다. 엘렌은 더 쾌활해졌고 진심으로 딸을 이해하게 되었다. 그들의 관계뿐만 아니라 리나의 행동이 현저하게 향상된 것도 놀랄 일이 아니었다.

위탁보호 아동과 함께하기

치료놀이는 애착에 기반을 둔 치료 모델이기 때문에 미래가 불확실한 불안정한 상황에 있는 아동들에게 이 접근을 고려할 때 많은 의문점들이 제기된다. 치료사, 위탁부모, 그리고 아동복지 체계에 관련된 많은 사람들은 아동과 임시 양육자에게 애착을 촉진하는 접근을 이용하는 것이 좋은 생각인지 아닌지 의심할 수 있다. 우리는 아동들과 임시 양육자 간에 애착을 발달시키는 것이 적절하고 필요한 것이라고 생각한다. Vera Fahlberg (1991, pp. 23-24)는 다음과 같이 말했다. "애착 결핍이 아동에게 미칠 수 있는 잠재적인 장기적 영향을 생각해 볼 때, 위탁보호 체계는 주 양육자가 누구든지 아동이 애착을 발달시키도록 도와주어야 한다……. 위탁부모는 애착을 발달시키도록 격려되어야 한다."

비록 임시적인 위탁부모라도 애착을 형성하는 경험은 외상과 상실에 의한 정서적인 고독으로부터 벗어나고 슬픔과 치유를 달성하기 위해서 다시 마음을 열 수 있는 기회를 아동에게 제공한다. 사람들과 관계 맺는 것은 모든 관계에서 이용되고 발전시켜야 하는 기술이다. 우리는 주 양육자에 대한 애착이 아동들이 다른 양육자나 가족 구성원, 교사와 좋은 관계를 맺도록 한다는 것을 알고 있다. 유사하게 위탁부모에 대한 애착은 아동이 입양부모에 대한 애착을 형성하도록 도울 수 있다.

그러나 많은 위탁가정에서 보호를 받은 아동들은 애착을 형성하는 데 매우 강한 저항을 발달시킨다. 다른 치료기법으로 몇 년 동안 치료를 받고도 거의 효과를 보지 못한 많은 아동들이 치료놀이에 의뢰된다. 효과 없는 치료를 오랫동안 받았던 경험은 치료사에 대한 아동의 불신을 가져올 수 있다. 이러한 아동들과 함께할 때 분노폭발을 가져올 수 있는 수동성이나 공격성에 대해 준비해야 한다. 양육자들도 또한 계속해서 치료를 지지하고 아동이 그만두게 하지 않기 위해서 이러한 반응들에 준비해야만 한다. 아동이 분노와 절망을 표현할 때 치료가 중단된다면, 아동은 또다시 거부당한다고 느끼고 성인들이 자신을 보호할 수 없으며 좋을 때나 힘들 때 곁에 있어줄 수 없다고 느끼게 될 것이다.

위탁보호에서 치료놀이를 이용하기

위탁보호를 받는 아동들의 경우에 치료놀이는 아동과 장기간의 보호를 하는 위탁부모, 아동과 거주 프로그램 직원, 아동이 입양 전 기관에 있는 경우 아동과 위탁부모나 입양부모뿐만 아니라 아동과 친부모나 형제간의 방문을 구조화하는 데 매우 유용할 수 있다. 개별적인 위탁가족들과 함께 치료놀이를 하는 것 외에도 아동복지 전문가들은 치료놀이 모델이 위탁부모 훈련 프로그램에도 유용한 것으로 본다. 구조, 개입, 양육, 도전의 치료놀이 차원을 이용하는 것은 아동들의 욕구와 양육자의 반응이 얼마나 유용한지 위탁부모에게 설명하는 데 도움이 될 수 있다. 아동의 행복에 가장 유익한 것을 결정하기 위해서 아동의 치료에 누가 참여할 것인지를 정해야만 한다. 아동의 장기적인 계획, 법적인 상태, 치료에 참여하는 양육자의 준비와 가능성을 고려해야만 한다. 마지막 부분에서 위탁보호를 받는 아동들에 대한 치료놀이의 유용성을 설명해 주는 두 가지 사례를 제시할 것이다. 첫 번째 사례의 목표는 아동들이 친부모의 보호를 다시 받게 하는 것이고, 두 번째 사례의 목표는 임시 위탁부모에서 입양하기로 한 양육자에게 옮겨 갈 때 아동을 도와

주기 위해서 치료놀이를 이용하는 것이다.

아동이나 위탁부모, 심지어 위탁형제들과 함께할 때, 집단 치료놀이는 매우 유용할 수 있다. 개별 치료놀이만큼 집중적이지는 않지만, 그것은 공동체를 형성하고 집단 내에서 양육을 증가시키며 함께 얼마나 즐거울 수 있는지를 가족에게 가르쳐 줄 수 있다. 위탁부모나 아동과 함께하는 집단이나 개별 회기에서는 '알아가는' 활동들을 이용해야 한다. 측정하기, 눈동자색 알아보기, 아동이 얼마나 멀리 뛸 수 있는지 보기, 손자국 만들기는 가족 구성원들이 서로 더 잘 알고 전에 해본 적이 없는 방식으로 친해지도록 도와줄 수 있는 놀이의 예들이다. 즐거움이나 양육에 대해 상관하지 않는 것처럼 보이는 위탁가족들을 개입시키기 위해 도전적인 활동들을 이용할 수 있다.

대리 양육자를 치료놀이에 개입시키기

치료놀이가 정말 효과적이기 위해서 임시로 아동을 양육하는 부모들은 그들이 아동의 삶에서 얼마나 중요한지 이해하고 회기에 참여하기로 약속해야 한다. 어떤 임시 위탁부모와 거주 아동보호 직원은 자신이 집에 있는 아동들의 미래에 큰 영향을 미치지 않는다고 느낄 수도 있다. 많은 임시 부모들은 이상적이지 못한 상황에서 아동들이 자신의 집에 오가는 것을 보곤 한다. 그들은 자신이 돌봐 주는 아동들의 비극적인 상황에 대해서 비통해하고 무력감을 느끼며 정서적으로 관계 맺지 못하는 것에 적응할 수도 있다. 치료놀이 과정에 그러한 부모들을 개입시키는 것은 매우 가치 있는 일이며 자신이 아동들에게 무언가를 제공할 수 있다고 느끼도록 해줄 수 있다. 임시 부모들에게 애착에 대해서 교육하고, 아동과 건강한 정서적 관계를 발달시키는 데 그것이 얼마나 중요한지 교육하는 것이 중요하다. 그 관계는 아동이 남은 인생에서 아동 자신과 다른 사람 그리고 세상을 어떻게 볼 것인지에 영향을 미칠 수 있다. 치료사가 임시 부모에 대해 공감하는 것도 중요하다. 위탁아동과 기꺼이 관계를 맺게 되면 그들은 아동이 자신의 집을 떠날 때 아동의 상실로 큰 영향을 받게 되는 위험에 처하게 된다.

치료사는 임시보호에 있는 아동과 치료놀이를 할 때 위탁보호 단체나 치료사가 일하고 있는 더 큰 체계의 지지가 필요할 것이다. 만약 아동이 갑작스럽게 이동하게 된다면 아동은 또다시 애착 대상의 외상적인 상실을 경험하게 될 것이고, 정서적인 안전에서 오는 어떠한 이득도 얻지 못할 것이다. 만약 아동이 이동해야만 한다면 치료사가 촉진하고자 했던 관계를 상실하는 데 대해 아동이 슬퍼하도록 도울 수 있는 시간이 주어져야 한다.

양육자가 치료에 참여할 수 없을 때

아동이 임시 보호를 받고 있고 위탁부모나 거주 아동보호 직원이 치료에 참여할 수 없을 때에도 여전히 아동의 치료에 치료놀이를 이용할 수 있다. 아동을 보호하고 있는 누군가를 참여시키려는 노력이 성공적이지 못하다면 주된 애착 대상으로서 치료사 자신이 아동과 치료놀이 회기를 하도록 선택할 수 있다. 아동과 혼자 치료놀이 회기를 할 때, 치료사는 아동을 장기적으로 만날 수 있어야 하며 아동이 다음 가정으로 이동할 수 있도록 도와주어야 한다. 마찬가지로 이것은 상실에 대처할 수 있는 기회 없이 치료사가 아동에게서 갑자기 떠나지 않도록 치료사가 일하고 있는 체계의 지지가 필요한 상황이다. 치료사 혼자 아동과 상담하는 모든 경우에서처럼 부적절한 친밀함으로 고소당하는 것을 막기 위해서 회기를 비디오테이프에 녹화해야 한다.

보호가 매우 임시적이거나 체계가 지지적이지 않은 경우와 같이, 치료사가 아동의 주된 애착 대상 역할을 하는 데 적절하지 않은 경우도 있다. 이러한 경우에도 아동은 치료놀이 활동과 원리로부터 이익을 얻을 수 있다. 치료사는 아동을 개입시키고 아동이 즐거워하고 양육받을 수 있는 기회를 제공하기 위해서 치료놀이를 이용할 수 있다. 예를 들면, 추운 날씨에 아동이 회기에 오면 아동의 손을 따뜻하게 해주고 건조한 피부에 로션을 바르고 상처에 밴드를 붙여 줄 수 있다. 그다음에는 풍선치기 놀이에 아동을 개입시키고 함께 웃으며 미소 지을 수 있다. 이어서 아동을 지지하는 다른 치료 접근을 이용해서 아동이 불확실한 상황의 어려움을 다루도록 도와줄 수 있다. 아동과 함께하는 데 치료놀이 원리를 이용하는 것은 다음의 상황과 같이 단순할 수 있다. 여러 명의 양육자와 함께 시설에서 생활하는 한 아동의 경우 어느 누구도 아동의 안경을 닦아 주어야 한다는 것을 알아차린 사람이 없었다. 치료사는 아동을 위해 안경 닦는 약을 준비하고 회기를 시작할 때마다 아동의 안경을 닦아 주었다.

친부모와의 방문을 구조화하기 위해 치료놀이를 이용하기

친부모의 방문은 관계된 모든 사람들에게 도전적이고 스트레스를 주는 일이다. 분리된 가족들은 종종 부정적인 상호작용 패턴을 가지며, 도움 없이는 그러한 패턴을 벗어나는 방법을 알지 못한다. 보통 방문은 사무소 내 방문실의 부자연스러운 환경에서 이루어진다. 대개 장난감과 보드게임이 갖춰져 있지만, 친부모들은 종종 불안해하며 저항적인 아동들을 개입시키기 위해 애쓴다. 치료놀이는 아동과 부모 모두 즐겁게 해주는 예측 가능한 구조를 제공하며 새로운 방법으로 서로 관계 맺도록 한다. 비록 아동이 부모에게 돌아가지 않는다고 하더라도 방문 시 그들이 좀 더 관계 맺을 수 있는 기회를 제공하는 것은 부모와 아동 모두에게 더 가치 있고 이로운 경험이 된다.

친어머니와 아동들 간의 방문에 치료놀이 이용하기

리치(7세), 케이틀린(5세), 조(4세)는 친엄마의 보호를 받는 것이 안전하지 않았기 때문에 위탁 보호를 받게 되었다. 엄마는 약물을 복용하고 있었고 엄마의 애인은 소녀들을 신체적으로 학대했다. 재결합 계획의 일부로 소녀들은 일주일에 두 번씩 두 시간 동안 친엄마인 샌디를 방문하도록 지도받았다.

방문하는 동안 샌디는 거칠고 처벌적이었으며, 아동들이 행동하도록 위협하고 뇌물을 이용했다. 아동들은 엄마에게 달라붙었고 엄마에게 가까이 있으려고 서로 밀고 울어댔다. 더 생산적으로 방문이 이루어지게 하고 엄마가 소녀들의 욕구를 더 잘 이해하도록 하기 위해서 매주 두 시간의 방문 중 한 시간 동안 치료놀이를 하도록 계획했다.

첫 번째 치료놀이 회기에서 치료놀이 치료사인 테레사는 상처를 확인하고 로션을 발라 주고 파우더로 손자국을 만들기 시작했다. 소녀들은 자진해서 테레사와 함께 바닥에 앉아서 열심히 로션을 선택하고 냄새를 맡았다. 초콜릿 향을 가장 좋아했다. 테레사가 소녀의 손에 로션을 발라 주자 샌디가 말했다. "기분이 정말 좋아 보이네요." 그러자 테레사는 손을 뻗어 샌디의 손에 로션을 바르며 말했다. "우리는 어머니만 빼놓고 싶지 않아요. 어머니의 손은 아주 많은 사람들을 돌봐 줘요. 어머니의 손은 너희들이 아기였을 때 한 명 한 명을 돌봐 줬어. 이제 어머니의 손은 너희들을 보러 오기 위해서 차를 운전해. 정말 중요한 손이야." 각각의 아동이 로션 손자국을 만들자, 샌디는 그림들을 집으로 가져갈 수 있으면 좋겠다고 말했다. 소녀들은 킥킥거리며 동의했다. 다음에 그들은 쿠션에서 쿠션으로 깃털을 불었다. 케이틀린은 참여를 거부하며 탁자 아래에 숨었다. 엄마가 즉시 말했다. "이리로 오지 않으면 너를 타임아웃 시킬 거야." 테레사가 케이틀린에게 말했다. "거기서 우리가 뭘 하는지 보고 난 후에 같이 하자. 어머니, 아이의 쿠션을 가지시고 아이가 준비되면 그 위에 앉도록 도와주세요." 몇 분 후 케이틀린은 나와서 샌디에게로 갔다. 소녀들과 샌디는 깃털을 잡으며 웃어댔다. 엄마 옆에 누가 앉을 것인지 소녀들이 다투지 않도록 테레사는 간식 먹는 시간에 각각의 아동이 어디에 앉을지 말해 주었다. 두 아동은 엄마의 양옆에 앉고 한 아동은 테레사의 무릎 위에 앉았다. 그러고 나서 테레사는 말했다. "나는 소녀들이 혼자서 먹고 마실 수 있도록 충분히 컸다는 걸 알지만, 이 특별한 곳에서 우리는 그들을 먹여 주고 주스를 이렇게 들어줘야 해요." 테레사는 케이틀린에게 시범을 보여 주었다. 회기가 끝나고 소녀들이 인형 집을 가지고 놀고 있을 때, 테레사는 회기에 대한 반응에 대해서 샌디와 이야기할 기회를 가졌다. 샌디가 반복적으로 위협하는 것을 피하기 위해서 회기 동안 긴장을 풀고 아동과 즐길 수 있도록 테레사가 지도하겠다고 말했다.

몇 번의 치료놀이 회기 후에 테레사는 엄마와 소녀들을 위해서 '꾸며 주기 파티'를 할 시간이 됐다고 결정했다. 테레사는 향기 나는 비누와 로션, 매니큐어, 머리 장식, 목걸이, 왕관들을 가져왔다. 이때 소녀들은 엄마에게 인사한 후 테레사의 활동을 먼저 하자고 요구했다. 테레사는 두 시간 내내 머물렀고, 샌디는 더 개방적으로 그녀와 이야기를 나누었다. 꾸며 주기 파티는 얼마나 재미있었던가! 성인들은 각 소녀들과 일대일로 함께했다(매주 짝을 바꿔서 샌디는 3주마다 각 아동에게 집중적으로 초점을 맞추었다). 우스꽝스러운 머리 모양과 화려한 손톱은 볼 만했다. 테레사는 엄마와 소녀들이 집에 가져갈 수 있도록 사진을 찍어 주었다. 모든 사람들이 이 즐거운 회기로 기뻐했다. 방문 시 치료놀이를 이용한 것은 소녀들이 엄마로부터 간절히 원하던 양육을 받을 수 있는 구조적인 방법을 제공하고 샌디가 더 수용적이고 지지적인 방법으로 딸들에게 반응하도록 도왔다. 그것은 또한 샌디가 딸들을 집으로 데려오기 위한 목표에 더 가까이 갈 수 있게 하는 기술들을 가르쳐 주었다.

위탁모로부터 입양모로 변화하는 것을 지지하기 위해 치료놀이 이용하기

어떤 특별한 상황에서 아동은 지속할 수 없는 애착관계에 놓일 수 있다. 예를 들면, 다음의 사례와 같이 아동이 위탁부모에게 강한 애착을 형성하는 경우다. 치료놀이의 목표는 아동이 정서적인 애착을 새로운 부모에게 옮기도록 돕는 것이다. 강한 애착은 항상 유용할 수 있다. 신뢰할 수 있는 관계를 맺게 되면 상실을 슬퍼하는 기간 후에 또 다른 관계를 형성할 수 있을 것이다. 마지막 예시는 치료놀이가 어떻게 애도하는 과정을 존중하고 지지할 수 있는지, 그리고 동시에 어떻게 아동이 새로운 정서적인 관계를 발달시키도록 도울 수 있는지 보여 준다.

임시 양육자에서 입양 전 부모로 변화시키는 데 치료놀이 이용하기

앤서니가 치료놀이를 시작한 때는 4세였다. 그는 18개월 때 심각한 방임으로 친엄마에게서 분리되었다. 그는 임시 위탁부모인 메리와 같이 살게 되었다. 세 명의 성인이 된 친자녀를 가진 한부모로서, 메리는 많은 아동들을 집에서 위탁보호해 왔다. 그녀는 위탁아동들을 깨끗하게 보살피고 잘 먹였다. 그녀는 아동들의 학업이 향상되도록 도왔으며 아동들에게 많은 유익한 프로그램을 제공했다. 그녀는 아동들에게 물질적으로는 자애로웠으나 아동들이 다른 가정으로 떠날 때 그녀 자신과 아동들이 덜 힘들도록 어느 정도 거리를 두는 것이 필요하다고 종종 말하곤 했다. 원래의 계획은 앤서니가 친엄마에게 돌아가는 것이었다. 그러나 2년 동안 서비스를 받고도 아무런 진전이 없었기 때문에 친엄마의 친권이 박탈되었다. 그때부터 영구적인 가정을 찾는 것이 시작되었다. 아이가 없었던 톰과 로라가 앤서니를 입양하기로 하였다. 아직 아동들에게는 앤서니의 미래 입양부모로 알리지 않고, 톰과 로라는 메리의 집으로 앤서니를 방문해서 가족 모두와 시간을 보내기 시작했다.

메리는 앤서니가 거의 한 자리에 오래 있지 못하는 매우 활동적인 아이라고 말해 주었다. 앤서니는 자기가 원하는 것을 얻지 못하면 때로는 공격적이었으나, 메리는 자신이 그의 행동을 바로잡고 다룰 수 있다고 느꼈다. 메리는 앤서니가 상처가 날 때에도 좀처럼 울지 않으며 그녀에게 도움을 구하지 않는다고 말했다.

치료놀이의 첫 번째 목표는 긍정적인 상호작용으로 아동을 개입시키려는 두 엄마들에게서 구조적이고 안전한 환경을 제공하는 것이었다. 치료는 또한 메리가 돌보던 것에서 로라가 돌보도록 도와주는 것이었다. 치료사인 오드리는 앤서니의 양육에 대해서 중요한 정보를 논의하고, 그들이 이러한 변화에 대해서 어떻게 느끼는지 이야기하며, 애착의 중요성과 앤서니의 초기 개인력의 중요성에 대해서 세 사람 모두에게 교육하기 위해서 메리, 로라, 톰과 함께 회기를 가졌다. 오드리는 또한 부모들에게 치료놀이의 차원과 목표에 대해서 가르쳐 주고 그들과 함께 활동들을 연습했다. 초기 회기의 초점은 두 엄마들 간에 양육을 옮기는 것에 있었고, 따라서 톰은 초기에 참여하지 않았다.

앤서니에게 안전과 예측 가능성을 제공하기 위해서 치료놀이 회기는 매우 구조적이었다. 오드리는 두 엄마들이 볼 수 있도록 회기를 위해 계획된 활동 목록을 벽에 붙여 놓았다. 그리고 메리, 로라, 앤서니를 방으로 안내하고 함께 첫 번째 활동을 할 수 있도록 알려 주었다. 오드리는 앤서니와 두 엄마들이 상호작용할 수 있도록 원 밖에 있었다. 첫 회기에서 오드리는 비록 직접적으로 참여하지는 않았지만 각각의 활동을 시작하고 끝내는 데 대한 책임을 졌다. 이후의 회기에서 목록에 있는 모든 활동들을 세 번씩 했다. 두 엄마 중 한 명이 활동을 반복하도록 제안했다. 예를 들면, 메리가 다음과 같이 로라에게 말했다. "어머나, 로라, 앤서니가 노젓기를 정말 좋아해요. 앤서니가 정말 크고 밝게 웃네요. 한 번 더 해요." 그러고 나서 그들이 노젓기를 세 번 한 후에 로라가 이렇게 말했다. "오, 앤서니, 네 손에 상처가 있구나. 내가 상처에 로션을 발라 줄게……. 메리, 앤서니에게 다른 상처가 있나요?"

오드리는 이 모든 활동들에서 밖에 머물러 있었지만 엄마들을 지지해 주었고, 필요할 때 개입을 했다. 예를 들면, 한 회기에서 메리가 앤서니에게서 숨긴 솜공을 찾고 있었을 때 앤서니가 몸부림치며 "간지러워!"라고 소리쳤다. 그는 등을 구부리고 메리를 발로 찼다. 메리는 웃으면서 계속 솜공을 찾았다. 그녀는 일부러 앤서니를 간지럽혔고 앤서니는 전보다 더 얼굴을 찡그리고 발로 차며 몸을 비틀었다. 이전의 부모 모임에서 그들은 간지럽히거나 거칠게 접촉하는 것으로 앤서니를 과잉 자극하지 않는 것과 조율에 대해서 논의했지만 메리는 그것을 잊고 있었다. 그녀는 앤서니의 반응을 그가 즐거워하며 간지럽힘을 원하고 있는 신호라고 오해하고 있었다. 그때 오드리가 개입해서 앤서니가 편안하게 느끼도록 확실히 하는 것이 중요하다고 말해 주었다. 오드리는 메리가 찾는 것을 멈추도록 했고, 솜공을 찾을 때 어떻게 안정되고 확신 있는 접촉을 할 수 있는지 메리에게 보여 주었다. 오드리가 메리에게 접촉하는 것을 보여 주자, 앤서니는 이것을 지켜보며 안정되었다. 그러자 오드리는 메리가 다시 찾아보게 했고, 앤서니는 유대감을 갖고 잘 조절된 채 머물러 있었다.

6주 동안 몇 번의 회기와 방문이 있은 후, 메리는 톰과 로라가 있는 자리에서 앤서니가 그들의 가정으로 이동하게 될 것이라고 말했다. 앤서니가 대답했다. "알았어요." 그러고는 성인들과 더 이상의 논의를 피하며 장난감을 가지고 다시 놀기 시작했다. 다음 날 치료놀이 회기에서 오드리는 즉시 이 고통스러운 문제에 대해 이야기했다. 방에 처음 들어와서 앤서니가 메리의 무릎에 편안히 앉을 때 오드리는 앤서니가 로라의 집으로 이동하는 것을 알고 있다고 그에게 말했다. 앤서니는 안절부절못하기 시작했고, 메리는 이전 회기에서 배운 대로 콧노래를 부르며 그를 흔들어 주기 시작했다. 앤서니는 약간 진정된 후 메리의 목에 얼굴을 묻었다. 오드리는 앤서니가 메리 엄마와 헤어지는 것에 대해서 생각하는 것이 힘들 것이라고 계속해서 말했다. 비록 로라가 매우 좋은 사람이고 앤서니가 그녀와 즐거운 시간을 가졌지만, 그는 메리를 엄마로 알고 있었다. 앤서니는 울기 시작했다. "나는 엄마를 떠나기 싫어요." 이전에 앤서니가 거의 울지 않았기 때문에 메리는 잠시 깜짝 놀라는 것처럼 보였고, 그녀도 조용히 울기 시작했다. 오드리는 메리에게 그녀의 눈물에 대해서 앤서니에게 무언가 말하도록 격려했다. "앤서니, 그것이 고통스러운 걸 나도 알아. 나도 너를 떠나는 것을 원치 않아." 앤서니와 사랑스러운 위탁모 간의 애정 어린 장면을 보면서 로라의 눈에도 눈물이 맺혔다. 앤서니가 이것을 보고 로라를 가리키며 물었다. "왜 슬퍼요?" 로라는 어떻게 대답해야 할지 몰라 오드리를 쳐다보았다. 오드리가 말했다. "앤서니는 당신이 왜 슬픈지 알기 원해요, 로라. 당신의 눈물에 대해서 무언가 그에게 말해 줄 수 있나요?" 로라는 깊은 숨을 쉬면서 말했다. "앤서니, 나는 너에 대해서 무척이나 염려하고 있단다. 나는 네 엄마가 되어 너를 사랑하고 너를 돌보아 주기를 무척이나 원해. 그렇지만 네가 메리 엄마에게 이별인사를 해야 한다는 것이 나를 너무 슬프게 한단다. 그녀는 너를 정말 잘 돌보아 주었고 너는 그녀를 정말 사랑했어."

그다음에 오드리는 앤서니가 왜 메리의 집을 떠나야 하는지 메리가 앤서니에게 상기시켜 주도록 제안했다. 비록 위탁가정을 떠나는 것같이 고통스러운 일을 이해하는 것이 쉽지는 않지만, 그녀는 앤서니가 그것이 자신의 잘못 때문이라고 생각하고, 자신이 어쨌든 나쁜 소년이고, 만약 그가 잘하면 메리 엄마와 같이 지낼 수 있을 것이라고 생각하지는 않을지 염려했다. 그래서 그녀는 이러한 이동에 대해서 앤서니는 책임이 없다는 것을 설명하면서 메리가 앤서니의 고통에 대해서 계속해서 공감하도록 도와주었다.

그러자 앤서니는 깡충깡충 뛰었다. "나는 지금 행복해! 모두 다 행복해야 해요." 그러나 화난 목소리로 그가 말했다. "더 이상 슬퍼하지 말자!" 그리고 메리의 어깨를 밀었다. 오드리가 부드럽게 앤서니의 팔을 잡으며 말했다. "앤서니, 네가 사랑하는 누군가에게 작별인사를 할 때 슬퍼하는 건 괜찮아. 그건 슬픈 일이야." 앤서니는 고개를 떨구고 얼굴을 찡그렸지만 메리를 쳐다보며 그녀 앞에 서 있었다. 오드리는 메리가 앤서니를 한 번 더 위로하며 포옹해 주도록 도와주었다. 잠시 침묵이 흘렀고, 오드리는 메리와 로라가 앤서니에게 이불 요람 태우기를 태워 주도록 제안했다. 이불 요람 태우기 후에 그들은 앤서니가 즐겨 하던 다른 개입적이고 신체적인 활동들을 계속해서 했다. 회기 후반에 앤서니는 한 번 더 울었으나 곧바로 그 감정을 떨쳐 버리고 싶어 했다. 메리가 그 슬픔을 공감하고 같이 나누며 앤서니와 함께 그의 감정에 머물렀을 때, 앤서니도 메리와 함께 앉아서 그녀의 위로를 받아들일 수 있었다.

메리, 로라 그리고 앤서니와 세 번의 회기를 더 하고 톰과 로라가 계속해서 사전 배치 방문을 한 후, 앤서니는 입양부모에게 가서 살게 되었다. 그러고 나서 치료놀이 회기는 로라와 앤서니가 함께 하는 것으로, 나중에는 또한 톰도 같이 하는 것으로 바뀌었다. 앤서니의 이동이 다루어진 방법은 앤서니가 자신의 감정들을 표현할 수 있도록 해주었고, 그것이 앤서니의 삶에서 가장 중요하다는 것을 확인하게 해주었다. 그 경험은 또한 메리로 하여금 앞으로 그녀의 가정에 오는 모든 아동들에게 다가가는 방법에 큰 차이점을 만들어 주었다. 메리가 말했다. "앤서니가 울 때 나는 믿을 수가 없었어요. 내가 이 모든 고통을 가져온 데 대해서 나쁘게 느껴졌어요. 다른 아동들은 아무도 우리 집을 떠날 때 울지 않았어요. 아마 그들도 슬픔을 느꼈겠지만 내가 그러한 감정에 대해서 그들을 돕지 못했다는 것을 이제야 깨달았어요. 지금부터는 아이들이 우리 집을 떠날 때 건강한 방법으로 작별인사를 할 수 있게 아이들이 슬픔과 분노를 표현하도록 도울 거예요."

위탁아동들과 입양아동들의 욕구는 심오하고 복잡할 수 있다. 그러나 기본적인 욕구는 다음의 질문들에 답하도록 할 수 있는 신뢰할 만한 누군가와 관계를 맺는 것이다. 나는 누구에게 속해 있는가? 나를 원하고 있는가? 내가 보살핌을 받을 수 있을까? 나를 염려해 주고 나와 놀아 줄 만큼 나는 충분히 중요한 사람인가? 내가 필요한 것을 알 만큼 당신은 신뢰할 만한 사람인가? 내가 저항을 해도 당신은 책임지고 내가 필요한 것을 해줄까? 치료놀이는 부모들이 초기에 아동들에게 하는 기본적이고 비언어적인 방법으로 아동들을 위해 이러한 질문들에 답하도록 한다. 치료놀이는 입양부모들이나 위탁부모들이 순간에서 순간으로 얼굴을 마주하고, 매일의 삶에서 즐겁고 양육적이며 구조적이고 개입적인 상호작용을 하며, 애착을 형성하도록 한다. '진정한 만남' 의 순간들은 삶을 영원히 변화시키는 힘을 가지고 있다.

1. 신생아 때 입양되어서 입양가족에 의해 양육된 아동들은 비록 상실을 경험하기는 했지만 생물학적인 아동들처럼 반응적인 양육을 통해서 애착을 발달시킬 기회를 가지게 된다. 그래서 우리는 그러한 아동들에게 초점을 두지는 않는다. 치료놀이는 상실, 자기존중감, 정체성과 관련해서 이후에 전형적인 문제들이 신생아 때 입양된 아동들에게 나타날 때 유용할 수 있다(Reitz & Watson, 1992).
2. Jarratt(1994, pp. 7-11)은 아동의 사고 단계를 고려해서 아동들에게 상실에 대해 이야기할 수 있는 유용한 방법들을 논의하였다.
3. 가족체계 관점에서 Reitz와 Watson은 입양에 관한 가족 규칙에 대해서 질문하고, 그것이 가족 내에서 다른 규칙들과 어떻게 어울리는지 질문한다. 그들은 개별 가족의 가족체계 역동성 내에서 상호작용, 생활주기, 입양에 대해 탐색한다. 그리고 가족이 입양과정의 네 가지 단계(불확실성, 이해, 적응, 통합) 중 어디에 있는지, 이전 단계에서 어떤 해결되지 않은 문제가 있을 수 있는지 임상가가 이해하도록 격려한다(1992, p. 135).

   Grabe는 입양부모들에 대한 조사와 치료과정의 경험에 대한 결론에서 다음과 같이 보고하였다. "비지시적인 접근은 위탁/입양 문제들에 대해 효과적이지 않으며, 또한 가족을 자원으로서 보지 않고 비밀을 유지하기 위해 가족을 배제하는 접근도 효과적이지 않다. 가족이 다음 주 동안 문제를 지속적으로 강화할 수 없을 때 치료 회기의 많은 잠재성을 잃어버리게 된다." (1990, p. 39)
4. Hughes(1997, p. 32)는 다음과 같이 말하였다. "결합, 탐색, 수치심과 재결합의 연속은 방임, 자기 경시, 모욕/거부, 고립/분열로 대체된다."

제11장
청소년을 위한 치료놀이

"이봐, 친구!"
"도와줘!"
"와, 와, 와!"
"얘들아, 토니 말 좀 들어 보자."
"그래, 그래, 그래, 한번 해봐."
"거의 되어 가는데……."

방 안에는 하이파이브를 하는 아이들의 승리의 외침 후에 왁자지껄한 웃음이 가득했다. 15~17세가량의, 16세 정도 된 소년들은 협력적 사회집단이 되는 데 필요한 팀워크, 동시성, 민첩성에 유머까지 발휘하면서 단순한 '도구'를 써서 만드는 플라스틱 피라미드를 쌓는 도전과제를 지금 막 끝낸 상태였다. 어떻게 이 과제에서 아이들은 모든 좋은 감정을 만들어 낼 수 있을까? 십대 아이들은 6개의 실과 고무밴드를 이용해서 7개의 컵으로 다양한 수준의 피라미드를 함께 만들어야 했다. 각각 실을 잡고 고무밴드를 잡아당겨서 큰 플라스틱 컵을 함께 올리고 그들이 원하는 장소에 놓으려고 아이들은 자신의 행동을 조정하였다. 컵에 손을 대서는 안 된다! 그들의 계획은 동그란 원 안에 4개의 컵을

William S. Fuller

놓은 다음 그 위에 3개의 컵을 균형을 맞춰 올려놓고 나서 마지막으로 1개의 컵을 그 꼭대기에 균형을 맞춰 올려놓는 것이다. 하이파이브를 외침으로써 의기양양한 감정을 나눌 수 있듯이, 아이들은 함께 피라미드를 만드는 흥미로운 과제를 통해 흥분과 즐거움을 공유할 수 있는 세계를 맛볼 수 있었다.

이 집단이 형성되었던 3개월 전으로 돌아가 보자. 아이들이 하는 말은 거의 반항적이고 적대적인 말이었으며 각 회기 초기에 방 안에는 부정적인 에너지로 가득 차 있었다. 아이들에게는 서로 눈 맞춤을 하고, 또래의 이름을 부르고, 게임을 하거나 웃을 수 있는 위로의 지대(comfort zone) 속으로 들어가는 것이 아무에게도 허용되지 않았다. 집단에 있던 청소년들은 모두 근신기간이었기 때문에 매주 집단 치료놀이 회기에 참석하게 되었다. 그래서 이들이 치료놀이 회기를 좋아하게 될 거라고 아무도 상상하지 못했다. 집단 구성원들의 대부분은 치료놀이 회기가 자신들의 잘못한 실수에 관해서 이야기하거나 다르게 행동해야 할 필요성에 대한 이야기로 가득 찬 모임일 거라고 예상했다. 그런데 회기는 도전적이고 개입적인 활동들로 가득 차 있었다. 그 활동들은 자신에 대한 생각과 역량과 우정에 대한 시각을 변화시켰다.

Mary Spickelmier와 Brijin Gardner(2008, p. 5)는 청소년들과 함께하는 도전을 다음과 같이 묘사하였다.

> 청소년은 모든 사람이 참여하는 상황에서 거칠어진다. 시끌벅적하게 우정을 나누고, 부모와 힘겨루기를 하고, 자기존중감 문제와 학교에서의 사회적 신분에 관심을 두며, 삶의 여정에서 초래되는 다른 어려움들과 함께 제한과 규칙을 시험해 보는 일로 청소년 시기는 가득 차 있다. 믿건 그렇지 않건 십대들에게 치료놀이를 제공하는 것은 도전이 되는데, 특히 청소년들은 자신들의 삶 속에서 '다른' 성인들과는 다른 방식으로 자신들을 대하는 성인을 원한다. 만약 당신이 약간의 창의성과 십대의 경험에 대한 너그러운 이해와 많은 인내심을 가지고 있다면 치료놀이는 이러한 어려운 청소년들에게 많은 성과를 줄 수 있을 것이다.

기존의 다른 접근에 대한 실망감으로 인해 십대들이 참여하거나 변화될 거라는 희망을 갖지 못하였는데, 소수의 치료사들은 청소년들에게 치료놀이를 시도할 만큼 용감했고, 중요한 결과를 얻기 위해 청소년을 치료놀이 집단에 적응시킬 만큼 창의적이기도 했다. Peggy Weber(1998)는 십대를 위한 집단 치료놀이 프로그램 실시 이후에 다음과 같이 변화된 점들을 보고했다.

- 학생과 스태프는 보다 친밀한 라포를 형성한다.
- 도전적인 학생들이 부드러운 측면을 보인다.
- 학생들은 스태프들의 이야기에 더욱 경청한다.
- 학생들은 집단 문제를 해결하기 위해 더 동기화된다.
- 학생들은 위기 개입, 중재 그리고 문제해결과 같은 전통적 정신건강 개입에 더 수용적이 된다.
- 학생들은 기대하지 않았던 반응을 보이고 '쾌활한' 성격이 된다.

청소년들에게 치료놀이를 적용하는 상황을 생각하게 될 때, 냉담한 13세, 또는 공격적이고 적대적인 16세 아이들에게 모든 '유치한' 게임이 받아들여진다는 것을 상상하는 것은 쉽지 않은 일이다.

자존감을 증진시키려는 치료사가 제안한 잘 설계된 놀이를 통해 '대결 속에 있는' 파괴적 낙오자들을 다시 개입시키는 일이 정말 가능할까? 그런데 위의 예에서 보다시피 십대 범죄자 프로그램의 일환으로 실시된 치료놀이 소년집단 프로그램은 자신과 타인을 향한 태도에 변화를 가져오는 즐거운 활동으로 청소년을 개입시키는 것을 가능하게 만들었다.

청소년이 대상이기 때문에 치료놀이에서 특별히 수정된 면이 있다 할지라도, 청소년과 함께하는(집단이든, 부모와 함께한 회기든, 개별 회기든 간에) 숙련된 치료사라면 그들의 위협적인 행동을 바꾸고 부모와 십대 자녀 간의 관계를 잘 정립하며 문제에 빠진 십대들을 옳은 길로 돌려놓을 수 있게 된다. 위에 제시된 집단의 예는 물론 이 장에 나오는 사례가 그 효과성을 증명할 것이다. 치료사와 몇 년 후에 다시 만나게 된, 십대 클라이언트는 치료놀이를 하는 25회기 동안 기존에 말로 하는 치료를 받았을 때보다 치료놀이의 직접적이고 돌보아 주며 신체적 상호작용이 더 중요하였다고 강조하였다.

> 나는 선생님과 했던 활동적인 일들을 아주 작은 부분도 기억할 수 있어요. 내가 처음 감기에 걸려 몸이 얼어서 왔을 때가 떠오르는데요. 선생님은 일반적인 얘기를 하는 대신 내 손을 잡아 따스하게 데워 주셨어요. 그러고 나서 내 손 위에 로션을 발라 주시고는 파란 종이 위에 찍게 하셨어요. 나는 좀 놀랐어요. 내게 그렇게 해준 사람이 전에는 아무도 없었거든요. 그리고 내 팔꿈치에 로션을 발라 주었고 바나나도 먹여 주셨지요. 그날 모자도 썼어

요. 아시다시피 굉장히 재미있었어요. 내가 선생님을 보러 와서 무슨 말을 했는지는 기억하지 못하더라도 말이에요.

이 장에서는 청소년과 함께하는 특별한 도전을 살펴볼 것이고 치료놀이가 무엇을 제공하는지, 이러한 접근이 청소년보다 더 어린 내담자들과 할 때와는 어떻게 다른지 알아볼 것이다. 그리고 청소년과 함께하는 치료놀이가 취할 수 있는 다양한 형태의 변화와 야기될 수 있는 복잡한 문제에 대해서도 생각해 볼 것이다.

청소년과 함께할 때의 특별한 도전 이해하기

모든 아이들은 십대가 되면 생물학적, 심리적인 격변에 직면하게 된다. 즉, 복잡한 두뇌의 재구성, 성적 발달, 외모 변화, 부모와의 관계에서의 변화, 자존감의 변화, 미래에 대한 도전 등이 아이에게는 종종 좌절과 흥미를 맛보게 하는 등 변화를 가져온다. 이러한 변화는 어린 시절과는 다른 특징들을 도출하게도 한다.

치료에서도 청소년들을 위해서는 독특한 도전들을 취하게 된다. 치료과정에서 청소년은 과거에 이미 신뢰할 수 없었던 성인이라는 사람들이 개입할 때 자주 저항을 한다. 아이들은 자신이 도움이 필요하다고 느끼는 것이 아니라 부모나 선생님이 청소년인 자신이 도움을 원할 것이라는 생각에 치료를 받게 하는 것이라고 느끼기 때문에 저항을 보인다. 그들은 이러한 성인의 노력을 자신의 고통을 다루도록 도와주려는 것으로 생각하기보다는 오히려 성인들이 자신들을 잘 만들어 보려는 것이라고 간주해 버린다. 청소년들은 결과적으로 자신의 세계 안에서 부모와 치료사와는 다른 협의사항을 갖게 된다. 아이가 삼는 목표라는 것은 흔히 부모 괴롭히기를 멈추는 것이다. 예외는 있겠지만, 아이들은 대개 처음부터 저항적이며 적대적인 모습을 보이기도 한다.

많은 청소년은 성인을 더 이상 권위 있는 인물로 보지 않는다. 성인과의 관계에서 과거처럼 더 이상 이득을 얻을 수 없다고 느낀 아이들은 이제는 시간을 낭비하려 한다. 성인과 관계를 유지하는 아이들 중에는 성인을 존경할 만한 권위 있는 인물로 보기보다 또래처럼 대하기를 좋아하며, 성인들 역시 청소년과 관계를 잘 형성하려는 도전을 하기보다 이러한 것들에 자꾸 순응하고 싶어 한다. 따라서 치료사는 더 이상 치료사의 권위나 신체적 크기에 의존해서는 안 된다. 대신에 치료사는 상황을 책임지기 위한 언어적 기술, 인생 경험, 유머, 지적 능력을 활용해야만 한다.

여러 가지 이유로 치료사는 성인이 쓰는 이야기 기술이 효과적이지 않다는 것도 추정하고 있어야 한다. 청소년이 또래와 말하는 것은 좋아하지만, 아이들은 성인과 말하는 것을 자주 불편해한다. 그래서 대화를 할 때 아이들은 '말하는' 치료사에게 침묵이라는 전략을 쓰거나 '묵비권을 행사하는' 일을 한다. 청소년들을 대하는 치료사들은 아이들의 "내가 여기 오겠지만 말은 안 할 거예요."와 같은 말이 익숙하다. 말을 할 때도 그들은 치료사를 궁지에 몰아 넣기 위한 것일 수 있다. 결국 청소년은 아직 자기 상황의 복잡함을 이해할 만큼 성숙하지 못하여 자신이 느끼는 혼란이 무엇인지 인정하기도 어렵다는 것을 알게 된다.

이러한 이유로 청소년과 함께하는 치료사들은 어려울 수 있다. 치료사는 성공적인 치료를 확신하기 위해 민감하고 창의적이며 풍부한 자원을 가지고 있어야 한다. 치료사는 아이들의 자율성, 개별화, 자기감의 발달이라는 청소년의 발달적 욕구를 이해해야만 한다. 그러나 동시에 단지 또래와의 관계뿐 아니라 성인과의 관계도 유지하려고 하는 청소년의 욕구에 접근해야 한다. 이러한 모든 복잡한 요소들 때문에 청소년 발달을 잘 이해하고 현재의 십대 문화를 잘 아는 숙련된 치료놀이 치료사에 의해서 청소년을 위한 치료놀이는 가장 잘 이루어질 수 있다.

치료놀이가 제공할 수 있는 것 이해하기

치료놀이는 청소년을 위해 말로 하는 치료를 시도하는 것보다도 오히려 치료의 대안적 방법을 제공하기도 한다. 문제에 처한 청소년을 활동적인 과정으로 개입한다고 하면 아이는 즐거움과 놀라움으로 가득찰 것이다. 그러한 점 때문에 청소년들의 어려운 행동 속에 잠재된 어린 시절의 애착 욕구에 더 직접적으로 반응할 수 있다. 치료놀이 치료사들은 청소년들이 절실하게 요구하는 명확한 구조를 제공하면서 적극적으로 책임을 진다. 청소년들은 문제에 대해 말을 할 필요가 없으며, 비밀스러운 판타지나 소망을 밝힐 필요도 없고, 심지어는 도움을 받기 위해 동기화될 필요도 없다. 치료놀이의 활동적이면서도 즐거운 본성은 침묵하는 십대를 개입하게 만들고 입담이라는 몽롱한 스크린 속으로 빠져버리는 것을 피할 수 있게 된다.

앞의 예에서 보았다시피, 청소년과 함께하는 치료놀이는 집단으로 하는 것이 효과적일 수 있다. 집단의 장점으로는 크게 두 가지 있다. 첫째, 집단은 사회적 상호작용에 직접적으로 작용하는 이미 만들어진 공개 토론장이다. 둘째, 집단은 처음에는 못마땅하게 시작하였다 할지라도 이후 모든 사람이 참여하기 때문에 자기를 덜 의식할 수 있다.

게다가 치료놀이는 청소년에게 개별적으로 활용될 수 있거나 부모도 포함시킬 수 있다. 치료놀이에서 부모가 포함되면 특별히 가족 역동과 관련된 문제가 있을 때 청소년과 함께하는 데 특별한 힘을 발휘할 수 있다. 그 가족은 아이가 십대가 될 때까지도 거리를 둔 채, 논쟁하며 분노로 가득 찬 싸움이 많은 역기능적 가족 패턴이 굳어 있을 수 있다. '매번 노력을 하였던' 부모조차 종종 희망을 잃고 화가 나며 상처입고 포기하게 되었을 것이다. 치료놀이는 부모가 집에서 리더의 역할을 다시 찾고 명확한 규칙과 구조를 제공하도록 돕는다. 또한 부모가 십대 자녀의 조용한 지지나 양육에 대한 욕구, 자존감을 강화할 상호작용에 대한 욕구, 일상적 소소한 즐거움을 공유하고 싶은 욕구를 이해하고 반응할 수 있도록 돕는다. 다음의 예시는 가족으로부터 고립되어 있는 청소년 딸아이의 문제에 접근하기 위해 치료에 참여하게 된 가족의 이야기다. 회기 이후에는 십대와 함께하는 치료놀이 회기에서 부모와 관련된 특별한 문제들이 논의될 것이다.

치료놀이에 가족치료 회기 결합시키기

15세인 안젤라는 익숙했던 중학교를 졸업하고 고등학교 진학을 위해 오랫동안 친했던 친구들을 떠나게 되었다. 아이는 새로운 학교, 친구, 프로그램에 적응하는 데 어려움을 겪었으며 학습에도 어려움이 있었다. 안젤라는 엄마, 새아버지 그리고 10세 남동생과 함께 살고 있었다.

처음에 치료는 아이의 자존감과 사회적응에 관한 문제들에 접근하기 위해 개별 회기로 시작되었다. 치료사는 관계를 발전시키기 위해서 각 회기에 몇 가지의 치료놀이 활동을 포함시켰다. 치료사는 아이의 엄마에게 집과 학교에서 어떤 일들이 일어나는지를 때때로 확인하곤 했다. 몇 회기가 지나자 엄마는 아이의 학교에 대한 태도가 훨씬 더 긍정적이게 되고 새로운 친구도 사귀게 되었다고 말했다. 그러나 엄마는 안젤라가 집에서 가족과는 좀처럼 상호작용하지 않으며 침대에서 홀로 보내는 시간이 많다고 걱정했다. 치료사는 가족 치료놀이 회기에 모든 가족이 함께 올 것을 요청했다. 치료놀이의 목표는 온 가족이 즐거움을 공유할 수 있는 긍정적이고 즐거운 환경을 제공하는 것이었다. 치료사는 안젤라와 치료놀이 계획을 논의했다. 그렇게 한 이유는 안젤라가 이미 전 회기들에서 치료놀이 활동을 즐겼기 때문이었다. 아이는 그에 동의했다.

이 가족을 위해 선택된 치료놀이 활동들은 다음과 같다.

1. 체크업(각 참여자들은 일상에서 최근의 긍정적 또는 부정적 경험들에 대해서 이야기한다)
2. 콩주머니 전달하기(하나의 콩주머니를 전달하자마자 다른 것이 추가되고, 그렇게 4개까지 추가된다)
3. 반영(서로의 움직임을 따라 한다)
4. 호키포키
5. 웃긴 모습 전달하기
6. 부드러운 터치 전달하기

처음에 안젤라는 망설였지만 회기가 진행되면서 점차 준비가 되었다. 치료사, 부모 그리고 남동생은 활동을 굉장히 즐거워했으며, 이러한 것이 안젤라를 편안하고도 즐기게 만들었다. 체크업 동안, 안젤라는 학교에서의 고투를 이야기해 주었으며 플루트를 불 때 어려운 부분을 성공적으로 연주한 것도 이야기해 주었다.

반영 활동에서는 각 사람이 다른 사람들이 따라 하는 활동을 만들어야 하는 순서가 있다. 이 가족은 다른 식구들이 따라 할 수 있는 굉장히 재미있는 동작과 소리를 훌륭하게 만들어 냈다. 안젤라의 남동생은 배우가 된 듯 힙합과 다른 춤으로 가족을 이끌어 냈다. 동생이 보여 준 활동 수준과 욕구는 집에서 당황하게 될 만한 것일 수도 있었지만, 치료놀이 회기에서는 활동을 굉장히 재미있게 이끄는 데 도움이 되었다. 안젤라는 손을 얼굴 가까이 가져오기는 했으나 무엇을 해야 할지 모르고 있었다. 모든 사람이 즐겁게 그 동작을 따라 했고 아이는 다른 움직임을 추가하여 플루트를 부는 시늉을 하면서 그 활동을 마쳤다. 가족에게는 아이의 행동이 우스꽝스럽고, 조심스러운 활동으로 보였을지라도 아이는 그 집단의 완전한 일부가 된 것을 즐기는 것 같았다. 공감적인 치료사는 아이가 항상 조용히 있는 것을 보면서 자신도 우스운 행동을 했는데, 이것이 아이에게 감동을 준 것 같았다.

호키포키의 리듬감과 즐거운 동작이 이 음악 가족에게는 즐거워 보였다. 안젤라는 당황함을 표현하지는 않았지만 모든 가족이 일체감을 느끼면서 춤을 출 때 아주 천천히 참여하였다. 원을 만들어 부드러운 터치를 전달하는 것은 회기를 끝내고 인사를 하는 양육적인 방법이었다. 이 회기가 끝난 후에 모든 가족은 굉장히 즐거웠으며 회기에 다시 오고 싶다고 말했다.

세 번째 가족 치료놀이 회기에서 치료사는 각 성원들의 다양한 염려에 관해 이야기할 시간을 마련했다. 이 회기에서 마지막 활동은 자신의 오른쪽에 앉은 사람에게 칭찬을 하는 것이었다. 자신의 차례가 되자, 안젤라는 치료사에게 "재미있게 준비시키는 활동을 통해 서로서로 공유할 수 있도록 안전함을 느끼게 도와주어서 고맙습니다." 이 회기가 지나고 얼마 뒤에 엄마는 안젤라가 자기 방에서 나와서 가족과 더 많은 시간을 함께 보내게 되었다고 말했다. 6개월 뒤 치료사가 추후점검 전화를 했을 때, 그때까지도 안젤라가 잘해 내고 있다는 것을 알게 되었다.

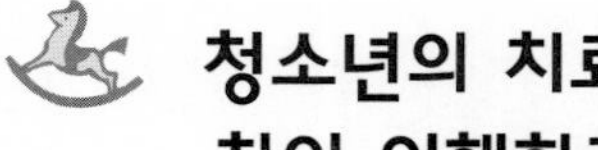

청소년의 치료놀이와 아동의 치료놀이의 차이 이해하기

청소년과 함께하게 될 때, 치료사는 자기 확신, 인내력, 상상력 그리고 유머감각을 가지고 있어야 한다. 또한 청소년의 신체 크기, 지능과 성적 발달도 고려해야만 한다.

신체 크기에 적응하기

청소년이 더 큰 키와 몸무게 그리고 힘을 가졌다 해서 그들을 책임지는 데 치료사에게 요구되는 것이 신체적으로 '단단히 잡고 있는' 것에 있지는 않다. 오히려 치료사의 목소리, 확실한 움직임, 통솔력 있는 태도 등으로 치료사가 그 회기를 안전하고 즐거우며 적합한 매너로 이끌 수 있다는 메시지를 청소년에게 전달하는 것이 필요하다. 치료사는 이런 식으로 하여 청소년을 위해 심리적 · 신체적 안전을 제공할 수 있다.

비교적 큰 십대들과 하기 위해서는 치료사가 작은 아동들과 함께할 때보다는 더 큰 방을 마련해야 한다. 어린아이들을 위해 사용하였던 커다란 베개들도 청소년에게 유용할 수 있으며, 치료사는 그것을 더 많이 사용할 수 있다. 청소년이 치료사를 바라보고 앉을 때, 베개는 청소년을 지지하는 데 많이 사용되며 위에 균형을 잡고 서게 될 때도 베개를 많이 쌓을 수 있고 그것을 굴처럼 만들 수도 있다.

더 확고해진 자기 확신과 세련된 언어에 반응하기

청소년은 아동보다 나이도 더 들고 지적으로도 성숙해 있기 때문에 자기 확신을 더 하게 되고 방어도 잘할 수 있으며 언어적으로나 개인적으로 도전을 잘할 수 있다. 치료사는 유머와 확신으로 아이들의 세련된 언어적 저항에 반응하도록 잘 준비될 필요가 있다. 비난하기 위해 "난 벙어리에요."라고 아이가 이야기하면, 치료사는 "알아. 하지만 사이키 101(Psyche 101)에서 내게 가르쳐 준 것이 있거든. 그래서 우린 그것을 해야 해." 치료사와 아이는 '구하는 얼굴' 이라는 유머러스한 방식을 나눌 수 있다. 십대들은 때로 치료사에게 "입 냄새 나요." 또는 "땀을 왜 이렇게 많이 흘려요? 저리 가세요."와 같이 말을 하기도 한다. 치료사는 그러한 말로부터 자신을 보호할 수 있는, 상당한 자기 확신을 발달시킬 필요가 있다. 청소년의 저항은 종종 수용과 즐거움을 위한 필수 전제조건일 수 있다. 청소년들은 안정적으로 참여하게 되기 전에 그러한 유치한 비난과 같은 일들을 계속하면서 기록을 세우려고도 한다.

성적 발달 고려하기

청소년의 발달한 성적 인식이 아동에게 적합한 많은 치료놀이 활동을 할 수 없게 만든다. 더 이상 치료사는 어린아이를 무릎에 눕히고 자장가를 불러 주거나 눈과 귀에 바람을 불어 주는 것, 등 뒤에 파우더를 발라 주는 것과 같은 신체적으로 친밀한 활동을 개입할 수 없게 된다. 만약 해야 된다면 이러한 친밀한 활동은 부모가 해야 한다. 그러나 자존감을 증진시키고 성장을 강화할 수 있는 적합한 신체적 활동, 즐거운 활동은 여전히 많다. 이 장은 청소년과 함께 잘할 수 있는 활동으로 가득 차 있다.

특별한 문제가 있는 어린 아동을 위한 치료사를 선택할 때에도 때때로 성을 고려하겠지만, 치료사가 십대와 함께할 때도 이 점은 항상 숙고해야 한다. 가능하다면 대부분의 청소년들은 자신과 같은 성의 치료사이면 좋을 것이다. 때때로 남자가 남자를 치료하거나 여자가 여자를 치료하지 못하는 경우도 많다. 남자와 여자로 이루어진 두 치료사가 함께하는 팀이 모든 사람들을 편안하게 만들 수 있다. 이 두 명의 성인은 아이를 흔들어 주거나 들어 올리는 것을 가능하게 한다. 회기에 부모를 포함시키는 것 역시 모두를 위한 안전감을 제공하기도 한다.

회기에 부모를 포함시키고, 두 명의 치료사를 두는 것 혹은 집단으로 함께하는 것은 재미있고 신체적으로 친밀한 치료놀이 활동이 청소년들에게 성적으로 자극을 주거나 성적 판타지를 일으키는 것을 감소시킬 수 있다. 이러한 대안들은 또한 치료놀이의 신체적 특성이 성적으로 도발적이며 부적합한 상호작용이라는 외부자의 추정에서 치료사를 보호할 수 있게 만든다. 뿐만 아니라 아이가 분노와 저항의 국면에 있을 때 부적절한 친밀감으로 치료사를 비난하게 할 가능성도 피할 수 있다. 이러한 잘못된 인식으로부터 보호하기 위해서 모든 회기가 녹화되어야 한다. 부모와 해석치료사가 함께 회기를 관찰하거나 참여하게 되는 것은 부적합한 접촉이라고 거짓으로 비난받는 것에 대한 추가적인 안전장치가 될 수도 있다.

다음은 성적으로 과민한 청소년과 함께한 사례를 보여 준다. 이러한 클라이언트에게 치료놀이를 하는 것이 직관적이지 않게 보일 수도 있지만, 이 예시는 많은 도움을 줄 것이다.

성적으로 과민한 청소년과 함께한 치료놀이

사샤는 문제를 가진 청소년에게 치료놀이를 포함한 여러 접근을 행하고 있는 거주치료센터인 페어헤이븐(Fairhaven)에 입소했을 때가 13세였다. 이 남자아이는 방임으로 18개월 때 생모로부터 격리되었다. 그 후 4년 반 동안 동유럽 고아원에서 살았는데, 그곳에서 심각한 신체적 학대와 성적 학대를 겪었다. 다행히 그는 아이의 치료를 돕는 데 헌신하는 부모에 의해 6세 때 입양되었다. 12세 때 아이는 청소년 성 범죄자를 위한 거주치료시설에 입소되었다. 아이는 성적 행동을 포함하여 권위 있는 인물의 지시를 수용하기 어려워하고, 신체적 공격성을 동반한 분노발작을 자주 보이는 등의 이유로 그 당시 의뢰되었다. 부모는 편안함과 양육을 제공하기 위해 자신들이 다가갈 때마다 아이가 항상 거부한다고 말했다. 청소년 성 범죄자 시설에서 아이는 모든 접촉을 성적인 것으로 해석했으며 스태프들에게 자신과 섹스하기를 원하는지 반복적으로 물어보았다. 사샤는 일 년 뒤 페어헤이븐으로 다시 옮겨 가게 되었다. 의뢰한 치료사는 사샤가 희생자들에 대해 공감을 하지도 않고 회복되지도 않은 것 같다고 보고했다. 여러 상담가들은 사샤가 자신의 성적 학대와 성범죄 치료과정 전에 애착과 외상에 관한 문제들을 다루는 치료가 필요하다는 것에 의견을 모았다.

치료적 환경 속에서 엄격한 안전 규칙이 사샤와 다른 청소년들을 보호하기 위해 매 시간 아이의 행동을 모니터하는 장소에서 행해졌다. 프로그램에 있는 모든 사람이 그러하듯이, 사샤에게도 주디라는 개인 상담사가 일주일에 5일, 2~10시까지 배정되었다. 그녀는 페어헤이븐에 있는 동안 아이에게 중요한 애착의 대상이었으며 매주 하는 치료놀이 회기에서도 중요한 인물이었다. 부모가 한 달에 한 번가량 방문하였는데, 그때 부모는 치료 회기에도 참여하였다.

활동적이고 즐거운 치료놀이는 특히 치료의 초기 회기에서 활용되었다. 사샤는 자신의 감정을 표현하는 데 더욱 편안해졌으며 양자관계 발달심리치료(DDP)로 인해(Hughes, 2007) 아이가 자신의 외상과 상실의 역사를 탐색하게 되었다. 말할 때마다 아이는 불안해했으며, 이에 치료놀이가 아이를 더욱 안정되도록 그리고 조절하도록 돕는 데 활용되었다.

페어헤이븐에서의 사샤의 치료의 최종 목표는 다른 사람을 희생시키고 자신도 희생되었던 과거사를 바꾸어 다른 사람과 안전하고 긍정적인 상호작용과 유대를 갖는 교정적 경험을 주는 것이었다. 심각한 외상과 성범죄 문제를 갖는 어린 아동과의 치료놀이는 다양한 적용을 요구하게 된다. (공감과 단호함의 능력을 갖추고 있어 선발된) 치료사 데이비드와 그 외의 스태프들은 치료사들이 대부분의 사람들이 자신과 섹스하고 싶어 한다는 아이의 기대와 과거력을 알고 있다는 것을 아이로 하여금 인식하게 만들어야 하는 것이 치료 초기에 매우 중요하다고 생각했다. 데이비드는 스태프가 접촉을 할 때는 섹스가 아니라 사샤를 잘 돌봐 주고 안전감을 느끼도록 하는 것이 목적이라고 아이에게 사실적인 방식으로 설명했다. 스태프들은 성적인 접촉과 양육자가 행하는 적절하고 안전하며 양육적인 접촉 간의 차이를 아이가 배우도록 도왔다.

데이비드과 주디는 모든 회기에 함께 참여한 협력치료사들로서 치료놀이가 아이에게 또 다른 성적인 경험이 되기를 원하지 않았다. 따라서 초기 회기에서는 솜공 하키와 콩주머니 잡기처럼 신체적 친밀감을 많이 요구하지 않는 재미있고 개입적인 활동들을 하였다. 아동의 흥분 수준을 조절하도록 돕고 친밀감을 정상으로 느끼도록 하기 위해서 데이비드와 주디는 아이와 함께 있으면서 등을 두드려 주거나 머리카락을 헝클어뜨리는 것 등을 하면서 즐거움을 전했다. 치료사들은 아이가 조절을 하지 못하게 되기 전에 자신을 조절할 수 있도록 불안의 수준에 특별히 주의를 기울였다. 주디는 아이가 발을 위아래로 흔들기 시작하는 것을 보고서는 손으로 아이의 발을 부드럽게 잡으면서 아이가 진정하도록 도왔다. 치료사들은 부모가 함께 참석하면 회기 중 안아 주고 먹여 주는 더 친밀한 양육활동이 성적이지 않을 것이라고 아이가 생각할 것임을 추측하게 되었다.

아이가 적절한 접촉과 양육에 목말라했다는 것은 많은 치료놀이 활동에 대한 아이의 반응에서 잘 알 수 있었지만, 정작 치료놀이 치료가 시작되었을 때까지 아이는 그것을 받아들이지 못했다. 아이는 양부모가 잘 돌봐 주려 하는 모든 노력을 거부했다. 거주치료 환경에서 아이는 옳지 않은 사이클에 사로잡혀 있었다. 치료하는 사람들을 향한 아이의 근거 없는 성적 주장은 그들을 위축되게도 했다. 그러고 나서는 성적인 경험으로부터의 안전감을 추구했기 때문에 어떤 접촉에서는 제한을 이끌어 내기도 했다. 치료놀이 회기에서 치료사들은 부모에게 과거의 친해지고자 했던 피상적인 반응들을 버리도록 도와주었다. 더 신뢰할 수 있게 되자 아이는 엄마가 제공하는 양육과 편안함을 받아들이게 되었다. 어느 날 엄마가 무릎 위에 아이를 안아 주자(이때 큰 소파와 많은 베개가 필요한데, 이러한 것들은 아이를 편안하게 할 수 있다) 아이의 몸은 편안해지면서 작은 한숨을 내쉼과 동시에 진심어린 눈물을 흘리기 시작했다. 마침내 아이는 엄마의 품 안에서 안전감을 느끼고 엄마의 사랑을 받아들이게 된 것이 분명했다. 데이비드는 사샤에게 자신이 느꼈던 것을 함께 나누기 위해서 자신이 가진 성적 판타지들을 적어 보라고 요청했다. 이 일은 아이가 거부되었다거나 '접촉할 수 없는' 느낌을 갖게 하지 않고 자신이 생각하는 것에 관해 굉장히 솔직해지도록 만들어 주었다.

부모가 치료놀이 회기에 함께 참여할 때에는 데이비드가 부모-자녀 치료놀이의 전형적인 활동들을 활용하였다. 즉, 눈을 바라보며 과자 먹이기, 눈 신호 사용하여 놀이하기, 신문지 펀치, 부모의 팔 안에 구긴 신문지 공 넣기, 부모 움직임 따라 하기, 솜공 하키, 솜공과 깃털의 접촉 차이를 아이에게 알아맞히게 하기, 아이의 얼굴을 그림 그리는 것처럼 부드러운 붓으로 만지기, 동그란 원으로 앉아 로션 전달하기, 비눗방울을 불어서 터뜨리기 등이다. 아이를 위한 이러한 활동의 치료적 힘은 아이에게 구체적이면서도 기억될 만한 순간이었는데, 이로 인해 아이는 특히 부모와 같은 성인의 양육과 돌봄을 받아들이게 되었다. 이것은 아이가 입양되기 전에 정말로 그리워했던 경험들인 것이다. 부모가 이러한 경험들을 제공하려고 갈망해 왔지만 아이가 그것을 받아들이는 데 저항하였으므로 부모 역시 도움이 필요했다. 이 팀은 아이에게 인생에 통합적인 긍정적 관계라는 새로운 경험을 제공하고자 하는 목표를 위해서 함께했다.

아이가 과거를 탐색하면서 말을 더 많이 사용하는 회기가 시작되자, 치료놀이 활동은 특별히 어려웠던 회기 후에 아이를 조절하고 다시 유대를 형성하는 데 도움을 주는 방식으로 활용되었다. 아이는 종종 자신의 비정상적인 성적인 판타지들, 즉 자신에게 수치와 혐오감을 안겨다 주는 것들에 관해 말하곤 하였다. 그로 인해 그의 마음에 치료사나 부모 그리고 양육자들이 자신을 거부할 것이라는 생각이 든다고 했다. 얼굴을 꾸미거나 손바닥을 파우더로 찍는 것과 같은 치료놀이 활동은 아이에게 자신이 특별하고 안전하며 가치 있다는 긍정적인 느낌으로 회기를 마무리하도록 만들어 주기도 했다. 치료놀이는 아이에게 "너는 네 행동이 아니야. 너는 네가 어떤 수용될 수 없는 생각을 하건 행동을 하건 간에 인간으로서 존중받아야 한단다."라는 메시지를 보여 준 명백한 방식이었다. 방임과 학대의 과거력을 가진 모든 아이들에게 이러한 수용이 매우 중요하긴 하지만, 사샤의 경우는 자신의 어린 동생을 성적으로 학대했다는 사실 때문에 이러한 수용이 더욱 중요하게 되었다. 이중의 수치심이 사샤에게 자리 잡고 있었다. 사샤는 자신의 범죄 때문에 스스로를 가치 없는 존재로 보고 버림받아 마땅하다는 생각에 사로잡혀 있었다. 그가 가장 두려워하는 것은 바로 자신이 학대자가 되었다는 것이었다. 데이비드와 주디 그리고 부모 이들 모두는 아이에게 조건 없는 사랑과 돌봄, 수용을 하고 있다는 것을 보여 줄 수 있었다.

사샤가 페어헤이븐에 머무는 동안, 데이비드는 원래 사샤와 함께 치료를 해왔던 청소년 성 범죄자(JSO)를 위한 치료사와 규칙적으로 의논을 했다. 데이비드의 요청으로 JSO 치료사는 사샤가 페어헤이븐을 떠나기 전에 평가를 실시하게 되었다. 그 결과 "얘는 내가 전에 선생님께 의뢰했던 아이와는 완전 딴판이 되었어요."라며 아이의 변화에 대해 굉장히 놀라움을 금치 못했다. 페어헤이븐을 떠날 때, 사샤는 모든 향정신성 약물을 끊게 되었다. 사샤는 외래 환자로서 JSO 치료사를 계속 방문하고 있다. 치료사는 아이가 정말 잘하고 있으며 많이 변했다고 말한다.

페어헤이븐을 떠난 지 2년이 지나고 아이가 16세가 되었을 때 엄마는 말했다. "난 정말 많은 부모가 할 수 없었던 사샤와의 깊고도 만족스러운 관계를 맺을 수 있게 되었어요. 항상 꿈꿔 왔지만 할 수 없었던 것이었지요. 때때로 나는 과거의 어려움과 외상들을 거의 잊어버리기도 한답니다."

 청소년을 위해 치료놀이 원리 적용하기

어떤 연령의 클라이언트건 구조, 개입, 양육, 도전이라는 치료놀이의 원리는 각 개별 청소년의 욕구에 적합한 치료법으로 맞춰져 활용되어야 한다. 청소년과 함께하는 경우, 치료사의 첫 번째 우선순위는 안전을 확신시켜 줄 명확한 구조를 제공하는 것이다. 도전은 특별히 청소년들을 개입시키고 흥미를 끌 수 있는 좋은 방법이다. 즐거움은 본질적으로 항상 있어야 한다.

놀이 활용하기

청소년은 놀기를 좋아해서 재미있고 자기 확신을 줄 수 있는 모든 활동이 매우 중요하다. 치료사는 유머감각과 확신과 편안함을 소통할 수 있어야 한다. 활동의 선택에서뿐만 아니라 목소리, 서 있는 자세, 제스처까지 즐거움으로 소통되어야 한다. 치료사는 또한 스스로에 대해 농담도 하고 자신의 잘못과 실수를 인정하는 데 자유로워야 한다. 예를 들면, 치료사 자신이 얼마나 끔찍하게도 팔씨름을 못하는지, 골대를 놓쳤을 때 치료사가 얼마나 약할 수 있는지에 대해 농담할 수 있어야 한다. 청소년들은 이러한 것을 좋아해서 치료사와 아이 간의 유대를 강화시키기도 한다.

다음의 알렉스와의 치료놀이 사례를 보면 치료사가 어떻게 생생한 즐거움으로 화가 나 있는 위축된 아동을 끌어내도록 돕는지가 잘 나타나 있다.

화가 난 청소년을 개입시키는 데 놀이 활용하기

14세 된 알렉스는 분노를 보이는 행동 때문에 양부모에 의해 치료를 받게 되었다. 아이는 굉장히 분노에 찬 기분으로 세 번째 치료놀이 회기에 들어왔다. 아이는 베개 위에 몸을 구부리고 치료사 게리가 제안하는 재미있는 접근에도 거의 반응을 보이지 않았다. 게리는 아이를 수동적인 상태에서 끌어내어 가볍게 만들기 위해 마시멜로 싸움을 시도했다. 부모와 반대편에 알렉스를 앉게 했는데, 부모는 비디오 뒤에서 관찰 중이었다. 게리는 "네가 TV 뒤편에 앉은 아빠의 어깨에 마시멜로를 던져 맞추지 못한다는 것에 한 표다."라고 말했다. 알렉스의 처음 노력은 조금밖에 이루어지지 않았다. 거의 TV 세트 가까이 가기는 했지만 맞추지는 못했다. 아빠가 본격적으로 놀이에 돌입하자 엄마와 치료사의 응원을 받으면서 알렉스는 한층 밝아졌으며 아빠와 함께 놀이에 참여하면서 한바탕 웃음꽃을 피우게 되었다. 곧 온 방 안에 마시멜로가 떠돌아 다니게 되었다. 그들은 함께 자리에 앉아서 서로에게 마시멜로를 먹여 주었다. 이렇게 우스꽝스럽고 재미있는 활동들이 뾰로통하고 무기력한 상태로부터 알렉스를 이끌어 내었으며, 아빠와 아들이 함께 즐거운 순간을 나눌 수 있게 만들었다.

구 조

만약 청소년들이 자신의 인생을 성공적으로 살아가기를 원한다면, 모든 아이들에게는 확고한 규칙과 명확한 기대가 필요하다. 치료사는 행위를 조절하고 안내할 수 있는 책임을 항상 져야만 한다. 역량이 있으며 자기 확신에 찬 치료사가 직면하는 것은 바로 청소년들이 힘과 자기 확신에 있어서 자기감이 자라나는 것을 모델링하고 있음을 자각하는 데 있다.

규칙은 거의 없고 불규칙적인 강화만 있는 가정에서 자란 청소년들은 구조가 많이 필요하다. 너무 꽉 차 있는 일정에 노출되거나 경직된 내적 규칙을 가진 청소년들은 자발성, 융통성, 즐거움이 필요하다. 부끄러움이 많은 청소년들은 더 친밀하도록 격려되는 것이 필요하기도 하다.

청소년과 함께하는 구조활동은 코, 머리, 귀, 팔꿈치, 무릎 등의 신체 부분을 덧칠한

치료놀이의 실제

규칙을 따르는 것 배우기

충동적이고 반항적인 15세의 에린은 가족 규칙을 따르는 것을 힘들어하며 부모가 집을 치우라는 것과 책임을 갖는 일 등의 적절한 요구에 순응하기를 어려워한다. 10회로 정한 치료놀이의 6회기에서는 치료사가 아이가 엄마의 지시를 따르는 데 인내심을 갖도록 하는 활동을 계획했다. 또한 엄마 역시 아이가 무엇을 하게 할지 한계 짓게 하는 데에도 인내심이 필요했다.

에린과 엄마는 마주 보고 서서 엄마가 주는 눈 신호를 따라 둘이 함께 움직이게 되었다. 엄마가 왼쪽 눈을 깜빡이면 엄마와 에린은 왼쪽으로 움직였다. 그리고 엄마가 오른쪽 눈을 깜빡이면 오른쪽으로 움직여야만 했다. 에린이 말했다. "이건 멍청한 짓 같아. 누구라도 할 수 있는 일인데." 그러자 치료사는 "기다려 봐."라고 말하면서 "네가 할 일이 하나 더 있어. 커다란 베개가 있는데 엄마와 너 사이에 둘 거야. 손을 등 뒤에 붙이고 이 베개를 떨어뜨리지 않을 수 있는지 보자. 서로 기대야 할 거고 신호가 바뀔 때 매우 조심해야 할 거야."라고 하였다. 에린은 그 도전을 수용했고 엄마의 눈 신호를 매우 조심스럽게 지켜봤다. 활동은 더 복잡하게 이루어졌다(두 번 눈을 깜빡이면 두 번 가기, 고개를 뒤로 움직이면 뒤로 가고 앞으로 숙이면 앞으로 가기 등). 그들은 더 많이 웃게 되었고, 베개를 떨어뜨리지 않으려고 순응하다가 마침내 바닥에 베개가 떨어졌다. 도전과 즐거움 속에서 에린은 엄마의 명확한 지시를 따르는 경험을 하게 되었다. 말이 필요 없었기 때문에, 전형적인 형식적 논쟁과 속임수를 나타내려는 등의 기회도 주어지지 않았다.

느낌이 들게 하거나 알루미늄 호일로 감싸거나, 손이나 발을 찍거나, 실제 신체 크기를 따라 그리는 등의 활동을 하기도 한다. 또한 구조는 성인이 행동을 지시하는 활동을 하게 하는 것이기도 하다. 밸기 시합, 물총 싸움, 농구 등에서 성인이 목표를 정해 주기도 하고 세 번을 걷는 활동에서 어느 발을 먼저 움직일지를 결정하기도 한다. 뿐만 아니라 구조는 활동을 할 때 언제 시작할지에 대한 신호를 주고, 어린아이들이 무엇을 해야 할지 정확히 말해 주며, 아이들에게 질서 있고 진정된 방식으로 안전하게 활동이 수행될 거라는 것을 확신시켜 주는 일이기도 하다.

도 전

앞의 예에서 보다시피, 엄마의 신호를 따르면서 둘 사이의 베개를 지탱하는 도전을 하게 되는 것이 아이의 참여를 가능하게 만들었다. 도전활동은 청소년을 개입시키는 중요한 방법이므로 개입의 원리에 들어가기 전에 이것들을 논의해야 할 것이다. 힘 경쟁, 기술의 경쟁이나 표준 경쟁과 같은 과정에서 아이는 자기를 인식하지 못하고 진심으로 활동에 빠져든다. 도전이라는 것이 결코 아이를 가라앉게 하거나 실패를 가져와서는 안 되며, 너무 부담을 주거나 싸움을 붙이는 식이 되어서도 안 된다. 자존감이 낮은 수동적인 십대들은 재미있는 활동에 성공하는 도전을 맛봄으로써 이득을 얻기도 한다. 아이가 성공적인 팀워크의 느낌을 즐기면서 배우는 것은 지지적인 환경에서의 본질적인 부분이기도 하다.

청소년을 위한 도전활동은 더 세련되기도 하다. 이전 장에서 보았던 집단활동인 피라미드 쌓기와 같은 도전활동이 그 예라고 할 수 있다. 십대를 도전시키는 재미있는 활동은 그것을 만드는 치료사의 창의성에 달려 있기도 하다. 청소년을 위한 도전활동으로는 줄다리기, 팔 · 다리 씨름, 얼마나 높이 뛰나 보기, 씨 뱉기(수박씨) 시합, 베개 균형 잡기-얼마나 많은 베개를 머리에 얹을 수 있는가? 얼마나 많은 베개 위에서 균형을 잡을 수 있는가? 등이 있다.

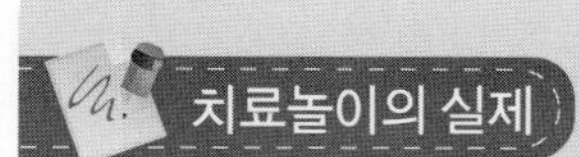

저항하는 청소년을 도전하게 하기

15세의 켄은 엄마에 대한 반항적인 태도 때문에 이 프로그램에 참여하게 되었다. 그와의 첫 만남에서 치료사는 켄에게 레슬링 경기를 하자고 제안했다.

치료사: 켄, 안녕. (그의 팔을 만지며) 너 정말 굉장한 근육을 가지고 있구나! [켄의 치료사는 그들이 게임을 해도 되는지 또는 언제 게임을 시작할 것인지 그에게 묻지 않는다. 그 대신 즉각적인 신체적 접촉을 하며 상대의 신체 외관에 대한 긍정적 느낌을 말한다.]

켄 : (팔을 뺀다.) [이러한 행동은 이렇게 일방적인 행동을 하는 낯선 사람들에게 십대들이 할

수 있는 적절한 반응이다.]

치료사: 하지만 넌 나를 쓰러뜨리지는 못할걸? [이러한 역설적인 표현은 회기활동에 대한 켄의 비협조적 행동을 협조적으로 바꾸기 위해 계획된 것이다. 이러한 활동은 켄이 자신에 대한 자신감을 확인하도록 돕는다.]

켄 : (오직 몸동작만을 한다.) [여전히 자기 자신의 행동을 절제하는 모습을 보여 준다. 처음엔 시큰둥한 태도를 취하던 그는 이제 본연의 자세로 돌아와 도전 의지가 보인다.]

치료사: 내 생각엔 넌 그것보단 더 세게 밀 수 있을 것 같은데……. 난 진짜 힘이 세단다. 그러니 넌 너의 모든 힘을 쏟아부어야 할 거야. (도전 의지가 더 강해진다.)

켄 : (더 열심히 밀기 시작한다.) [그는 더 이상 도전 의지를 억제하지 못한다. 게다가 그의 치료사가 생각보다 재미있고 매력적이라는 생각이 들기 시작한다.]

치료사: 야, 너 장난이 아니구나! 너 정말 힘이 세다. [치료사는 켄에게 그의 개인적인 장점을 칭찬해 준다. 치료사는 엄마와는 달리 켄에게 협조하라거나 사랑받게 행동하라고 말하지 않는다.]

둘 다: (힘차게 서로 밀고 당기며 이기고 지기를 번갈아 한다.)

이러한 격렬하고 도전적인 몸싸움은 켄이 한 사람의 성인을 상대로 적극적으로 활동에 참여하는 동안 그 자신에 대한 감정을 개선하는 데 도움을 준다. 켄은 자신이 재미있고 사랑스러운 사람이라는 생각을 갖게 된다.

개 입

치료를 거부하는 반항적인 청소년을 치료에 참여시키는 것은 가장 어렵고도 중요한 임무다. 어린아이들과 함께하는 것보다 청소년기의 아이들을 상대로 하는 활동은 쉽지 않다. 예를 들면, 청소년에게 가까이 앉는다거나 그의 손을 만지는 행위들은 그들을 불편하게 만들 수 있다. 당신이 더 가까이 접근할수록 청소년들은 더욱 경계심을 높인다. 유머, 예상치 못한 놀라움, 모순된 행동은 때로 반항적인 청소년들의 마음을 누그러뜨려 치료에 참여하도록 돕는다. 목표는 치료사의 존재를 경험하게 하고 새로운 방식의 관계를 맺고 그 자신에 대한 느낌에 기초한 동맹관계를 구축하여 치료사와 일정한 거리를 두려는 청소년의 방어를 극복하는 것이다.

내성적이고 고립된 또는 강박적인 청소년에게는 놀라움과 개입이 특히 필요하다. 치료를 거부하기 위해 입을 닫고 말하지 않는 청소년에게도 마찬가지다. 놀라움은 청소년에게 지능적으로 거리를 유지하는 것을 지속하기 힘들게 만든다. 하지만 강압적인 가정에서 자란 청소년은 어느 정도 거리를 유지할 필요가 있다. 그러나 이러한 것들 때문에 치료사가 놀라움이나 다른 개입적 활동을 배제할 수는 없다.

일반적으로 다른 차원으로 구분되는 많은 활동들을 통해서도 치료사는 청소년을 개입시킬 수 있다. 신체적 접촉과 친밀감을 유도하는 활동들은 청소년들에게 치료사의 존재를 알 수 있도록 해줌으로써 그를 치료과정에 개입시킨다. 몸 그리기, 크기 재기, 몸무게 재기, 알루미늄 호일로 몸 만들기와 같은 구조적인 활동은 모두 신체적 접촉과 친밀감을 요구한다. 서로에게 주고받는 활동들, 예를 들어 박수치기 게임, 발 묶고 뛰기, 두 사람이 같이 공 던지기도 또한 개입을 형성할 만하다. 그들이 다른 사람의 존재를 인식하고 많은 양육이 필요한 활동들, 예를 들어 모자 씌우기, 페이스 페인팅 또한 개입의 기본 요소를 포함하고 있다.

저항하는 청소년 개입시키기

놀라움, 유머, 신체적 접촉을 통해 주저하는 청소년을 개입시키기 위한 예로 켄의 첫 회기를 들 수 있다. 씨름이 끝난 직후, 치료사는 아이의 손을 잡는다.

치료사: 너 손이 참 크구나. 자, 그 손 위에 약간의 물감을 묻혀 보자. 그리고 얼마나 많은 색깔로 너의 손을 만들 수 있는지 보자. (조심스럽게 켄의 손을 밝은 색 물감으로 덮는다.) [긍정적인 방식으로 신체의 일부를 확인하고 묘사한다. 하지만 어떻게 수행하는지와는 관련짓지 않는다. 이러한 활동과정은 장난하듯 이루어지며 애정이 표현되어야 한다.]

켄 : (과정을 관심 있게 살피며) 멍청한 짓이군. [비록 얼굴 표정은 굳은 척해도, 그는 분명히 그 자신을 즐기기 시작한다.]

치료사: 와, 정말 근사하다. (핸드 페인팅을 들고 걸어가서 벽에다 걸어둔다.) [엄마가 자기 아이에게서 새로운 사실을 발견했을 때 표현하는 감격과 흥분을 표현한다.]

켄 : 쳇, 이건 정말 바보 같은 짓이야! 도대체 왜 이런 일들을 하는 거죠? (실은 즐기고 있으면서 무뚝뚝한 얼굴 표정을 짓는다. 그 자신을 자제할 수 있도록 또다시 그에게 더 익숙한 일대일 대화로 옮겨 간다.)

치료사: 나도 좀 바보 같은 짓인 줄 알고 있어. 하지만 이곳에 있어서 좋은 점은 너랑 나랑 실컷 바보 같은 짓을 해도 아무도 모른다는 사실이야.

켄 : (웃고는 치료사를 제대로 바라본다.) [마침내 그의 방어적인 경계심을 낮춘다. 처음으로 아이는 치료사와 자신의 소통을 허락한다.]

양 육

많은 양육활동은 청소년보다는 아동에게 적합한 듯 보인다. 하지만 양육을 받고 가치를 인정받는다는 느낌이 필요한 것에는 나이 제한이 없다. 비록 타인의 양육을 받는 것에 대해 남의 시선을 의식한다 할지라도, 그들은 애정이 결핍되어 있는 경우가 많다. 청소년들이 양육이 필요하다는 사실은 그들의 낮은 자아상, 끊임없는 긴장감, 불결함 그리고 정신적 스트레스와 연관된 병에 걸리는 것들에서 알 수 있다. Terrence Koller(1994, p. 172)는 청소년들 모두가 양육이 필요하지는 않다고 해도 여러 활동이나 생생한 치료놀이 회기 후에는 긴장을 풀 수 있도록 도와주는 것이 좋다고 말했다.

청소년들이 손에 로션을 발라 주거나 과자를 먹여 주는 것은 허락하지 않아도 다른 활동이나 도전과제와 결합된 양육은 종종 받아들이기도 한다.

켄은 말로는 반항을 해도 빌이 그의 손에 물감을 문지르는 동안 손을 빼려고 하지 않았다. 그리고 손도장 그림이 벽에 걸리는 것을 보며 흥미를 느꼈다. 손에 물감을 묻히는 것과 손을 닦아 주는 것의 두 가지 행위는 다정한 접촉과 양육을 나타내는 기회가 된다. '도넛 먹기' 와 같은 게임은 음식 먹이기와 같은 도전과제 중 하나이기도 하다. 이 과제의 목표는 도넛의 원 모양을 유지한 채 얼마나 많이 깨물어 먹을 수 있느냐다(이때 도넛을 치료사나 부모의 손가락에 끼워야 한다.). 뱉기 시합에서는 서로가 수박을 먹여 주고 난 후 수박씨를 모은다. 그리고 나서 누가 더 멀리까지 씨앗을 뱉는지 시합하는 것이다. 덜 경쟁적인 놀이로 할 경우에는 한 사람이 씨앗을 뱉는데 다른 사람이 앉아 있는 가까운 거리에 씨앗이 떨어지도록 하는 것이다. 이러한 수박씨 뱉기와 같은 목적을 가진 놀이는 모든 연령에 가능하다.

양육을 받아들이는 방법 찾기

냉담한 13세 소년 에드워드는 학교에서 친구들과의 관계를 힘겨워하는 이유로 부모님에 의해 치료에 의뢰되었다. 그는 항상 고립되었으며 엄마가 가까이 오는 것도 허락하지 않았다. 따라서 치료 목표 중의 하나는 그가 자신의 감정과 타인의 감정에 좀 더 솔직해지도록 도와줌으로써 엄마에게 감정적인 접근을 할 수 있도록 용기를 주는 것이었다. 에드워드가 엄마에게 감정적으로 가까워지기가 어려워서 치료사인 제임스는 그가 계획해 놓은 프레첼(과자의 일종) 먹여 주기 활동을 시도해 보았다.

에드워드는 엄마 앞에 마주 앉아 그의 머리 위에 과자를 놓는다. 엄마가 그에게 신호를 보내면 그는 머리를 숙여 엄마의 손 안으로 프레첼이 떨어지도록 한다. 그 과자를 잡았을 때, 엄마는 에드워드의 눈을 쳐다보며 아들의 입에 넣어준다. 에드워드는 흥분하여 몸을 일으키며 스스럼없이 먹여 주는 것을 받아들인다. 그리고 큰 소리를 내며 과자를 씹어 먹는다. 엄마는 아들이 그러한 친밀함을 받아들이는 것에 기뻐한다.

마지막 예는 어린 청소년들이 양육활동을 받아들이는 것을 보여 주고 있다.

에드워드와 엄마는 양반다리를 하고 무릎을 맞대고 앉는다. 엄마가 빨대 2개를 꽂아 놓은 음료수 캔을 들고 있다. 다른 사람이 쳐다보지 않는 한 아무도 마실 수 없다는 규칙이 있다. 이러한 전략은 빠른 눈 맞춤을 맛있는 음료수를 마실 수 있는 즐거움과 연결시켰다. 이 활동은 감정적 친밀함과 어린아이들을 먹여 줄 때 느낄 수 있는 안락함을 제공하였다(이 경우에는 청소년에게 받아들여질 수 있도록 설계되었다).

양육활동의 예로는 연고나 밴드를 붙여 주며 상처나 베인 곳 그리고 멍든 곳을 치료하기, 머리 빗겨 주기, 매니큐어 발라 주기, 건조한 손에 로션 발라 주기, 힘든 활동을 한 후에 부채질해 주기, 여러 가지 음식들 권하기, 파우더 발자국 만들기, 모자 납작하게 만들기, 주름종이로 리본 넥타이 · 모자 · 목걸이 만들기 등이 있다.

청소년의 반항심 다루기

청소년 치료과정은 5장에서 설명했던 아동과의 전형적인 단계를 따르지는 않는다. 대신 초기의 일시적 수용 단계를 건너뛰고 곧바로 저항의 단계로 가기도 한다. 보통 부정적인 저항을 통한 미온적 수용이 서서히 적극적인 참여로 발전해 갈 관련성은 거의 없다. 친밀함에 대한 고통스러운 양가감정을 경험하게 되면 청소년들은 아주 빠르게 반항적이 될 수 있다. 그래서 청소년의 '부정적인 단계'는 일찍 시작된다. 그리고 치료사가 방심한 틈을 노릴 수 있는 힘과 확신을 갖게 된다.

이미 언급했지만, 청소년들의 수준 높은 말재주는 그들을 논쟁, 추론과 토론의 달인으로 만든다. 치료사는 치료 이유에 대한 토론에 휘말리거나 아이가 반대하는 말을 듣게 된다면 힘을 잃게 될 것이다. "이게 어떻게 나에게 도움을 줄 수 있어요?" 와 같은 질문에 대한 대답을 요구하거나 계약을 다시 하자는 아이의 말을 들으면 어느 순간 치료에 방해가 될 수 있다. 치료는 흔들리지 않으면서도 부드럽고, 재미있으면서도 자유로운 즐거움 속에서 이루어질 수 있기 때문이다. 치료사는 강한 호기심을 유발할 수 있는 활동을 계획함으로써 청소년의 저항 작전에 휘말리지 않고 대처할 수 있다.

어린 아동의 저항시기에 보이는 어려운 행동을 다루도록 부모를 준비시키는 것도 중요하지만, 청소년들을 대하는 데 그러한 대비는 더욱 중요하다. 치료사는 그들의 더 강하고 위험한 행동을 할 수 있는 능력뿐만 아니라 조종하려는 굉장한 기술들에 대해서도 미리 대비해야 한다. 청소년들에게 부정적인 단계는 즉각적으로 시작되므로, 치료사는 이러한 경고를 인테이크 과정으로 삼아야 한다.

청소년이 지나친 공황 상태에 있거나 통제하기 어려울 경우에는 치료놀이의 시작 여부를 고려해야 한다. 만약 모든 사람의 안전이 담보되지 않는다면 치료사는 그러한 청소년을 통제 불능한 상황을 부추길 만한 활동에 개입시켜서는 안 된다. 클라이언트와 치료사의 반응 조율이 회기를 이끌 수 있게 도울 수 있다. 이런 방법을 통해 치료사는 너무 흥분하는 상황이나 공격적인 상황을 피할 수 있다. 이 장 후반부에 제시될 톰의 사례를 통해 치료사가 긴장을 누그러뜨리기 위해 어떻게 고요한 순간을 제공하면서 조절에 어려움을 보이는 청소년을 다루는가에 대해 설명할 것이다.

5장에서 다루었던 저항을 다루는 모든 기술은 청소년에게도 적용된다. 그러나 청소년들과는 정면 충돌을 피하는 것이 더 중요하다.

치료 종결을 위한 준비

청소년을 위한 마지막 단계에서는 특별한 고려가 필요하다. 어린 아동들과 마찬가지로, 치료사는 청소년들의 장점이나 개선된 점들을 알려 주고 종결 파티가 있을 치료과정까지 몇 번의 회기가 더 남았는지 알려 준다. 청소년들에게 종결의 경험은 치료과정을 끝내고 쉽사리 가정 안에서 안정감을 얻는 어린 아동의 경우보다 더욱 어렵다. 가족이 있는 청소년이라 할지라도 독립을 이루려 했던 아이들의 고투가 치료사와의 친밀한 관계를 잃을지도 모른다는 예측 때문에 커다란 위협으로 변하고 만다. 특히 부모가 동참하지 않은 치료과정을 거친 경우라면 더욱 그러하다. 이러한 상황은 어쩌면 아이로 하여금 치료사와 부모가 걱정하는 우울증에 빠지게 할 수도 있다. 청소년과 부모는 우선 아이가 일시적으로 치료 전의 행동을 할 수도 있음을 염두에 두는 것이 중요하다. "치료 전부터 학교 성적의 문제를 갖고 있던 청소년이라면 숙제를 하지 않을 수도 있다. 내성적이고 우울증에 걸린 청소년은 아마도 그들의 방에서 은둔생활을 할 것이다. 반항적인 청소년은 일시적으로 싸움을 일으키기도 한다."(Koller, 1994, p. 174) 만약 부모가 일어날 수 있는 사태에 대처할 준비가 잘 되어 있다면 청소년은 치료사가 떠난 후에도 계속해서 치료활동을 해나갈 수 있을 것이다. 하지만 이런 퇴행적인 행동은 오래 지속되지는 않을 것이다. 청소년들은 보다 건강한 방식으로 다른 사람들과 관계를 맺는 데서 오는 즐거움을 알게 되었기 때문에 미래에 대한 자신감으로 어려운 시기를 극복할 수 있다.

청소년 치료과정에서 생길 수 있는 역전이 문제

5장에서는 치료놀이 과정에서 치료사에게 나타나는 역전이의 과제에 대해 논의했다. 치료사는 특히 자신의 동기를 잘 파악해야 하며 자신을 보호할 수단을 가지고 있어야 한다. 청소년과의 치료놀이는 다른 때보다 더욱 흥미로울 수 있다. 어린 아동과는 제한을 설정하거나 도전과 개입이 상대적으로 쉽고 양육의 역할을 맡기기가 수월할 수 있다. 하지만 청소년 클라이언트들은 그가 처한 상황을 인식하고 그들의 좀 더 어른스러운 감정들을 '존중' 해 주어야 한다.

치료사 자신의 청소년 때 영향을 미쳤던 것에 대해 인식하기

치료사는 자신의 청소년기의 경험을 바탕으로 클라이언트의 반항심과 고통을 강하게 인식할 수도 있다. 한편으로 치료사의 공감이 청소년에게는 도움이 될 수도 있다. 치료사 자신의 반항적인 감정이 아이의 부모에게 반항하는 감정으로 결탁할 수도 있고, 더구나 제한을 설정하거나 도전을 하지 못할 정도로 어렵게 할 수 있다. 다른 한편으로는 치료사가 매우 자제력 있고 순종적인 학생이었다면 클라이언트가 일상생활이라는 버거운 짐에서 얼마나 벗어나고 싶어 하는지 이해하지 못할 수도 있다.

만약 치료사 자신이 다른 사람들과의 관계를 원만히 이루지 못하는 사람이라면 저항적인 청소년들과의 활동을 너무 힘들다고 느낄 수도 있다. 그리고 치료사 자신이 양육을 잘 받지 못했다면 치료사 자신처럼 친밀감보다는 거리를 두기 좋아하는 청소년에게 양육을 제공해 주기 어려울 수도 있다. 적절한 자기성찰 없이는 이러한 애기 같은 활동을 하기엔 청소년의 나이가 너무 많다고 치료사 자신이 느끼게 될 것이다(치료사가 어린 아동과 한 번도 함께 치료놀이를 하지 못했을 경우라도). 5장에서 제안했듯이, 동료나 슈퍼바이저와의 정기적인 상담은 치료사 자신의 욕구가 아닌 클라이언트의 욕구에 집중할 수 있도록 해준다.

치료사의 반응에 대해 조심스럽게 주의 기울이기

청소년들과의 치료과정 중 가장 힘든 부분은 그들의 분노 어린 공격적인 행동이다. 화가 나 있는 어린 아동을 대하는 것도 쉬운 일은 아니지만, 분노에 가득 찬 덩치 큰 청소년을 다루는 일은 아주 힘든 일이다. 치료사는 분노나 공격성에 반응하는 자신의 경향이 어떠한지를 알아야만 한다.

보호수단으로서 팀워크 활용하기

만약 치료사의 사전준비에도 불구하고 치료과정이 제대로 진행되지 않는 경우, 회기 후에 치료사는 협력치료사나 다른 동료들과 그것에 대해 의논해야 한다. 즉, 클라이언트가 일방적으로 분노로 가득 찬 행동을 다시 보이지 않도록 전략을 세워야 한다. 부드러운 말투를 가진 '모성적인' 지지 파트너와 활동적이고 신체적으로 강한 리더가 함께하는 좋은 팀 구성은 매우 유용하다. 최고의 팀워크에서는 누가 어떤 역할을 할 것인가를 미리 정하고 만약 일이 제대로 되어 가지 않을 경우 어떻게 대처할 것인가에 대해 정해 놓아야 한다. 분노와 적개심을 갖고 있는 클라이언트를 효과적으로 대하기 위해서는 두 명의 치료사가 서로에게 솔직한 의견을 내고 서로에게 위안을 주어야 한다. 치료사의 반응에 확신을 주는 확인과 균형의 체계 속에서 비로소 치료적일 수 있다.

청소년과의 치료놀이 회기에 부모 포함시키기

아동과의 치료놀이에 부모를 가능한 한 참여시키듯, 청소년의 치료과정에도 부모의 참여를 권한다. 초기면접 후에 청소년용 MIM을 통한 진단 회기는 부모의 강점과 청소년의 욕구가 무엇인지를 알아내는 데 도움을 준다. 부모 참여의 적절한 수준에 대해서도 알 수 있게 한다. 부록 A에는 청소년을 위한 MIM 과제의 추천 목록이 제시되어 있다.

많은 청소년들 행동의 어려움은 부모와의 생애 초기 그리고 최근 문제에서 모두 비롯된다. 가족들이 청소년을 치료과정에 데리고 올 때 즈음엔 그들 간에 다툼이 벌어지려는 상황이 되었을 때다. 부모는 화가 나서 아무런 효과도 없는 잔소리, 불평 그리고 처벌만을 되풀이하는 상황일 것이다. 청소년들은 그들의 부모로부터 부정적인 면만을 기대하기 때문에 그들과 거리를 두고 자신의 세계에서 그들을 제외시킨다. 많은 부모는 규칙과 제한 설정을 이미 포기해 버렸다. 치료놀이에서는 부모가 청소년들이 하기를 원하는 것들에 관해 분명하게 연습할 기회를 주고 청소년들이 그것을 하는 것을 보게 해준다. 성공적인 구조가 증가하면 부모가 청소년에게 나타내는 공감, 양육 그리고 지지가 증가된다. 치료놀이는 긍정적인 공감대, 조율된 반응 그리고 애정어린 양육의 모델을 부모에게 보여 준다.

부모가 청소년을 이해하도록 돕기

부모는 종종 청소년의 혼란스러운 행동이 만들어 내는 복잡하게 뒤섞인 감정을 이해하지 못한다. 즉, 더 어린 시절의 욕구가 독립의 갈망과 경쟁하고 있다. 부모는 이 두 가지 충동에 알맞게 대응하고 이해하는 데 도움이 필요하다. 해석치료사의 역할은 여기서 아주 중요하다. 해석치료사는 청소년기 동안 기대하는 것이 무엇인지에 관한 정보를 부모에게 줄 수 있다. 해석치료사는 부모가 자신의 청소년기에 겪었던 경험을 기억해 내도록 하여 자녀의 기분을 이해할 수 있는 통찰력을 갖도록 한다. 많은 부모도 또한 알맞은 규칙을 정해 놓고 그것을 따르는 데에 안내가 필요하다. 해석치료사는 다음과 같은 도움을 줄 수 있다. 부모가 치료 회기에 참가할 때 이러한 어려운 시기에 청소년들에게 필요한 것이 무엇인지 알도록 안내받을 수 있다. 그것은 명확한 구조, 민감하고 조율된 양육적 반응, 그리고 즐겁고 상호적인 주고받음이다.

부모의 참여가 제한되어야 할 때를 알기

부모가 청소년 자녀와 함께 회기에 참여해서는 안 되는 상황이 있기도 하다. 어떤 청소년은 남의 시선을 너무 의식해서 부모 앞에서는 긴장을 풀 수 없는 경우가 있다. 그런 경우에는 부모의 참여 없이 치료놀이 회기를 시작하는 것이 최상이다. 치료사는 홀로 청소년과 함께해야 하며 회기과정을 비디오로 녹화해야 한다. 치료사는 치료과정이 시작될 때 부모들에게 그들 사이에서 일어나고 있는 문제가 잘 되어 갈 즈음 부모가 치료과정에 참여할 수 있다는 것을 설명해야 한다. 클라이언트가 좀 더 편안해졌을 때 부모에게 회기에서 무슨 일이 일어날 것인지에 대해 간략하게 말해 줌으로써 회기에 참여하기 전에 역할을 할 기회를 준다.

6장에서 이미 논의했듯이, 가끔씩 부모는 청소년인 자녀를 받아들이고 이해하려는 태도가 준비되어 있지 않다. 그런 경우에 치료사는 치료놀이 회기에 부모를 참여시켜서는 안 된다. 그들은 치료과정에 참여하기 전에 좀 더 긴 준비기간을 가져야 할 수도 있다. 치료사 혹은 해석치료사는 부모를 따로 만나서 얼마나 그들이 청소년과 연관되어 있는가에 대한 사안을 탐색하고, 청소년들의 욕구에 대해 가르치고 그들과 함께 약간의 역할극을 해야 한다. 목표는 가능한 한 빨리 부모와 그 자녀들이 준비가 되는 대로 치료 회기에 함께 참여할 수 있도록 하는 것이다.

부모를 준비시키는 동안, 치료사는 청소년이 개별 치료놀이에 개입하도록 할 수 있다. 아울러 청소년이 '이상적인' 부모상의 상실이라는 비통한 감정을 탐색하고 그에 대해 이야기해 보아야 한다. 그리고 그들의 인생에서 부모가 충족시켜 주지 못했던 그들의 욕구를 충족시켜 줄 수 있는 다른 성인들이 있는지에 대해 논의해 볼 기회를 갖는다. 말을 활용하는 치료를 통해 이러한 기회가 제공될 수 있지만, 치료놀이 또한 이러한 경우에 유용하게 쓰일 수 있다. 신중하게 선택된 부드러운 양육활동은 청소년에게 어린 시절 놓쳐 버렸던 경험을 제공해 줄 수 있다. 이것이 애통의 과정을 지지받는 데 도움이 될 수 있다.

어떤 청소년들은 그들의 부모를 참여시키지 않는 개별 치료 회기가 필요하기도 하다. 그들은 자신의 자율성을 발달시키는 데 더욱 집중하는 단계에 있기 때문에 독립성을 향해 좀 더 나아가고 있을 수 있다. 그런 경우에 부모를 참여시키는 것은 적절하지 않다. 회기는 여전히 클라이언트의 좀 더 어린 욕구를 충족시키는 것을 목표로 하지만 능숙함과 자립심을 지원하는 것도 강조되어야 한다.

거주치료센터에서 치료를 받거나 주간치료센터에서 치료를 받는 십대라면 부모가 치료놀이에 참여하기가 어려울 수 있다. 그런 경우 치료사가 현장에 있다면 치료는 청소년과 거주 공동체 내에서 그와 자주 교류하고 그가 특히 애착을 느끼는 인물과의 관계 수립에 초점을 맞춰야 한다. 사샤의 경우가 그랬다. 여하튼 대부분의 거주치료센터에 늘 만날 수 있는 사람이 사실상 치료사가 될 것이다.

사샤의 사례에서 보았듯이, 부모가 가끔 방문할 경우 치료사는 클라이언트가 강한 유대감을 형성한 스태프와 함께 치료 회기에 참여해야만 한다. 그래야만 아이가 집으로 돌아갔을 때의 준비로서 부모가 새로운 접근법을 배울 수 있는 것이 가능하다. 스태프의 활동을 점점 줄여 가면서 부모의 활동 참여율은 점점 늘려야 한다. 이 과정은 조심스럽게 진행되어야 한다. 그래야 청소년이 스태프의 철회에 대해 자신이 버림받은 것으로 느끼지 않을 수 있다.

다음의 사례는 14세 소년과 그의 양부모와의 장기간 치료놀이 과정을 소개한 것이다. 소년은 거주치료센터에 살고 있었지만 외래로 치료놀이를 받을 수 있었다. 그의 부모는 치료과정 내내 적극적으로 활동에 참여했고 좋은 결과가 나올 수 있도록 많은 기여를 했다.

청소년을 아동보호 치료시설에서 집으로 돌아가도록 준비시키는 데 치료놀이를 활용하기

톰이 치료놀이를 시작한 것은 14세부터였다. 그는 2세 때 친모의 남자친구가 그에게 가한 신체적 학대 때문에 친모와 떨어져 살아야 했다. 그 후 톰이 입양되기 전까지 4년 동안 그는 일곱 군데의 다른 위탁시설로 옮겨다니며 살아야 했다. 마지막 입양이 결정된 것은 그가 7세 때였다.

입양이 된 후, 톰은 정서장애 및 행동장애를 보였다. 그래서 아이는 집에서도 심리치료사의 도움을 받아왔고 두 번의 병원 신세를 져야만 했다. 그 후 거주치료센터(RTC)로 보내졌다. 그는 신체적 공격성을 보이며 진행과정에도 어려움을 겪었기에 두 번째 거주치료센터로 옮기게 되었다. 왜냐하면 그가 살던 주에는 애착 결핍과 정신적 장애를 전문적으로 다루는 센터가 없었기 때문이다. 새로운 센터에 자리를 잡자마자 톰은 애착에 초점을 맞춘 심리치료를 시작하였다. 톰의 양부모는 첫 번째 치료센터에 있을 때부터 변함없이 톰과 연락을 유지하였고, 외래 클라이언트 치료과정에도 기꺼이 참여하였다. 치료목표는 톰이 입양가정으로 돌아갈 준비를 해주는 것이었다. 치료 초기에 종합적 심리평가를 위해 톰과 부모는 따로 임상 면접을 하였다. 톰은 투사검사로 그리기와 CAT 검사를 했다. 가족 간의 상호작용은 마샥 상호작용 평가(MIM)로 관찰되었다. 톰의 부모는 아동행동 평가척도(Behavior Assessment System for Children, Second Edition: BASC-2: Reynolds & Kamphaus, 2004), 랜돌프 반응성 애착장애 질문지(Randolph Attachment Disorder Questionaire: RADQ; Randolph, 1999)를 작성하였다. 톰의 최초 진단은 반응성 애착장애; 양극성장애, 특별하게 명명되지 않은 장애; 주의력 결핍/과잉행동장애, 결합형 등이 진단되었다. 톰은 평가에서 매우 부정적인 자아상을 가지고 있었다. 그 때문에 부모를 포함한 모든 성인을 믿지 못하고 그를 둘러싼 주변의 세계는 자신이 조절할 수 없는 위협적인 장소라고 느끼고 있었다. 이 모든 문제는 그의 어릴 적 외상과 애착 붕괴와 연관되었다고 생각될 수 있다. 치료놀이가 가장 먼저 치료양식으로 선택되었다. 그가 이러한 어려운 문제들을 직면하기 위해서 자신의 치료사와 부모에게 충분히 안정감을 느끼고 신뢰할 수 있을 때 외상치료가 점차적으로 시작될 것이다.

톰은 거주치료센터 스태프나 부모와 함께 외래 회기를 가게 되었다. 치료놀이사 메리는 대부분의 회기를 톰과 단독으로 했고, 그러는 동안 그의 부모는 해석치료사 제인에게서 교육, 지지 그리고 양육계획에 관한 교육을 받았다. 제인은 회기에서 혹은 거주치료센터에서 집으로 왔을 때 부모가 톰에게 적절히 반응할 수 있게 하기 위해 노력했고, 그런 까닭에 메리와의 회기 동안 사용하는 치료놀이를 이해시키고 연습시켰다. 대부분의 회기에서 부모와 해석치료사는 톰과 치료사 회기의 일부분에 함께하였다. 이러한 활동의 목표는 톰과 그의 부모가 애착을 형성하기 위해 집에서도 이러한 활동을 같이 할 수 있게 하는 것이다. 이런 일들이 자주 있도록 하기 위해 치료사는 톰이 자주 집에 갈 수 있도록 하였다.

치료목표는 톰이 부모와 좀 더 확실한 애착관계를 맺도록 하는 것, 그리고 자기 자신과 세상에 대해 갖고 있는 관점을 좀 더 긍정적인 것으로 바꾸는 것이다. 이러한 목표를 향해 가기 위해서 우선 아이가 양육을 받아들이고 외부 구조를 받아들이도록, 긍정적인 개입에 좀 더 개방적일 수 있도록 그를 돕는 것이 포함되었다. 이렇게 해서 톰은 좀 더 나은 선택을 할 수 있는 토대를 마련하고, 부정적 감정을 좀 더 효과적으로 다루며, 다른 사람들의 감정을 알고 동시에 자신의 느낌을 좀 더 적절히 알아채고 표현하는 법을 배우고, 자신의 행동에 대한 책임감을 높일 수 있다. 치료놀이 계획은 구조에 초기의 초점을 두고 그의 개입을 증가시킬 수 있는 도전을 활용하는 것을 포함하고 있었다. 양육활동들은 조절과 함께 돕기 위해 부모에게 점차적으로 소개되었다. 톰은 어린 시절 양육의 경험을 받지 못하여 그 자신에 대한 수치스러움과 다른 사람들에 대한 신뢰감 부족이라는 결과를 초래하였다. 그는 성인, 특히 부모가 자신을 돌보도록 허락하는 법과 자신을 위해 적절한 한계를 설정하도록 하는 법을 배우는 것이 필요했다. 회기는 진행되는 동안 계속 즐거움이 있었다.

비록 남자-여자 치료사가 함께 들어가는 것이 바람직하겠지만, 여기에서는 메리와 제인이 이 일을 실행할 수 있는 믿음직한 치료사들이었다. 톰은 자신의 치료놀이사 메리보다 6cm 컸고 대략 50kg 정도 더 몸무게가 나갔다. 신체 크기의 차이, 톰의 약한 자제력, 신체적 공격성의 과거력 등을 고려하여, 치료사들은 첫 치료놀이 회기를 조심스럽게 계획하고 비교적 진정하도록 조용해야 한다고 결정했다. 구조적인 시작과 끝이 계획되었고, 톰이 앉을 수 있도록 빈백 의자가 마련되었다.

메리는 누군가 다칠 수 있는 가능성을 없애기 위해 톰이 신발을 벗기를 원했다. 또한 이것은 편안함과 휴식의 메시지를 전하기 위한 방법으로 보였다. 그러나 신발을 벗는 것을 해결하기까지는 여러 회기가 걸렸다. 톰은 자신의 발이 못생기고 냄새 난다는 이유로 신발 벗기를 단호히 거절했다. 메리가 신발을 벗거나 신는 것을 결정하는 것은 완전히 그의 선택이라고 확인해 주었지만, 톰은 마치 메리가 자신이 다른 활동들에 참여하는 동안 자기를 속일지도 모른다는 듯 제 신발을 붙잡고 있었다. 분명한 것은 믿음에 관한 문제였다.

초기에 톰은 매우 걱정을 하며 많은 활동에 개입하기를 거절했다. 때로 그는 새로운 것에는 무엇이든지 무조건 "싫어."라고 말하는, 반항하는 2세 어린아이와 같았다. 때때로 메리는 아이의 저항을 유머스럽게 혹은 즐거움으로 넘겨 주기도 했다. 때로는 아이에게 비눗방울 병을 보여 주며 그쪽으로 몇 번 불어 주는 것만으로도 아이의 반응을 이끌어 낼 수도 있었다. 그러나 어떤 때 아이의 거부는 아주 다른 특징을 가지고 있다. 그는 언어적으로 불안해지는가 하면 몸은 더욱 긴장되었다. 만약 메리가 즉각적인 개입을 하지 않는다면 즉시 신체적 폭력으로 확대되어 그는 팔과 다리를 마구 휘둘렀을 것이다. 모든 사람들을 안전하게 하려면 그러한 사건이 일어나지 않도록 해야만 한다. 안전함의 문제를 떠나서도, 톰 자신이 그러한 조절 불능의 경험을 갖지 않도록 하는 것이 좋다. 아이의 괴로움에 민감하고도 적절히 대응함으로써 메리는 이러한 에피소드들을 방지할 수 있었다. 치료사는 톰이 상황을 조절하는 것을 느낄 수 있도록 해주었고 진정할 수 있는 시간을 주었다. 치료사는 차분히 그에게 선택권을 주었다. "우리는 활동을 하거나 활동을 할 시간 동안 조용히 기다릴 수 있어. 그러고 나서 다음 게임을 하는 거야." 치료사는 아이의 어떤 선택도 수용했다. 대부분의 경우 메리와의 즐거운 활동에 계속 개입하고 싶은 마음이 톰의 저항심을 극복하게 하였다.

이러한 접근이 주는 장점은 톰이 자신을 통제할 수 있는 방법을 배울 기회를 제공해 주는 것이다. 처음에 치료사가 조용히 있고 싶은 순간의 욕구를 알아채고 그의 감정이 폭발하는 것을 피하도록 도울 수 있는 조용한 존재가 되어 주기도 했다. 메리와 톰은 기분이 상했을 때 아이가 사용할 수 있는 대처기술을 연습하였다. 치료사는 아이가 집에 혼자 있거나 거주치료센터에 있으면서 괴로울 때는 치료놀이 기법—심호흡하기, 스스로 차분하게 만들 수 있는 다른 기법 등—들을 사용할 수 있도록 격려했다.

어려운 문제들에 대한 언급을 다루면서 치료를 시작하였을 때(예를 들면, 거주치료센터나 그가 집을 방문할 때 일어났던 문제들, 더 어렸을 때 겪었던 심리적 외상의 경험으로 옮겨 갈 때) 톰은 스스로를 진정시키거나 자신의 감정을 억제할 수 있는 조용한 순간들이 필요하였다. 그러할 때 치료를 하는 동안 그의 부모는 아이에게 안전한 천국이 되었고, 그는 부모와 함께 회기를 하면서 많은 이익을 얻게 되었다.

1회기

톰과 그의 치료사는 다리를 같이 묶고 움직여 다리 3개로 함께 걷기활동을 하게 되었다. 그들은 두 무릎을 주름종이로 함께 묶었고, 묶은 것을 끊어뜨리지 않고 빈백 의자까지 갈 수 있도록 발걸음을 맞추어야 했다. 톰은 이 회기 동안에 신발을 벗지 않았다. 메리는 아이를 좀 더 잘 알기 위해 계획된 이 활동을 먼저 시작했다. 그런데 낮은 자기상 때문에 톰은 긍정적인 태도에 자신을 집중시키는 데 어려움을 느꼈다. 메리가 아이의 어떤 특징—주근깨, 건강한 피부, 상처들—을 찾아내어 알려 주건 톰은 언제나 주저하였고 가끔씩 그것을 드러내 놓는 것을 꺼렸다. 그런데 그의 마음이 조금씩 편안해지자 특정한 활동들에 대해 "싫어."라고 하던 처음과는 달리 불확실하게나마 수용하게 되었다. 아이의 관심을 이끌 만한 것이 무엇일까를 찾으면서, 메리는 아이의 근육 중 가장 단단한 부분—오른쪽 위 팔—을 정확하게 추측해 냈다. 그리고 수성 사인펜으로 그 부분에 그림을 그렸다. 그 즈음이 부활절이었기에 치료사는 부활절 달걀을 그렸다. 그러자 톰은 치료사에게 자신은 용이나 불꽃이 들어간 그림만을 좋아한다고 말했다. 그래서 그녀는 그 달걀에 불꽃 장식을 덧붙여 주었다.

메리는 풍선 던지기 활동을 시작했다. 모든 것을 차분히 유지시키기 위해 둘 다 의자에 앉아 있어야 했다. 톰은 얼마나 오랫동안 풍선을 바닥에 떨어뜨리지 않고 공중에 띄울 수 있는지, 풍선을 치는 동안 얼마나 많은 손뼉을 칠 수 있는지에 대해 도전하는 마음이 생겼다. 그다음에 그들은 같이 손탑 쌓기 놀이를 했다. 그러고는 마침내 솜으로 만든 공을 이용한 농구놀이를 하였다. 메리는 톰에게 윙크를 하거나 눈을 깜빡거리면 그녀의 바구니에 공을 던지도록 신호를 보냈다. 회기 중간에 그의 부모가 들어왔을 때, 아이는 부모가 자신의 옷 속—주머니 안, 청바지 밑단 속, 접힌 그의 셔츠 소매단 안—에 숨겨져 있는 공들을 찾도록 허락했다. 아이는 기꺼이 메리와 했던 같은 활동들을 그의 부모와 함께했다. 양육받기를 꺼리던 톰은 놀랍게도 '똑똑 누구세요' 게임을 하면서 엄마, 아빠가 자신에게 주는 간식을 받아 먹었다. 부모가 아이의 코를 건드리면 아이가 입을 열고 부모가 간식을 입에 넣어주는 것이다.

2회기

톰은 교실에 들어오자마자 "나는 신발을 벗지 않을 거예요."라고 말했다. 메리는 "네가 신발을 벗겠다고 결심하지 않는 한 너의 신발을 벗기지 않을 거야. 그것은 너의 자유야."라고 차분히 말했다. 신발을 벗는 것은 안전함의 문제에서 중요하기 때문에 메리는 그가 자유로이 결정할 수 있는 기회를 주었다. "너는 지금 결정하지 않아도 돼." 그러고 나서 톰은 자발적으로 메리와 함께 빠르고 느리게 걷는 거위걸음으로 빈백 의자에 닿기 게임에 참여하였다. 체크업을 하는 동안에도 그는 치료사에게 멍든 곳과 피부의 긁힌 곳을 보여 주었고 치료사가 상처 부위에 로션을 바르도록 허락하였다. 그가 첫 회기에서 신체 그림 그리기에 관심을 보였기 때문에, 치료사는 부활절 달걀보다는 위험요소가 적지만 관심을 많이 보였던 도마뱀을 그렸다. 톰은 치료사들이 그의 엄마에게 더 많은 게임을 가르쳐서 집에서도 그 게임들을 계속해서 할 수 있도록 해달라고 말했다. 몇몇 활동들을 잘해내자, 치료사는 "자, 이제 비눗방울 놀이를 하려는데 네가 신발을 벗을지를 선택할 시간이야."라고 말했다. 톰은 아무 말 없이 신발을 벗었다. 그렇지만 그는 자신의 발에 대해 남의 시선을 의식했고 발에서 냄새가 많이 난다고 언급했다. 아이가 좀 더 편하게 느끼게 하기 위해 치료사도 신발을 벗었다. 부모가 회기에 들어왔을 때, 톰은 엄마에게 자기 발냄새에 대해 언급하면서 신발에 냄새 제거제를 뿌려 주면 발냄새가 더 이상 안 날 것이라고 했다. 이것은 위생에 취약한 십대에게서 나온 놀라운 말이었다. 이 회기 중의 놀이에서는 아이가 그의 발자국이 찍혀 있는 종이 위에서 불어오는 비눗방울을 터뜨리는 것, 메리의 머리에서 떨어지는 콩주머니를 받는 것, 그의 손목이나 발목에 감겨 있는 휴지를 끊는 것 등의 활동을 하였다. 모든 활동에는 대부분 눈 깜빡임과 같은 준비된 신호가 있었으며, 가끔씩은 "하나, 둘, 셋, 시작."과 같은 즉각적인 언어신호도 포함되었다. 톰은 부모가 회기에 참여하여 다시 이러한 활동들을 할 때 편안하게 활동들을 해나갈 수 있었다. 엄마, 아빠는 눈 신호를 사용하면서 아이에게 간식을 먹였다. 회기가 끝날 즈음에는 치료사와 부모가 25부터 0까지 거꾸로 세는 동안 아이의 신발을 신길 수 있는지 시합도 하였다. 가족이 이기자 톰은 매우 좋아했다.

3회기

톰과 치료사는 손을 잡고 들어와 우주복 입고 걷기와 허수아비 걷기를 교대로 하면서 빈백 의자로 걸어갔다. 아이는 자랑스럽게 부모와 함께 공중에서 풍선을 떨어뜨리지 않고 137번이나 쳤다고 말했다. 치료사는 진심으로 기뻐해 주면서 그의 기분을 같이 나누었다.

회기 초반에 치료사는 도움을 주려 하고 친절하며 책임감을 지니게 되었을 뿐만 아니라 자기조절도 좋아진 톰에게 실제적으로 고마움을 표현했다. 톰이 다친 곳이 없는지를 확인하려 할 때 톰이 바지나 소매를 접어 올려주면, 치료사는 "정말 도움이 되는구나. 고마워."라고 말해 주었다. 아이가 발자국 그림 위에 서서 풍선 게임을 할 때면 치료사는 "자기조절을 아주 잘하는구나!"라고 말해 주었다. 처음에 아이는 마치 자신이 그런 칭찬을 못 들은 척 자신에 대한 긍정적인 칭찬을 듣는 것을 불편해했다. 칭찬에 대해 아무 말도 하지 않았지만 점차 그는 자신의 장점에 대한 의식을 발전시켜 나가기 시작하였다. 짧은 기간 내에 톰은 그의 태도에 대한 긍정적 칭찬을 받아들이게 되었다.

4회기

다시 톰은 신발 벗기를 주저했다. 메리는 장난스러운 말투로 "내 발가락을 네 코에 놓지는 않을게. 만약 네가 발가락을 내 코에 놓지 않는다면 말이야."라고 말했다. 이러한 말에 아이가 웃으면서 긴장을 풀었다. 치료사와 아이는 누가 먼저 신발과 양말을 벗나 시합을 했으며 톰이 이기게 되었다. 이번 회기에서 치료사는 간식 먹이기 활동에서 보다 많은 양육적인 신체 접촉을 시도했다. 부모와 아이가 에스키모 키스를 나누게 되었을 때 아이는 망설이지 않았으며, 이에 부모는 너무나 기뻐하였다. 회기에서 간식 먹이기 활동 중에 나비 키스, 손가락 키스, 시끄러운 산딸기 키스 등 다른 종류의 키스들이 사용되었다.

5회기

체크업을 하는 동안 회기의 시작이나 후에 그가 자신의 신발을 벗기를 원하는지 어떤지 묻자, 톰은 곧 벗을 거라고 말했다. 치료사와 아이가 하는 누가 더 빨리 신발을 벗나 시합은 몇몇 회기 동안 계속되었다. 이후에 아이는 치료사가 하듯이 회기를 시작하자마자 신발과 양말을 벗게 되었다. 이제 신발은 더 이상 문젯거리가 아니었다. 신발을 벗는 것에 대한 그의 태도는 전반적인 거절, 극도의 낮은 자기상, 수치심으로부터 협력, 활발한 참여 그리고 더 긍정적인 자신감으로 나아지게 되었다. 아이의 상처에 대한 반응은 이와 같은 긍정적 방향으로 진행되었다. 엄마는 "과거에 톰은 자신 몸의 상처와 관련된 어느 것도 보거나 만지도록 허락하지 않았어요. 나는 이제 아이가 얼마나 편안하게 자신의 긁힌 곳이나 멍든 곳에 약을 발라 주게 하는지 보고 놀란답니다."라고 말했다.

톰의 자기통제의 어려움 때문에 치료사는 활동시간 동안 그가 서 있도록 하면서 시간을 두고 천천히 움직였다. 두 번째 회기에 아이는 활동시간 동안 자기 발자국을 따라 그 위에 서서 활동을 할 수 있었다. 후에 그는 교실 바닥의 이불 위 지정된 네모 안에 서 있을 수 있게 되었다. 5회기에서 톰은 자기조절의 어려움 없이 더 많은 활동과 놀이에 도전할 준비가 되었다. 그는 조심스럽게 구성된

'OO가 말하길' 게임에 참여했다. 그는 치료사의 지시에 따라 교실 안을 자유롭게 돌아다닐 수 있었다. 그가 새로운 도전을 수행하자 다른 활동들도 추가되었다.

치료사와 아이는 휴지 속지와 작은 라켓을 통해 풍선 야구, 리듬 타기, 던지고 받기 놀이를 했다. 이러한 방망이, 라켓 등은 신체를 공격하는 데 사용될 수도 있는 것들이었다. 하지만 톰은 회기 중에 그것들을 부적절하게 사용한 적이 한 번도 없었다.

6회기

어린 시절 소외당하고 학대당했던 톰의 경험은 타인으로 하여금 자신을 만지는 것에 대한 아주 부정적인 생각을 갖게 만들었다. 좀 더 편해지고 치료사에 대한 믿음을 갖게 되자, 아이는 절대적으로 필요했던 치유의 경험에 대해 좀 더 마음을 열게 되었다. 치료사는 톰이 아기였을 때 받지 못했던 양육을 경험하도록 하기 위해 좀 더 양육적인 활동을 회기에 포함시켰다. 톰의 부모는 아이에게 간식을 주고 유아용 컵에다 주스를 주는 동안 아이에게 사랑스러운 눈 맞춤을 하도록 격려되었다. 치료사와 부모는 톰이 수용할 만한 정도의 부드럽고 사랑스러운 어루만짐의 기회를 많은 활동을 통해 제공해 주었다. 예를 들면, 부모가 아이 신체의 세 부분만을 만질 수 있도록 하고 아이도 부드럽게 같은 부분을 만져 주어야 했다. 그들은 그의 긁힌 곳이나 특별한 주근깨들에 로션을 발라 주거나 그의 팔 위에 마커를 사용하여 그림도 그렸다. 아이는 점차 편안해졌고, 결국 부모로부터의 신체적 양육을 편안히 받아들이게 되었다. 나중에 그는 비슷한 행동으로 반응하기 시작했다. 또한 긍정적 양육의 경험은 아이의 공격성도 감소시켰다. 자신이 사랑하는 사람들이 다치는 것을 원하지 않게 되었을 때, 아이는 자제심이 증가되었음을 보여 주었다. 부모는 아이를 위해 '작은별' 노래를 배웠다. 부모가 아이에게 그 노래를 처음으로 들려주었을 때, 톰은 진심으로 감동받은 듯 보였으며 눈물을 글썽거렸다. 노래가 끝난 뒤 톰은 부모의 포옹을 받아들였다.

7~14회기

7회기 때 톰은 놀이실을 떠나기 전에 그림을 지워 달라고 했다. 거주치료센터의 규칙으로 내담자의 몸 위에 글씨를 쓰거나 그림을 그리는 것이 허락되지 않는다는 것을 알고, 아이는 그 규칙을 지키고 싶어 했다.

치료사가 이런 규칙을 알지 못하였으므로 톰은 거주치료센터로 돌아가기 전에 목욕탕에서 그림을 다 닦아냈다. 메리는 톰의 이러한 선택이 자신을 얼마나 책임감 있게 행동하도록 하였는가에 대해 말해 주었다. 그때 이후로 엄마는 회기가 끝나기 전에 톰의 몸의 그림을 물티슈로 사랑스럽게 닦아 주었다. 활동이 모두 끝나자 치료사와 톰은 크게 손뼉치며 성공의 기쁨을 축하했다. 결과적으로 톰의 상호작용은 계속해서 증가했다. 치료사들은 그 가족에게 그들만의 특별한 하이파이브를 가르쳐 주었고, 톰은 가족이 치료놀이 팀과의 게임이나 경주에서 이겼을 때 계속해서 하이파이브를 했다. 치료사들은 진 팀을 위해서도 '최선을 다한' 하이파이브를 만들어 냈다. 톰이 회기 시간 내에서 애정을 주고받을 수 있게 되자, 치료사는 아이에게 간식을 먹이기 위해 다가갔다. 간식은 톰에게 일방적으로 먹이지 않고 부모와 더불어 서로에게 먹여 주기로 하였다.

톰이 회기와 집에서 모두 자연스럽게 그의 부모의 양육을 받아들이기 시작하자, 치료사는 가족에게 '세 가지 신호'를 가르쳐 주었다. 그것은 접촉을 느낀 최대한 가까운 상대방의 신체 부분을 세 번 부드럽게 터치하는 것이다. 이것은 초기 가족 구성원으로 돌아가는 의미였다. 치료사들은 이 세 가지 신호가 "나는 당신을 사랑해."라는 것을 의미하며 그것이 톰과 부모가 사랑을 자연스럽게 표현하기 불편한 부분에도 사용될 수 있다고 말해 주었다. 이것이 아이가 가장 좋아하는 활동이 되었고 부모와의 애착을 강화시켜 주는 다양한 방법으로 활용되었다. 1년 반 동안의 치료과정 후에도 이 세 가지 신호들은 여전히 쓰이고 있다. 부모는 치료사에게 톰이 얼마나 반응적이며 신체적 보살핌을 수용하는가를 말해 주었다. 아이의 사례관리자는 회기를 참관했을 때 아이가 치료사와 회기에 들어오면서 부모에게 "나중에 봐요." 하며 포옹하는 것을 보고 너무나 놀라고 기뻤음을 보고했다. 이것은 톰에게 하나의 주요 의식이 되었고, 그는 하이파이브와 함께 이러한 포옹도 받아들이기 시작했다.

양육이 중요한 치료적 차원이 되는 동안 손과 몸 반영, 얼굴 표정으로 반응하기, 리듬 있는 반응하기, 팀 활동에 초점을 맞춘 개입활동이 추가되었다. 솜공 불기, 특정 신체 부위로 풍선을 앞뒤로 치기, 부드러운 공이나 콩주머니 던지고 받기와 같은 잘 짜인 활동들도 계속되었다. 이러한 모든 활동들은 특별한 '시작' 신호에 의해 구성되었다. 톰의 부모는 아이의 자기통제가 잘되어 가고 있고 그가 도움이나 안정을 얻기 시작했다는 것을 인식했다.

15~25회기

15회기에서 톰은 기본 감정을 확인하고 표현할 전형적인 치료놀이 형식을 약간 벗어나 활동을 할 준비가 되었다. 치료사는 아이에게 4개의 분리된 카드 위에 감정을 나타내는 4개의 얼굴—행복, 슬픔, 화남 그리고 공포—을 그리라고 했다. 그리고 톰이 카드 중 하나를 들어 그것을 메리에게 보여 주지 않고 얼굴 표정으로 그 감정을 표현하면, 메리는 그것이 무엇이었는지 알아맞혀야 했다. 톰이 언제 그런 감정을 느끼는가를 이야기해 줄 때마다 아이는 점수를 얻을 수 있었다. 그리고 이어진 메리의 질문(예: "너는 그 감정들을 어떻게 처리하니?")에 답할 때마다 보너스 점수를 얻을 수 있었다. 톰이 그의 감정을 나누는 게 더욱 편해졌을 때, 그들은 걱정하다, 놀라다, 외롭다, 스트레스 받다, 자랑스럽다, 흥분되다, 사랑하다, 차분하다, 바보 같다 등 감정의 범위를 확대하였다. 부모가 회기에 들어왔을 때, 그들은 모두 아이의 감정을 나누고 감정에 대한 그들의 관심을 확대하기 위해 활동에 합류했다.

체크업 중에 치료사는 아이에게 한 주 동안 무슨 일이 일어났는지 물어보았다. 이러한 질문은 때때로 집에서나 거주치료센터에서 생긴 문제들이나 의논되어야 할 문제들의 고질적인 주제들을 찾게 도움을 준다. 가족들 사이에 믿음을 구축하고 대화를 편안하게 하기 위해, 치료사는 아이에게 이러한 주제들을 부모님이 회기에 참여했을 때 함께 상의해 보라고 말해 주었다.

부모 참여시키기

부모와의 회기 동안, 동료 치료사들은 부모가 톰의 조절장애와 부정적인 행동의 근본적인 공포심과 불안감을 이해할 수 있도록 도와주었다. 치료사는 Hughes의 PACE 양육 모델(즐거움, 수용, 호기심, 감정이입)에 대해 설명해 주었다. 톰의 부모, 특히 엄마는 가정 방문 때나 거주치료센터에서 아이의 욕구를 좀 더 효과적으로 지지하기 시작했다. 회기에서 3명의 가족은 감정놀이를 하거나 어떤 주제를 놓고 의논하는 동안, 서로를 팔로 안아 주거나 손을 잡고 소파에 있기도 하였다. 부모에 대한 톰의 신뢰는 회기 중 어려운 주제를 토론하고 있을 때 아이가 더 자제심을 유지할 수 있게 한다는 측면에서 더욱 증가되었다. 더욱 더 많은 토론시간이 포함되었을 때에도 치료사는 톰이 일상생활에서의 안전함과 안도감을 느낄 수 있도록 도왔으며 즐거움을 갖도록 치료놀이의 구조를 유지했다.

그러므로 회기는 항상 즐거운 활동들로 시작했고, 부모가 참여할 수 있는 특별한 활동이 준비되었다. 톰은 참여할 부모를 위해 어떤 신호를 보내야 하는지 빠르고 적절한 선택을 하게 되었다. 톰은 재미있는 활동 이외의 주어진 시간에도 풍선놀이를 하고 싶은지, 아니면 다른 재료들을 사용하여 놀고 싶은지 등을 선택하기도 하였다. 톰과 부모는 매주 서로 간식 먹여 주기 활동을 하였다.

치료놀이를 다른 양식들과 결합시키기

톰의 애착이 좀 더 긍정적이고 안정적이게 되자 다른 치료방법이 추가되었다. 아이의 자기통제능력을 키우기 위해 바이오피드백 치료가 18회기부터 시작되었다. 이 과정은 치료 외래 팀에 합류한 치료사가 제공하였다. 22회기에 메리는 바이오피드백을 향상시키기 위한 전략을 의논하고 발전시키려 했다. 부모는 톰의 대처전략에 대해 듣고 가족 대처기술을 만들어 내어 함께 연습하도록 하였다. 25회기까지 EMDR이 같은 방식으로 치료과정에 추가되었다.

거주 환경에서의 어려움

톰은 치료놀이 과정에서 많은 향상을 보였지만 거주치료센터에서는 많은 어려움을 가지고 있었다. 톰의 문제는 그 환경에 대한 신뢰 부족과 안전하지 않다는 느낌 때문이었다. 이것은 그가 회기시간과 가정 방문 때 느끼기 시작한 것과는 대조적인 것이었다. 톰은 치료사와 부모에 대한 적절한 느낌을 찾아내고 그것을 어떻게 표현하는지를 배우고 있었다. 하지만 아이는 또래 친구들이나 거주치료센터 스태프들과 적절한 느낌을 찾고 그것을 표현하는 데 극심한 어려움을 겪고 있었다. 치료사가 거주치료센터 치료 팀들과 좋은 관계를 유지하려고 노력했지만, 톰은 그렇게 하기가 너무 어려웠다. 거주치료센터 스태프들은 톰이 그 환경 속에서 안전함을 느끼도록 도울 만큼 충분히 프로그램을 변경하기 어려웠다. 결과적으로 톰의 센터 내에서의 변화는 더뎠다. 주요 기여요인은 그의 약물치료를 모니터하는 것에 있었다.

1년 동안의 치료 후, 톰은 회기에서 가족과 많은 향상을 보였다. 가정을 방문했을 때 아동의 행동은 좀 더 적절하게 되었고 자신이나 다른 사람들을 향해 더 이상 안전을 위해하는 요소들을 보이지 않았다. 그래서 치료 팀은 구조화된 측면을 단계적으로 줄여 집으로 돌려보내는 것에 대해 의논하기 시작했다.

집으로 돌아가기

1년 반 동안 있었던 64회기의 치료과정 후, 톰은 집으로 돌아갈 수 있게 되었다. 거주치료센터를 떠날 때 부모는 톰의 기능을 알아보기 위한 반응성 애착장애 평가서를 작성하게 되었다. 적절한 눈맞춤, 상호 간 신체적 애착, 조절과 다툼의 욕구 감소, 도벽과 거짓말의 감소, 원인과 결과를 생각하는 능력의 향상, 섭식 문제의 감소, 친구관계의 향상과 같은 영역에서 큰 성과를 나타내는 유의미한 점수 변화가 있었다. 부모의 BASC-2에서도 아동 증상의 일반적인 완화가 나타났다. 부모는 아동의 문제처리와 적응성 측면에서 놀라운 향상이 일어난 것에 동의하였다.

이러한 놀랄 만한 발전이 있었지만, 톰은 여전히 다양한 영역에서 정서적 · 행동적 어려움을 가지고 있다. 그와 부모는 계속해서 메리와 동료 치료사들과 외래 내담자로서 심리요법을 받을 것이다. 당면한 목표는 그들이 3년 반 동안의 거주치료센터에서 집으로 돌아가면서 겪게 되는 어려운 적응기간을 잘 대처해 나갈 수 있도록 도와주는 것이다. 치료 팀은 또한 초기의 해결되지 않은 심리적 외상을 다루는 좀 더 직접적인 치료를 더할 것이다.

치료놀이는 분명히 톰과 가족에게 도움을 주는 치료양식이었다. 애착 붕괴와 어린 시절의 심리적 외상 때문에 아이의 정서적 나이는 14세인 실제 생활연령보다 훨씬 어렸다. 치료놀이는 톰의 욕구를 감정적 수준에서 적절하게 다룰 수 있도록 도와주었다. 치료놀이가 제공하는 회복적 경험은 톰에게 긍정적 자기상을 형성하도록 했으며 부모와의 좀 더 견고한 애착을 형성하도록 도와주었다. 치료사와 부모와 함께 형성한 믿음에 기초한 상호관계의 경험은 아이가 다른 영역에서도 향상을 보일 수 있는 기초가 되었다.

 다른 치료양식과 치료놀이의 결합

톰의 사례에서 보았듯이 치료놀이와 정서적 문제에 대한 토의를 포함한 치료를 결합시키는 것은 청소년에게 큰 도움이 될 수 있다. 자신의 경험을 탐색하고 나아지려는 청소년의 능력은 이러한 접근을 가능하게 한다. 다음의 두 사례는 치료놀이가 클라이언트를 개입시킬 수 있고 계속되는 어려운 문제에 대한 토의에서 일어날 수 있는 긴장감을 조절하도록 하기 위해 사용되는 것들을 보여 주고 있다.

스포츠를 통한 유대감 형성

큰 갈등 없이 합의 이혼한 부모를 둔 13세 된 로저는 운동하는 때를 제외하고는 학교 공부에 흥미가 없고 늘 불행해하기 때문에 부모에 의해 의뢰되었다. 그는 두 부모의 집을 왕래하며 지내고 있었다. 그는 미식축구 하는 것을 너무 좋아했으며 학교 축구 팀 소속이었다. 하지만 학업 성적이 너무 낮아 중학교에 있는 특별교육 프로그램에 참가하게 되었고, 이로 인해 아이는 슬퍼하며 낙담하고 있었다. 처음 가족면담에서 아이는 거의 말을 안 했고 눈은 가끔 마주칠 뿐이었으며 기분은 우울해 보였다. 부모는 아이의 상황에 공감하며 걱정을 하고 있었다. 엄마는 일로 바쁘지만 저녁시간을 로저와 함께 보내려고 했다. 아빠는 아이와 운동경기를 하며 관계를 유지했으며 팀의 코치를 맡고 있었다. 학교상담가는 로저가 보통 숙제는 하지만 공부하기를 힘들어하고 자주 좌절한다고 기록했다. 심리검사에서도 로저는 평균 이하의 능력을 나타내었다. 치료사 척은 첫 회기가 시작되자마자 축구로 로저를 놀라게 했다. 로저는 분명 강의를 기대하고 있었는데 공을 던지면서 척은 팀 안에서 로저의 활동과 그의 강점, 좋아하는 위치 그리고 다른 선수들과 코치와의 관계—모두 긍정적인 것들—에 대해 대화를 나누기 시작했다. 다음으로 척은 'football tag' 라고 불리는 변형된 공 잡기 활동을 알려 주었다. 치료사는 쿼터백이었고 아이는 리시버였다. 로저는 치료사가 자신을 잡기 전에 공을 패스해서 지정된 장소(쿠션 소파)에 터치해야 했다. 이러한 활동은 아이의 나이에 적절한 신체적 접촉과 아이의 기술에 관한 실제 피드백을 줄 수 있는 공간을 허락하는 것이었다. 잠시 그들은 쿠션에 앉아 학교 상황과 특수 교실로 이동하게 되는 것에 대한 감정을 이야기했다. 즐거운 놀이를 통해 친밀감을 형성하자, 아이는 자발적으로 학교에서의 자신의 걱정과 학업 도전에 대한 감정을 말해 주었다. 그런 후에 치료사는 아이와 함께 좌절감을 극복하는 법과 도움을 구하는 법에 대해 의논할 수 있었다. 앞서 언급했듯이, 운동을 하는 것과 관련하여 축구를 더 효과적으로 하기 위해 코치의 도움을 받는 것에서는 분명히 성공적이었다. 아이가 이러한 것들은 교실 안에서 사용할 수 있었던 기술들이기도 했다. 회기의 분위기를 좀 더 가볍고 긍정적인 분위기로 끝맺기 위해 치료사는 마시멜로 싸움을 마지막으로 했다. 이 활동에서 치료사와 아이는 베개를 방패로 사용했다. 5개 중 3개를 각각 던지고 나서(마시멜로를 가지면 던질 수 있다) 모두 자유롭게 마시멜로를 던졌다(상대방이 던진 것을 되받아 던질 수 있다). 단, 무릎으로 걸어야 한다는 것이 유일한 조건이었다. 이것은 작은 놀이실 공간 안에서의 도전을 돕고 아이가 좀 더 조절되도록 하기 위한 전략이었다. 좀 더 극적인 면을 가미하기 위해 치료사는 던지면서 큰 소리로 말했다. "와! 휴~ 네가 그걸로 내 머리에 가르마를 만들었네, 정말 잘 던졌어." 그 후에 그들은 던진 마시멜로를 주웠고, 치료사는 로저의 입 안에 2개의 신선한 마시멜로를 넣어주었다.

관계를 맺는 데 즐거운 치료놀이 활동의 도움으로 용기를 얻은 아이는 좀 더 자신을 인정할 수 있었고 긍정적인 태도로 다음 해 학교생활을 할 수 있었다. 학업적인 면은 계속해서 도전해야 할 과제였지만 학교에서의 보충교육의 도움으로 아이는 스포츠 활동을 충분히 이룰 수 있었고 전통적인 인지 기반의 치료전략을 바탕으로 사회적 관계도 잘 유지할 수 있게 되었다.

치료놀이를 전략적으로 활용하기

다음 사례는 치료놀이가 다양한 개입의 일부분으로서 전략적으로 사용된 경우다. 16세의 찰스는 어린 시절 행복한 아이였음에도 불구하고 학교에서 나태하며 우울증 증세를 보여 부모의 걱정하에 치료를 하게 되었다. 그는 친구가 오직 한 명뿐이었다. 학교에서도 특별히 잘해 본 적이 없었고 약간의 언어장애도 있었다. 찰스가 가깝게 지내 왔던 큰누나는 1년 전쯤 이라크전쟁에 참가하기 위해 떠났다. 엄마인 진과 새아빠인 그레이엄과의 첫 번째 면담에서 찰스는 대체적으로 말이 별로 없었고 눈 맞춤도 피했다. 새아빠와의 의사소통은 특히나 위축되었다. 찰스는 식료품점에서 지난 6개월 동안 일을 해왔고 그곳에서는 꽤 잘해 내고 있었다. 치료사 조시는 필요하다면 아동을 개입시키기 위해 치료놀이를 약간 가미하여 개별치료와 가족치료를 병행하기로 했다. 개별치료는 아이의 자존감을 북돋우기 위한 것이었고 그의 고민을 말로 표현하는 능력을 기르기 위한 것이다. 가족치료는 부모와의 의사소통을 개선하기 위해 필요했다. 가족치료를 시작하기 전 개별 회기를 두 차례 하도록 계획되었다.

첫 번째 개별 회기에서 훈련을 받은 심리학자 조시는 찰스의 근육과 미소를 살펴보면서 치료놀이 체크업을 하였다. 그리고 좀 더 언어적, 비치료놀이적 접근을 수행했다. 그는 주제통각검사(Thematic Apperception Test: TAT)를 수행하였고 아이에게 의견을 즉시 말해 주었다. TAT 검사는 일련의 그림 안에서 클라이언트의 성격, 생각, 느낌 그리고 인지된 결과를 찾아내는 것이었다. 이 검사는 몇 분 만에 끝낼 수 있는 것으로 훈련을 받은 전문가는 결과를 빨리 알 수 있다. 이것은 그가 깊이 고민하고 있는 것을 직접적으로 알아낼 수 있게 하였다. TAT가 주관적인 것을 말하는 것이었기 때문에, 조시는 결과에 대해 "내가 말하는 것들이 사실이긴 하지만 너에게 맞는지 아닌지를 나에게 말해 줄 필요가 있단다."라고 설명해 주었다. 찰스는 이러한 방법으로 치료사가 한 말이 진실인지 아닌지 자신의 생각을 말할 수 있었다. 조시는 TAT 검사에서 찰스가 학교 상황 및 이라크로 간 누나 등 인생에서 중요한 것들에 대해 무력감을 느끼고 있음을 말하였다. 찰스는 이러한 생각에 대해 "그게 바로 정확히 내가 느끼는 감정이에요."라고 말했다. 찰스의 역동의 다른 측면이 제안되고 논의되었다. 긍정적인 분위기로 회기를 끝내기 위해 조시는 치료놀이로 돌아갔다. 찰스가 스케이트보드용 신발을 신고 있는 것을 보고, 치료사는 아이와 '베개 균형 잡기'를 했다. 이 활동에서 찰스는 손잡이가 있는 커다란 베개 위에 서서 스케이트보드를 타는 자세를 취했다. 규칙은 (1) 찰스가 조시와 눈을 마주쳤을 때 조시는 놀이실 주변에 있는 베개를 잡아당긴다. 조시는 찰스가 베개 위에서 균형을 잡을 수 있도록 최선을 다해 도울 것이다. (2) 찰스가 시선을 딴 곳으로 돌릴 때 베개는 멈춘다. 아이는 완전히 자신을 조절할 수 있게 된다. 조시는 "만약 네가 넘어지려고 한다면 바닥에 부딪히지 말고 나에게 넘어오렴." 하고 덧붙인다. 활동이 시작되자 찰스는 터져 나오는 웃음을 멈출 수 없었다. 치료사는 "와 ! 그거 너한테는 정말 쉽구나! 정말 잘하네!"라고 환호해 주었다.

두 번째 회기에서 치료사는 아이가 추후 가족과의 만남을 위한 자신의 안건을 발전시킬 수 있도록 도왔다. 거기에는 자신이 더욱 독립적이기 위해 자신의 능력을 존중해 주어야 한다는 내용이 있었다. 엄마, 아빠가 밤에 일부 친구들을 집으로 데려와 비디오게임을 하거나 야외운동을 할 수 있도록 허락해 주시도록 하자는 치료사의 제안도 받아들였다.

이 만남에서 가족은 마음속에 담고 있던 고민을 언어적 의사소통 기술을 사용하여 연습하게 되었다. 치료사는 찰스의 발달상 욕구에 대해 부모가 생각할 수 있도록 부모를 격려했다. 예를 들면, 부모는 아이의 현재 능력—아이가 시간을 잘 지키고, 열심히 일하며, 상사를 존중할 능력—을 확인하고 더 독립적이 되도록 지속적으로 기술을 증진시켜 주어야 한다. 아이가 친구를 더 많이 사귀거나 학교과제를 더 잘 수행하도록 구조화해 주는 등의 다른 기술을 증진하도록 확장시켜 주어야 한다. 마지막으로 치료사는 찰스의 누나가 이라크전쟁에 있는 것에 대해 자신들의 감정을 명확히 말하고 밝힐 수 있도록 가족을 도왔다.

이 장에서 소개된 사례들은 청소년과의 치료놀이를 할 때 치료사가 직면할 수 있는 특별한 도전들에 대해 보여 주고 있다. 관계를 맺는 것은 아주 중요하고 또 청소년은 관계를 맺는 것을 회피하는 데 너무 익숙하다. 그래서 치료사는 이러한 클라이언트와 일할 때 더욱 세련된 방법이 필요하다. 치료사는 나이가 더 적은 클라이언트와 일할 때 보다 폭넓은 활동 레퍼토리, 더 나은 유머감각, 그리고 더 많은 상상력과 즉흥성이 필요하다. '말로 하는' 치료는 성인 대 성인으로서의 근거 위에 청소년을 치료사와 연관시키는 것을 요구한다. 즉, 언어적으로, 인지적으로, 그리고 과거와 미래에 대해 말하기 등이 포함된다. 한편 치료놀이는 아직 충족되지 못한 클라이언트의 미성숙한 욕구에 초점을 두고 있다.

청소년과의 치료놀이는 다른 양식들과 치료놀이가 결합된 것이기 때문에 치료사는 우수한 진단적 · 치료적 기술을 습득하고 있어야 한다. 이러한 도전에도 불구하고 청소년과의 치료놀이 회기는 잘 숙고하여 방향이 제대로 제시되었을 때, 즉흥적이면서도 즐거움이 가득할 때 지극히 기쁜 일이 될 수 있다.

제12장 집단 치료놀이

집단 치료놀이는 개별 치료놀이를 논리적으로 확장시킨 것이다. 개별 치료놀이의 가치를 인식한 학교 교사들이 치료놀이 혜택을 모든 학생들에게 제공하고 싶어 하면서 치료놀이를 대집단에 활용하려는 아이디어를 냈다. 집단 치료놀이는 Phyllis Rubin과 Jeanine Tregay(1989)의 『함께 놀기: 교실에서의 치료놀이 집단(Play with Them: Theraplay Groups in the Classroom』에 잘 나타나 있지만, 이 책이 출판된 이후 20년 동안 집단 치료놀이는 의미 있는 발전을 했다. 즉, 집단 치료놀이는 더 다양한 배경을 가진 아동들에게 적용될 뿐 아니라 부모집단이나 우울증을 앓고 있는 노인들에게까지 적용되어 왔다.

집단 치료놀이는 고유의 특성상 더 많은 사람에게 관계 형성을 위한 특별한 접근방식을 제공할 수 있다. 그러나 집단 치료놀이는 개별 치료놀이의 대체물은 아니다. 집단 치료놀이는 개별 치료놀이와 연계하여 부가적으로 실시될 수도 있고 단독으로 실시될 수 있다. 집단 치료놀이 치료사는 코치, 리더 그리고 참여자의 역할을 동시에 한다. 집단 치료놀이는 또래집단과의 활기차고 즐겁고 양육적인 상호작용 경험을 제공한다.

개별 치료놀이와 마찬가지로 집단 치료놀이는 구체적이고 개인적이며 긍정적인 경험을 통해 자존감과 타인에 대한 신뢰를 향상시키는 것을 목적으로 한다. 또한 집단 치료놀이에서는 집단 구성원 간의 유대감과 소속감을 증진시키기 위해 노력한다. 집단 치료놀

Phyllis B. Rubin

이는 분명하게 드러나는 욕구보다는 종종 사람들이 부인하거나 방어하는 근본적인 욕구를 중요시한다. 개별 치료놀이에서와 마찬가지로, 집단 치료놀이에서도 구조, 개입, 양육, 도전 활동을 다양한 정도로 잘 조합하여 실시하는 것이 필요하다.

이 장에서는 집단 치료놀이 접근에 대해 요약한 후 집단을 조직하고 구성하는 방식에 대해 설명할 것이다. 마지막으로 집단 치료놀이가 효과적이었던 다양한 집단에 대해 상세히 설명할 것이다.

다음에 제시되는 집단 치료놀이 사례를 통해 집단 치료놀이 과정이 어떻게 이루어지는지 알 수 있을 것이다. 이 회기는 20명의 아동으로 구성된 유치원 한 학급에서 실시된 것이다. 학급의 교사인 샘이 진행하였고, 보조교사와 두 명의 부모가 참여하였다.

집단 회기의 예

샘은 다음과 같이 말하면서 네 번째 집단 치료놀이 회기를 시작하였다. "좋아, 얘들아, 줄을 서서 모두 앞 사람 허리에 자기 손을 얹어. 출발! 칙칙폭폭, 칙칙폭폭!" 성인들과 아이들은 칙칙폭폭 소리를 내면서 줄을 맞추어 원을 만들며 돌았다. 샘은 "제자리에, 준비, 모두 앉아!"라고 말하면서 언제 멈추거나 앉아야 할지 알려 주었다. 그러고 나서 '잘자요, 숙녀들!(Goodnight Ladies)' 곡조에 맞추어 환영 인사 노래를 부르며 돌아가면서 서로의 이름을 불러 주고 악수를 하였다. "안녕, 메리. 안녕, 폴. 안녕, 나타샤. 우리는 오늘 너희들이 여기에 있어서 기뻐!" 그리고 원으로 둘러앉아 샘을 시작으로 하여 옆 사람에게 로션을 발라 주며 특별한 점이나 상처가 있는지 주의 깊게 살폈다.

그러는 동안 샘은 바비가 오늘 슬퍼 보인다는 것을 느끼고 바비에게 말하였다. "바비, 아마도 너에게 '마음의 상처'가 있나 보구나. 만약 누군가가 네게 로션을 발라 주거나 안아 주길 원한다면 수잔(바비의 옆에 앉아 있는 아동)에게 말하렴." 바비는 자신을 안아 주기 원한다고 말하였고, 수잔이 그를 안아 주었다. 그러자 바비도 자신의 옆에 앉은 아이를 세심하고 주의 깊게 살펴보고 돌봐 줄 수 있었다. 모든 아동과 성인이 서로를 보살피고 난 후 즐거운 활동이 시작되었다. 샘은 솜공을 가져오며 "나는 메리의 팔꿈치에 이 솜공을 불 거란다! 모두 다같이 언제 불지 내게 말해 주렴." 하고 말했다. 집단 모두가 "하나, 둘, 셋, 시작." 하고 외치고 샘은 솜공을 불었는데, 솜공이 메리의 팔꿈치가 아닌 어깨에 닿았다. 샘을 포함한 모두가 웃음을 터뜨렸다. "아이코, 메리의 예쁜 팔꿈치까지 가지 못했구나. 하지만 메리의 멋진 어깨에 닿았어. 자, 메리, 이제 네 차례란다. 폴에게 솜공을 불어 보렴." 이런 식으로 활동은 계속 되었다.

그런 다음에 한 사람을 천 밑으로 들어가게 한 후, 집단원 중 누군가가 "안녕! 친구야."라고 말하면 누가 말한 것인지를 맞히도록 하였다. 다음에는 아동들이 모두 짝을 지어 배나 이마, 어깨 사이에 풍선을 끼고 함께 걷도록 하였다. 마지막으로 샘은 다시 한 번 모두가 둥글게 원으로 앉게 하였다. 샘은 모든 아동들의 얼굴을 하나씩 바라보며 아동 각각의 특별한 점에 대해 말해 주었다. "바비, 이제 네 마음의 상처가 조금 나아졌기를 바란다. 수잔, 너와 테드는 이마 사이에 풍선을 끼고 정말 균형을 잘 잡더구나."

샘은 눈을 반짝이며 얼굴에 미소를 띠고 각각의 아동을 쳐다보며 아동의 특별한 점에 대해 이야기를 나누면서 한 명씩 과자를 먹여 주었다. 그런 다음에 샘은 각 아동에게 과자를 한 개씩 나누어 주었다. 아동들은 짝을 이루어, "하나, 둘, 셋, 시작."이라는 외침과 함께 동시에 서로에게 과자를 먹여 주었고, 다같이 과자 씹는 소리를 들었다. 끝으로 집단 전체는 손을 잡고 "잘 가, 폴. 잘 가, 메리. 잘 가, 바비. 우리는 네가 놀러와서 참 좋았어."라고 모든 아동들의 이름을 넣어가며 노래를 불렀다. 샘은 다음에 함께 만나서 놀 때까지 서로를 기억할 수 있도록 모두가 서로의 등에 손을 얹고 "제자리에, 준비, 시작!" 신호에 따라 서로 부드럽게 눌러 주도록 하였다.

 집단 치료놀이 틀을 이해하기

앞에서 기술된 것과 같은 치료놀이 집단은 네 개의 집단 규칙과 두 개의 집단 의례적 활동을 기본 틀로 하여 치료놀이의 네 가지 차원인 구조, 개입, 양육, 도전의 의미를 전달하도록 조직화된다. 샘은 첫 회기를 시작할 때 그 규칙에 대해서 명확하게 제시하였고, 필요할 때에는 각 회기마다 그것들을 다시 한 번 상기시켰다.

집단 치료놀이의 규칙

집단 치료놀이에는 치료놀이의 네 가지 차원을 토대로 한 일련의 규칙들이 있다.

- 상처 주지 않기(No hurts)
- 함께하기(Stick together)

- 즐겁게 놀기(Have fun)
- 성인이 책임지기(The leader is in charge) (대개 이 규칙은 말로 전달하지 않음)

치료놀이 집단의 리더는 말과 행동 모두를 통해 이러한 규칙들을 전달해야 한다. 다른 유형의 집단에서 강조하는 것과는 대조적으로 치료놀이 집단에서는 치료적인 집단의 분위기를 형성하며 치유와 관계 증진에 기여하는 것이 주로 치료사의 말보다는 행동을 통해서다.

상처 주지 않기 이 규칙은 치료놀이의 양육적인 차원을 전달한다. 치료사는 언어, 감정, 행동을 통하여 상처를 주거나 상처를 받는 것은 유쾌하지 않으며 바람직하지 않다는 것을 전달하게 된다. 참여자가 상처받은 것을 부정하거나 그 상처가 정말로 아프지 않더라도 혹은 상처받고도 즐거워하거나 자신이 상처받았다는 것을 인식하지 못하더라도, 치료사는 일관된 보살핌으로 반응해야 한다.

치료사는 모든 상처를 진지하게 받아들이고, 양육적인 부모가 자녀의 고통에 다양한 방식으로 반응하듯이 상처 주위에 로션을 발라 주거나 불어 주면서 주의를 기울인다. 한 가지 예외는 아이의 상처에 뽀뽀하지 말아야 한다는 것이다. 우리는 부모와 다른 조력자들을 구분해 주는 경계를 존중하며, 뽀뽀는 부모만이 할 수 있도록 한다. 아동들이 상처받았을 때 그것을 표현하고, 다른 사람들의 상처에 대해서도 민감할 수 있고, 또 내적으로 상처받은 느낌과 외부의 상처 모두를 진지하게 받아들일 수 있도록 해야 한다. 집단 구성원들은 행동을 통해(예를 들어, 상처받은 다른 아동에게 로션을 발라 준다) 그리고 언어를 통해(예를 들어, 자신의 느낌을 표현하거나 자신의 권리를 말로 주장한다) '상처 주지 않기' 규칙을 직접적으로 표현하는 것을 배우게 된다. 다른 사람에게 상처를 준 아동에게는 상처받은 아동에게 로션을 발라 주거나 밴드를 붙여 주거나 안아 주는 방식으로 상처받은 아동을 돌보게 하여 자신의 잘못을 보상하도록 해야 한다. 이것은 실수로 다른 사람에게 상처 입힌 아동에게 쉽게 적용될 수 있다. 그러나 화가 나서 다른 사람에게 상처를 입힌 아동의 경우에는 잘못을 보상하기 전에 아동 자신의 분노를 진정시킬 시간이 필요하다.

어떤 집단 리더들은 다른 친구에게 고의로 상처 입힌 아동에게 양육활동을 제공한다. 왜냐하면 상처 준 아동도 이전에 상처받았음에 틀림없고 이것이 드러난 것이라 보기 때문이다. 특히 실수로 상처를 준 경우에는 아동이 다른 사람에게 상처 준 것에 대해 느끼는 나쁜 감정을 치료하기 위해 양육이 필요하다. 집단 치료놀이가 전달하고자 하는 공동체의식을 고려할 때, 모든 육체적이고 정서적인 고통에 대한 양육활동은 매우 중요하다. 상처 주는 일이 발생했을 때 모든 활동을 멈추고 참여자들이 서로에게 로션을 발라 주도록 할 수 있는데, 상처 주는 장면을 목격하는 것은 모두에게 슬픈 경험이기 때문이다. 이렇게 모든 사람을 양육해 줄 때, John Donne의 시에서 표현된 상호 연결성이 실현된다. "그 자체로 고립된 섬과 같은 사람은 없다. 모든 사람은 대륙의 한 부분, 주요한 일부분인 것이다."

함께하기　　이 규칙은 치료놀이의 구조와 지속적인 상호작용의 메시지를 전달한다. 집단에서 모든 참여자들은 어떠한 이유에서도 혼자 남겨지는 일 없이 함께 활동에 참여하도록 해야 한다. 이를 위해 치료사는 아동이 집단 안에서 일어나는 일에 주의를 기울이고 활동에 바로 반응할 수 있도록 도와주어야 한다. 이러한 경험을 통해 아동들은 공동의 경험에 집중하고, 자신의 순서를 기다리고, 만족을 지연시키고, 간접적으로 배울 수 있는 능력을 발달시킬 수 있다.

그러나 실제로 대집단의 경우나 아주 어리고, 욕구가 많고, 두려워하고, 다른 사람들을 신뢰하지 못하는 아동들이 있는 집단에서는 이것이 어렵다. 따라서 치료사는 이 규칙을 유연하게 적용해야 한다. 때때로 치료사는 참여를 망설이는 아동이 함께 활동할 준비가 될 때까지 또래들이 노는 모습을 지켜볼 수 있도록 해 줄 필요가 있다. 이것은 아동이 다른 친구들로부터 집단 내에서의 경험을 빼앗고, 집단을 방해하거나 집단 내에서 문제아동 역할을 하는 것을 막는다.

이러한 유연성은 특히 신체적 혹은 성적으로 학대당한 개인들을 치료할 때 중요하다. 이 경우 아동은 성인에 대한 신뢰가 이미 깨져 버렸을 뿐 아니라 힘이 학대의 형태로 사용되어 왔기 때문에 잘못된 종류의 구조화를 형성하게 된다. 이 아동들은 자신들에게 일어났던 나쁜 일들로부터 스스로를 보호할 수 없었기 때문에 현재의 경험에 대한 통제감을 갖는 것이 필요하다. 학대당한 아동들에게 집단 치료놀이의 특징인 신체적 친밀감과 접촉은 매우 부담되는 경험이 될 수 있다. 건강을 증진시키는 실제적 접촉을 피하지 않으면서도(James, 1989), 학대받은 아동들이 "싫어요."라고 말할 수 있게 하거나 일반적인 집단 구성원 간에 이루어지는 것보다 좀 더 공간을 갖도록 할 수 있다. 일반적 친밀함을 갖기 위해 유지하는 것보다 더 많은 공간을 갖도록 한다. 예를 들어, 한 집단 리더는 "때때로 사람은 더 많은 공간을 필요로 할 수도 있어. 만약 네가 그렇다면 너에게 가장 가까이에 있는 어른에게 네게 공간이 좀 필요하다고 말하고, 다시 함께 참여할 준비가 될 때까지 저기에 앉아 있어도 된단다."라고 알려 주었다. 그 회기가 진행되는 동안, 한 아동은 집단을 떠나기 위해 부적절한 행동을 하는 대신 집단의 리더에게 공간이 필요하다고 말하고 잠시 떨어져 앉아 있다가 곧 집단으로 되돌아왔다. 이렇게 함으로써 그 아동이 필요한 거리를 확보하기 위해 주기적으로 행동화하는 것을 방지할 수 있었다.

즐겁게 놀기　이 규칙은 치료놀이의 개입, 도전, 즐거움을 전달한다. 즐거움을 통해 집단원들은 함께 참여하게 되고, 과도하거나 너무 일찍 부과된 책임감의 부담을 덜고, 조건적인 성취에 대한 압박에서 자유로워진다. 집단원들은 자신들의 목표 지향적이고 경쟁적인 욕구에서 잠시 자유로워질 수 있다. 리더들은 참여자들을 즐겁게 하고, 참여자들은 공유된 즐거움을 느끼기 위해 특별한 무언가를 해야 할 필요 없이 그들 자체만으로도 서로를 즐겁게 해 줄 수 있다. 예를 들어, 치료사는 아동들이 치료실 곳곳에 숨도록 하고, 책상이나 가방, 연필통을 살펴봄으로써 아동들이 키득거리는 것을 들을 수 있다("에디는 분명히 여기 있을 거야! 없네? 그렇다면 어디에 있지?"). 치료사는 '이미 찾아낸' 아동들의 도움을 받아 다른 아동들도 '찾는다'. 치료사는 엎드려 있는 유아들 위에 커다란 천을 덮고(혹은 좀 더 나이 든 아동의 머리 위에 커다란 두꺼운 종이를 올려놓아 균형 잡게 하고) 그들을 '조개껍데기 속의 거북이'라고 이름 붙인다. 그리고 아동들이 등이나 머리 위의 그 껍데기를 떨어뜨리지 않고 돌아다니게 할 수 있다. 치료사는 집단원이 공이나 풍선을 쳐서 얼마나 오랫동안 공중에 떠 있나 볼 수도 있다. 또는 집단이 원을 만들어 손을 사용하지 않고 원을 따라 풍선을 전달하게 하거나 눈을 감고 풍선을 전달하게 할 수 있다. 요즘 아동들은 종종 목표 지향적이고 경쟁적인 풍토를 장려하는 사회 속에서 자라고 있다. 심지어 초기 아동기에도 아동들은 점점 더 스트레스를 받고 걱정이 많아진다. 이러한 활동을 통해 경험되는 즐거움과 활기 넘치고 신나는, 순수한 기쁨은 소중한 경험이며 매 순간 촉진되어야 할 것이다.

성인이 책임지기　치료사는 아마도 개별 치료놀이에서보다 집단 치료놀이에서 더 확실한 구조와 강한 지침을 제공해야 할 것이다. 이것은 치료사와 공동치료사가 활동을 계획하고, 언제 활동을 시작하고 멈추어야 할지, 참여자들이 어디에 앉아야 할지, 또 발생할 수 있는 모든 상황들을 어떻게 다루어야 할지를 결정해야 한다는 것을 의미한다. 치료사는 활동을 제안할 때 허락을 구해서는 안 된다. 즉, "전기놀이를 하고 싶니?" 혹은 "눈 가리고 걷기놀이를 하는 것은 어떠니, 괜찮지?"와 같은 질문을 해서는 안 된다. 긍정형으로 그리고 분명히 말해야 한다. 예를 들면, "작별 노래를 부를 시간이란다." 집단이 잘 정립된 경우에는 청소년 또는 성인 집단에서와 같이 아동이 결정에 참여하게 하는 것이 적절하다. 특히 이것은 종결 단계에서 아동에게 다시 해 보고 싶은 활동이 무엇인지 질문하는 경우에 해당된다.

집단활동을 조직화하기 위해서 "제자리에, 준비, 땅!"과 같이 아동들이 언제 반응할지 알려 주는 신호를 주도록 한다. 치료사는 다음과 같이 말할 수 있다. "바비, 루이와 너무 가까이에 서 있구나. 루이에게 공간이 더 필요할 것 같은데, 바로 여기 내 옆에 와서 서 있으렴." 또한 치료사가 책임진다는 것은 활동에 의해 과도하게 자극을 받은 경우 치료사가 활동을 중단시키고, 진정시킬 수 있는 활동을 시작하고, 집단의 안전감을 높이기 위해 더 구조화하여 새로운 놀이방법을 찾아낸다는 것을 의미한다.

물론 개별 치료놀이에서와 마찬가지로 치료사는 아동의 행동이나 욕구를 통해 활동에 대한 단서를 얻을 수도 있다. 예를 들어, 한 집단에서 출석한 아동과 결석한 아동을 점검하였는데 그날이 결석한 아동의 생일이라는 것을 알게 되었다. 이에 집단 리더는 말하였다. "우리 도나에게 큰 소리로 생일 축하한다고 말해 주자. 도나가 집에서도 들을 수 있게 큰 소리로 말이야. 내가 하나, 둘, 셋을 세면 '생일 축하해!' 하고 소리치자." "생일 축하해!"라고 외치는 소리가 그 어느 때보다 크게 방 안에 울려 퍼졌다.

집단 치료놀이의 의례적 활동

집단 치료놀이가 발전하던 초창기에 각 회기의 시작과 끝을 분명히 하는 활동들로 두 가지 의례적인 활동이 정착되기 시작했다. 두 활동은 '체크업'과 '음식 나누기'다. 이 두 활동은 모두 집단 구성원에게 강한 의미를 전달할 수 있기 때문에 치료계획에 항상 포함되어야 한다.

체크업 각 회기에서 가장 먼저 실시하는 활동 중 하나는 바로 체크업이다. 이 활동을 통해 아동은 자신이 요구하지 않더라도 타인으로부터 인정받고 존중받으며 보살핌을 받는 '주목받는 순간'을 경험하게 된다. 체크업은 로션, 솜공과 포옹을 통해 신체적 또는 정서적 상처를 보살펴 주는 것을 포함한다. 치료사는 상처입은 아동에게 키스를 보내거나 좋은 느낌을 보내 줄 수도 있다.

종종 열성적인 아동 참가자들은 이런 종류의 양육을 받기를 바라며 셔츠 소매나 바지를 걷어 올리고 치료사에게 팔이나 다리에 로션을 발라 달라고 요구하기도 한다. 치료사가 어떤 방법을 사용하든지 이러한 활동은 집단환경에서 양육의 상징이 되고, 아동들은 관련된 상황에서 이것을 적용할 것이다. 예를 들어, 아동 학급에서 집단 치료놀이를 제공할 때, 담당학급 교사는 지정된 집단 치료놀이 시간 이외에도 자신이나 아동들이 손쉽게 아픈 아동들을 보살펴 줄 수 있도록 로션병(혹은 솜공이 담긴 통)을 교실에 배치할 필요가 있다는 것을 알게 될 것이다.

음식 나누기   회기의 성공 정도나 집단 구성원 각각의 행동과는 상관없이 각 집단 회기가 끝날 때에 모든 참여자는 음식을 나누어 먹는다. 다른 사람이 자신에게 먹여 주는 것과 다른 사람이 먹여 주는 것을 수용할 수 있는 것은 가장 기본적인 양육과 신뢰의 경험이다. 모든 인간의 건강한 정서발달은 양육받는 것과 신뢰의 발달에 기반을 둔다. 먹을 것을 나누는 동안 집단 구성원들은 음식을 받아 먹으면서 연약함을 느끼고, 자신들을 돌보아 주는 사람에 대한 신뢰를 경험하게 된다. 먹을 것을 나누어 주는 능력은 '나누어 주는 사람' 이 외적인 자원(양육해 주는 성인들)이나 내적인 자원(자기위안, 자기조절, 성장행동)을 통해 손쉽게 충분한 양육이 가능하고 이를 신뢰한다는 것을 보여 준다. 집단 치료놀이의 초기 단계에서는 리더가 구성원들을 먹여 준다. 집단이 친밀함과 함께 좀 더 편안해지고 신뢰가 커지면 아동들끼리 서로 먹여 주는 것이 가능하다.

치료놀이 집단을 조직화하기

집단을 조직화할 때 결정할 사항이 많이 있다. 집단의 크기를 정하는 것, 참여 아동의 구성을 어떻게 할 것인지, 공동 리더를 누구로 할지, 치료기간을 얼마나 길게 할지, 치료는 일주일에 몇 회 실시할지 등을 결정해야 한다.

집단을 설계하기

집단 치료놀이는 많은 다양한 환경과 연령의 집단에 적용할 수 있다. Rubin과 Tregay는 아동 전체 학급을 대상으로 하는 집단 치료놀이에 대해 설명했지만, 더 적은 구성원으로 집단을 조직해야 할 때도 있다. 예를 들어, 한 치료놀이 치료사는 특수교육과 일반교육 학급에서 집단원을 선별하여 소집단을 구성하였다. 소규모 학급의 교사는 자신의 학급 아동만을 위한 회기들을 제공할 수 있으며, 대집단 치료놀이 경험을 위해 주기적으로 다른 반 아동과 통합해서 치료놀이를 실시할 수도 있다. 집단은 연령, 참가자들이 보이는 문제행동에 따라 구성될 수도 있고, 아동들의 상호작용 방식에 균형을 맞추는 방식으로 구성될 수도 있다. 예를 들면, 한 집단에 과잉행동을 보이는 아동과 수동적이고 위축된 아동을 포함시켜 각 아동의 관계 유형을 '확장시킬 수 있는' 기회를 만들 수도 있다.

문제가 있는 아동들로 구성된 대집단 치료놀이를 실시할 때는 집단 구성을 사려 깊게 조직하는 것뿐 아니라 공동 리더와의 긴밀한 협력과 의사소통이 요구된다. 그런 경우 한 학급을 여러 개의 소집단으로 나눠야 할 때도 있다. 한 가지 선택사항으로는 한 학급을 완전히 분리된 두세 개의 소집단으로 나눈 후, 집단별로 리더를 세우고 같은 방 안에서 가능한 한 동시에 동일한 활동을 실시하게 하는 것이다.

한 대안은 한 학급을 더 작은 소집단으로 나누고 교실 밖의 다른 장소에서 별개로 만나는 것이다. 이렇게 하면 산만하게 하고 잠재적으로 집단을 혼란스럽게 할 수 있는 자극을 감소시킬 수 있지만, 어떻게 집단 리더를 배치할 것인지와 관련된 문제가 생길 수 있다. 교사는 각각의 소집단을 이끌거나 그에 참여하기 위해 두 번씩 교실을 비워야 될 수도 있을 것이다. 각 집단의 아동들의 자기존중감과 사회적 상호작용이 향상되었다면 어느 시점에 가서는 이 소집단들을 합칠 수 있을 것이다.

또 다른 방법으로는 대집단 안에서 공동 리더들을 중심으로 소집단을 형성하는 것이다. 학령 전 아동을 대상으로 15~20명의 아동을 3~5명의 공동 리더가 담당하여 이 방법을 실시하였는데 매우 성공적이었다. 시작할 때는 집단 전체가 모여서 하지만, 상처 돌보기, 로션 발라 주기, 음식 먹여 주기를 할 때는 일시적으로 '집단을 나눠서' 각 리더를 중심으로 서너 명의 아동이 모여 활동을 하는 것이다. 각 리더들은 로션병, 음식, 작은 거울 혹은 그 회기에 계획된 활동에 필요한 도구들을 담은 가방을 갖는다. 다소 시끄러운 양육 장면이 나타나긴 해도 효과적이다. 첫인사 활동, 회기 중반의 적어도 한 가지 활동, 그리고 작별 노래는 집단 전체가 함께 한다.

심리적으로 더 많이 괴로워하고 혼란스러우며 정서적인 욕구가 큰 아동에게는 소집단이 적합하다. 자기방어가 심하고 만성적인 학대를 받은 아동에게는 집단 치료놀이를 실시할 때 많은 제약이 따른다. 이런 아동에게는 아동들로 구성된 대집단에서 신체적으로 가까이 접근하는 것이 위협적인 경험이 될 수도 있고, 그들의 두려움을 진정시키기보다 증가시킬 수 있다.

공동으로 이끌기

집단 치료놀이를 실시할 때는 공동 리더를 두기를 권장하는데, 특히 어린 아동이나 문제가 심각한 아동들을 대상으로 할 때 더욱 그러하다. 의자나 책상으로 구조화된 환경이 아니라 바닥에 아동들과 함께 가까이 앉아서 집단 치료놀이를 실시할 때는 반드시 공동 리더가 필요하다. 『함께 놀기: 교실에서의 치료놀이 집단(Play with Them: Theraplay Groups in the Classroom)』(Rugin & Tregay, 1989)에서는 공동 리더와 함께 집단을 실시할 때 집단을 계획하고 운영하는 방법이 자세히 설명되어 있다.

집단 리더들 간의 팀워크가 매우 중요하기 때문에, 치료사는 즐겁고 수용적이고 아동의 참여를 도울 수 있는 공동 리더와 함께 일하기를 원할 것이다. 혹은 치료사가 공동 리더의 이러한 능력을 계발하도록 돕는 것이 필요할 수도 있다. 공동 리더들과 함께 집단 치료놀이 활동을 하면서 그 공동 리더가 그 집단의 '치료놀이 분위기'에 얼마나 잘 기여할 수 있는지 알게 될 것이다. 만약 공동 리더가 정신건강 문제에 대해 훈련받지 않았다면, 치료사는 집단 리더들이 서로 화합하지 못하는 문제나 조화가 잘 안 되는 것, 리더에 의해 생긴 거리감, 위축 또는 행동화 문제를 처리해야 할 것이다. 왜냐하면 이러한 문제들이 아이들의 불안정감, 긴장감을 증가시켜 집단 내에서 불안행동을 증가시키기 때문이다. 치료사는 회기가 시작되기 전에 확실히 계획하고 준비하고 발생 가능한 문제에 대비할 시간을 갖고 나서 활동을 시작해야만 한다.

회기의 길이

치료시간은 일반적으로 평균 35~40분이지만, 집단이 모이고 또 헤어지는 데는 여분의 시간이 더 필요하다. 치료시간은 부분적으로 집단에 따라 달라진다. 만약 아동들이 어리거나 집중시간이 짧거나 심각한 심리적 문제를 가지고 있다면 치료시간을 줄이는 것이 필요할 것이다. 마찬가지로 집단 구성원들의 불안 수준이 높고 쉽게 안정되지 못하는 경우, 치료시간을 더 짧게 갖는 것이 더욱 효과적일 수 있다.

회기의 빈도

집단은 다양한 배경과 욕구에 따라 계획되고 구성되지만, 치료의 효과를 충분히 높이기 위해서는 일주일에 한 번 이상 실시되어야 한다. 어떤 리더들은 일주일에 두세 번씩 치료놀이를 실시하기도 한다. 좀 더 잦은 빈도로 치료놀이를 실시할 경우, 집단 응집력이 확실히 더 빨리 형성된다. 교사가 치료사의 역할을 하는 경우에는 치료사가 방문해 집단 치료놀이를 실시하는 것에 비해 언제 추가로 치료놀이 회기를 시작하는 것이 필요할지 결정하는 것을 좀 더 융통성 있게 할 수 있다. 어떤 교사는 정기적으로 학급 아이들을 힘들어하는 아동 주위에 모이게 하고 문제 아동을 자신의 무릎에 앉히고는 이 '위기'를 이용하여 그 아동이 집단 치료놀이의 양육적인 경험을 받을 수 있는 기회로 이용하였다.

이러한 상황에 맞는 집단 회기와 함께 학급의 교사는 치료놀이 원칙과 활동들을 매일의 일과에 포함시킬 수 있다. 체크업으로 학교에서의 하루를 시작하는 것은 매우 긍정적인 결과를 가져올 수 있다.

집단 회기 계획하기

회기를 잘 계획하기 위해서는 회기의 시작, 중반, 끝에 각기 다른 유형의 활동을 실시해야 한다. 또한 그 회기가 전체 치료과정 중 어떤 단계에 있는지도 각 회기 내에서 해야 할 활동 방향을 좌우한다. 예를 들어, 그 회기가 전체 치료과정의 중기 단계인 경우 집단 내에서 다루고 있는 관계적인 문제를 위주로 활동을 정하게 된다.

회기 내 활동 계획하기

체크업과 음식 나누기는 각 회기의 시작과 끝마침을 확실하게 알려 주는 역할을 하는 의례적인 활동들이다. 회기의 시작은 아동을 환영하고 각 아동을 개인별로 인정해 주는 한두 가지 활동으로 시작해야 한다. 치료가 끝날 때는 모든 아동들에게 무엇인가(먹을 것이나 포옹)를 나누어 주고 돌보아 주어야 한다. 음식을 나누어 먹은 후 끝마치는 노래를 부르는 것은 공동으로 하는 즐거운 경험으로서 집단 구성원들을 서로 결속시킨다.

집단 구성원이 집단 회기를 얼마나 잘 수행하였는지에 따라 양육활동을 실시하거나 보류해서는 안 된다. 이것은 행동주의적 관점으로서 애착의 관점과는 상반되는 것이다. 애착의 관점에서는 집단이 가장 연약하다고 느낄 때(예를 들어, 회기 중 진행이 잘 안 될 때) 양육이 필요하다고 본다. 치료사는 '실패'를 비난이나 유쾌하지 않은 결과로 보기보다는 집단 구성원을 보살펴 줄 수 있는 기회로 보아야 한다.

각 회기의 중반부에는 활기차고 집단 구성원을 참여하게 하며 집단의 진행상 단계나 문제점을 반영할 수 있는 활동을 선택한다. 이 부분에 대해서는 전체 치료 회기 중 중기 단계에 대한 설명을 할 때 좀 더 자세히 논의할 것이다.

치료과정의 단계에 대한 계획

집단 치료놀이 과정은 세 단계로 나눌 수 있다. 첫번째는 서로에 대해 알아가는 짧은 초기 단계다. 그다음 중기 단계(중기 단계의 기간은 전체 치료 횟수에 따라 달라진다)에서는 집단 구성원이 해결해야 할 특별한 관계적 문제를 다룰 수 있다. 그리고 마지막 종결 단계에서는 치료의 종결을 위한 준비가 이루어진다.

초기 단계 초기 단계는 3~5회기까지가 해당된다. 이 단계에서는 아동들이 서로를 아는 데 도움이 될 수 있는 활동을 실시하는 데 초점을 맞추어야 한다. 치료사는 집단 구성원에게 집단 치료놀이의 규칙, 의례적인 활동들 그리고 분위기를 소개해야 한다. 이 단계에서 집단 구성원들은 치료사가 집단 구성원들이 어떤 방식으로 서로 '함께 있는 것' 을 기대하는지, 어떻게 치료사가 그들과 '함께 있을 것' 인지를 배운다. 예를 들어, 집단이 치료사나 구성원들이 예상한 대로 게임을 하지 않을 때에도 치료사가 심기 불편해 하지 않거나 집단이 '제대로 할지' 에 대해 걱정하지 않고 열정적으로 활동에 참여함으로써 이러한 접근방식을 보여 줄 수 있다. 아동들은 치료사가 활동을 중단하고 상처입은 아동에게 로션을 발라 줄 때는 '상처 주지 않기' 의 규칙에 대한 비언어적인 의미를, '자기 하고 싶은 것만 하려는' 아동의 손을 잡아 다시 집단으로 데려올 때는 '함께하기' 의 규칙에 대한 비언어적 의미를, 그리고 경쟁적인 활동보다 즐겁고 협동할 수 있는 활동을 실시할 때는 '즐겁게 놀기' 의 규칙에 대한 비언어적 의미를 알게 된다.

집단 구성원들은 규칙을 알아감에 따라 서로를 알아가기 시작하고, 눈 맞춤, 접촉과 신체적으로 가까이 다가가는 것도 점점 더 편안함을 느낄 것이다. 초기 단계에서는 단순하고 잘 구조화되고 위협적이지 않은 활동으로 구성하는 것이 가장 좋다. 처음 1, 2회기에는 (중간 활동들을 하지 않고) 단순히 시작 노래, 체크업, 음식 나누기, 작별 노래 부르기 등의 활동만 실시할 수도 있다. 이 방법은 특히 치료사가 치료놀이 집단을 이끄는 방법을 배우고 있는 중이거나 집단 치료놀이를 처음 실시하는 경우에 권장할 만하다.

중기 단계　　아동들이 집단 규칙에 익숙해지고 서로 더욱 편안해졌다면, 치료사는 초기 단계에서 할 수 있었던 활동들보다 좀 더 신뢰가 필요하고 자기통제와 집단 구성원 간의 협동이 요구되는 활동을 선정할 수 있다. 그러한 활동으로는 신체 접촉 전달하기 놀이, 솜공 터치와 담요 전달 등이 있다.[1]

이 단계에서는 시작과 끝에 하는 의례적 활동들의 양육적인 특성과 대조적으로 다른 치료놀이 차원을 혼합하여 첨가할 수 있다. 신나는 게임(서로 손을 사용하지 않고 짝을 이루어 배나 이마 사이에 풍선을 끼고 함께 이동하기)과 도전적인 게임(집단의 한 사람 혹은 두 사람은 집단 바깥에 따로 서 있고 그동안 집단 구성원들은 손을 잡고 서로 얽히게 만든다. 바깥에 나와 있던 사람은 얽혀 있는 집단 구성원들의 손을 떼지 않고 얽힌 것을 풀도록 한다)은 낮은 각성 상태에서 높은 각성 상태로 올라갔다가 다시 원래대로 돌아가는 리듬을 만들어 낸다.

- 관계적인 문제에 초점 두기: 중기 단계에서 치료사는 집단 혹은 개인 구성원들이 처리해야 할 문제를 다루는 활동을 선택할 수 있다. 예를 들어, 눈 맞춤, 접촉 그리고 차례로 하는 활동을 통해 편안함을 증가시킬 수 있다. 다른 사람들에게 양육적인 돌봄을 보여 주고, 함께 즐거워야 한다는 것이 전체 회기 동안 진행되는 활동의 기본이 되어야만 한다. 또한 치료사는 가령 아동이 질병, 가족의 붕괴, 상실이나 외상으로 고통받고 있는 경우에 그 아동의 필요를 충족시키기 위해 한 회기 혹은 한 활동을 실시할 때도 있다.

  다음은 특정한 관계적 주제들과 관련 있는 몇 가지 활동들이다.

- 눈 맞춤: 솜공 터치, 매직 페이스페인팅과 콩주머니 잡기와 같은 활동들을 통해 향상될 수 있다.
- 접촉과 친밀함: 전기 전달, 자석놀이, 일기예보와 같은 놀이를 통해 촉진될 수 있다.
- 신뢰감: 아동들에게 눈을 가린 친구가 방을 도는 것을 안내하게 하는 활동을 통해 향상될 수 있다.
- 차례 지키기: 점진적으로 발전할 수 있다. 처음에 치료사는 활동을 동시에 하는 것을 원할 수도 있다("모두 손을 잡고 함께 점프하세요." 또는 "당신의 짝과 함께 작아지거나 커지세요."). 서서히 차례 지키기의 정도를 다양화할 것을 요하는 활동을 첨가할 수 있다. 치료사는 집단을 두 팀으로 나누고 한 팀이 다른 팀의 손뼉 치고 뛰고 웃는 행동

등을 모방하게 하여 각각의 아동들이 응답하는 데 오래 기다리지 않게 할 수 있다. 치료사는 차츰 한 명씩 원을 도는 활동들로 구성해 갈 수 있다.

- 협동: 담요공(모든 사람이 담요의 모서리를 잡고 반대편의 사람에게 공을 굴리는 게임), 손탑쌓기, 거대한 노젓기 놀이, 협동적 음악 의자(Orlick, 1978), 상대편 끌어당기기를 통해 발전될 수 있다.
- 개인적인 차이점을 존중하고 인정하기: 손바닥 안에 손금을 보고 모양과 글자 찾기, 누구의 코 또는 손이 따뜻한지 차가운지를 찾기과 같은 놀이를 통해 향상될 수 있다.
- 흥분 조절하기: 구조화는 더 적게 사용하고 움직임과 도구는 더 많이 사용하면 흥분이 촉진될 수 있다. 모터보트, 풍선 균형 잡기와 같은 게임은 아이들이 좀 더 높은 수준의 흥분이나 각성 수준을 경험할 수 있게 하는데, 이러한 활동을 한 다음에는 반드시 모든 사람이 원으로 둘러앉아 전달하기를 하거나 부드러운 접촉을 전달하는 활동(악수, 등 토닥거리기, 코 살짝 건드리기, 안기)과 같이 진정시킬 수 있는 활동을 실시해야 한다.
- 도전에 직면하기: 솜공 싸움, 리더 따라 하기, 눈감고 친구 알아맞히기(눈을 가린 아동이 자기 앞에 앉아 있는 친구의 얼굴과 머리카락을 부드럽게 만져 보거나 목소리를 들어 보고 누구인지 맞히는 놀이)와 같이 경쟁이나 공격하는 체하는 활동을 통해 촉진될 수 있다. 집단 구성원들이 글자나 숫자, 모양, 단어 또는 짧은 메시지를 다른 아동의 등에 적고 그것을 맞히게 하는 것과 같은 학문적 기호를 고려한 게임 또한 도전을 제공한다.

● 성인-아동, 짝 또는 전체 집단으로 활동할 것인지를 결정하기: 치료사는 게임을 하는 동안 혹은 회기 중에 아동들이 집단의 리더 또는 짝과 상호작용할 것인지 혹은 집단 전체와 상호작용할 것인지를 결정해야 한다. 5세 이하의 아동들과 함께 할 때, 새로운 집단과 함께 할 때, 또는 발달지연 아동집단일 때, 종종 아동들이 치료놀이가 전달하는 단순명쾌함과 친밀함에 익숙해지고 편안해질 때까지 주로 집단 리더와 상호작용하도록 하는 것이 가장 좋다. 치료사는 서서히 구성원들이 다른 사람들과 상호작용하는 것을 지지하고 격려해야 한다. 전체 집단활동은 개별 아동을 '곤란하게 만드는 것'을 예방하며, 종종 연령이 더 높거나 자의식이 강한 아동들에게 유용하다. 그러나 전체 집단활동은 매우 흥미로워서 아동들을 더 자극시키는 경향이 있기 때문에 쉽게 아동들을 통제할 수 없게 되는 경향이 있다.

종결 단계 종결 단계에는 참가자들이 집단의 종결을 준비하고 받아들이는 것을 돕는 활동을 실시해야 한다. 개별 치료놀이에서와 마찬가지로, 치료사는 몇 회기가 지나면 집단이 종결될 것이라고 미리 말해 주고 매번 몇 번의 회기가 남았는지 상기시켜 줘야 한다. 이 단계에서 작별을 하는 한 가지 방법으로 집단 구성원들이 좋아하는 게임들을 다시 한 번 해 보기도 한다. 치료사는 집단 구성원 개개인이 간직할 수 있는 기념품을 만드는 시간을 계획할 수도 있다. 이러한 기념품으로는 단체 사진, 각 구성원들의 긍정적인 특징을 적은 특별한 목록, 그리고 작은 로션 병과 솜공, 스티커 또는 집단 치료놀이 경험을 나타내는 상징적인 물건들을 넣은 선물 가방이 있다.

부모에게 정보를 제공하고 참여시키기

집단 치료놀이는 참여하는 사람들에게 새로운 경험이기 때문에 부모에게 사전에 집단 치료놀이에 관한 정보를 제공해야 한다. 부모에게 치료놀이가 어떤 것인지에 대한 정보를 알려 줄 뿐 아니라 부모가 치료놀이 집단에 방문하거나 참여하고, 가정에서 자녀들과 함께 상호작용할 때 치료놀이적인 활동을 포함할 수 있도록 격려해 주어야 한다. 이러한 방법을 통해 부모들은 치료놀이 집단의 분위기를 가족 안에 통합시키는 중요한 역할을 하게 된다.

치료놀이 접근을 위해 부모 준비시키기

집단 치료놀이 첫 회기를 시작하기 전에 부모들과 사전 만남을 가져야 한다. 이때 치료사는 부모에게 네 가지 집단 규칙들에 대해 말해 주고, 집단 치료놀이에 대해 알려 주고, 치료목표를 설명해 줄 수 있다. 부모는 자녀들이 집단 내에서 생긴 일을 설명할 때 무엇에 관해 말하고 있는지를 이해할 필요가 있다. 부모에게 치료놀이 집단과 비슷한 집단의 치료과정을 녹화한 비디오테이프를 보여 주는 것도 도움이 된다. 집단 치료놀이를 직접 시연해 보이고 부모가 참여할 기회를 주어야 한다. 손 꽉 쥐기, 깃털 터치한 부위 알아맞히기, 솜공 불기, 일기예보, 일상적인 음식 나누기, 노래하기 등은 부모들이 편안히 즐길 수 있는 활동들이다. 사전 모임은 부모에게 질문하고 관심을 표현할 수 있는 기회를 주고, 치료사에게는 아동들에게 제공할 양육적인 접촉의 가치에 대한 신념을 부모에게 알릴 수 있는 기회가 된다.

부모를 연습시키기

치료놀이 집단에 아동들과 함께 부모를 참여시키기로 결정하였다면 부모들이 처음으로 집단에 참여하기 전에 몇 회기 정도 연습 회기를 갖는 것이 도움이 된다. 이것은 부모 스스로 접촉, 놀이, 양육에 편안해지고, 부모가 아동들에게 관심을 기울이고 돌봐 주기 이전에 부모 자신의 욕구도 충족되는 것이 필요하기 때문이다. 부모들은 책임을 지고, 양육하고, 함께 친밀해지고, 즐거워하는 방법을 배우게 된다. 치료사는 부모들끼리 짝을 이루어 한쪽 부모가 어른 역할을 맡고 다른 한쪽 부모는 아동 역할을 하도록 하여 책임지고, 양육을 제공하고, 즐거운 경험을 연습시킬 수도 있다.

부모를 집단 치료놀이에 참여시키기

부모는 다양한 방법으로 집단에 참여할 수 있다. 집단 치료놀이를 관찰하기 위한 공개 초대장을 부모에게 보내 부모가 편안함을 느낄 때 참가자로서 집단에 참여하게 할 수 있다. 부모들 각자가 자신의 자녀들과 놀이의 짝이 되어 일대일로 상호작용하고 적절한 때에 자녀를 집단활동에 참여시키도록 도울 수 있다. 또는 먼저 일방경 뒤에서 아동들을 관찰하며 해석치료사의 도움을 받아 집단 내에서 무슨 일이 일어나는지를 이해하며 참여할 준비를 할 수도 있다. 다음은 부모들을 아동집단에 참여시키는 세 가지 방법들을 설명하고 있다.

공개 접근 이 접근은 집단활동 시간에 교실로 부모를 초대하는 방법이다. 부모들은 관찰만 할지 또는 아동들과 함께 참여할지를 선택할 수 있다. 만약 아동이 부모가 지켜보기만 하는 것을 힘들어한다면, 치료사는 부모가 참여하도록 격려하거나 아동이 자신의 부모 옆에 앉도록 허락할 수도 있다. 부모가 참여하는 경우, 치료사는 부모도 집단의 구성원으로서 재미있게 참여하게 하고 아동들에게 해 준 것과 똑같이 그들을 돌보아 준다. 또는 부모가 자신의 자녀와 짝이 되어 아동이 집단활동에 잘 참여하도록 돕게 할 수도 있다. 이러한 방식으로 치료사는 애착 문제로 고통받는, 치료가 필요한 부모-자녀 쌍을 확인할 수 있다. 부모가 치료에 참여할 때, 부모는 오로지 자신의 자녀에게만 책임을 지게 된다는 것을 분명히 이해하고 있어야만 한다. 부모가 다른 부모의 아동을 구조화하는 것을 돕도록 책임지게 하는 것은 적절하지 못하다.

놀이 파트너 접근 부모는 가족 중 한 자녀와 짝이 될 수도 있고 자녀들 모두와 짝이 될 수도 있다. 다음 예시는 집단의 모든 아동이 자신들의 부모와 함께 한 사례다.

입양 아동과 부모

동유럽의 고아원에서 영아기나 걸음마기의 아동들을 입양한 가족집단에게 부모와 아동 간의 애착을 향상시키기 위해 한 부모, 한 아동 모델이 적용되었다(Bostrom, 1995). 아동들의 연령은 세 살에서 여섯 살이었다. 다가구 집단으로 구성되었으며, 부모-자녀 쌍들의 애착 증진과 상호작용에 중점을 두었다. 각 집단 치료놀이 회기 후에는 30분씩 리더와의 상담시간이 있어서 부모들이 한 주 동안의 경험을 나누고 질문을 할 수 있는 시간을 갖고, 리더와 부모들은 아동들의 긍정적인 변화에 대한 관찰 내용을 서로 이야기하였다.

회기에서 부모들은 아동들의 집단 밖에 원으로 둘러앉는다. 아동들은 안쪽에 원을 만들고, 부모와 마주 보며 방석에 앉는다. 초기 회기 동안에 리더는 활동마다 하는 방법을 알려 주고, 각 쌍은 차례대로 게임을 하고, 게임을 할 때 다른 쌍들은 관찰하게 하였다. 모두가 좀 더 편하게 할 수 있게 되면 모든 부모-자녀 쌍은 동시에 활동을 하였다. 그다음 리더는 각 부모-자녀 쌍이 정서적 유대를 촉진시킬 수 있도록 코치로서 행동했다. 회기는 부모들이 아동들에게 로션을 발라 주고, 손도장을 찍고, 아동을 흔들어 주는 것으로 시작하였다. 그리고 부모가 아동을 안고 '작은 별' 노래를 부르며 마무리하였다. 아동들은 새로운 언어능력을 습득하고, 눈 맞춤과 접촉능력이 증가하면서 부모와 좀 더 친밀해졌다. 부모들은 더 여유로워지고, '우스꽝스러움'에 더 편해지게 되고 더 능숙하게 되었다.

이 입양된 아동집단이 모든 활동을 할 때 부모-자녀 쌍으로 하는 것을 유지하여 그동안 이루어진 부모와 자녀 간의 애착이 약해지지 않도록 하였다. 만약 치료사가 이 모델을 집단에 적용한다면, 처음에 부모-자녀 놀이시간을 가진 후에 전체 집단 놀이시간을 가져 전체가 함께 할 수 있게 할 수 있다. 또한 부모-자녀 쌍끼리 같은 활동을 하게 할 수도 있고, 변형시켜서 전체 집단 구성원이 함께 하도록 할 수도 있다. 각 가족들이 모여 함께 하거나, 아이들끼리 짝을 이루게 할 수도 있으며, 아이들끼리 집단으로 함께 하고 부모들은 관찰하거나, 필요할 경우에만 도움을 주도록 하는 다양한 구성이 있다.

관찰적 접근 집단 치료놀이 안에서 자신의 아이들을 관찰함으로써 부모들은 자신의 자녀들의 상호작용 방식과 집단이 진행되는 방식에 관해 더 많이 알 수 있다. 학교 기반의 부모-자녀 평가와 치료 모델은 십대 부모와 그 자녀들을 위해 개발되었다(Talen & Warfield, 1997). 부모-자녀 요소는 '가족 건강관리' 프로그램의 일부로, 취학 전 아동에게 그들의 공동체 속에서 그리고 아동과 주 양육자 사이에서 꼭 필요한 건강과 정신건강 케어를 제공하였다.

10대 엄마들은 자습시간을 활용해 15~20분 동안 자신이 다니는 고등학교에서 실시하는 헤드스타트 프로그램 중 '건강한 자존감 집단'에 참여하고 있는 자신의 아이들을 관찰하였다. 이를 위하여 엄마들이 방문을 시작하기 전에 아동들에게 집단 치료놀이를 몇 주 동안 경험하게 하였다. 세 차례로 나누어진 관찰시간 동안에 해석치료사는 각 아동의 긍정적 특징에 대해 말해 주고, 자녀의 연령에 적절한 행동에 대하여 엄마들이 이해하도록 돕고, 긍정적 상호작용의 본보기를 보여 주었다. 엄마들은 기꺼이 마지막 회기에 자신의 아이들과 함께 집단에 참여하였다. 치료놀이 집단은 즐겁고 양육적인 분위기를 띠었으며, 아동들은 편하게 엄마의 무릎 위에 앉아 있었다. 한 엄마는 자발적으로 회기를 마칠 때 부를 랩 음악을 만들었다. 이런 모습과 게임을 할 때 터져 나오는 웃음과 미소를 보면 이 치료 모델이 성공적임을 알 수 있다.

다음은 내재화 문제(수줍어하는, 위축된 행동)가 있는 아동들을 위한 집단 치료놀이의 예시로, 부모들은 아동들의 집단에 참여하기 전에 관찰 회기를 가졌다. 이것은 중국에서 실시되었고 연구를 위하여 고안된 것이었다.

내재화 문제 아동과 함께 한 집단 치료놀이

중국에서는 최근 내재화 문제를 보이는 아동들이 증가하는 추세이기 때문에, 아동·청소년 행동평가척도(CBCL; Achenbach, 1991)를 통해 내재화 문제의 위험이 있는 2~4세 아동들이 치료놀이 집단에 참여하게 되었다. 집단 치료놀이의 효과를 검증하기 위해서, 대기자 목록에서 실험집단과 통제집단 아동들을 정하였다. 집단 치료놀이 회기는 8주 동안 주 1회 40분간 실시하였고, 처음에는 각 아동들을 체크업으로 시작하여, 중간에는 활기 넘치는 게임과 진정시키는 게임을 번갈아 가며 실시하고, 음식을 나누고 노래 부르기로 마무리하였다. 초기 회기 동안 엄마들에게 회기를 관찰하도록 하고, 끝난 후 피드백 시간을 가진 후에 집에 가서는 그날 본 활동들을 연습하도록 격려하였다. 마지막 두 회기 동안 엄마들은 집단에 참여하였다. 사후 검사 점수에서는 집단 치료놀이에 참여한 아동들의 점수가 통제집단 아동들의 점수에 비해 현저하게 향상되었다. 아동들은 회기 동안 즐거웠고 특히 엄마와 함께 노는 것이 좋았다고 보고하였다. 풍선 균형 잡기와 솜공 불기는 아동들이 가장 재미있어 하는 게임이었다.

 전체 가족 치료놀이 접근

치료놀이협회(TTI)는 프레스노에 위치한 캘리포니아 주립대학교의 Kyle Weir 박사와 함께 전체 가족들과 함께 하는 치료놀이를 활용하기 위한 프로그램을 개발하였다. 전형적으로는 부모와 가족 내에서 가장 어려움을 겪고 있는 자녀 한 명과 함께 개별 치료놀이를 시작한 후 마지막 회기 때에만 전체 가족과 함께 치료놀이를 실시한다. 이 치료적 접근에서는 시작 회기부터 전체 가족이 참여했다. 이 접근은 가족 내에 어려움을 겪고 있는 입양아동이 적어도 한 명 이상 있는 가족을 대상으로 했다. 한 가족을 하나의 집단으로 해서 가족당 두 명의 치료사가 함께 했다. 치료 회기를 구성할 때 집단 치료놀이 규칙을 활용하고 집단 구성 형식을 따랐다. 아동들의 연령 분포와 욕구가 다양했기 때문에 이 집단 치료놀이는 도전적이었다. 매우 어린 아동들은 방을 마음대로 돌아다니고 싶어 했으나 활동을 하는 중에 가능한 한 이 아동들을 참여시켰다. 30분 간의 회기가 끝난 후 치료사 중 한 명은 부모와 함께 방 한쪽 편에 앉아 회기 중에 일어난 일에 관해 이야기하고, 다른 치료사는 아이들이 장난감을 가지고 놀면서 조용히 있을 수 있도록 개입했다.

전체 가족 치료놀이에서는 치료사들이 아동과 함께 하는 것을 부모가 먼저 관찰하기보다는 처음부터 직접 자신의 아이들과 상호작용을 한다. 이 방식으로 부모들은 자녀들의 경험을 조직하는 사람으로서 힘을 얻고 지지를 얻게 된다. 전체 가족 치료놀이 치료사들은 이 접근법의 매우 단순한 모델을 제공할 필요가 있지만, 부모들이 자신의 아이들과 함께 하며 적극적인 역할을 하는 동안 신속히 지도해 주고 지지해 주는 역할을 해 줘야 한다.

처음부터 가족 전체를 치료 회기에 데려오는 것은 아이들이 많지 않은 가족들에게 도움이 되며, 가족 모두 잘 화합하여 기능적인 단위가 되도록 돕는다.

선샤인 서클

교사들이 아이들과 긍정적인 관계를 형성하고 건강한 학급 공동체를 형성하는 것에 대한 필요성이 커지면서, TTI는 선샤인 서클(Sunshine Circles; Schieffer, 2009)을 개발하게 되었다. 선샤인 서클은 교사나 아동을 돌보는 사람들이 학급을 관리하는 데 사용할 수 있도록 고안되었다. 선샤인 서클 리더들은 치료사가 아니고 치료를 제공하지도 않지만, 집중적인 훈련을 통하여 아동들이 서로 더 존중하고, 더 자신감 있고, 더 친밀해지고, 협동해서 문제를 해결하는 능력을 이끌어 낼 수 있는 활동을 통해 아동들을 지도하는 법을 배운다. 선샤인 서클은 아동들을 위한 사회 · 정서적 교육과정으로 구성되어 있으며, 아이들이 좌절감을 견디는 것과 교사나 또래 친구들에게 도움을 요청하는 능력을 개발하도록 돕는다. 어린 아동들을 위한 이러한 집단을 이끄는 교사들은 선샤인 서클을 시작하기 전보다 아동들이 또래 간에 더 많이 서로 가르쳐 주고, 교실 분위기가 전보다 더 부드러워진 것을 관찰할 수 있었다.

집단 치료놀이를 비공식적으로 활용하기

이제 일반적인 집단을 구성하기가 어려운 상황에서 집단 치료놀이 아이디어들을 포함하는 방법을 설명하고자 한다.

좋은 교사들은 학급에서 모든 아동들이 잘 지내고 긍정적인 상호작용을 하는 것에 주의를 기울인다. 다음의 두 사례는 많은 교육환경에서 볼 수 있는 지지적이고 사회적인 상호작용의 훌륭한 예시를 보여 준다. 한 체육교사는 아이들이 함께 일하고, 느낌을 언어로 표현하고, 서로에 대한 관심을 보여 주는 것을 목표로 하여 협동놀이를 계획하였다. 이것은 그 교사가 여태껏 해 왔던 경쟁과 신체적 숙달을 위한 활동들과는 매우 다른 것에 초점을 맞춘 것이었다. 어떤 미술교사는 큰 종이 위에 각각 아이의 머리를 대고 그 윤곽을 그렸다. 각 아동들의 머리를 본따 그린 것을 아이들이 돌려보도록 하며 그 사람에 대해 특별히 '마음에 드는' 점을 그림 위에 적도록 하였다. 활동이 끝난 후에 각 아동은 전체 학급 친구들로부터 받은 칭찬이 적혀 있는 그림을 집으로 가져갔다.

이러한 '치료놀이 순간들'은 어떤 학급 분위기에도 도입될 수 있다. 한 교사(Wiedow, 개인적 교신, 1997)는 동료와 함께 1학년과 2학년의 두 학급을 함께 가르쳤는데, 소집단 치료놀이 경험을 제공할 수 있는 획기적인 방법을 발견하였다. 참여하는 아동의 수에 대한 문제와 시간 부족 때문에 정식 집단을 구성하기 어려웠기 때문에, 그 교사는 아이들에게 쉬는 시간을 갖는 것 대신에 '좋은 친구집단'에 들어갈 수 있는 기회를 주었다. 최대 다섯 명까지 교실에 머무르며 이 집단에 참여할 수 있었다. 또한 항상 소집단 치료놀이를 위해 봉사하려는 아이들이 있었다. 그러므로 그 반의 모든 학생들은 집단 치료놀이를 경험할 수 있었다.

그러나 가장 주목할 만한 점은 이 교사와 동료 교사가 일반적인 교실 상황에서 체크업을 어떻게 통합했는가에 대한 것이다. 점심식사를 마친 후 아이들이 바깥에서 신나게 놀고 들어와 안정을 찾기 어려워할 때, 교사와 동료는 오후 수업을 시작하기 전에 각 아이들을 체크업 했다. 아이들이 교실에 들어와 자신의 책상에 앉으면 두 선생님은 로션병을 손에 들고 아이들 사이를 돌아다니며 그들의 기분이 어떤지, 다친 곳은 없는지 물어보았다. 로션을 상처 주변에 발라 주고 아이들 사이의 갈등을 다루어 줌으로써 학급이 안정되도록 도왔다. 체크업 활동은 아이들이 학교 수업에 참여하기 전에 각 아이들을 돌보는 시간을 가짐으로써 주의를 전환하기에 완벽한 전이활동이다.

일반적인 교육학급에서 이러한 치료놀이 원리를 이용한 응용 사례를 통해 양육적이고 즐거운 치료놀이의 요소들이 정식 치료놀이 집단이나 치료놀이 기관에 제한되어서는 안 된다는 것을 알 수 있다. 모든 아동들은 학습하기 좋은 마음의 상태를 갖기 위하여 환영받아야 할 뿐 아니라 양육적인 관심을 필요로 한다. 이것은 그 어느 때보다도 오늘날 더 그러하다.

 성인에게 집단 치료놀이 활용하기

집단 치료놀이는 지역사회 외래환자 환경이나 요양기관에 있는 노인뿐 아니라 알츠하이머병을 앓는 노인들에게도 활용할 수 있다. 어떤 환경에서는 아동들을 데려와 노인들과 함께 하는 것이 가능해서 아이들이 할아버지, 할머니들에게 관심을 받는 등의 이점을 누릴 수 있고, 노인들도 어린아이들과 함께 함으로써 즐거워질 수 있다는 장점이 있다. 다음의 세 가지 예시는 독일의 노인들과 초등학교 아이들 집단, 미국의 요양원에 있는 노인들의 사례이고, 마지막은 지적장애를 갖고 있는 서호주의 성인들을 대상으로 한 사례다.

어른과 아동이 함께 한 집단

집단은 네 명의 어른과 네 명의 아이들로 구성되었고, 어른과 아이가 번갈아 가면서 원으로 둘러앉아 시작하였다. 첫 집단 회기의 시작활동은 깃털로 다른 사람을 터치하면서 서로 인사하는 것이었다. 이 활동을 하며 다들 킥킥거리고 웃게 되었다.

그다음 활동은 '조용한 편지' 형식의 체크업이었다. 한 사람이 옆 사람의 귀에 다른 집단원의 이름을 속삭였다. 그 옆 사람은 귓속말로 들은 이름을 다시 다음 사람에게 말해야 했고, 이름을 정확하게 말하는지 혹은 우스운 소리를 내는지 때문에 즐거움을 주었다. 모든 참가자가 이름표를 달고 있기는 했지만, 몇몇 어린 아동들은 잘 읽지 못하고 노인들의 경우 잘 못 듣는 사람들도 있기 때문에 항상 이름을 정확하게 말하지는 않았다. 그러나 치료놀이 집단이 유머가 넘치는 분위기였기 때문에 이름을 말할 때 재미있게 들리는 것을 모두 즐거워했고, 누구도 기분 상해하지 않았다. 다음으로 모든 사람들이 한 손에서 옆에 있는 사람 손으로 로션을 전달하고 상처 돌보기를 했다. 그러나 어떤 때는 로션을 코나 볼에 바름으로써 재미와 자발성을 더했다. 조용히 상처 돌보기 활동을 한 후, 아동들에게는 주위를 돌아다니며 움직이는 활동이 필요했다. 그래서 노인들은 아이들이 잡고 놀 수 있도록 비눗방울을 불어 주었다. 아이들은 서로 잘 협력하여 비눗방울을 모두 터뜨렸다. 그다음 노인들은 차례로 돌아가며 아이들을 위한 손가락놀이를 진행했다. 그런 다음 집단원들은 노래를 부르면서 초콜릿 사탕을 넣은 작은 가방을 옆으로 전달하였다. 노래가 끝났을 때 작은 가방을 손에 쥐고 있는 사람이 초콜릿 조각 하나를 가질 수 있었다. 모두 다 사탕을 갖게 될 때까지 노래 부르기는 계속되었다. 집단은 작별 노래를 부르며 마무리하고, 노인과 아동 짝끼리 손바닥을 마주쳤다. 노인들과 아이들은 즐거운 경험을 함께 나누는 기회를 가질 수 있었다.

요양기관에서의 집단 치료놀이

요양기관에 거주하는 노인들의 가장 큰 문제점 중의 하나는 양육적인 접촉이 부족하다는 것이다. 그곳의 노인들은 접촉을 거의 받지 못하지만 그마저도 침대에서 휠체어로 옮겨 가기 위해 도움을 받을 때, 누군가가 옷을 입혀 줄 때, 먹여 줄 때 등과 같이 순전히 기능적인 것이다. 직원들은 요양기관에 거주하는 많은 수의 노인들을 보살피는 것 때문에 스트레스를 받고 있으며, 개별 노인들과 함께 보내는 시간은 극히 드물다.

요양기관의 노인들이 개인적으로 직원에게 양육적인 접촉을 받는 일은 드물다. 요양기관에 거주하는 대부분의 노인들이 집에서 거주하는 노인들에 비해 훨씬 적은 양육적인 접촉을 경험한다는 것은 놀랄 일이 아니다. 우울증은 요양기관의 노인들에게서 흔히 발생하는데, 이를 유발하는 많은 요인들 중에 양육적인 접촉을 적게 받는 것도 포함된다. 이러한 암울한 상태를 바꾸고 재미를 제공하기 위해 아칸소에 위치한 한 요양기관에서 일주일에 두 번 혹은 세 번씩 정기적인 활동 스케줄을 진행하는 동안에 집단 치료놀이 프로그램을 실시하였다. 참가자는 자원자들로 구성되었다. 이 집단 치료놀이는 8회기 실시되었고 대개 6~10명이 참가하였다. 참가자의 대부분은 70, 80대 후반의 여성이었다. 참가자의 절반 가까이가 휠체어에 앉아 있었고, 나머지는 일반 의자에 앉을 수 있었다. 활동 감독자는 치료놀이에 경험이 없는 사람이었지만, 리더가 보내는 신호에 기꺼이 따랐으며 리더를 보조하였다.

집단활동은 서로 로션 발라 주기, 노래하기, 먹여 주기와 같은 양육활동을 중심으로 진행되었다. 집단은 그룹으로 풍선 치기, 비눗방울 터뜨리기, 서로 작은 콩주머니 전달하기와 같은 가벼운 도전활동들에도 참여하였다. 개입활동으로 리더는 방을 돌며 노인들에게 까꿍놀이를 하고 '작은 별' 노래를 불러 주었다. 이러한 노인들에게는 개입과 구조 활동만으로도 충분히 도전을 주는 것이기 때문에 더 도전적인 활동은 하지 않았다.

이 집단 치료놀이 프로그램 참가자들의 반응은 확연히 긍정적이었다. 치료 회기 중에 미소와 행복한 웃음이 넘쳤으며, 많은 참가자들은 정말로 즐거운 시간이었다고 말했다. 두 명의 참가자는 손에 로션을 발라 주었을 때 울기도 했다. 눈물을 흘릴 때의 느낌에 대하여 물어보았을 때, 노인들은 로션 느낌이 너무 좋았고 다른 동료 노인들과 즐겁고 긍정적인 방식으로 상호작용하는 것이 얼마나 좋은지 모른다고 말했다. 직원들은 집단 치료놀이에 참여한 노인들이 그렇지 않은 노인들보다 서로 상호작용할 때 더 행복해 보였다고 보고하였다. 직원이 집단에 대한 이야기를 듣게 되기 시작할 즈음, 많은 사람들이 치료놀이 집단을 관찰하기 위해 들렀다. 리더는 집단활동에 그들을 참여시켰고, 이로 인해 요양원에 거주하는 노인들끼리의 유대감이 더 강해졌다.

치료사가 노인 대상 집단 치료놀이를 이끌 때 항상 겪게 되는 문제점들이 있다. 많은 참여자가 휠체어에 앉은 채로 거동을 못했다. 그렇기에 활동할 수 있는 범위가 제한되고 할 수 있는 활동의 수와 종류가 줄어들었다. 이 때문에 아동과 집단 치료놀이를 할 때보다 더 많이 활동을 반복해서 해야만 했다. 몇몇 참가자는 쇠퇴해진 인지능력 때문에 힘들어했다. 그러므로 노인대상 집단 치료놀이는 간단한 활동들로 구성했고, 노인들에게 확실히 설명해야 했으며, 그들이 활동에 잘 참여할 수 있을 때까지 반복해서 보여 주고 연습시켜야 했다. 피로 또한 고려해야 할 요인이었다. 노인들은 30분 이상 지속해서 치료놀이 활동에 참여할 수 없었다. 이러한 문제들 때문에 노인집단의 치료사는 매우 높은 수준의 에너지와 개입이 필요했다. 치료놀이 참가자들의 원기와 에너지가 증가했다는 많은 표시로 볼 때 이러한 노력은 매우 가치 있는 것이었다.

인지적 손상이 있는 성인의 소속감 증진시키기

인지적 손상이 있는 성인들의 삶의 질을 향상시키는 것을 목표로 주 1회의 집단 치료놀이 프로그램이 실시되었다. 프로그램 개발자들은 비폭력 의사소통(Nonviolent Communication: NVC)을 가르치기 위한 프로젝트로 자존감, 정서 표현, 사회적 상호작용을 증진시키기 위해 치료놀이를 사용했다. 이 집단에서는 치료놀이 원리 중 구조의 차원은 강조하지 않았고, 개입활동을 통하여 '보이고' '느껴지도록' 도와주고, 양육은 참가자들에게 자신이 가치 있고 소중하게 보살핌을 받는다는 것을 느끼도록 도와주었다. 그리고 도전활동을 통하여 몸과 마음으로 새로운 것을 시도해 볼 수 있었고, 동료들과 더 잘 상호작용하도록 이끌었다. 감각통합 운동, 이야기하기, 춤, 이완을 포함한 다른 접근들도 이러한 집단들에 함께 사용되었다.

치료놀이는 인지적으로 너무 많이 손상되어 비폭력 의사소통 훈련으로 도움을 받기 어려운 사람들의 행동의 범위를 증진시키는 것처럼 보였다. 그들은 눈 맞춤을 더 잘할 수 있게 되었고, 타인에게 다가가는 것을 잘 견디게 되었고, 다른 사람들의 접촉을 허용하였고, 좋고 나쁨을 더 잘 표현하였고, 활동 수준을 향상시켰고, 사회적으로 문제가 되는 행동들을 조절할 수 있게 되었다.

이러한 집단들의 효과는 집단 개인들의 성과들로 입증되었다. 집단에서 이전에 반응이 없던 한 남자는 집단 치료놀이를 경험한 후에 다른 사람을 쳐다볼 수 있었고 상호작용을 시작할 수 있었다. 심각한 우울증을 겪고 있던 두 번째 사람은 다른 사람들이 자신을 알도록 해 주었다. 또한 자신의 삶에 대해 극단적으로 부정적 측면을 보이던 세 번째 사람은 조직에서 집단의 리더와 지지자로 활동하게 되었다. 집단 치료놀이 전에 겪었던 우울과 고립과는 대조적으로, 모든 참여자들은 향상된 소속감을 보고했다.

집단 치료놀이는 치료놀이 접근의 이점을 공유하는 방법들을 더 많은 사람에게 제공한다.

이제까지 집단 치료놀이와 다양한 변형들이 어떻게 다양한 배경과 각기 다른 대상에게 적용될 수 있는지에 대한 몇몇 사례들을 제시하였다. 아동, 성인, 가족, 학급에서 집단 치료놀이의 효과를 보는 것은 언제나 신나는 일이 될 것이다.

1. 집단활동에 대한 더 많은 정보는 다음 책들을 참고하라. *Play with Them*(Rubin & Tregay, 1989), *Fun to Grow On*(Orlick, 1978, 1982), *Baby Games*(Martin, 1998). 이 장에서 언급된 많은 활동에 대한 설명은 부록 B의 치료놀이 활동 목록을 보라.

부록 A

마샤 상호작용 평가(Marschak Interaction Method): 추천 기본과제 목록

3세 이상

1. 성인과 아동은 각각 찍찍 소리나는 동물 인형을 하나씩 갖고, 두 동물 인형이 함께 놀게 한다.
2. 성인과 아동은 각자 종이와 연필을 갖는다. 성인은 재빨리 그림을 그린 후, 아동에게 따라 그려 보라고 권한다. 혹은 성인이 블록으로 구조물을 쌓아 만든 다음 아동에게 "네가 가진 블록으로 이것과 똑같이 만들어 보렴." 이라고 말한다(아동의 발달 연령에 따라 5개 세트 혹은 8개 세트의 블록을 사용).
3. 성인과 아동이 각각 로션병을 갖고 서로에게 로션을 발라준다. 혹은 성인이 아동의 머리를 빗겨 주고, 아동에게 성인의 머리를 빗겨 달라고 한다.
4. "네가 아기였을 때……" 로 시작하여 아동이 아기였을 때에 관해 성인이 아동에게 말해 준다. 혹은 아동이 입양되었거나 위탁보호를 받고 있다면 "네가 우리와 함께 살게 되었을 때……" 로 시작하여 아동에게 이야기해 준다.
5. 성인은 아동이 모르고 있는 것에 대해 아동에게 가르쳐 준다.
6. 성인은 아동을 남겨 둔 채 1분간 방을 떠난다.
7. 성인과 아동 모두에게 익숙한 놀이를 한다.
8. 성인과 아동은 서로에게 모자를 씌워 준다.
9. 성인과 아동은 서로에게 음식을 먹여 준다(약간의 간식).

추가적인 고려사항

- 예를 들면 로션 사용하기와 머리 빗겨 주기와 같이 두 가지 활동이 나열되어 있을 때, 각각의

부모가 한 가지 활동을 한다.

- 아동과 성인이 더 어린 연령을 위한 활동에 편안함을 느끼는지 평가하기 위해 쎄쎄쎄와 같은 연령대가 더 낮은 아동을 위한 과제를 추가한다.
- 9~12세의 아동에게는 콩 불기, 엄지손가락 씨름, 눈 감고 방 안에 있는 물건을 기억하여 이름 말하기와 같은 더 도전적이고 신체적인 활동을 추가한다.

태아기

1. 당신과 당신 아기의 그림을 그려라 #1.
2. 당신의 아기와 이야기하고 놀아 보라.
3. 아기가 성인이 되었을 때에 관해 아기에게 이야기하라.
4. 언어를 사용하지 않고 아기와 의사소통을 한 후, 그 내용을 말로 표현해 주어라.
5. "네가 생겼을 때……" 로 시작하는 이야기를 아기에게 말해 주어라.
6. 당신이 생각하기에 아기가 가장 스트레스를 받았던 상황에 대해 아기에게 이야기하라.
7. 당신이 아기의 스트레스를 줄이기 위해 어떠한 노력을 했는지 아기에게 말하라.
8. 아기에게 노래를 불러 주어라.
9. 아기에게 무언가를 가르쳐 주어라.
10. 아기에게 출생에 대해 준비시켜라.
11. 아기에게 당신과 아기가 함께 했던 가장 행복했던 순간에 대해 말하라.
12. 당신과 당신 아기의 그림을 그려라 #2.
13. 아기에게 아빠나 엄마에 대해 말하라.
14. 아기에게 앞으로 만날 사람들에 대해서 말하라.

영 아

1. 아기를 무릎에 앉히고, 아기와 이야기하고 놀아 보라.
2. "네가 태어났을 때……" 로 시작하는 이야기를 아기에게 하라.
3. 당신이 생각하기에 아기가 가장 스트레스를 받았던 상황에서 당신이 아기의 스트레스를 줄이기 위해 어떤 노력을 했는지 아기에게 이야기하라.
4. 아기에게 노래를 불러 주어라.
5. 아기가 지금 당장 원하는 것이 무엇인지 말해 주어라.
6. 아기를 무릎 위에서 통통 튕겨 주고, 아기 배에 바람을 불어 주어라.
7. 성인은 아이를 남겨 둔 채 1분간 방을 떠나라.
8. 성인이 나가 있는 동안 아기가 어떤 것을 하고 있었을지 성인의 생각을 말하라.
9. 아기에게 무언가를 가르쳐 주어라.

10. 아기에게 함께 했던 가장 행복한 시간에 대해 말하라.
11. 아기가 성인이 될 때에 관해 아기에게 이야기하라.
12. 아기에게 아빠나 엄마에 대해 말하라.
13. 아기와 까꿍놀이를 하라.
14. 아기에게 음식을 먹여라.
15. 아기와 함께 춤을 춰라.

걸음마기 유아

1. 성인과 아동은 각각 찍찍 소리나는 동물 인형을 하나씩 갖고, 두 동물 인형이 함께 놀게 한다.
2. 성인은 블록으로 구조물을 쌓아 만든 다음 아동에게 "네가 가진 블록으로 이것과 똑같이 만들어 보렴."이라고 말한다(4개 세트).
3. 성인은 아동에게 로션이나 파우더를 발라 준다.
4. 성인은 아동의 손을 잡고 20까지 센다.
5. "네가 아기였을 때……"로 시작하여 아동이 아기였을 때에 관해 성인이 아동에게 말해 준다. 또는 "네가 우리와 함께 살게 되었을 때……"로 시작한다.
6. 성인은 아동이 볼 수 없는 곳에서 종을 울린다.
7. 성인은 아동을 남겨 둔 채 1분간 방을 떠난다.
8. 성인과 아동은 쎄쎄쎄를 한다.
9. 성인은 아동이 모르고 있는 것에 대해 아동에게 가르쳐 준다.
10. 성인은 아동에게 음식을 먹여 준다.

청소년

1. 성인은 팔다리가 움직이는 작은 인형이나 찍찍 소리를 내는 동물 인형을 하나 고르고, 다른 하나를 아이에게 준 후 두 인형이 함께 놀게 한다.
2. 성인은 아이가 모르고 있는 것에 대해 가르쳐 준다.
3. 서로의 행운에 대해 말해 준다.
4. 서로에게 로션을 발라 주거나 머리를 빗겨 준다.
5. 함께 익숙한 놀이를 한다.
6. 아이를 남겨 둔 채 1분간 방을 떠난다.
7. 엄지손가락 씨름을 3회 한다.
8. 성인은 아이에게 지금부터 10년 후 아이의 일상 중 하루를 묘사해 보라고 한다.
9. 서로에게 모자를 씌워 준다.
10. 서로에게 음식을 먹여 준다(약간의 간식).

부록 B

차원(Dimension)에 따른 치료놀이 활동

이번에 개정된 활동 목록은 각 차원의 활동들을 세 개의 연령 범위로 나누어 알파벳순으로 나열하였다.

- 영유아(young): 생물학적 또는 발달적으로 어린 연령(예: 1~3세)
- 모든 연령(all): 모든 연령에 적절히 수정해 적용 가능
- 학령기 이후 아동(older): 생물학적 또는 발달적으로 높은 연령(예: 8~15세)

차원별로 마지막에 있는 몇몇 활동들은 참가자가 셋 또는 그 이상인 집단, 예를 들어 부모가 회기에 참여할 때나 아동이 한 명 이상일 때 더 적합한 활동들이다. 활동이 진행되는 방식에 따라 한 활동이 한 가지 이상의 차원에 해당될 수도 있다. 예를 들어, 박수치기(hand-clapping) 게임은 개입과 구조의 두 차원에 모두 해당된다. (여기에 제시되지 않은) 전 세계의 어린 아동들이 즐기는 수많은 게임들 역시 모든 연령의 아동들에게 맞게 조정하여 치료 회기에서 사용할 수 있다. 아주 어린 아동에게 활동을 적용할 때는 반드시 아동의 신체적 능력 범위 내에 있는 활동이면서도 그들이 이해할 수 있는 활동이어야 한다. 학령기 이후 아동의 경우에는 단순한 활동들을 더 도전적이고 재미있게 조정하여야 한다. 치료사 또는 부모는 주고받기를 격려하고 아동의 주의력을 높이기 위해 아동과 번갈아 가며 할 수도 있고, 가능할 경우 언제든지 활동에 변화를 줄 수 있다.

구 조

구조활동의 목적은 아동의 경험을 조직화하고 조절하는 데 있다. 성인은 제한을 설정하고, 신체의 경계를 지으며, 아동의 안전을 유지하고, 일련의 활동을 완성시키도록 돕는다.

신호에 대한 언급: 어떤 활동을 시작할 때 신호를 사용하는 것은 구조를 증가시킨다. "하나, 둘, 셋, 시작." 또는 "제자리에, 준비, 시작."과 같은 간단한 신호로 시작하여 좀 더 복잡한 신호, 즉 여러 단어들 중에 선택된 단어 듣기 또는 윙크, 얼굴 움직이기 같은 시각적 신호 보기로 발전시킬 수 있다. 신호는 어느 시점에 도달하면 활동의 속도를 늦추거나 너무 뻔히 예측할 수 있게 만들어 치료사가 원하는 편안하게 즐기는 분위기를 깰 수 있으므로 모든 활동에 다 사용하지는 말아야 한다.

영유아

콩주머니 게임(Beanbag Game): 콩주머니 또는 부드러운 장난감을 치료사의 머리 위에 올려놓고, 자신의 손을 아동의 펼친 손 아래에 놓은 다음, 신호를 준 후 고개를 숙여 아동의 손 안으로 콩주머니를 떨어뜨린다. 이를 번갈아 가며 한다. 변형: 잘 잡지 못하는 아동을 위해서는 치료사가 아동의 손을 같이 잡아 주어 함께 콩주머니를 잡는다. 또는 잡지 않고 손을 벌리게 하여 콩주머니를 그 안으로 떨어지게 할 수도 있다.

팔 안으로 뛰기(Jump into My Arms): 아동을 베개나 소파에 서게 한 후, 신호를 주어 아동이 집단의 팔 안으로 뛰어들게 한다.

쎄쎄쎄(Patty-Cake): 아동의 손을 잡고 노래를 부르며 아동을 이끈다. "패티 케이크, 패티 케이크, 빵집 아저씨 / 가장 빠르게 나에게 케이크를 구워 주세요 / [아동의 이름 첫 글자]와 함께 굴리고 두드리고 모양을 내주세요 / 그리고 나와 [아동의 이름]을 위해 그것을 오븐에 넣어 주세요!" 치료사는 발을 이용할 수도 있다. 이 놀이는 개입활동이기도 하다.

색깔점토 짜기 또는 찍기(Play Doh Squeeze or Prints): 치료사는 색깔점토 한 덩어리를 아동의 양손 사이에 쥐어 주고 아동의 손을 감싼다. 아동의 눈을 바라보면서 "짜세~요!"라고 말하며 색깔점토를 쥐고 있는 아동의 손을 치료사의 손으로 꽉 눌러 준다. 이러한 강한 압력은 조절이 안 되는 아동을 조직화하는 데 도움이 될 수 있다. 색깔점토를 손가락, 손, 발 도장을 찍는 데도 사용할 수 있다.

비눗방울 터뜨리기(Pop the Bubble): 치료사가 비눗방울을 불어 채로 잡는다. 아동이 손가락, 발가락, 팔꿈치, 어깨, 귀와 같은 특정한 신체 부위로 비눗방울을 터뜨리도록 한다. 비눗방울은 어린 아동들의 흥미를 쉽게 사로잡기 때문에 이렇게 구조화된 방식으로 사용할 수도 있고 더 자발적으로 참여하게 하는 방식(예: 아동에게 가능한 한 빨리 모든 비눗방울을 터뜨리게 하기)으로 하여 개입활동으로 사용할 수도 있다.

모든 연령

솜공 불기(Cotton Ball Blow): 치료사와 아동은 스카프 또는 긴 천 조각을 잡는다. 솜공을 스카프의 한쪽 끝에 두고 아동과 서로 주고받으며 분다. 또는 솜공을 집단의 두 손 위에 놓고 아동의 손 안에 불어넣는 방법도 있다. 또 다른 방법으로는 길게 접은(아동의 팔 또는 다리 길이만큼) 호일 위에서 솜공을 주고받는 방법도 있다.

솜공 하키(Cotton Ball Hockey): 배를 바닥에 대고 엎드린다(혹은 아동과 베개를 사이에 두고 앉는다). 솜공을 불어 솜공이 상대방의 팔 아래 또는 베개 끝에 도달하게 한다. 또는 치료사와 아동이 협력하여 양쪽에서 솜공을 힘껏 불어 솜공이 계속 둘 사이에 머무르게 할 수도 있다. 솜공을 불어 베개를 건너가기 위해 몇 번을 불 것인지 명시한 후에 하면 경쟁의 요소는 줄이고 복잡성은 더 증가시킬 수 있다. 이때 한 번 불어서 하는 것은 쉽지만, 두세 번 불어서 도달하도록 조절하는 것은 더 어렵다.

손, 발 또는 몸 그리기(Drawing Around Hands, Feet, or Bodies): 종이에 아동의 손 또는 발을 그린다. 이때 아동의 표정을 주기적으로 보면서 반드시 반응을 살펴봐야 한다. 전신 그리기는 아동이 더 많은 시간을 누워 있어야 하기 때문에 좀 더 도전적일 수 있고 아동이 무방비 상태로 느끼도록 만들지도 모른다. 그러므로 전신 그리기를 하려면 치료를 통해 신뢰가 형성될 때까지 기다려야 한다. 그림을 그리는 동안 아동과의 언어적 접촉은 반드시 지속해야 한다. 예를 들면, "지금 발목으로 가고 있어. 겨드랑이로 가려고 해."

신체치수 재기(Measuring): 아동의 키, 팔, 다리, 발, 손 등의 길이를 재고 나중에 비교해 볼 수 있도록 기록해 둔다. 테이프, 실, 리본을 사용할 수 있다. 아동의 미소, 귀의 길이, 머리 둘레, 얼마나 높이 뛸 수 있는지 등과 같은 것들도 재어 볼 수 있다. 과일맛 테이프를 사용할 수도 있는데, 치수를 잰 후 측정한 길이만큼 찢어서 아동에게 먹여 준다. "이건 너의 미소의 크기야."라고 말함으로써 아동에게 구조와 양육을 동시에 제공할 수 있다.

거울놀이(Mirroring): 아동과 마주 보고, 팔, 얼굴 또는 다른 신체 부위를 움직이면서 아동에게 똑같이 움직여 보라고 한다. 매우 활동적인 아동에게는 느린 동작을 하거나 속도에 변화를 줄 수 있다. 번갈아 가며 리더가 된다.

땅콩버터 젤리(Peanut Butter and Jelly): "땅콩버터."라고 말하고 아동에게 같은 방식으로 "젤리."라고 말하게 한다. 크기나 억양에 변화를 주면서 5~10회 반복한다. 나라의 언어적 문화에 맞게 단어의 쌍을 바꿔도 된다. 영국의 경우 '생선' 과 '감자튀김' 으로 하기도 한다.

손탑 쌓기(Stack of Hands): 치료사는 아동 앞에 손바닥을 아래로 향하게 놓고 아동이 그 위에 손을 올리게 한다. 교대로 손을 쌓아 밑에서 위로 올라가거나 위에서 아래로 내려오게 할 수도 있다. 속도를 빠르거나 느리게 함으로써 더 복잡하게 만들 수 있다. 손에 로션을 먼저 바른 다음 미끄러운 탑을 쌓으면 양육의 요소가 더해진다. 발, 팔, 접은 팔, 손가락도 쌓을 수 있다. 만약 접촉을 거부하는 아동이라면 각 손 또는 손가락 사이에 1～2인치 정도의 공간을 두고 쌓는다.

학령기 이후 아동

눈 신호 따라가기(Eye Signals): 손을 잡고 서로 마주 보고 선다. 눈 신호를 사용해 방향과 걸음의 수를 나타낸다. 예를 들어, 왼쪽 눈을 두 번 윙크하면 아동과 집단 모두 집단의 왼쪽 옆으로 두 발자국 움직인다. 만약 윙크가 어렵다면 왼쪽이나 오른쪽으로 머리를 기울이거나 입술을 오므린다. 도전적인 요소를 더하려면 앞과 뒤로 움직이기 신호를 추가할 수도 있다(머리를 뒤로 하면 뒤로 가기, 앞으로 하면 앞으로 가기). 서로 가까이 기대어 풍선이나 베개를 사이에 잡고 움직일 수도 있다.

빨간불, 초록불(Red Light, Green Light): 아동에게 달리기, 뛰어오르기, 팔 움직이기 등을 해 보라고 한다. 초록불일 때는 계속하고, 빨간불일 때는 멈춰야 한다.

이인삼각(Three-Legged Walk): 아동 옆에 서서 스카프나 리본으로 함께 다리를 묶는다. 팔로 서로의 허리를 감싸고 방을 가로질러 걷는다. 치료사가 움직임을 조정하는 것을 책임져야 한다. 예를 들어, 치료사는 어느 발을 움직일 것인지 알려 주기 위해 "안쪽, 바깥쪽."이라고 말할 수 있다. 도전적인 요소를 더하기 위해 장애물(베개, 의자)을 추가할 수 있다.

휴지 뜯고 나오기(Toilet-Paper-Bust-Out): 아동의 다리, 팔 또는 몸 전체를 휴지, 종이타월, 주름종이로 감싼다. 망설이는 아동에게는 무슨 일이 일어날지 알려 주기 위해 아동이 팔을 앞으로 내밀어 맞잡게 하고 그 팔부터 감는다. 신호를 주면 아동이 감싼 것을 뚫고 나오게 한다.

부모가 참여하거나 참가자가 셋 이상일 때

영유아

담요 통과하여 부모에게 가기(Run to Mommy and Daddy under the Blanket): 아동은 부모 중 한 사람의 무릎에 앉아 맞은편의 부모와 마주 보도록 한다. 그리고 담요는 마주 앉은 부모의 사이 바닥에 깔아 놓는다. 신호를 주면 부모는 담요를 들어 올리고 아동은 담요 밑으로 달리거나 기어서 맞은편의 부모에게 간다.

모든 연령

리더 따라 하기(Follow The Leader): 모든 참가자는 앞 사람의 허리를 잡고 한 줄로 선다. 첫 번째 사람이 특별한 방식으로 움직이면 뒤에 있는 나머지 사람들이 똑같이 따라 한다. 리더가 줄의 뒤로 가고, 다음 사람이 리더가 되어 새로운 움직임을 보여 준다. 이 활동은 원으로 둘러앉아 팔, 머리, 어깨만 움직이면서 할 수도 있다.

재미있는 방식으로 방 건너기(Funny Ways to Cross the Room): 성인 한 명과 아동이 함께 매트(또는 놀이 공간)의 끝에 서고, 다른 성인은 매트의 반대편 끝에 선다. 두 번째 성인은 아동에게 특별한 방식(깡충 뛰기, 까치발 들기, 기어가기, 뒤로 걷기)으로 자기 쪽으로 오도록 지시하고 아동이 이 방식으로 도착하면 포옹이나 특별한 환영을 받는다. 그다음에 첫 번째 성인이 새로운 특별한 방식으로 돌아오라고 외친다. 만약 아동이 혼자 해 내지 못한다면 성인과 함께 매트를 가로질러 갈 수 있다. 학령기 아동들과 함께 할 경우, 각각의 참가자들이 방을 건너는 재밌는 방식(예: 게걸음, 코끼리 걸음, 서둘러 가기 등)을 선택해 다른 모두가 따라 하게 할 수 있다.

호키포키(Hokey Pokey): 모두 원으로 둘러서서 노래를 부른다. "오른발을 안에 넣고 / 오른발을 밖에 빼고 / 오른발을 안에 넣고 힘껏 흔들어 / 다같이 호키포키 하며 빙빙 돌면서 / 즐겁게 춤추자 / 호키포키!" 팔, 머리, 몸 전체도 원 중앙에 넣고 흔들 수 있다. 치료사가 호키포키를 할 때는 공중에 팔을 흔들거나, 장난스럽고 힘이 넘치는 몸짓을 하거나, 자신이 좋아하는 어떤 방식으로든 춤을 출 수 있다.

모터보트(Motor Boat): 모두 손을 잡고 원으로 서서, "모터보트, 모터보트, 아주 천천히 가라 / 모터보트, 모터보트, 아주 빠르게 가라 / 모터보트, 모터보트, 속력을 내라!"라고 말하며 걷는다. 매우 빨라질 때까지 점점 속도를 늘리다가 갑자기 "브레이크 잡아!" 하고 멈춘다. 느린 템포로 다시 시작한다. 이 활동은 아동과 치료사 둘이서도 할 수 있다.

노래 부르며 함께 움직이기(Ring-Around-A-Rosy): 모두 손을 잡고 원으로 서서, "손을 잡고 오른쪽으로 빙빙 돌아라 / 손을 잡고 왼쪽으로 빙빙 돌아라……." 노래에 맞춰 치료사의 지시에 따라 다함께 움직인다.

학령기 이후 아동

'엄마, 해도 돼요?' ('Mother, May I?'): 부모는 아동에게 무언가를 하도록, 예를 들어 "내게 큰 걸음으로 세 발자국 걸어오세요."와 같은 지시를 한다. 아동은 지시에 따르기 전에 반드시 "엄마, 해도 돼요?"라고 물어야 한다. 만약 아동이 그 말을 잊었다면 출발점으로 돌아가야 한다. 활동의 목표는 아동이 마지막에 부모에게 도달해서 안기게 하는 것이다.

○○가 말하길(Simon Says): 이 활동은 '엄마, 해도 돼요?' 활동과 비슷하지만, 아동이 전체 구절 중에 '○○가 말하길'이라는 구절이 빠진 명령문에 주의해야 한다는 도전적 요소가 더해진 것이다. 따라서 게임이 빠르게 진행될 때, 리더는 '○○가 말하길'이라는 말을 갑자기 빼고 말할 수 있

고, 이때 부주의한 참가자들은 생각 없이 행동을 취할 수 있다. 만약 참가자가 이런 실수를 하면 그 사람이 다음 리더가 된다.

줌-얼크-스플래시(Zoom-Erk-Splash): 모든 사람이 원으로 둘러앉거나 선다. 원 안에 앉은 모두가 돌아가며 '줌' 이라는 단어를 빠르게 말한다. 한 사람이 "얼크." 라고 말하면 '줌' 은 왔던 방향으로 되돌아간다. 줌-얼크가 원의 한 부분에서 맞부딪치면, 얼크를 받은 사람은 두 손을 앞으로 뻗어 다이빙 동작을 하고 "스플래시." 라고 말하면서 원 반대쪽 누군가를 손으로 가리킨다. '스플래시' 를 받은 사람은 다음 사람에게 '줌' 을 패스한다.

개 입

개입활동의 목적은 재밌고 긍정적인 방식으로 아동과 접촉하고, 아동에게만 집중하며, 아동이 새로운 경험을 즐길 수 있도록 격려하는 데 있다. 항상 아동의 각성 수준에 주의를 기울이고 필요에 따라 조율하는 것이 중요하다.

영유아

소리나는 얼굴(Beep and Honk): 아동의 코를 누르면서 "삐!" 하고 말하고, 턱을 누르면서 "빵!" 하고 말한다. 아동이 치료사의 코와 턱을 누르면 치료사는 적절하게 삐 소리와 빵 소리를 낸다. 아동이 삐, 빵 소리를 내도록 할 수도 있다.

안녕, 잘가(Hello, Goodbye): 아동은 부모와 마주 보고 부모의 무릎에 앉는다. 부모는 손으로 아동의 등을 받치고 "안녕." 하고 말한 후 "잘가." 라고 말하면서 아동을 뒤로 내려가게 한다. 그리고 부모는 아동의 등을 다시 세우며 "안녕." 이라고 말한다. 이 활동은 아동의 다리를 부모의 허리에 걸치게 한 후 서서 할 수도 있다. 이 자세에서 아동의 얼굴이 더 아래쪽으로 내려가면 부모가 보이지 않을 정도로 더욱 멀어진다.

똑똑! 누구세요(Knock on the Door): 이 활동은 간단한 아기놀이다. 문화마다 다양하게 변형된 형태들이 있다. "똑똑." (아동의 이마를 엄지손가락으로 살짝 두드리며), "누구세요." (아동의 눈을 살짝 보며), "자물쇠를 열어요." (아동의 코를 부드럽게 밀며), "들어가요!" (손가락으로 아동의 입안에 걸어 들어가는 척하거나 음식을 넣어 주며)라고 한다.

까꿍놀이(Peek-A-Boo): 치료사는 아동의 손(또는 발)을 잡아 자신의 얼굴을 가린다. 아동을 '찾기' 위해 기웃거리거나 손을 벌린다. 얇은 스카프에 치료사나 아동의 얼굴을 숨기고 그것을 잡아당겨 서로를 찾도록 재밌게 변형할 수도 있다.

볼풍선 터뜨리기(Pop Cheeks): 치료사의 볼에 공기를 넣어 부풀려 아동이 손이나 발로 터뜨리게 도와준다. 다음에 아동이 볼을 부풀리고 치료사가 그것을 터뜨린다.

팝콘 발가락(Popcorn Toes): 치료사는 아동의 신발을 벗기면서 아동의 신발 안에 팝콘, 땅콩, 포도 등이 있냐고 묻는다. 그런 다음 신발을 벗기고 아동의 멋진 발가락을 발견한다.

비행기 태우기(Push-Me-Over, Land-On-My Knees): 서 있는 아동 앞에 무릎을 꿇거나(아동과 눈높이를 맞추기 위해) 앉아 있는 아동 앞에 앉아 아동의 손을 잡는다. 신호에 따라 아동이 치료사를 밀게 한다. 치료사는 뒤로 넘어가면서 아동을 무릎에 당겨 올리고 부드럽게 위아래로 흔들어 주면서 '날게 한다'.

스티커 붙이기(Sticker Match): 색깔 스티커를 아동에게 붙이고 아동은 치료사나 부모에게 자신과 같은 위치에 스티커를 붙이는데, 아동과 치료사(혹은 부모)가 똑같이 꾸며질 때까지 붙인다. 나중에 스티커를 떼어내기 전에 아동과 부모가 함께 같은 위치의 스티커를 맞댄다(예: 코와 코, 팔꿈치와 팔꿈치).

끈적이는 코(Sticky Nose): 색깔 스티커를 치료사의 코에 붙인 다음 아동에게 떼어 보라고 하거나, 로션을 바른 솜공을 코에 붙이고 그것을 불어 떼도록 한다.

아기에게 말 태우기(This Is the Way the Baby Rides): 성인이 아동을 무릎에 놓고 아기, 숙녀, 신사, 농부로 속도에 변화를 주며 흔들어 준다. 이 활동의 또 다른 형태는 "보스턴으로 말을 빨리 달려요, 린으로, 보스턴으로 말을 빨리 달려요, 모두 정렬!" 이다. 마지막에 아동을 성인의 무릎에서 부드럽게 내려놓는다.

아기 돼지 이야기(This Little Pig Went to Market): 각 발가락을 꼼지락꼼지락 움직이며 말한다. "이 아기 돼지가 시장에 갔어요. / 이 아기 돼지는 집에 있어요. / 이 아기 돼지는 구운 소고기를 먹었어요. / 이 아기 돼지에게는 아무도 없어요. / 이 아기 돼지는 집에 가는 내내 '꿀꿀꿀' 울었어요." 각각의 아동에게 맞도록 세부적인 변화(예: "이 아기 돼지는 피자를 좋아해요.")를 준다. 치료사가 "집으로 가는 내내." 라고 말할 때, 아동의 배를 간질이는 것보다 집단의 손가락을 아동의 팔에 놓고 재미있게 걸어 올라가도록 한다. 조절이 어려운 아동에게는 단호한 압력과 조용한 접근을 한다.

꿈틀거리는 발가락(Wiggle Toe): 아동을 환영하고 체크업 하는 활동의 일부로 아동의 신발 속에 꿈틀거리는 발가락을 느껴 본다. 신발을 벗기고 발가락을 찾는다.

모든 연령

소리나는 몸(Beep and Honk Variation): 얼굴이나 몸의 특정한 부위를 누르며 소리를 낸다. 예를 들어, 무릎을 누르며 코끼리 소리를 낸다. 여러 가지 다른 접촉을 하면서 어느 부위에서 어떤 소리를 냈는지 기억하도록 한다.

불어 넘어뜨리기(Blow Me Over): 아동과 마주 보고 앉아 손을 잡고(어린 아동은 무릎에 앉혀 잡고) 아동에게 치료사를 '불도록' 한다. 아동이 불면 치료사는 뒤로 넘어진다. 아동이 게임을 이해하면 치료사가 아동을 불어 넘어가게 할 수 있다.

체크업(Checkups): 코, 턱, 귀, 볼, 손가락, 발가락, 무릎 같은 신체 부위를 보며 따뜻한지 혹은 차가운지, 단단한지 혹은 부드러운지, 꿈틀거리는지 혹은 가만히 있는지 살펴본다. 주근깨, 발가락, 손가락, 손가락 마디를 세어 본다. 근육이 얼마나 강한지, 얼마나 높이 뛰어오르는지 살펴본다.

호일 조각(Foil Prints): 아동의 팔꿈치, 손, 발, 얼굴, 귀 또는 다른 신체 부위를 알루미늄 호일로 감싸 모형을 만든다. 호일 아래에 베개를 놓으면 푹신하기 때문에 아동의 손이나 발로 누르면 손가락과 발가락 자국을 만드는 데 도움이 된다. 부모에게 호일로 본 뜬 모형이 아동의 신체에서 어떤 부분인지 맞히게 할 수도 있다. 이 활동은 몸의 모양과 경계를 나타내기 때문에 구조활동이기도 하다.

숨바꼭질(Hide and Find): 솜공(포장된 사탕, 로션이나 파우더 터치)을 아동의 어딘가(소매 또는 접힌 소매, 옷깃 아래, 귀 뒤)에 숨긴다. 학령기 아동에게는 솜공을 스스로 숨기게 할 수 있다. 부모나 다른 성인이 있다면 성인이 솜공을 찾게 하고, 없다면 치료사가 솜공을 찾는다. 어린 아동의 경우 물건을 어디에 숨겼는지 성인에게 보여 주고 싶어 할 것이다. 치료사는 이러한 아동의 행동이 놀이에 대한 열정적 몰입이라는 것을 부모가 받아들이도록 도와야 한다.

말타기(Piggy-Back/Horsey-Back Ride): 아동을 등에 태우고 치료사는 방을 돌아다닌다. 이때 아동은 "워!" "이랴!" 신호를 할 수 있다. 치료사가 자신의 힘을 고려해 몇 세 아동까지 이 게임을 할지 결정한다. 이 활동은 모든 아동들이 즐거워한다.

밀고 당기기(Push-Me-Over, Pull-Me-Up): 아동과 마주 보고 앉는다. 아동과 치료사의 손바닥을 서로 맞대거나 치료사의 어깨에 아동의 발을 대게 한다. 신호를 주면 아동이 치료사를 밀도록 하고 과장되게 뒤로 넘어진다. 집단은 아동이 집단을 당길 수 있도록 손을 뻗는다.

노젓기(Row, Row, Row Your Boat): 마지막에 아동의 이름을 넣어 친숙한 노래를 부른다("에린의 이 같은 꿈"). 어린 아동은 무릎에 앉히고, 학령기 아동은 마주 보고 앉는다. 손보다는 팔뚝을 잡는 것이 더 안전하고 밀착된 느낌을 줄 수 있다. 만약 다른 성인이 있다면 배를 앞뒤로 젓는 것처럼 아동을 치료사와 성인의 사이에 앉힌다. 빠르거나 느리게 속도에 변화를 주어 조절력을 키울 수 있다. 또한 치료사는 아동을 좌우로 흔들 수도 있다. 또 다른 방법은 더 흥미로운 말로 마치는 것이다. "만약 네가 악어를 본다면 소리 지르는 것을 잊지 마." 그러고 나서 둘이 크게 소리를 지른다.

학령기 이후 아동

손가락과 손가락 마디 세기(Counting Fingers And Knuckles): 한 손은 1에서 5까지 세고 다른 손은 10부터 6까지 거꾸로 센다. 어리둥절한 표정으로 "5 더하기 6은 11이야. 네 손가락이 11개니?" 라고 말한다. 학령기 이후 아동은 농담을 즐길 것이고, 어린 아동들은 이해하지 못할 것이다. 치료사는 양손의 모든 손가락 마디를 셀 수도 있다. 아동들은 종종 28개의 마디가 있다는 것을 알고 놀란다.

특별한 악수 만들기(Create a Special Handshake): 집단과 아동은 번갈아 가며 새로운 동작(예: 하이파이브, 손잡기, 손가락 꿈틀거리기 등)을 더해 특별한 악수를 만든다. 이 악수 동작들은 여러 회기에 걸쳐 누적될 수 있고, 회기의 시작 또는 끝을 알려 주는 의식이 될 수 있다. 부모가 참여하는 치료 회기에 사용하기 좋다.

박수치기 놀이(Hand-Clapping Games): 모든 연령의 아동들이 이 놀이를 좋아하고 많은 아동들이 좋은 리듬과 운율의 레퍼토리를 가지고 있다. 치료사는 잘 아는 몇몇 노래(예: '메리 맥 아가씨' 또는 '바다로 갔던 항해사')가 있어야 하고, 아동의 수준에 따라 리듬 패턴과 복잡한 정도가 달라져야 한다. 치료사는 항상 먼저 박수 패턴을 천천히 연습하여 리듬을 추가했을 때 만족스러운 패턴에 쉽게 도달하도록 해야 한다.

부모가 참여하거나 참가자가 셋 이상일 때

담요 전달(Blanket Pass): 모두 원으로 앉아(혹은 서서) 작은 담요, 시트, 낙하산의 가장자리를 잡는다. 각 사람은 번갈아 가며 담요 위로 부드러운 공을 굴려 원하는 사람에게 패스한다. 원하는 사람에게 공을 패스하기 위해서는 반드시 모두 담요를 올리거나 내리면서 함께 협동해야 한다. 변화를 주려면 원의 가장자리를 따라서 공을 패스할 수도 있다.

숨바꼭질(Hide and Seek): 치료사는 아동과 함께 담요나 베개 밑에 숨고 부모나 다른 성인에게 찾도록 한다. 이때 아동과 함께 숨는 것은 아동이 혼자 있을 때의 흥분과 발견되었을 때에 놀라는 것을 줄이기 위해 중요하다. 아동을 찾았을 때 부모가 아동에게 적절하게 이야기해 주도록 하고, 아동이 매우 어리거나 참을성이 없는 경우 부모에게 아동을 빨리 찾도록 지도해 주어야 한다. 아동을 찾으면 바로 꼭 안아 준다.

아동에게 지시문이나 다른 물건을 숨기고 부모가 찾도록 하기(Hide Notes or Other Objects on the Child for Parents to Find): 성인 한 명은 숨기고 다른 성인은 찾는다. 예를 들어, 아동과 함께 뭔가를 해야 하도록 하는 지시문(예: "사라의 볼풍선을 터뜨리세요.")을 찾아 지시대로 하도록 한다. 또는 솜공을 찾아 부드럽게 만져 주거나, 음식을 찾아 아동에게 먹여 주게 한다.

자석놀이(Magnets): 모두 넓고 느슨한 원 모양으로 넓게 선다. 리더가 신호를 줄 때마다 모두 나란히 붙을 때까지 점점 가까이 모인다.

콩주머니 올려놓기(Match the Beanbags): 부모와 아동에게 각각 5개의 콩주머니를 준다. 부모는 아동의 몸(머리, 어깨, 무릎, 팔꿈치 안쪽)에 콩주머니를 떨어지지 않게 놓고, 아동도 부모의 몸과 같은 위치에 콩주머니를 놓는다. 부모와 아동은 같은 신체 부위에 있는 콩주머니를 각각 서로의 손에 번갈아 가며 떨어뜨린다.

재미있는 표정 전달(Passing Funny Faces): 각 사람은 원으로 둘러앉아 재미있는 표정을 차례대로 옆에 앉아 있는 사람에게 지어 보인다. 모두가 차례로 재미있는 표정을 만든다.

신체 터치 전달하기(Progressive Pass Around): 원으로 앉아 한 사람이 옆에 앉은 사람을 부드럽게 터치한다. 받은 사람은 다음 사람에게 첫 번째 사람에게 받은 터치에 자신의 터치를 더하여 전달한다. 각 사람이 새로운 터치를 더하여 전달한다. 모든 사람은 서로 터치의 순서를 기억하도록 도와준다. 터치를 경계하는 아동의 경우에는 그 아동이 제일 처음 터치하여 시작하게 한다.

누구 발가락일까?(Whose Toes Did I Touch?): 모든 사람은 두 발을 담요 안에 넣고 원으로 둘러앉는다. 술래가 울퉁불퉁 솟아나온 담요를 만져 보고 나서 자신이 누구의 발가락을 만졌는지 맞혀야 한다.

양 육

양육활동의 목적은 아동이 보살핌 받을 가치가 있다는 것, 그리고 성인이 아무런 조건 없이 보살핌을 제공할 것이라는 메시지를 전달하는 것이다. 양육활동은 편안한 분위기를 느끼고, 아동의 불안감을 조절하고, 아동이 자기 가치를 느낄 수 있도록 돕는다.

영유아

솜공으로 달래 주기(Cotton Ball Soothe): 치료사는 아동을 방석 위에 앉히거나 팔로 안아 편안하게 만든다. 치료사나 부모가 아동의 얼굴, 팔, 손 등을 솜공으로 부드럽게 만져 준다. 이때 치료사는 자신이 만지고 있는 윤곽을 따라 조용히 아이의 모습에 대해 묘사해 줄 수 있다(예: 장밋빛 볼, 미소 짓고 있는 입술, 오똑한 코).

먹여 주기(Feeding): 치료사는 아동을 두 팔로 부드럽게 안고 푸딩, 사과주스나 다른 주스를 먹인다.

자장가 불러 주기(Lullaby): 눈을 맞추고 요람과 같이 두 팔로 아동을 부드럽게 안아 준다. 자장가나 조용하고 부드러운 노래를 불러 준다.

모든 연령

상처 돌보기(Caring for Hurts): 아동의 특별한 특징들을 살펴보는 일반적인 체크업 중의 하나로 상처 난 곳, 흉터 등을 살피고 돌보는 활동이다. 로션을 상처 혹은 그 주변에 바르고 솜공으로 만져 주거나 '호' 하고 불어 준다. 그리고 다음 회기 때 다시 그 부위를 살펴준다. "네게 얼마나 많은 상처들이 있나 보자."라는 말을 해서는 안 된다.

솜공 또는 깃털 맞히기(Cotton Ball or Feather Guess): 먼저 아동의 손을 솜공과 깃털로 건드린 후 감촉을 느껴 보게 한다. 아동에게 두 가지 감촉의 차이에 대해 묻는다. 그런 다음 아이의 눈을 감게 한 후 집단이 신체의 어느 부위를 건드렸는지, 깃털이었는지 혹은 솜공이었는지를 맞히도록 한다. 이 활동은 양육에 도전적 요소를 더한 활동이다. 만약 아동이 눈을 감는 것을 불편해한다면 다른 곳을 보고 있도록 한다.

솜공 터치(Cotton Ball Touch): 먼저 아동에게 손을 내밀게 한 후 시범으로 손가락 하나를 부드럽게 건드린 후 어느 손가락이었는지 아동이 손가락으로 가리키거나 이야기해 보도록 한다. 그 후 아동의 눈을 감게 한 다음(아동이 눈 감기를 불편해하면 고개를 돌리도록 한다) 솜공으로 부드럽게 아동의 신체 한 부위를 만져 준다. 눈을 뜨게 한 후 어느 부위였는지 맞히게 한다.

아동 꾸며 주기(Decorate Child): 색깔 점토, 크레이지 폼, 주름종이 색테이프, 알루미늄 호일을 이용하여 반지, 목걸이, 팔찌를 만들어 준다.

페이스 페인팅(Face Painting): 아동의 볼에 꽃, 하트를 그려 주거나 공주나 왕자처럼 꾸며 준다. 남자아이들과 아빠들에게는 턱수염과 콧수염을 그려 주면 재미있어 할 것이다. 이 활동의 변형으로 부드러운 붓을 가지고 아동의 얼굴에 그림 그리는 시늉을 할 수 있다. 붓결을 따라 아동의 볼이 얼마나 예쁜지, 눈썹이 얼마나 사랑스러운지 등에 대해 이야기해 준다.

깃털 꾸며 주기(Feather Match): 다섯 개의 깃털 두 세트를 준비한다. 만약 색이 있는 깃털이라면 색깔을 맞추어 세트를 구성한다. 부모나 치료사가 하나의 깃털로 아동을 꾸며 주고(아동의 머리카락 속, 소매 깃 안, 손가락 사이 등에 끼워 넣는다), 아동도 성인이 깃털을 놓은 같은 위치에 깃털을 놓도록 한 후 서로의 모습을 감탄하며 바라보는 시간을 갖는다.

먹여 주기(Feeding): 가능하다면 모든 회기에서 간단한 간식과 음료를 준비해 둔다. 아동이 혼자 먹게 두어서는 안 된다. 아동을 무릎에 앉히거나 마주 앉게 한 후 아동에게 과자를 먹이고 아삭거리는 소리를 듣기도 하고, 아동이 하나를 다 먹은 후엔 이 과자를 좋아하는지 아닌지에 대해 살펴보기도 한다. 눈 맞춤을 유지해야 하며, 두세 종류의 간식(건포도, 견과류, 과자)을 준비하여 간식 먹는 즐거움을 더할 수도 있다. 아동이 눈을 감게 한 후 무슨 간식인지 맞혀 보게 할 수도 있다. 만약 처음에 아동이 간식을 먹여 주는 것에 대해 거부한다면 아동 스스로 먹게 할 수도 있다. 하지만 그 활동 가운데 당신이 일부분 참여해야 한다. 예를 들면 아동이 얼마나 오래 씹고 있는지, 그 소리가 얼마나 큰지에 대해 이야기해 줄 수 있으며, 아동이 좋아하는 간식이 무엇인지를 물어볼 수도 있다.

로션 또는 파우더 도장 찍기(Lotion or Powder Prints): 아동의 손과 발에 로션을 바른 후 종이, 바닥의 매트, 방석, 어두운 색의 옷, 거울 등에 찍어 본다. 만약 치료사가 로션 도장 찍기를 어두운 색의 종이 위에 했다면 그 위에 파우더 가루를 뿌린 후 입으로 바람을 불거나 흔들어 파우더 가루를 제거하여 그림이 더욱 선명하게 보이도록 할 수도 있다. 이때 파우더 가루가 아동의 얼굴 쪽으로 가지 않게 주의한다.

로션, 파우더 바르기(Lotioning or Powdering): 로션이나 파우더를 아동의 팔, 손, 다리, 발 등에 발라 준다. 바르는 중 노래를 만들어 불러 줄 수도 있다. "오, 로션, 오, 로션, 사라의 발에 바른 / 느낌이 좋아요, 좋은 느낌이에요. 오, 로션, 오, 로션, 사라의 손에 바른 / 느낌이 좋아요, 좋은 느낌이에요." 아동의 감각 욕구에 주의를 기울여 강한 압력을 주거나, 촉각적으로 예민한 아동의 경우 로션보다는 파우더를 사용하도록 한다.

물감 그림 그리기(Paint Prints): 한 가지 색을 사용하거나 몇 가지 색을 섞어 패턴을 만든 핑거페인트 물감을 아동의 손이나 발에 문지른다. 한 번에 한쪽 손이나 한쪽 발만 작업하는 것이 가장 좋다. 물감을 칠한 손이나 발을 종이 위에 올리고 눌러 자국을 찍는다. 물감을 발라서 자국을 찍은 후, 치료사는 아동의 손이나 발을 부드럽게 닦아 주고 건조시키고 파우더를 발라 준다.

파우더 바르기(Powder Palm): 아동의 손바닥에 파우더를 뿌리고 손금이 선명히 보이도록 문지른 후 손바닥에 나타난 모양과 글자를 살핀다. 부모의 손바닥에도 해 보고 아동의 손바닥과 부모 손바닥의 닮은 부분과 다른 부분에 대해 찾아보도록 한다.

피자, 타코, 핫도그, 쿠키 반죽 준비하기(Preparing Pizza, Tacos, Hot dogs, or Cookie Dough): 아동이 방석 위에 엎드리도록 한다. 아동의 등을 주무르며 얼마나 맛있는 피자, 타코, 핫도그, 쿠키가 되고 있는지 이야기해 준다. 피자, 쿠키 반죽에 어울리는 조미료, 재료들을 넣는 시늉을 한다.

미끌미끌 쭉(Slippery, Slippery, Slip): 이 활동은 로션 활동 중 깜짝 놀람을 포함하는 활동이다(이 활동은 아동의 신체에 강한 압력을 주는 기회가 되기도 한다). 먼저 아동의 팔이나 다리에 로션을 바른다. 그 후 단호하게 아동의 팔이나 다리를 잡고 "미끌미끌 쭉." 이라고 말하며 당긴다. 미끄러운 팔이나 다리를 놓으며 과장되게 뒤로 넘어지는 척한다. 다른 방법으로는 아동이 얼마나 빨리 자신의 손을 치료사의 미끄러운 손에서 빼내는지, 그리고 다시 당신의 손을 재빨리 움켜쥐는지 보는 것이다.

부드럽고 뻣뻣하게(Soft and Floppy): 아동을 바닥에 눕힌 후 완전하게 힘을 빼고 늘어지도록 돕는다. 부드럽게 양 팔과 다리를 흔들며 힘을 빼 바닥에 편하게 있도록 한다. 만약에 아동이 완전히 힘을 빼고 있는 것을 어려워한다면 "뻣뻣한 나무판."이라고 이야기한 후 '부드러운 면발'이 되도록 도와준다. 아동이 충분히 긴장을 풀면 아동에게 배나 혀, 엄지발가락 등 신체의 한 부분을 꼼지락거리며 움직이게 한다.

작은 별 노래('Twingkle' Song): 반짝반짝 작은 별의 가사에 아이의 특별한 특징을 넣어 노래를 불러 준다. "반짝반짝 ○○별 / 너는 특별한 아이야 / 짙은 갈색 머리, 부드러운 볼 / 반짝이는 갈색 눈동자 / 반짝반짝 작은 별 / 너는 특별한 아이야." 노래 부를 때 치료사는 자신이 이야기하는 신체 부위를 부드럽게 만져 준다.

학령기 이후 아동

도넛 또는 과자 먹기(Doughnut or Pretzel Challenge): 손가락에 도넛이나 프레츨 과자를 끼우고 아동이 그 동그라미를 깨지 않고 몇 번 만에 먹을 수 있는지 본다.

손톱 또는 발톱 꾸며 주기(Manicure or Pedicure): 따뜻한 물에 아동의 손이나 발을 담근 후 로션을 바르고 마사지해 준다. 아동이 선택한 다양한 색으로 아동의 손톱 또는 발톱에 그림을 그려 준다. 아동이 치료실 밖으로 나가기 전에 손톱이나 발톱에 칠한 것이 편한지 확인한 후, 불편하다면 지워 준다.

파우더 발자국(Powder Trail): 바닥 위에 깔아 둔 신문지 위에 파우더를 소복이 뿌린다. 파우더가 충분히 묻을 수 있도록 아동의 발로 소복하게 뿌린 파우더를 밟게 한다. 파우더가 충분히 묻었다면 아동을 어두운 색의 매트 위를 걷게 하여 발자국을 남기도록 한다. 이 활동은 나중에 부모가 치료에 들어왔을 때 파우더 발자국을 따라서 숨어 있는 아동을 찾도록 할 수 있다.

지워지는 타투(Temporary Tattoos): 타투나 물로 지워지는 보디 페인트를 아동의 팔, 얼굴, 손 등에 그려 준다.

등 글씨 알아맞히기(Trace Messages): 치료사가 손가락으로 아동의 등에 어떠한 모양이나 간단하고 긍정적인 메시지를 쓰고 아동이 그것을 맞히도록 한다.

부모가 참여하거나 참가자가 셋 이상일 때

영유아

신발, 양말 경주(Shoes and Sock Race): 성인들이 아동의 발에 뽀뽀한 후 다시 신발을 신겨 뽀뽀가 날아가지 않도록 하는 시합을 한다. 부모에게 아직 뽀뽀가 그대로 있는지 확인하게 한 후 아동이 잠자리에 들 때 새로 한 번 더 뽀뽀해 주라고 이야기해 준다.

특별한 뽀뽀(Special Kisses): 나비 뽀뽀(Butterfly Kiss): 부모가 얼굴의 한 면을 아동의 반대편 볼에 대고 눈을 깜빡여 아동이 눈썹의 결을 느끼도록 한다. 코끼리 뽀뽀(Elephant Kiss): 두 주먹을 트럼펫처럼 모아 입 앞에 대고, 뽀뽀하는 소리를 낼 때 입 앞에 한 주먹을 두고, 다른 주먹을 아동의 볼에 갖다 댄다. 당신 손이 아동의 볼에 닿으면 트럼펫 팡파레와 함께 뽀뽀 소리를 낸다. 에스키모 뽀뽀(Eskimo Kiss): 부모와 아동이 서로의 코를 비빈다.

모든 연령

이불 요람 태우기(Blanket Swing): 담요를 바닥에 펴고 아동을 가운데 눕힌다. 성인이 양끝을 잡고 노래를 부르며 가볍게 흔들어 준다. 아동을 내려놓을 땐 부드럽게 내려놓아야 한다. 부모는 아동의 얼굴을 볼 수 있는 쪽에 위치해야 하며, 만약 아동이 바닥 위에 떠 있는 것을 무서워한다면 담요를 바닥에 닿게 한 채로 부드럽게 원을 그리며 흔들어 준다.

페이스 페인팅(Face Painting): 지워지는 물감을 사용하여 부모가 아동의 얼굴에 작은 그림을 그려 준다. 학령기 아동의 경우 아빠와 함께 서로 턱수염과 콧수염을 그려 줄 수 있다. 그림을 지우는 것 역시 양육활동의 기회가 된다.

부채질해 주기(Fanning): 다양한 활동 후에 한 성인 혹은 부모가 아동을 팔에 안고 쉬는 시간을 갖는다. 다른 성인은 큰 쿠션, 부채 또는 신문으로 부채질을 해 준다. 아동의 머리가 바람에 날리는 것을 지켜본다.

터치 전달하기(Pass a Squeeze or Touch Around): 원으로 둘러앉아 서로 손을 누르거나 부드러운 터치, 로션, 파우더 터치를 서로 전달한다.

일기예보(Weather Report): 모든 사람이 오른쪽을 향해 원으로 둘러앉고 앞 사람의 등에 손을 갖다 댄다. 리더가 날씨에 대해 설명하면, 각 사람은 앞 사람의 등에 그 날씨를 표현하며 문지른다. 예를 들면, 화창한 날엔 크고 따뜻한 원을 그리고, 바람이 불기 시작하면 휘휘 소리가 나게 손으로 등 위에서 빠르게 움직이며, 천둥이 치면 손의 한 면을 이용하여 등을 가볍게 내리치고, 비가 오면 손끝으로 톡톡 치고, 번개가 치면 지그재그 모양을 등 위에 그린다.

도 전

도전활동의 목적은 아동에게 성취감과 유능감을 느낄 수 있도록 나이에 적합한 도전을 제시하는 것이다. 이러한 활동들은 종종 부모 혹은 치료사와 협력하여 진행된다. 도전활동은 또한 아동이 직접적으로 행해졌을 때 거부할 수 있었던 구조, 개입, 양육을 보다 편하게 수용할 수 있도록 한다.

영유아

기어가기 경주(Crawling Race): 베개를 쌓아놓고 집단과 아동이 무릎으로 기어 그곳을 최대한 빨리 돌아와야 한다. 서로의 발을 잡으려고 시도해 보고, 방향을 바꾸어 다시 해 본다.

모든 연령

방석 위에서 균형 잡기, 뛰어내리기(Balance on Pillows, Jump off): 아동이 방석 위에서 균형을 잡을 수 있도록 돕는다. 처음엔 방석 하나로 시작하고 아동이 쉽게 성공할 수 있을 정도까지 하나씩 추가한다. 아동이 균형을 잡는 동안 아동의 손을 잡아 주기보다 허리 위쪽을 잡아 주도록 한다. 이렇게 하면 아동을 넘어지지 않도록 잘 잡아 줄 수 있고 바로 뛰어내리고자 하는 충동을 감소시킬 수 있다. 아동이 균형을 잡게 되면 손을 떼고 스스로 균형을 잡고 서 있는 것에 대한 감정을 느끼도록 한다. 그 후 "내가 신호를 주면 내 품으로(혹은 마룻바닥으로) 뛰어내리렴."이라고 이야기한다.

풍선 테니스(Balloon Tennis): 신체의 특정 부위를 이용하여 바닥에 떨어지지 않게 풍선을 쳐 올린다. 예를 들어, 머리로, 손으로, 손을 사용하지 않고, 또는 어깨를 사용해서 해 본다. 만약 발을 사용한다면 모두 바닥에 누워 발로 풍선을 떨어트리지 않고 부드럽게 쳐야 한다. 더욱 구조적이고 집중적으로 활동하기 위해 얼마나 오랫동안 떨어트리지 않고 풍선을 칠 수 있을지 목표를 세울 수도 있다(예: "20을 셀 때까지 해 보자.").

비눗방울 테니스(Bubble Tennis): 치료사가 아동과 자신 사이의 공중을 향해 비눗방울을 불고 방울 하나를 선택한 후 그것이 터질 때까지 서로 주고받으며 입으로 분다.

솜공 경주(Cooperative Cotton Ball Race): 치료사와 아동은 방의 한쪽 끝에서 손과 무릎을 바닥에 대고 준비한다. 그리고 번갈아 가며 솜공(또는 탁구공)을 방의 반대편에 갈 때까지 분다. 반복해서 하다보면 더 잘할 수 있다. 경쟁적인 요소를 가미하여 치료사와 아동이 각자 솜공을 가지고 누가 먼저 방을 가로질러 오는지 경주할 수 있다. 이때 부모와 아동 팀과 치료사 팀으로 팀을 나누어 진행할 수도 있다.

깃털 불기(Feather Blow): 치료사와 아동은 각자 작은 방석을 하나씩 잡고 마주 본다. 치료사의 방석 위에서 아동의 방석으로 깃털을 불면, 아동은 반드시 자신의 방석으로 깃털을 받아 다시 치료사 쪽으로 불어야 한다.

격파하기(Karate Chop): 긴 화장지나 종이테이프를 들고 아동의 앞에 서서 집단의 신호에 따라 그것을 격파하여 반으로 자르도록 한다.

마법 양탄자 타기(Magic Carpet Ride): 아동을 큰 방석이나 작은 담요 위에 앉힌 후 끝을 단단히 잡는다. 아동이 당신을 바라보면 끌어 주다가, 아동이 눈 맞추는 것을 피하면 멈춘다. 나무나 비닐 바닥 등 미끄러운 표면에서 더 잘된다.

길이 재기(Measuring): 아동을 벽에 세워 키를 재고 표시한다. 그리고 까치발로 서게도 하고, 뛰어올라 최대한 높이 손을 뻗게 하여 길이를 재고 벽에 표시한다. 마룻바닥에서 다양한 방법으로 뛰어오르게 하여 뛰어오른 길이를 표시할 수도 있다.

신문지 펀치, 바구니 골인(Newspaper Punch, Basket Toss): 아동의 앞에 신문지를 팽팽히 펴서 잡는다. 신호를 주면 신문지를 격파하도록 한다. 이때 치료사는 신문지를 팽팽하게 꽉 잡아 아동이 주먹을 날렸을 때 찢어지는 느낌이 만족스럽도록 해야 한다. 격파하였을 때 치료사의 가슴에 맞지 않도록 종이를 잘 들었는지 확인해야 한다. 이 활동의 확장으로 두 번째, 세 번째 차례엔 다른 쪽 손을 사용하도록 하거나 다른 신호를 줄 수도 있다. 신문지 뭉치를 꽉꽉 뭉쳐 공을 만들어 치료사가 양팔로 골대를 만든 후 아동에게 골인하도록 시킨다.

솜공 또는 다른 작은 물건을 발가락으로 들어 올리기(Pick up Cotton Balls or Other Small Objects with Your Toes): 처음엔 한두 개에서 시작해 점차 개수를 늘려나간다. 솜공을 집으면 다시 방 주위로 던진다. 도전적인 요소를 더하자면 아동이 발가락 사이에 솜공을 끼고 한 발로 깡충깡충 뛰며 방을 돌게 할 수도 있다.

방석 밀기(Pillow Push): 치료사와 아동 사이에 큰 방석을 놓고 아동이 치료사 쪽으로 방석을 밀도록 한다.

씨 뱉기 시합(Seed-Spitting Contest): 아동에게 수박이나 오렌지 등 씨가 있는 과일을 먹여 준다. 치료사 역시 먹어야 하며 각자 씨를 모은다. 아동에게 할 수 있는 만큼 멀리 씨를 뱉도록 한다. 치료사는 가능한 한 아동이 씨를 뱉은 위치에 가깝게 씨를 뱉는다. 작은 사탕, 콩 혹은 다른 작은 물체들을 사용할 수도 있다.

학령기 이후 아동

균형 잡기 활동(Balancing Activities): 아동을 바닥에 눕히고 두 다리를 들게 한다. 방석을 다리 위에 하나 얹어 아동이 균형을 잡을 수 있게 돕는다. 아동이 성공할 수 있는 시간 동안 방석을 하나씩 추가하여 올린다. 책, 콩주머니, 방석, 모자 등을 아동의 머리에 얹은 후 방을 돌게 할 수도 있다.

풍선 균형 잡기(Balloon Balance): 풍선을 치료사와 아동의 사이에 두고(이마, 어깨, 팔꿈치, 엉덩이 등), 떨어뜨리거나 터뜨리지 않고 방을 가로질러 가야 한다. 손을 사용하지 않고 할 수 있을지 보아야 한다.

파트너와 함께 일어서기(Partner Pull-Up): 손을 잡고, 발끝을 붙인 후 상대를 마주 보고 바닥에 앉는다. 신호가 주어지면 함께 일어선다. 다른 방법으로는 두 사람이 등을 마주 대고 뒤로 앉아 서로 팔을 포갠다. 신호가 주어지면 서로를 밀며 일어선다. 이런 활동을 하려면 파트너들은 신체 사이즈가 비슷해야 할 것이다.

웃게 만들기(Straight Face Challenge): 치료사가 아동을 부드럽게 만지거나(자극적인 신체 부위나 계속해서 간지럽게 하는 것은 피한다) 웃긴 표정을 지어 아동을 웃게 만드는 동안 아동이 치료사의 얼굴을 정면으로 계속 마주 보게 한다.

엄지손가락, 팔 또는 다리 씨름(Thumbs, Arm, or Leg Wrestling): 성인이 활동을 안내해야 한다. 시작 신호를 주고 안전하게 진행되도록 한다.

손수레(Wheelbarrow): 아동이 바닥에 손바닥을 대고 있으면 치료사가 아동의 뒤에 서서 아동의 발목이나 무릎 윗부분을 단단히 잡아 주고 아동은 손으로 걷는다. 이 활동은 하기 힘든 활동이기 때문에 아동이 지쳐 한다면 바로 그만해야 한다.

부모가 참여하거나 참가자가 셋 이상일 때

영유아

빠져나오고 들어가기(Wiggle in and out): 아동은 성인이 둘러싸고 있는 팔 안에서 빠져나와 다른 성인의 팔 안으로 들어가야 한다. 이 활동은 어린 아동에게 가장 좋은 활동이며, 먼저 치료사의 팔 안에서 시작하는 것이 좋다.

모든 연령

솜공, 마시멜로 또는 신문지 공 싸움(Cotton Ball, Marshmallow, or Newspaper Ball Fight): 먼저 두 팀으로 나눈다. 솜공, 마시멜로, 신문지 공을 이용하여, 각 팀이 상대 팀에게 자신에게 있는 모든 공들이 없어질 때까지 던진다. 방석으로 방패를 만들고 그 뒤에서 던지게 해도 좋다.

솜공 또는 탁구공 불기(Cotton Ball or Ping-Pong Blow): 모두가 바닥에 배를 대고 엎드린다. 한 사람이 원의 건너편 쪽 한 사람의 이름을 부르고 그에게 솜공을 분다. 이름이 불린 사람은 다시 다른 사람의 이름을 부르며 자신이 받은 공을 그 사람에게 불어 준다. 이런 방식으로 원 안에 솜공이 왔다 갔다 돌아다니게 한다.

풍선 치기(Keep Balloon in the Air): 이 활동은 사람이 많을수록 더 재미있다. 치료사는 순서대로 원을 돌며 치도록 하거나 풍선을 바닥에 떨어트리지 않고 집단원들이 몇 번이나 풍선을 치는지 보는 것으로 활동을 진행할 수 있다.

신발과 양말 경주(Shoe and Sock Race): 이것은 성인들이 하는 게임으로 누가 먼저 아동의 양말과 신발을 다시 신기는지 본다.

줄다리기(Tug-of-War): 두 팀으로 나눈다. 예를 들면, 부모와 아동 대 치료사 팀으로 나눌 수 있다. 각 팀이 스카프, 담요 또는 부드러운 줄의 끝을 잡고 자신 쪽으로 잡아당긴다. 아동이 충분히 꽉 잡을 수 있는지, 그리고 혹시나 넘어질 수도 있기에 부딪힐 물건이 있는지 살펴보아야 한다.

터널 통과하기(Tunnels): 방석을 이용하거나 성인들이 무릎을 꿇어 터널을 만들고 그 안으로 아동이 기어서 통과하여 터널의 끝에서 치료사나 부모를 만날 수 있도록 한다.

학령기 이후 아동

협력하여 나르기(Cooperative Carrying): 약 36인치 길이의 끈이나 리본 4~6개를 준비한 후 고무밴드로 묶는다. 같은 길이를 남기고 묶어야 한다. 4~6명 정도 되는 사람들이 각 줄을 잡고(두세 명의 사람이 두 개의 줄을 잡아도 된다) 종이컵이나 빈 물병을 잡기 위해 그 물체의 넓이만큼 충분한 공간을 만들어 끈을 잡아당긴다. 집단원들이 물체를 잡으면 목표로 삼았던 곳으로 물체를 가져다 놓는다. 좀 더 어렵게 하려면 물체들 위에 물체를 쌓을 수도 있다. 끈의 숫자는 사람의 수에 맞추어 제작해야 한다.

협동 경주(Cooperative Race): 이 활동은 다양한 방식으로 진행될 수 있다. 방 안을 가로지르며 탁구공을 교대로 불기, 풍선 발로 차기 등을 할 수 있을 것이다. 부모-자녀 팀과 치료사들 팀으로 나누어 진행하거나 얼마나 빨리 골에 도달하는지 시간을 재는 것으로 진행할 수도 있다.

엉킨 것 풀기(Tangle): 모든 사람이 원을 그리고 선다. 한 사람이 팔을 뻗어 반대편에 있는 사람의 손을 잡고, 그 사람은 건너편의 다른 사람의 손을 잡는다. 이런 방식으로 모든 사람이 다 손을 잡아 모든 손이 엉키도록 한다. 참여자들은 손을 놓지 않고 엉킨 것을 풀도록 한다. 엉킨 것이 풀렸을 때 몇 사람은 앞을 보고, 몇 사람은 뒤를 보고 있게 될 것이다. 처음 시작할 때 모든 사람의 손에 로션을 바르고 활동을 하는 것도 재미있다. 두 명의 참가자가 한 방향으로 선 후 눈을 감고 손을 엉키게 한 후 푸는 작업을 하는 것도 재미있을 것이다.

참고문헌

Abidin, R. R. *Parenting Stress Index: Professional Manual* (3rd ed.). Odessa, Fl: Psychological Assessment Resources, 1995.

Achenbach, T. M. *Integrative Guide to the 1991 CBCL/4-18, YSR, and TRF Profiles*. Burlington: University of Vermont, 1991a.

Achenbach, T. M. *Manual for the Child Behavior Checklist/4-18 and 1991 Profile*. Burlington: University of Vermont, 1991b.

Achenbach, T. M., Rescorla, L. A. *Manual for the ASEBA School-Age Forms & Profiles*. Burlington: University of Vermont, Research Center for Children, Youth, and Families, 2001.

Ainsworth, M. D. S. *Infancy in Uganda: Infant Care and the Growth of Attachment*. Baltimore, MD: Jones Hopkins Press, 1967.

Ainsworth, M. D. S., Blehar, M. C., Waters, E., and Wall, S. *Patterns of Attachment: A Psychological Study of the Strange Situation*. Hillsdale, NJ: Erlbaum, 1978.

American Psychiatric Association. *Diagnostic and Statistical Manual of Mental Disorders* (4th ed., text rev.). Washington, DC: American Psychiatric Association, 2000.

Association for Play Therapy. "Paper on Touch: Clinical, Professional & Ethical Issues," 2009. Available from.

Association for Treatment and Training in the Attachment of Children. "ATTACh White Paper on Coercion in Treatment." April 2007. Available from .

Ayers, A. J. *Sensory Integration and Learning Disorders*. Los Angeles: Western Psychological Services, 1971.

Ayers, A. J. *Sensory Integration and the Child*. Los Angeles: Western Psychological Services, 1979.

Ayers, A. J., Robins, J., and McAfee, S. *Sensory Integration and the Child: Understanding Hidden Sensory Challenges* (25th Anniversary ed.). Los Angeles: Western Psychological Services, 2005.

Barnard, K. E., and Brazelton, T. B. *Touch: The Foundation of Experience*. Madison, CT: International Universities Press, 1990.

Baumrind, D. "The Influence of Parenting Style on Adolescent Competence and Substance Use."

Journal of Early Adolescence, 1991, *11*(1), 56–95.

Beebe, B. "Brief Mother–Infant Treatment: Psychoanalytically Informed Video Feedback." *Infant Mental Health Journal,* 2003, *24*(1), 24–52.

Booth, P., Christensen, G., and Lindaman, S. *Marschak Interaction Method: A Structured Observational Technique to Assess the Quality and Nature of the Parent–Child Relationship (Pre–school and School Age)* (rev. ed.). Chicago: The Theraplay Institute, 2005.

Booth, P., and Koller, T. J. "Training Parents of Failure–to–Attach Children." In J. M. Briesmeister and C. E. Schaefer (eds.), *Handbook of Parent Training: Training Parents as Co–Therapists for Children's Behavior Problems* (2nd ed.). New York: Wiley, 1998.

Bostrom, J. "Fostering Attachment in Post–Institutionalized Adopted Children Using Group Theraplay." *The Theraply Institute Newsletter,* Fall 1995, pp. 7–8.

Bowlby, J. *Attachment and Loss, Vol. 1: Attachment.* New York: Basic Books, 1969.

Bowlby, J. *Attachment and Loss, Vol. 2: Separation Anxiety and Anger.* London: Hogarth Press, 1973.

Bowlby, J. *A Secure Base: Parent–Child Attachment and Healthy Human Development.* New York: Basic Books, 1988.

Bradley, S. J. *Affect Regulation and the Development of Psychopathology.* New York: Guilford Press, 2003.

Brazelton, T. B. "Touch as a Touchstone: Summary of the Round Table." In K. E. Barnard and T. B. Brazelton (eds.), *Touch: The Foundation of Experience.* Madison, CT: Internation Universities Press, 1990.

Brazelton, T. B. *Touchpoints: Brith to Three.* New York: Perseus, 1992.

Brody, V. A. "Developmental Play: A Relationship–Focused Program for Children." *Journal of Child Welfare,* 1978, *57*(9), 591–599.

Brody, V. A. *The Dialogue of Touch: Developmental Play Therapy.* Treasure Island, FL: Developmental Play Training Associates, 1993.

Brodzinsky, D. M., Schecter, M. D., and Henig, R. M. *Being Adopted: The Lifelong Search for Self.* New York: Anchor Books, 1992.

Brown, S. *Play: How It Shapes the Brain, Opens the Imagination and Invigorates the Soul.* New York: Avery, 2009.

Brunner, J. "Vygotsky's Zone of Proximal Development: The Hidden Agenda." In B. Rogoff and J. Wertsch (eds.), *Children's Learning and the Zone of Proximal Development.* San Francisco: Jossey–Bass, 1984.

Bundy–Myrow, S. "Group Therapy for Children with Autism and Pervasive Developmental Disorder." In E. Munns (ed.), *Therapy Innovations in Attachment–Enhancing Play Therapy.* Northvale, NJ: Jason Aronson, 2000.

Bundy–Myrow, S. "Theraplay for Children with Self–Regulation Problems." In C. Schaefer, J. McCormick, and A. Ohnogi (eds.), *International Handbook of Play Therapy: Advances in Assessment, Theory, Research and Practice.* Northvale, NJ: Jason Aronson, 2005.

Busch, A. L., and Lieberman, A. F. "Attachment and Trauma: An integrated Approach to Treating Young Children Exposed to Family Violence."

In D. Oppenheim, and D. F. Goldsmith (eds.) *Attachment Theory in Clinical Work with Children*. New York: Guilford Press, 2007.

Cohen, P., and Beebe, B. "Video Feedback with a Depressed Mother and Her Infant: A Collaborative Individual Psychoanalytic and Mother-Infant Treatment." *Journal of Infant, Child and Adolescent Psychotherapy,* 2002, *2*(3), 1-55.

Coleman, R. "Integrating Theraplay with Multi-Modal Treatment for Children with Severe Autism Spectrum Disorders." Paper presented at the Fourth International Theraplay Conference, Chicago, July 2009.

Constantino, J. N., and Gruber, C. P. *Social Responsiveness Scale*. Los Angeles: Western Psychological Press, 2005.

Cook, A., Blaustein, M., Spinazzola, J., and van der Kolk, B. (eds.). *Complex Trauma in Children and Adolescents. White Paper from the National child Traumatic Stress Network, 2003*. Available from .

Cox, J. L., Holden, J. M., and Sagovsky, R. " Detection of Postnatal Depression: Development of the 10-Item Edinburgh Postnatal Depression Scale." *British Journal of Psychiatry,* 1987, *150,* 782-786.

DeGangi, G. *Pediatric Disorders of Regulation in Affect and Behavior: A Therapist's Guide to Assessment and Treatment*. New York: Academic Press, 2000.

DeGangi, G., Breinbauer, C., Roosevelt, J., Porges, S., and Greenspan, S. "Prediction of Childhood Problems at Three Years in Children Experiencing Disorders of Regulation During Infancy." *Infant Mental Health Journal,* 2000, *21*(3), 156-175.

DesLauriers, A. *The Experience of Reality in Childhood Schizophrenia*. Monograph Series on Schizophrenia, No. 6. New York: International Universities Press, 1962.

DesLauriers, A., and Carlson, C. F. *Your Child Is Asleep-Early Infantile Autism: Etiology, Treatment, and Parental Influences*. Homewood, IL: Dorsey Press, 1969.

Diego, M., Field, T., Hernandez-Rief, M., et al. "Aggressive Adolescents Benefit from Massage Therapy." *Adolescents,* 2002, *37,* 597-607.

Doepfner, M., Berner, W., Flechtner, H., Lehmkuhl, G., and Steinhausen H.-C. *Psychopathologisches Befund-System für Kinder und Jugendliche (CASCAP-D)* [German version of the Clinical Assessment Sacle for Child and Adolescent Psychopathology (CASCAP)]. Göttingen: Hogrefe. Verlag für Psychologie, 1999.

Dozier, M. "Attachment-Based Treatment for Vulnerable Children." *Attachment and Human Development,* 2003, *5*(3), 253-257.

Dozier, M., Dozier, D., and Manni, M. "Attachment and Biobehavioral Catch-Up: The ABCs of Helping Infants in Foster Care Cope with Early Adversity." *Zero to Three,* April-May 2002, pp. 7-13.

Dunn, W. *The Sensory Profile Manual*. San Antonio, TX: The Psychological Corporation, 1999.

Fahlberg, V. I. *A Child's Journey Through Placement*. Indianapolis, IN: Perspective Press, 1991.

Fanslow, C. A. "Touch and the Elderly." In K. E. Barnard and T. B. Brazelton (eds.), *Touch: The Foundation of Experience*. Madison, CT: International Universities Press, 1990.

Field, T. "Infant Gaze Aversion and Heart Rate

During Face-to-Face Interactions." *Infant Behavior and Development,* 1981, *4*, 307-315.

Field, T. "Infant Massage Therapy." In T. Field (ed.), *Touch in Early Development*. Mahwah, NJ: Erlbaum, 1995.

Field, T., Quintino, O., Hernandez-Reif, M., and Koslovsky, G. "Adolescents with Attention Deficit Hyperactivity Disorder Benefit from Massage Therapy." *Adolescence,* 1998, *33,* 103-108.

Fisher, S., and Kelly, V. "The Fear-Driven Brain: A Regulation Model for Attachment Disorders." Presented at the conference of the Association for the Training and Treatment of Attachment Disorders in Children (ATTACh), Providence, RI, 2007.

Fonagy, P., Gergely, G., Jurist, E. L., and Target, M. *Affect Regulation, Mentalization, and the Development of the Self.* New York: Other Press, 2002.

Franklin, J., Moore, E., Howard, A., Purvis, K., Cross, D., and Lindaman, S. "An Evaluation of Theraplay Using a Sample of Children Diagnosed with Pervasive Developmental Disorder (PDD) or Mild to Moderate Autism." Poster presentation at the American Psychological Association Conference, 2007.

Frost, L., and Bondy, A. *PECS Training Manual* (2nd ed.). Newark, DE: Pyramid Consultants, 2002.

George, C., Kaplan, N., and Main, M. *The Berkeley Adult Attachment Interview*. Unpublished protocol, University of California, Berkeley, 1985. Available from .

Gerhardt, S. *Why Love Matters: How Affection Shapes a Baby's Brain*. New York: Routledge, 2004.

Gilliam, J. E. *Gilliam Autism Rating Scale* (2nd ed.). Austin, TX: Pro-Ed., 2006.

Goldsmith, D. F. "Challenging Children's Negative Internal Working Models: Utilizing Attachment-Based Treatment Strategies in a Therapeutic Preschool." In D. Oppenheim and D. F. Goldsmith (eds.), *Attachment Theory in Clinical Work with Children*. New York: Guilford Press, 2007.

Goodyear-Brown, P. "Theraplay Approaches for Children with Autism Spectrum Disorders." In E. Munns (ed.), *Applications of Family and Group Theraplay*. New York: Jason Aronson, 2009.

Grabe, P. V. "The Therapy." In P. V. Grabe (ed.), *Adoption Resources for Mental Health Professionals.* New Brunswick, NJ: Transaction Publishers, 1990.

Grandin, T. *Thinking in Pictures and Other Reports from My Life with Autism*. New York: Vintage Books, 1995.

Grandin, T., and Scariano, M. *Emergence: Labeled Autistic*. Novato, CA: Arena, 1986.

Gray, D. D. *Attaching in Adoption: Practical Tools for Today's Parents*. Indianapolis, IN: Perspective Press, 2002.

Greenspan, S. I., and Wieder, S. "An Integrated Developmental Approach to Interventions for Young Children with Severe Difficulties in Relating and Communicating." *Zero to Three,* 1997, *17*(5), 5-18.

Greenspan, S. I., and Wieder, S. *Engaging Autism: Using the Floortime Approach to Help Children Relate, Communicate, and Think*. Cambridge, MA: Da Capo Press, 2006a.

Greenspan, S. I., and Wieder, S. *Infant and Early Childhood Mental Health: A Comprehensive

Developmental Approach to Assessment and Intervention. Washington, DC: American Psychiatric Publishing, 2006b.

Grossmann, K. E., Grossmann, K., and Waters, E. *Attachment from Infancy to Adulthood: The Major Longitudinal Studies*. New York: Guilford Press, 2005.

Grotberg, E. H. "The International Resilience Project: Findings from the Research and the Effectiveness of Interventions." In B. Bain et al. (eds.), *Psychology and Education in the 21st Century: Proceedings of the 54th Annual Convention of the International Council of Psychologists*. Edmonton, AB: IC Press, 1997.

Harlow, H. F. "The Nature of Love." *American Psychologist,* 1958, *13*, 673-685.

Hart, S. *Brain, Attachment, Personality: An Introduction to Neuroaffective Development*. London: Karnac Books, 2008.

Hart, S., Field, T., Hernandez-Rief, M., et al. "Anorexia Symptoms Are Reduced by Massage Therapy." *Eating Disorders,* 2001, *9*, 289-299.

Hoffman, K. "Understanding Attachment: The Circle of Security Approach." Power Point Presentation, Chicago, 2008.

Hong, J. "Effects of Group Theraplay on Self-Esteem and Interpersonal Relations for Abused Children." Presentation at Sookmyung Women's University, Seoul, South Korea, 2004.

Hopkins-Best, M. *Toddler Adoption: The Weaver's Craft*. Indianapolis, IN: Perspective Press, 1997.

Hughes, D. *Facilitating Developmental Attachment: The Road to Emotional Recovery and Behavioral Change in Foster and Adopted Children*. Northvale, NJ: Jason Aronson, 1997.

Hughes, D. *Facilitating Developmental Attachment: The Road to Emotional Recovery and Behavioral Change in Foster and Adopted Children*. Northvale, NJ: Jason Aronson, 1997.

Hughes, D. *Building the Bonds of Attachment: Awakening Love in Deeply Troubled Children* (2nd ed.). New York: Jason Aronson, 2006.

Hughes, D. *Attachment-Focused Family Therapy*. New York: Norton, 2007.

Interdisciplinary Council on Developmental and Learning Disorders. *Diagnostic Manual for Infancy and Early Childhood* (ICDL-DMIC). Bethesda, MD: ICDL, 2005.

James, B. *Treating Traumatized Children: New Insights and Creative Interventions*. Lexington, MA: Lexington Books, 1989.

Jarratt, C. J. *Helping Children Cope with Separation and Loss*. Boston: The Harvard Common Press, 1994.

Jernberg, A. M. "Theraplay Technique." In C. E. Schaefer (ed.), *Therapeutic Use of Child's Play*. New York: Jason Aronson, 1976.

Jernberg, A. M. *Theraplay: A New Treatment Using Structured Play for Problem Children and Their Families*. San Francisco: Jossey-Bass, 1979.

Jernberg, A. M. "Theraplay: Child Therapy for Attachment Fostering." *Psychotherapy,* 1984, *21*(1), 39-47.

Jernberg, A. M. "Training Parents of Failure-to-Attach Children." In C. E. Schaefer and J. M. Briesmeister (eds.), *Handbook of Parent Training: Parents as Co-Therapists for Children's Behaviour Problems*. New York: Wiley, 1989.

Jernberg, A. M. "Attachment Enhancing for Adopted Children." In P. V. Grabe (ed.), *Adoption*

Resources for Mental Health Professionals. New Brunswick, NJ: Transaction Publishers, 1990.

Jernberg, A. M., Hurst, T., and Lyman, C. *Here I Am*. 16mm film. Wilmette: The Theraplay Institute, 1969.

Jernberg, A. M., Hurst, T., and Lyman, C. *There He Goes*. 16mm film. Wilmette: The Theraplay Institute, 1975.

Keck, G. C., and Kupecky, R. M. *Adopting the Hurt Child: Hope for Families with Special-Needs Kids. A Guide for Parents and Professionals*. Colorado Springs, CO: Pinion Press, 1995.

Klaus, M. H., Kennell, J. H., Plumb, N., and Zuehlke, S. "Human Maternal Behavior at the First Contact with Her Young." *Pediatrics,* 1970, *46,* 187-192.

Klin, A., Lin, D. J., Gorrindo, P., Ramsay, G., and Jones, W. "Two-Year-Olds with Autism Orient to Non-Social Contingencies Rather Than Biological Motion." *Nature* online publication, March 29, 2009. .

Kohut, H. *The Analysis of the Self*. New York: International Universities Press, 1971.

Kohut, H. *The Restoration of the Self*. New York: International Universities Press, 1977.

Kohut, H. *How Does Analysis Cure?* A. Goldberg (ed.). Chicago: University of Chicago Press, 1984.

Koller, T. J. "Older Child Adoptions: A New Developmental Intervention Program." Paper presented at the Annual Meeting of the American Psychological Association, Los Angeles, 1981.

Koller, T. J. "Adolescent Theraplay." In K. J. O'Connor and C. E. Schaefer (eds.), *Handbook of Play Therapy, Vol. 2: Advances and Innovations*. New York: Wiley, 1994.

Kupperman, P., Bligh, S., and Goodban, M. " Activating Articulation Skills Through Theraplay." *Journal of Speech and Hearing Disorders,* 1980, *45,* 540-548.

Kranowitz, C. S. *The Out-of-Sync Child*. New York: Berkley Publishing Group, 1998.

Kranowitz, C. S. *The Out-of-Sync Child Has Fun*. New York: Berkley Publishing Group, 2003.

Kwon, E. "The Effect of Group Theraplay on the Development of Preschoolers' Emotional Intelligence Quotient." Presentation at Sookmyung Women's University, Seoul, South Korea, 2004.

Laakso, M. "Parent Session in Theraplay: A Way to Consolidate Therapeutic Alliance and Joint Focus." In E. Munns (ed.), *Applications of Family and Group Theraplay*. New York: Jason Aronson, 2009.

Lacher, D. B., Nichols, T., and May, J. C. *Connecting with Kids Through Stories: Using Narratives to Facilitate Attachment in Adopted Children*. London: Jessica Kingsley, 2005.

LeDoux, J. *The Emotional Brain: The Mysterious Underpinnings of Emotional Life*. New York: Simon & Schuster, 1998.

Lender, D. "What's Behind These Theraplay Activities: A Window into Attachment." *The Theraplay Institute Newsletter,* Summer 2006.

Leslie, E., and Mignon, N. "Group Theraplay for Parents in a Public Housing Program." *The Theraplay Institute Newsletter,* Fall 1995, pp. 6-7.

Lovaas, O. I. *The Autistic Child: Language Development Through Behavior Modification*. New York: Irvington/Halsted/Wiley, 1977.

Mahan, M. G. "Theraplay as an Intervention with

Previously Institutionalized Twins Having Attachment Difficulties." Unpublished doctoral dissertation, the Chicago School of Professional Psychology, 1999.

Main, M. "Parental Aversion to Infant-Initiated Contact Is Correlated with the Parent's Own Rejection During Childhood: The Effects of Experience on Signals of Security with Respect to Attachment." In K. E. Barnard and T. B. Brazelton (eds.), *Touch: the Foundation of Experience*. Madison, CT: International Universities Press, 1990.

Main, M., and Goldwin, R. "Predicting Rejection of Her Infant from Mother's Representation of Her Own Experience: Implications for the Abused-Abusing Intergenerational Cycle." *Journal of Child Abuse and Neglect,* 1984, *8*(2), 203-217.

Main, M., and Hesse, E. "Parents' Unresolved Traumatic Experiences Are Related to Infant Disorganized Attachment Status: Is Frightened and/or Frightening Parental Behavior the Linking Mechanism?" In M. T. Greenberg, D. Cicchetti, and E. M. Cummings (eds.), *Attachment in the Preschool Years: Theory, Research, and Intervention*. Chicago: University of Chicago Press, 1990.

Main, M., and Hesse, E. "Lack of Resolution in Mourning in Adulthood and Its Relationship to Infant Disorganization: Some Speculations Regarding the Causal Mechanisms." In M. T. Greenberg, D. Cicchetti, and E. M. Cummings (eds.), *Attachment in the Preschool Years: Theory, Research, and Intervention*. Chicago: University of Chicago Press, 1990.

Mäkelä, J. "What Makes Theraplay Effective: Insights From Developmental Sciences." *The Theraplay Institute Newsletter,* Fall-Winter 2003.

Mäkelä, J. " Kosketuksen merkitys lapsen kehityksessä" (The Importance of Touch in the Development of Children). *Finnish Medical Journal,* 2005, *60,* 1543-1549. English summary available from the Theraplay Institute. .

Mäkelä, J., Salo, S., and Lassenius-Panula, L. "The Effectiveness of Theraplay-Finnish Study." Research Plan, 2006.

Mäkelä, J., and Vierikko, I. *From Heart to Heart: Interactive Therapy for Children in Care. Report on the Theraplay Project in SOS Children's Villages in Finland 2001-2004.* Published by the SOS Children's Village, Finland, 2004.

Marschak, M. "A Method for Evaluating Child-Parent Interaction Under Controlled Conditions." *Journal of Genetic Psychology,* 1960, *97,* 3-22.

Marschak, M. "Imitation and Participation in Normal and Disturbed Young Boys in Interaction with Their Parents." *Journal of Clinical Psychology,* 1967, *23*(4), 421-427.

Marschak, M., and Call, J. "Observing the Disturbed Child and His Parents: Class Demonstrations for Medical Students." *Journal of the American Academy of Child Psychiatry,* 1966, *5,* 686-692.

Martin, E. *Baby Games*. Philadelphia: Running Press, 1998.

Maurice, C. (ed.). *Behavioral Intervention for Young Children with Autism*. Austin, TX: Pro-Ed, 1996.

Meyer, L. A., and Wardrop, J. L. "Research on Theraplay." Paper presented at the Second International Conference on Theraplay, Chicago, 2005.

Montagu, A. *Touching: The Human Significance of the Skin*. New York: columbia University

Press, 1971.

Morgan, C. E. "Theraplay: An Evaluation of the Effect of Short-Term Structured Play on Self-Confidence, Self-Esteem, Trust, and Self-Control." Unpublished manuscript: The York Centre for Children, Youth, and Families; Ontario, Canada, 1989.

Morin, V. *Fun to Grow On*. Chicago: Magnolia Street Publications, 1999.

Moses, K. "The Impact of Childhood Disability: The Parent's Struggle." *Ways*, 1987, pp. 7-10.

Muratori, F. "Early Indicators of Autism Spectrum Disorders." *Zero to Three*, 2008, *28*(4), 18-24.

Myrow, D. L. "In Touch with Theraplay." *The Theraplay Institute Newsletter*, Fall 1997, *9*, 1-4.

Neisworth, J. T., Bagnato, S. J., Salvia, J., and Hunt, F. *Temperament and Atypical Behavior Scale: Early Childhood Indicators of Developmental Dysfunction*. Baltimore, MD: Brookes, 1999.

Oppenheim, D., Dolev, S., Koren-Karie, N., Sher-Censor, E., Yirmiya, N., and Salomon, S. "Parental Resolution of the Child's Diagnosis and the Parent-Child Relationship." In D. Oppenheim and D. F. Goldsmith (eds.), *Attachment Theory in Clinical Work with Children*. New York: Guilford Press, 2007.

Oppenheim, D., and Goldsmith, D. F. (eds.), *Attachment Theory in Clinical Work with Children*. New York: Guilford Press, 2007.

Oppenheim, D., Koren-Karie, N., Dolev, S., and Yirmiya, N. "Secure Attachment in Children with Autism Spectrum Disorder: The Role of Maternal Insightfulness." *Zero to Three*, 2008, *28*(4), 25-39.

Orlick, T. *The Cooperative Sports and Games Book*. New York: Pantheon Books, 1978.

Orlick, T. *The Second Cooperative Sports and Games Book*. New York: Pantheon Books, 1982.

Panksepp, J. "Can Play Diminish ADHD and Facilitate the Construction of the Social Brain?" *Journal Academy of Child and Adolescent Psychiatry*, 2007, *16*(2), 5-14.

Parker-Pope, T. "Recess Found to Improve Behavior." *New York Times*, Feb. 3, 2009, p. D6.

Perry, B. D. *The Effects of Traumatic Events on Children: Material for Parents*. CIVITAS Child Trauma Programs, Department of Psychiatry and Behavioral Science, Baylor College of Medicine, Houston, TX, 1994. Available from .

Perry, B. D. "Applying Principles on Neurodevelopment to Clinical Work with Maltreated and Traumatized Children: The Neurosequential Model of Therapeutics." In N. B. Webb (ed.), *Working with Traumatized Youth in Child Welfare*. New York: Guilford Press, 2006.

Perry, B. D., and Szalavitz, M. *The Boy Who Was Raised as a Dog and Other Stories from a Child Psychiatrist's Notebook: What Traumatized Children Can Teach Us About Loss, Love, and Healing*. New York: Basic Books, 2007.

Porges, S. W. "The Infant's Sixth Sense: Awareness and Regulation of Bodily Processes." *Zero to Three*, 1993, *14*(2), 12-16.

Powell, B., Cooper, G., Hoffman, K., and Marvin, R. "The Circle of Security Project: A Case Study- 'It Hurts to Give That Which You Did Not Receive.'" In D. Oppenheim and D. F. Goldsmith (eds.). *Attachment Theory in Clinical Work with Children*. New York: Guilford Press, 2007.

Prizant, B., and Wetherby, A. "Enhancing Communication: From Theory to Practice." In G. Dawson (ed.), *Autism: New Perspectives on Diagnosis, Nature, and Treatment*. New York: Guilford Press, 1989.

Randolph, E. *Rondolph Attachment Disorder Questionnaire*. Evergreen, CO: The Attachment Center Press, 1999.

Reynolds, C. R., and Kamphaus, R. W. *Behavior Assessment System for Children* (2nd ed.) (BASC-2). Bloomington, MN: Pearson Assessments, 2004.

Reitz, M., and Watson, K. W. *Adoption and the Family System*. New York: Guilford Press, 1992.

Rubin, P., Lender, D., and Mroz Miller, J. "Theraplay and Dyadic Developmental Psychotherapy." In E. Munns (ed.), *Applications of Family and Group Theraplay*. Lanham, MD: Jason Aronson, 2009.

Rubin, P., and Tregay, J. *Play with Them-Theraplay Groups in the Classroom: A Technique for Professionals Who Work with children*. Springfield, IL: Charles C. Thomas, 1989.

Schieffer, K. *Sunshine Circles Manual*. Wilmette, IL: Theraplay Institute, 2009.

Schore, A. N. *Affect Regulation and the Origin of the Self: The Neurobiology of Emotional Development*. Hillside, NJ: Erlbaum, 1994.

Schore, A. N. "Attachment and the Regulation of the Right Brain." *Attachment and Human Development*, 2000, *2*(1), 23-47.

Schore, A. N. "Effects of a Secure Attachment Relationship on Right Brain Development, Affect Regulation and Infant Mental Health." *Infant Mental Health Journal*, 2001a, *22*(1-2), 7-66.

Schore, A. N. "The Effects of Early Relational Trauma on Right Brain Development, Affect Regulation, and Infant Mental Health." *Infant Mental Health Journal*, 2001b, *22*(1-2), 201-269.

Schore, A. N. "Attachment, Affect Regulation, and the Developing right Brain: Linking Developmental Neuroscience to Pediatrics. *Pediatrics in Review*, 2005, *26*, 204-217.

Schore, J. R., and Schore, A. N. "Modern Attachment Theory: The Central Role of Affect Regulation in Development and Treatment." *Clinical Social Work Journal*, 2008, *36*, 9-20.

Searcy, K. L., Stahmer, A., and Cary, C. "Empowering Parents of Children with Developmental Disabilities." Presented at the California Speech, Language, and Hearing Association Conference, Monterey, CA, March 2008.

Shahmoon-Shanok, R. "Giving Back Future's Promise: Working Resourcefully with Parents of Children Who Have Severe Disorders of Relating and Communicating." *Zero to Three*, 1997, *17*(5), 37-48.

Shapiro, F. *Eye Movement Desensitization and Reprocessing: Basic Principles, Protocols, and Procedures*. New York: Guilford Press, 1995.

Siegel, D. J. *The Developing Mind: How Relationships and the Brain Interct to Shape Who We Are*. New York: Guilford Press, 2001.

Siegel, D. J. "An Interpersonal Neurobiology Approach to Psychotherapy." *Psychiatric Annals*, 2006, *36*(4), 248-256.

Siegel, D. J., and Hartzell, M. *Parenting from the Inside Out*. New York: Jeremy P. Tarcher/Putnam, 2003.

Siu, A. "Theraplay for Elementary School Children with Internalizing Problems: The Hong Kong Experience." Poster presentation at the International Theraplay Conference, 2007.

Siu, A. "Group Theraplay for Preschool Children with Autism in Hong Kong." Submitted for publication in *The Theraplay Institute Newsletter,* 2009a.

Siu, A. "Theraplay in the Chinese World: An Intervention Program for Hong Kong children with Internalizing Problems." *International Journal of Play Therapy,* 2009b, *18*(1), 1-12.

Slade, A. "Keeping the Baby in Mind: A Critical Factor in Perinatal Mental Health." *Zero to Three,* 2002, *22*(6), 10-16.

Slade, A., Belsky, J., Aber, J., and Phelps, J. "Maternal Representations of Their Relationship with Their Toddlers: Links to Adult Attachment and Observed Mothering." *Developmental Psychology,* 1999, *35,* 611-619.

Spickelmier, M., and Gardner, B. "Theraplay with Adolescents." *The Theraplay Institute Newsletter,* Winter 2008.

Spitz, R. A. "Hospitalism: An Inquiry into the Genesis of Psychiatric Conditions in Early Childhood." *Psychoanalytic Study of the Child,* 1945, *1,* 53-74.

Spitz, R. A. *Grief: A Peril in Infancy.* 1947. Film. Available from Penn State Audiovisual Services, University Park, PA.

Spitz, R. A. "The Effect of Personality Disturbances in the Mother on the Well-Being of Her Infant." In J. E. Anthony and T. Benedek (eds.), *Parenthood.* Boston: Little, Brown, 1970.

Sroufe, L. A. "A Developmental Perspective on Day Care." *Early Research Quarterly,* 1988, *3,* 283-291.

Sroufe, L. A., Egeland, B., Carlson, E., and Collins, W. A. "Placing Early Attachment Experiences in Developmental Context: The Minnesota Longitudinal Study." In K. E. Grossmann, K. Grossmann, and Waters, E. (eds.), *Attachment from Infancy to Adulthood: The Major Longitudinal Studies.* New York: Guilford Press, 2005.

Stern, D. N. "The Goal and Structure of Mother-Infant Play." *Journal of the American Academy of Child Psychiatry,* 1974, *13*(3), 402-421.

Stern, D. N. *The Interpersonal World of the Infant: A View from Psychoanalysis and Developmental Psychology.* New York: Basic Books, 1985.

Stern, D. N. *The Motherhood Constellation: A Unified View of Parent-Infant Psychotherapy.* New York: Basic Books, 1995.

Stern, D. N. Plenary Lecture at the Sixth World Congress on Infant Mental Health, Tampere, Finland, 1996.

Strauss, P. "Theraplay & EMDR: Integrating Trauma Work and Child's Play." *The Theraplay Institute Newsletter,* Winter 2009.

Sunderland, M. *The Science of Parenting: Practical Guidance on Sleep, Crying, Play, and Building Emotional Well-Being for Life.* New York: Dorling Kindersley, 2006.

Talen, M. R., and Warfield, J. R. "Guidelines for Family Wellness Checkups in Primary Health Care Services." In L. VandeCreek, S. Knapp, and T. L. Jackson (eds.), *Innovations in Clinical Practice: A Source Book,* Vol. 15. Sarasota, FL: Professional Resource Exchange, 1997.

Thomas, A., and Chess, S. *Temperament and*

Development. New York: Brunner/Mazel, 1977.

Trevarthen, C. "Development of Early Social Interactions and the Affective Regulation of Brain Growth." In C. von Euler, H. Fossberg, and H. Lagercrantz (eds.), *Neurobiology of Early Infant Behaviour. Wenner-Gren Center International Symposium Series, Vol. 55*. New York: Stockton Press, 1989.

Trevarthen, C., and Aitken, K. J. " Infant Intersubjectivity: Research, Theory, and Clinical Applications." *Journal of Child Psychology and Psychiatry,* 2001, *42*(1), 3-48.

Tronick, E. Z. "Touch in Mother-Infant Interaction." In T. Field (ed.), *Touch in Early Development*. Mahwah, NJ: Erlbaum, 1995.

Tronick, E. Z., Bruschweiler-Stern, N., Harrison, A. M., Lyons-Ruth, K., Morgan, A. C., Nahum, J. P., Sandre, L., and Stern, D. N. "Dyadically Expanded States of Consciousness and the Process of Therapeutic Change." *Infant Mental Health Journal,* 1998, *19*(3), 290-299.

Tronick, E. Z., Ricks, M., and Cohn, J. F. "Maternal and Infant Affective Exchange: Patterns of Adaptation." In T. Field and A. Fogel (eds.), *Emotion and Early Interaction*. Hillsdale, NJ: Erlbaum, 1982.

van der Kolk, B. "Developmental Trauma Disorder: Towards a Rational Diagnosis for Children with Complex Trauma Histories." *Psychiatric Annals,* 2005, pp. 401-408.

van der Kolk, B., and Saporta, J. "The Biological Response to Psychic Trauma: Mechanisms and Treatment of Intrusion and Numbing." *Anxiety Research,* 1991, *4,* 199-212.

Weber, P. "Theraplay Groups for Adolescents with Emotional Problems." *The Theraplay Institute Newsletter,* Summer 1998.

Weininger, O. *Time-in Parenting*. Toronto, Ontario, Canada: Rinascente Books, 2002.

Weiss, S. J. "Parental Touching: Correlates of a Child's Body Concept and Body Sentiment." In K. E. Barnard and T. B. Brazelton (eds.), *Touch: the Foundation of Experience*. Madison, CT: International Universities Press, 1990.

Weitzman, E. "The Hanen Program for Early Childhood Educators: Inservice Training for Child Care Providers on How to Facilitate Children's Social, Language, and Literacy Development." *Infant-Toddler Intervention: The Transdisciplinary Journal,* 1994, *4*(3), 173-202.

Wetting, H. *Die Wirkung von Theraplay and Klein and Vorschulkinder mit klinisch bedeutsamen Verhaltensstoerungen, Aufmerksamkeitsdefizitn mit und ohne Hyperaktivitaet und mit rezeptiven Sprachstoerungen*. ("The Effectiveness ofn Theraplay for Toddler and Preschool Children Diagnosed with Clinically Significant Conduct Disorders, Attention Deficit Disorders with or Without Hyperactivity, ADHD or ADD, and Receptive Language Disorders"). Doctoral dissertation. University of Heidelberg, Germany, 2007.

Wettig, H., and Franke, U. "Evaluation of the Effectiveness of Theraplay in Germany: Two Empirical Studies with Repeated Measurements Carried Out in Actual Therapy Situations." Power Point Presentation in Theraplay Institute Archives: Chicago, 2004.

Williams, D. *Autism?An Inside-Out Approach: An Innovative Look at the Mechanics of "Autism" and Its Developmental "Cousins."* Bristol, PA:

Kingsley, 1988.

Williams, D. *Nobody, Nowhere: The Extraordinary Autobiography of an Autistic*. New York: Random House, 1993.

Williams, D. L. "What Neuroscience Has Taught Us About Autism." *Zero to Three,* 2008, *28*(4), 11-17.

Williamson, G. G., and Anzalone, M. "Sensory Integration: A Key Component of the Evaluation and Treatment of Young Children with Severe Difficulties in Relating and Communicating." *Zero to Three,* 1997, *17*(5), 29-36.

Wilson-Gamble, S. "Approaching Significance: International Conference Signs of Autism in Infants: Recognition and Early Intervention." *ILAIMH News,* Summer 2006, pp. 4-5.

Winnicott, D. W. *Collected Papers: Through Paediatrics to Psychoanalysis*. London: Tavistock, 1958.

Winnicott, D. W. *The Maturational Processes and the Facilitating Environment: Studies in the Theory of Emotional Development*. London: Hogarth Press, 1965.

Winnicott, D. W. *Playing and Reality*. London: Tavistock, 1971.

Winnicott, D. W. *Babies and Their Mothers*. New York: Addison-Wesley, 1987.

Wylie, M. S. "The Limits of Talk: Bessel van der Kolk Wants to Transform the Treatment of Trauma." *Psychotherapy Networker,* January-February 2004. Available at .

Zeanah, C. H., and Benoit, D. "Clinical Applications of a Parent Perception Interview in Infant Mental Health." *Child and Adolescent Psychiatric Clinics of North America,* 1995, *4,* 539-554.

Zero to Three. *Diagnostic Classification of Mental Health and Developmental Disorders of Infancy and Early Childhood*. (rev. ed.). Washington, CD: Zero to Three, 2005.

치료놀이와 마샥 상호작용 평가(MIM)에 관한 출판물

Adamitis, C. "Theraplay with the Elderly: A Case Study." *The Theraplay Institute Newsletter,* Spring 1982, pp. 1–3.

Adamitis, C. "Theraplay with an Older Adult: Marge." *The Theraplay Institute Newsletter,* Winter 1985–86, pp. 2–4.

Adamson, W. C. "Theraplay: A New Treatment Using Structured Play for Problem Children and Their Families." [Book review]. *Journal of Marital and Family Therapy,* 1981, *7*(3), 406–407.

Allert, A. "Temperament and Early Parent-Child Interactions: Changes from Infancy to Toddlerhood." Unpublished doctoral dissertation, Illinois Institute of Technology, 1982.

Ammen, S., and York, L. "The Many Measures of Attachment." Unpublished manuscript, California School for Professional Psychology-Fresno, 1994.

Asikainen, V. "Vuorovaikutusleikkiryhmä osana perheiden päihdekuntoutusta Tervalammen kartanon perheyhteisössä" (Interaction Group Involved in Rehabilitation with Families with Alcohol Problems in Tervalampi Manor House). Unpublished competence study, Diaconia Polytechnic/Helsinki Unit, Finland, 2007.

Atkinson, N. J. "Theraplay Used in a Multi-Cultural Environment." In E. Munns (ed.), *Applications of Family and Group Theraplay*. New York: Jason Aronson, 2009.

Azoulay, D., Ali, J., Lawrence, H., and Munns, E. "Strengthening the Bond Between a Mother and Her Child: A Case Study of Family Therapy." *Playground,* Spring 1994, pp. 5–11.

Beckman, T. L. " Examining Parent-Child Relationships in Forensic Attachment Assessments: A Construct Validity Investigation of the Marschak Interaction Method Rating System." Unpublished doctoral dissertation, Alliant International University, Fresno, 2002.

Baur-Grove, G. "Erklären-Begreifen. Einsichten in Wissensvermittlung bei Vorschulkindern durch die H-MIM" (Explaining-Understanding: How Parents Teach Their Preschool Children. Research Using the H-MIM). *Schwierige Kinder-verstehen und helfen,* 2004, *32*, 4–7.

Bekker, Y. C. "Family Theraplay for Toddlers: An Educational Psychological Perspective." Unpublished masters thesis, University of Pretoria, South Africa, 1993.

Bennett, L. R., Shiner, S. K., and Ryan, S. "Using Theraplay in Shelter Settings with Mothers and Children Who Have Experienced Violence in the Home." *Journal of Psychosocial Nursing & Mental Health Service,* 2006, *44*(10), 38-47.

Bernt, C. "Theraplay as Intervention for Failure-to-Thrive Infants and Their Parents." Unpublished doctoral dissertation, Chicago School of Professional Psychology, 1990.

Bernt, C. "Theraplay with Failure-to-Thrive Children and Their Mothers." *The Theraplay Institute Newsletter,* Fall 1992, pp. 1-3.

Black, M., Freeman, B. J., Montgomery, J. "Systematic Observation of Play Behavior in Autistic Children." *Journal of Autism and Childhood Schizophrenia,* 1975, *5*(4), 363-371.

Bligh, S. B. "Theraplay: Facilitating Communication in Language-Delayed Children." In J. Andrews and M. Burns (eds.), *Selected Papers in Language and Phonology, Vol. 2: Language Remediation.* Evanston, Ill.: Institute for continuing Education, 1977.

Blunden, C. "An Attachment Programme for Related, Single-Parent Foster Mothers and Foster Children." Unpublished doctoral dissertation, University of Pretoria, South Africa, 2005.

Bojanowski, J. J. "Discriminating Between Pre-Versus Post-Theraplay Treatment Marschak Interaction Methods Using the Marschak Interaction Method Rating System." Unpublished doctoral dissertation, Alliant International University, Fresno, 2005.

Booth, P. "Forming an Attachment with an Adopted Toddler Using the Theraplay Approach." *The Signal: The Newsletter of the World Association for Infant Mental Health,* 2000, *8*(3), 1-19.

Booth, P. "Theraplay?und wie es begann. Teil 1" (Theraplay?How It Began. Part 1). *Schwierige Kinder-verstehen und helfen,* 2003, *31,* 25-29.

Booth, P. "Theraplay?und wie es begann. Teil 2" (Theraplay?How It Began. Part 2). *Schwierige Kinder-verstehen und helfen,* 2004, *32,* 23-27.

Booth, P. "Die derzeit besten Theraplay Techniken" (Current Best Theraplay Practice). *Schwierige Kinder-verstehen und helfen,* 2007, *43,* 18-23.

Booth, P., Christensen, G., and Lindaman, S. *Marschak Interaction Method: A Strucutred Observational Technique to Assess the Quality and Nature of the Parent-Child Relationship (Preschool and School Age)* (rev. ed.). Chicago: The Theraplay Institute, 2005.

Booth, P., and Koller, T. J. "Training Parents of Failure-to-Attach Children." In J. M. Briesmeister and C. E. Schaefer (eds.), *Handbook of Parent Training: Parents as Co-Therapists for Children's Behavior Problems* (2nd ed.). New York: Wiley, 1998.

Booth, P., and Lindaman, S. "Theraplay for Enhancing Attachment in Adopted Children." In H. G. Kaduson and C. E. Schaefer (eds.), *Short-Term Play Therapy for Children.* New York: Guilford Press, 2000a.

Booth, P., and Lindaman, S. "The Theraplay Model: Forming an Attachment with a Toddler Adopted from an Institution." Paper presented at the Seventh Congress of the World Association for Infant Mental Health. *Infant Mental Health Journal,* 2000b, *12*(4-5), 179.

Booth, P., and O'Hara, D. "Using Theraplay to

Interrupt a Three-Generation Pattern of Inadequate Parenting." In C. W. LeCroy and J. Daley (eds.), *Case Studies in Child, Adolescent, and Family Treatment.* Belmont, CA: Thomson/Brooks/Cole, 2005.

Bostrom, J. "A Preschool Curriculum Based on Theraplay." *The Theraplay Institute Newsletter,* Fall 1995a, pp. 3-4.

Bostrom, J. "Fostering Attachment in Post-Institutionalized Adopted Children Using Group Theraplay." *The Theraplay Institute Newsletter,* Fall 1995b, pp. 7-8.

Bouwman, M. M. "Theraplay with the Hyperkinetic Child" [Afrikaans Text]. Unpublished master's thesis, University of Pretoria, South Africa, 1984.

Bovington, T., and Fabian, K. "Relinquishment Visits: Saying Goodbye Is an Unnatural Process." In E. Munns (ed.), *Applications of Family and Group Theraplay.* New York: Jason Aronson, 2009.

Brand, H. "Die Bindungstheorie in ihrer möglichen Bedeutung für Theraplay" (Attachment Theory and Its Possible Meaning for Theraplay). *Schwierige Kinder-verstehen und helfen,* 2000, *20,* 14-17.

Brand, H. "Theraplay with Adults." *The Theraplay Institute Newsletter,* Spring 2004.

Brand, H., and Franke, U. "Tim auf der Suche nach sich selbst. Ein Pflegekind bei Theraplay" (Tim in Search of Himself: A Foster Child in Theraplay). *Schwierige Kinder-verstehen und helfen,* 2005, *35,* 24-30.

Brennan, C. "Theraplay in a Residential Setting." *The Theraplay Institute Newsletter,* Summer 1998.

Bressler, C. "Theraplay und die taktil-kinästhetische Stimulation nach Kesper" (Theraplay and Tactile-Kinesthetic Stimulation According to Kesper). *Schwierige Kinder-verstehen und helfen,* 2008, *44,* 22-23.

Breuer, J., and Munns, E. "Theraplay with a Toddler and His Parents." *Playground,* Spring 1994, pp. 7-8.

Briegel, W., Wettig, H., and Franke, U. "Evaluation de Wirkung von Theraplay bei Klein-und Vorschulkindern mit rezeptiver Sprachstoerung und komobider Stoerung des Interaktionsverhaltens-eine erste Laengsschnittstudie" (Evaluation of the Effectiveness of Theraplay with Toddler and Preschool Children Suffering from Receptive Language Disorders in Comorbidity with Social Interaction Disorder-A First Longitudinal Study). Poster and Adolescent Psychiatry, Psychosomatic Medicine, and Psychotherapy, Heidelberg, 2005.

Brooke, S. L. "Critical Review of Play Therapy Assessments." *International Journal of Play Therapy,* 2004, *13,* 119-142.

Buckwalter, K. "Warum Theraplay wirksam ist" (Why Theraplay Is Effective). *Schwierige Kinder-verstehen und helfen,* 2003, *30,* 13-14.

Buckwalter, K. D., and Finlay, A. L. "Theraplay: The Powerful Catalyst in Residential Treatment." In E. Munns (ed.), *Applications of Family and Group Theraplay.* New York: Jason Aronson, 2009.

Bundy-Myrow, S. "Group Theraplay for Children with PDD." *The Theraplay Institute Newsletter,* Spring 1994, p. 9.

Bundy-Myrow, S., and Lindaman, S. L. "Theraplay for Children with Autistic Spectrum Disorders." *The Theraplay Institute Newsletter,* Winter 1999/2000.

Bundy-Myrow, S. "Group Theraplay for Children with Autism and Pervasive Developmental

Disorder." In E. Munns (ed.), *Theraplay: Innovations in Attachment-Enhancing Play Therapy*. Northvale, NJ: Jason Aronson, 2000.

Bundy-Myrow, S. "Theraplay for Children with Self-Regulation Problems." In C. E. Schaefer, J. McCormick, and A. Ohnogi (eds.), *International Handbook of Play Therapy: Advances in Assessment, Theory, Research, and Practice*. Northvale, NJ: Jason Aronson, 2005.

Bundy-Myrow, S., and Booth, P. B. "Theraplay: Supporting Attachment Relationships." In K. J. O'Connor and L. D. Braverman (eds.), *Play Therapy Theory and Practice: Comparing Theories and Techniques* (2nd ed.). New York: Wiley, 2009.

Bunge, D. M. "An Analytical Exposition of the Interactional Dynamics Occurring Between Parents and Their Learning Disabled Child, Utilising the M.I.M." Unpublished master's thesis, University of Pretoria, South Africa, 1991.

Burger, U. "Daniel hat sein eigenes Tempo: Theraplay bei einem entwicklungsverzögerten Kind" (Daniel Has His Own Tempo: Theraplay with ad Developmentally Delayed Child). *Theraplay Journal,* 1997, *14,* 14-20.

Call, J., and Marschak, M. "Styles and Games in Infancy." *Journal of the American Academy of Child Psychiatry,* 1966, *5*(2), 193-210.

Chaloner, C. M. "600 Theraplay Groups in Head Start Classrooms." *The Theraplay Institute Newsletter,* Winter 2006.

Chaloner, W. B. "One Therapist's Journey as a Head Start Mental Health Consultant Integrating Child-Centered with Sensory/Theraplay-Based Approaches to Play Therapy with At-Risk Children." *The Theraplay Institute Newsletter,* Fall 2006.

Chambers, C. L. "Group Theraplay with Children Impacted by HIV." *The Theraplay Institute Newsletter,* Fall 1995, pp. 5-6.

Clark, P. A. "The Theraplay Preschool Assessment and Treatment Manual: Preparing Mental Health Professionals to Use Structured Play to Remediate Experience-Derived Relationship Disturbances in Three-to Five-Year-Old Children and Their Caregivers." Unpublished doctoral dissertation, Adler School of Professional Psychology, 1997.

Coetzee, A. M. " 'Theraplay' Founded Within the Orthopedagogical Context" [Afrikaans text]. Unpublished master's thesis, University of Pretoria, South Africa, 1987.

Copar, C. J. "Die Behandlung eines autistischen Kindes mit Theraplay" (Theraplay Treatment of an Autistic Child). *Schwierige Kinder-verstehen und helfen,* 2008, *46,* 4-10.

Crume, J. "Theraplay: Skills for the Timid Adoptive Parent to Deal with Her Very Active Three-Year-Old." *The Theraplay Institute Newsletter,* Fall 1996, pp. 2-4.

Curtis, J. "Children Exposed to Parental Violence: Group Work and Individual Therapy." Unpublished master's thesis, University of Manitoba, Canada, 2005.

De Wet, W. "Theraplay with the Deaf Child." Unpublished doctoral dissertation, University of Pretoria, South Africa, 1993.

DesLauriers, A. " Play, Symbols, and the Development of Language." In M. Rutter, and E. Schopler (eds.), *Autism*. New York: Plenum, 1978.

DiPasquale, L. " The Dysregulated Child in Theraplay." In E. Munns (ed.), *Applications of*

Family and Group Theraplay. New York: Jason Aronson, 2009.

Doel, M. *Experiencing Social Work: Learning from Service Users*. Los Angeles: Sage, 2008.

Drewes, A. "Asiatische Familien bei Theraplay: Kulturelle Unterschiede verstehen" (Using Theraplay with Asian Families: Understanding Cultural Differences). *Schwierige Kinder-verstehen und helfen*, 2006, *39*, 17-19.

Dunn, N. "The Usability of Theraplay as a Technique for Therapy with Children with Enuresis" [Afrikaans Text]. Unpublished master's thesis, University of Pretoria, South Africa, 1987.

Eddins-Folensbee, F. F. "Theraplay: Innovations in Attachment-Enhancing Play Therapy" [Book review]. *Journal of the American Academy of child and Adolescent Psychiatry*, 2001, *40*(8), 984-986.

Edinborough, H. I. "The Use of Theraplay to Improve the Mother and Child Relationship: A Family Group Intervention." Unpublished master's thesis, University of Manitoba, Canada, 2005.

Eloff, I., and Moen, M. "An Analysis of Mother-Child Interaction Patterns in Prison." *Early Child Development and Care*, 2003, *173*(6), 711-720.

Erasmus, S. H. "Theraplay with Pre-School Deaf Children Exhibiting Separation Anxiety" [Afrikaans Text]. Unpublished master's thesis, University of Pretoria, South Africa, 1984.

Erickson, M. T. " Review of Play with Them?Theraplay Groups in the Classroom: A Technique for Professionals Who Work with Children" [Book Review]. *PsycCRITIQUES*, 1990, *35*(1), 1174.

Eyles, S., Boada, M., and Munns, C. "Theraplay with Overtly and Passively Resistant Children." In E. Munns (ed.), *Applications of Family and Group Theraplay*. New York: Jason Aronson, 2009.

Fesperman, L., and Lindaman, S. L. "Theraplay Reaches Difficult to Engage Children in Foster Care." *Zero to Three*, 1999, *19*(3), 34-35.

Finnell, N. "Adoption and Attachment." *The Theraplay Institute Newsletter*, Fall 1996, pp. 1-2.

Finnell, N. " Theraplay in einem Heim für Adoptions-und Pflegekinder" (Theraplay in a Home for Adopted and Foster Children). *Schwierige Kinder-verstehen und helfen*, 2006, *37*, 4-5.

Fitzka, K. "Ich falle aufwärts: Theraplay am Anfang" (My Mistakes Help Me Move Forward: Theraplay in the Beginning). *Theraplay Journal*, 1995, *11*, 26-27.

Fitzka, K. " Theraplay mit einem sexuell missbrauchte Mädchen" (Theraplay with a Sexually Abused Girl). *Theraplay Journal*, 1997, *14*, 4-10.

Fitzka, K. "über das Einbeziehen der Fübe in die Therapie" (About the Importance of Dealing with Children's Feet in Theraplay). *Schwierige Kinder-verstehen und helfen*, 2000, *21*, 24-26.

Franke, U. "Theraplay: eine direktive kommunikative Spieltherapie" (Theraplay: A Directive communicative Playtherapy). *Praxis der Kinderpsychologie und Kinderpsychiatrie*, 1990a, *39*, 12-17.

Franke, U. "Theraplay und seine Wirkung auf das Kommunikations-verhalten" (Theraplay and Its Effect on Communication). In G. Grohnfeldt (ed.), *Handbuch der Sprachtherapie* (Handbook of Speech Therapy), Band 2. Berlin: Edition Marhold, 1990b.

Franke, U. "Theraplay." Gesellschaft zur Förderung des Festhaltens (ed.), *I. Internationaler Kongress "Festhalten" in Regensburg* (Society for the Advancement of Holding Therapy: The First International congress of Holding Therapy), 1991a, pp. 427-440.

Franke, U. "Die Theraplay Ko-Therapeutin" (The Theraplay Co-Therapist).

Theraplay Journal, 1991b, *3,* 15-17.

Franke, U. "Die sensorische Wahrnehmung" (Sensory Perception). *Theraplay Journal,* 1991c, *6,* 4-7.

Franke, U. "Aufmerksamkeit" (Attention: An Aim in Theraplay Sessions). *Theraplay Journal,* 1992a, *6,* 20-25.

Franke, U. "Naschraten" (Guessing the Taste). *Theraplay Journal,* 1992b, *6,* 8-14.

Franke, U. "Warum wirkt Theraplay?" (Why Does Theraplay Work?). *Theraplay Journal,* 1992c, *6,* 14-15.

Franke, U. "Theraplay: eine Hilfe für schwierige Kinder und ihre Eltern" (Theraplay: Help for Difficult Children and Their Parents). In W. Leixnering und F. Wurst (eds.), *Krise als Chance.* Wien: Tagungsband, 1993a.

Franke, U. "Unterschiede zwischen Theraplay in den USA und in Deutschland" (Differences Between Theraplay in the United States and Germany). *Theraplay Journal,* 1993b, *7,* 4-8.

Franke, U. "Theraplay bei spracherwerbsgestörten Kindern" (Theraplay with Language Disordered Children). In H. Grimm, and F. Weinert (eds.), *Intervention bei sprachgeststörten Kindern* (Intervention with Language Disordered Children). Stuttgart: G. Fischer, 1994a.

Franke, U. "Zehn Grundannahmen und die therapeutischen Schlussfolgerungen" (Ten Basic Hypotheses About Theraplay and Their Therapeutic Conclusions). *Theraplay Journal,* 1994b, *8,* 6-15.

Franke, U. " Ergotherapie und Theraplay" (Occupational Therapy and Theraplay). *Theraplay Journal,* 1995, *11,* 16-21.

Franke, U. "Alexander der grosse Schweiger: Theraplay bei Mutismus" (Alexander the Great Mute: Theraplay with Mutism). *L.O.G.O.S. interdisziplinär,* 1996a, *4*(1), 20-29.

Franke, U. "Magdalena, ein nichtsprechendes wahrnehmungsgestörtes Kind" (Magdalena, a Non-Speaking Perceptually Handicapped Child). *Theraplay Journal,* 1996b, *12,* 4-15.

Franke, U. "Theraplay Handlungsanalysen" (Micro-Analysis of Some Procedures in Theraplay Sessions). *Theraplay Journal,* 1998a, *15,* 20-24.

Franke, U. "Theraplay: Welche Rolle spielen die Eltern?" (Theraplay: What Role Do Parents Play?). *Theraplay Journal,* 1998b, *15,* 4-13.

Franke, U. "Theraplay fuer die logopaedische Therapie" (Theraplay for the logopedic therapy). *Forum Logopaedie,* 1998c, *6,* 13-17.

Franke, U. "Struktur der praktischen Theraplay Supervision" (The Structure of Theraplay Supervision). *Theraplay Journal,* 1998d, pp. 22-25.

Franke, U. "Theraplay mit einem behinderten Kind: Anja" (Theraplay with a Handicapped Girl, Anja). *Theraplay Journal,* 1998e, pp. 4-13.

Franke, U. "Die Geschichte eines Jungen zwischen "Kann-nicht" und "Will-nicht" (The Story of a Boy Standing Between Can Not and Will Not). *Schwierige Kinder-verstehen und helfen,* 1999a, *17,* 14-21.

Franke, U. " Was ist Theraplay?" (What Is

Theraplay?). *Schwierige Kinder-verstehen und helfen*, 1999b, *17*, 22-23.

Franke, U. "Inhalt und Struktur einer Theraplay-Stunde" (Content and Structures of a Theraplay Session). *Schwierige Kinder-verstehen und helfen*, 1999c, *18*, 14-18.

Franke, U. "Felix-Ein kleiner hyperaktiver Junge bei Theraplay" (Felix: A Young Hyperactive Boy in Theraplay Treatment). *Schwierige Kinder-verstehen und helfen*, 1999d, *19*, 8-15.

Franke, U. "Berührung und Aggression-Studien decken Zusammenhänge auf" (Touch and Aggression: Research Shows Inverse Relationships). *Schwierige Kinder-verstehen und helfen*, 2001a, *24*, 18-19.

Franke, U. "Erfahrungen mit intensiver Theraplay-Therapie" (Experiences with Intensive Theraplay Treatment). *Schwierige Kinder-verstehen und helfen*, 2001b, *25*, 25-27.

Franke, U. "Anna-über das mutige Wachsen in eine neue Identität" (Anna-Her Courageous Growth into a New Identity). *Schwierige Kinder-verstehen und helfen*, 2002a, *26*, 4-12.

Franke, U. "Jacqueline, eine Theraplay-Geschichte" (Jacqueline, a Theraplay Story). *Schwierige Kinder-verstehen und helfen*, 2002b, *27*, 4-9.

Franke, U. "Dennis. Ein autistisches Kind entdeckt die Emotionen über die Sprache" (Dennis. An Autistic Child Discovers His Emotions Through Language). *Schwierige Kinder-verstehen und helfen*, 2002c, *28*, 4-13.

Franke, U. "Eltern-Fragen an eine Theraplay Therapeutin" (Questions Parents Ask a Theraplay Therapist). *Schwierige Kinder-verstehen und helfen*, 2002d, *28*, 22-23.

Franke, U. "Milena, ein bindungsgestörtes Kind auf seiner Suche nach Sicherheit" (Milena: An Attachment Disordered Child's Search for Safety). *Schwierige Kinder-verstehen und helfen*, 2003a, *30*, 4-12.

Franke, U. "Wie eine Theraplay-Therapeutin ein scheues Kind verändert" (How a Theraplay Therapist Can Change a Shy Child). *Schwierige Kinder-verstehen und helfen*, 2003b, *31*, 4-7.

Franke, U. "Mama macht mit. Kind und Mutter in der Theraplay Stunde" (Mother Joins In: Child and Mother in a Theraplay Session). *Schwierige Kinder-verstehen und helfen*, 2005a, *35*, 11-15.

Franke, U. "Philipp wacht auf. Ein autistisches Kind findet Freude an der Interaktion" (Philipp Wakes Up: An Autistic Child Finds Joy in Interaction). *Schwierige Kinder-verstehen und helfen*, 2005b, *37*, 4-8.

Franke, U. "Therapieziele bei autistischen Kindern und wie man sie erreicht" (Therapeutic Goals for Autistic Children and How You Can Achieve Them). *Schwierige Kinder-verstehen und helfen*, 2006a, *37*, 9-11.

Franke, U. "Andreas, ein Vorschulkind mit der Diagnose Hochbegabung bei Theraplay" (Andreas, a Gifted Preschool Child with Theraplay). *Schwierige Kinder-verstehen und helfen*, 2006b, *38*, 20-27.

Franke, U. "Thomas findet zur Sprache. Theraplay bei Kindern mit Sprachentwicklungsverzögerung" (Thomas Finds Language. Theraplay with Language Delayed Children). *Schwierige Kinder-verstehen und helfen*, 2007a, *41*, 4-11.

Franke, U. "über das Sprachverständnis, seine Untersuchung und Behandlung mit Theraplay" (About Language Comprehension: Its Assessment and Treatment with Theraplay). *Schwierige Kinder-verstehen und helfen*,

2007b, *41,* 18-22.

Franke, U. "Was so alles passiert an einem Theraplay-Tag. Einblicke in den Praxisalltag" (What Happens in a Theraplay Day? A Look into the Practice). Schwierige Kinder-verstehen und helfen, 2008, *44,* 4-9.

Franke, U. "Theraplay in Germany." In E. Munns (ed.), *Applications of Family and Group Theraplay*. New York: Jason Aronson, 2009.

Fuhrmann, E. "ABC?wir Freunde sind OK. Gruppen-Theraplay in einer Institution" (ABC? We're Friends and We're OK: Group Theraplay in an Institution). *Schwierige Kinder-verstehen und helfen*, 2000, *22,* 21-25.

Fuhrmann, E. "Gruppen-Theraplay mit Senioren und Kindern im Alter von 3-6 Jahren" (Group Theraplay with Senior Citizens and Children Age 3-6). *Schwierige Kinder-verstehen und helfen*, 2008, *45,* 14-15.

Fuller, W. S. "Theraplay as a Treatment for Autism in a School-Based Day Treatment Setting." *Continuum, the Journal of the American Association for Partial Hospitalization,* 1995, *2*(2), 89-93.

Fuller, W. S., and Booth, P. "Touch with Abused Children." *The Theraplay Institute Newsletter,* 1997, *9,* 4-7.

Fux, G. "Die Anwendungsmöglichkeiten und die Grenzen des Theraplay Konzeptes in der Logopädie" (The Possibilities and Limits of Using Theraplay for Speech-Language Pathology). Unpublished thesis for the Heilpädagogiches Seminar, Institute Freiburg, 1991.

Gardner, B., and Spickelmier, M. "Theraplay with Adolescents." *The Theraplay Institute Newsletter,* Winter 2008.

Gardner, B., and Spickelmier, M. "Working with Adolescents." In E. Munns (ed.), *Applications of Family and Group Theraplay*. New York: Jason Aronson, 2009.

Gerretsen, M. " Theraplay: A Therapeutic Intervention for Children and Their Caregivers." Unpublished master's thesis, University of Manitoba, Canada, 2003.

Gillmeister, A. "über das Entdecken des anderen Ohrs. Theraplay mit geistig behinderten Kindern" (Discovering the Other Ear: Theraplay with Mentally Retarded Children). *Schwierige Kinder-verstehen und helfen*, 2001, *25,* 16-18.

Giskes, H. "Eine familiäre Konfliktsituation, dann eine 5 in der Schule und Martin ist ausgeflippt" (A Conflict in the Family, A. Low Mark at School and Martin Freaks Out). *Schwierige Kinder-verstehen und helfen,* 2003, *30,* 15-19.

Giskes, H. "So etwas machen Sie mit einer Elfjährigen!" Theraplay mit einer Hochbegabten" ("You Do This with an Eleven-Year-Old!" Theraplay with an Intellectually Gifted Girl). *Schwierige Kinder-verstehen und helfen*, 2005, *36,* 4-7.

Giskes, H. "Vater und Sohn finden zueinander durch Theraplay" (Father and Son Come Together Through Theraplay). *Schwierige Kinder-verstehen und helfen*, 2007, *43,* 7-9.

Golden, B. R. "How Theraplay Facilitates Healthy Narcissism." *Journal of child and Adolescent Psychotherapy,* 1986, *3*(2), 99-104.

González, C. M. "La Actividad Lúdica Como Instrumento de Intervención en el Autismo Infantil. La Técnica Theraplay" (Active Play as an Instrument of Intervention with an Autistic Child: The Theraplay Technique). *Revista de Educación Especial* (Review of Speical

Education), 1988, p. 3.

Goodyear-Brown, P. "Theraplay Approaches for Children with Autism Spectrum Disorders." In E. Munns (ed.), *Applications of Family and Group Theraplay*. New York: Jason Aronson, 2009.

Görg, D. "Patricks 15. Theraplay-Stunde" (Patrick's 15th Theraplay Session). *Schwierige Kinder-verstehen und helfen*, 1999, *18*, 27.

Gougeon, M. L. "Group Work with Women and Children Impacted by Family Violence." Unpublished master's thesis, University of Manitoba, Canada, 2002.

Govender, G. "Teacher-Pupil Relationship of the Hyperactive Junior Primary School Child." Unpublished master's thesis, University of Pretoria, South Africa, 1995.

Greeves, A. "Theraplay with Deaf Children and Hearing Parents." *The Theraplay Institute Newsletter*, Winter 2008.

Groschke, D. "Theraplay: A New Treatment Using Structured Play for Problem Children and Their Families" [Book review]. *Praxis der Kinderpsychologie und Kinderpsychiatrie* (Practice of Child Psychology and Child Psychiatry), 1988, *37*(8), 315-316.

Haaman, T., and Immonen, T. "Vuorovaikutus-leikki" (Interaction Play). Unpublished master's thesis, Helsinki University, Finland, 2003.

Händel-Rüdinger, M. "Isabell." *Theraplay Journal*, 1992, *5*, 12-13.

Händel-Rüdinger, M. "Verena: Theraplay mit einem Kleinkind" (Verena: Theraplay with a Young Child). *Theraplay Journal*, 1995, *11*, 22-25.

Händel-Rüdinger, M., und Franke, U. "Was lernt Jens wie in der Therapie?" (What Did Jens Learn in Therapy?). *L.O.G.O.S. interdisziplinär*, 1993, *1*(2), 97-101.

Hellinen, E. "Theraplay: vaikuttavuus lapsiperheen arkeen ja vuorovaikutukseen" (Theraplay: Effect on Ordinary Life and Interactions in Families with Infants). Unpublished candidate thesis, Tampere University, Finland, 2008.

Hitchcock, D. L. "A Construct Validity Study of Marschak Interaction Method Rating System with Adolescent Mother-Child Dyads." Unpublished doctoral dissertation, Alliant International University, Fresno, 2002.

Hitchcock, D. L., Ammen, S., O'Connor, K., and Backman, T. L. "Validating the Marschak Interaction Method Rating System with Adolescent Mother-Child Dyads." *International Journal of Play Therapy*, 2008, *17*, 24-38.

Hölzel, L. "Entwicklung eines Auswertungsverfahrens im Rahmen der Diagnostik von Eltern-Kind-Interaktionen" (Development of a Method of Analysis for the Assessment of Parent-Child Interactions). Unpublished master's thesis, Technische Universität, Berlin, 1993.

Hötzel, M. "Auf einer Insel Die Bedeutung von Verslein bei Theraplay" (Itsy Bitsy Spider The Importance of Verses with Theraplay). *Schwierige Kinder-verstehen und helfen*, 2002, *26*, 28-30.

Hurst, T. "Die Anfänge von Theraplay" (The Beginnings of Theraplay). *Schwierige Kinder-verstehen und helfen*, 2001, *24*, 24-25.

Imperiale, N. "Professor Preaches the Power of Positive Discipline." *Chicago Tribune*, May 3, 1994, Tempo, p. 3.

Ing, L. "Theraplay in an Inpatient Unit for Psychotic Disorders." *The Theraplay Institute Newsletter*, Spring 2004.

Jernberg, A. M. "Psychosomatic Similarities in Adoptive Mothers and Their Infants." *Human Development Bulletin*. Paper presented at 9th Annual Symposium, Chicago, March 1, 1958.

Jernberg, A. M. "Theraplay Technique." In C. E. Schaefer (ed.), *Therapeutic Use of Child's Play*. New York: Jason Aronson, 1976.

Jernberg, A. M. *Theraplay: A New Treatment Using Structured Play for Problem Children and Their Families*. San Francisco: Jossey-Bass, 1979.

Jernberg, A. M. "Combining Theraplay with Sensory Integration for Children with Sensory Motor Dysfunction." Paper presented at the Annual Meeting of the American Psychological Association, Los Angeles, August 1981.

Jernberg, A. M. "Theraplay: History and Method." In E. Nickerson and K. O'Laughlin (eds.), *Helping Through Action-Oriented Therapies*. Amherst, MA: Human Resource Development Press, 1982a.

Jernberg, A. M. "Theraplay: The Initial Stages of Treatment." *Association for Play Therapy Newsletter*, 1982b, *1*(1), 3-5.

Jernberg, A. M. "Theraplay: the Nursery Revisited." In L. E. Abt and I. R. Stuart (eds.), *The Newer Therapies: A Sourcebook*. New York: Van Nostrand Reinhold, 1982c.

Jernberg, A. M. "Therapeutic Use of Sensory-Motor Play." In C. E. Schaefer and K. J. O'Connor (eds.), *Handbook of Play Therapy*. New York: Wiley, 1983.

Jernberg, A. M. "Theraplay: Child Therapy for Attachment Fostering." *Psychotherapy*, 1984, *21*(1), 39-47.

Jernberg, A. M. "The Theraplay Technique for Children." In P. A. Keller and L. G. Ritt (eds.), *Innovations in Clinical Practice: A Source Book*, Vol. 5. Sarasota, FL: Professional Resource Exchange, 1986.

Jernberg, A. M. "Helping Foster or Late-Adopted Children to Make It in the Classroom." *Stepping Stones*. Illinois Council on Adopted Children, Inc., July/August 1987a, pp. 9-11.

Jernberg, A. M. "Theraplay für das aggressive Kind" (Theraplay for the Aggressive Child). *Forum des Zentralverbandes für Logopädie* (Forum of the Central Union for Speech and Language Pathology), 1987b, *4*, 1-3.

Jernberg, A. M. "Untersuchung und Therapie der pränatalen Mutter-Kind-Beziehung" (Evaluation and Treatment of the Mother-Child Relationship). In B. G. Fedor-Freybergh (ed.), *Pränatale und Perinatale Psychologie und Medizin: gegegnung mit dem Ungeborenen* (Prenatal and Perinatal Psychology and Medicine: Encounter with the Unborn). Sweden: Saphir, 1987c.

Jernberg, A. M. *Theraplay: eine direktive Spieltherapie*. Deutsche übersetzung und Bearbeitung nach der amerikanischen 1. Auflage von U. Franke (Theraplay: A Directive Play Therapy. Translated and revised from the first American edition by U. Franke). Stuttgart: G. Fischer, 1987d.

Jernberg, A. M. "Promoting Prenatal and Perinatal Mother-child Bonding: A Psychotherapeutic Assessment of Parental Attitudes." In P. G. Fedor-Freybergh and m. L. V. Vogel (eds.), *Prenatal and Perinatal Psychology and Medicine: Encounter with the Unborn*. Park Ridge, NJ: Parthenon Publishing Group, 1988a.

Jernberg, A. M. "The Theraplay Approach to the Self-Contained Patient." In E. M. Stern (ed.),

Psychotherapy and the Self-Contained Patient. Special Issue of *The Psychotherapy Patient,* 1988b, *4*(3/4), 85–93.

Jernberg, A. M. "Theraplay als eine Ergänzung der sensomotorischen Integrationstherapie" (Theraplay as a Compliment to Sensory Integration Therapy). *Praxis Ergotherapie* (Sensory Integration Practice), 1988c, *1,* 292–304.

Jernberg, A. M. "Theraplay for the Elderly Tyrant." *Clinical Gerontologist,* 1988d, *8*(1), 76–79.

Jernberg, A. M. "Training Parents of Failure-to-Attach Children." In C. E. Schaefer and J. M. Briesmeister (eds.), *Handbook of Parent Training: Parents as Co-Therapists for Children's Behavior Problems*. New York: Wiley, 1989.

Jernberg, A. M. "Attachment Enhancing for Adopted Children." In P. V. Grabe (ed.), *Adopting Resources for Mental Health Professionals*. New Brunswick: Transaction Publishers, 1990a.

Jernberg, A. M. "Bindungsförderung für adoptierte Kinder" (Attachment Enhancing for Adopted Children). *Kindeswohl: Zeitschrift fur Pflegekinder-und Adoptionswesen* (Journal for Foster Children and the Practice of Adoption), 1990b, *4,* 25–28.

Jernberg, A. M. "Helping Children Cope with War." *The Theraplay Institute Newsletter,* Winter 1990–91, pp. 4–5.

Jernberg, A. M. "Assessing Parent-Child Interactions with the Marschak Interaction Method (MIM)." In C. E. Schaefer, K. Gitlin, and A. Sandgrund (eds.), *Play Diagnosis and Assessment*. New York: Wiley, 1991.

Jernberg, A. M. "The Marital Marschak Interaction Method (MMIM): A Technique for Structured Observation and Clinical Intervention in Helping Troubled Marriages." *The Theraplay Institute Newsletter,* Winter 1992a, pp. 1–2.

Jernberg, A. M. "The Older Sibling." *The Theraplay Institute Newsletter,* Fall 1992b, pp. 4–5.

Jernberg, A. M. "The Prenatal Marschak Interaction Method (PMIM): A Tool for Bonding." *The Theraplay Institute Newsletter,* Winter 1992c, pp. 4–5.

Jernberg, A. M. "Attachment Formation." In C. E. Schaefer (ed.), *The Therapeutic Powers of Play*. Northvale, NJ: Jason Aronson, 1993.

Jernberg, A. M. "Theraplay für das aggressive Kind" (Theraplay for the Aggressive Child). In U. Franke (ed.), *Therapie aggressiver und hyperaktiver Kinder* (Therapy for Aggressive and Hyperactive Children) (2nd ed.). Stuttgart: Gustav Fischer Verlag, 1995.

Jernberg, A. M., Allert, A., Koller, T. J., and Booth, P. *Reciprocity in Parent-Infatn Relationships*. Chicago: The Theraplay Institute, 1983.

Jernberg, A. M., and Booth, P. B. "Theraplay and the James Method of Treatment for Traumatized Children." *The Theraplay Institute Newsletter,* Winter 1990–91, p. 1.

Jernberg, A. M., and Booth, P. B. *Theraplay: Helping Parents and Children Build Better Relationships Through Attachment-Based Play* (2nd ed.). San Francisco: Jossey-Bass, 1999.

Jernberg, A. M., Booth, P. B., Koller, T. J., and Allert, A. *Preschoolers and School Age Children in Interaction with Their Parents: Manual for Using the Marschak Interaction Mental (MIM)*. Chicago: The Theraplay Institute, 1982.

Jernberg, A. M., and DesLauriers, A. "Some

Contributions of Three Pre-School Children to Behavior Changes in Their Mothers." Paper presented to the Research Seminar, Psychosomatic and Psychiatric Institute, Michael Reese Hospital, Chicago, June 1962.

Jernberg, A. M., Hurst, T., and Lyman, C. *Here I Am*. 16mm film. Wilmette: The Theraplay Institute, 1969.

Jernberg, A. M., Hurst, T., and Lyman, C. *There He Goes*. 16mm film. Wilmette: The Theraplay Institute, 1975.

Jernberg, A. M., and Jernberg, E. "Family Theraplay for the Family Tyrant." In T. Kottman and C. E. Schaefer (eds.), *Play Therapy in Action: A Casebook for Practitioners*. Northvale, NJ: Jason Aronson, 1993.

Jernberg, A. M., Thomas, E., and Wickersham, M. *Mothers' Behaviors and Attitudes Toward Their Unborn Infants*. Chicago: The Theraplay Institute, 1985.

Joronen, K. "Theraplay-ett verktyg für logobeden" (Theraplay: A Tool for Speech Therapists) [Swedish text]. Unpublished master's thesis, Helsinki University, Finland, 2006.

Kashwer, C. D. "Assessing the Relationship Between a Mother and Her Unborn Child: The Prenatal mar Interaction Method Rating System." Unpublished doctoral dissertation, Alliant International University, Fresno, 2004.

Kekäle, P. "Kikkakoppa vai uudet silmälasit? Theraplay puheterapeutin työvälineenä(Some Tricks or New Eye-glasses? The Theraplay Method as a Tool for Speech Therapists). Unpublished licentiate thesis, Oulu University, Finland, 2007.

Kim, Y-.K., and Nahm. S. "Cultural considerations in Adapting and Implementing Play Therapy." *International Journal of Play Therapy*, 2008, *17*(1), 66-77.

Kirby, E. K. "Parents and Adopted Children Together (PACT): Therapeutic Retreat for Postadoptive Families." Unpublished doctoral Disorders, Chicago School of Professional Psychology, 2007.

Koller, T. J. " The Relationship of Infant Temperament to Mother-Infant and Father-Infant Interaction." Unpublished doctoral dissertation, Illinois Institute of Technology, Chicago, 1980.

Koller, T. J. "New Family Bonding." *The Theraplay Institute Newsletter*, 1981, pp. 3-6.

Koller, T. J. "Stealing in the Adopted Child in School." *Stepping Stones*. Illinois Council on Adopted Children, Inc., July/August 1987, pp. 11-15.

Koller, T. J. "Adolescent Theraplay." In K. J. O' Connor and C. E. Schaefer (eds.), *Handbook of Play Therapy, Vol. 2: Advances and Innovations*. New York: Wiley, 1994.

Koller, T. J., and Booth, P. "Fostering Attachment Through Family Theraplay." In K. J. O'connor and L. M. Braverman (eds.), *Play Therapy: Theory and Practice*. New York: Wiley, 1997.

Korpi, A. " Alle kouluikäisten poikien kerhotoimintakok-oeilu, erään kasvuprosessin kuvaus" (An Experiment in Playing Club Among Preschool Boys: A Description of Progress and Process). Unpublished survey specialisation, Helsinki University, Finland, 1988.

Krebs, S. "Workshop Gruppen-Theraplay" (A Workshop in Group Theraplay). *Schwierige Kinder-verstehen und helfen*, 1999, *18*, 11-13.

Krone, D. "Philipp's 14. Theraplay-Stunde" (Philipp's 14th Theraplay Session). *Schwierige*

Kinder-verstehen und helfen, 1999, *18*, 9-10.

Kupperman, P., Bligh, S., and Goodban, M. "Activating Articulation Skills Through Theraplay." *Journal of Speech and Hearing Disorders*, 1980a, *45*, 540-545.

Kupperman, P., Bligh, S., and Goodban, M. "Use of Theraplay in Speech Impairment." *Journal of Speech and Hearing Disorders*, 1980b, *45*, 545-548.

Laakso, M. "Parent Session in Theraplay: A Way to Consolidate Therapeutic Alliance and Joint Focus." In E. Munns (ed.), *Applicaitons of Family and Group Theraplay*. New York: Jason Aronson, 2009.

Lender, D. "Theraplay bei Kindern mit fetalem Alkoholsyndrom (FAS)" (Theraplay with Children with Fetal Alcohol Syndrome). *Schwierige Kinder-verstehen und helfen*, 2006a, *37*, 6-11.

Lender, D. "What's Behind These Theraplay Activities: A Window into Attachment." *The Theraplay Institute Newsletter*, Summer 2006b.

Leslie, E., and Mignon, N. "Group Theraplay for Parents in a Public Housing Program." *The Theraplay Institute Newsletter*, Fall 1995, pp. 6-7.

Lessander, A. "Hintergründe autistischer Störungen und die Schlüsselfunktion von Theraplay" (The Basics of Autistic Disorders and the Key Function of Theraplay). *Schwierige Kinder-verstehen und helfen*, 2006, *39*, 9-13.

Lindaman, S. "Theraplay for Adopted Children." *Adoption Therapist*, 1996, *7*(1), 5-8.

Lindaman, S. L., Booth, P. B., and Chambers, C. L. "Assessing Parent-Child Interactions with the Marschak Interaction Method (MIM)." In K. Gitlin-Weiner, A. Sandgrund, and C. Schaefer (eds.), *Play Diagnosis and Assessment* (2nd ed.). Hoboken, NJ: Wiley, 2000.

Lindaman, S. L., and Haldeman, D. "Geriatric Theraplay." In C. E. Schaefer and K. J. O'Connor (eds.), *Handbook of Play Therapy, Vol. 2: Advances and Innovations*. New York: Wiley, 1994.

Lindaman, S. L., and Lender, D. "Theraplay with Adopted Children." In E. Munns (ed.), *Applications of Family and Group Theraplay*. New York: Jason Aronson, 2009.

Lleras, B. "Veränderungen bei Müttern hinter der Scheibe" (Changes of Mothers Behind the Two-Way Mirror). *Theraplay Journal*, 1992, *5*, 22-23.

Lleras, B. "RührMichNichtAn. Julian-Theraplay bei einem Pflegekind" ('Don't touch Me': Julian, a Foster Child in Theraplay Treatment). *Schwierige Kinder-verstehen und helfen*, 2000, *21*, 14-20.

Lleras, B. "Theraplay bei Kindern von depressiven Müttern" (Theraplay with Children of Depressed Mothers). *Schwierige Kinder-verstehen und helfen*, 2002, *26*, 16-22.

Lleras, B. "Spiegelung Affektregulierung Selbstregulierung Mentalisierung-wichtige Aspekte bei Theraplay" (Mirroring, Affect Regulation, Self-Regulation, Mentalisation-Important Aspects of Theraplay). *Schwierige Kinder-verstehen und helfen*, 2007, *42*, 22-25.

Lovejoy, T. "Theraplay in a Preschool Mental Health Program." *The Theraplay Institute Newsletter*, Fall 1995, p. 8.

Macke, H. "lauras Weg aus ihrer eigenen Welt zu uns-Teil 1" (Laura's Path out of Her Own Little World into Ours-Part 1). *Schwierige Kinder-verstehen und helfen*, 2007, *41*, 4-11.

Macke, H. "Lauras zweite Etappe" (Laura's Second Step). *Schwierige Kinder-verstehen und helfen*, 2007, *43*, 4-6.

Maddox, A. J., and Bettendorf, C. "Theraplay in Combination with Sensory and Handling Techniques: The Body/Mind Connection in Pediatrics." In E. Munns (ed.), *Applications of Family and Group Theraplay*. New York: Jason Aronson, 2009.

Mahan, M. G. "Theraplay as an Intervention with Previously Institutionalized Twins Having Attachment Difficulties." Unpublished doctoral dissertation, Chicago School of Professional Psychology, 1999.

Mäkelä, J. "What Makes Theraplay Effective: Insights from Developmental Sciences." *The Theraplay Institute Newsletter*, Fall/Winter 2003.

Mäkelä, J. " Kosketuksen merkitys lapsen kehityksessä" The Importance of Touch in the Development of Children). *Finish Medical Journal Review*, 2005, *14*, 1543-1549.

Mäkelä, J. "Wie wirkt Theraplay? Einsichten aus der Entwicklungs-psychologie" (What Makes Theraplay Effective Insights from Developmental Sciences). *Schwierige Kinder-verstehen und helfen*, 2005, *35*, 4-7.

Mäkelä, J. "Herz ist gefragt. Theraplay in SOS Kinderdörfern" (Heart Wanted: Theraplay in SOS Children's Villages). *Schwierige Kinder-verstehen und helfen*, 2008, *45*, 11-13.

Mäkelä, J., and Vierikko, I. *Kuinka yhteys löytyy?* (From Heart to Heart: A Report of the Theraplay-Project in SOS-Children Villages in Finland). Erikoispaino: Oy, 2004.

Mäki, T., Tiensuu, J., and Turkka, U. "Theraplay-menetelmän soveltaminen päiväkodissa" (The Theraplay Method Adapted in Day-care). Competence study, Helsinki University, Finland, 1993.

Maness, N. "Integrating Theraplay into the Navajo Beauty Way." *The Theraplay Institute Newsletter*, Summer 2000.

Marschak, M. *A comparison of Polish and Italian Fathers in Interaction with Their Pre-school Sons*. New Haven: Yale Child Study Center, 1960a.

Marschak, M. "A Method for Evaluating Child-Parent Interaction Under Controlled Conditions." *The Journal of Genetic Psychology*, 1960b, *97*, 3-22.

Marschak, M. "Child-Parent tie in Present Day Japan." *Child and Family*, 1967a, pp. 6, 72-79, 80-88.

Marschak, M. "Imitation and Participation in Normal and Disturbed Young Boys in Interaction with Their Parents." *Journal of Clinical Psychology*, 1967b, *23*(4), 421-427.

Marschak, M. *Nursery School Child/Mother Interaction*, 1967c. Film. Available from New York University Film Library, 26, Washington Place, New York, NY, 10003.

Marschak, M. "The Obstinate Checklist." *Journal of the American Academy of Child Psychiatry*, 1969, *8*, 456-464.

Marschak, M. *Two Climates of Israel*, 1975. Film. Available from New York University Film Library, 26 Washington Place, New York, NY, 10003.

Marschak, M. *Parent-Child Interaction and Youth Rebellion*. New York: Gardner Press, 1980.

Marschak, M., and Call, J. D. "Exposure to Child-Parent Interaction as a Teaching Device." *Journal of Medical Education*, 1964, *39*, 879-880.

Marschak, M., and Call, J. D. "A comparison of Normal and Disturbed Three-Year-Old Boys in Interaction with Their Parents." *American Journal of Orthopsychiatry*, 1965, *35*, 247-249.

Marschak, M., and Call, J. D. "Observing the Disturbed Child and His Parents: Class Demonstrations for Medical Students." *Journal of the American Academy of Child Psychiatry*, 1966, *5*, 686-692.

Martin, D. "Applications of Theraplay in Early Childhood Classrooms." *The Theraplay Institute Newsletter*, Fall 1995, p. 4.

Martin, D. "Theraplay for Classrooms." In A. A. Drewes, L. J. Carey, and C. E. Schaefer (eds.), *School-Based Play Therapy*. Hoboken, NJ: Wiley, 2001.

Martin, D. "Gruppen Theraplay im Kindergarten" (Group Theraplay in a Kindergarten). *Schwierige Kinder-verstehen und helfen*, 2003, 29, 23.

Martin, E. E. "Intergenerational Patterns of Attachment: A Prediction of Attachment Styles Across Three Generations Using the Adult Scale of Parental Attachment and the Marschak Interaction Method Rating System." Unpublished doctoral dissertation, University of Mississippi, 2005.

Martin, E. E., Snow, M. S., and Sullivnan, K. "Patterns of Relating between Mothers and Preschool-Aged Children Using the Marschak Interaction Method Rating System." *Early Child Development and Care*, 2008, *178*(3), 305-314.

McKay, J. M., Pickens, J., and Stewart, A. "Inventoried and Observed Stress in Parent-Child Interactions." *Current Psychology: Developmental, Learning, Personality, Social*, 1996, *15*(3), 223-234.

Meibner, M. " Theraplay und Unterstützte Kommunika-tion" (Theraplay and Facilitated Communication). *Schwierige Kinder-verstehen und helfen*, 2006, *40*, 4-10.

Miller, J. "Working with Tribal Aboriginal People in Australia." *The Theraplay Institute Newsletter*, Summer 2000.

Miller, P. "Therapeutic Touch with Sensory Defensive Children." *The Theraplay Institute Newsletter*, Fall 1997, *9*, 7-9.

Minty, B. "Theraplay: A New Treatment Using Structured Play for Problem Children and Their Families" [Book review]. *British Journal of Social Work*, 1981, *11*(1), 111-112.

Morgan, C. E. "Theraplay: An Evaluation of the Effect of Short-Term Structured Play on Self-Confidence, Self-Esteem, Trust, and Self-Control." Unpublished manuscript: York Centre for Children, Youth, and Families; Ontario, Canada, 1989.

Morin, V. *Fun to Grow On*. Chicago: Magnolia Street Publications, 1999.

Moser, K. "Gruppentheraplay in einem Integrations kindergarten" (Group Theraplay in an Integrated Kindergarten). *Theraplay Journal*, 1993, *7*, 15.

Moser, K. "Gruppentheraplay mit erwachsenen geistig Behinderten?" (Group Theraplay with Mentally Retarded Adults?). *Theraplay Journal*, 1997, *14*, 26-28.

Moser, K. "Gruppentheraplay im Seniorenzentrum" (Group Theraplay in a Home for Seniors). *Schwierige Kinder-verstehen und helfen*, 2005, *35*, 8-10.

Moser, K. "Wer wird jetzt in den Raum gerollt? GTP mit Vorschulkindern" (Whose Turn Is It to Be Rolled into the Room? Group Theraplay with

Preschool Children). *Schwierige Kinder-verstehen und helfen*, 2006, *40,* 12–17.

Moser, K. "Synchron Theraplay" (Synchronizing Theraplay with a Mother and Her Two Children). *Schwierige Kinder-verstehen und helfen,* 2008, *44,* 10–13.

Moser, K., and Franke, U. "Gruppen-Theraplay: Die Ermutigung." (Group Theraplay: The Encouragement). *Zeitschrift für Individual-psychologie,* 2002, *27*(2), 124–129.

Moyer, M. "Group Theraplay in a Special Needs Day School." *The Theraplay Institute Newsletter,* Fall 1995, pp. 8–9.

Mullen, J. "What Is Theraplay? How Can It Help My Child?" *The Theraplay Institute Newsletter,* Winter 1999/2000.

Munns, E. "Theraplay." *Playground,* Spring 1994, pp. 3–4.

Munns, E. "Theraplay at Blue Hills Play Therapy Services." *The Theraplay Institute Newsletter,* Fall 1995, p. 7.

Munns, E. "Theraplay." In B. Bedard-Bidwell and M. Sippel (eds.), *Hand in Hand*. London, Ontario: Thames River Publishing, 1997.

Munns, E. (ed.) *Theraplay: Innovations in Attachment Enhancing Play Therapy.* Northvale, NJ: Jason Aronson, 2000a.

Munns, E. " Traditional Family and Group Theraplay." In E. Munns (ed.), *Theraplay: Innovations in Attachment-Enhancing Play Therapy,* Northvale, NJ: Jason Aronson, 2000b.

Munns, E. "Group Theraplay." In B. Bedard Bidwell (ed.), *Hand in Hand,* Vol. 2. Burnstone, Ontario: General Store Publishing House, 2000c.

Munns, E. "Theraplay: Attachment Enhancing Play Therapy." In C. E. Schaefer (ed.), *Foundation of Play Therapy*. Hoboken, NJ: Wiley, 2003.

Munns, E. "Theraplay with Adolescents." In L. Gallo-Lopez and C. E. Schaefer (eds.), *Play Therapy with Adolescents*. Lanham, MD: Jason Aronson, 2005.

Munns, E. "Gruppen-Theraplay mit Eltern und ihren Vorschulkindern" (Group Theraplay with Parents and Their Preschool Children). *Schwierige Kinder-verstehen und helfen,* 2006, *39,* 14–15.

Munns, E. "Mirror Activity." In L. Lowenstein (ed.), *Assessment and Treatment Activities for Children, Adolescents and Families: Practitioners Share Their Most Effective Techniques*. Toronto: Champion Press, 2008.

Munns, E. "Theraplay with Zero to Three Year Olds." In C. Schaefer, S. Kelly-Zion, J. McCormick, and A. Ohnogi (eds.), *Play Therapy for Very Young Children*. Lanham, MD: Rowman Littlefield, 2008.

Munns, E. (ed.). *Applications of Family and Group Theraplay*. New York: Jason Aronson, 2009.

Munns, E., Jenkins, D., and Berger, L. "Theraplay and the Reduction of Aggression." Unpublished manuscript: Blue Hills Child and Family Services: Aurora, Ontario, Canada, 1997.

Myrow, D. L. "In Touch with Theraplay." *The Theraplay Institute Newsletter,* Fall 1997, *9,* 1–4.

Myrow, D. L. "Theraplay for Children with ADHD." *The Theraplay Institute Newsletter,* Winter 1999/2000a.

Myrow, D. L. "Time for Parents." *The Theraplay Institute Newsletter,* Winter 1999/2000b.

Myrow, D. L. "Applications for the Attachment-Fostering Aspects of Theraplay." In E. Munns (ed.), *Theraplay: Innovations in Attachment-Enhancing Play Therapy,* Northvale, NJ: Jason

Aronson, 2000.

Nagelschmitz, J. "Ein Vergleich des Interaktionsverhaltens von Müttern und Vätern mit ihren sprachentwicklungsgestörten söhnen im vorschulalter durch die H-MIM" (A Comparison of Interactive Behavior of Mothers and Fathers of Language Delayed Preschool Boys Using the H-MIM). *Schwierige Kinder-verstehen und helfen,* 2002, *27,* 4-12.

Nell, K. "Paradoxical Elements in the Psychotherapeutic Relationship in Theraplay." Unpublished master's thesis, University of Pretoria, South Africa, 1984.

New, D. K. "Observer Bias Influences in the Marschak Interaction Method Rating System." Unpublished doctoral dissertation, Alliant International University, Fresno, 2005.

Newberger, D. A. "Theraplay: A New Treatment Using Structured Play for Problem Children and Their Families." [Book review]. *Journal of Learning Disabilities,* 1981, *14*(2), 106.

Nolting, C., and Porretta, D. L. "A Play Therapy Model: Implication for Physical Education Teachers of Preschool Children with Disabilities." *Physical Educator,* 1992, *29*(4), 183-189.

O'Connor, K. J. *The Play Therapy Primer: An Integration of Theories and Techniques.* New York: Wiley, 1991.

O'Connor, K. J., and Ammen, S. *Play Therapy Treatment Planning and Interventions: The Ecosystemic Model and Workbook.* San Diego, CA: Academic Press, 1997.

O'Connor, K. J. "Creating a Coherent Attachment History: Combining Theraplay and Cognitive-Verbal Interventions." *The Theraplay Institute Newsletter,* Spring 2004.

Ogintz, E. "Kid Burnout: Work Stress Trickles Down to the Palyground." *Chicago Tribune,* April 6, 1989, Tempo, p. 1.

Owen, P. L. "Fostering Preschooler Attachment and Development Through a Relationship-Based Group Parent-Training Program." Unpublished doctoral dissertation, Alliant International University, Fresno, 2007.

Preto, V. M., and Munns, E. "Nurturing the Aggressive Child, Theraplay: A case Study." *Playground,* Spring 1994, pp. 9-10.

Putka, G. "Tense Tots: Some Schools Press So Hard Kids Become Stressed and Fearful?Flashcards, Computers, Tests All Day Long Take a Toll on Fast-Track Students-Burning Out by the Age of 10." *Wall Street Journal,* July 6, 1988, p. 1.

Rantala, K. "Theraplay korjaa kiintymyssuhteen vaurioita" (Theraplay Repairs Attachment Disorders). *Psykologi,* 2003, *7,* 12-13.

Rantala, K. "Theraplay vahvistaa hyvän kasvun edellytyksiä" (Theraplay Supports Healthy Growth). *Sosiaaliturva,* 2004, *10,* 25-26.

Rantala, K. "Terapeuttin leikka sairaan lapsen hoitona?kokemuksia Theraplay-Työskentelytavasta" (Therapeutic Play as Treatment for a Sick Child: Using the Theraplay Method). In e. Saarinen (ed.), *Sairaan ja vammaisen lapsen hyvä elämä* (The Good Life of the Sick and Disabled Child). Helsinki: Oy Edita Ab, 1998a.

Rantala, K. "Sairaan ja vammaisen lapsen hyvä elämä (A Good Life for a Sick or Handicapped Child); " Terapeuttinen leikki sairaan lapsen hoitomuotona; kokemuksia Theraplay työskentelytavasta" (Therapeutic Play as a Treatment with a Sick Child: Experiences Using the Theraplay Method). *Edita,* 1998b, pp. 134-

143.

Reeves, K. "Achieving Therapeutic Goals Through Group Theraplay?and Having Fun with It!" *The Theraplay Institute Newsletter,* Fall 1990, pp. 2-3.

Reeves, K., and Munns, E. "Group Theraplay in a Playschool Setting." *Playground,* Spring 1994, pp. 12-13.

Rieff, M. L. "Theraplay with Developmentally Disabled Infants and Toddlers." *The Theraplay Institute Newsletter,* Fall 1991, pp. 4-5.

Rieff, M. L. "Revisiting the Theraplay Dimensions with Post-Institutionalized Children." *The Theraplay Institute Newsletter,* Fall 1996, pp. 4-5.

Rieff, M. L., and Booth, P. "Theraplay for Children with PDD/Autism." *The Theraplay Institute Newsletter,* Spring 1994, pp. 1-7.

Ritterfeld, U. "Evaluation einer psychotherapeutischen Interventions-methode, Theraplay, bei sprachgestörten Vorschulkindern" (Evaluation of a Psychotherapeutic Intervention Method, Theraplay, with Language Disordered Preschool Children). Unpublished study qualifying for the Diplomat in Psychology, Universität Heidelberg, 1989.

Ritterfeld, U. "Theraplay auf dem Prüfstand. Bewertung des Therapieerfolgs am Beispiel sprachauffälliger Vorschulkinder" (Putting Theraplay to the Test: Evaluation of Therapeutic Outcome with Language Delayed Preschool Children). *Theraplay Journal,* 1990, *2,* 22-25.

Ritterfeld, U. "Das Rätsel Paul. Möglichkeiten einer systematischen Beobachtung der Eltern-Kind-Interaktion" (Paul, the Problem: Possibilities of a Systematic Observation of Parent-Child Interaction). *L.O.G.O.S. interdisziplinär,* 1993, *1*(1), 18-25.

Ritterfeld, U. "Welchen Stellenwert kann Theraplay in der logopädischen Behandlung haben?" (What Importance Can Theraplay Have in Language Therapy?). In H. Grimm und F. Weinert (eds.), *Intervention bei sprachgestörten Kindern* (Intervention with Language Disordered Children). Stuttgart: Fischer, 1994.

Ritterfeld, U., and Franke, U. *Die Heidelberger Marschak-Interaktionsmethode* (The Heidelberg Marschak Interaction Method). Stuttgart: G. Fischer, 1994.

Robbins, J. "Nurturing Play with Parents." *Nurturing Today,* Summer 1987, p. 6.

Robison, M., Lindaman, S. L., clemmons, M. P., Doyle-Buckwalter, K., and Ryan, M. "'I Deserve a Family': The Evolution of an Adolescent's Behaviors and Beliefs About Himself and Others When Treated with Theraplay in Residential Care." *Child and Adolescent Social Work Journal,* forthcoming.

Ross, S. L. G. "Attachment-Based Group Therapy for Mothers and Children Affected by Domestic Violence." Unpublished master's thesis, University of Manitoba, Canada, 2004.

Rotenberk, L. "Touching." *Chicago Sun-Times,* August 17, 1986, Living Section, pp. 8-9.

Rubin, P. "Speech Theraplay in the Public Schools: Opening the Doors to Communication." *The Theraplay Institute Newsletter,* Summer/Fall 1982, pp. 3-7.

Rubin, P. "Theraplay: Schlüssel zur Kommunikation" (Theraplay: Key to communication). *Theraplay Journal,* 1990, *2,* 3-8.

Rubin, P. "Multi-Family Theraplay in a Shelter for the Homeless." *The Theraplay Institute Newsletter,* Fall 1995, p. 5.

Rubin, P. "Understanding Homeless Mothers: The Dynamics of Adjusting to a Long-Term Shelter." Unpublished doctoral dissertation, Illinois School of Professional Psychology, Chicago, 1996.

Rubin, P. "Theraplay in einem Frauenhaus" (Theraplay in a Women's Shelter). *Schwierige Kinder-verstehen und helfen*, 2002, *27*, 14-17.

Rubin, P., Lender, D., and Mroz, J. "Theraplay and Dyadic Developmental Psychotherapy." In E. Munns (ed.), *Applicaions of Family and Group Theraplay*. New York: Jason Aronson, 2009.

Rubin, P.. B., and Tregay, J. *Play with Them?Theraplay Groups in the Classroom: A Technique for Professionals Who Work with Children*. Springfield, IL: Thomas, 1989.

Rubin, P., and Traegay, J. "Die fünt Theraplay-Elemente" (The five Theraplay Dimensions). *Theraplay Journal,* 1990, *1,* 4-9.

Ruokokoski, I. "Theraplayterapian esittelyvideo vanhemmille ennen hoitoa" (Video Presenting Theraplay to Parents Before Theraplay Treatment). Unpublished final thesis in family therapy training, Oulu Counseling and Family Centre supported by Stakes, Oulu, Finland, 2007.

Safarjan, P. T. "Use of the Marschak Interaction Method (MIM) in Forensic Evaluation." *The Theraplay Institute Newsletter,* Winter 1992, p. 3.

Salmi, A.-M. "Theraplayterapiaa ja leikkiä" (Theraplay Therapy and Play). Competence study, Turku University, Finland, 2004.

Salo, S., and Mäkelä, J. *Vuorovaikutushavannoin käsikirja-k-vuoet 2-8* (MIM-Manual for Observing Interaction: Ages 2-8). Psykologien Kustannus: Oy, 2006.

Salo, S., and Tuomi, K. *Hoivaa ja leiki-vauvan ja vanhemman vuorovaikutuskirja* (Nurture and Play: Interaction Book for Babies and Parents). Psykologien Kustannus: Oy, 2008.

Schoeman, E. M. "Theraplay with a Pre-Adolescent Stutterer" [Afrikaans Text]. Unpublished master's thesis, University of Pretoria, South Africa, 1985.

Schoeman, E. M. " The Development of a Complementary Psychological Treatment Programme for Cochlear Implant Teams." Unpublished doctoral dissertation, University of Pretoria, South Africa, 2004.

Searcy, K. L. "The Mercy Approach to Theraplay." In M. Burns and J. Andrews (eds.), *Selected Papers: Current Trends in the Treatment of Language Disorders*. Evanston, IL: Institute for Continuing Education, 1981.

Seppänen, S. " Ikkulapsiperhe terapiassa-perheterapian ja theraplayn vuoropuhelua" (Family with Infants in Therapy: Dialogue Between Family Therapy and Theraplay). Unpublished final thesis in couples and family therapy training, Häme Summer University, Finland, 2005.

Sherman, J. "Father-Son Group Theraplay." In E. Munns (ed.), *Applications of Family and Group Theraplay*. New York: Jason Aronson, 2009.

Simons, L. *Interplay Groups: Group Sessions to Develop Social Interaction Skills*. Bellevue, WA: Family Interplay Associates, 1995.

Siu, F. Y. A. "Internalizing Problems Among Primary School Children in Hong Kong: Prevalence and Treatment." Unpublished doctoral dissertation, Chinese University of Hong Kong, 2006.

Siu, F. Y. A. "Theraplay for Chinese Children." In E.

Munns (ed.), *Applications of Family and Group Theraplay*. New York: Jason Aronson, 2009a.

Siu, F. Y. A. "Theraplay in the Chinese World: An Intervention Program for Hong Kong Children with Internalizing Problems." *International Journal of Play Therapy*, 2009b, *18*(1), 1-12.

Sjölund, M. "Framgäng för ny form av lekterapi I Chicagos slum" (Success of a New Form of Play Therapy in Chicago's Slums). *Psykolognytt*, 1980, p. 28.

Smilie, G. "In Sync." In E. Munns (ed.), *Applicaitons of Family and Group Theraplay*. New York: Jason Aronson, 2009.

Spicer, L., and Fuller, B. "Theraplay-eine Universalsprache?" (Theraplay a Universal Language?). *Schwierige Kinder-verstehen und helfen*, 2003, *30*, 12-14.

Steyn, M. P. "The Interaction Between a Child Suffering from Tourette Syndrome and His Paretns, with Specific Reference to the Marschak Interaction Method." Unpublished master's thesis, University of Pretoria, South Africa, 1994.

Steudel, E. "Fühlen, lachen, hören oder Hakan erspielt sich Selbstvertrauen" (Feeling, Laughing, Listening: Hakan Gains Self-Esteem Through Group Theraplay). *Schwierige Kinder-verstehen und helfen*, 2006, *38*, 12-14.

Stubenbort, K. F. "The Effectiveness of Intervention for Maltreated Preschoolers: An Attachment Theory Perspective." Unpublished doctoral dissertation, University of Pittsburgh, 2003.

Sutherland, P. L. "A Group Therapy Program for Aboriginal Women and children Who Have Been Exposed to Family Violence." Unpublished master's thesis, University of Manitoba, Canada, 2002.

Talen, M. R. "Community-Based Primary Health Care: A New Role for Theraplay." *The Theraplay Institute Newsletter*, Fall 1995, pp. 1-3.

Talen, M. R., and Warfield, J. "Guidelines for Family Wellness Checkups in Primary Health Care Services." In L. VandeCreek, S. Knapp, and T. L. Jackson (eds.), *Innovations in Clinical Practice: A Source Book, Vol. 15*. Sarasota, FL: Professional Resource Exchange, 1997.

Thorlakson, C. L. "Teaching and Learning to Care: An Early Years Prevention Program in Emotional Intelligence." Unpublished master's thesis, University of Manitoba, Canada, 2004.

Van Der Hoven, E. G. "Theraplay as Therapeutic Intervention with Anorexia Nervosa in Early Adolescence" [Afrikaans Text]. Unpublished master's thesis, University of Pretoria, South Africa, 1983.

Väyrynen, S. "Mitä leikissä tapahtui? Minäkäsityksen ja vuorovaikutustaitojen kehittyminen terapeuttisen leikin avulla" (What Happened When We Were Playing? Strengthening Self-Esteem During Therapeutic Play). Laudatur studies, Helsinki University, Finland, 1995.

Viitanen, P. "Theraplay vuorovaikutusterapia sijoitettujen lasten kehityksen tukena" (Theraplay Interaction Therapy as a Development Support to Foster Children). Unpublished licenciate thesis, Jyväskylä University, Finland, 2007.

Von Gontard, A., and Lehmkuhl, G. "Spieltherapien-Psychotherapien mit dem Medium des Spiels: II. Neue Entwicklungen" (Playtherapies-Psychotherapies with the Medium of Play: II. New Developments). *Praxis der Kinderpsychologie und*

Kinderpsychiatrie, 2003, *52*(2), 88-97.

Vorster, C. M. "The Parent's Experience of Theraplay." Unpublished master's thesis, University of Pretoria, South Africa, 1994.

Wardrup, J. L., and Meyer, L. A. "Research on Theraplay Effectiveness." In E. Munns (ed.), *Applications of Family and Group Theraplay.* New York: Jason Aronson, 2009.

Warnke, A. "Theraplay: A Directive Play-Therapy" [German text] [Book review]. *Zeitschrift fur Kinder-und Jugendpsychiatrie und Psychotherapie,* 1991, *19*(2), 119.

Weber, P. "Theraplay Groups for Adolescents with Emotional Problems." *The Theraplay Institute Newsletter,* Summer, 1998.

Weir, K. N. "Using Integrative Play Therapy with Adoptive Families to Treat Reactive Attachment Disorder: A Case Example." *Journal of Family Psychotherapy,* 2008, *18*(4), 1-16.

Weiss, D. "Equine Assisted Therapy and Theraplay." In E. Munns (ed.), *Applications of Family and Group Theraplay.* New York: Jason Aronson, 2009.

West, C. "Theraplay mit Jugendlichen" (Theraplay with Adolescents). *Schwierige Kinder-verstehen und helfen,* 2005, *36,* 13-15.

West, C. "Theraplay: A Head Start Treasure." *The Theraplay Institute Newsletter,* Winter 2006.

Westman, H. "SOS-lapsikyliin sijoitettujen lasten emotionaalinen oireilu ja käytöshäiriöt sekä Theraplay-intervention vaikutus oireiluun" (Emotional Symptoms and Behavioural Problems and Effects of Theraplay Intervention Among Children Who Are Placed in SOS Children's Villages, Finland). Unpublished master's thesis, Tampere University, Finland, 2008.

Wettig, H. "Bericht über das Forschungsprojekt Theraplay" (Report About the Theraplay Research Project). *Schwierige Kinder-verstehen und helfen,* 1999, *17,* 4-11.

Wettig, H. "Veränderung der Einstellung von Eltern zu ihren verhaltensauffaelligen Kindern nach Theraplay" (Change of Parent's Attitude to Their Conduct Disordered Children After Treatment Using Theraplay). Unpublished master's thesis, University of Heidelberg, Germany, 2002.

Wettig, H. "Scheue Kinder-mutige Kinder. Veränderung durch Theraplay" (Shy Children-Courageous Children. Change Through Theraplay). *Schwierige Kinder-verstehen und helfen,* 2003, *31,* 8-14.

Wettig, H. "Aggressive Kinder-scheinbar nicht zu bremsen. Die Wirkung von Theraplay" (Aggressive Children: The Effects of Theraplay). *Schwierige Kinder-verstehen und helfen,* 2004, *34,* 15-23.

Wettig, H. *Die Wirkung von Theraplay auf Klein-und Vorschulkinder mit klinisch bedeutsamen Verhaltensstoerungen, Aufmerksamkeitsdefiziten mit und ohne Hyperaktivitaet und mit rezeptiven Sprachstoerungen.* (The Effectiveness of Theraplay with Toddler and Preschool Children Diagnosed with Clinically Significant Conduct Disorders, Attention Deficit Disorders with or Without Hyperactivity, ADHD or ADD, and Receptive Language Disorders). Doctoral dissertation. *Library of the University of Heidelberg* (available as download), Germany, 2007.

Wettig, H., Franke, U., and Fjordbak, B. S. "Evaluatign the Effectiveness of Theraplay." In C. E. Schaefer and H. G. Kaduson (eds.),

Contemporary Play Therapy: Theory, Research, and Practice, New York: Guilford Press, 2006.

Wettig, H., Franke, U., and Coleman, A. R. "Evaluating the Effectiveness of Theraplay in Treating Shy, Socially Withdrawn Children." In review. 2009.

Wiksed, A. "Lasta voi auttaa kiinnittymn" (You Can Help the Child to Attach). *Yhteiset lapsemme,* 2004, *4,* 8-10.

Wilson, C. J. "Identification of Parents at Risk for Child Abuse: A Convergent Validity Study of the Marschak Interaction Method." Unpublished doctoral dissertation, California School of Professional Psychology, Fresno, 2000.

Wilson, P. "Review of Here I Am." *Hospital and Community Psychiatry,* 1973, *24,* 347-348.

Winkler, B. "Bedeutung der Nicht-Direktivität und der Direktivität in der nicht-direktiven und direktiven Spieltherapie" (The Signifiance of Non-Directive and Directive in Non-Directive and Directive Play Thearpy). Unpublished master's thesis, Würzburg, 1994.

Winstead, M. L. R. "Theraplay with Children in Foster Care: A Case Study." *The Theraplay Institute Newsletter,* Summer 2008.

Witten [Whitten (sic)], M. R. "Assessment of Attachment in Traumatized Children." In B. James (ed.), *Handbook for Treatment of Attachment-Trauma-Problems in Children.* New York: Lexington Books, 1994.

Wright, S. U. "The Marschak Interaction Method as a Short-Term Therapeutic Medicum for Parent and Child with Interaction Problems" Unpublished master's thesis, University of Pretoria, South Africa, 1993.

Yando, R. "Play-tonic Relationships?" [Book Review]. *PsycCRITIQUES,* 1981, *26*(11), 875-876.

Zanetti, J. J. "An Extension of Dyadic Counseling to Multi-Family Group Training with Application for Head Start Families." Unpublished doctoral dissertation, College of William and Mary, 1996.

찾아보기

[인 명]

[내 용]

편저자 소개

Phyllis B. Booth, LCPC, LMFT(Licensed Marriage Family Therapist), RPT/S는 시카고 The Theraplay Institute의 임상 디렉터다. 그녀는 1966년 시카고 대학에서 인간발달과 임상심리학 석사학위를 받았다.

1969~1970년 그녀는 영국 런던의 Tavistock 클리닉에서 1년 동안 John Bowlby, D. W. Winnicott, Joyce와 James Robertson의 지도 아래 연구하였다. 1981년에 시카고 Family Institute에서 2년의 가족치료 트레이닝 프로그램을 마쳤고, 영국 런던의 Anna Freud Centre에서 1년(1992~1993)을 보냈다.

Booth는 처음에 보육교사로 시작하였다. 그녀와 Ann Jernberg는 1949~1950년까지 시카고 대학 보육원에서 함께 가르쳤다. 1967년부터 Jernberg와 장기간의 공동 연구를 시작했고, 치료놀이 기법을 개발하게 해준 시카고 헤드 스타트 프로그램의 초창기 심리자문위원이었다. 그녀는 헤드 스타트 프로그램, 주정부의 유아원 프로그램, 자폐 아동을 위한 특수 프로그램의 컨설턴트였다. 최근에 그녀가 가장 전념하고 있는 일은 치료놀이 치료사들의 트레이닝과 슈퍼비전이다. 그녀는 미국, 캐나다, 영국, 핀란드, 한국, 스웨덴에 걸쳐 치료놀이 트레이닝을 진행하고 있다.

Ann M. Jernberg, PhD는 1969년부터 1993년 사망할 때까지 The Theraplay Institute의 임상 디렉터였다. 독일에서 태어난 그녀는 1939년 미국으로 건너왔으며, 1960년 시카고 대학에서 인간발달로 박사학위를 받았다. 1960년부터 1967년까지는 시카고 Michael Reese 병원의 수석 심리학자로 Austin DesLauriers, Viola Brody와 함께 근무했다. 그녀는 1967년에 시작되어 여러 해 동안 매년 약 5천 명의 아동들에게 제공된 시카고 헤드 스타트 프로그램, Title XX 데이케어, 부모-자녀 센터 프로그램에 대한 심리적 서비스를 개발하고 감독하였다. 또한 인디애나에 있는 LaPorte County 종합 정신건강센터에서도 수석 심리학자로 일하였다. 그녀는 미국과 캐나다 전역에서 치료놀이 기법에 대해 발표하고 트레이닝을 진행하였다.

Jernberg는 부모-자녀 관계, 정신신체의학, 거식증, 컨설턴트로서의 심리학자, 입양, 준전문가의 역할, 치료놀이 기법을 포함한 다양한 주제에 대해 수많은 논문과 기사를 저술했다. 또한 세 편의 영화도 제작했는데, 〈It Can Be Done〉, 〈There He Goes〉, 수상작인 〈Here I Am〉 등이다.

도움을 주신 분들

Rand Coleman, PhD는 신경심리학 전공의 자격을 갖춘 임상심리학자이며 공인된 치료놀이 치료사이자 트레이너다. 그는 The Theraplay Institute의 연구위원으로 일하고 있으며, 장애가 있는 아동과 성인을 위한 외래환자 클리닉을 만들었다. 그와 그의 부인은 아동들에게 위급 시의 위탁보호와 장기간의 위탁보호 모두를 제공해 왔다. 그는 애착에 기반을 둔 양육, 애착치료, EMDR에 대해 수련받고 있으며 인지행동치료(CBT) 자격을 받았다. 여러 해 동안 중증 자폐, 정신지체, 이중진단을 받은 아동들을 위한 Devereux 재단의 거주시설 프로그램에서 임상가로 일했다. 최근에는 사설기관에서 신경심리 검사를 하고 치료놀이와 부모교육을 제공하며, 많은 학교와 Devereux 재단에서 자문을 하고 있다.

William S. Fuller, LCSW(Licensed Clinical Social Worker)는 공인된 치료놀이 치료사이자 슈퍼바이저, 트레이너다. 그는 1993년부터 치료놀이 분야에서 적극적으로 활동하고 있으며, 아칸소 주 Little Rock에서 사설기관을 운영하고 있다. 그는 자폐 아동을 위한 치료놀이의 사용에 대한 사례연구를 Continuum에 기술하였다. 또한 The Theraplay Institute Newsletter에 자주 기고한다. 그는 Little Rock에 있는 아칸소 대학에서 석사과정의 아동 행동 교과목의 핵심내용으로 치료놀이를 다루고 있으며, 미국과 영국 전역에서 치료놀이 트레이닝을 진행하고 있다.

Annie Kiermaier, LCSW, RN은 공인된 치료놀이 치료사이자 트레이너다. 그녀는 부모와 그들의 어린 자녀가 건강하고 즐거운 애착관계를 갖도록 하는 데 평생 동안 열정을 쏟아 왔다. 그녀는 mid-coast Maine 지역에서 신생아부터 5세까지의 자녀를 둔 가족들에게 가정에 기반을 둔 치료놀이와 부모상담을 실시하고 있다. 그녀는 『영유아의 정신건강 및 발달장애의 진단적 분류』 개정판(DC:0-3R)을 사용하여 정신건강 임상가들을 수련시킨다.

Dafna Lender, LCSW는 The Theraplay Institute의 트레이닝 디렉터이며 공인된 치료놀이 치료사, 슈퍼바이저, 트레이너다. 그녀의 주요 관심사는 아동이 외상에서 생긴 문제를 해결하는 동안 주 양육자와 안정애착을 발달시키도록 돕는 것이다. 그녀는 Daniel Hughes와 Dyadic Developmental Psychotherap (DDP)를 연구해 왔으며 이를 치료놀이와 결합하여 사용하고 있다. 그녀는 아동복지 체계 내에서 위탁보호와 그룹 홈에 있는 아동들과 작업을 해왔으며, 외국 고아원에서 입양된 아동이나 출생 전에 알코올과 약물에 노출된 아동과 함께 일하고 있다. 그녀는 치료놀이와 DDP에 대한 논문을 발표했고, 미국과 영국, 이스라엘, 스페인에서 치료놀이 트레이닝을 진행하고 있다.

Sandra Lindaman, MA, LCSW는 The Theraplay Institute의 수석 트레이닝 어드바이저이자, 공인된 치료놀이 치료사, 슈퍼바이저, 트레이너다. 또한 자격을 갖춘 언어병리학자이기도 하다. 그녀는 1990년부터 The Theraplay Institute와 함께 해왔으며 1993년부터 1999년까지 이사로 일했다. 그녀의 특별 관심사는 치료놀이 트레이닝 커리큘럼을 개발하고, 입양 아동이나 위탁보호 아동, 자폐 스펙트럼 장애를 가진 아동들과 작업하는 것이다. 그녀는 치료놀이에 대한 수많은 논문을 발표하고 저술활동을 하였으며 미국, 캐나다, 영국, 핀란드, 일본, 대한민국, 스웨덴 전역에서 치료놀이 모델 전문가들의 트레이닝과 슈퍼비전을 담당하고 있다.

Jessica Mroz Miller, LCSW는 The Theraplay Institute의 실습 매니저이며 공인된 치료놀이 치료사이자 슈퍼바이저, 트레이너다. 그녀는 시카고 지역에서 사설기관을 운영하고 있다. 그녀의 주된 관심사는 애착이나 외상과 관련된 문제를 가지고 있는 아동의 가족을 돕는 것이다. 그녀는 Daniel Hughes와 Dyadic Developmental Psychotherapy(DDP)를 연구해 오고 있으며, 이를 치료놀이와 결합하여 사용하고 있다. 또한 아동복지 체계 내에서 위탁보호와 그룹 홈에 있는 아동들, 국제입양된 아동들, 출생 전에 알코올과 약물에 노출된 아동들과 함께 작업해 왔다. 그녀는 더 나이 든 아동들을 입양하는 데 관심을 갖고 있는 위탁부모들을 위해 특수화된 트레이닝을 개발하여 실시하기도 했고, 치료놀이와 DDP에 대한 논문도 발표했다. 그녀는 미국과 영국에서 치료놀이 트레이닝을 진행하고 있다.

Phyllis B. Rubin, CCC-SLP, PsyD는 자격을 갖춘 언어병리학자이자 임상심리학자로, 공인된 치료놀이 치료사, 트레이너, 슈퍼바이저, 집단 치료놀이 트레이너이며 The Theraplay Institute의 회원이다. 그녀는 사설기관을 운영하면서 공립학교의 특수학급 부모와 아동들, 헤드 스타트, 그녀의 개별 내담자들에게 치료놀이를 적용해 왔다. 애착 문제를 가진 아동들, 위탁되거나 입양된 아동들, 자폐 스펙트럼을 가진 아동들과의 작업을 전문으로 하는 그녀는 Daniel Hughes와 Dyadic Developmental Psychotherapy (DDP)를 연구해 왔으며, 이를 치료놀이와 결합하여 사용하고 있다. 또한 안구운동 민감소실 및 재처리 요법(Eye Movement Desensitization and Reprocessing, EMDR)에 대해 수련받고 있다. Phyllis는 치료놀이와 DDP의 다른 출판물뿐만 아니라 『Play with Them: Theraplay Groups in the Classroom』의 공동저자이다. 그녀는 미국, 호주, 영국, 독일, 스웨덴에 걸쳐 치료놀이와 집단 치료놀이 트레이닝을 진행하고 있다.

| 역자 소개 |

• **윤미원**

숙명여자대학교 아동복지학과 박사
한국치료놀이협회 회장
윤치료놀이상담센터 소장
공인 치료놀이 치료사, 슈퍼바이저, 트레이너 및 사회복지사

• **김윤경**

숙명여자대학교 아동복지학과 박사
숙명여자대학교 아동복지학부 교수
공인 치료놀이 치료사, 슈퍼바이저 및 사회복지사

• **신현정**

숙명여자대학교 아동복지학과 박사
안양과학대 사회복지과 교수
공인 치료놀이 치료사, 수련 슈퍼바이저 및 사회복지사

• **전은희**

숙명여자대학교 아동복지학과 박사
인천대학교 사회복지학과 강사
공인 치료놀이 치료사, 사회복지사

• **김유진**

숙명여자대학교 아동복지학과 박사
경기과학기술대학 아동영어과 교수
공인 치료놀이 치료사, 사회복지사

치료놀이

Theraplay(3rd ed.)

2011년 8월 10일 1판 1쇄 발행
2023년 1월 20일 1판 8쇄 발행

지은이 • Phyllis B. Booth · Ann M. Jernberg
옮긴이 • 윤미원 · 김윤경 · 신현정 · 전은희 · 김유진
펴낸이 • 김 진 환
펴낸곳 • (주) 학지사
04031 서울특별시 마포구 양화로 15길 20 마인드월드빌딩 5층
대표전화 • 02) 330-5114 팩스 • 02) 324-2345
등록번호 • 제313-2006-000265호
홈페이지 • http://www.hakjisa.co.kr
페이스북 • https://www.facebook.com/hakjisabook

ISBN 978-89-6330-721-3 93180

정가 23,000원